GRAMÁTICA

da Língua Portuguesa para

CONCURSOS,

VESTIBULARES,

ENEM, colégios técnicos e militares...

CB040841

"Ensinar é um exercício de imortalidade.
De alguma forma continuamos a viver naqueles cujos olhos
aprenderam a ver o mundo pela magia da nossa palavra.
O professor, assim, não morre jamais."

Rubem Alves

Nílson Teixeira de Almeida
Bacharel e Licenciado em Língua Portuguesa pela Universidade de São Paulo.
Professor de Ensino Médio e de cursos preparatórios para vestibulares.
Autor de obras sobre a língua portuguesa.

GRAMÁTICA
da Língua Portuguesa para
CONCURSOS,
VESTIBULARES,
ENEM, colégios técnicos e militares...

Com inúmeros exercícios resolvidos de diversos
vestibulares e concursos públicos

9ª edição revista e atualizada
conforme a nova ortografia e de acordo com o
Vocabulário Ortográfico da Língua Portuguesa – Volp

2014

18ª tiragem

2024

ISBN 978-85-02-07641-9

Copyright © 2002 Nílson Teixeira de Almeida
2003 Editora Saraiva
Todos os direitos reservados.

Gerente editorial: Rogério Gastaldo
Editora-assistente e preparação de texto: Kandy Saraiva
Revisão: Pedro Cunha Jr. e Lilian Semenichin (coords.) / Andreia Pereira
Gerente de arte: Nair de Medeiros Barbosa
Supervisão de arte: Antonio Roberto Bressan
Capa: Alex Silva
Projeto gráfico: Hamilton Ollivieri Jr.
Produção gráfica: Christof Gunkel

Dados Internacionais de Catalogação na Publicação (CIP)
(Câmara Brasileira do Livro, SP, Brasil)

Almeida, Nílson Teixeira de
Gramática da Língua Portuguesa para concursos, vestibulares, ENEM, colégios técnicos e militares / Nílson Teixeira de Almeida. — 9. ed. rev. e atual. — São Paulo : Saraiva, 2009.

ISBN 978-85-02-07641-9

1. Português – Gramática I. Título.

02-4825   CDD-469.5

Índice para catálogo sistemático:
1. Gramática : Português : Linguística 469.5

Uma editora do GEN] Grupo Editorial Nacional

Travessa do Ouvidor, 11 – Térreo e 6º andar
Rio de Janeiro – RJ – 20040-040

Atendimento ao cliente:
https://www.editoradodireito.com.br/contato

Para minha esposa **Tânia,**
meus filhos **Paulo**, **Cristiana** e **Lídia** e para
minhas netinhas **Maria Paula** e **Laís**, com
quem divido constante amor e carinho.

Como justa homenagem,
dedico esta obra
a **Maria Apparecida S. de Camargo Ferreira**,
a **Rogério Gastaldo**,
a **Kandy Saraiva**
e a **Daniel Saraiva Leite**,
aos quais muito agradeço o valioso apoio para a
realização deste trabalho.

PREFÁCIO

Você já deve ter ouvido inúmeras pessoas dizendo: "Esse professor conhece a matéria, mas não sabe ensinar". Foi assim sempre, desde que existe escola: professores dominam o conteúdo das disciplinas que lecionam, mas parecem aprendizes no momento em que precisam transmitir seus conhecimentos. E lá ficamos nós, alunos, desestimulados, torcendo pelo término do ano e que o novo mestre tenha um perfil diferente, ou seja, que além de ter conteúdo também saiba ensinar.

Com os livros didáticos ocorre um fenômeno semelhante: alguns são bons, mas não sabem ensinar.

Quando adquirimos um livro didático, seja indicado por um professor, seja por iniciativa própria, temos a expectativa de que ele nos guie de maneira segura em busca do saber e que cumpra bem o seu papel de ensinar. Colocamo-nos como se fôssemos um aluno em sala de aula à disposição do mestre, e, a cada página, ansiosos, esperamos que ele nos ensine e nos prepare.

Este livro foi escrito por um professor que conhece profundamente a matéria e que também sabe ensinar. O Professor Nílson Teixeira de Almeida transportou para esta obra toda sua experiência de muitos anos, preparando alunos em sala de aula nos mais diferentes cursos que ministrou, no ensino médio e nos cursos preparatórios para vestibulares. Aliou a sólida formação acadêmica à sua admirável competência didática, que lhe permite antever as dificuldades dos alunos de maneira habilidosa, como se estivesse ao lado deles, orientando passo a passo todas as etapas de cada lição.

Ao ler o primeiro capítulo, que é o estudo dos fonemas da língua, e que pelas suas características é normalmente um pouco mais árido, é possível constatar o que estou dizendo: é como se estivéssemos sendo levados pela mão competente do mestre, com a certeza de que os ensinamentos foram preparados para nos ajudar a aprender.

Pelo próprio título é possível deduzir que a *Gramática da Língua Portuguesa para concursos, vestibulares, ENEM, colégios técnicos e militares...* tem por objetivo principal prepará-lo para concursos de toda natureza. Por isso, um dos principais méritos do Professor Nílson é elaborar exercícios próprios para essas circunstâncias. Conhecedor profundo da sistemática dos concursos, o autor apresenta, no final de cada capítulo, uma bateria de exercícios, que permitem simultaneamente a familiarização com os testes enfrentados nos concursos, a revisão dos conceitos mais importantes da matéria e o aprofundamento do conteúdo estudado. Essa tranquilidade de participar de um concurso como se já estivesse acostumado com ele é um passo importante na obtenção de bons resultados, além de dominar a matéria, o que será útil para o estudante durante toda a vida.

Os exemplos utilizados pelo Professor Nílson foram garimpados cuidadosamente nos textos mais importantes da nossa língua, desde os autores clássicos até os mais contemporâneos, proporcionando um perfeito equilíbrio entre a correção do idioma e o prazer da leitura.

A segurança de saber, por exemplo, que a frase pronunciada foi construída de maneira apropriada, que o verbo está sendo conjugado de forma acertada e que a concordância está correta tornará sua comunicação muito mais eficiente, tanto na fala quanto na escrita. Noto que alguns alunos do nosso curso de expressão verbal, por não dominarem bem esses conceitos, truncam as frases, sentem-se inibidos e se retraem quando precisam se expressar. Uma Gramática como esta resolve essas questões com muita facilidade e torna as pessoas mais confiantes no ato de se comunicar.

Você, professor, que muitas vezes precisa preparar alunos quase em cima da hora para que se saiam bem nos concursos, terá nesta Gramática um recurso excepcional de ensino, pois contará com um livro muito bem-estruturado, com uma sequência de capítulos que irá facilitar o planejamento das aulas e o aprendizado daqueles que desejam se dedicar um pouco mais fora da sala de aula a partir das suas orientações, já que os cursos, não raro, são bastante intensivos.

Gramática da Língua Portuguesa para concursos, vestibulares, ENEM, colégios técnicos e militares... é um presente precioso para todos aqueles que desejam estudar, aprender e ensinar os segredos da nossa língua.

Reinaldo Polito

APRESENTAÇÃO

Este livro, como seu próprio nome indica, é um instrumento de consulta indispensável a todos aqueles que desejam recapitular os conhecimentos adquiridos durante o curso fundamental e o médio. Destina-se, sobretudo, aos candidatos que pretendem ingressar na administração pública ou nas grandes faculdades do Brasil por meio de concursos ou vestibulares. Contudo, pode ainda fornecer subsídios para todas as pessoas interessadas em aprender a nossa gramática.

A obra abrange todo o programa de Língua Portuguesa nos seus aspectos fundamentais, baseando-se em textos de autores clássicos, modernos e contemporâneos. Sua estrutura visa facilitar não só o trabalho do professor em sala de aula como também do estudante em suas pesquisas e tarefas eventuais.

Uma série de exercícios elaborados em ordem crescente de dificuldades e ainda uma grande quantidade de testes de concursos públicos e de exames vestibulares — que mostram os mais variados tipos de abordagem que essas instituições fazem dos assuntos abordados no livro — encerram cada capítulo, levando o aluno a uma constante revisão da matéria estudada.

No final da obra, apresentamos as respostas dos exercícios e dos testes a fim de que o estudante, sozinho, possa medir o seu grau de domínio da matéria.

Lembramos, ainda, que esta gramática foi elaborada de acordo com a reforma ortográfica ratificada pela CPLP (Comunidade dos Países de Língua Portuguesa), em maio de 2008, e pelo Decreto n.º 6.583, de 29 de setembro de 2008. Obedece também ao *Vocabulário Ortográfico da Língua Portuguesa* (Volp), publicado pela Academia Brasileira de Letras, que incorpora as Bases do Acordo Ortográfico de 1990.

Enfim, para que possamos tornar este trabalho realmente eficaz, gostaríamos que os colegas professores e também os estudantes nos enriquecessem com suas tão valiosas críticas e sugestões.

O Autor

NOTA: O texto do Acordo Ortográfico da Língua Portuguesa pode ser visto integralmente em www.cplp.org.

SUMÁRIO

Morfologia

Sintaxe

Figuras de linguagem

Tópicos de linguagem

Respostas aos exercícios e testes

"Ensinar é um exercício de imortalidade.
De alguma forma continuamos a viver naqueles cujos olhos
aprenderam a ver o mundo pela magia da nossa palavra.
O professor, assim, não morre jamais."

Rubem Alves

I
Fonologia

É a parte da gramática que estuda os fonemas de uma língua.

"O que é verdadeiramente imoral é ter desistido de si mesmo."

Clarice Lispector

Capítulo 1

Fonologia

AS ARTICULAÇÕES DA LÍNGUA

O ser humano comunica-se com seus semelhantes por meio de mensagens de diversos tipos: *visuais* (imagens, pinturas, filmes etc.), *auditivas* (música, ruídos etc.), *gestuais* (gesticulação, dança). Contudo, a comunicação só se completa plenamente com a utilização da língua. Comunicar, portanto, é a função principal de determinado sistema linguístico.

Significante e significado

Ao transmitir nossas ideias, utilizamo-nos de combinações de palavras, chamadas **signos linguísticos**. Estes apresentam sempre dois elementos inseparáveis: os **sons** que os compõem e a **ideia** que transportam.

Observemos, por exemplo, a palavra **gato**. A sucessão de sons, representados entre barras oblíquas (/g/ /a/ /t/ /o/), produz uma imagem sonora em nosso cérebro. É o **significante**. A ideia que associamos a esse signo (animal doméstico, pertencente à família dos felídeos) constitui o **significado** da palavra.

A primeira articulação da língua

Para falar uma língua, não basta memorizar um repertório de palavras. É necessário saber combiná-las. Assim, na língua portuguesa, por exemplo, não é suficiente apenas relacionar uma série de vocábulos para formular um pensamento. Observe: *Cidade nesta moro*. Os signos são conhecidos, porém não se combinam porque não há uma relação lógica entre eles. O relacionamento correto das palavras resulta em: *Moro nesta cidade*.

Quando os signos linguísticos se relacionam corretamente, formando uma sequência lógica, temos a **primeira articulação da língua**.

A segunda articulação da língua

A **segunda articulação da língua** é exatamente a combinação de fonemas dentro de cada signo.

A mensagem oral implica a emissão de certos sons pelo chamado *aparelho fonador* (cordas vocais, cavidade bucal, fossas nasais, língua etc.).

Como identificar esses sons? Comparemos:

pato fato

Ao pronunciar essas duas palavras, notamos que existe uma diferença de significado entre elas. Do ponto de vista dos significantes, a única distinção está no /p/ e no /f/: unidades de som capazes de produzir uma mudança de significado pela simples comutação de uma pela outra. Essas unidades recebem o nome de **fonemas**.

Fonemas são, portanto, as unidades fônicas distintas da palavra.

Em resumo, a língua é um sistema que possui duas articulações: na primeira, os *signos* se combinam, formando sequências lógicas; na segunda, os *fonemas* se associam, formando os signos.

O número de signos de uma língua é ilimitado. A cada instante, dependendo da situação, podem-se criar novos vocábulos.

O número de fonemas, por sua vez, é limitado dentro de um sistema linguístico. Entretanto, com poucos fonemas podemos formar grande quantidade de signos, simplesmente comutando um por outro. Assim: **l**ata, **m**ata, **p**ata, **d**ata etc. Trocados os fonemas, altera-se o significado das palavras.

Como já dissemos, os fonemas são representados entre barras oblíquas (**/ /**):

gato /g/ /a/ /t/ /o/
mesa /m/ /e/ /z/ /a/

Os sons da fala, por sua vez, devem ser representados entre colchetes (**[ ]**):

mel [mɛl], [mɛw]

Variante de fonema ou alofone

Observe o caso da palavra **tio**. Existem regiões do Brasil onde, dependendo de fatores sociais ou individuais, o fonema /t/ é pronunciado de diferentes modos: [t] ou [tʃ], porém essa diferença de pronúncia (sotaque) não acarreta mudança de significado da palavra. A possibilidade de realização de um mesmo fonema de forma diferente recebe o nome de **variante de fonema** ou **alofone**.

Letras ou grafemas

Para representar os fonemas na escrita, recorremos a sinais chamados **letras** ou **grafemas**.

O mesmo fonema pode ser representado por letras diferentes. É o caso de **/z/**, por exemplo, que pode ser representado pelas seguintes letras:

s me**s**a
x e**x**ato
z a**z**arado

Dígrafos ou digramas

São grupos de letras que representam um único fonema. Classificam-se em:

a) **consonantais**: **ch**, **lh**, **nh**, **ss**, **rr**, **sc**, **sç**, **xs**, **xc**, **gu**, **qu**.

b) **vocálicos**: **am**, **an**, **em**, **en**, **im**, **in**, **om**, **on**, **um**, **un**, desde que as letras **m** e **n** não estejam seguidas de vogal.

Nunca podemos confundir **fonema** (unidade sonora mínima) com **letra** (representação gráfica do fonema). Uma palavra, portanto, pode ter ou não o mesmo número de letras e fonemas:

mata	4 letras e 4 fonemas	/m/ /a/ /t/ /a/
malha	5 letras e 4 fonemas	/m/ /a/ /ʎ/ /a/
anta	4 letras e 3 fonemas	/ã/ /t/ /a/
fixo	4 letras e 5 fonemas	/f/ /i/ /k/ /s/ /o/
cheque	6 letras e 4 fonemas	/ʃ/ /ɛ/ /k/ /e/

OBSERVAÇÃO

A letra **h** não representa fonema. Aparece em certas palavras, por força da etimologia ou da tradição escrita, em certas interjeições e na formação dos dígrafos.

VOGAIS, SEMIVOGAIS E CONSOANTES

Vogais

São fonemas que fazem vibrar as cordas vocais, em cuja produção a corrente de ar vinda dos pulmões não encontra obstáculos. São fonemas silábicos, isto é, constituem a base da sílaba.

Não há sílaba sem vogal: p**a**-t**o**, c**a**-s**a**, m**a**-t**o**, t**u**-p**i**.

Semivogais

São os fonemas /**y**/ (representado pela letra **i**) e /**w**/ (representado pela letra **u**) quando formam sílabas com uma vogal:

can-t**ai**	**a** = vogal	**i** = semivogal
le-v**ou**	**o** = vogal	**u** = semivogal

OBSERVAÇÃO

As letras **e** e **o** também podem representar semivogais:

põ**e** = [pôy]	mã**o** = [mãw]

Consoantes

São fonemas resultantes de obstáculos encontrados pela corrente de ar vinda dos pulmões. São assilábicos porque não podem formar sílaba sem auxílio de uma vogal:

b**o**-ca,   ca-**s**a,   da-**d**o,   fa-ca

As letras do alfabeto representam esses três tipos de fonemas. Porém nem sempre demonstram fielmente a pronúncia dos fonemas. Para isso, criou-se um **alfabeto fonético**, que apresentamos a seguir:

Vogais		Consoantes	
Alfabeto fonético	Exemplos	Alfabeto fonético	Exemplos
/a/, /ã/	mato, irmã	/b/	bola
/ɛ/	ré, meta	/d/	dente
/e/, /ẽ/	cabelo, pente	/f/	fogo
/i/, /ĩ/	guri, índio	/g/	gota, guerra
/ɔ/	moda, pode	/ʒ/	jato, gelo
/o/, /õ/	canoa, coxa, onde	/k/	casa, queda
/u/, /ũ/	tudo, mundo	/l/	lata
		/ʎ/	ilha
		/m/	moda
		/n/	nada
		/ɲ/	ninho
		/p/	pato
		/r/	caro
		/R/	carro, roda
		/s/	sapo, cassar, caça, cedo, cresça, nascer, sintaxe, exceção
		/t/	tudo
		/v/	vela
		/ʃ/	chapa, xale
		/z/	casa, azedo, exato

Semivogais	
Alfabeto fonético	Exemplos
/y/	leite
/w/	roupa

Classificação das vogais

Na língua portuguesa existem doze vogais, e não cinco, como tradicionalmente se ensina. Distinguem-se quanto aos seguintes aspectos:

1. Quanto ao papel das cavidades bucal e nasal, as vogais podem ser:

a) **orais** — a corrente de ar, vinda dos pulmões, escapa apenas pela boca:

/a/	mato	/o/	boca
/e/	letra	/ɔ/	obra
/ɛ/	reta	/u/	rubro
/i/	vida		

b) **nasais** — a corrente de ar distribui-se pela boca e pelas fossas nasais. Para marcar a nasalidade da vogal, a escrita utiliza-se do **til** (~), do **m** ou do **n**:

/ã/	ímã, tampa, anta, cano	/õ/	põe, ombro, conto
/ẽ/	tempo, gente	/ũ/	rumba, mundo
/ĩ/	ruim, ainda		

2. Quanto à zona de articulação, as vogais podem ser *média, anteriores* e *posteriores*. Veja:

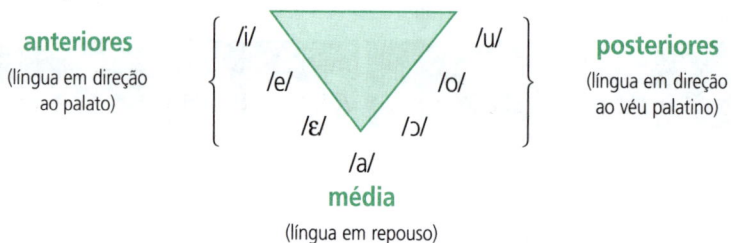

anteriores
(língua em direção ao palato)

posteriores
(língua em direção ao véu palatino)

média
(língua em repouso)

De acordo com o esquema, percebemos que a língua se movimenta na cavidade bucal ao pronunciarmos as diversas vogais. Assim, quanto à zona de articulação, elas recebem a classificação seguinte:

a) **média** — a língua permanece baixa, em estado relaxado: m**a**to, v**a**le, v**á**, div**ã**;

b) **anteriores** — a língua eleva-se em direção à região palatal (céu da boca): p**e**dra, m**e**do, b**i**co;

c) **posteriores** — a língua eleva-se em direção ao véu palatino (palato mole): m**o**da, s**o**ma, l**u**va.

3. Quanto ao timbre (efeito acústico resultante da ressonância que a maior ou menor abertura da cavidade bucal determina), as vogais distinguem-se em:

a) **abertas** — o tubo de ressonância apresenta uma maior abertura: c**a**so, p**e**dra, p**o**te;

b) **fechadas** — o tubo de ressonância apresenta uma menor abertura: m**e**do, p**o**vo, v**i**dro, **u**va;

c) **reduzidas** — são todas as vogais átonas finais. No caso do /e/ e do /o/, no entanto, tais vogais se neutralizam, isto é, são emitidas como [i] e [u], respectivamente: pel**e** = [pɛli], lob**o** = [lobu], cas**a**, tá**xi**.

4. Quanto à intensidade (força com que as vogais são emitidas), as vogais são classificadas em:

a) **tônicas** — emitidas com maior força: m**á**, l**ê**, c**a**sa;

b) **átonas** — emitidas com menor força: **a**s, d**e**, cas**a**.

5. Quanto à elevação da língua — Embora não conste da NGB (Nomenclatura Gramatical Brasileira), de acordo com a elevação do dorso da língua as vogais classificam-se em:

a) **altas** — o dorso da língua eleva-se em direção ao palato. São altas /i/, /ĩ/, /u/ e /ũ/: m**i**co [i], l**i**ndo /ĩ/, l**u**va [u], r**u**mba /ũ/;

b) **mediais** — a elevação do dorso da língua em relação ao palato fica no nível médio. São mediais /e/, /ẽ/, /ɛ/, /o/, /õ/ e /ɔ/: r**e**de [e], d**e**nte [ẽ], p**e**dra [ɛ], p**o**dre [o], **o**mbro [õ], r**o**da [ɔ];

c) **baixas** — a elevação do dorso da língua praticamente não existe. São baixas /a/ e /ã/: p**a**to, c**a**no.

De acordo com esses critérios, esquematizamos a classificação das vogais no seguinte quadro:

Zona de articulação (emissão)		anteriores		média		posteriores	
Oralidade e nasalidade		orais	nasais	orais	nasais	orais	nasais
Elevação da língua	**Timbre**						
Altas	fechadas	/i/	/ĩ/			/u/	/ũ/
	reduzidas		/ĩ/				/ũ/
Mediais	fechadas	/e/	/ẽ/			/o/	/õ/
	abertas	/ɛ/				/ɔ/	
Baixas	fechada				/ã/		
	aberta			/a/			
	reduzidas			/a/	/ã/		

ENCONTROS VOCÁLICOS

Ao pronunciarmos, por exemplo, os vocábulos *pais*, *país* e *iguais*, verificamos que os fonemas vocálicos que os constituem ficam na mesma sílaba ou são pronunciados separadamente.

À sequência de fonemas vocálicos na mesma sílaba ou em sílabas separadas dá-se o nome de **encontro vocálico**. Há três espécies de encontro vocálico: **ditongo**, **tritongo** e **hiato**.

1. Ditongo — é a sequência de **semivogal** e **vogal**, ou vice-versa, na mesma sílaba. De acordo com a posição desses fonemas, o ditongo pode ser:

a) **crescente** — a **semivogal** figura antes da **vogal**: sé-r**ie**, gló-r**ia**, vá-c**uo**;

b) **decrescente** — a **semivogal** figura depois da **vogal**: l**ei**-te, **au**-to, b**oi**.

Quanto à sonoridade, o ditongo também recebe a seguinte classificação:

a) **oral** — a corrente de ar escapa apenas pela cavidade bucal: r**ei**, má-g**oa**, **ou**-ro;

b) **nasal** — a corrente de ar se divide pela cavidade bucal e pelas fossas nasais: m**ui**-to, m**ãe**, dis-p**õe**, a-ma**m** = [ã-m**ãw**].

OBSERVAÇÃO

No ditongo crescente nasal, apenas a vogal é nasal; no ditongo decrescente nasal, a nasalidade abrange a vogal e a semivogal.

a-ra-q**uã**
p**õe**

2. Tritongo — é a sequência de **semivogal**, **vogal** e outra **semivogal**, na mesma sílaba. Também pode ser oral ou nasal:

| Pa-ra-g**uai**, a-ve-ri-g**uei** | **tritongos orais** |
| sa-g**uão**, en-xá-g**uem** | **tritongos nasais** |

3. Hiato — caracteriza-se pela sequência de duas **vogais** pronunciadas em sílabas separadas: ra-iz, sa-ú-va, po-e-ta.

OBSERVAÇÕES

1.ª) Em palavras como *goiaba*, *areia*, *ideia* etc., percebe-se claramente, na pronúncia, a projeção da semivogal da sílaba anterior à silaba seguinte:

goiaba [goy-(y)a-ba]
areia [a-rey-(y)a]
ideia [i-dεy -(y)a]

Encerram, certamente, dois ditongos, e não ditongo seguido de hiato, como opinam alguns autores.

2.ª) Não aparece escrita a semivogal nos encontros vocálicos nasais **em** [ēy] e **am** [āw]:

além [alēy]
amam [āmãw]
mínguam [mĩgwãw]

CLASSIFICAÇÃO DAS CONSOANTES

Para classificar uma consoante, é necessário considerar os seguintes critérios:

1. Modo de articulação — Como já dissemos, para a articulação das consoantes, a corrente de ar vinda dos pulmões encontra obstáculos ao chegar à cavidade bucal. Esse obstáculo pode ser total ou parcial. Portanto, quanto ao modo de articulação, as consoantes podem ser:

a) **oclusivas** — são de prolação (pronúncia) momentânea, ou seja, encontram total obstáculo na sua articulação. São as seguintes:

Fonemas	Letras	Exemplos
/p/	p	pato
/b/	b	bota
/t/	t	taco
/d/	d	dama
/k/	c, qu	cama, quilo
/g/	g, gu	gato, guerra
/m/	m	mato
/n/	n	nata
/ɲ/	nh	ninho

b) **constritivas** — são de prolação prolongada, isto é, a passagem do ar é interrompida parcialmente. Podem ser:

- **fricativas** — a corrente de ar encontra um estreitamento na sua passagem, ocorrendo um atrito, uma fricção entre dois órgãos:

Fonemas	Letras	Exemplos
/f/	f	**f**ada
/v/	v	**v**aga
/s/	s, ss, c, ç, sc, sç, x, xc	**s**apo, a**ss**ar, **c**edo, ca**ç**a, cre**sc**e, na**sç**a, sinta**x**e, e**xc**eção
/z/	z, s, x	**z**ebra, ca**s**a, e**x**ato
/ʃ/	ch, x	**ch**ama, ta**x**a
/ʒ/	j, g	**j**arra, **g**irafa

- **laterais** — a corrente de ar escapa pelas fendas laterais da boca:

Fonemas	Letras	Exemplos
/l/	l	**l**ata
/ʎ/	lh	i**lh**a

- **vibrantes** — a corrente de ar faz vibrar o dorso da língua:

Fonemas	Letras	Exemplos
/r/	r	ca**r**o
/R/	r, rr	**r**oda, ca**rr**o

2. **Ponto de articulação** — Indica os elementos que entram em contato para criar o obstáculo à corrente de ar. Conforme o ponto de articulação, as consoantes são:

a) **bilabiais** — produzidas pelo contato do lábio inferior com o superior:

Fonemas	Letras	Exemplos
/p/	p	**p**ato
/b/	b	**b**elo
/m/	m	**m**ala

b) **labiodentais** — produzidas pela pressão do ar entre o lábio inferior e os dentes superiores:

Fonemas	Letras	Exemplos
/f/	f	**f**ato
/v/	v	**v**oto

c) **linguodentais** — produzidas pelo contato da ponta da língua com a face interior dos dentes superiores:

Fonemas	Letras	Exemplos
/t/	t	**t**aco
/d/	d	**d**ata
/n/	n	**n**ota

d) **alveolares** — produzidas pela aproximação da língua com os alvéolos dos dentes superiores:

Fonemas	Letras	Exemplos
/s/	s, ss, c, ç, sc, sç, x, xc	sala, passar, cela, caça, cresce, nasça, sintaxe, exceder
/z/	s, z, x	asa, fazer, êxito
/l/	l	tela
/r/	r	aro

e) **palatais** — produzidas pelo contato do dorso da língua com o palato duro (céu da boca):

Fonemas	Letras	Exemplos
/ʃ/	ch, x	chapa, caixa
/ʒ/	j, g	jacaré, gelo
/ʎ/	lh	telha
/ɲ/	nh	ganho

f) **velares** — produzidas pelo contato da parte posterior do dorso da língua com o palato mole (véu palatino):

Fonemas	Letras	Exemplos
/k/	c, qu	cabra, quebra
/g/	g, gu	galho, guincho
/R/	r, rr	rota, burro

Os fonemas cuja pronúncia depende do mesmo ponto de articulação recebem o nome **homorgânicos**. Assim, **pê, bê** e **mê** são **bilabiais**; **tê** e **dê** são **linguodentais** etc.

3. Oralidade e nasalidade — Como as vogais, as consoantes também são classificadas em orais e nasais:

a) **orais** — a corrente de ar escapa apenas pela boca; são orais todas as consoantes, com exceção das representadas pelos fonemas /m/, /n/ e /ɲ/;

b) **nasais** — a corrente de ar distribui-se pela boca e pelas fossas nasais; são apenas as representadas pelos três fonemas seguintes:

Fonemas	Letras	Exemplos
/m/	m	manto
/n/	n	ano
/ɲ/	nh	ninho

4. Sonoridade — Quanto à sonoridade, as consoantes podem ser:

a) **surdas** — consoantes que, no momento da sua prolação, não fazem vibrar as cordas vocais;

b) **sonoras** — consoantes que, ao contrário, fazem vibrar as cordas vocais.

Na língua portuguesa, há um total de 19 fonemas consonantais. Desse total, 13 são *sonoros* e 6 são *surdos*. Observe, no quadro a seguir, os 6 pares de fonemas:

Surdos	Sonoros
/p/ — pulo	/b/ — bola
/t/ — taco	/d/ — data
/k/ — calo, quilo	/g/ — galo
/f/ — fato	/v/ — vida
/s/ — sala, massa, caça, cedo, nascer, cresça, sintaxe, excedo	/z/ — raso, zelo, exame
/ʃ/ — chá, xale	/ʒ/ — gelo, jeca

Os restantes são sonoros:

/m/ milho	/ɲ/ ganha	/ʎ/ malha	/R/ marra
/n/ nuca	/l/ lei	/r/ aro	

Para fixar bem a classificação dos fonemas consonantais da língua portuguesa, observe o quadro:

Oralidade / Nasalidade		Orais					Nasais
Modo de articulação		oclusivas		constritivas			oclusivas
				fricativas	laterais	vibrantes	
Sonoridade		surdas	sonoras	surdas	sonoras	sonoras	sonoras	sonoras

Ponto de articulação		oclusivas surdas	oclusivas sonoras	fricativas surdas	fricativas sonoras	laterais sonoras	vibrantes sonoras	nasais sonoras
	bilabiais	/p/	/b/					/m/
	labiodentais			/f/	/v/			
	linguodentais	/t/	/d/					/n/
	alveolares			/s/	/z/	/l/	/r/	
	palatais			/ʃ/	/ʒ/	/ʎ/		/ɲ/
	velares	/k/	/g/				/R/	

ENCONTROS CONSONANTAIS

À sequência imediata de duas ou mais consoantes num mesmo vocábulo dá-se o nome de **encontro consonantal**. Classificam-se em:

a) **perfeitos** — são inseparáveis, ou seja, agrupam-se na mesma sílaba: **pr**a-ga, **br**a-sa, te-**tr**a.

b) **imperfeitos** — são separáveis, ou seja, aparecem em sílabas distintas: ri**t-m**o, pa**c-t**o, a**f-t**a.

OBSERVAÇÃO

Lembre-se de que encontro consonantal é a sequência de fonemas, e não de letras. Na palavra **sexo**, por exemplo, ocorre encontro consonantal porque o **x** é um dífono, ou seja, representa dois fonemas: [sekso].

A SÍLABA

Como vimos anteriormente, a segunda articulação da língua é a combinação de fonemas dentro de cada signo linguístico. Ao fonema ou conjunto de fonemas emitidos num só impulso expiratório dá-se o nome de **sílaba**. O seu centro é sempre uma **vogal**, pois sem ela não pode haver sílaba:

pé	Deus	ter - ra
↓	↓	↓ ↓
vogal	vogal	vogal vogal

Classificação dos vocábulos quanto ao número de sílabas

Quanto ao número de síladas, os vocábulos podem ser:

a) **monossílabos** — vocábulos que apresentam apenas uma vogal: n**ó**, j**á**, r**ei**;

b) **dissílabos** — vocábulos que apresentam duas vogais: d**a**-d**o**, c**o**r-d**a**, s**a**-c**i**;

c) **trissílabos** — vocábulos que apresentam três vogais: s**a**-l**a**-d**a**, c**a**-l**o**-te, p**i**-p**o**-c**a**;

d) **polissílabos** — vocábulos que apresentam quatro ou mais vogais: tr**i**-**â**n-g**u**-l**o**, c**a**-f**e**-z**i**-nh**o**, **a**-m**a**-v**e**l-m**e**n-t**e**.

Acento tônico

Acento tônico é a maior intensidade de voz de uma sílaba. É importante observar que nem sempre as sílabas tônicas são marcadas com acento gráfico. Este é um mero sinal de escrita.

As sílabas sobre as quais incide o acento tônico são chamadas de **tônicas**, sendo **átonas** as que não recebem tal acento. São **pretônicas** as sílabas átonas que se posicionam antes da tônica, e **postônicas** as que figuram depois da tônica:

pa	-	re	-	de
↓		↓		↓
átona		tônica		átona
pretônica				postônica

Além das sílabas tônicas e átonas, existe uma de intensidade intermediária chamada **subtônica**, própria de palavras derivadas, correspondente à tônica da palavra primitiva. Vejamos a correspondência:

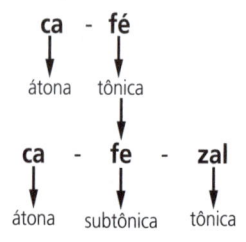

ca	-	fé
↓		↓
átona		tônica

ca	-	fe	-	zal
↓		↓		↓
átona		subtônica		tônica

Classificação dos monossílabos quanto à tonicidade

a) **monossílabos tônicos** — são pronunciados com autonomia fonética, ou seja, são proferidos sem apoio na palavra vizinha:

> Ele partiu **há** horas.
> Elas são pessoas **más**.

b) **monossílabos átonos** — não têm autonomia fonética, ou seja, apoiam-se na palavra vizinha:

> **As** horas passam lentamente.
> São pessoas, **mas** agem irracionalmente.

Vocábulos de mais de uma sílaba

a) **oxítonos** — a última sílaba é a tônica: gua-ra-**ná**, ca-**fé**, sa-**ci**;

b) **paroxítonos** — a penúltima sílaba é a tônica: pa-**re**-de, pe-**te**-ca, so-**lú**-vel;

c) **proparoxítonos** — a antepenúltima sílaba é a tônica: **mé**-di-co, **ân**-gu-lo, **ló**-gi-ca.

Separação silábica

A separação das sílabas deve ser feita pela soletração. Assim:

a) quando há consoante interna, não seguida de vogal, ela pertence à sílaba anterior: ra**p**-to, o**c**-**c**i-pi-tal, a**b**-ru**p**-to;

b) separam-se os dígrafos **rr**, **ss**, **sc**, **sç** e **xc**: ba**r**-**r**o, pa**s**-**s**a, na**s**-**c**er, flo-re**s**-**ç**a, e**x**-**c**e-ção;

c) separam-se os fonemas vocálicos que formam hiato: s**a**-**ú**-de, p**o**-**e**-ta, c**a**-**a**-tin-ga.

OBSERVAÇÕES

1.ª) Se os fonemas são semivogais, formando ditongo ou tritongo, não podem ser separados da vogal em que se apoiam: v**ai**-da-de, q**ua**-se, i-g**uai**s.

2.ª) Vocábulos como **glória**, **série**, **tênue** etc. classificam-se quer como **ditongos**, quer como *hiatos* (portanto, **paroxítonos** ou **proparoxítonos**). Preferimos classificá-los como **paroxítonos** (ditongos).

ORTOEPIA E PROSÓDIA

Ortoepia

A **ortoepia** trata da correta pronúncia das palavras quanto à emissão de vogais, à articulação das consoantes e ao timbre, o que geralmente interfere na maneira correta de escrever.

Pronúncia correta	Pronúncia errada
bandeja	bandeija
beneficência	beneficiência
camundongo	camondongo
caranguejo	carangueijo
empecilho	impecilho
mendigo	mendingo
mortadela	mortandela
prazerosamente	prazeirosamente
reivindicar	reinvidicar

Prosódia

A **prosódia** trata da correta pronúncia das palavras quanto à posição da sílaba tônica.

Pronúncia correta	Pronúncia errada
avaro	ávaro
cateter	catéter
circuito	circuíto
condor	côndor
filantropo	filântropo
fortuito	fortuíto
gratuito	gratuíto
ibero	íbero
ínterim	interim
mister	míster
Nobel	Nóbel
pudico	púdico
recorde	récorde
refém	réfem
rubrica	rúbrica

1. Explique o que você entende por **fonema** e **grafema**.
2. O que são fonemas silábicos?
3. As letras **m** e **n** sempre representam um fonema consonantal? Justifique.
4. Classifique os fonemas vocálicos da palavra **parede**.
5. Observe as vogais das seguintes palavras: **cato**, **meta**, **mito**, **pote**, **mudo**. Agora substitua as vogais orais por vogais nasais, criando, assim, novos signos.
6. As semivogais são representadas graficamente apenas pelas letras **i** e **u**? Justifique.

7. Partindo do vocábulo **pato**, realize o seguinte trabalho:

a) substitua a consoante oclusiva, bilabial, oral, surda pela consoante constritiva, vibrante, oral, alveolar, sonora.

b) substitua a consoante oclusiva, bilabial, oral, surda pela constritiva, fricativa, oral, labiodental, surda.

c) substitua a consoante oclusiva, bilabial, oral, surda pela oclusiva, bilabial, nasal, sonora.

d) substitua a consoante oclusiva, bilabial, oral, surda pela sua homorgânica sonora.

8. Leia o seguinte texto:

JOGO DE BOLA

A bela bola
rola:
a bela bola do Raul

Bola amarela,
a da Arabela

A do Raul,
azul.

Rola a amarela
e pula a azul.

A bola é mole,
é mole e rola.

A bola é bela,
é bela e pula.

É bela, rola e pula,
é mole, amarela, azul.

A de Raul é de Arabela,
e a de Arabela é de Raul.

(Cecília Meireles)

Destaque, do texto, as palavras em que, de acordo com a troca de fonemas, houve a formação de signos diferentes.

9. Sublinhe, na série de palavras a seguir, aquelas em que o número de letras é maior que o número de fonemas:

chacrinha – crucifixo – rochedo – panqueca – filhote – ilha – poesia – romaria – carreta – excesso

10. Sublinhe, na seguinte série, as palavras que apresentam um número maior de fonemas em relação ao número de letras:

exame – nexo – exato – xarope – fixo – sintaxe – táxi – hoje – ombro – tóxico – intoxicado

11. Copie, da série seguinte, as palavras que apresentam semivogal:

aqui – gratuito – juiz – coisa – saci – roupa – chuchu – joia – tranquilo – manteiga

12. Indique o número de letras e de fonemas das seguintes palavras:

a) máquina
b) lâmpada
c) pinheirinho
d) homúnculo
e) Santiago
f) intoxicação
g) chuveiro
h) correspondência
i) palhinha
j) guerreiro
k) aguenta
l) portuguesa
m) cantamos
n) adequada
o) conselho
p) língua

13. Associe, de acordo com o seguinte código:

1. dígrafo vocálico   2. dígrafo consonantal   3. encontro consonantal

a) ( ) antigo
b) ( ) dígrafo
c) ( ) adquirido
d) ( ) flecha
e) ( ) brasa
f) ( ) sublocar
g) ( ) pneu
h) ( ) descer
i) ( ) bomba
j) ( ) excitar
k) ( ) pêssego
l) ( ) banco
m) ( ) dragão
n) ( ) ritmo
o) ( ) santo
p) ( ) plebe
q) ( ) chapéu
r) ( ) crivo
s) ( ) cresça
t) ( ) ponte
u) ( ) substituto

14. Faça a correlação, de acordo com o código:

1. ditongo oral crescente
2. ditongo oral decrescente
3. ditongo nasal crescente
4. ditongo nasal decrescente

5. tritongo oral
6. tritongo nasal
7. hiato

a) ( ) aorta
b) ( ) deságuem
c) ( ) aéreo
d) ( ) ígnea
e) ( ) vogais

f) ( ) circuito
g) ( ) mamões
h) ( ) baeta
i) ( ) Israel
j) ( ) saguão

k) ( ) enquanto
l) ( ) outrora
m) ( ) benzinho
n) ( ) enxaguou
o) ( ) amaram

15. Divida em sílabas as palavras que seguem, classificando-as em **oxítonas**, **paroxítonas** ou **proparoxítonas**:

a) pneumático
b) occipital
c) substantivo
d) veemente
e) advogado

f) infecção
g) abrupto
h) egípcio
i) abdicar
j) ruim

k) psicólogo
l) gratuito
m) característica
n) excesso

Testes

DE CONCURSOS PÚBLICOS E VESTIBULARES

1. **(Cespe-MPU)** Sabe-se que o **h** é uma letra diferente das demais, pois não corresponde a um fonema. Em certos casos, porém, associada a uma consoante, constitui um dígrafo. Assinale a opção em que todas as palavras apresentam dígrafos com a letra **h**.
a) trabalhava / chegada / horário
b) horas / havia / chuva
c) manhã / melhoravam / homenagem
d) trabalho / chapeleira / banho
e) homens / ganhava / hotel

2. **(Cespe-MPU)** Sabe-se que a letra **x** pode representar diferentes sons. Assinale a opção em que as palavras com **x**, na ordem em que aparecem na frase, têm os mesmos sons de "extraordinário" e "complexa", respectivamente.
a) Há excessivas preocupações no exercício profissional.
b) Existem atividades que afetam a vida sexual dos trabalhadores.
c) A experiência mostra ser necessário flexibilizar as jornadas de trabalho.
d) É de máxima importância que as relações de trabalho fiquem bem expressas.
e) Não relaxando no trabalho, o fluxo das informações é mais ágil.

3. **(TRE-MT)** A separação das sílabas está **incorreta** na alternativa:
a) mi-nis-té-rio
b) ab-so-lu-tas
c) ne-nhu-ma
d) té-cni-co
e) res-sen-ti-men-tos

4. **(CET-RJ)** Na palavra **grisalha**, ocorrem:
a) um dígrafo vocálico e um encontro consonantal.
b) um dígrafo consonantal e um encontro vocálico.
c) dois encontros consonantais.
d) um encontro consonantal e um dígrafo consonantal.
e) dois encontros vocálicos.

5. (MP-RS) Assinale a alternativa em que todas as palavras estão corretas quanto à partição silábica:

a) trans-a-tlân-ti-co, ba-la-io, con-cei-tu-a
b) abs-tra-ir, ji-bo-i-a, ar-ca-ís-mo
c) i-guais, co-or-de-nar, fic-ção
d) am-bí-gu-o, subs-cre-ver, ins-ci-en-te
e) Sa-a-ra, ar-cai-co, su-bli-nhar

6. (Inca) Em que item a seguir a separação silábica está correta?

a) Grécia: Gré-cia
b) cultuava: cul-tua-va
c) enigmáticas: e-ni-gmá-ti-cas
d) entoação: en-toa-ção
e) errada: e-rra-da

7. (STN) Marque a série correta quanto à divisão silábica:

a) fi-a-do, flui-do, ru-im
b) se-cre-ta-ri-a, ins-tru-ir, né-ctar
c) co-o-pe-rar, tung-stê-nio, i-guais
d) cir-cui-to, subs-cre-ver, a-po-te-ose
e) abs-ces-so, ri-tmo, sub-ju-gar

8. (TCU-UnB) Assinale a opção em que o fonema **/s/** ocorre em todas as palavras:

a) exatoria / reconhecido / diversificado
b) máximo / explícita / precursor
c) acionar / sucesso / invisível
d) manuseável / conceder / auxílio
e) essencial / êxito / patrício

9. (BB) Separação silábica errada:

a) a-zu-is
b) sé-ri-e
c) gra-tui-to
d) i-ní-cio
e) in-te-lec-tu-al

10. (Alerj/Fesp) A classificação de monossílabo átono cabe para a seguinte palavra destacada:

a) Queriam **vos** deixar ali.
b) Vejo **dor** em seus olhos.
c) Quem **tem** medo dela?
d) O vento **fez** estragos.
e) Ficarei ao **sol** hoje.

11. (MP-SC) As palavras **oleiro**, **régua**, **vitória** e **saída** apresentam, respectivamente:

a) ditongo decrescente, ditongo decrescente, ditongo crescente, hiato.
b) ditongo decrescente, ditongo crescente, ditongo crescente, hiato.
c) hiato, ditongo crescente, ditongo decrescente, ditongo crescente.
d) hiato, ditongo crescente, ditongo crescente, ditongo crescente.
e) ditongo decrescente, ditongo crescente, ditongo decrescente, hiato.

12. (SSP-MT) Em qual das alternaivas abaixo ambas as palavras apresentam 8 letras e 6 fonemas?

a) gasolina – cochicho
b) passarela – passeata
c) assessor – guitarra
d) salsicha – caridade
e) bochecha – oclusiva

13. (PUC-SP) Nas palavras **anjinho**, **carrocinha**, **nossa** e **recolhendo**, podemos detectar oralmente a seguinte quantidade de fonemas:

a) três, quatro, dois, quatro
b) cinco, oito, quatro, oito
c) seis, dez, cinco, oito
d) três, seis, dois, cinco
e) sete, onze, cinco, dez

14. (FMU-SP) Nas palavras **unha, guerra** e **quilo:**
a) há dígrafo na primeira, mas não nas duas últimas.
b) há dígrafo nas duas primeiras, mas não na última.
c) não há dígrafo na primeira, mas sim nas duas últimas.
d) há dígrafo em todas.
e) não há dígrafo, pois esse termo não existe.

15. (Faus-SP) A oposição fonemática que marca a distinção dos vocábulos **bomba** e **pomba** é:
a) nasalidade
b) oralidade
c) bilabialidade
d) linguodentalidade
e) sonoridade

16. (Fuvest-SP) Indicar a afirmação errônea acerca da série de palavras: **lado, ledo, lido, lodo, ludo**.
a) Todas são dissílabas e paroxítonas.
b) Todas terminam por uma vogal átona.
c) Nelas estão exemplificados todos os fonemas vocálicos da língua portuguesa.
d) Todas são formadas de duas consoantes sonoras e duas vogais orais.
e) Apenas uma é forma verbal.

17. (PUC-SP) Assinale a alternativa que contém uma afirmação correta:
a) Na palavra **pneumático** ocorre um grupo consonantal e um hiato.
b) Na palavra **gratuito** ocorre um ditongo oral decrescente.
c) Na palavra **taxímetro** há quatro sílabas e nove fonemas.
d) Em **sangue** ocorre um dígrafo e um ditongo.
e) n. d. a.

18. (ITA-SP) Dadas as palavras:
1. des-a-ten-to   2. sub-es-ti-mar   3. trans-tor-no
constatamos que a separação está correta:
a) apenas na número 1.
b) apenas na número 2.
c) apenas na número 3.
d) em todas as palavras.
e) n. d. a.

19. (PUCCamp-SP)
Para dizerem milho dizem mio
Para melhor dizem mió
Para pior dizem pió
Para telha dizem teia
Para telhado dizem teiado
E vão fazendo telhados.
(Oswald de Andrade — *Vício na fala*)

Com relação ao que ocorre nas falas reproduzidas do poema, é correto afirmar que:
a) no 1.º verso, a pronúncia "mio" omite o dígrafo, criando um ditongo oral crescente.
b) no 2.º verso, a pronúncia "mió" omite o dígrafo e cria um hiato no final da palavra.
c) no 4.º verso, a pronúncia "teia" omite o encontro consonantal e cria um tritongo no final da palavra.
d) no 5.º verso, a pronúncia "teiado" omite o dígrafo, criando um ditongo decrescente no meio da palavra.
e) n. d. a.

20. (Vunesp) Observe a repetição de determinados sons nos dois versos de **Ode triunfal**, escritos por Álvaro de Campos, heterônimo de Fernando Pessoa:

Ó rodas, ó engrenagens, r-r-r-r-r-r eterno!
Forte espasmo retido dos maquinistas em fúria!

Com relação ao recurso usado pelo poeta, podemos dizer:

a) que o uso da consoante velar, vibrante, sonora /R/ em aliteração contribui para transmitir força onomatopaica aos versos.

b) que não há uma nítida intenção sonora nos versos — esta é uma decorrência.

c) que um dos aspectos sonoros fortíssimos desses versos é a invocação a seres superiores.

d) que o poeta explora a força sonora de alguns vocativos.

e) n. d. a.

21. (UFV-MG) As sílabas das palavras psicossocial e traído estão corretamente separadas em:

a) psi-cos-so-ci-al / tra-í-do
b) p-si-cos-so-cial / tra-í-do
c) psi-co-sso-ci-al / tra-í-do
d) p-si-co-sso-cial / tra-í-do
e) psi-co-sso-ci-al / traí-do

22. (UEPG-PR) Nesta relação, as sílabas tônicas estão destacadas. Uma delas, porém, está destacada incorretamente. Assinale-a:

a) inte**rim**
b) pu**di**co
c) ru**bri**ca
d) gra**tui**to
e) inau**di**to

23. (Unicamp-SP) O texto reproduz um trecho da conversação entre dois locutores, L1 e L2.

L1:*Repita o que você disse.*
L2:*Bom... eu disse que pra mim... bem... pra mim... é lucro. Não assim um luuucro, entende?*
L1:*Claro, claro!*
L2:*Ahan ahn. Em suma, acho que... bem, é bom ter uma margem de lucro, mas não um lucro assiiiim exagerado, certo?*

A afirmação correta a respeito da interlocução é:

a) Não ocorre comunicação entre os interlocutores porque as falas são muito fragmentadas.

b) Os truncamentos das frases de L2 provocam uma súbita suspensão do entendimento, pois prejudicam a compreensão de L1.

c) Os enunciados de L2 estão repletos de exploração fonética; o interlocutor evidencia, com esse recurso, pontos de sua explicação.

d) Não ocorre comunicação entre os interlocutores porque há muita repetição fonética.

e) A presença de frases incompletas e a digressão tópica prejudicaram por completo a interlocução.

24. (Uepa) *"... Conto a vocês uma conversa que tive com um índio muito inteligente — o cacique Juruna. Ele me perguntou um dia quem inventou o 'papé'. Eu quis explicar como é que se fabrica papel com madeira esmagada. Juruna reclamou que queria saber é do 'papé' verdadeiro. Esse que levado na mão de um homem o torna o dono de terras que nunca viu e onde um povo viveu há séculos."* (Darcy Ribeiro)

Comparando-se a pronúncia predominante da palavra **papel** com a do cacique Juruna, [papéw] e [papé], respectivamente, observa-se que a variante fonológica caracteriza-se pela:

a) substituição de um fonema sonoro final por um fonema surdo.

b) supressão de uma vogal final.

c) supressão de uma consoante final.

d) redução de um ditongo aberto a uma vogal aberta.

e) redução de um ditongo aberto a uma vogal fechada.

25. (ITA-SP) Para a presente questão, observar que:

1. a acentuação gráfica foi eliminada;

2. as sílabas tônicas propostas são representadas por letras maiúsculas destacadas.

   Ex.: ca**TAS**trofe (a sílaba tônica proposta é **TAS**)

Ao escutar, então,

ru**BRI**ca, a**VA**ro, pro**TO**tipo, gratu**I**to,

verifica-se que:

a) apenas uma palavra foi pronunciada corretamente.

b) apenas duas palavras foram pronunciadas corretamente.

c) três palavras foram pronunciadas corretamente.

d) todas foram pronunciadas corretamente.

e) nenhuma foi pronunciada corretamente.

26. (Unirio) "O bom tempo passou e vieram as chuvas. Os animais todos, arrepiados, passavam os dias cochilando".

No trecho acima, temos:

a) dois ditongos e três hiatos

b) cinco ditongos e dois hiatos

c) quatro ditongos e três hiatos

d) três ditongos e três hiatos

e) quatro ditongos e dois hiatos

27. (Unifor-CE) "Um verdadeiro livro de um senhor autor não é um prato de comida."

Nas palavras grifadas acima, encontram-se, respectivamente,

a) encontro consonantal, hiato e encontro consonantal.

b) dígrafo, ditongo decrescente e encontro consonantal.

c) dígrafo, hiato e encontro consonantal.

d) dígrafo, ditongo decrescente e dígrafo.

e) encontro consonantal, ditongo decrescente e dígrafo.

28. (PUC-SP) Indique a alternativa em que constatamos, em todas as palavras, a semivogal **i**:

a) cativos – minada – livros – tirarem

b) oiro – queimar – capoeiras – cheiroso

c) virgens – decidir – brilharem – servir

d) esmeril – fértil – cinza – ainda

e) livros – brilharem – oiro – capoeiras

Capítulo 2

Ortografia

Ortografia é a parte da gramática que ensina a escrita correta das palavras. A palavra "ortografia" é composta de dois radicais de origem grega: **orto** (= certo, direito, reto, correto, justo, exato) + **grafo** (= escrita, descrição) + o sufixo formador de substantivos: **-ia**.

Existem na língua portuguesa vinte e seis letras: **a**, **b**, **c**, **d**, **e**, **f**, **g**, **h**, **i**, **j**, **k**, **l**, **m**, **n**, **o**, **p**, **q**, **r**, **s**, **t**, **u**, **v**, **w**, **x**, **y**, **z**.

Empregam-se K, W e Y:

a) em abreviaturas e símbolos científicos:

> **km** (quilômetro), **W** (tungstênio, oeste ou watt), **Yd** (jarda)

b) em palavras estrangeiras não aportuguesadas:

> mar**k**eting, **k**no**w**-ho**w**, hobb**y**

c) em nomes próprios estrangeiros e seus derivados:

> **W**agner — **w**agneriano; **K**ant — **k**antismo; B**y**ron — b**y**roniano

A letra H

Essa letra não possui valor fonético em nossa língua. Emprega-se nos seguintes casos:

a) no início de certas palavras, devido à etimologia:

> **h**oje (origem latina: *hodie*); **h**orizonte (origem grega: *horizon*)

b) na formação dos dígrafos **ch**, **lh** e **nh**:

> **ch**apéu, pal**h**a, nin**h**o

c) nos compostos unidos por hífen:

> sobre-**h**umano, anti-**h**igiênico

d) no substantivo próprio Bahia devido à secular tradição.

e) no início ou no final de algumas interjeições:

ih!, ah!, oh!, hem?

Por ser difícil sistematizar o estudo de ortografia, como se faz na acentuação gráfica, por exemplo, apontamos a seguir algumas regras práticas bastante úteis.

Emprega-se X:

a) depois de ditongos:

caixa, baixa, faixa, peixe, trouxa

Exceções: guache, caucho (e derivadas: recauchutar, recauchutagem).

b) depois da inicial **en**:

enxerto, enxada, enxotar, enxergar

Se, contudo, houver o prefixo **en-** seguido de palavra iniciada por **ch**, esse dígrafo deverá ser mantido:

cheio	encher, enchimento
chiqueiro	enchiqueirar
chumaço	enchumaçar
charco	encharcar

c) depois da inicial **me**:

México, mexerico, mexerica, mexilhão

Exceções: mecha, mechar, mechoação (erva purgativa).

Empregam-se C e Ç:

a) depois de ditongos:

eleição, traição, coice, ouço

b) em palavras de origem árabe, tupi ou africana:

cetim (árabe)	paçoca (tupi)
muçulmano (árabe)	caçula (africana)
araçá (tupi)	miçanga (africana)

c) em formas correlatas de palavras terminadas com **-to** ou **-ter**:

ereto	ereção
correto	correção
deter	detenção

d) nos sufixos **-ação**, **-aço(a)** e **-iço(a)**:

aspiração	ricaço	barcaça	sumiço
pontuação	balaço	barbaça	carniça

Emprega-se SS:

a) nos substantivos relacionados a verbos com o radical **-ced-**:

aceder	acesso
ceder	cessão

b) nos substantivos relacionados a verbos com o radical **-met-**:

submeter	submissão
intrometer	intromissão

c) nos substantivos relacionados a verbos com a terminação **-tir**:

permitir	permissão
discutir	discussão

d) nos substantivos relacionados a verbos com o radical **-prim-**:

reprimir	repressão
comprimir	compressão

e) nos substantivos relacionados a verbos com o radical **-gred-**:

agredir	agressão
regredir	regressão

Emprega-se S:

a) no sufixo **-ês** indicador de origem, procedência:

chinês, burguês, calabrês, montês

b) nos sufixos **-esa** e **-isa** formadores de femininos:

marquesa, profetisa, duquesa, diaconisa

c) nos sufixos **-oso** e **-osa** formadores de adjetivos:

gostoso, amorosa, apetitoso, pomposa

d) depois de **ditongos**:

lousa, deusa, coisa, náusea

Emprega-se Z:

a) nos verbos formados pelo sufixo **-izar**:

atual + izar	atualizar
civil + izar	civilizar
fiscal + izar	fiscalizar

Contudo, usa-se **s**, e não **z**, quando se acrescenta o sufixo **-ar** a palavras que já possuem **s** no radical:

friso + **ar**	frisar
análise + **ar**	analisar
pesquisa + **ar**	pesquisar

b) nos substantivos abstratos derivados de adjetivos:

rígido	rigidez
gentil	gentileza
viúvo	viuvez
certo	certeza

c) nos sufixos formadores de aumentativos e diminutivos:

corpo	corpanzil
cão	canzarrão
flor	florzinha
mãe	mãezinha

Porém, quando a palavra primitiva contém a letra **s**, esta se conserva na derivação:

mesa	mesinha
casa	casinha
rosa	rosinha
princesa	princesinha

d) no sufixo **-triz** formador de femininos:

ator	atriz
embaixador	embaixatriz
imperador	imperatriz

Emprega-se J:

a) na conjugação de verbos terminados em **-jar**:

encorajar	encorajo, encorajei, encorajamos
despejar	despejo, despejei, despejem

b) nas palavras de origem tupi, africana ou árabe:

pajé, jiboia (origem tupi)
canjica, jeribita (origem africana)
alfanje, alforje (origem árabe)

c) nas palavras derivadas de outras que já contêm a letra **J**:

varejo	varejista
cereja	cerejeira
brejo	brejeiro

Emprega-se G:

a) nos substantivos terminados por **-agem**, **-igem** e **-ugem**:

barr**agem**, vert**igem**, pen**ugem**, ar**agem**, ful**igem**, ferr**ugem**

Exceções: pa**j**em e lambu**j**em.

b) nas terminações **-ágio**, **-égio**, **-ígio**, **-ógio** e **-úgio**:

pedá**g**io, colé**g**io, prestí**g**io, reló**g**io, refú**g**io

As vogais E e I:

a) grafam-se com **e** algumas formas verbais em que o infinitivo termina em **-oar** e **-uar**:

abenç**oar**	abenço**e**
perd**oar**	perdo**e**
efet**uar**	efetu**e**
aten**uar**	atenu**e**

b) grafam-se com **e** as formas verbais em que o infinitivo termina em **-ear**:

pass**ear**	pass**e**io, pass**e**ias, pass**e**amos, pass**e**ais, pass**e**iam
rod**ear**	rod**e**io, rod**e**ias, rod**e**ia, rod**e**amos, rod**e**ais, rod**e**iam

c) grafam-se com **e** palavras formadas com o prefixo **ante-** (anterioridade):

ant**e**véspera
ant**e**alvorada
ant**e**aurora
ant**e**câmara

d) grafam-se com **e** palavras derivadas com a raríssima terminação **-eano(a)**:

cor**e**ano
guin**e**ano
montevid**e**ano

e) grafam-se com **i** as formas verbais em que o infinitivo termina em **-air**, **-oer**, e **-uir**:

atr**air**	atra**i**
corr**oer**	corró**i**
infl**uir**	influ**i**

f) grafam-se com **i** as formas verbais em que o infinitivo termina em **-iar**:

var**iar**	var**i**o, var**i**as, var**i**a, var**i**amos, var**i**ais, var**i**am
cop**iar**	cop**i**o, cop**i**as, cop**i**a, cop**i**amos, cop**i**ais, cop**i**am

Exceções: mediar, ansiar, remediar, incendiar, odiar.

g) grafam-se com **i** palavras formadas com o prefixo **anti-** (oposição):

> antiabortivo
> antiácido
> antiacústico
> antidemocrático

h) grafam-se com **i** palavras derivadas com a terminação **-iano(a)**:

> açoriano
> alasquiano
> bachiano
> machadiano
> wagneriano

OBSERVAÇÃO

Para o adjetivo derivado de **Acre** há duas grafias: **acreano** (forma oficial) e **acriano** (forma preferível).

As vogais O e U

É frequente, em razão da pronúncia, a troca do **o** pelo **u** ou vice-versa.

Observe a grafia de algumas palavras com essas letras:

a) escrevem-se com **O**:

abolir, amêndoa, amontoar, boate, boteco, botequim, bússola, cobiçar, cortiça, engolir, goela, mágoa, moela, mochila, moleque, molusco, nódoa, óbolo, poleiro, polenta, mosquito, silvícola, toalete, tossir, tostão, zoar etc.

b) escrevem-se com **U**:

acudir, amuleto, bônus, bueiro, bulir, camundongo, cinquenta, cutia, curtume, embutir, entupir, íngua, jabuti, jabuticaba, lóbulo, mandíbula, muamba, supetão, tábua, tabuada, tabuleiro, urtiga etc.

OBSERVAÇÃO

A simples troca do **e** pelo **i** modifica completamente o sentido de muitas palavras. Observe:

área (superfície)	ária (melodia)
arrear (pôr arreios)	arriar (abaixar)
delatar (denunciar)	dilatar (distender)
emergir (vir à tona)	imergir (afundar)
emigrar (sair do país)	imigrar (entrar no país)
eminente (de condição elevada)	iminente (prestes a ocorrer)
peão (que anda a pé)	pião (espécie de brinquedo)
recreação (diversão)	recriação (criar novamente)
venoso (relativo a veias)	vinoso (que produz vinho)

Formas variantes

Existem na língua portuguesa inúmeras palavras que apresentam dupla grafia. Nesses casos, qualquer uma é considerada correta. Eis algumas das mais interessantes:

abdômen ou abdome	cumular ou acumular	loiro ou louro
afeminado ou efeminado	debulhar ou desbulhar	maquiagem ou maquilagem
aluguel ou aluguer	degelar ou desgelar	marimbondo ou maribondo
amídala ou amígdala	dependurar ou pendurar	mobiliar ou mobilhar
aritmética ou arimética	empanturrar ou empaturrar	nenê ou neném
arrebentar ou rebentar	entoação ou entonação	parêntese ou parêntesis
arrebitar ou rebitar	estralar ou estalar	percentagem ou porcentagem
assoalho ou soalho	flauta ou frauta	projétil ou projetil
assobiar ou assoviar	flecha ou frecha	radioatividade ou radiatividade
assoprar ou soprar	fleuma ou fleugma	rastro ou rasto
azaleia ou azálea	geringonça ou gerigonça	réptil ou reptil
bêbado ou bêbedo	hem? ou hein?	surrupiar ou surripiar
biscoito ou biscouto	hemorroida ou hemorroide	tesoura ou tesoira
cãibra ou câimbra	hidrelétrico ou hidroelétrico	toicinho ou toucinho
catorze ou quatorze	imundície ou imundícia	tramela ou taramela
chipanzé ou chimpanzé	infarto ou enfarte	trilhão ou trilião
cociente ou quociente	laje ou lajem	voleibol ou volibol

Exercícios

1. Considerando que todas as palavras a seguir apresentam **ditongo**, **me** ou **en**, preencha as lacunas com **x** ou **ch**:

a) guei_a
b) en_ame
c) afrou_ar
d) recau_utar
e) madei_a
f) en_imento
g) bau_ita

h) me_erico
i) en_arcar
j) en_erido
k) en_otar
l) me_inflório
m) encai_otar
n) en_ovalhar

o) en_iqueirar
p) en_aqueca
q) en_urrada
r) en_umaçar
s) en_ouriçar
t) me_ilhão

2. Forme palavras cognatas, tendo em vista os modelos:

a) ceder — *cessão*
   conceder
   aceder
   interceder
   suceder

b) agredir — *agressão*
   regredir
   transgredir
   progredir

c) reprimir — *repressão*
   suprimir
   oprimir
   comprimir
   imprimir

d) permitir — *permissão*
   discutir
   demitir
   admitir
   emitir

e) suspender — *suspensão*
   ascender
   compreender
   repreender
   apreender

f) expelir — *expulsão*
   compelir
   repelir
   impelir

g) converter — *conversão*
   reverter
   inverter
   contraverter
   verter

h) ater — *atenção*
   deter
   abster
   conter
   reter

i) isento — *isenção*
   direto
   correto
   exceto
   ereto

j) imergir — *imersão*
   emergir
   submergir
   aspergir
   convergir

3. Derive substantivos abstratos, tendo em vista o modelo:

a) viúvo — *viuvez*
b) pequeno
c) altivo
d) lúcido
e) surdo

4. Seguindo o modelo, forme derivados a partir dos primitivos a seguir:

a) campo — *camponês*
b) monte
c) marco
d) burgo
e) montanha

5. Derive adjetivos dos substantivos apresentados, tendo em vista o modelo:

a) China — *chinês*
b) Pequim
c) Calábria
d) Noruega
e) Milão

6. De acordo com o modelo, forme femininos a partir dos substantivos apresentados:
a) duque — *duquesa*
b) cônsul
c) príncipe
d) barão
e) freguês

7. Faça o mesmo, seguindo o modelo:
a) poeta — *poetisa*
b) sacerdote
c) profeta
d) diácono
e) píton

8. Derive verbos das palavras apresentadas, tendo em vista o modelo:
a) civil — *civilizar*
b) útil
c) fértil
d) ágil
e) ameno

9. Faça o mesmo, seguindo o modelo:
a) análise — *analisar*
b) catálise
c) paralisia
d) pesquisa
e) aviso

10. Complete as lacunas das palavras a seguir, com **g** ou **j**:
a) estran_eiro
b) can_ica
c) lambu_em
d) ma_estade
e) vare_ista
f) falan_e
g) alfor_e
h) pa_ear
i) verti_em
j) sar_eta
k) o_eriza
l) rabu_em
m) fuli_em
n) me_era
o) pa_em
p) ultra_e
q) a_iota
r) gor_eio
s) lison_ear
t) ferru_em

11. Complete as palavras seguintes, empregando **e** ou **i** nas lacunas:
a) cor_ano
b) d_gladiar
c) art_manha
d) irr_quieto
e) front_spício
f) homogên_o
g) requ_sito
h) cr_ação
i) aboríg_ne
j) cand_eiro
k) d_senteria
l) d_stilar
m) pass_ata
n) _mpecilho
o) pr_v_légio
p) m_x_rica

12. Faça o mesmo, empregando **o** ou **u** nas lacunas:

a) p_leiro
b) ób_lo
c) reg_rgitar
d) tab_ada
e) p_lenta
f) eng_lir

g) b_rb_rinho
h) cam_ndongo
i) c_rtume
j) emb_tir
k) t_alete
l) nód_a

m) mág_a
n) jab_ti
o) us_fruto
p) táb_a
q) t_stão
r) m_squito

DE CONCURSOS PÚBLICOS E VESTIBULARES

1. (TRE-RO) Marque a opção em que todas as palavras estão corretamente grafadas:
a) presunsão / recenseamento / alvíssaras / prazeirosamente
b) lascivo / incandescer / dissipar / revezamento
c) obsessão / distensão / rescindir / sombrancelha
d) sucessão / grangear / dissemelhante / tez
e) irriquieto / cúpula / rabugice / anis

2. (BB) Ortografia — Alternativa correta:
a) estemporâneo
b) esterminado
c) espansivo
d) escomungado
e) espontâneo

3. (BB) Grafia certa:
a) civilisar
b) padronisar
c) concretisar
d) humanisar
e) paralisar

4. (TJ-SP) Marque a alternativa em que todas as palavras se completam corretamente com a letra ao lado:
a) mon_e; ar_ila; bre_eiro; cônju_e (**g**)
b) e_traviar; e_pansão; _ucro; fu_ico (**x**)
c) d_ gladiar; cód_a; efetu_; quas_ (**e**)
d) tereb_ntina; _figênia; pát_o; cum_eira (**i**)
e) e_pontâneo; mi_to; va_ar; gro_a (**s**)

5. (Telerj)   jiló – chuchu – ascessor – acesso.
Em relação à escrita das palavras acima, podemos afirmar que:
a) nenhuma das palavras está escrita corretamente.
b) todas as palavras estão escritas corretamente.
c) a 1ª e a última palavras apresentam erro.
d) a 2ª e a 4ª palavras estão escritas de forma errada.
e) a 3ª palavra está escrita de forma incorreta.

6. (PGE-RJ) "Às vezes rola um bêbedo pela escadaria, ...". A palavra bêbedo, segundo os dicionários, também pode ter a forma bêbado. Que palavra a seguir não possui duas formas gráficas conhecidas?
a) chimpanzé
b) flecha
c) réptil
d) projétil
e) ínterim

7. **(PGE-RJ)** Na frase "... olha para a **xícara** fumegante...", vê-se que a grafia correta da palavra destacada é com a letra **x**. Em que item a seguir há uma grafia errada?

a) enxame / mexer
b) chuchu / chávena
c) vexame / colcha
d) xale / chalé
e) engraxate / fachina

8. **(PGE-RJ)** "Há um **rebuliço** na porta do palácio." Nessa frase destaca-se uma palavra escrita com **u**; em que item a seguir erra-se na grafia de uma palavra?

a) puleiro / chuvisco
b) curtume / molambo
c) mágoa / muamba
d) abolir / polir
e) lombriga / coador

9. **(MM)** A alternativa em que todas as palavras se completam corretamente com a(s) letra(s) dos parênteses é:

a) lan_ar; gan_o; dan_ar (**s**)
b) pro_etar; su_estão; gran_eiro (**j**)
c) co_ilo; fa_ada; engra_ar (**ch**)
d) ch_visco; c_rtume; m_cambo (**u**)
e) esva_iar; fertili_ar; pre_ado (**z**)

10. **(TRE-MT)** A grafia da palavra destacada está **incorreta** em:

a) Pelé é uma **exceção** entre os ministros.
b) A **pretensão** maior do novo ministério é levar a prática esportiva ao país inteiro.
c) É preciso **analisar** com cuidado os planos do governo.
d) Nosso time jogou muito **mal**.
e) Ele não quis participar da **excurção**.

11. **(Alerj/Fesp)** A série em que todas as palavras se escrevem com a letra **x** é:

a) to_a; mo_ila
b) en_er; en_ente
c) _inelo; _ocante
d) en_ergar; en_arcar
e) cai_ote; ca_umba

12. **(TRE-RO)** Extin_ão; conce_ão; suspen_ão; ob_ecar; can_ado. Para completar corretamente as palavras acima, usam-se respectivamente:

a) c – ç – s – sc – s
b) ç – ss – s – c – s
c) s – ss – s – sc – s
d) s – c – s – sc – ç
e) s – c – ç – s – ç

13. **(SFE-MG)** Assinale a alternativa em que todas as palavras estão corretamente grafadas:

a) extinção, anteontem, beneficiente
b) crâneo, esquisito, consequência
c) despender, engolir, quesito
d) tijela, meretíssimo, extorsão

14. (Cefet-PR) Assinale a alternativa cujos vocábulos estão grafados corretamente e completam, respectivamente, as lacunas do texto a seguir:

A política de ... de gastos fez com que ... os trabalhos de ... em muitas universidades.

a) contenção – paralizassem – pesquiza
b) contensão – paralisassem – pesquiza
c) contensão – paralizassem – pesquisa
d) contenção – paralisassem – pesquisa
e) contensão – paralizassem – pesquiza

15. (PUC-SP) Barbarismos ortográficos acontecem quando as palavras são grafadas em desobediência à lei ortográfica vigente. Indique a única alternativa que está de acordo com essa lei e, por isso, correta:

a) discernir, quizer, herbívoro, fixário
b) exceção, desinteria, pretensão, secenta
c) ascensão, intercessão, enxuto, esplêndido
d) rejeição, berinjela, xuxu, atrazado
e) geito, mecher, consenso, setim

16. (UFV-MG) Observando a grafia das palavras destacadas nas frases abaixo, assinale a alternativa que apresenta **erro**:

a) Aquele **herege** sempre põe **empecilho** porque é muito **pretensioso**.
b) Uma falsa meiguice encobria-lhe a **rigidez** e a falta de **compreensão**.
c) A **obsessão** é prejudicial ao **discernimento**.
d) A **hombridade** de caráter eleva o homem.
e) Eles **quizeram** fazer **concessão** para não **ridicularizar** o **estrangeiro**.

17. (Efoa-MG) Assinale a alternativa em que todas as palavras devem iniciar pela letra **h**:

a) _alo; _ediondo; _umeral
b) _exagonal; _úmido; _epático
c) _álito; _álibi; _ombrear
d) _angar; _aurir; _ombridade
e) _aste; _arém; _úmero

18. (Mackenzie-SP) Aponte, entre as alternativas abaixo, a única em que todas as lacunas devem ser preenchidas com a letra **u**:

a) c_rtume, escap_lir, man_sear, sin_site
b) esg_elar, reg_rgitar, p_leiro, ent_pir
c) emb_lia, c_rtir, emb_tir, c_ringa
d) _rticária, s_taque, m_cama, z_ar
e) m_chila, tab_leta, m_ela, b_eiro

19. (ITA-SP) Examinando as palavras: viajens, gorgeta, maizena e chícara, constatamos que:

a) apenas uma está escrita corretamente
b) apenas duas estão escritas corretamente
c) três estão escritas corretamente
d) todas estão escritas corretamente
e) nenhuma está escrita corretamente

20. (Efoa-MG) "Posso falar com **franqueza**?"

O sufixo **-eza**, usado na palavra destacada na citação acima, completará corretamente a grafia de:

a) desp_
b) baron_
c) empr_
d) espert_
e) surpr_

Capítulo 3

Emprego do hífen

▰▰▰ Emprega-se o hífen

a) na maioria dos substantivos e adjetivos compostos cujos elementos têm acentuação própria e formam uma unidade significativa: guarda-civil, conta-gotas, cirurgião-dentista, tenente-coronel, segunda-feira, azul-marinho, azul-escuro, rubro-negro, marrom-claro, verde-esmeralda etc.;

OBSERVAÇÃO

São escritas sem hífen certas palavras que perderam a noção de composição: passatempo, rodapé, madrepérola, cantochão, paraquedas, paraquedismo, paraquedista, mandachuva etc.

b) nos compostos designativos de espécies botânicas ou zoológicas, estejam ou não ligadas por preposição ou qualquer outro elemento: couve-flor, erva-doce, feijão-verde, feijão-de-corda, pimenta-de-cheiro, pó-de-mico, bem-me-quer, beija-flor, tico-tico, joão-de-barro, bem-te-vi etc.;

c) nos encadeamentos vocabulares: ponte **Rio-Niterói**, sentido **capital-interior**, a estrada **Belém-Brasília**, balsa **Santos-Guarujá**, ligação **Angola-Moçambique** etc.;

d) nas seguintes composições já consagradas pelo uso: água-de-colônia, arco-da-velha, cor-de-rosa, mais-que-perfeito, pé-de-meia, à queima-roupa e ao deus-dará;

e) nas onomatopeias que reproduzem sons repetidos: zum-zum, zigue-zague, tim-tim (também na locução *tim-tim por tim-tim*), bum-bum, cri-cri etc.;

f) nos topônimos compostos iniciados pelos adjetivos **grã**, **grão** ou por forma verbal, ou cujos elementos estejam ligados por artigo: **Grã**-Bretanha, **Grão**-Pará, **Passa**-Quatro, Baía de Todos-**os**-Santos, Trás-**os**-Montes etc.;

OBSERVAÇÃO

Certos topônimos compostos são grafados sem hífen: América do Sul, Belo Horizonte, Santa Catarina, Cabo Verde etc. Guiné-Bissau, contudo, é uma exceção consagrada pelo uso.

g) nas palavras formadas pelos sufixos **-açu, -guaçu** ou **-mirim**, desde que o primeiro elemento termine com vogal acentuada graficamente ou nasalizada: araç**á-guaçu**, tamandu**á-mirim**, jacar**é-mirim**, manac**á-açu**, arum**ã-açu**, capim**-açu** etc.;

h) nas palavras formadas com os advérbios **mal** e **bem** quando esses elementos formam uma unidade sintagmática com significado e o segundo começa por **vogal** ou **h**: **bem**-amado, **bem**-estar, **bem**-humorado, **mal**-alinhado, **mal**-humorado etc.;

OBSERVAÇÃO

A palavra **benfeito** passa a ser grafada com **n** e sem hífen quando for adjetivo:
Seu trabalho estava muito **benfeito**, parabéns!
No sentido exclamativo, como interjeição, continua-se escrevendo separado:
De tanto inventar mentiras, acabou caindo em uma. **Bem feito**!

i) nas palavras formadas com os prefixos **além-, aquém-, recém-** e **sem-**: **além**-mar, **aquém**-fronteira, **recém**-formado, **recém**-casados, **sem**-teto, **sem**-fé etc.;

j) nas palavras formadas com os prefixos **ex-, soto-, sota-, vice-** e **vizo-**: **ex**-diretor, **sota**-capitão, **soto**-mestre, **vice**-diretor, **vice**-presidente, **vizo**-real etc.;

k) nas palavras formadas com os prefixos **circum-** e **pan-**, desde que o segundo elemento comece com **vogal, m** ou **n**: **circum**-adjacente, **circum**-navegação, **circum**-marítimo, **pan**-americano, **pan**-mixia etc.;

OBSERVAÇÃO

Nas palavras formadas pelo prefixo **pan-** seguidas de palavras iniciadas por **b** ou **p**, não se usa hífen, mas o prefixo passa a ser grafado com **m**: **pam**brasileirismo, **pam**brasileiro, **pam**psiquismo etc.

l) nas palavras formadas com os prefixos **inter-, hiper-** e **super-**, desde que seguidos de palavras iniciadas por **h** ou **r**: **inter**-helênico, **hiper**-hidrose, **hiper**-humano, **super**-hidratação, **super**-homem, **inter**-racial, **inter**-regional, **hiper**-rugoso, **hiper**-requintado, **super**-racional, **super**-resistente etc.;

m) nas palavras formadas com os prefixos tônicos **pré-, pró-** e **pós-** seguidos de palavras de vida autônoma na língua: **pré**-escolar, **pré**-natal, **pró**-educação, **pós**-graduação, **pós**-colonial etc.;

n) nas palavras formadas com o prefixo **sub-** diante de palavras iniciadas com **b, r** ou **h**: **sub**-base, **sub**-bibliotecário, **sub**-região, **sub**-hirsuto, **sub**-hidroclorato etc.;

o) nas palavras em que os prefixos ou pseudoprefixos antecedem palavras iniciadas com **h** ou com **letra idêntica à que encerra esses elementos**, observe o quadro:

1º elemento	2º elemento
prefixo/pseudoprefixo	iniciado por *h* ou mesma vogal
ante-	ante-histórico, ante-hipófise
anti-	anti-horário, anti-infeccioso
arqui-	arqui-inimigo, arqui-hipérbole
auto-	auto-hemoterapia, auto-hipnose, auto-observação
contra-	contra-ataque, contra-harmônico
eletro-	eletro-ótica, eletro-oculografia
extra-	extra-abdominal, extra-hepático
infra-	infra-assinado
intra-	intra-auricular, intra-hepático
micro-	micro-habitat, micro-ondas, micro-ônibus, micro-organismo
mini-	mini-hotel
multi-	multi-infecção, multi-inseticida, multi-instrumentalista
neo-	neo-hebraico, neo-ortodoxo
poli-	poli-infecção, poli-insaturado
pseudo-	pseudo-hermafrodita, pseudo-orgasmo
semi-	semi-herbáceo, semi-interno
sobre-	sobre-humano, sobre-exceder
supra-	supra-axilar, supra-humano
tele-	tele-educação, tele-entrega
ultra-	ultra-humano

Não se emprega o hífen

a) nas palavras em que o prefixo ou falso prefixo termina com **vogal** e o segundo elemento começa com **s** ou **r**, casos em que essas consoantes devem se duplicar: **antess**ala, **antess**épalo, **antess**entir, **antirr**ábico, **antirr**acismo, **antirr**eumático etc.;

b) nas palavras em que o prefixo ou falso prefixo termina com **vogal** e o segundo elemento começa com letra diferente: **aerob**alística, **aerob**arco, **anted**iluviano, **autom**edicar, **hidrom**assagem, **radiot**áxi, **sonot**erapia etc.;

c) nas palavras formadas pelos prefixos **co-** e **re-**, mesmo que diante de palavras iniciadas, respectivamente, por **o** e **e**: **co**operar, **co**operação; **re**embolsar, **re**educar etc.

OBSERVAÇÃO

Apesar de o texto oficial do Acordo Ortográfico grafar a palavra **co-herdeiro** com hífen, o Volp registra-a **coerdeiro**, por analogia com **coerdar**.

Observe, portanto, como você deverá grafar palavras cujo radical não começa com **h** ou com a mesma letra que encerra os prefixos ou pseudoprefixos do quadro anterior:

1º elemento	2º elemento	
prefixo/ pseudoprefixo	iniciado por *r* ou *s*	iniciado por letra diferente
aero-	aerossol, aerossondagem	aeroelasticidade, aeroespacial, aerotransportar
agro-	agrossocial	agroalimentar, agroexportador, agroindústria, agrovia
ante-	anterrosto, antessala	anteato, antedata, antediluviano, antegozo
anti-	antirreformista, antisséptico, antissocial	antiácido, antiaderente, antiaéreo, anticaspa, antieconômico, antijogo, antipólio
arqui-	arquirrival	arquiapóstata, arquiepiscopado
auto-	autorrespeito, autorretrato, autosserviço, autossuficiente, autossugestão	autoafirmação, autoadesivo, autoajuda, autoanálise, autoelogio, autoestima, autoestrada, autoimunidade
contra-	contrarreforma, contrarregra, contrassenso	contraespionagem, contraindicação, contraoferta, contraordem
eletro-	eletrorradiologia, eletrossiderurgia	eletrodoméstico, eletroeletrônico, eletroidráulico, eletroímã
extra-	extrarregulamentar, extrassensorial	extraclasse, extraescolar, extrafino, extrajudicial, extraocular, extraoficial, extrauterino
hidro-	hidrorragia, hidrossanitário	hidroelétrica, hidromassagem, hidrovia
infra-	infrarrenal, infrassom	infraescrito, infraestrutura
intra-	intrassociedade	intraocular, intrauterino
micro-	microrradiografia, microssegundo, microssistema	microeconomia, microtom, microtúbulo
mini-	minirrádio, minirrestaurante, minissaia	minifúndio
multi-	multirracial, multissecular	multipotente, multiungulado
neo-	neorrealista, neorromântico	neoexpressionismo, neoimpressionismo, neoliberal
poli-	polissílabo, polirrizo	poliarquia, polietileno
pseudo-	pseudossigla, pseudossufixo	pseudoárbitro, pseudoesfera
radio-	radiorreceptor, radiorrelógio	radioamador, radiojornal, radiopatrulha
semi-	semirreta, semissintético	semiacabado, semianalfabeto, semiárido, semieixo, semivirgem
sobre-	sobrerrestou, sobressair	sobrescrito, sobreinteligível
supra-	suprarrenal, suprassumo	supracitado
tele-	telerreceptor	teledisco, teleimpressor
ultra-	ultrarrápido, ultrarrealismo, ultrarromântico, ultrassofisticado, ultrassom	ultraeconômico, ultramar, ultraoceânico, ultravioleta

Exercícios

1. Através do processo da composição, una os elementos seguintes, usando ou não o hífen:

roda / pé	aero / moça	alto / falante	pisca / pisca
erva / doce	bem / me / quer	vira / lata	passa / tempo
vai / vem	boa / vida	ponta / pé	gira / sol
guarda / sol	alto / relevo	pingue / pongue	sempre / viva
água / viva	roda / viva	verde / amarelo	bem / te / vi
baixo / relevo	luso / brasileiro	quebra / cabeça	alto / mar

2. Através do processo da prefixação, una os elementos seguintes, usando ou não o hífen:

a) Prefixo **AUTO**

auto / acusação	auto / estrada
auto / crítica	auto / retrato
auto / mutilação	auto / biografia
auto / sugestão	auto / admiração

g) Prefixo **EXTRA**

extra / humano	extra / uterino
extra / regulamentar	extra / judicial
extra / secular	extra / escolar
extra / oficial	extra / ordinário

b) Prefixo **ANTE**

ante / diluviano	ante / aurora
ante / republicano	ante / câmara
ante / histórico	ante / datar
ante / sala	ante / projeto

h) Prefixo **HIPER**

hiper / humano	hiper / tensão
hiper / miopia	hiper / acidez
hiper / rigoroso	hiper / rancoroso
hiper / rico	hiper / ridículo

c) Prefixo **ANTI**

anti / higiênico	anti / radiação
anti / social	anti / hemorrágico
anti / rábico	anti / alcoólico

i) Prefixo **INFRA**

infra / uterino	infra / renal
infra / ocular	infra / estrutural
infra / vermelho	infra / estrutura
infra / violeta	infra / citado

d) Prefixo **ARQUI**

arqui / inimigo	arqui / diocese
arqui / secular	arqui / rabino
arqui / duque	arqui / sacerdote
arqui / milionário	arqui / histórico

j) Prefixo **INTRA**

intra / hepático	intra / auricular
intra / muscular	intra / uterino
intra / ocular	intra / muros
intra / craniano	intra / pulmonar

e) Prefixo **CIRCUM**

circum / polar	circum / escolar
circum / adjacente	circum / ambiente
circum / vizinhança	circum / navegar
circum / hospitalar	circum / percorrer

k) Prefixo **MAL**

mal / querer	mal / humorado
mal / educado	mal / cheiroso
mal / estar	mal / agradecido
mal / visto	mal / quisto

f) Prefixo **CONTRA**

contra / proposta	contra / dizer
contra / ordem	contra / ataque
contra / habitual	contra / senso
contra / regra	contra / balançar

l) Prefixo **PSEUDO**

pseudo / herói	pseudo / caule
pseudo / fobia	pseudo / revelação
pseudo / apóstolo	pseudo / ciência
pseudo / sábio	pseudo / escorpião

m) Prefixo **SEMI**

semi / círculo	semi / extensivo
semi / aberto	semi / cerrado
semi / interno	semi / vogal
semi / reta	semi / selvagem

n) Prefixo **SOBRE**

sobre / sair	sobre / humano
sobre / capa	sobre / loja
sobre / aviso	sobre / roda
sobre / mesa	sobre / horrendo

o) Prefixo **SUB**

sub / chefe	sub / roda
sub / diretor	sub / híspido
sub / solo	sub / região
sub / reptício	sub / bibliotecário

p) Prefixo **SUPER**

super / renal	super / homem
super / elegante	super / sônico
super / requintado	super / acidez
super / mercado	super / real

q) Prefixo **SUPRA**

supra / renal	supra / natural
supra / sumo	supra / axilar
supra / sensível	supra / citado
supra / humano	supra / hepático

r) Prefixo **ULTRA**

ultra / radical	ultra / liberal
ultra / moderno	ultra / som
ultra / violeta	ultra / humano
ultra / existência	ultra / vermelho

Capítulo 4

Acentuação gráfica

ACENTO GRÁFICO E ACENTO TÔNICO

Como vimos anteriormente, o **acento gráfico** é um mero sinal de escrita, que não deve ser confundido com o acento tônico. Este último é a maior intensidade de voz apresentada por uma sílaba quando pronunciamos determinada palavra. Observe as palavras destacadas nas seguintes frases:

> É muito **sábia** aquela professora.
> Ele não **sabia** toda a matéria.
> O **sabiá** fugiu da gaiola.

As sílabas que formam cada uma das palavras destacadas são pronunciadas com **maior** ou **menor** intensidade, assim:

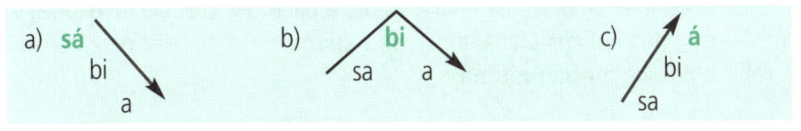

A sílaba em destaque em cada um dos exemplos é pronunciada com maior força em relação às outras. É nela que recai o acento tônico, sendo, portanto, chamada **sílaba tônica**. As sílabas restantes recebem o nome de **sílabas átonas**.

Os acentos gráficos

A sílaba tônica pode ser indicada, na escrita, por um sinal sobre a vogal: s**á**bia. Esse sinal, inclinado para a direita (´), indica que a tônica tem som aberto e recebe o nome de **acento agudo**. Se a sílaba tônica é fechada, temos o **acento circunflexo** (^): chin**ê**s.

O **acento grave**, inclinado para a esquerda (`), possui outra função, que estudaremos no capítulo sobre crase.

Monossílabos tônicos e átonos

As palavras de apenas uma sílaba também podem ser pronunciadas com maior ou menor intensidade de voz. Compare:

> Estou com um **nó** na garganta.
> O gol foi marcado **no** tempo regulamentar.

As palavras destacadas contêm apenas uma sílaba: são **monossílabos**. Comparando **nó** e **no** percebe-se claramente que **nó** é mais forte que **no**. A primeira é um **monossílabo tônico**, enquanto a segunda é um **monossílabo átono**.

Para identificar se um monossílabo é tônico ou átono, é preciso pronunciá-lo numa frase. Veja a distinção:

> Creio em **ti**.
> Amo-**te** muito.

Embora o monossílabo **ti** não seja marcado pelo acento gráfico, percebe-se que a sua pronúncia é mais forte que a do monossílabo **te**. Logo, **ti** é um **monossílabo tônico**, e **te** é um **monossílabo átono**.

Classificação das palavras quanto à posição do acento tônico

Você já viu que, em palavras de mais de uma sílaba, o acento tônico pode recair na última, na penúltima ou na antepenúltima sílaba:

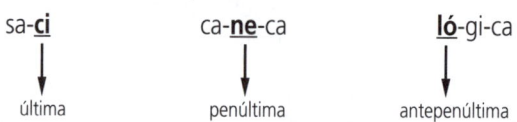

Estando o acento tônico na última sílaba, a palavra é chamada **oxítona**; se o acento incide na penúltima sílaba, a palavra é **paroxítona**; se recai na antepenúltima sílaba, é palavra **proparoxítona**.

Hiatos, ditongos e tritongos

Já estudamos que à sequência de fonemas vocálicos numa palavra dá-se o nome de **encontro vocálico**. Este pode ser **hiato**, **ditongo** ou **tritongo**. Recordemos:

a) **hiato** — é a sequência de *vogal* com *vogal* em sílabas separadas: p**o-e**-ta, s**a-ú**-de, c**a-í**-da.

b) **ditongo** — é a sequência de *vogal* com *semivogal* (decrescente) ou *semivogal* com *vogal* (crescente) na mesma sílaba: v**ai**-da-de, r**ou**-pa, can-t**ei**, tê-n**ue**, ár-d**uo**.

c) **tritongo** — é a sequência de *semivogal* com *vogal* e outra *semivogal* na mesma sílaba: a-g**uou**, i-g**uai**s, en-xa-g**uei**.

Como veremos logo adiante, somente os **hiatos** e os **ditongos** interessam à acentuação gráfica.

REGRAS DE ACENTUAÇÃO

Monossílabos tônicos

Acentuam-se graficamente os terminados por:

-a(s)	chá(s), má(s)
-e(s)	pé(s), vê(s)
-o(s)	só(s), pôs

Portanto, não se acentuam monossílabos tônicos como: *tu, nus, quis, noz, vez, par* etc.

OBSERVAÇÕES

1.ª) Monossílabos tônicos formados por ditongos abertos **-éis**, **-éu** e **-ói** recebem acento: **réis**, **véu**, **dói**.

2.ª) Quando um verbo monossilábico na 3.ª pessoa do singular termina em **-ê**, a 3.ª pessoa do plural termina em **-eem**.

ele vê / eles v**eem**

ele lê / eles l**eem**

3.ª) Quando um verbo monossilábico na 3.ª pessoa do singular termina em **-em**, a 3.ª pessoa do plural termina em **-êm**:

ele v**em** / eles v**êm**

ele t**em** / eles t**êm**

Oxítonos

Acentuam-se graficamente os terminados por:

-a(s)	irá(s), fará(s)
-e(s)	café(s), você(s)
-o(s)	cipó(s), pivô(s)
-em / -ens	também, armazéns

Portanto, não se acentuam oxítonos como: *saci(s)*, *tatu(s)*, *talvez*, *tambor* etc.

Paroxítonos

São acentuados graficamente todos os paroxítonos, exceto os terminados por **-a(s)**, **-e(s)**, **-o(s)** (desde que não formem ditongo), **-am**, **-em** e **-ens**: *útil, caráter, pólen, tórax, bíceps, ímã, glória, série, empório, jóquei, órfão, órgão* etc.

OBSERVAÇÕES

1.ª) Paroxítonos como **ímã**, **órfã** etc. não terminam por **-a**, mas por **-ã**.

2.ª) Paroxítonos como **glória**, **série**, **empório** etc. não terminam, respectivamente, por **-a**, **-e** e **-o**, mas por *ditongo crescente*.

3.ª) Paroxítonos como **órfão**, **órgão** etc. não terminam por **-o**, mas por *ditongo decrescente*.

4.ª) Não são acentuados graficamente os prefixos paroxítonos terminados por **-i** e **-r**: **semi**, **mini**, **super**, **hiper** etc.

5.ª) Não se acentuam as paroxítonas formadas pelos ditongos orais abertos **-ei** e **-oi**: id**ei**a, gel**ei**a, bol**ei**a, assembl**ei**a, jib**oi**a, paran**oi**a, clarab**oi**a, espermatoz**oi**de, andr**oi**de etc.

6.ª) Não se acentuam as vogais **i** e **u**, precedidas de ditongos, das palavras paroxítonas: sa**i**inha (diminutivo de **saia**), che**i**inho (diminutivo de **cheio**), fe**i**ura, ba**i**uca etc.

Apresentamos, a seguir, um exemplário das terminações de paroxítonos que devem receber acento gráfico:

-l	amável, incrível
-r	caráter, câncer
-n	hífen, pólen
-x	tórax, látex
-ps	bíceps, fórceps
-ã(s)	órfã(s), ímã(s)
-ão(s)	órgão(s), bênção(s)
-um	álbum, fórum
-uns	álbuns, fóruns
-on(s)	próton(s), nêutron(s)
-i(s)	júri(s), táxi(s)
-u(s)	ônus, Vênus
-ei(s)	jóquei(s), pônei(s)
ditongos	história(s), série(s), órfão(s), bênção(s), difíceis

▰ Proparoxítonos

Todos são acentuados, sem exceção: *aerólito*, *biótipo*, *médico*, *ômega*, *álibi* etc.

▰ Hiatos

Acentuam-se as letras **i** e **u** desde que sejam a segunda vogal tônica de um hiato e estejam sozinhas ou seguidas de **s** na sílaba: ca**í** (ca-**í**), pa**ís** (pa-**ís**), ba**ú** (ba-**ú**), bala**ú**stre (ba-la-**ús**-tre) etc.

OBSERVAÇÕES

1.ª) Quando o **i** é seguido de **nh**, não recebe acento: **rainha**, **bainha**, **moinho** etc.

2.ª) O **i** e o **u** não recebem acento quando aparecem repetidos: **xiita**, **vadiice**, **juuna**, **sucuuba** etc.

Nota: Em **friíssimo** há acento porque a palavra é **proparoxítona**.

3.ª) Hiatos formados por **-ee** e **-oo** não devem ser acentuados: cr**ee**m, d**ee**m, l**ee**m, per-d**oo**, mag**oo**, enj**oo** etc.

Acento diferencial

O acento diferencial foi eliminado pela Lei n. 5.765, de 18 de dezembro de 1971. De acordo com a última reforma ortográfica ratificada pela CPLP em 2008, apenas as palavras seguintes devem receber esse acento:

a) **pôde** (3.ª pessoa do singular do pretérito perfeito do indicativo do verbo **poder**) para diferençar de **pode** (3.ª pessoa do singular do presente do indicativo desse verbo);

b) **têm** (3.ª pessoa do plural do presente do indicativo do verbo **ter**) e seus derivados (**contêm**, **detêm**, **mantêm** etc.) para diferençar de **tem** (3.ª pessoa do singular do presente do indicativo desse verbo e seus derivados);

c) o verbo **pôr** para diferençar da preposição **por**.

OBSERVAÇÃO

O substantivo **fôrma** pode ser acentuado facultativamente para diferençar de **forma** (3.ª pessoa do singular do presente do indicativo do verbo **formar** ou **substantivo**).

O trema

O sinal de trema (¨) é inteiramente suprimido em palavras da língua portuguesa. Deve, no entanto, ser empregado em palavras derivadas de nomes próprios estrangeiros: m**ü**lleriano (de **Müller**), h**ü**bneriano (de **Hübner**) etc. Embora a letra **u** deva ser pronunciada, devemos grafar: ag**u**enta, cinq**u**enta, freq**u**ente, ling**u**iça, ling**u**ística, tranq**u**ilo etc.

OBSERVAÇÃO

Nas palavras pouco conhecidas, somente um bom dicionário pode indicar se a letra **u** deve ou não ser pronunciada.

1. Leia o texto seguinte:

ENQUANTO

Enquanto houver um homem **caido** de bruços no passeio
E um sargento que lhe volta o corpo com a ponta do **pe**
Para ver como é;

Enquanto o sangue gorgolejar das **arterias** abertas
E correr pelos **intersticios** das pedras,
Pressuroso e vivo como vermelhas minhocas despertas;
enquanto as crianças de olhos **lividos** e redondos como luas,
orfãs de pais e de mães,
andarem acossadas pelas ruas
como matilhas de cães,
enquanto as aves tiverem de interromper o seu canto
com o coraçãozinho **debil** a saltar-lhes do peito fremente,
num **silencio** de espanto
rasgado pelo grito da sereia estridente;
enquanto o grande **passaro** de fogo e **aluminio**
cobrir o mundo com a sombra escaldante de suas asas
amassando na mesma lama de **exterminio**
os ossos dos homens e as travas das suas casas;
enquanto tudo isto acontecer, e o mais que se não diz por ser verdade,
enquanto for preciso lutar **ate** ao desespero da agonia,
o poeta **escrevera** com alcatrão nos muros da cidade:

ABAIXO O MISTÉRIO DA POESIA

(Antônio Gedeão)

As palavras destacadas no texto devem ser acentuadas graficamente. Coloque os devidos acentos, justificando cada caso:

a) caido
b) pe
c) arterias
d) intersticios
e) lividos

f) orfãs
g) debil
h) silencio
i) passaro
j) aluminio

k) exterminio
l) ate
m) escrevera

2. As palavras relacionadas a seguir podem receber acento gráfico ou não. Divida-as em sílabas, destaque a sílaba tônica, classifique-as quanto à posição da sílaba tônica e, quando necessário, acentue-as. Siga os exemplos:

Palavra	Divisão silábica	Classificação
ureter	u - re - **ter**	oxítona
austero	aus - **te** - ro	paroxítona
atonito	a - **tô** - ni - to	proparoxítona

a) anatema
b) ariete
c) rubrica
d) astenia
e) Nobel
f) azemola
g) ibero

h) inaudito
i) latex
j) mister
k) batega
l) onix
m) algoz
n) pudico

o) alcool
p) cateter
q) imbele
r) recorde
s) condor
t) aziago

3. Leia as frases a seguir e acentue onde for necessário:

a) Elas são mas alunas, mas não alunas mas.

b) Contenha a sua ira, assim você ira para o céu.

c) O professor falara amanhã sobre o que falara anteriormente.

d) Sobem muito as mares daqueles mares?

e) Você me magoa e não sente magoa.

f) O juri não protegeu o gari.

g) Como seria hoje a garota seria que outrora conheci?

h) Vou revolver as gavetas à procura do meu revolver.

i) Nunca me medico sem consultar um medico.

j) O camelo vendia miniaturas de camelo.

4. Siga o primeiro exemplo, observando a grafia e a acentuação gráfica:

a) Ele **tem** muito dinheiro, mas as irmãs nada _____*têm*_____.

b) Você ainda **crê** em milagres, mas muitos não _____.

c) O que você **vê** muitos não _____.

d) O pai **lê** muito, mas os filhos não _____.

e) Se você **vem**, por que os demais não _____?

f) Ele **revê**, mas elas não _____.

g) O livro **contém** histórias que _____ mentiras.

h) O juiz **intervém** na briga dos jogadores, mas os bandeirinhas não _____.

i) O bom motorista **prevê** os perigos, mas os incautos não os _____.

5. Acentue, quando necessário, a vogal dos ditongos orais abertos tônicos que figuram nas seguintes frases:

a) O Dirceu fez um verdadeiro escarceu!

b) Não sei por que tu te dois tanto pelos dois.

c) Ele leu ao leu as instruções que havia no manual.

d) O pineu fez seu ninho na cavidade do velho pneu.

e) Patrão, sou boi de escritório, e não boi de carga!

f) Heroi é palavra oxítona, mas heroico é paroxítona.

g) Guloso, você comeu dezesseis pasteis!

h) Visitamos o mausoleu do Aristeu.

6. Acentue, quando necessário, a vogal tônica dos hiatos que figuram nas seguintes frases:

a) Ela saia sempre com a mesma saia.

b) Se eu conclui o meu curso, por que você não conclui o seu?

c) Este calo doido sempre me deixa doido.

d) De que pais regressaram os seus pais?

e) O plural de raiz é raizes.

f) Ele vai sair somente depois que tu saires.

g) Comi curau na cidade de Jau.

h) Tirei meu cavalo da baia e cavalguei pela baia.

Testes DE CONCURSOS PÚBLICOS E VESTIBULARES

1. (F.C.Chagas-PR) A acentuação do vocábulo **país** é justificada:
a) porque é paroxítono terminado em ditongo.
b) é acentuado para distinguir-se de "pais".
c) apresenta "i" tônico que não forma ditongo com a vogal anterior.
d) apresenta acento agudo por ser oxítona.
e) ditongo decrescente no final do vocábulo.

2. (Alerj-Fesp) A palavra que deve ser acentuada pela mesma razão de **pássaro** é:
a) cafe
b) benção
c) automovel
d) raizes
e) lampada

3. (TRT-RJ) As palavras **três**, **literário** e **autônomo** são assinaladas com acento gráfico em face das mesmas regras que justificam o acento, respectivamente em:
a) mês, contrário, caído
b) pá, íeis, átimo
c) lês, temerário, pôquer
d) só, mútuo, ímpar
e) véu, início, cômodo

4. (TJ-SP) Quanto à acentuação, assinale a alternativa em que as palavras seguem, respectivamente, as mesmas regras das palavras **ônibus**, **Itália** e **caju**.
a) várzea – cerâmica – tabu
b) corrói – zebu – pânico
c) avô – tórax – caracóis
d) pássaro – róseo – guri
e) juízes – Bauru – ímpar

5. (SSP-SP) Assinale a alternativa em que não há erros quanto à acentuação das palavras:
a) Itália – rubrica – vintém – júri – hífens
b) hamburger – saíram – mártir – tórax – guianês
c) índigo – jurisprudência – júbilo – juá – ludribrio
d) lotus – maieutica – pequenez – periélio – pitéu
e) preá – urgência – umero – viés – xérox

6. (TRE-MT) Segue a mesma acentuação de **país** a palavra:
a) saúde
b) grêmios
c) aliás
d) heróis
e) táxi

7. (TRT-PR) Assinale o item a seguir em que as palavras destacadas são acentuadas em função da mesma regra ortográfica.
a) é – céu
b) maniqueísta – rígida
c) alguém – céu

d) territórios – coincidência
e) maniqueísta – crédito

8. (Inca) Grécia é a palavra que leva acento gráfico pelo mesmo motivo de uma outra palavra a seguir, qual?
a) oráculo   c) ambíguas   e) português
b) morrerás   d) intérpretes

9. (MP-RS) Assinale a alternativa que contém a única palavra acentuada corretamente:
a) caractéres, júniores
b) condôr, aváro
c) recórde, circúito
d) ibéro, circúito
e) diabete, ínterim

10. (TRF-RJ) Dos conjuntos dos vocábulos abaixo, o único em que todas as palavras seguem a mesma regra de **acentuação gráfica** a que obedecem os acentos de **indivíduo** e **contínua** é:
a) tênue, mútuos, história   d) Icaraí, vários, relógio
b) cárie, oblíquo, substituí   e) colégio, Cláudia, ônus
c) pastéis, heróis, Pádua

11. (CMB) Em apenas uma das opções todas as palavras devem receber acento gráfico. Assinale-a:
a) gratis – taxi – caruru   d) inclui – poluido – bainha
b) fenomeno – refens – juiz   e) fregueses – niquel – insonia
c) ima – tenis – monetario

12. (MP-SC) Assinale a alternativa que contém uma palavra acentuada incorretamente:
a) trá-lo-ás, beribéri, hífen
b) movê-lo-ía, via-láctea, acórdão
c) sabê-lo-emos, dândi, júri
d) compô-la, aljôfar, córtex
e) glúten, hambúrguer, armazém

13. (MP-SC) Assinale a alternativa em que todas as palavras estão corretamente acentuadas:
a) ítem, júri, lápis, técnico, flúor
b) mérito, juízes, cafézinho, útil, céu
c) heroísmo, bambú, íbero, cipó, vitória
d) rúbrica, pó, fluído, convém, hífen
e) caráter, éden, saída, órgão, amêndoa

14. (MP-RS) Marque a opção em que nenhuma das formas exige acento gráfico.
a) carater, motel, raiz
b) rol, raizes, (o) pais
c) (o) mister, (os) misteres, caracteres
d) (o) reves, (os) reveses, logaritmo
e) gratuito, (o) recorde, improbos

15. (**SSP-MT**) Indique a única alternativa que apresenta erro na acentuação gráfica em uma das palavras.
a) mártir – freguês – pólen
b) calvície – têxteis – ânsia
c) incrível – tênue – cárie
d) sêmen – armazém – ítem
e) vírus – órfão – vácuo

16. (**Unifenas-MG**) A mesma regra de acentuação que vale para **rápida** vale também para:
a) mutável, estaríamos, vírgula, admissíveis
b) vírgula, simbólica, símbolo, hieróglifos
c) ortográfico, colégios, egípcios, língua
d) básicos, difícil, colégios, língua
e) português, inglês, símbolos, língua

17. (**Efoa-MG**) "... **Só** sabem contar mesmo a **última** do papagaio."
Considerando a acentuação dos termos destacados na citação acima, podemos deduzir que devem receber acento gráfico:
a) os monossílabos tônicos e as palavras paroxítonas.
b) as palavras oxítonas e as palavras proparoxítonas terminadas em **a**.
c) os monossílabos tônicos e as palavras proparoxítonas.
d) as palavras oxítonas e as palavras paroxítonas.
e) os monossílabos tônicos e as paroxítonas terminadas em **a**.

18. (**UEPG-PR**) Obedecendo às regras, coloque, se necessário, acento gráfico nas palavras em destaque; depois, respectivamente, marque a alternativa correta.
O **juiz inflexivel** foi à **ruina** de **Estevão**, o qual não atendia aos reclamos dos **orfãos**.
a) não há, agudo, agudo, circunflexo, não há
b) agudo, agudo, agudo, não há, não há
c) não há, agudo, agudo, circunflexo, agudo
d) agudo, agudo, não há, não há, agudo
e) não há, agudo, não há, circunflexo, agudo

19. (**PUC-SP**) As palavras **após** e **órgãos** são acentuadas por serem, respectivamente:
a) paroxítona terminada em -s e proparoxítona
b) oxítona terminada em -os e paroxítona em ditongo nasal seguido de -s
c) proparoxítona e paroxítona terminada em -s
d) monossílabo tônico e oxítona terminada em -o seguido de -s
e) proparoxítona e proparoxítona

20. (**UFMG**) Marque a alternativa em que nenhuma palavra tem acento gráfico:
a) orgão, revolver, fossil, prejuizo
b) item, polens, mister, dores, meses
c) balaustre, garoa, vovos, colibri
d) juri, cafezinho, vezes, album
e) cadaver, tatu, hifen, interim

21. (**PUC-SP**) Assinale a alternativa de vocábulo corretamente acentuado:
a) hífen
b) ítem
c) ítens
d) rítmo
e) n.d.a.

22. (Cesgranrio-RJ) Assinale a opção em que os vocábulos obedecem à mesma regra de acentuação gráfica:
a) terás / límpida
b) necessário / verás
c) dá-lhes / necessário
d) incêndio / também
e) extraordinário / incêndio

23. (FMIT-MG) Os dois vocábulos de cada item devem ser acentuados graficamente, exceto:
a) herbivoro – ridiculo
b) logaritmo – urubu
c) miudo – sacrificio
d) carnauba – germen
e) Biblia – hieroglifo

24. (Mackenzie-SP) Apenas uma alternativa apresenta acentuação correta:
a) maracujá – tambêm – saída
b) Pacaembú – série – órgão
c) perdí – hífen – lápis
d) ítem – apêlo – caí
e) Paraíso – diário – Jaú

25. (Faap-SP) Indique a alternativa em que aparece uma palavra que **não** deve ser acentuada graficamente:
a) graudo – nucleo – flebil – paraiso – invio
b) etiope – cadaver – lepido – estrategia – pindaiba
c) refem – pubere – nodoa – apoteose – chavena
d) enfase – pensil – egide – azafamia – bilis
e) nenhuma das anteriores

26. (Mackenzie-SP) Em: "Sei de uma que está fazendo serviço de escritório, proibida de voar por motivo de saúde, e me pergunto que podem significar para ela esses papéis, esses telefonemas, esses recados que circulam num plano de cimento invariável, enquanto, sobre a plataforma das nuvens, suas irmãs caminham, ao mesmo tempo singelas e majestáticas".
I. "escritório" e "invariável" recebem acento por idêntica razão.
II. "papéis" recebe acento gráfico porque é oxítona terminada em ditongo.
III. "está" é acentuada graficamente porque todas as oxítonas devem ser acentuadas.
a) Estão corretas as afirmações I e II.
b) Estão corretas as afirmações II e III.
c) Estão corretas as afirmações I e III.
d) Todas as afirmativas estão corretas.
e) Todas as afirmativas estão incorretas.

27. (Mackenzie-SP) Indique a única alternativa em que todas as palavras estão **corretas** quanto à acentuação:
a) vêzes, álbum, ventoinha, item
b) estátua, avaro, austero, inaudito
c) bálsamo, interím, alaude, círculo

d) portátil, libido, árduo, gratuíto
e) rúbrica, inglêses, cédula, púdico

28. (FGV-SP) Assinale a alternativa em que a palavra deveria ter recebido acento gráfico:
a) Paiçandu
b) taxi
c) gratuito
d) rubrica
e) entorno

29. (FGV-SP) Os hiatos das **duas** formas verbais devem ser acentuados apenas na alternativa:
a) refluir, intuindo
b) construindo, destruido
c) caida, saíste
d) instruído, intuito
e) refluira, destruindo

30. (UFF-RJ) Só numa série abaixo estão todas as palavras acentuadas corretamente. Assinale-a:
a) rápido, sede, côrte
b) Satanás, ínterim, espécime
c) corôa, vatapá, automóvel
d) cometi, pêssegozinho, viúvo
e) lápis, rainha, côr

31. (Cesgranrio-RJ) Aponte a única série em que pelo menos um vocábulo apresenta **erro** no que diz respeito à acentuação gráfica.
a) pegada – sinonímia
b) êxodo – aperfeiçoa
c) álbuns – atraí-lo
d) ritmo – itens
e) redimí-la – grátis

32. (FGV-RJ) Assinale a alternativa em que todas as palavras estão corretamente grafadas:
a) raiz, raízes, sai, apóio, Grajau
b) carretéis, funis, índio, hifens, atrás
c) juriti, ápto, âmbar, dificil, almoço
d) órgão, afável, cândido, caráter, Cristovão
e) chapéu, rainha, Bangú, fossil, conteúdo

33. (Mackenzie-SP) Assinale a alternativa que se apresenta **incorreta** quanto à acentuação.
a) baú – Itu – urubu
b) rubrica – gótico – tênis
c) ítem – balaústre – ilustre
d) herói – boi – foi
e) aquém – ímã – irmã

34. (FGV-RJ) Os dois hiatos das formas verbais devem ser acentuados apenas na alternativa:
a) refluir, intuindo
b) construindo, destruido
c) caida, saiste
d) instruido, intuir
e) refluira, destruindo

35. (Enem) Diante da visão de um prédio com uma placa indicando **Sapataria Papalia**, um jovem deparou com a dúvida: como pronunciar a palavra **Papalia**?

Levado o problema à sala de aula, a discussão girou em torno da utilidade de conhecer as regras da acentuação e, especialmente, do auxílio que elas podem dar à correta pronúncia de palavras.

Após discutirem pronúncia, regras de acentuação e escrita, três alunos apresentaram as seguintes conclusões a respeito da palavra **Papalia**:

I. Se a sílaba tônica for o segundo **pa**, a escrita deveria ser **Papália**, pois a palavra seria paroxítona terminada em ditongo crescente.

II. Se a sílaba tônica foi **li**, a escrita deveria ser **Papalía**, pois **i** e **a** estariam formando hiato.

III. Se a sílaba tônica for **li**, a escrita deveria ser **Papalia**, pois não haveria razão para o uso do acento gráfico.

A conclusão está correta apenas em:

a) I

b) II

c) III

d) I e II

e) I e III

36. (UEPG-PR) O item em que necessariamente o vocábulo deve receber acento gráfico é:

a) historia

b) ciume

c) amem

d) numero

e) ate

Capítulo 5

Significação das palavras

Sinônimos

São palavras de sentido igual ou aproximado: **alfabeto** e **abecedário**; **brado**, **grito** e **clamor**; **extinguir**, **apagar** e **abolir** etc.

OBSERVAÇÃO

A contribuição greco-latina é responsável pela existência de numerosos pares de sinônimos: **adversário** e **antagonista**; **translúcido** e **diáfano**; **semicírculo** e **hemiciclo**; **contraveneno** e **antídoto**; **moral** e **ética**; **transformação** e **metamorfose**; **oposição** e **antítese** etc.

Antônimos

São palavras de significação oposta: **ordem** e **anarquia**; **soberba** e **humildade**; **louvar** e **censurar**; **mal** e **bem** etc.

OBSERVAÇÃO

A antonímia pode originar-se de um prefixo de sentido oposto ou negativo: **bendizer** e **maldizer**; **simpático** e **antipático**; **progredir** e **regredir**; **concórdia** e **discórdia**; **ativo** e **inativo**; **esperar** e **desesperar**; **comunista** e **anticomunista**; **simétrico** e **assimétrico** etc.

Homônimos

São palavras que possuem igualdade fonética ou gráfica entre vocábulos de significação diferente. Podem ser:

a) **Homógrafos**: são palavras iguais na escrita e diferentes na pronúncia e no significado:

almoço (subst.)	almoço (verbo)
rego (subst.)	rego (verbo)
colher (subst.)	colher (verbo)
jogo (subst.)	jogo (verbo)
denúncia (subst.)	denuncia (verbo)
providência (subst.)	providencia (verbo)
sede (subst. — vontade de beber)	sede (subst. — localidade)

b) **Homófonos**: são palavras iguais na pronúncia e diferentes na escrita e no significado:

acender (atear fogo)	ascender (subir)
bucho (estômago de animais)	buxo (arbusto)
caçar (perseguir animais)	cassar (anular)
cela (compartimento)	sela (arreio)
censo (recenseamento)	senso (juízo, raciocínio)
cerração (nevoeiro denso)	serração (ato de serrar)
cidra (fruto)	sidra (vinho de maçã)
concertar (harmonizar)	consertar (reparar)
insipiente (ignorante)	incipiente (principiante)
laço (nó)	lasso (cansado, frouxo)
paço (palácio)	passo (andar)
seção / secção (parte, divisão)	cessão (ato de ceder, dar)
	sessão (reunião)
tacha (pequeno prego)	taxa (imposto)

c) **Homógrafos** e **homófonos** simultaneamente: são palavras iguais na escrita e na pronúncia e diferentes no significado: **caminho** (subst.) e **caminho** (verbo); **cedo** (verbo) e **cedo** (adv.); **livre** (adj.) e **livre** (verbo).

Parônimos

São palavras parecidas na escrita e na pronúncia, mas com significados diferentes:

absolver (inocentar, perdoar)	absorver (sorver, consumir)
aprender (instruir-se)	apreender (assimilar)
área (medida de superfície)	ária (peça musical)
arrear (pôr arreios)	arriar (abaixar)
comprimento (extensão)	cumprimento (saudação)
costear (navegar junto à costa)	custear (financiar)
deferir (conceder)	diferir (diferenciar, adiar)
degredado (desterrado, exilado)	degradado (estragado, rebaixado)

delatar (denunciar)	dilatar (alargar, ampliar)
descrição (ato de descrever, expor)	discrição (qualidade de discreto, prudência)
descriminar (inocentar)	discriminar (distinguir)
despensa (lugar de guardar mantimentos)	dispensa (isenção, licença)
despercebido (que não foi percebido)	desapercebido (despreparado)
discente (relativo aos alunos)	docente (relativo aos professores)
emergir (vir à tona)	imergir (mergulhar)
emigrar (sair do país)	imigrar (entrar no país)
eminente (ilustre, elevado)	iminente (prestes a acontecer)
estufar (aquecer com estufa)	estofar (encher)
flagrante (evidente, acalorado, ardente)	fragrante (perfumado, aromático)
fluir (correr)	fruir (desfrutar)
imoral (contrário à moral)	amoral (nem a favor nem contra a moral)
impio (sem piedade)	ímpio (sem fé, herege)
indefeso (sem defesa, fraco)	indefesso (incansável)
infligir (aplicar pena)	infringir (transgredir, desrespeitar)
intimorato (destemido, valente)	intemerato (íntegro, puro, incorruptível)
mandato (procuração, incumbência)	mandado (ordem judicial)
pleito (disputa, demanda, eleição)	preito (homenagem, dependência, sujeição)
precedente (antecedente)	procedente (proveniente, oriundo)
prescrever (ordenar, determinar)	proscrever (condenar, expulsar)
recreação (diversão)	recriação (ato de recriar)
retificar (corrigir)	ratificar (confirmar)
soar (emitir som)	suar (transpirar)
sortir (prover)	surtir (resultar)
tráfego (trânsito, fluxo)	tráfico (comércio ilícito)
vadear (atravessar um rio a pé)	vadiar (viver ociosamente, vagabundear)
vultoso (volumoso, de grande vulto)	vultuoso (inchado)

Polissemia

É a propriedade da palavra de apresentar significados distintos que só podem ser explicados dentro de um contexto.

Observe, por exemplo, o significado que a palavra **cabo** apresenta em cada uma das frases seguintes:

O lavrador quebrou o cabo da enxada.

O navio contornou o cabo cuidadosamente.

Aquele soldado será promovido a cabo.

O marinheiro amarrou o cabo do navio no cais.

Os sequestradores deram cabo do infeliz empresário.

Ele nunca quis ser cabo eleitoral.

Trocaram os cabos telefônicos da minha rua.

Esfera semântica: hiperonímia e hiponímia

Na construção de um texto, é muito importante o emprego de palavras que mantenham uma relação de significado entre si. Tal relação recebe o nome de **hiperonímia** e **hiponímia**. Observe o exemplo:

Fui à feira, comprei maçãs, peras, mangas e outras frutas frescas.

Note que as palavras **maçãs**, **peras** e **mangas** possuem certa familiaridade significativa, já que pertencem a uma mesma esfera semântica, ou seja, todas elas se incluem no universo das frutas. A palavra **frutas**, no entanto, apresenta um sentido mais abrangente, já que engloba todas as anteriores. Nesse caso, dizemos que **maçãs**, **peras** e **mangas** são palavras **hipônimas**. **Frutas**, no entanto, é uma palavra **hiperônima** de todas as que a ela se relacionam.

1. Leia atentamente o seguinte texto:

A CEIA

Junto à **púrpura** os tons mais ricos **esmaecem**.
Chispa ardente **lascívia** em cada rosto **glabro**.
Luzem anéis. À luz crua do candelabro
Finda a ceia. O perfume e os vinhos entontecem.

César medita e trama o **desígnio macabro**.
Quando em **volúpia** aos mais os olhos **enlanguescem**,
Os seus, frios, fitando o irmão, lança-lo tecem,
Horas depois, do Tibre ao fundo **volutabro**.

Três gregas de **albos** pés, **pubescentes** e esguias,
Torcendo os corpos nus donde **acre** aroma escapa,
Dançam meneando véus, flexíveis como enguias.

Enquanto, a acompanhar os lascivos **trejeitos**,
Entre seios **liriais** de uma **matrona**, o Papa
Deixa cair, rindo, um punhado de confeitos.

(Manuel Bandeira)

Considerando o contexto, encontre o significado das palavras destacadas:

a) púrpura	e) glabro	i) enlanguescem	m)acre
b) esmaecem	f) desígnio	j) volutabro	n) trejeitos
c) chispa	g) macabro	k) albos	o) liriais
d) lascívia	h) volúpia	l) pubescentes	p) matrona

2. Preencha as lacunas com uma das palavras colocadas nos parênteses.
   a) O Estado autorizou a_____ de terras aos homens do campo. (**sessão/seção/cessão**)
   b) Assistimos a uma _____ cinematográfica. (**sessão/seção/cessão**)
   c) _____ duras penas aos revolucionários. (**Infringiu/Infligiu**)
   d) A forte geada _____ grandes prejuízos à lavoura. (**infligiu/infringiu**)
   e) Aquela pobre moça renunciou à virtude, _____ a moral. (**infligiu/infringiu**)
   f) Foram impetrados muitos _____ de segurança contra o Governo Federal. (**mandatos/mandados**)
   g) Brasília foi construída durante o _____ de Juscelino Kubitschek. (**mandado/mandato**)
   h) Assistiremos a um belo _____ de música erudita. (**concerto/conserto**)
   i) Ficou caríssimo o _____ de meu carro. (**concerto/conserto**)
   j) Aquele deputado teve os seus direitos políticos _____. (**caçados/cassados**)
   k) O sertanejo saiu para _____ e perdeu-se no mato. (**caçar/cassar**)
   l) O advogado de defesa conseguiu _____ o réu. (**discriminar/descriminar**)
   m) Cumpre _____ os verdadeiros e os falsos valores. (**descriminar/discriminar**)
   n) Devido à dor de dentes, o garoto ficou com a face _____. (**vultosa/vultuosa**)
   o) Venderam aquelas terras por _____ soma. (**vultosa/vultuosa**)

3. Complete as frases seguintes com sinônimos das palavras ou expressões colocadas nos parênteses.
   a) Aquele povo estava _____ para o combate. (**desprevenido**)
   b) Os culpados deverão _____ seus erros na prisão. (**sofrer as consequências**)
   c) Os retirantes pediam, desesperados, a _____ da Virgem. (**ato de interceder**)
   d) Seu único objetivo era _____ naquela empresa. (**elevar-se**)
   e) Os alpinistas estavam ameaçados por um perigo _____. (**que está em via de acontecer**)
   f) A lei _____ as penas para diversos crimes. (**determina, ordena previamente**)
   g) A Assembleia de Atenas _____ muitos cidadãos. (**desterrou, expulsou**)
   h) Entregaram à noiva um ramalhete de _____ flores. (**perfumadas, aromáticas**)
   i) Em defesa de seus direitos, impetraram _____ de segurança. (**ordem emanada de autoridade judicial**)
   j) Todos admiraram aquele candidato pela _____ com que se houve. (**qualidade ou caráter de discreto**)
   k) Os assaltantes foram presos em _____ pela polícia. (**no momento do delito**)
   l) A testemunha _____ as declarações do advogado. (**confirmou autenticamente**)
   m) A garotada admirava-se com a _____ do anão. (**pequena estatura**)

4. Reescreva as frases seguintes, substituindo as palavras ou expressões destacadas por um dos parônimos colocados nos parênteses.
   a) O guerreiro **valente** não teme os perigos. (**intimorato/intemerato**)
   b) Aquele fato finalmente **confirmou** a minha suspeição. (**ratificou/retificou**)
   c) Pulamos no lago e **afundamos** todos ao mesmo tempo. (**emergimos/imergimos**)

d) O sertanejo **aparelhou** seu cavalo e galopou pelos campos. (**arriou/arreou**)
e) Alguns oradores **prolongam** excessivamente o seu discurso. (**dilatam/delatam**)
f) Os ciganos **deixam um país** constantemente. (**imigram/emigram**)
g) **Denunciaram** os desmandos daquele governante. (**dilataram/delataram**)
h) Todos aplaudiam o **excelente** orador. (**eminente/iminente**)
i) O motorista foi multado por **desobedecer** às leis do trânsito. (**infringir/infligir**)
j) A criança **assimila** rapidamente os ensinamentos dos pais. (**absorve/absolve**)
k) Devido ao mau tempo, resolveram **adiar** a viagem programada. (**diferir/deferir**)
l) O patrão **insultou** cruelmente a jovem funcionária. (**distratou/destratou**)
m) O daltônico é incapaz de **distinguir** certas cores. (**descriminar/discriminar**)
n) Após a tempestade, o submarino **flutuou** e os soldados avistaram a terra. (**emergiu/imergiu**)

5. Faça a associação, indicando os vários significados em que se empregou a palavra **fino**.

a) apurado, esmerado ( ) Ele mora num apartamento bastante **fino**.
b) afiado ( ) Aquele senhor é muito **fino**; trata bem as pessoas.
c) educado, amável ( ) O aroma **fino** das flores embriagava-me.
d) elegante, seleto ( ) Aquela joia tem um acabamento **fino**.
e) suave, aprazível ( ) Usava uma agulha **fina** para fazer o bordado.
f) delgado ( ) A lâmina **fina** cortou-lhe a pele.

6. Indique o hiperônimo que se aplica a cada um dos conjuntos seguintes:

a) mangueira – laranjeira – limoeiro – bananeira
b) futebol – tênis – vôlei – boxe
c) televisor – rádio – liquidificador – enceradeira
d) cação – bagre – dourado – lambari
e) casaco – blusa – vestido – camisa
f) Marte – Saturno – Terra – Vênus

 **DE CONCURSOS PÚBLICOS E VESTIBULARES**

1. (**SRF**) Assinale a alternativa em que a palavra destacada foi empregada **erroneamente**:

a) O Diretor-Geral **retificou** a Portaria 601, que fora publicada com incorreções.
b) Este assunto é confidencial; conto, portanto, com sua **descrição**.
c) O Superintendente da Receita Federal **deferiu** aquele nosso pedido.
d) Recuso-me a defender aquele réu, pois foi pego em **flagrante**.
e) Este fiscal vai trabalhar na **seção** de Tributação.

2. (**SRF**) Assinale a opção que contém sinônimos das palavras destacadas nas frases:

I. "Primeiro explorei as **larguezas** de meu pai, ele dava-me tudo o que lhe pedia, sem repreensão, sem demora, sem frieza." (M. Assis)
II. "O sonho e o inconsciente renascem na procura de **evasão** do mundo real e na concepção de um mundo ideal." (J. D. Maia)

a) economia / saída
b) generosidade / fuga
c) compreensão / retorno

d) solicitude / involução
e) abastança / repressão

3. (TRE-MT) A palavra destacada está empregada inadequadamente em:

a) Os moradores sempre o consideraram, pelas suas atitudes, um homem sério e **descente**.
b) Sempre foi muito místico, por isso não se cansavam de lhe chamar de **ascético**.
c) Comentava-se que o príncipe só poderia **ascender** ao trono após a maioridade.
d) Na última publicação do jornalista, a **seção** de esportes estava ótima.
e) Sabe apreciar uma pintura. Não há dúvida de que possui **senso** artístico.

4. (TRE-MT) A palavra nos parênteses **não** preenche adequadamente a lacuna do enunciado em:

a) O crime foi bárbaro. Somente após a _____ do assassino é que foi possível prendê-lo. (descrição)
b) Só seria possível _____ o acusado se conseguíssemos mais provas que o inocentassem. (descriminar)
c) As negociações só vão _____ os resultados esperados caso todos compareçam. (sortir)
d) O corpo estava _____, apenas a cabeça estava fora da água, que subia cada vez mais. (imerso)
e) Como a mercadoria estava muito pesada, o recurso foi _____ o cofre ali mesmo, na escada. (arriar)

5. (TRE-MT) O sentido das palavras **não** está corretamente indicado nos parênteses em:

a) distratar (maltratar com palavras) / destratar (rescindir pacto ou contrato)
b) deferimento (aprovação) / diferimento (adiamento)
c) comprido (extenso em sentido longitudinal) / cumprido (realizado)
d) descente (que desce; vazante) / decente (adequado; apropriado)
e) tacha (pequeno prego de cabeça larga e chata) / taxa (tributo, imposto)

6. (TRT-RJ) Assinale a alternativa **incorreta**:

a) O governo cassou os direitos políticos daquele cidadão.
b) Houve um roubo vultuoso naquele banco.
c) Nosso advogado vai impetrar mandado de segurança.
d) Os alunos se portaram com muita discrição na visita que fizemos ao museu.
e) Uma fragrante rosa despontou.

7. (MPU) Assinale a sentença que apresenta emprego **incorreto** de palavra:

a) O corpo docente fora consultado sobre a reprovação do aluno.
b) Após aquele desagradável incidente, a amizade da turma tornou-se diferente.
c) À pequena distância, não se conseguia descriminar os sinais de trânsito.
d) Na escuridão da casa, o novo fusível não foi encontrado para que voltasse a energia.
e) Candidatos experientes surgirão no próximo pleito, mobilizando a comunidade.

8. (Esaf-CJF) Marque a alternativa que completa corretamente a frase:

"A violação era _____: assim, o fiscal lavrou o _____ para a aplicação das _____ cabíveis."

a) fragrante, auto de infração, sanções
b) flagrante, auto de infração, sanções
c) fragrante, auto de inflação, sansões

d) fragrante, alto de infração, sansões
e) fragrante, auto de inflação, sanções

9. (Esaf-MPU) Assinale a opção em que não há correspondência das palavras na mesma linha:

a) flagrante – evidente
fragrante – perfumado

b) tráfego – trânsito
tráfico – comércio

c) diferir – ser diferente
deferir – conceder

d) cumprimento – extensão
comprimento – saudação

e) retificar – corrigir
ratificar – confirmar

10. (Tacrim-SP) Assinale a alternativa que apresenta dois possíveis antônimos para a palavra **força**:

a) impotência – frouxidão
b) fraqueza – energia
c) debilidade – energia
d) vigor – potência
e) debilidade – potência

11. (TRF-CJF) Assinale a alternativa que apresenta palavras **antônimas**:

a) inédito / original
b) incauto / precavido
c) intrépido / resoluto
d) inexorável / rigoroso
e) incisivo / categórico

12. (TRF-CJF) Marque a alternativa cujas palavras preenchem corretamente as respectivas lacunas, na frase seguinte:
"Necessitando _____ o número do cartão do PIS, _____ a data de seu nascimento".

a) ratificar, proscrevi
b) prescrever, discriminei
c) discriminar, retifiquei
d) proscrever, prescrevi
e) retificar, ratifiquei

13. (Alerj/Fesp) A alternativa que apresenta um par de vocábulos **homônimos** é:

a) descrição / discrição
b) fenecer / morrer
c) seção / sessão
d) crente / crível
e) casa / morada

14. (Alerj/Fesp) "Um homem deve ser **intemerato**."
O termo destacado acima **não** tem sentido alterado quando substituído por:

a) puro
b) ilustre
c) temido
d) sensato
e) eminente

15. (Alerj/Fesp) O único par de vocábulos classificado como **parônimo** é:

a) coser / cozer
b) seção / sessão
c) maça / massa
d) iminente / eminente
e) consertar / concertar

16. (Alerj/Fesp) **Tráfego** e **tráfico**, vocábulos parecidos na forma e diferentes no sentido, pertencem a um grupo denominado:

a) paronímia
b) sinonímia
c) antonímia
d) polissemia
e) homonímia

17. (BB) O sentido da palavra não cabe na frase:

a) Não discriminava as cores.
b) O pedido não sortiu efeito.
c) Observou o comprimento conveniente.
d) O corpo emergiu duas vezes.
e) Era a prescrição dos direitos.

18. (TJ-SP) Dentre as palavras sugeridas nos parênteses, escolha a que mais se adapte ao contexto e assinale a opção correta.

1. Aquela mulher sempre agia com muita _____ . (**descrição / discrição**)
2. Guardei todos os alimentos na _____ . (**despensa / dispensa**)
3. Achei que o juiz não _____ aquele réu. (**absolveria / absorveria**)
4. No último _____ descobriu-se que somos mais de cem milhões. (**censo / senso**)

a) discrição – despensa – absorveria – senso
b) descrição – dispensa – absolveria – censo
c) descrição – dispensa – absorveria – senso
d) discrição – despensa – absolveria – censo
e) discrição – dispensa – absolveria – censo

19. (Fuvest-SP) "Meditemos na regular beleza que a natureza nos oferece."
Assinale a alternativa em que o homônimo tem o mesmo significado do empregado na oração acima.
a) Não conseguia regular a marcha do carro.
b) É bom aluno, mas obteve nota regular.
c) Aquilo não era regular, deveria ser corrigido.
d) Admirava-se ali a disposição regular dos canteiros.
e) Daqui até sua casa há uma distância regular.

20. (UEL-PR) "A ... com que agia mascarava suas atitudes ... contra os mestiços."
a) descrição, discriminatórias
b) discreção, descriminatórias
c) discrição, descriminatórias
d) descrição, descriminatórias
e) discrição, discriminatórias

21. (PUC-RS) As palavras destacadas na passagem:
"A leitura propicia conhecimento e, muitas vezes, um **inefável** prazer. É por isso que ela é um direito **inalienável** *do homem"*.
significam, respectivamente:
a) raro, inelutável
b) estranho, inseparável
c) indizível, intransferível
d) infindável, insubstituível
e) sutil, fundamental

22. (Fuvest-SP)

> "Amar solenemente as palmas do deserto,
> o que é entrega ou adoração **expectante**
> e amar o **inóspito**, o cru,
> um vaso sem flor, um chão vazio,
> e o peito **inerte**, e a rua vista em sonho, e uma ave de rapina."

Nos versos de Carlos Drummond de Andrade, as palavras destacadas significam, respectivamente:

a) radiante, seco, sem atividade
b) que espera, inabitável, sem atividade
c) incondicional, inabitável, sem forças
d) que espera, sem finalidade, sem forças
e) incondicional, seco, inerme

23. (ITA-SP) Os sinônimos de **ignorante, iniciante, sensatez, confirmar** são, respectivamente:
a) incipiente, insipiente, descrição, retificar
b) incipiente, insipiente, discrição, ratificar
c) insipiente, incipiente, descrição, ratificar
d) insipiente, incipiente, discrição, ratificar
e) incipiente, insipiente, descrição, ratificar

24. (UFSM-RS) Analise as palavras entre parênteses e assinale a alternativa em que a primeira palavra completa corretamente a frase:
a) O motorista foi multado porque ... (infligiu / infringiu) as regras de trânsito.
b) Naquela assembleia, foi aprovada a ... (sessão / cessão) de terras aos colonos.
c) Solicitei ao banco o meu ... (estrato / extrato) de contas.
d) As mercadorias devem ser ... (descriminadas / discriminadas) na nota fiscal.
e) O supermercado deveria estar ... (sortido / surtido) de mercadorias.

25. (Fuvest-SP) "A ... científica do povo levou-o a ... de feiticeiros os ... em astronomia."
a) insipiência – tachar – expertos
b) insipiência – taxar – expertos
c) incipiência – taxar – espertos
d) incipiência – tachar – espertos
e) insipiência – taxar – espertos

26. (UFG) Leia as frases seguintes:
1. Assisti a um ... da máquina.
2. Os ... não são ignorantes.
3. Ele fez ao filho a ... de uma parte das terras.
4. De tempo em tempo se faz um novo ... da população.
Escolha a alternativa que oferece a sequência certa de vocabulário para a sequência das lacunas:
a) conserto, incipientes, sessão, censo
b) concerto, insipientes, seção, senso
c) conserto, insipientes, secção, censo
d) conserto, incipientes, cessão, censo
e) concerto, incipientes, cessão, senso

27. (UFV-MG) Assinale a alternativa em que as palavras **não** tenham à direita a expressão de seu significado:
a) cessão = doação; seção = divisão
b) incipiente = ignorante; insipiente = principiante
c) consertar = reparar; concertar = combinar
d) ratificar = confirmar; retificar = alinhar
e) céptico = quem duvida; séptico = que causa infecção

28. (FGV-SP) Tendo por base a relação existente entre as duas primeiras palavras, marque a letra que corresponde à alternativa correta: **tecla / piano**.
a) violino / som
b) médico / boticão
c) adubo / agrônomo
d) corda / violão
e) lápis / arquiteto

29. (FGV-SP) Idem ao anterior: **inédito / publicado**.
a) profano / pródigo
b) recôndito / manifesto
c) proibido / defeso
d) interino / transitório
e) intrincado / intransigente

30. (Fuvest-SP) Observe os sinônimos indicados entre parênteses:
I. "o papel verdadeiramente despótico (= tirânico) da informação";
II. "dos homens em sua realidade intrínseca (= inerente)";
III. "são apropriadas (= adequadas) por alguns Estados".
Considerando-se o texto, a equivalência sinonímica está correta **apenas** em:
a) I.
b) II.
c) III.
d) I e II.
e) I e III.

31. (FEI-SP) Entre as alternativas abaixo, qual é a que contém um verbo sem a conotação de **adiar**?
a) aprazar, contemporizar, delongar
b) demorar, deferir, transferir
c) espaçar, procrastinar, prolongar
d) prorrogar, remanchar, retardar
e) dilatar, atrasar, protelar

32. (FMPA-MG) Assinale o item em que a palavra destacada está incorretamente aplicada:
a) Trouxeram-me um ramalhete de flores <u>fragrantes</u>.
b) A justiça <u>infligiu</u> a pena merecida aos desordeiros.
c) Promoveram uma festa <u>beneficente</u> para a creche.
d) Devemos ser fiéis ao <u>cumprimento</u> do dever.
e) A <u>cessão</u> de terras compete ao Estado.

33. (Umesp) Observe as frases seguintes:
1. Esses casos caracterizam uma ____ a leis e normas existentes. (*Folha de S. Paulo* - B11 - 03/10/03).
2. As taxas refletem o ganho do investidor porque levam em conta o impacto da ____ . (*Folha de S. Paulo* - B4 - 06/10/03).
3. À pequena distância, não era possível a ____ dos sinais de trânsito.
4. A ____ da maconha tem gerado muitas polêmicas na sociedade brasileira.
Assinale a alternativa cujos parônimos preencham, adequadamente e na ordem em que aparecem, as lacunas das frases acima:
a) inflação / infração / discriminação / discriminação
b) infração / inflação / discriminação / descriminação
c) inflação / infração / descriminação / descriminação
d) inflação / infração / descriminação / discriminação
e) infração / inflação / descriminação / discriminação

34. (FGV-SP) **Rebeldes** tem como antônimo **dóceis**, **tiranos** tem como sinônimo **autocratas**. Assinale a alternativa em que o par de antônimos e o de sinônimos, nesta ordem, está correto.
a) vangloriavam e orgulhavam; heresia e ateísmo
b) perpétuo e efêmero; súditos e vassalos
c) líder e ideólogo; engrenem e engatam
d) ônus e compromisso; esmigalha e esfacela
e) dilemas e certezas; insuflar e esvaziar

II

Morfologia

É a parte da gramática que estuda a forma e a estrutura das palavras.

"O fazer as coisas não é nada;
o sabê-las fazer é que é tudo."

Martins Pena

Capítulo 1

Estrutura e formação de palavras

A análise da estrutura das palavras revela-nos a existência de vários elementos mórficos chamados **morfemas**. Os elementos que contêm o significado básico da palavra chamam-se **morfemas lexicais**, e os que indicam a flexão das palavras, ou seja, as variações para indicar gênero, número, pessoa, modo e tempo recebem o nome de **morfemas gramaticais**. Em **meninas**, por exemplo, **menin-** é *morfema lexical*, **a** é *morfema gramatical* de gênero e **s** é *morfema gramatical* de número.

OS ELEMENTOS MÓRFICOS

Radical

É o elemento originário em que se concentra a significação da palavra: **cert**o, **cert**as, in**cert**eza, **cert**amente, **cert**eiro, in**cert**o.

Nas palavras acima, o elemento **cert** é o radical, já que não pode ser decomposto em unidades menores e nele se concentra o significado básico da palavra.

OBSERVAÇÃO

As palavras que apresentam o mesmo morfema lexical, isto é, o mesmo radical, são chamadas **cognatas**. Assim, são cognatas as palavras **ferr**o, **ferr**eiro, **ferr**agem, **ferr**ugem, **ferr**ado, **ferr**ador, **ferr**adura etc.

Principais radicais de origem latina

Radicais	Significados	Exemplos
agri	campo	agricultor
api	abelha	apicultura
arbori	árvore	arborizar
auri	ouro	aurífero
beli	guerra	belígero
cado	que cai	cadente
capiti	cabeça	capital
cida	que mata	homicida
cola	que habita	silvícola
cruci	cruz	cruciforme
cultura	ato de cultivar	cafeicultura
dico	que diz	maledicente
doceo	que ensina	docente
fero	que contém ou produz	mamífero
ferri	ferro	férrico
fico	que faz ou produz	benéfico
fide	fé	fidedigno
forme	forma	uniforme
frater	irmão	fraternidade
fugo	que foge ou afugenta	centrífugo
gena	nascido em	alienígena
gero	que contém ou produz	lanígero
igni	fogo	ignívoro
loco	lugar	localidade
ludo	jogo	ludoterapia
mater	mãe	materno
morti	morte	mortífero
multi	muitos	multinacional
oculo	olho	ocular
oni	todo	onipotente
opera	obra, trabalho	operário
paro	que produz	ovíparo
pater	pai	paternal
pede	pé	bípede
pisci	peixe	piscicultura
pluri	vários	pluricelular
pluvi	chuva	pluvial
populo	povo	popular
puer	criança	puericultura
quadri	quatro	quadrilátero
quero	que procura	inquérito

Principais radicais de origem latina		
Radicais	Significados	Exemplos
radio	raio	radiômetro
reti	reto	retilíneo
sapo	sabão	saponáceo
silva	floresta	silvicultor
sono	som	uníssono
sui	a si mesmo	suicida
tango	que toca	tangível
tri	três	trimestre
umbra	sombra	umbroso
uni	um	unicelular
vago	que vaga	noctívago
vermi	verme	vermífugo
video	que vê	vidente
vini	vinho	vinicultura
voci	voz	vociferar
volo	que quer	benévolo
voro	que come	carnívoro

Principais radicais de origem grega		
Radicais	Significados	Exemplos
acro	alto	acrópole
aero	ar	aeródromo
agogo	que conduz	pedagogo
algia	dor	nevralgia
alo	outro	alopatia
andro	varão	androceu
anemo	vento	anemômetro
angelo	mensageiro	evangelho
anto	flor	antófago
antropo	homem	antropologia
arcaio	antigo	arcaísmo
aristo	melhor, nobre	aristocrata
aritmo	número	aritmética
arquia	governo	monarquia
arto	pão	artófago
astro	astro	astrologia
auto	próprio	autocrítica
baro	peso	barômetro
bata	que caminha	acrobata
batraco	sapo, rã	batráquio

Principais radicais de origem grega

Radicais	Significados	Exemplos
biblio	livro	bibliófilo
bio	vida	biografia
bronco	garganta	broncoscopia
caco	feio, mau	cacófato
cali	belo	caligrafia
cardio	coração	cardiologia
carpo	fruto	endocarpo
cefalo	cabeça	encefalite
ceramo	barro	cerâmica
ciano	azul	cianeto
cino	cão	cinofilia
cito	célula	leucócito
cloro	verde	clorofila
cosmo	mundo	cosmografia
cracia	força, poder	democracia
croma	cor	cromático
crono	tempo	cronologia
da(c)tilo	dedo	datilografia
deca	dez	decâmetro
delo	visível	psicodélico
demo	povo	demografia
dendro	árvore	dendrofobia
derma	pele	dermatologista
dinamo	força	dinamômetro
doxo	opinião	ortodoxo
dromo	corrida	hipódromo
eco	casa	economia
edro	face, lado	poliedro
ele(c)tro	eletricidade	eletrólise
enea	nove	eneassílabo
entero	intestino	entérico
entomo	inseto	entômico
ergo	trabalho	ergofobia
eritro	vermelho	eritrose
estesis	sensação	estética
etno	raça	etnologia
eto	costume	ética
fago	que come	hematófago
filo	amigo	filósofo
fito	planta	fitogenia
fisis	natureza	fisiológico

Principais radicais de origem grega

Radicais	Significados	Exemplos
fobo	que teme	hidrófobo
fone	voz, som	fonema
foto	luz	fotógrafo
freno	mente, diafragma	frenologia, frenite
galacto	leite	galactose
gamo	casamento	polígamo
gastro	estômago	gastrite
geo	terra	geologia
geno	nascimento	genética
gero	velho	geriatria
gimno	nu	gimnofobia
gine	mulher	gineceu
glauco	verde	glauconita
glico	doce	glicose
glossa, glota	língua	glossário, poliglota
hagio	sagrado	hagiografia
hidro	água	hidrômetro
helio	sol	heliotropismo
hema	sangue	hemácia
hepta	sete	heptágono
hialo	vidro	hialino
hiero	sagrado	hieróglifo
hipno	sono	hipnose
hipo	cavalo	hípico
holo	inteiro	holofote
homo	igual	homófono
icono	imagem	iconoclasta
ictis	peixe	ictiófago
idio	próprio	idiomático
iso	igual	isometria
lalia	fala	dislalia
latria	adoração	idolatria
leuco	branco	leucócito
lipo	gordura	lipemia
lisis	dissolução	hidrólise
lito	pedra	litografia
logo	palavra	diálogo
logia	estudo	cronologia
macro	grande	macrocéfalo
mancia	adivinhação	quiromancia
mania	inclinação	maníaco

Principais radicais de origem grega		
Radicais	**Significados**	**Exemplos**
megalo	grande	megalomania
melano	negro	melania
mero	parte	isômero
meso	que está no meio	Mesopotâmia
metro	medida	cronômetro
micro	pequeno	micróbio
mielo	medula	poliomielite
mio	músculo	mioplegia
miria	dez mil	miriâmetro
miso	que odeia	misantropo
mono	um só	monograma
morfo	forma	amorfo
necro	morto	necrópsia
nefro	rim	nefrite
neo	novo	neolatino
neuro	nervo	neurologia
nicto	noite	nictofobia
nomo	lei	autônomo
noso	doença	nosocômio
oclo	multidão	oclocracia
odonto	dente	odontologia
ofis	serpente	ofídico
oftalmo	olho	oftalmologista
oligo	pouco	oligarquia
onico	unha	onicofagia
oniro	sonho	onírico
onoma	nome	onomástico
orto	reto, correto	ortografia
osmo	impulso	endosmose
oto	ouvido	otite
páleo	antigo	paleografia
pan	tudo	panteísmo
paqui	espesso	paquímetro
pato	doença	patologia
pedia	instrução	enciclopédia
penta	cinco	pentágono
pepsis	digestão	dispepsia
pinaco	quadro	pinacoteca
pireto	febre	antipirético
piro	fogo	pirotécnico
pleo	cheio	pleonasmo

Principais radicais de origem grega

Radicais	Significados	Exemplos
pluto	rico	plutocracia
pode, podo	pé	ápode, pododigital
poli	muitos	polígrafo
polis	cidade	Petrópolis, metrópole
pseudo	falso	pseudoprofeta
psico	alma	psíquico
ptero	asa	díptero
quilo	mil	quilômetro
quiro	mão	quiromante
raquis	coluna vertebral	raquítico
rino	nariz	rinite
rizo	raiz	rizotônico
sacaro	açúcar	sacarose
sarc(o)	carne	sarcófago
scopia	ato de ver	datiloscopia
selene	lua	selenita
sema	sinal	semáforo
sismo	terremoto	sísmico
sofia	sabedoria	teosofia
stico	verso	dístico
stoma	boca	estomatite
strato	exército	estratégia
tafo	túmulo	epitáfio
talasso	mar	talassocracia
tanato	morte	tanatofobia
taqui	rápido	taquicardia
tele	ao longe	telegrama
terapia	cura	sonoterapia
termo	calor	termômetro
tetra	quatro	tetraedro
tipo	figura	arquétipo
tono	tensão, tom	monótono
topo	lugar	topógrafo
xeno	estrangeiro	xenofobia
xero	seco	xerográfico
xilo	madeira	xilogravura
zime	fermento	enzima
zoo	animal	zoologia

Desinências

São elementos que servem para indicar as flexões das palavras. Podem ser:

a) **nominais** — indicam gênero e número dos nomes: gat**o**(**s**), gat**a**(**s**), bel**o**(**s**), bel**a**(**s**).

b) **verbais** — indicam modo, tempo, número e pessoa nas formas verbais: canta**vas**, amá**ssemos**, parti**remos**.

Vogal temática e tema

Vogal temática é o elemento que possibilita a ligação entre o radical e as desinências. Chama-se **tema** o conjunto de **radical** + **vogal temática**.

Radical	Vogal temática
terr	a
Tema = terra	

Radical	Vogal temática
cant	a
Tema = canta	

OBSERVAÇÃO

Os nomes terminados em vogal tônica ou em consoantes são atemáticos, ou seja, não possuem vogal temática: **saci**, **tatu**, **barril**, **tambor**.

Afixos

São elementos que se ligam ao radical para formar novas palavras. Antepostos ao radical, recebem o nome de **prefixos**; quando pospostos, **sufixos**. Veja:

desleal (**des** = prefixo)
ferr**eiro** (**eiro** = sufixo)

1. Prefixos — a maioria dos prefixos encontrados na língua portuguesa são de origem latina ou grega.

Principais prefixos de origem latina		
Prefixos	**Sentidos**	**Exemplos**
a-, ab-, abs-	afastamento, separação	abjurar, abster-se
ad-, a-	aproximação, direção	adjunto, abeirar
ambi-	duplicidade	ambidestro
ante-	posição anterior	antepor
bene-, ben-, bem-	bem, muito bom	benemérito, benfeitor
bis-, bi-	duas vezes	bisneto, bípede
circum-, circun-	em redor de	circumpolar, circunscrever
cis-	posição aquém	cisplatino
com-, con-, co-	companhia, combinação	compatriota, contemporâneo, coautor
contra-	oposição, ação contrária	contrapor
de-, des-, dis-	movimento para baixo, afastamento, negação, ação contrária	decapitar, desviar, desleal, discordar
ex-, es-, e-	movimento para fora, mudança, separação	exportar, escamar, emigrar

Principais prefixos de origem latina

Prefixos	Sentidos	Exemplos
extra-	posição exterior, superioridade	extraterreno, extraviar
in-, im-, i-, em-, en-	movimento para dentro, posição interna	inalar, importar, imigrar, embarcar, enlatar
in-, im-, i-	negação	inútil, imperfeito, ilegal
inter-, entre-	posição intermediária	interpor, entrelinha
intra-, intro-	movimento para dentro	intraocular, introspecção
justa-	posição ao lado de	justaposição
o-, ob-	oposição, posição em frente	opor, oblongo
per-	movimento através de, intensidade, duração	percorrer, perdurar, pernoitar
post-, pos-	posição posterior	postergar, pospor
pre-,	anterioridade, superioridade	predizer, predominar
pro-	posição em frente, movimento para a frente	proclamar, progredir
re-	repetição, intensidade	reler, ressoar
retro-	movimento para trás	retroagir
semi-	metade, quase	semicírculo, semimorto
sub-, sob-, so-	posição inferior	subchefe, sobpor, soterrar
super-, sobre-	posição superior	superpor, sobreposto
trans-, tras-, tra-, tres-	através de, além de	transpor, transladar, trascâmara, traduzir, tresnoitar
ultra-	além de, excesso	ultramar, ultramoderno
vice-, vis-	substituição	vice-diretor, visconde

Principais prefixos de origem grega

Prefixos	Sentidos	Exemplos
a-, an-	privação, negação	ateu, anarquia
ana-	repetição, separação	análise, anacrônico
anfi-	duplicidade	anfíbio
anti-	oposição	antiaéreo
apo-	separação	apócrifo
arqui-, arce-	posição superior	arquiduque, arcebispo
cata-	movimento para baixo, ordem	cataclismo, catálogo
di-	duas vezes	dígrafo
dia-	através de	diálogo
dis-	dificuldade	dispepsia
en-, em-	inclusão	encéfalo, emblema
endo-	posição interior	endocraniano
epi-	posição superior	epígrafe
eu-, ev-	excelência	eufonia, evangelho
ex-, ec-, exo-	movimento para fora	êxodo, éctipo, exógeno
hemi-	metade	hemisfério
hiper-	posição superior, excesso	hipertensão
hipo-	posição inferior	hipoderme

Principais prefixos de origem grega		
Prefixos	**Sentidos**	**Exemplos**
meta-	mudança	metamorfose
para-	proximidade	paralelo
peri-	em torno de	perímetro
poli-	muito	politeísmo, poliandria
pro-	posição anterior	prólogo
sin-, sim-, si-	simultaneidade	sinfonia, simpatia, silogismo

Correspondência entre prefixos gregos e latinos				
Prefixos gregos	**Exemplos**	**Prefixos latinos**	**Exemplos**	**Sentidos**
a-, an-	amoral, anestesia	des-, in-	imoral, desumano	privação
anti-	antiaéreo	contra-	contradizer	ação contrária
anfi-	anfíbio	ambi-	ambivalente	duplicidade
apo-	apogeu	ab-	abjurar	afastamento
cata-	cataclismo	de-	decair	movimento para baixo
di-	díptero	bi-	bilabial	dois
dia-, meta-	diálogo, metamorfose	trans-	transformação	através de, mudança
en-	encéfalo	in-	ingerir	interioridade
endo-	endovenoso	intra-	intramuscular	posição interior
epi-	epiderme	supra-	supracitado	acima
eu-	eufonia	bene-	benefício	bem, bom, êxito
ex-, ec-	êxodo	ex-	exportar	movimento para fora
hemi-	hemiciclo	semi-	semicírculo	metade
hiper-	hipertensão	super-	superabundante	excesso
hipo-	hipotrofia	sub-	subterrâneo	posição abaixo
para-	paráfrase	ad-	adjacente	proximidade
peri-	perímetro	circum-	circunscrever	em torno de
sin-	sintonia	cum-	cúmplice	simultaneidade

2. **Sufixos** — a maioria dos sufixos da língua portuguesa são de origem latina.

Os sufixos podem ser **verbais** ou **nominais**. Apenas um é adverbial: **-mente**, como, por exemplo, na palavra calma**mente**.

Os **sufixos verbais** formam os **verbos**; os **nominais**, os **substantivos** ou **adjetivos**.

Os **sufixos verbais** exprimem:

a) **ações repetidas** (*verbos frequentativos*): mare**jar**, espern**ear**, brave**jar**;
b) **ação menos intensa** (*verbos diminutivos*): beber**icar**, adoc**icar**, chuv**iscar**;
c) **ação causadora** (*verbos causativos*): esfr**iar**, rubor**izar**, esqu**entar**;
d) **ação indicativa de mudança de estado** (*verbos incoativos*): enriqu**ecer**, umed**ecer**, anoit**ecer**.

Os **sufixos nominais** exprimem:

a) **ação ou resultado de ação**: paul**ada**, format**ura**, mord**ida**;
b) **ocupação, profissão, agente**: ferr**eiro**, cant**or**, jornal**ista**;
c) **qualidade ou estado**: bond**ade**, fei**ura**, tol**ice**;
d) **lugar**: pension**ato**, papel**aria**, bebe**douro**;
e) **qualidade em excesso**: horror**oso**, narig**udo**, purul**ento**;
f) **matéria**: férr**eo**, pétr**eo**, argênt**eo**;
g) **diminuição**: vi**ela**, homen**zinho**, corp**ete**;
h) **aumento**: homen**zarrão**, bal**aço**, narig**ão**;
i) **referência**: mar**ítimo**, camp**estre**, lun**ar**;
j) **origem**: lat**ino**, esco**cês**, burgu**ês**;
k) **tendência**: louv**ável**, alagad**iço**, confi**ável**;
l) **coleção, aglomeração**: mapot**eca**, bambu**zal**, boi**ada**;
m) **estado doentio ou inflamação**: febr**il**, gastr**ite**, tromb**ose**;
n) **ciência ou doutrina**: zoo**logia**, medic**ina**, comun**ismo**;
o) **partidário ou seguidor**: republic**ano**, comun**ista**, parnas**iano**.

▰▰▰ Vogais e consoantes de ligação

São elementos sem valor significativo que se intercalam a outros a fim de facilitar a pronúncia da palavra.

Radical	Vogal de ligação	Radical
gás	ô	metro
silv	í	cola

Radical	Consoante de ligação	Sufixo
chá	l	eira
saci	z	inho

PROCESSOS DE FORMAÇÃO DAS PALAVRAS

Se partirmos da palavra **banana**, por exemplo, para designar a árvore que a produz, usaremos a palavra **bananeira**; para nomear uma quantidade mais ou menos considerável de bananeiras dispostas proximamente entre si, empregaremos a palavra **bananal**.

Bananeira e **bananal** derivam, portanto, da palavra primitiva **banana**.

Partindo agora das palavras **banana** e **maçã**, que possuem significados distintos, podemos compor uma terceira palavra: **banana-maçã**, composta das duas primeiras.

A nossa língua possui esses dois processos básicos de formação de palavras: a **derivação** e a **composição**.

▰▰ Derivação

A derivação é o processo pelo qual novas palavras (**derivadas**) são formadas a partir de outras já existentes na língua (**primitivas**). Pode ocorrer das seguintes maneiras:

a) **prefixal** (ou **prefixação**) — consiste no acréscimo de um prefixo a um radical:

leal	**des**leal
feliz	**in**feliz
fazer	**re**fazer

b) **sufixal** (ou **sufixação**) — consiste no acréscimo de um sufixo a um radical:

pedra	pedr**eira**
gosto	gost**oso**
real	real**mente**

c) **prefixal** e **sufixal** — consiste na formação de uma nova palavra a partir do acréscimo simultâneo de um prefixo e um sufixo ao radical, sem que aqueles se anexem a este:

leal	**des**leal**dade**
feliz	**in**feliz**mente**

d) **parassintética** — consiste no acréscimo simultâneo de um prefixo e um sufixo a um radical, de modo que a palavra não possa existir apenas com um ou outro:

alma	**des**alm**ado**
manhã	**a**manh**ecer**

OBSERVAÇÃO

As palavras **deslealdade** e **infelizmente** não são formadas por parassíntese porque existe a possibilidade de formá-las só com prefixos: **des**leal e **in**feliz, ou só com sufixos: leal**dade** e feliz**mente**. Já em **desalmado** e **amanhecer**, tal possibilidade não existe.

e) **regressiva** (ou **deverbal**) — consiste na troca da terminação de um verbo pelas vogais **a**, **e** ou **o**, resultando, assim, num substantivo abstrato:

fal**ar**	fal**a**
perd**er**	perd**a**
realç**ar**	realc**e**
enlaç**ar**	enlac**e**
beij**ar**	beij**o**
ampar**ar**	ampar**o**

OBSERVAÇÃO

Quando o substantivo é **concreto**, o verbo é que deriva dele:

âncora	ancorar
escova	escovar

f) **imprópria** (ou **conversão**) — não se altera a estrutura da palavra. Esse processo consiste na simples mudança da classe gramatical de uma palavra:

> Os bons serão recompensados.
> adjetivo
> substantivado
>
> É sublime o cantar dos pássaros.
> verbo
> substantivado
>
> Assistimos a um comício monstro.
> substantivo
> adjetivado

OBSERVAÇÃO

A **derivação imprópria** não pertence, a rigor, à área da morfologia, mas sim à da semântica.

Composição

A composição é o processo pelo qual novas palavras são formadas a partir da junção de palavras ou radicais existentes na língua. Pode ocorrer por **justaposição** ou por **aglutinação**.

a) **Justaposição** — ocorre quando os elementos da composição não sofrem alteração fonética ou gráfica:

roda + pé	rodapé
bem + me + quer	bem-me-quer
guarda + roupa	guarda-roupa

b) **Aglutinação** — ocorre quando, na junção dos elementos formadores, pelo menos um deles sofre alteração fonética ou gráfica:

água + ardente	aguardente
plano + alto	planalto
em + boa + hora	embora

Além dos dois processos básicos de formação de palavras estudados — **derivação** e **composição** —, há ainda os seguintes processos:

Hibridismo

Ocorre quando os elementos da formação pertencem a línguas diferentes:

mono (grego) + cultura (latim)	monocultura
álcool (árabe) + metro (grego)	alcoometro
buro (francês) + cracia (grego)	burocracia
zinco (alemão) + grafia (grego)	zincografia

Abreviação (ou redução)

Consiste na utilização de parte de uma palavra no lugar da sua totalidade:

pneu (abreviação de pneumático)
tevê (abreviação de televisão)
quilo (abreviação de quilograma)
moto (abreviação de motocicleta)

Onomatopeia (ou reduplicação)

Consiste na criação de palavras que procuram reproduzir certos ruídos ou sons:

reco-reco, **tique-taque**, **tico-tico**, **zum-zum**

Sigla

Consiste na utilização das letras iniciais de uma organização, entidade ou associação:

ONU (Organização das Nações Unidas)
USP (Universidade de São Paulo)
Detran (Departamento de Trânsito)
NGB (Nomenclatura Gramatical Brasileira)

Exercícios

Texto para os exercícios de **1** a **7**:

O ACENDEDOR DE LAMPIÕES

Lá vem o acendedor de lampiões da rua!
Este mesmo que vem infatigavelmente,
Parodiar o sol e associar-se à lua
Quando a sombra da noite enegrece o poente!

Um, dois, três lampiões, acende e continua
Outros mais a acender imperturbavelmente,
À medida que a noite aos poucos se acentua
E a palidez da lua apenas se pressente.

Triste ironia atroz que o senso humano irrita:
Ele que doira a noite e ilumina a cidade,
Talvez não tenha luz na choupana em que habita.

Tanta gente também nos outros insinua
Crenças, religiões, amor, felicidade,
Como este acendedor de lampiões da rua!

(Jorge de Lima)

1. Destaque os elementos mórficos da palavra **infatigavelmente**.

2. Quantos elementos mórficos há na palavra **parodiar**? Especifique cada um deles.

3. Destaque da segunda estrofe um sufixo nominal, indicando o seu significado.

4. Destaque da última estrofe um sufixo nominal indicativo de **estado** e outro indicativo de **profissão**.

5. Primitivamente, a palavra **poente** é adjetivo. No texto, porém, ela foi convertida em substantivo. Que nome se dá a essa conversão?

6. Indique o processo de formação das seguintes palavras retiradas do texto:
   a) acendedor
   b) infatigavelmente
   c) palidez
   d) felicidade

7. Faça o que se pede em cada item:
   a) Partindo da palavra **noite**, derive uma nova palavra pelo processo da **parassíntese**.
   b) Partindo da palavra **sol**, componha uma nova palavra por meio do processo da **justaposição**.
   c) Partindo da palavra **lua**, componha uma nova palavra por meio do processo da **aglutinação**.
   d) Partindo da palavra **humano**, derive uma nova palavra por meio do processo da **prefixação**.
   e) Qual é o radical grego correspondente à palavra **cidade**? Forme três palavras contendo esse radical.
   f) Partindo da palavra **amor**, forme três vocábulos **cognatos**.

8. Indique o radical das seguintes palavras:
   a) desmatar
   b) florescer
   c) cajuzeiro
   d) impiedoso
   e) navegante
   f) casebre
   g) infeliz
   h) sacizinho
   i) madureza
   j) existência
   k) renascer
   l) refazer

9. Identifique os elementos mórficos das palavras seguintes:
   a) garotas
   b) cantávamos
   c) relembramos
   d) rapazinho
   e) cafeteira
   f) gasoduto

10. Associe as colunas de acordo com o significado dos prefixos latinos destacados:
   a) **semi**círculo
   b) **ad**jacente
   c) **intra**muscular
   d) **sub**terrâneo
   e) **ex**portar
   f) **vice**-rei
   g) **contra**por
   h) **ambí**guo
   i) **super**elegante
   j) **pre**venir

   ( ) anterioridade
   ( ) proximidade
   ( ) metade
   ( ) posição inferior
   ( ) ação contrária
   ( ) duplicidade
   ( ) movimento para dentro
   ( ) excesso
   ( ) substituição
   ( ) movimento para fora

11. Faça o mesmo com os prefixos gregos:
   a) **a**normal
   b) **aná**fora
   c) **anf**íbio
   d) **apo**geu
   e) **arce**bispo
   f) **dis**pneia
   g) **eu**foria

   ( ) dificuldade
   ( ) bom, bem
   ( ) simultaneidade
   ( ) anterioridade
   ( ) duplicidade
   ( ) negação
   ( ) posição superior

h) **epi**derme   ( ) afastamento
i) **sin**fonia   ( ) superioridade
j) **pro**grama   ( ) repetição

12. Relacione a primeira coluna (palavras com prefixos latinos) com a segunda (palavras com prefixos gregos) de acordo com a correspondência semântica.

a) indigno   ( ) apóstata
b) ambidestro   ( ) anfíbio
c) abscissa   ( ) anônimo
d) contrapor   ( ) antônimo
e) transparente   ( ) êxodo
f) intramuscular   ( ) endovenoso
g) bisneto   ( ) metabolismo
h) exilar   ( ) dígrafo
i) superpor   ( ) epitáfio
j) semicírculo   ( ) hemisfério
k) adverbial   ( ) parágrafo
l) subdesenvolvido   ( ) hipoderme
m) benéfico   ( ) eulalia
n) defluxo   ( ) sincrônico
o) compaixão   ( ) catástrofe
p) circundar   ( ) perimedular

13. Dê o significado dos radicais gregos que compõem as seguintes palavras:

a) cacofonia   e) semáforo   i) termômetro   m) filosofia
b) telegrama   f) miriápode   j) clorofila   n) sarcófago
c) biologia   g) acrópole   k) hipopótamo   o) necrópole
d) fósforo   h) Mesopotâmia   l) antropófago   p) ictiófago

14. Associe as palavras abaixo ao seguinte código:

1. derivação por prefixação
2. derivação por sufixação
3. derivação por parassíntese

a) ( ) engrandecer   f) ( ) desfrutar
b) ( ) bisneto   g) ( ) pedregulho
c) ( ) penúltimo   h) ( ) cristianismo
d) ( ) jogador   i) ( ) felicidade
e) ( ) ajeitar   j) ( ) desalmado

15. Faça o mesmo com o código:

1. composição por justaposição
2. composição por aglutinação

a) ( ) maldizer   g) ( ) beija-flor
b) ( ) rodapé   h) ( ) fidalgo
c) ( ) pernalta   i) ( ) cantochão
d) ( ) pontiagudo   j) ( ) embora
e) ( ) passatempo   k) ( ) alto-falante
f) ( ) agridoce   l) ( ) viandante

16. Agora coloque:
1. para derivação imprópria
2. para derivação regressiva
a) (   ) Estávamos prontos para o **embarque**.
b) (   ) A debutante usava um lindo **vestido** azul.
c) (   ) Faremos uma **visita** ao nosso velho professor.
d) (   ) O **choro** da criança irritava os passageiros.
e) (   ) A **calçada** amanheceu coberta de folhas secas.
f) (   ) É importante o **estudo** de literatura.
g) (   ) Dizem que o **bom** já nasce feito.
h) (   ) Ninguém ouviu o seu **lamento**.

17. Decomponha os elementos que formam os hibridismos abaixo, indicando-lhes a origem:

a) televisão	d) alcoômetro	g) monóculo	j) zincografia
b) endovenoso	e) autoclave	h) burgomestre	k) bígamo
c) burocracia	f) linguafone	i) abreugrafia	l) pluviômetro

Testes DE CONCURSOS PÚBLICOS E VESTIBULARES

1. (MM) Assinale a alternativa em que todas as palavras apresentam vogal de ligação:
a) silvícola, cafeicultura, capinzal, glorioso
b) cafeteira, gaseificar, exorbitar, pérfido
c) chaleira, paulada, campo, exportação
d) gasômetro, rodovia, gasoduto, raticida
e) cacauicultor, desanimador, inativo, inseticida

2. (TRT-ES) Assinale o item no qual os prefixos destacados **não** têm o mesmo sentido:
a) carta **a**nônima – homem **in**capaz
b) **hemi**sfério sul – raiz **semi**morta
c) nuvem **diá**fana – película **trans**lúcida
d) rua **para**lela – autor **con**temporâneo
e) **perí**metro urbano – área **circun**vizinha

3. (ANP-Adapt.) **DE ONDE VÊM AS PALAVRAS**

"Os vocábulos latinos *petra*, pedra, e *oleum*, óleo, foram juntados para formar petróleo, originalmente óleo de pedra. O sufixo *eiro* indica ofício, profissão. E os empregados das refinarias passaram a ser chamados assim: *petroleiros*. A corporação ampliou consideravelmente as profissões que abrigava, a ponto de hoje ser difícil conceber o presidente de uma empresa como a Esso ou a Petrobras e seus empregados como petroleiros."

(Deonísio da Silva)

Assim como *petróleo*, foi formado:
a) jardineiro
b) planalto
c) pré-histórico
d) antissemita
e) brasiliense

4. (TJ-RJ) **Evidente** e **anônimo** pertencem à mesma família etimológica, respectivamente, de que palavras a seguir?

a) vídeo – pseudônimo
b) vigência – sinônimo
c) evitar – hierônimo
d) videira – parônimo
e) vidência – amônia

5. (Esaf-MPU) Assinale a opção na qual os componentes destacados das palavras não têm a mesma significação:

a) **hiper**tensão – **super**mercado
b) **a**teu – **an**arquia
c) **bí**pede – **di**ssílabo
d) **anfí**bio – **ambi**destro
e) **ante**por – **anti**aéreo

6. (Alerj/Fesp) Um radical grego está caracterizado no seguinte vocábulo:

a) ferrovia
b) tricolor
c) cacofonia
d) crucifixo
e) calorífero

7. (SEE-RJ) Na forma verbal **perguntou**, a letra **o**:

a) faz parte do radical do verbo.
b) não faz parte do tema verbal.
c) representa o sufixo modo-temporal.
d) é parte da desinência número-pessoal.
e) é a vogal temática **a** modificada.

8. (BB) Assinale a opção em que há erro na explicação da palavra destacada:

a) **heliofobia** – horror à luz do sol
b) **rinalgia** – dor de nariz
c) **xilografia** – arte de gravar em pedra
d) **etnologia** – estudo das raças
e) **misantropia** – aversão à sociedade

9. (BB) A palavra **amanteigado** deriva de **manteiga** pelo processo denominado:

a) parassíntese
b) regressão
c) derivação prefixal
d) derivação prefixal e sufixal
e) conversão

10. (BB) Numere as palavras da primeira coluna conforme os processos de formação numerados à direita. Em seguida, marque a alternativa que corresponde à sequência encontrada:

( ) aguardente
( ) casamento
( ) portuário
( ) pontapé
( ) os contras
( ) submarino
( ) hipótese

1. justaposição
2. aglutinação
3. parassíntese
4. derivação sufixal
5. derivação imprópria
6. derivação prefixal

a) 1, 4, 3, 2, 5, 6, 1
b) 4, 1, 4, 1, 5, 3, 6
c) 1, 4, 4, 1, 5, 6, 6
d) 2, 3, 4, 1, 5, 3, 6
e) 2, 4, 4, 1, 5, 3, 6

11. (Alerj/Fesp) "Ela examinou os **prós** e os **contras** da questão."
As expressões destacadas, quanto ao processo de formação de palavras, são classificadas como:
a) hibridismo
c) derivação sufixal
e) abreviação vocabular
b) onomatopeia
d) derivação imprópria

12. (Alerj/Fesp) O processo de criação vocabular que consiste em reduzir longos títulos a letras iniciais das palavras que os compõem é intitulado:
a) sigla
c) hibridismo
e) recomposição
b) abreviação
d) onomatopeia

13. (Fatec-SP) Nas palavras **poliglota**, **tecnocracia**, **acrópole**, **demagogo** e **geografia** encontramos elementos que têm as seguintes significações, respectivamente:
a) garganta – ciência – cidade – conduzo – terra
b) língua – governo – civilização – enganar – terra
c) muitas – deus – alto – povo – planeta
d) língua – governo – alto – povo – terra
e) muitas – poder – cidade – diabo – tratado

14. (Fuvest-SP) "Os atuais simuladores de voo militares estão em condições não apenas de exibir uma imagem 'realista' da paisagem sobrevoada, mas também de confrontá-la com a _____ obtida dos radares."
O termo que preenche adequadamente a lacuna do texto é:
a) iconologia
c) iconografia
e) iconolatria
b) iconoclastia
d) iconofilia

15. (UFJF-MG) Assinale a análise morfológica **incorreta**:
a) concorda**va**; **-va**: desinência de pretério imperfeito do indicativo
b) mat**a**ndo; **-a-**: vogal temática da primeira conjugação
c) **deixa**ra; **deixa-**: radical
d) goza**r**; **-r**: desinência de infinitivo
e) contribui**ria**; **-ria**: desinência do futuro do pretérito do indicativo

16. (Mackenzie-SP) Assinale a alternativa em que não há relação entre as duas colunas quanto ao significado do prefixo:
a) abdicar = afastamento
d) ambidestro = duplicidade
b) adjacente = posição em frente
e) biscoito = repetição
c) antedatar = anterioridade

17. (UFSCar-SP) Assinale à alternativa em que o elemento mórfico em destaque está corretamente analisado:
a) menina (**-a**) = desinência nominal de gênero
b) vendeste (**-e-**) = vogal de ligação
c) gasômetro (**-ô-**) = vogal temática de segunda conjugação
d) amassem (**-sse-**) = desinência de segunda pessoa do plural
e) cantaríeis (**-is**) = desinência do imperfeito do subjuntivo

18. (Fatec-SP) O prefixo e o sufixo que compõem a palavra **despenteada** encontram similar de sentido em:
a) imaginativa
c) dissílabo
e) impossibilitado
b) deslealdade
d) infelicidade

19. (Unifenas-MG) Assinale a alternativa que contém a correspondência correta entre o composto de origem grega e o seu significado:
a) anarquia = falta de cabeça
b) aristocracia = governo dos plebeus
c) teocracia = governo de religiosos
d) oligarquia = governo de um pequeno grupo
e) plutocracia = governo exercido por estrangeiros

20. (UFRJ) Assinale a alternativa cujo prefixo **sub-** tem o sentido de posteridade:
a) sublinhar
b) subsequente
c) subdesenvolvimento
d) subjacente
e) submisso

21. (Mackenzie-SP) Dentre as alternativas abaixo, assinale aquela em que ocorrem dois prefixos que dão ideia de negação:
a) impune, acéfalo
b) pressupor, ambíguo
c) anarquia, decair
d) importar, soterrar
e) ilegal, refazer

22. (ITA-SP) Considere as seguintes significações:

"nove ângulos" – "governo de poucos"
"som agradável" – "dor de cabeça"

Escolha a alternativa cujas palavras traduzem os significados apresentados acima.
a) pentágono, plutocracia; eufonia, mialgia
b) eneágono, oligarquia; eufonia, cefalalgia
c) nonangular, democracia; cacofonia, dispineia
d) eneágono, aristocracia; sinfonia, cefalalgia
e) hendecágono, monarquia; sonoplastia, cefaleia

23. (ITA-SP) Considere as seguintes palavras, cujos prefixos são de origem grega: **diáfano, endocárdio, epiderme, anfíbio**.
Qual alternativa apresenta palavras cujos prefixos, de origem latina, correspondem, quanto ao significado, aos de origem grega?
a) translúcido, ingerir, sobrepor, ambivalência
b) disseminar, intramuscular, superficial, ambiguidade
c) disjungir, emigrar, supervisão, bilíngue
d) transalpino, enclausurar, supercílio, ambicionar
e) percorrer, imergir, epopeia, ambivalência

24. (FGV-RJ) Assinale o item em que há erro quanto à análise da forma verbal **cantávamos**:
a) **cant-** é radical
b) **-a-** é vogal temática
c) **canta-** é tema
d) **-va** é desinência de pretérito imperfeito do subjuntivo
e) **-mos** é desinência de 1.ª pessoa do plural

25. (UFPA) Todos os vocábulos são cognatos:
a) dourado – auricular – ourives – áureo
b) amor – amável – amigo – inimigo

c) face – fácil – facilitar – difícil

d) mudança – mudar – emudecer – imutável

e) café – cafeteira – cafezinho – cafajeste

26. (UEL-PR) A palavra **resgate** é formada por derivação:

a) prefixal

b) sufixal

c) regressiva

d) parassintética

e) imprópria

27. (Faap-SP) "Vou-me embora para Pasárgada." **Embora** (em + boa + hora): processo de formação de palavras a que chamamos:

a) derivação prefixal

b) derivação sufixal

c) composição por justaposição

d) composição por aglutinação

e) derivação regressiva

28. (Fuvest-SP)

"Só os roçados da morte
compensam aqui cultivar,
e cultivá-los é fácil:
simples questão de plantar;
não se precisa de limpa,
de adubar nem de regar;
as estiagens e as pragas
fazem-nos mais prosperar;
e dão lucro imediato;
nem é preciso esperar
pela colheita: recebe-se
na hora mesma de semear."

(João Cabral de Melo Neto, *Morte e Vida Severina*)

O mesmo processo de formação da palavra destacada em "não se precisa de **limpa**" ocorre em:

a) "no mesmo **ventre** crescido"

b) "iguais em tudo e na **sina**"

c) "jamais o cruzei a **nado**"

d) "na minha longa **descida**"

e) "todo o **velho** contagia"

29. (Unifenas-MG) Assinale a alternativa que contém, pela ordem, o nome do processo de formação das seguintes palavras: **ataque**, **tributária** e **expatriar**:

a) prefixação, sufixação, derivação imprópria

b) derivação imprópria, sufixação, parassíntese

c) prefixação, derivação imprópria, parassíntese

d) derivação regressiva, sufixação, prefixação e sufixação

e) derivação regressiva, sufixação, parassíntese

30. (Cefet-PR) Em qual das alternativas não há relação entre as duas colunas quanto ao processo de formação das seguintes palavras:

a) magoado   derivação sufixal

b) obscuro   derivação prefixal

c) infernal   derivação prefixal e sufixal

d) aterrador   derivação prefixal e sufixal

e) descampado   derivação parassintética

31. (Unifenas-MG) O infinitivo correspondente à forma verbal **negrejava** está formado por:
a) derivação imprópria   c) derivação sufixal   e) composição
b) derivação parassintética   d) derivação regressiva

32. (Vunesp) As palavras **perda**, **corredor** e **saca-rolha** são formadas, respectivamente, por:
a) derivação regressiva, derivação sufixal, composição por justaposição
b) derivação regressiva, derivação sufixal, derivação parassintética
c) composição por aglutinação, derivação parassintética, derivação regressiva
d) derivação parassintética, composição por justaposição, composição por aglutinação
e) composição por justaposição, composição por aglutinação, derivação prefixal

33. (Acafe-SC) Quanto à formação de palavras, aponte o exemplo que **não** corresponde à afirmação:
a) infeliz – derivação prefixal
b) inutilmente – derivação prefixal e sufixal
c) couve-flor – composição por justaposição
d) planalto – composição por aglutinação
e) semideus – composição por aglutinação

34. (Unirio-RJ) Assinale a série em que os prefixos têm o mesmo significado:
a) contradizer – antídoto
b) desfolhar – epiderme
c) decapitar – hemiciclo
d) supercílio – acéfalo
e) semimorto – perianto

35. (Faap-SP) Infatigavelmente (in + fatigável + mente):
processo de formação de palavras a que chamamos:
a) derivação prefixal   d) composição por justaposição
b) derivação sufixal   e) composição por aglutinação
c) derivação prefixal e sufixal

36. (UFU-MG) A palavra **ensolarada** tem o mesmo processo de formação da palavra:
a) injustiçada   c) esperada   e) amada
b) inspirada   d) sonhada

37. (Uece) Assinale a única opção constituída por palavras formadas apenas por sufixação:
a) agulha, diplomata, costureira   c) ordinário, orgulhoso, caminho
b) silencioso, insuportável, saleta   d) costureira, silencioso, saleta

38. (Unisinos-RS) O item em que a palavra **não** está corretamente classificada quanto ao seu processo de formação é:
a) ataque – derivação regressiva   d) antebraço – derivação prefixal
b) fornalha – derivação por sufixação   e) casebre – derivação imprópria
c) acorrentar – derivação parassintética

Capítulo 2

Classes de palavras

As palavras da língua portuguesa costumam ser agrupadas em dez classes, chamadas de **classes gramaticais** ou **classes de palavras**, de acordo com suas funções e formas. As que sofrem flexão ou variação em sua forma chamam-se variáveis; são invariáveis, portanto, as que não apresentam essa particularidade. Veja:

Classificação geral

a) classes variáveis	b) classes invariáveis
substantivo artigo adjetivo numeral pronome verbo	advérbio preposição conjunção interjeição

SUBSTANTIVO

É a palavra que designa os seres reais ou imaginários ou que indica uma ação, qualidade ou estado.

Os substantivos subdividem-se em:

a) **simples** — apresentam apenas um elemento:

casa, livro, pedra, árvore, planeta

b) **compostos** — apresentam mais de um elemento:

pombo-correio, guarda-sol, passatempo, rodapé, petróleo

c) **comuns** — nomeiam os seres de uma espécie em sua totalidade:

cão, homem, cidade, planeta

d) **próprios** — nomeiam um ser específico entre todos os de uma espécie:

Lulu, Pedro, Roma, Marte

e) **primitivos** — não provêm de outra palavra:

árvore, fruta, terra, flor

f) **derivados** — advêm de uma palavra primitiva:

arvoredo, fruteira, terreno, florista

g) **concretos** — referem-se a um ser, real ou imaginário:

pedra, livro, água, saci, fada

h) **abstratos** — referem-se a uma ação, qualidade ou estado:

beijo (de beijar), fuga (de fugir), beleza (de belo),
cegueira (de cego), frieza (de frio)

i) **coletivos** — são substantivos comuns que, embora figurem no singular, indicam pluralidade de seres da mesma espécie.

Exemplário de alguns coletivos			
alcateia	de lobos	cardume	de peixes
antologia	de trechos literários	choldra	de assassinos, de malan-
arquipélago	de ilhas		dros, de malfeitores
assembleia	de parlamentares, de	chusma	de gente, de pessoas
	membros de associações,	concílio	de bispos
	de companhias etc.	conclave	de cardeais para a elei-
atilho	de milho		ção do papa
baixela	de objetos de mesa	congregação	de professores, de reli-
banca	de examinadores		giosos
banda	de músicos	congresso	de parlamentares, de
bando	de aves, de ciganos,		cientistas
	de malfeitores etc.	consistório	de cardeais, sob a pre-
batalhão	de soldados		sidência do papa
boana	de peixes miúdos	constelação	de estrelas
cabido	de cônegos	corja	de vadios, de tratantes,
cacho	de bananas, de uvas etc.		de velhacos, de ladrões
cáfila	de camelos	coro	de anjos, de cantores
cambada	de caranguejos, de cha-	elenco	de atores
	ves, de malandros etc.	esquadra	de navios de guerra
cancioneiro	de canções,	esquadrilha	de aviões
	de poesias líricas	falange	de soldados, de anjos
caravana	de viajantes, de peregri-	farândola	de maltrapilhos
	nos, de estudantes etc.	fato	de cabras

Exemplário de alguns coletivos

feixe	de lenha, de capim	penca	de bananas, de chaves
frota	de navios mercantes, de ônibus	pinacoteca	de pinturas, de quadros
		quadrilha	de ladrões, de bandidos
galeria	de quadros e outros objetos de arte	ramalhete	de flores
		rebanho	de ovelhas
girândola	de fogos de artifício	récua	de bestas de carga, de cavalgaduras
horda	de invasores, de selvagens, de bárbaros		
junta	de bois, de médicos, de credores, de examinadores	repertório	de peças teatrais, de obras musicais
		réstia	de cebolas, de alhos
legião	de soldados, de demônios etc.	roda	de pessoas
magote	de pessoas, de coisas	romanceiro	de poesias narrativas
malta	de desordeiros	sínodo	de párocos
manada	de bois, de búfalos, de elefantes	súcia	de velhacos, de desonestos
matilha	de cães de caça	talha	de lenha
matula	de vadios, de desordeiros	tropa	de muares, de soldados
molho	de chaves, de verdura	turma	de estudantes, de trabalhadores
multidão	de pessoas		
ninhada	de pintos	vara	de porcos

Flexão dos substantivos

Os substantivos podem apresentar flexão de **gênero**, **número** e **grau**. Observe:

> a) **gênero**: o aluno (masculino) — a aluna (feminino)
>
> b) **número**: aluno (singular) — alunos (plural)
>
> c) **grau**: gatinho (diminutivo) — gatão (aumentativo)

FLEXÃO DE GÊNERO

Gênero é a palavra de que se serve a gramática para classificar as palavras em masculinas e femininas.

São masculinos os substantivos que admitem a anteposição de artigo masculino:

> o dia, o tempo, o cão, o livro

São femininos os substantivos precedidos de artigo feminino:

> a semana, a vida, a ave, a tríade

Quanto ao gênero, os substantivos podem ser **biformes** ou **uniformes**.

1. Substantivos biformes

São **biformes** os substantivos que apresentam uma forma para o masculino e outra para o feminino:

garoto / **garota**	**boi** / **vaca**
peru / **perua**	**ator** / **atriz**

Em geral, os substantivos terminados em **o** são masculinos e os terminados em **a** são femininos. Há, contudo, uma grande quantidade de substantivos que apresentam as mais variadas desinências para a indicação do feminino. Veja a seguir:

-a	elefante	elefanta	**-ona**	folião	foliona
	ministro	ministra		sabichão	sabichona
	oficial	oficiala		solteirão	solteirona
	parente	parenta		valentão	valentona
-eia	ateu	ateia	**-esa**	camponês	camponesa
	europeu	europeia		cônsul	consulesa
	hebreu	hebreia		duque	duquesa
	pigmeu	pigmeia		príncipe	princesa
-ã	aldeão	aldeã	**-essa**	abade	abadessa
	alemão	alemã		alcaide	alcaidessa
	anão	anã		conde	condessa
	cidadão	cidadã		visconde	viscondessa
-isa	papa	papisa	**-ora**	doutor	doutora
	píton	pitonisa		embaixador	embaixadora (representante diplomática)
	poeta	poetisa			
	profeta	profetisa		governador	governadora
				vereador	vereadora
-triz	ator	atriz	**-ina**	czar	czarina
	bissetor	bissetriz		felá	felaína
	embaixador	embaixatriz (esposa do embaixador)		herói	heroína
	gerador	geratriz		javali	javalina (ou gironda)
	imperador	imperatriz			

-oa	faisão	faisoa
	leão	leoa
	leitão	leitoa
	patrão	patroa
	pavão	pavoa
	tecelão	teceloa

OBSERVAÇÃO
Judeu faz judia; sandeu faz sandia.

Os substantivos biformes também podem ter radicais diferentes para os gêneros masculino e feminino. Nesses casos, recebem o nome de **heterônimos**. Observe:

Masculino	Feminino
bode	cabra
boi	vaca
cão	cadela
carneiro	ovelha
cavaleiro	amazona
cavalheiro	dama
cavalo	égua
compadre	comadre
frade	freira
frei	sóror
genro	nora
homem	mulher
padrasto	madrasta
padre	madre
pai	mãe
veado	cerva
zangão	abelha

2. Substantivos uniformes

São **uniformes** os substantivos que não se alteram, ou seja, apresentam uma única forma para os dois gêneros.

criança (menino ou menina)
dentista (homem ou mulher)
onça (macho ou fêmea)

Na modalidade dos uniformes, existem três tipos de substantivos:

a) **epicenos** — a distinção genérica se faz pela posposição dos adjetivos **macho** e **fêmea**.

cobra macho	cobra fêmea
onça macho	onça fêmea
tatu macho	tatu fêmea
borboleta macho	borboleta fêmea

b) **comuns de dois** — a distinção genérica é feita por meio de um determinante (**artigo**, **numeral**, **pronome** ou **adjetivo**).

o artista	a artista
dois pianistas	duas pianistas
esse paulista	essa paulista
bom cliente	boa cliente

c) **sobrecomuns** — a distinção genérica é feita pelo contexto, já que o determinante também não varia.

Ele é uma criatura maravilhosa.
Ela é uma criatura maravilhosa.
João foi vítima de sequestro.
Maria foi vítima de sequestro.

OBSERVAÇÃO

Certos substantivos apresentam um significado no gênero masculino e outro no feminino. Recebem o nome de **heterossêmicos**.

o cabeça (líder)	a cabeça (parte do corpo)
o caixa (funcionário)	a caixa (objeto)
o capital (dinheiro)	a capital (cidade)
o cisma (separação)	a cisma (ideia fixa)
o grama (unidade da massa)	a grama (relva)
o guia (pessoa que orienta)	a guia (documento)
o moral (ânimo)	a moral (código ético)
o nascente (lugar onde o sol nasce)	a nascente (fonte)
o rádio (aparelho, osso, elemento químico)	a rádio (emissora)
o violeta (cor)	a violeta (flor)
o voga (remador)	a voga (moda, popularidade)

FLEXÃO DE NÚMERO

A flexão de número indica se o substantivo se refere a um ou mais seres. Há duas variações de número na língua portuguesa: **singular** e **plural**.

Em geral o plural dos substantivos simples é indicado apenas pelo acréscimo da desinência **-s**.

casa	casas
livro	livros
menino	meninos

Há outros casos especiais em que a formação do plural depende da terminação do singular. Expomos abaixo os principais.

1. Quando terminados em **-m**, troca-se o **-m** por **-ns**:

jovem	jovens
item	itens
álbum	álbuns

2. Quando terminam em **-s**, **-r** e **-z**, recebem **-es**:

gás	gases
mês	meses
pomar	pomares
colher	colheres
rapaz	rapazes
juiz	juízes

OBSERVAÇÃO

Cais, xis, lápis e ônibus não sofrem variação, e **cós** faz **os cós** ou **os coses**.

3. Quando terminam em **-al**, **-el**, **-ol**, **-ul**, troca-se o **-l** por **-is**:

varal	varais
anel	anéis
anzol	anzóis
azul	azuis

OBSERVAÇÃO

Mal e cônsul fazem **males** e **cônsules**, respectivamente.

4. Quando terminam em **-il** átono, troca-se o **-il** por **-eis**:

réptil	répteis
fóssil	fósseis
projétil	projéteis
míssil	mísseis

OBSERVAÇÃO

Projétil e **réptil** possuem as variantes **projetis** e **reptis**, respectivamente.

5. Quando terminam em **-il** tônico, troca-se o **-il** por **-is**.

barril	barris
fuzil	fuzis
funil	funis

6. Quando terminam em **-ão**, faz-se o plural de três maneiras:

a) troca-se o **-ão** por **-ões**:

razão	razões
porão	porões

b) troca-se o **-ão** por **-ães**:

capitão	capitães
pão	pães

c) recebem a desinência **-s**:

cristão	cristãos
cidadão	cidadãos

OBSERVAÇÃO

Admitem mais de um plural:

aldeão	aldeãos, aldeões, aldeães	**faisão**	faisões, faisães
anão	anões, anãos	**guardião**	guardiões, guardiães
ancião	anciãos, anciões, anciães	**hortelão**	hortelãos, hortelões
castelão	castelãos, castelões, castelães	**refrão**	refrãos, refrães
charlatão	charlatões, charlatães	**sacristão**	sacristãos, sacristães
cirurgião	cirurgiões, cirurgiães	**sultão**	sultãos, sultões, sultães
corrimão	corrimãos, corrimões	**verão**	verãos, verões
cortesão	cortesãos, cortesões	**vilão**	vilãos, vilões, vilães
ermitão	ermitãos, ermitões, ermitães	**vulcão**	vulcãos, vulcões

7. Plural metafônico

Alguns substantivos, além de receberem a desinência **-s** na formação do plural, trocam o **o** tônico fechado (**ô**) pelo **o** tônico aberto (**ó**). É o chamado **plural metafônico**:

Singular (ô)	Plural (ó)
aposto	apostos
caroço	caroços
corpo	corpos
despojo	despojos
destroço	destroços
esforço	esforços
fogo	fogos
forno	fornos
imposto	impostos
miolo	miolos
olho	olhos
osso	ossos
ovo	ovos
poço	poços
porco	porcos
porto	portos
povo	povos
socorro	socorros
tijolo	tijolos

OBSERVAÇÕES

1.ª) Substantivos diminutivos no plural apresentam a seguinte particularidade: retira-se o **s** do substantivo plural e acrescenta-se o sufixo **-zinhos(as)**:

coração	corações	coraçõezinhos
cordão	cordões	cordõezinhos
pastel	pastéis	pasteizinhos
mulher	mulheres	mulherezinhas

2.ª) Quando o substantivo primitivo termina em **r**, pode-se fazer o plural de dois modos: acrescenta-se um **-s** ao diminutivo ou usa-se o mesmo processo que ocorre em **coraçãozinho** e **pastelzinho**:

colher	colheres	colherezinhas
		colherzinhas

3.ª) Alguns substantivos só apresentam a forma de plural:

arredores, **condolências**, **férias**, **fezes**, **núpcias**, **óculos**, **parabéns**, **pêsames**, **copas** (naipe), **ouros** (naipe)

4.ª) Nomes próprios, quando possível, aceitam normalmente a forma de plural:

os **Maias**, os **Andradas**, os **Gusmões**, os **Oliveiras**, os **Almeidas** etc.

5.ª) Os nomes de letras fazem o plural de acordo com as normas gerais:

os **efes**, os **gês**, os **is** etc.

Ou também podem-se duplicar as letras para indicar o plural: os **ff**, os **ii**, os **pp** etc.

PLURAL DOS SUBSTANTIVOS COMPOSTOS

A formação do plural dos substantivos compostos oferece certas dificuldades, quer pelos vários casos que apresenta, quer pela divergência apresentada por alguns autores no tocante à pluralização de alguns compostos.

Os casos mais simples podem ser assim resumidos:

1. Quando o substantivo é formado por dois ou mais elementos não separados por hífen, o plural é feito de acordo com as mesmas regras do substantivo simples:

rodapé	rodapés
girassol	girassóis
vaivém	vaivéns
malmequer	malmequeres

2. Quando o substantivo apresenta elementos separados por hífen, a formação do plural obedece aos seguintes critérios:

a) Flexionam-se ambos os elementos dos compostos de palavras variáveis:

bom-dia	bons-dias
couve-flor	couves-flores
primeira-dama	primeiras-damas

b) Flexiona-se somente o primeiro elemento dos compostos ligados por preposição:

água-de-colônia	águas-de-colônia
erva-de-bicho	ervas-de-bicho
pimenta-do-reino	pimentas-do-reino

c) Flexiona-se somente o primeiro elemento nos compostos em que o segundo indica a finalidade, a forma ou a semelhança do primeiro:

pombo-correio	pombos-correio
navio-escola	navios-escola
manga-rosa	mangas-rosa
homem-rã	homens-rã
decreto-lei	decretos-lei

OBSERVAÇÃO

Aceita-se também, no caso acima, a pluralização de ambos os elementos:

pombo-correio	pombos-correios
navio-escola	navios-escolas
manga-rosa	mangas-rosas
homem-rã	homens-rãs
decreto-lei	decretos-leis

d) Flexiona-se somente o último elemento dos compostos em que o primeiro é **grã**, **grão** e **bel**:

grã-cruz	grã-cruzes
grão-duque	grão-duques
bel-prazer	bel-prazeres

e) Flexiona-se somente o último elemento dos compostos em que o primeiro é palavra invariável ou verbo:

ex-aluno	ex-alunos
vice-diretor	vice-diretores
sempre-viva	sempre-vivas
beija-flor	beija-flores
guarda-sol	guarda-sóis

f) Flexiona-se somente o último elemento dos compostos de palavras repetidas ou onomatopaicas:

pisca-pisca	pisca-piscas
corre-corre	corre-corres
reco-reco	reco-recos
bem-te-vi	bem-te-vis

OBSERVAÇÃO

Em formas verbais repetidas também pode haver a flexão dos dois elementos:

pisca-pisca	piscas-piscas
corre-corre	corres-corres

g) Ficam invariáveis os compostos de verbos de significado oposto:

o perde-ganha	os perde-ganha
o vai-volta	os vai-volta

h) Ficam invariáveis as expressões substantivadas:

o louva-a-deus	os louva-a-deus
a estou-fraca	as estou-fraca

FLEXÃO DE GRAU

Grau é a variação das proporções que o substantivo apresenta.

São dois os graus do substantivo: **aumentativo** e **diminutivo**.

1. Grau aumentativo — é o que exprime a ideia em proporção maior do que a normal:

casa	casarão
atrevido	atrevidaço
corpo	corpanzil

2. Grau diminutivo — é o que exprime a ideia em proporção menor do que a normal:

árvore	arbusto
livro	livrinho, livreto
pé	pezinho

FORMAÇÃO DO GRAU

Há duas formas de indicar os graus dos substantivos: **analítica** e **sintética**.

a) **Forma analítica** — é formada com auxílio de um adjetivo que indica a proporção maior ou menor de um substantivo em relação à sua forma normal.

pedra	grande (aumentativo analítico)
	pequena (diminutivo analítico)

b) **Forma sintética** — é formada com auxílio de um sufixo.

casa	casarão (aumentativo sintético)
	casebre (diminutivo sintético)

OBSERVAÇÕES

1.ª) Certos aumentativos e diminutivos são empregados para exprimir carinho, afeto. São chamados de **afetivos**.

timaço, amigão, filhinho, amorzinho, mãezinha etc.

2.ª) Às vezes, o aumentativo e o diminutivo são usados para exprimir desprezo, pouco-caso. Chamam-se **pejorativos**.

medicastro, politicalha, jornaleco, padreco etc.

Observe, a seguir, que existem os mais variados sufixos para indicar os graus aumentativos e diminutivos dos substantivos:

Aumentativo de alguns substantivos	
amigo	amigaço, amigalhaço, amigão
animal	animalaço, animalão
bala	balaço, balázio
beiço	beiçarrão, beiçoca, beiçola, beiçorra
boca	bocarra, boqueirão, bocaça
cabeça	cabeção, cabeçorra
cão	canzarrão, canaz
cara	caraça, carantonha
carta	cartapácio, cartaz
chapéu	chapeirão, chapelão
copo	coparrão, copázio
criança	criançona
cruz	cruzeiro
dente	dentão, dentilhão
faca	facalhão, facalhaz, facalhona, facão
farda	fardalhão, fardão
fogo	fogaréu
forno	fornalha
gato	gataço, gatalhaço, gatão
homem	homenzarrão
jornal	jornalaço
ladrão	ladravão, ladravaz
laje	lajedo
lapa	laparão, lapão
lenço	lençalho
livro	livrão, livrório
lobo	lobaz
luz	luzerna
macho	machacaz, macharrão
magro	magricela, magriço
mala	malotão
mão	manzorra, mãozorra, manápula, manopla
moça	mocetona
moço	mocetão, moção
muro	muralha
nariz	nariganga, narigão
navio	naviarra
negro	negralhão, negrão, negraço
neve	nevada, nevasca
pedra	pedregulho
ponte	ponteaço
povo	povaréu
prato	pratalhaz, pratarraz, pratázio, pratarrão
rapaz	rapagão
vaga	vagalhão
voz	vozeirão, vozeiro

Diminutivo de alguns substantivos

aba	abeta
aldeia	aldeola, aldeota
animal	animalejo, animalzinho, animáculo
artéria	arteríola
artigo	artículo, artiguete
árvore	arbúsculo, arbusto, arvoreta
asa	álula, aselha
ave	avezinha, avícula
bastão	bastonete
caixa	caixeta, caixola, caixote
canção	cançoneta
cão	cãozito, canicho, cãozinho
chapéu	chapeleta, chapelinho
chuva	chuvisco, chuvisqueiro
corpo	corpúsculo
dente	dentículo
engenho	engenhoca
face	faceta
farol	farolete, farolim
fazenda	fazendola
febre	febrícula
festa	festim
filho	filhinho, filhote
fita	fitilho
flor	florinha, florículo, florzinha, flóculo
fogo	fogacho
folha	folíolo
globo	glóbulo
gota	gotícula
história	historieta, historíola
homem	homúnculo, homenzinho, hominho
laje	lajota
língua	lingueta
livro	livrete(o)
lobo	lobato
lugar	lugarejo
mala	malote, maleta
moça	moçoila
monte	montículo
namoro	namorico, namorilho
nó	nódulo
ovo	óvulo
palácio	palacete
papel	papelico, papelete, papelucho, papelinho
pele	película
placa	plaqueta
poema	poemeto
porção	porciúncula

Diminutivo de alguns substantivos	
povo	poviléu
rapaz	rapazote, rapazelho
rio	riacho, ribeiro, regato
rua	ruela
saia	saiote
sino	sineta
velho	velhote
verso	versículo

Texto para as questões de **1** a **10**:

PESADELO

Quando um muro separa, uma ponte une.
Se a vingança encara, o remorso pune.
Você vem, me agarra; alguém vem, me solta.
Você vai na marra, e ela um dia volta.
E se a força é tua, ela um dia é nossa.

Olha o muro, olha a ponte,
Olha o dia de ontem chegando!
Que medo você tem de nós!
Olha aí!

Você corta um verso, eu escrevo outro.
Você me prende vivo, eu escapo morto.
De repente, olha eu de novo,
Perturbando a paz, exigindo o troco.
Vamos por aí eu e o meu cachorro.

Olha um verso, olha o outro,
Olha o velho, olha o moço chegando.
Que medo você tem de nós!
Olha aí!

O muro caiu, olha a ponte
Da liberdade guardiã!
O braço do Cristo-horizonte
Abraça o dia de amanhã.
Olha aí!

(Paulo César Pinheiro)

1. Transcreva todos os substantivos presentes no texto.

2. Em "Se a **vingança** encara, o **remorso** pune", os substantivos destacados são concretos ou abstratos? Justifique a resposta.

3. Na questão anterior, o substantivo **vingança** é primitivo ou derivado? Justifique a resposta.

4. "Quando um **muro** separa, uma **ponte** une."
Coloque no aumentativo sintético os substantivos em destaque.

5. Coloque no diminutivo sintético os substantivos **verso** e **velho** presentes na quarta estrofe.

6. Em "... olha o **moço** chegando", qual é o aumentativo sintético correspondente ao substantivo destacado?

7. Qual é o diminutivo feminino do substantivo que você usou na questão anterior?

8. Em "Se a **força** é tua, ela um dia é nossa", o substantivo destacado é primitivo ou derivado? Justifique a resposta.

9. Forme dois substantivos derivados da palavra **dia** que figura no verso da questão anterior.

10. A palavra **guardiã**, inserida no segundo verso da última estrofe, é feminino de **guardião**. Quais são as duas formas de plural desse masculino?

11. Classifique os substantivos destacados em cada trecho.

> "Meu **coração** ficava pequenino.
> Revi afinal o meu **Recife**.
> Está de fato completamente mudado.
> Tem **avenidas**, arranha-céus.
> É hoje uma bonita **cidade**.
> **Diabo** leve quem pôs bonita a minha terra."
>
> (Manuel Bandeira)

a) coração   d) cidade
b) Recife   e) Diabo
c) avenidas

> "... bolinhos de frango, amendoim, pé de moleque,
> e mil **guloseimas** amontoadas em ordem."
>
> (Cornélio Pires)

f) guloseimas

> "A **tarde** cai, por demais
> erma, úmida e silente..."
>
> (Manuel Bandeira)

g) tarde

> "Filhos, netos, **bisnetos**, quem o socorrerá na **velhice**?" (Rocha Lima)

h) bisnetos   i) velhice

> "Quando o **enterro** passou
> os **homens** que se achavam no café
> tiraram o chapéu maquinalmente."
>
> (Manuel Bandeira)

j) enterro   k) homens

> "O negro retorcia-se como uma **serpente** ferida..." (Júlio Ribeiro)

l) serpente

> "O hóspede de **Tupã** é sagrado; ninguém o ofenderá; Araquém o protege."
>
> (José de Alencar)

m) Tupã

> "És precária e veloz, **felicidade**." (Cecília Meireles)

n) felicidade

12. Associe as duas colunas, de acordo com o significado dos coletivos da primeira coluna.

a) matilha   ( ) de desordeiros
b) atilho   ( ) de maltrapilhos
c) récua   ( ) de objetos de mesa
d) cabido   ( ) de soldados, de anjos
e) malta   ( ) de animais de carga
f) caravana   ( ) de milho
g) baixela   ( ) de trechos literários
h) antologia   ( ) de peixes miúdos
i) pinacoteca   ( ) de invasores, de selvagens, de bárbaros
j) horda   ( ) de viajantes
k) girândola   ( ) de bispos
l) boana   ( ) de fogos de artifício
m) falange   ( ) de pinturas, de quadros
n) farândola   ( ) de cães de caça
o) concílio   ( ) de cônegos

13. Indique o gênero dos substantivos abaixo, usando o seguinte código:

1. **substantivo epiceno**
2. **substantivo comum de dois**
3. **substantivo sobrecomum**

a) ( ) alpinista   g) ( ) estudante   m) ( ) tartaruga
b) ( ) borboleta   h) ( ) formiga   n) ( ) testemunha
c) ( ) carrasco   i) ( ) indivíduo   o) ( ) vítima
d) ( ) cliente   j) ( ) pessoa   p) ( ) girafa
e) ( ) colega   k) ( ) radialista
f) ( ) cônjuge   l) ( ) tatu

14. Dê o significado dos substantivos agrupados em cada item:

a) o cabeça   e) o grama   i) o língua
   a cabeça   a grama   a língua
b) o capital   f) o guia   j) o moral
   a capital   a guia   a moral
c) o cisma   g) o lama   k) o nascente
   a cisma   a lama   a nascente
d) o coral   h) o lente   l) o rádio
   a coral   a lente   a rádio

15. Escreva o feminino dos seguintes substantivos:

a) cavaleiro   h) frade   o) pavão
b) charlatão   i) herói   p) perdigão
c) conde   j) hóspede   q) profeta
d) cônsul   k) monge   r) sacerdote
e) elefante   l) oficial   s) Tecelão
f) faisão   m) parente   t) zangão
g) frei   n) patrão

16. Indique o gênero dos substantivos abaixo, usando o artigo **o** ou **a**, conforme convier:

a) alface
b) champanha
c) clã
d) diafragma
e) dilema
f) dó (pena, compaixão)

g) eczema
h) enzima
i) estigma
j) estratagema
k) faringe
l) guaraná

m) musse
n) omoplata
o) soprano
p) telefonema

17. Indique o plural dos seguintes substantivos simples:

a) álcool
b) alemão
c) algoz
d) anão
e) cânon
f) capitão

g) caráter
h) charlatão
i) corrimão
j) cós
k) escrivão
l) fóssil

m) giz
n) júnior
o) órfão
p) revés
q) sênior
r) xadrez

18. Passe para o plural os seguintes diminutivos:

a) anãozinho
b) balãozinho
c) cartãozinho
d) colherzinha

e) coraçãozinho
f) corredorzinho
g) farolzinho
h) jornalzinho

i) mulherzinha
j) pãozinho
k) papelzinho
l) florzinha

19. Coloque no plural os substantivos compostos relacionados abaixo:

a) água-viva
b) alto-falante
c) alto-relevo
d) banana-maçã
e) bel-prazer
f) cachorro-quente
g) carro-restaurante
h) cavalo-vapor
i) contra-ataque
j) grão-duque
k) guarda-rodoviário
l) guarda-sol

m) bem-te-vi
n) galo-de-briga
o) ganha-dinheiro
p) pisa-mansinho
q) pisca-pisca
r) pombo-correio
s) porta-bandeira
t) reco-reco
u) sempre-viva
v) terça-feira
w) tique-taque

20. Assinale os substantivos que apresentam plural metafônico (mudança do **o** tônico fechado para **o** tônico aberto):

a) ( ) acordos
b) ( ) almoços
c) ( ) apostos
d) ( ) bolos
e) ( ) caroços
f) ( ) corpos

g) ( ) corvos
h) ( ) despojos
i) ( ) encostos
j) ( ) destroços
k) ( ) esboços
l) ( ) ferrolhos

m) ( ) fornos
n) ( ) impostos
o) ( ) lobos
p) ( ) miolos
q) ( ) socorros
r) ( ) tijolos

21. Dê o diminutivo sintético dos seguintes substantivos:

a) aldeia
b) casa
c) chuva
d) farol
e) engenho
f) flauta

g) fogo
h) lobo
i) gota
j) monte
k) nó
l) ovo

m) papel
n) pele
o) placa
p) porção
q) sino
r) verso

22. Escreva o aumentativo sintético correspondente aos seguintes substantivos:

a) bala
b) beiço
c) boca
d) cabeça
e) cão
f) casa

g) copo
h) corpo
i) dente
j) forno
k) gato
l) homem

m) ladrão
n) mão
o) nariz
p) navio
q) prato
r) voz

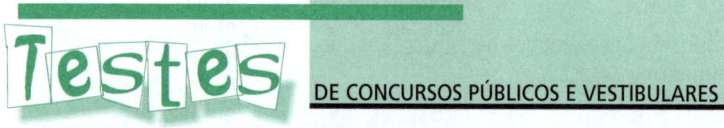

Testes
DE CONCURSOS PÚBLICOS E VESTIBULARES

1. (Telerj) cidad_____ / artes _____ / fog _____ / capit _____

A opção que completa **corretamente** o plural das palavras acima é:

a) ãos / ões / ãos / ães
b) ãos / ãos / ões / ães
c) ões / ãos / ães / ões

d) ões / ões / ãos / ães
e) ães / ões / ões / ãos

2. (Alerj/Fesp) O plural de **cidadão** é **cidadãos**. A palavra que também faz o seu plural desse modo é:

a) cão
b) pão

c) anão
d) irmão

e) nação

3. (TJ-SP) Considerando-se as palavras **missão**, **espertalhão**, **extinção**, o único que faz o plural de modo distinto do plural dessas palavras é:

a) patrão
b) solução
c) pensão
d) cidadão
e) mamão

4. (MM) A alternativa em que há **erro** no sentido dos substantivos é:

a) o grama = unidade de medida; a grama = relva
b) o rádio = aparelho receptor; a rádio = estação transmissora
c) o guia = documento; a guia = pessoa que guia
d) o cisma = separação; a cisma = desconfiança
e) o moral = ânimo; a moral = ética

5. (MM) A série em que todas as palavras são femininas é:

a) foliona, deusa, ilhoa, trema, dó
b) heroína, cataplasma, edema, gengibre, orbe
c) grama, fel, coral, telefonema, derme
d) gênese, sóror, omoplata, bílis, cútis
e) champanha, hélice, libido, cura, sentinela

6. (TRE-MT) O termo que faz o plural como **cidadão** é:

a) limão
b) órgão

c) guardião
d) espertalhão

e) balão

7. (**Alerj/Fesp**) A palavra **irmão** faz o plural **irmãos**. Dentre as palavras abaixo, aquela que segue o mesmo modelo é:
a) alemão
c) cidadão
e) cirurgião
b) questão
d) decisão

8. (**Alerj/Fesp**) Na frase "É uma doença que ataca o sistema de defesa do organismo", observa-se o uso do artigo masculino **o** diante da palavra **sistema**. A palavra diante da qual não se pode usar **o** é:
a) edema
c) alfazema
e) telefonema
b) emblema
d) problema

9. (**Esaf-CJF**) Assinale a opção em que há substantivos que se referem, respectivamente, a **ação** e **sentimento**:
a) homem, passos
c) diferença, raízes
e) trabalho, tristeza
b) passado, medo
d) inteligência, criação

10. (**F.C.Chagas**) Dadas as afirmações de que o plural de:
 I.cirurgião pode ser cirurgiães,
 II.vulcão pode ser vulcãos,
 III.bem-te-vi é bem-te-vis,
Constatamos que está(estão) correta(s)
a) apenas a afirmação nº I.
d) todas as afirmações.
b) apenas a afirmação nº II.
e) nenhuma das afirmações.
c) apenas a afirmação nº III.

11. (**TRT-RJ**) Escolha a alternativa cujos gêneros, pela ordem, correspondem aos seguintes vocábulos: **alface**, **grama** (peso), **dó** e **telefonema**.
a) masculino – feminino – masculino – feminino
b) feminino – feminino – masculino – feminino
c) masculino – feminino – masculino – masculino
d) feminino – masculino – masculino – masculino
e) feminino – feminino – masculino – masculino

12. (**Alerj/Fesp**) Dos substantivos abaixo, o que se classifica, quanto ao gênero, como sobrecomum é:
a) ré
b) tatu
c) ente
d) aldeã
e) analista

13. (**TCE-RJ**) A opção em que as duas palavras formam o plural da mesma maneira é:
a) substituição / nação
c) ficção / alemão
e) talão / cristão
b) administração / pão
d) demonstração / capitão

14. (**Fesp-SP**) Assinale a alternativa, se houver, com substantivo flexionado **incorreta-mente**:
a) Juninho marcou dois gols.
b) Os cristãos tinham tudo em comum.
c) Os escrivães já entregaram as procurações.
d) Reconhecemos as firmas nos tabeliães.
e) Todas as flexões estão corretas.

15. (**Alerj-Fesp**) O vocábulo que pertence ao gênero masculino é:
a) sósia
c) dinamite
e) aguardente
b) libido
d) cataplasma

16. (Alerj/Fesp) Admitem-se até três tipos de plural para o seguinte vocábulo:

a) refrão   c) vulcão   e) guardião

b) aldeão   d) cortesão

17. (Vunesp-SP) Qual a série em que os substantivos, mantendo a mesma significação, podem ser do gênero masculino ou feminino?

a) caixa – cura – sósia

b) pianista – jovem – colega

c) indivíduo – monstro – cônjuge

d) personagem – usucapião – diabetes

e) cobra – mosca – sardinha

18. (Alerj/Fesp) O substantivo composto abaixo que se flexiona, quanto ao número, de forma idêntica a **navio-escola** é

a) vice-presidente   c) carta-bilhete   e) grão-mestre

b) banana-prata   d) vitória-régia

19. (FJG) O plural de **violão** se faz da mesma forma que:

a) razão   c) cão   e) capitão

b) órfão   d) capelão

20. (Mackenzie-SP) Em qual das alternativas todas as palavras pertencem ao gênero masculino?

a) dinamite, agiota, trema, cal   d) estratagema, bílis, omoplata, gengibre

b) dilema, perdiz, tribo, axioma   e) sistema, guaraná, rês, anátema

c) eclipse, telefonema, dó, aroma

21. (UFBA) Ficou com _____ quando soube que _____ caixa do banco entregara aos ladrões todo o dinheiro _____ clã.

a) o moral abalado – o – do   d) a moral abalado – a – do

b) a moral abalada – o – da   e) a moral abalada – a – da

c) o moral abalado – a – da

22. (ITA-SP) Examinar a frase abaixo, dando atenção aos vocábulos destacados:

"A **estação emissora** procurava encorajar **o ânimo** daqueles
que lutavam contra a **tropa inimiga**."

A sequência dos sinônimos das palavras destacadas na sentença acima é, pela ordem:

a) o rádio, a moral, a corja   d) o rádio, o moral, a hoste

b) a rádio, a moral, a horda   e) As alternativas acima não são corretas.

c) a rádio, o moral, a hoste

23. (ITA-SP-Adapt.) Examine a sentença e depois indique a alternativa correta.

"Uma **ateia** conversando com uma **sultana**
chegou à conclusão de que a **pigmeia** era **filisteia**."

a) A indicação do feminino das duas últimas palavras está errada.

b) A indicação do feminino das três primeiras palavras está errada.

c) A indicação do feminino das duas primeiras palavras está errada.

d) A indicação do feminino de todas as palavras destacadas está correta.

e) A indicação do feminino de todas as palavras destacadas seria feita de maneira diversa das indicadas.

24. (UFSC) Há substantivos que têm um só gênero gramatical para designar pessoas de ambos os sexos. Uma das alternativas seguintes constituída de três substantivos desta espécie é:
a) a criança, a vítima, o selvagem
b) a criança, a testemunha, o agente
c) a vítima, a jovem, o parente
d) a criança, a vítima, o cônjuge
e) a testemunha, a patroa, o mestre

25. (PUC-PR) Assinale a alternativa em que os sentidos foram trocados:
a) a coma: juba; o coma: estado mórbido
b) a gênese: geração; o gênese: 1.º livro do Pentateuco
c) a grama: erva rasteira; o grama: unidade de massa
d) a guia: documento; o guia: aquele que conduz
e) a crisma: óleo usado em alguns sacramentos; o crisma: o sacramento da confirmação

26. (PUC-SP) Assinale a alternativa incorreta:
a) Borboleta é substantivo epiceno.
b) Rival é comum de dois gêneros.
c) Omoplata é substantivo masculino.
d) Vítima é substantivo sobrecomum.
e) n. d. a.

27. (UEPG-PR) Indique a alternativa em que todas as palavras são femininas:
a) cal, faringe, dó, alface, telefonema
b) omoplata, apendicite, cal, ferrugem
c) criança, cônjuge, champanha, dó, afã
d) cólera, agente, pianista, guaraná, vitrina
e) jacaré, ordenança, sofisma, análise, nauta

28. (UFSM-RS) Identifique a alternativa em que o plural do diminutivo das palavras **escritor**, **informações**, **ligação** e **material** está de acordo com a língua-padrão:
a) escritorezinhos, informaçãozinhas, ligaçãozinhas, materialzinhos
b) escritorzinhos, informaçãozinhas, ligãozinhas, materialzinhos
c) escritorezinhos, informaçõezinhas, ligaçõezinhas, materiaizinhos
d) escritorezinhos, informaçãozinhas, ligaçõezinhas, materialzinhos
e) escritorzinhos, informaçõezinhas, ligãoezinhas, materialzinhos

29. (Mackenzie-SP) Assinale a alternativa correta quanto ao gênero das palavras:
a) A lança-perfume foi proibida no carnaval.
b) Os observadores terrestres esperavam atentos a eclipse da Lua.
c) A gengibre é uma erva de grande utilidade medicinal.
d) A dinamite é um explosivo à base de nitroglicerina.
e) n. d. a.

30. (UFU-MG) Indique a alternativa em que só aparecem substantivos abstratos:
a) tempo, angústia, saudade, ausência, esperança, imagem
b) angústia, choro, sol, presença, esperança, amizade
c) amigo, dor, claridade, esperança, luz, tempo
d) angústia, saudade, presença, esperança, amizade
e) espaço, mãos, claridade, rosto, ausência, esperança

31. (FEI-SP) Os adjetivos **cônscio**, **seguro**, **contingente**, **capaz** formam, respectivamente, os substantivos:

a) consciente – segurança – contingência – capacitado
b) consciência – segurança – contingência – capacidade
c) consciente – segurado – consciente – capacitado
d) consciencioso – segurado – continência – capacitado
e) conscrito – segurável – contíguo – capacitância

32. (ITA-SP) Dadas as palavras:

1. esforços
2. portos
3. impostos

Verificamos que o timbre da vogal tônica é aberto:

a) apenas na palavra 1.
b) apenas na palavra 2.
c) apenas na palavra 3.
d) apenas nas palavras 1 e 3.
e) em todas as palavras.

33. (Mackenzie-SP) Indique a alternativa que não contém um substantivo no grau diminutivo:

a) Todas as moléculas foram conservadas com as propriedades particulares, independentemente da atuação do cientista.
b) O ar senhoril daquele homúnculo transformou-o no centro de atenções na tumultuada assembleia.
c) Através da vitrina da loja, a pequena observava curiosamente os objetos decorativos expostos à venda, por preço bem baratinho.
d) De momento a momento, surgiam curiosas sombras e vultos apressados na silenciosa viela.
e) Enquanto distraía as crianças, a professora tocava flautim, improvisando cantigas alegres e suaves.

34. (UFPR)

1. O cônjuge se aproximou.
2. O servente veio atender-nos.
3. O gerente chegou cedo.

Não está claro se é homem ou mulher:

a) no primeiro período.
b) no segundo período.
c) no terceiro período.
d) no primeiro e no segundo períodos.
e) no segundo e no terceiro períodos.

35. (UEL-PR) Viam-se ____ junto aos ____ do jardim.

a) papelsinhos — meios-fio
b) papeizinhos — meio-fios
c) papeisinhos — meio-fios
d) papelsinhos — meios-fios
e) papeizinhos — meios-fios

36. (UEL-PR) Fiquei com ____ dó enorme, porque ____ estratagema utilizado pelos ____ confundiu muita gente inocente.
a) um — o — guardas-noturnos
b) uma — o — guarda-noturnos
c) um — a — guardas-noturno
d) uma — a — guardas-noturnos
e) um — o — guarda-noturnos

37. (Mackenzie-SP) Relacione as duas colunas, de acordo com a classificação dos substantivos, e assinale a alternativa correta.
1. padre   ( ) próprio
2. seminário   ( ) coletivo
3. Dias   ( ) derivado
4. ano   ( ) comum
a) 3, 4, 2, 1
b) 1, 2, 4, 3
c) 1, 3, 4, 2
d) 4, 2, 1, 4
e) 2, 4, 3, 1

38. (Fuvest-SP) Assinale a alternativa em que está correta a forma plural:
a) júnior – júniors
b) mal – maus
c) fuzil – fuzíveis
d) gavião – gaviães
e) atlas – atlas

39. (Fuvest-SP) "O diminutivo é uma maneira ao mesmo tempo afetuosa e precavida de usar a linguagem. Afetuosa porque geralmente o usamos para designar o que é agradável, aquelas coisas tão fáceis que se deixam diminuir sem perder o sentido. E precavida porque também o usamos para desarmar certas palavras que, por sua forma original, são ameaçadoras demais."

(Luís Fernando Verissimo, *Diminutivos*)

A alternativa inteiramente de acordo com a definição do autor de diminutivo é:

a) O iogurtinho que vale por um bifinho.
b) Ser brotinho é sorrir dos homens e rir interminavelmente das mulheres.
c) Gosto muito de te ver, Leãozinho.
d) Essa menininha é terrível.
e) Vamos bater um papinho.

40. (Epcar-MG) Não está corretamente flexionado no plural o substantivo composto:
a) abaixos-assinados
b) guardas-volantes
c) guardas-marinha
d) guardas-marinhas
e) pombos-correio

ARTIGO

Dá-se o nome de **artigo** às palavras **o**, **a**, **os**, **as**, **um**, **uma**, **uns**, **umas**, que se antepõem a um substantivo para determiná-lo ou indeterminá-lo e, ao mesmo tempo, indicar-lhe o gênero e o número. Daí a sua classificação em **definido** e **indefinido**.

1. Artigo definido — é utilizado para indicar seres determinados, individualizados:

> **Erro de português**
>
> Quando o português chegou
> Debaixo de uma bruta chuva
> Vestiu o índio
> Que pena!
> Fosse uma manhã de sol
> O índio teria despido o português
>
> (Oswald de Andrade)

2. Artigo indefinido — é utilizado para indicar seres de maneira vaga, generalizada.

> **Cidadezinha qualquer**
>
> Casas entre bananeiras
> mulheres entre laranjeiras
> pomar amor cantar
>
> Um homem vai devagar.
> Um cachorro vai devagar.
> Um burro vai devagar.
>
> Devagar... as janelas olham.
>
> Eta vida besta, meu Deus.
>
> (Carlos Drummond de Andrade)

O artigo sempre se antepõe a um substantivo. Isso não significa, contudo, que ele deva posicionar-se imediatamente antes do substantivo; às vezes, pode haver entre o artigo e o substantivo uma ou mais palavras de outras classes gramaticais:

> Os seus dois lindos **filhos** de colo são gêmeos.

Os artigos podem combinar-se com preposições, resultando nas formas **ao**, **do**, **nos**, **num**, **numa** etc.

Quanto à fusão da preposição **a** com o artigo **a(s)**, graficamente representada pelo acento grave: **a** + **a(s)** = **à(s)**, temos um caso especial denominado **crase**, que estudaremos mais adiante.

Emprego do artigo

1. O artigo definido, no singular, pode indicar toda uma espécie:

O homem é mortal.
O trabalho enobrece o homem.

2. Alguns nomes próprios indicativos de lugar admitem o artigo, outros não:

o Rio de Janeiro, a Bahia, Roma, Paris

3. O uso do artigo antes de nomes próprios personativos é facultativo quando há ideia de familiaridade ou afetividade:

O Ricardo é meu irmão caçula.
Namoro Aninha há muito tempo.

4. Nomes próprios personativos são determinados por artigo quando estão no plural:

os Maias, os Andradas, os Gusmões, os Oliveiras

5. É obrigatório o emprego do artigo depois do numeral **ambos**:

Acertei ambos os exercícios.

6. Depois do indefinido **todo(a)** usa-se artigo para dar ideia de **totalidade**; sem artigo o pronome assume a noção de "qualquer":

Toda a cidade comemorou o seu 4.º centenário. (a cidade inteira)
Toda cidade possui bons e maus administradores. (qualquer cidade)

OBSERVAÇÃO

No plural, **todos**, **todas** deverão ser seguidos de artigo, exceto se houver outro determinante, ou numeral desacompanhado de substantivo:

Todos os atletas deverão usar paletó e gravata.
Todos esses vinte atletas deverão usar paletó e gravata.
Todos vinte deverão usar crachá, paletó e gravata.

7. Antes de pronomes possessivos o emprego do artigo é facultativo:

> Vou vestir o meu casaco marrom.
> Vou vestir meu casaco marrom.

8. O artigo indefinido pode dar força expressiva a um substantivo:

> Aquele goleiro engoliu um frango!

9. O artigo indefinido pode indicar ideia de aproximação numérica:

> Ela deve estar completando uns quinze anos.

10. Emprega-se o artigo para substantivar palavras de outras classes gramaticais.

> O sim é o descuido do não.
> Este é o porquê da questão.

11. Pode-se variar a posição do artigo com adjetivos no grau superlativo:

> Visitei as cidades mais lindas da Itália.
> Visitei cidades as mais lindas da Itália.

OBSERVAÇÃO

No caso acima, repetir o artigo constitui um vício de linguagem chamado **galicismo**:

> Ouvi os mestres os mais competentes.

Omissão do artigo

Não se usa o artigo nos seguintes casos:

1. Antes de **pronomes de tratamento**, com exceção de **senhor(a)**, **senhorita** e **madame**:

> Houve muitos comentários sobre Vossa Senhoria.
> Visitarei Vossa Alteza na próxima semana.

2. Após o pronome **cujo** (e variações):

> Este é o livro cujo autor desconheço.

3. Antes da palavra **casa** não determinada, significando o próprio domicílio de quem fala ou escreve:

> À noite, deverei ficar em casa.

4. Antes da palavra **terra** empregada em oposição a **bordo**:

> Os turistas desembarcaram em terra para fazer compras.

5. No início de **provérbios**:

> Cão que ladra não morde.
> Gato escaldado tem medo de água fria.

6. Não se combina com preposição o artigo que integra o nome de jornais, revistas, obras literárias etc.:

> Li essa notícia **no** *Globo*. (errado)
> Li essa notícia **em** *O Globo*. (correto)

Texto para as questões de **1** a **6**:

Todo dito popular funciona e ficaria o dito pelo não dito se os ditos não funcionassem, dito o que, acrescendo que há um dito que não funciona ou, melhor dito, é um dito que funciona em parte uma vez que, no setor da ignorância, o dito falha, talvez para confirmar outro velho dito: o do *não-há-regra-sem-exceção*. Digo melhor: o dito *mal-de-muitos-consolo-é* encerra muita verdade, mas falha quando notamos que ignorância é o que não falta pela aí e, no entanto, ninguém gosta de confessar sua ignorância. Logo, pelo menos aí, o dito dito falha.

(Stanislaw Ponte Preta)

1. Destaque e classifique todos os artigos que aparecem no texto.

2. Destaque as combinações do artigo com outras palavras do texto, separando os seus elementos.

3. Em "Todo dito popular funciona...", por que não se empregou o artigo?

4. Que diferença de sentido estabelecem os artigos destacados nas frases "... há **um dito** que não funciona..." e "... **o dito** falha, talvez para confirmar outro velho dito..."?

5. Em "... o dito **mal-de-muitos-consolo-é**...", por que a expressão destacada não aparece antecedida de artigo?

6. Na frase "... ninguém gosta de confessar **sua** ignorância", a palavra em destaque poderia ser antecedida de artigo? Justifique a resposta.

7. Complete as lacunas do poema seguinte com artigos ou combinações de preposição com artigo exigidos pelo contexto:

> "_____ pardalzinho nasceu
> livre. Quebraram-lhe_____ asa.
> Sacha lhe deu _____ casa,
> água, comida e carinhos.
> Foram cuidados em vão.
> _____ casa era _____ prisão.
> _____ pardalzinho morreu.
> _____ corpo, Sacha enterrou
> _____ jardim; _____ alma, essa voou
> para _____ céu _____ passarinhos!"
> (Manuel Bandeira)

8. Observe os pares de frases abaixo:

a) I. O repórter falou sobre corrupções nos presídios.
II.O repórter falou sobre as corrupções nos presídios.
Explique a diferença de sentido entre as duas frases acima.

b) I. Meu professor deve ter uns quarenta anos.
II. O professor me olhou com um sorriso!
Justifique o emprego do artigo indefinido em cada delas.

c) I. Servi vinho o mais saboroso de minha adega.
II. Servi o vinho mais saboroso de minha adega.
As duas frases estão corretas? Justifique sua resposta.

d) I. Este é o autor cujos livros analisamos.
II. Este é o autor cujos os livros analisamos.
Uma delas está errada. Qual? Comente o erro cometido.

9. Em "O juiz solicitou a interferência de ambos os bandeirinhas", o emprego do artigo após a palavra **ambos** está correto ou não? Justifique sua resposta.

10. Justifique a presença ou a omissão dos artigos antes das expressões destacadas nas seguintes frases:

a) A **Jandira** viajou para Paris.

b) Ninguém soube explicar o **porquê** daquela derrota.

c) Só gosto de ver **moça** e ler **poesia**.

d) **Petrópolis** é uma bela cidade brasileira.

e) Creio que **Vossa Excelência** cometeu um engano.

f) **Gato** escaldado tem medo de água fria.

g) Visitarei a **bela Roma**.

h) Ontem dormi na **casa de meus avós**.

i) Ela se veste com uma **elegância**!

j) Quando a **senhora** virá nos visitar?

 DE CONCURSOS PÚBLICOS E VESTIBULARES

1. (Alerj/Fesp) "Foi um **setembro negro**."
No período acima o emprego do artigo antes da expressão destacada é justificado em virtude de ser:
a) usado antes de datas célebres.
b) omitido, em geral, antes das datas do mês.
c) dispensado, principalmente, quando o substantivo é abstrato.
d) colocado antes dos nomes dos meses, quando enunciados no plural.
e) admitido nos nomes de meses acompanhados de um qualificativo.

2. (Alerj/Fesp) Utiliza-se o artigo definido antes do título de:
a) Vossa Senhoria.
b) Vossa Alteza.
c) professor.
d) sóror.
e) frei.

3. (Alerj/Fesp) O emprego correto do artigo definido **o** com os nomes dos estados brasileiros é:
a) Acre
b) Goiás
c) Sergipe
d) São Paulo
e) Pernambuco

4. (ITA-SP) Determinar o caso em que o artigo tem valor qualificativo:
a) Estes são os candidatos de que lhe falei.
b) Procure-o, ele é o médico! Ninguém o supera.
c) Certeza e exatidão, estas qualidades não as tenho.
d) Os problemas que o afligem não me deixam descuidado.
e) Muita é a procura; pouca a oferta.

5. (Mackenzie-SP) Assinale a alternativa em que há erro:
a) Li a notícia no *Estado de S. Paulo*.
b) Li a notícia em *O Estado de S. Paulo*.
c) Essa notícia, eu a li em *A Gazeta*.
d) Vi essa notícia em *A Gazeta*.
e) Foi em *O Estado de S. Paulo* que li essa notícia.

6. (Esan-SP) Em qual dos casos o artigo denota familiaridade?
a) O Amazonas é um rio imenso.
b) D. Manuel, o Venturoso, era bastante áspero.
c) O Antônio comunicou-se com o João.
d) O professor João Ribeiro está doente.
e) *Os Lusíadas* são um poema épico.

7. (Fatec-SP) Indique o erro quanto ao emprego do artigo:
a) Em certos momentos, as pessoas as mais corajosas se acovardam.
b) Em certos momentos, as pessoas mais corajosas se acovardam.
c) Em certos momentos, pessoas as mais corajosas se acovardam.
d) Em certos momentos, as mais corajosas pessoas se acovardam.
e) n. d. a.

8. (Fatec-SP) Indique a alternativa em que é errado colocar, após a palavra destacada, o artigo definido:
a) Afundou na lama **ambos** pés.
b) **Todos** dias passava por lá, sem vê-la.
c) **Toda** noite gotejou a torneira, não pude dormir.
d) A **todo** passante perguntei, nenhum me informou.
e) n. d. a.

9. (Esan-SP) Assinale a alternativa correta:

a) Mostraram-me cinco livros. Comprei todos cinco.
b) Mostraram-me cinco livros. Comprei todos cinco livros.
c) Mostraram-me cinco livros. Comprei todos os cinco.
d) Mostraram-me cinco livros. Comprei a todos cinco livros.
e) n. d. a.

10. (UFPA) Observe o uso do artigo nas seguintes frases:

I. "...perdia a sua musculatura estudando em Belém."
II. "...até invejou o fumar do vaqueiro."
III. "...dela a escola era um lombo de búfalo."
IV. "De repente foi ouvido que andava pelo Por Enquanto uma pequena..."

Em quais delas foi usado o recurso da substantivação?

a) Em I e II
b) Em I e III
c) Em II e III
d) Em II e IV
e) Em III e IV

11. (FMU-SP) Observe as frases seguintes e depois escolha a única alternativa **incorreta**:

I. Com a Ana ele vai brigar.

II. Com Fred ele não vai discutir.

a) A frase I contém um artigo definido, no feminino e no singular, que semanticamente torna Ana mais próxima.
b) A frase I contém um artigo definido, no feminino e no singular, pois antecede um nome próprio de mesmas características morfológicas.
c) No confronto entre a frase I e a frase II pode-se notar a importância do uso estilístico do artigo.
d) A frase II, dispensando o artigo diante do nome próprio, marca o distanciamento entre o referente e o emissor.
e) A frase II, não contendo artigo definido diante do nome próprio, está errada.

12. (UFU-MG) Em uma das frases, o artigo definido está empregado erradamente. Em qual?

a) A velha Roma está sendo modernizada.
b) A "Paraíba" é uma bela fragata.
c) Não conheço agora a Lisboa do meu tempo.
d) O gato escaldado tem medo de água fria.
e) O Havre é um porto de muito movimento.

ADJETIVO

Adjetivo é a palavra que caracteriza o substantivo, atribuindo-lhe qualidade, estado ou especificação:

> "Parou a ventania.
> As estrelas, dormentes, fatigadas,
> cerram, à luz do dia,
> as misteriosas pálpebras doiradas."
>
> (Guerra Junqueiro)

Classificação do adjetivo

Quanto à estrutura e formação, o adjetivo tem a mesma classificação do substantivo: **simples**, **composto**, **primitivo** e **derivado**.

a) **Adjetivo simples** — possui apenas um radical:

> grande, belo, manso, leal, rico

b) **Adjetivo composto** — possui dois ou mais radicais:

> azul-claro, político-social, afro-brasileiro, sino-luso-americano

c) **Adjetivo primitivo** — não deriva de outra palavra:

> bom, leal, humano, fácil

d) **Adjetivo derivado** — deriva de outra palavra:

> escadas rolantes, árvores frutíferas,
> estrada asfaltada, caderno encapado

Flexão do adjetivo

Como o substantivo, o adjetivo também apresenta flexão de **gênero**, **número** e **grau**.

GÊNERO DO ADJETIVO

Quanto ao gênero, os adjetivos podem ser **uniformes** e **biformes**:

1. Uniformes — possuem uma única forma que se aplica tanto a substantivos masculinos como a femininos:

marido fiel	esposa fiel
menino feliz	menina feliz
homem pobre	mulher pobre

2. Biformes — possuem uma forma para o masculino e outra para o feminino:

período confuso	ideia confusa
senador honrado	senadora honrada
leite puro	água pura

FORMAÇÃO DO FEMININO DOS ADJETIVOS

1. Adjetivos simples

a) Quando terminados em **-o**, trocam o **-o** por **-a**:

cheio	cheia
claro	clara
puro	pura

b) Quando terminados em **-ês, -or** e **-u**, recebem **-a**:

burguês	burguesa
encantador	encantadora
cru	crua

Exceções: anterior, inferior, superior, interior, melhor, pior, incolor, multicor, hindu, cortês, descortês e **pedrês** (invariáveis).

c) Quando terminados em **-ão**:
- trocam o **-ão** por **-ã**:

cristão	cristã
temporão	temporã
vilão	vilã

- trocam o **-ão** por **-ona**:

brigão	brigona
brincalhão	brincalhona

d) Quando terminados em **-eu**, trocam o **-eu** por **-eia**:

europeu	europeia
plebeu	plebeia
ateu	ateia

Exceção: judeu — judia

2. Adjetivos compostos

Nos adjetivos compostos, somente o último elemento recebe terminação feminina:

castanho-escuro	castanho-escura
azul-claro	azul-clara
socioeconômico	socioeconômica

Exceção: surdo-**mudo** — surda-**muda**

NÚMERO DO ADJETIVO

1. Adjetivo simples

Em geral, o adjetivo simples faz o plural seguindo as mesmas regras do substantivo:

branco	brancos	cortês	corteses
gentil	gentis	amável	amáveis
veloz	velozes	azul	azuis

OBSERVAÇÃO

Quando o nome relativo a cor for indicado por substantivo adjetivado, este deverá permanecer invariável:

gravatas **creme**
blusas **laranja**
sapatos **gelo**

2. Adjetivo composto

No adjetivo composto devemos observar os seguintes procedimentos para a formação do plural:

a) Somente o último elemento deve ser flexionado:

guerras **greco-romanas**
salas **médico-cirúrgicas**
crises **político-econômicas**
blusas **amarelo-escuras**
casacos **castanho-claros**

Exceções: **azul-marinho**, **azul-celeste** e **verde-gaio** (invariáveis); e **surdos-mudos** (variam os dois elementos).

b) Ficam invariáveis os adjetivos compostos indicativos de cores quando o último elemento é substantivo:

olhos **verde-mar**
gravatas **amarelo-ouro**
vestidos **azul-pavão**

GRAU DO ADJETIVO

Para expressar as variações de intensidade, o adjetivo apresenta-se em dois graus: **comparativo** e **superlativo**.

1. Grau comparativo

O grau comparativo estabelece uma comparação entre dois ou mais seres. Pode ser:

a) **de igualdade**: Este caminho é **tão longo** quanto aquele.

b) **de inferioridade**: Este caminho é **menos longo** que aquele.

c) **de superioridade**: Este caminho é **mais longo** que aquele.

2. Grau superlativo

O grau superlativo pode ser:

a) **relativo**: relaciona a característica de um ser em relação a outros. Pode ser:

   • **de inferioridade**: Ele é o **menos fraco** do grupo.

   • **de superioridade**: Ele é o **mais fraco** do grupo.

b) **absoluto**: a característica de um ser é intensificada sem relação com outros seres. Ocorre de duas formas:

   • **analítica**: a intensificação se faz com o auxílio de um advérbio de intensidade:

> Este aparelho é **muito fraco**.

   • **sintética**: a intensificação se faz com auxílio de um sufixo:

> Este aparelho é **fraquíssimo**.

Alguns comparativos e superlativos apresentam formas especiais. Observe o quadro abaixo:

Adjetivo	Grau comparativo	Grau superlativo
bom	melhor	ótimo
mau	pior	péssimo
grande	maior	máximo
pequeno	menor	mínimo
alto	superior	supremo
baixo	inferior	ínfimo

OBSERVAÇÕES

1.ª) Comparando-se características de um mesmo ser, podem-se empregar as formas **mais bom**, **mais mau**, **mais grande**:

> Ele é **mais bom** do que inteligente.
> João é **mais grande** do que gordo.

2.ª) Além da forma **menor**, admite-se o emprego de **mais pequeno**, mais comum em Portugal:

> O marido é **mais pequeno** do que a mulher.
> João é **mais pequeno** do que Paulo.

3.ª) O superlativo também pode ser indicado com o auxílio dos prefixos **super-** e **ultra-**:

> Sua ideia é **superinteressante**.
> Aquela garota é **ultramoderna**.

4.ª) A flexão diminutiva de um adjetivo pode, muitas vezes, adquirir valor superlativo:

> O garoto ficou **quietinho** no sofá. (= muito quieto)

5.ª) A repetição do adjetivo também pode dar ideia superlativa:

> Chupei uma laranja **azeda**, **azeda**!

Lista de alguns superlativos absolutos sintéticos	
ágil	agílimo e agilíssimo
agradável	agradabilíssimo
agudo	acutíssimo e agudíssimo
alto	supremo, sumo e altíssimo
amargo	amaríssimo e amarguíssimo
amável	amabilíssimo
amigo	amicíssimo
antigo	antiquíssimo
atroz	atrocíssimo
áspero	aspérrimo e asperíssimo
audaz	audacíssimo
baixo	ínfimo e baixíssimo
bom	ótimo e boníssimo
capaz	capacíssimo
célebre	celebérrimo
cheio	cheíssimo
comum	comuníssimo
cristão	cristianíssimo
cruel	crudelíssimo
difícil	dificílimo
doce	dulcíssimo e docíssimo
eficaz	eficacíssimo
fácil	facílimo
feio	feíssimo
feroz	ferocíssimo
fiel	fidelíssimo
frágil	fragílimo e fragilíssimo
frio	frigidíssimo e friíssimo

▶ Lista de alguns superlativos absolutos sintéticos

geral	generalíssimo
grande	máximo e grandíssimo
horrível	horribilíssimo
humilde	humílimo e humildíssimo
incrível	incredibilíssimo
infiel	infidelíssimo
inimigo	inimicíssimo
jovem	juveníssimo
livre	libérrimo e livríssimo
louvável	laudabilíssimo
macio	maciíssimo
magro	macérrimo e magríssimo
mau	péssimo e malíssimo
miserável	miserabilíssimo
mísero	misérrimo
miúdo	minutíssimo e miudíssimo
móvel	mobilíssimo
negro	nigérrimo e negríssimo
nobre	nobilíssimo
pequeno	mínimo e pequeníssimo
pessoal	personalíssimo
pobre	paupérrimo e pobríssimo
possível	possibilíssimo
precário	precaríssimo e precariíssimo
pródigo	prodigalíssimo
próprio	propriíssimo
próspero	prospérrimo
provável	probabilíssimo
público	publicíssimo
sábio	sapientíssimo
sagrado	sacratíssimo
salubre	salubérrimo e salubríssimo
são	saníssimo
semelhante	simílimo
sensível	sensibilíssimo
sério	seriíssimo
simpático	simpaticíssimo
simples	simplicíssimo e simplíssimo
tenaz	tenacíssimo
terrível	terribilíssimo
úbere	ubérrimo
vão	vaníssimo
veloz	velocíssimo
visível	visibilíssimo
voraz	voracíssimo
vulnerável	vulnerabilíssimo

Adjetivo pátrio

Quando o adjetivo indica a origem, a procedência de um ser em relação a um lugar, ele recebe o nome de **pátrio**:

cidadão **paulistano**, vinho **chileno**, jogador **italiano**

Veja a seguir a lista de alguns adjetivos pátrios:

Localidade	Adjetivo pátrio
Acre	acriano
Afeganistão	afegane, afegão
Alagoas	alagoano
Amapá	amapaense
Angola	angolano
Aracaju	aracajuense, aracajuano
Atenas	ateniense
Áustria	austríaco
Belém (Palestina)	belemita
Belém (Pará)	belenense
Belo Horizonte	belo-horizontino
Bizâncio	bizantino
Boa Vista	boa-vistense
Brasília	brasiliense
Buenos Aires	portenho
Cabo Frio	cabo-friense
Cairo	cairota
Calábria	calabrês
Campinas	campineiro, campinense
Cartago	cartaginês, púnico
Catalunha	catalão
Chipre	cipriota
Córsega	corso
Costa Rica	costarriquenho
Creta	cretense
Croácia	croata
Cuiabá	cuiabano
Curitiba	curitibano
El Salvador	salvadorenho
Espírito Santo	espírito-santense, capixaba
Estados Unidos	estadunidense, norte-americano, ianque
Etiópia	etíope
Fernando de Noronha	noronhense
Flandres	flamengo, flandrense, flandrino, flandrisco

Localidade	Adjetivo pátrio
Florença	florentino
Florianópolis	florianopolitano
Fortaleza	fortalezense
Foz do Iguaçu	iguaçuense
Gália	gaulês
Goiânia	goianiense
Goiás	goiano
Grécia	grego, helênico
Guatemala	guatemalteco
Havana	havanês
Índia	indiano, hindu
Itapetininga	itapetiningano
Itu	ituano
Japão	japonês, nipônico
Jerusalém	hierosolimitano, hierosolimita
João Pessoa	pessoense
Juiz de Fora	juiz-forense, juiz-forano, juiz-de-forano
Macapá	macapaense
Maceió	maceioense
Madagáscar	madagascarense, malgaxe
Manaus	manauense, manauara
Marajó	marajoara
Moscou	moscovita
Natal	natalense, papa-jerimum
Nova Iguaçu	iguaçuano
Nova Zelândia	neozelandês
Panamá	panamenho
Parma	parmesão
Pequim	pequinês
Petrópolis	petropolitano
Porto Alegre	porto-alegrense
Porto Rico	porto-riquenho
Porto Velho	porto-velhense
Provença	provençal
Recife	recifense
Ribeirão Preto	ribeirão-pretense, ribeirão-pretano, riberopretano
Rio Branco	rio-branquense
Rio de Janeiro (cidade)	carioca
Rio de Janeiro (estado)	fluminense
Rio Grande do Norte	rio-grandense-do-norte, norte-rio-grandense, potiguar
Rio Grande do Sul	rio-grandense-do-sul, sul-rio-grandense, gaúcho

Localidade	Adjetivo pátrio
Romênia	romeno
Rondônia	rondoniense, rondoniano
Roraima	roraimense
Salvador	salvadorense, soteropolitano
Santa Catarina	catarinense, catarineta, barriga-verde
São Luís	são-luisense
São Paulo (cidade)	paulistano
São Paulo (estado)	paulista
Sardenha	sardo
Sergipe	sergipano
Teresina	teresinense
Terra do Fogo	fueguino
Tibete	tibetano
Tirol	tirolês
Tocantins	tocantinense
Três Corações	tricordiano
Vitória	vitoriense

OBSERVAÇÃO

Alguns adjetivos pátrios, na forma composta, apresentam reduzido o primeiro elemento. Observe:

tratado **ítalo**-americano, cultura **luso**-portuguesa, guerra **greco**-romana

Conheça as formas reduzidas de alguns adjetivos pátrios:

Localidade	Adjetivo pátrio
África	afro-
Alemanha	germano- ou teuto-
América	américo-
Ásia	ásio-
Austrália	australo-
Áustria	austro-
Bélgica	belgo-
China	sino-
Dinamarca	dano-
Espanha	hispano-
Europa	euro-
Finlândia	fino-
França	franco-
Galiza	galaico- ou galego-
Grécia	greco-
Índia	indo-
Inglaterra	anglo-
Itália	ítalo-
Japão	nipo-
Portugal	luso-

Locução adjetiva

Dá-se o nome de **locução adjetiva** ao conjunto de preposição e substantivo empregado com valor de adjetivo.

Às vezes, é possível substituir a locução adjetiva por um adjetivo de igual significado; outras vezes, isso é impossível:

> doença do coração doença cardíaca
> perímetro da cidade perímetro urbano
> colega de turma (não há adjetivo equivalente)
> cabelo de milho (não há adjetivo equivalente)

Nota: Algumas locuções adjetivas são formadas de preposição seguida de advérbio:

> andar de baixo
> jornal de ontem
> música de sempre

Lista de algumas locuções adjetivas e seus adjetivos correspondentes	
de abdômen	abdominal
de abelha	apícola
de açúcar	sacarino
de águia	aquilino
da alma	anímico
de aluno	discente
de arcebispo	arquiepiscopal
de baço	esplênico
de banhos	balneário
de bispo	episcopal
de boca	bucal, oral
de bronze	brônzeo, êneo
de cabeça	cefálico
de cabelo	capilar
de cabra	caprino
de campo	rural, campesino
de Carlos Magno	carolíngio
de cavalo	equino, hípico
de cérebro	encefálico
de chumbo	plúmbeo
de chuva	pluvial
de cidade	citadino, urbano
de cinza	cinéreo
de cobra	viperino, ofídico

Lista de algumas locuções adjetivas e seus adjetivos correspondentes

de cobre	cúprico
de coração	cardíaco, cordial
de criança	pueril, infantil
de dedo	digital
de dinheiro	pecuniário
de esposos	esponsal
de estômago	estomacal, gástrico
de estrela	estelar
de fábrica	fabril
de farinha	farináceo
de fígado	hepático, figadal
de fogo	ígneo
de garganta	gutural
de gato	felino
de gelo	glacial
de guerra	bélico
de idade	etário
de ilha	insular
de inverno	hibernal
de irmão	fraternal
de lago	lacustre
de leão	leonino
de lebre	leporino
de leite	lácteo
de lobo	lupino
de macaco	simiesco
de mãe	maternal, materno
de marfim	ebúrneo, ebóreo
de memória	mnemônico
de mestre	magistral
de moeda	monetário, numismático
de monge	monacal, monástico
de morte	mortífero, letal
de nádegas	glúteo
de nariz	nasal
de neve	níveo
de norte	setentrional, boreal
de núcleo	nucleico
de olho	ocular, óptico, oftálmico
de orelha	auricular
de ouro	áureo

Lista de algumas locuções adjetivas e seus adjetivos correspondentes	
de outono	outonal
de ouvido	ótico
de ovelha	ovino
de paixão	passional
de pântano	palustre
de paraíso	paradisíaco
de pedra	pétreo
de peixe	písceo
de pele	epidérmico, cutâneo
de pescoço	cervical
de porco	suíno
de prata	argênteo
de predador	predatório
de professor	docente
de prosa	prosaico
de proteína	proteico
de pus	purulento
dos quadris	ciático
de rato	murino
de rim	renal
de rio	fluvial
de rocha	rupestre
de selo	filatélico
de selva	silvestre
de sonho	onírico
de sul	meridional, austral
da terra	telúrico
de terremotos	sísmico
de touro	taurino
de umbigo	umbilical
de velho	senil
de vento	eólio, eólico
de verão	estival
de vidro	vítreo
de vontade	volitivo
dos Andes	andino

Leia o texto seguinte para responder às questões de **1** a **5**.

SONETO V

Noites, estranhas noites, doces noites!
A grande rua, lampiões distantes,
Cães latindo bem longe, muito longe.
O andar de um vulto tardo, raramente.

Noites, estranhas noites, doces noites!
Vozes falando, velhas vozes conhecidas.
A grande casa; o tanque em que uma cobra,
Enrolada na bica, um dia apareceu.

A jaqueira de doces frutos, moles, grandes.
As grades do jardim. Os canteiros, as flores.
A felicidade inconsciente, a inconsciência feliz.

Tudo passou. Estão mudas para sempre.
A casa é outra já, são outros os canteiros e as flores.
Só eu sou o mesmo, ainda: não mudei!

(Augusto Frederico Schmidt)

1. Destaque todos os adjetivos que aparecem no texto, indicando os substantivos a que eles se referem.

2. Destaque as locuções adjetivas presentes no texto.

3. Coloque no superlativo absoluto sintético os seguintes adjetivos:
a) doce   c) estranhas
b) grande   d) mole

4. Retire do texto dois exemplos de adjetivos **uniformes** e dois de adjetivos **biformes**.

5. "A grande casa; o tanque em que uma cobra,
Enrolada na bica, um dia apareceu."
Nos versos acima, o adjetivo **grande** está no grau normal. Há, na língua portuguesa, um caso em que essa palavra pode indicar comparação de superioridade. Elabore uma frase que exemplifique esse caso, justificando a resposta.

6. Seguindo o modelo, forme adjetivos derivados dos seguintes substantivos:

Modelo: tristeza ⇒ *tristonho*

a) abandono   g) sol
b) céu   h) poesia
c) estrelas   i) solução
d) brilho   j) peso
e) chuva   k) amor
f) terra   l) ódio

7. "Um dia ele chegou tão diferente do seu jeito de sempre chegar
olhou-a dum jeito muito mais quente do que sempre costumava olhar."

(Vinicius de Moraes e Chico Buarque de Holanda)

Nos versos acima, há dois adjetivos. Eles estão empregados no mesmo grau? Justifique a resposta.

8. Em "Hoje eu quero a rosa mais **linda** que houver", de Dolores Duran, em que grau está o adjetivo em destaque?

9. Escreva o adjetivo destacado nos parênteses no superlativo absoluto sintético correspondente.

a) Minhas últimas férias foram _____ . (**agradável**)

b) Esta fruta tem um sabor _____. (**acre**)

c) Aquele _____ lavrador pôs fim à vida. (**pobre**)

d) Dirigiu-me palavras _____. (**amargo**)

e) Aquela empresa sempre foi _____. (**próspero**)

f) Aquele ditador era _____. (**cruel**)

g) Fez um discurso _____. (**magnífico**)

h) Era _____ meu primeiro professor. (**sábio**)

i) Resolveremos uma questão _____. (**sério**)

j) É uma classificação _____ para um aluno tão estudioso. (**baixo**)

10. Reescreva as frases seguintes, fazendo as modificações indicadas:

a) Aquele homem é manso. (cordeiro — comparativo de superioridade)

b) Minha namorada é delicada. (flor — comparativo de igualdade)

c) A Lua é pequena. (Terra — comparativo de superioridade)

d) Suas terras são grandes. (as minhas — comparativo de superioridade)

e) Aquela modelo é bastante magra. (superlativo absoluto sintético)

f) Este vinho é ruim. (desta região — superlativo relativo de superioridade)

g) Aquele lutador é grande. (do que forte — comparativo de superioridade)

h) Minhas notas foram boas. (as suas — comparativo de superioridade)

11. Reescreva as frases abaixo, substituindo o adjetivo em destaque pelo superlativo absoluto sintético adequado ao padrão culto:

a) A água da piscina estava **superfria**.

b) Contrataram um goleiro **superágil**.

c) Meu chefe é **superamável**.

d) Li um autor **hipercélebre**.

e) Sempre considerei **sabidão** o meu sogro.

f) Meu vizinho é **ultramiserável**.

g) Ayrton Senna era um piloto **superveloz**.

h) Fiquei numa situação **ultravulnerável**.

i) Senti uma fisgada **hiperaguda** na panturrilha.

j) Esta laranja está **docérrima**.

12. Reescreva as expressões seguintes no plural:

a) concentração cívico-religiosa

b) camisa amarelo-ouro

c) reunião político-partidária

d) sala médico-cirúrgica

e) sombrinha azul-pavão
f) cultura greco-romana
g) camiseta verde-branca
h) camiseta rubro-negra
i) campeonato pan-americano
j) garoto surdo-mudo
k) cortina azul-ferrete
l) vestido verde-esmeralda

13. Reescreva as frases abaixo, substituindo os nomes dos países destacados por um adjetivo composto correspondente.
a) O comércio entre **China** e **Japão** tem sido intenso.
b) Foram ampliadas as relações entre **Grécia** e **Roma**.
c) Começa hoje o campeonato entre **Itália** e **França**.
d) Terminaram as divergências entre **França** e **Hungria**.
e) Diminuiu o comércio entre **Japão** e **Brasil**.
f) Firmou-se um acordo entre **Áustria** e **Suíça**.
g) As disputas entre **Espanha** e **Portugal** acarretaram problemas para os dois países.
h) Os jogos entre **Portugal** e **Espanha** estão acirrados.
i) As produções da **Inglaterra** e da **Itália** tiveram um aumento considerável.
j) A guerra entre a **Alemanha** e a **Polônia** terminou.
k) A exposição da **Bélgica** e da **Suíça** foi um sucesso.
l) As competições entre a **Áustria** e a **Hungria** serão adiadas.
m) O comércio entre **China** e **Brasil** está sendo lucrativo para todos.
n) O convênio entre **Portugal** e **Canadá** foi assinado.

14. Substitua as locuções adjetivas destacadas por um adjetivo equivalente:
a) corpo **de professores**
b) espetáculo **de cores**
c) rosto **de anjo**
d) cara **de macaco**
e) perímetro **da cidade**
f) povo **dos Andes**
g) estatueta **de marfim**
h) abraço **de irmão**
i) mal **do fígado**
j) estância **de banhos**
k) massa **do cérebro**
l) visões **do paraíso**
m) visão **de águia**
n) peste **de rato**
o) mundo **de sonhos**

15. Indique os adjetivos pátrios correspondentes:
a) Romênia
b) Manaus
c) Aracaju
d) Belém (Pará)
e) Belém (Palestina)
f) Angola
g) Jerusalém
h) Guatemala
i) Pequim
j) El Salvador
k) Tocantins
l) Chipre
m) Marajó
n) Três Corações
o) João Pessoa
p) Salvador
q) Moscou
r) Madagáscar
s) Fernando de Noronha

1. (MM) "A intemperança não é menos funesta que a preguiça."
O adjetivo destacado está no grau:
a) superlativo relativo de inferioridade
b) superlativo absoluto analítico
c) comparativo de inferioridade
d) comparativo de igualdade
e) normal

2. (MM) Assinale a alternativa que contém uma correlação **incorreta** entre o adjetivo e a locução correspondente:
a) água **de chuva** – pluvial
b) pele **de marfim** – ebúrnea
c) representante **dos alunos** – docente
d) agilidade **de gato** – felina
e) copo **de prata** – argênteo

3. (MM) O plural dos adjetivos compostos **azul-escuro** e **azul-marinho** são, respectivamente:
a) azuis-escuros, azuis-marinhos.
b) azul-escuros, azul-marinho.
c) azuis-escuro, azuis-marinhos.
d) azul-escuro, azuis-marinho.
e) azul-escuros, azuis-marinhos.

4. (Alerj/Fesp) A frase que contém um adjetivo é:
a) A necessidade fez isto do homem.
b) Todos lutam para ter a liberdade.
c) A televisão nos mostra o mundo.
d) Ele usa um topete escandaloso.
e) Gostaria de ficar com você.

5. (TRT-RJ) A forma do superlativo está incorreta na frase da seguinte alternativa:
a) Comíamos tão pouco que ficamos **magríssimos**.
b) Todos o consideravam **sapientíssimo**.
c) Era um leitor compulsivo, **voracíssimo**.
d) Depois da publicação do romance ficou **celebérrimo**.
e) Após o golpe, tornou-se um ditador **cruelíssimo**.

6. (TRT-PR) "O uniforme verde-oliva era mais bonito do que o verde-claro."
Passando a oração para o plural, temos:
a) Os uniformes verdes-olivas eram mais bonitos do que os verdes-claros.
b) Os uniformes verdes-oliva eram mais bonitos do que os verdes-claros.
c) Os uniformes verde-olivas eram mais bonitos do que os verde-claros.
d) Os uniformes verde-oliva eram mais bonitos do que os verde-claros.
e) Os uniformes verde-oliva eram mais bonitos do que os verde-claro.

7. (TRT-PR) "Em algumas regiões o vocabulário é mínimo..."

A forma **mínimo** corresponde ao:

a) superlativo absoluto sintético.
b) superlativo relativo de superioridade.
c) superlativo relativo de inferioridade.
d) superlativo absoluto analítico.
e) comparativo de inferioridade.

8. (Alerj/Fesp) O adjetivo **uniforme** é exemplificado pelo seguinte vocábulo:

a) celta
b) ilhéu
c) brioso
d) sandeu
e) tabaréu

9. (Alerj/Fesp) A alternativa que, se flexionada em número, mantém o adjetivo composto invariável é:

a) consultório médico-cirúrgico
b) almanaque anglo-germânico
c) instituto afro-asiático
d) menino surdo-mudo
e) saia azul-ferrete

10. (TJ-SP) Em qual dos itens há um superlativo relativo?

a) Foi um gesto de péssimas consequências.
b) Aquele professor é ótimo.
c) O dia amanheceu extremamente frio.
d) Ele fez a descoberta mais notável do século!
e) Ele foi muito infeliz naquele lance!

11. (FJG) "O candidato, após decisão **judicial**, submeteu-se, ainda, ao tribunal **eclesiástico**. Na verdade, ele não queria perdão por ter usado sua língua **viperina**, numa situação nada **cordial**."

Substituindo-se os adjetivos em destaque pelas suas locuções adjetivas correspondentes, teremos, respectivamente:

a) do juizado / do irmão / de fofoca / de amigo
b) do governo / do povo / de trapo / de corda
c) do juiz / da igreja / de víbora / do coração
d) da polícia / do catecismo / do mal / de acordo
e) do advogado / da comunidade / de veemência / de carinho

12. (TRF-RJ) Os acordos _____ dispensam interpretações de natureza _____ .

a) lusos-brasileiros – filosófico-científica
b) lusos-brasileiro – filosófica-científicas
c) luso-brasileiros – filosófico-científica
d) lusos-brasileiros – filosófica-científica
e) luso-brasileiros – filosófica-científicas

13. (Cefet-PR) Em que caso a palavra destacada não tem valor de adjetivo?

a) Um branco, **velho**, pedia esmolas.
b) Um velho, **branco**, pedia esmolas.
c) Era um dia **cinzento**.
d) O sabão usado desbotou o **verde** da camisa.
e) Os viajantes dormiam **tranquilos**.

14. (UFF-RJ) Das frases abaixo, apenas uma apresenta adjetivo no comparativo de superioridade. Assinale-a.

a) A palmeira é a mais alta árvore deste lugar.

b) Guardei as melhores recordações daquele dia.

c) A Lua é menor do que a Terra.

d) Ele é o maior aluno de sua turma.

e) O mais alegre dentre os colegas era Ricardo.

15. (ITA-SP) O plural de **terno azul-claro**, **terno verde-mar** é, respectivamente:

a) ternos azuis-claros, ternos verdes-mares

b) ternos azuis-claros, ternos verde-mares

c) ternos azul-claro, ternos verde-mar

d) ternos azul-claros, ternos verde-mar

e) ternos azuis-claro, ternos verde-mar

16. (Efoa-MG) "… onde predomina o corte de cabelo **afro-oxigenado**."

A concordância do adjetivo destacado acima com o substantivo a que se refere manteve correta em:

a) cabelos afros-oxigenado

b) cabeleiras afras-oxigenadas

c) cabelos afros-oxigenados

d) cabeleiras afra-oxigenadas

e) cabelos afro-oxigenados

17. (PUCCamp-SP) O **desagradável** da questão era vê-lo de **mau** humor depois da **troca** de turno.

Na frase acima, as palavras destacadas comportam-se, respectivamente, como:

a) substantivo, adjetivo, substantivo

b) adjetivo, advérbio, verbo

c) substantivo, adjetivo, verbo

d) adjetivo, adjetivo, verbo

e) adjetivo, adjetivo, verbo

18. (UFPR) Em qual dos casos o primeiro elemento do adjetivo composto não corresponde ao substantivo entre parênteses?

a) Indo-europeu (Índia)

b) Ítalo-brasileiro (Itália)

c) Luso-brasileiro (Portugal)

d) Sino-árabe (Sião)

e) Anglo-americano (Inglaterra)

19. (UEPG-PR) Assinale a frase em que o adjetivo está no grau superlativo relativo de superioridade:

a) Estes operários são capacíssimos.

b) O quarto estava escuro como a noite!

c) Não sou menos digno que meus pais.

d) Aquela mulher é podre de rica!

e) Você foi o amigo mais sincero que eu tive.

20. (FEI-SP) Assinale a alternativa errada quanto ao superlativo erudito.

a) amargo ⇒ amaríssimo; cruel ⇒ crudelíssimo

b) pobre ⇒ paupérrimo; livre ⇒ libérrimo

c) negro ⇒ negríssimo; doce ⇒ dulcíssimo

d) sagrado ⇒ sacratíssimo; feroz ⇒ ferocíssimo

e) magro ⇒ macérrimo; nobre ⇒ nobilíssimo

21. (FMU-SP) Quanto ao gênero, os adjetivos **carioca**, **breve** e **só**:
a) são todos comparativos.
b) são todos uniformes.
c) são uniformes os dois primeiros, e biforme o último.
d) são todos relativos.
e) são todos uniformes, assim como o adjetivo "histórico".

22. (ESPM-SP) Os superlativos absolutos sintéticos de **amável**, **fiel**, **eficaz**, **doce**, **incrível**, **íntegro**, **magnífico** e **próspero** são, respectivamente:
a) amabilíssimo, fidelíssimo, eficacíssimo, dulcíssimo, incredibilíssimo, integérrimo, magnificentíssimo, prospérrimo.
b) amabilíssimo, fidelíssimo, eficientíssimo, docérrimo, incrivelíssimo, integríssimo, magnificentérrimo, prospérrimo.
c) amabilérrimo, fidelíssimo, eficacérrimo, dulcérrimo, incredibilérrimo, integérrimo, magnificientíssimo, prospérrimo.
d) amabilésimo, fidelésimo, ificentérrimo, dulcíssimo, incredibilérrimo, integríssimo, magnificentíssimo, prospérrimo.
e) amabilíssimo, fidelíssimo, eficentésimo, dulcérrimo, incredibilíssimo, integérrimo, magnificentérrimo, prospérrimo.

23. (Unisinos-RS) O item em que a locução adjetiva não corresponde ao adjetivo dado é:
a) hibernal: de inverno
b) filatélico: de folhas
c) discente: de alunos
d) docente: de professor
e) onírico: de sonho

24. (ITA-SP) Dadas as afirmações de que os adjetivos correspondentes aos substantivos:
1. **enxofre**　　　　2. **chumbo**　　　　3. **prata**
são, respectivamente,
1. **sulfúreo**　　　　2. **plúmbeo**　　　　3. **argênteo**
Verificamos que está(ão) correta(s):
a) apenas a afirmação 1.
b) apenas a afirmação 2.
c) apenas a afirmação 3.
d) apenas as afirmações 1 e 2.
e) todas as afirmações.

25. (Fatec-SP) Assinale a alternativa **incorreta**:
a) Na oração "eu [a agulha] é que vou entre os dedos dela, unidinha a eles, furando abaixo e acima", embora apresentando sufixo próprio do grau do substantivo, o adjetivo **unida** possui valor superlativo.
b) A frase "Toda linguagem muito inteligível é mentirosa" poderia apresentar a forma **inteligibilíssima** em lugar de **muito inteligível**, sem alteração alguma no grau do adjetivo.
c) O uso popular estabelece várias formas "não gramaticais" para intensificar a qualidade expressa pelo adjetivo, como na expressão "podre de rico"; não se pode dizer o mesmo de "magro como um espeto", que é simplesmente uma comparação sem força expressiva.
d) Muitos aumentativos e diminutivos perderam a função, própria do grau do substantivo, de indicar a variação do tamanho do ser, passando a exprimir, conforme o contexto, desprezo ou afetividade, como em "essa gentalha não vê o seu lugar".
e) Cartão e caldeirão são falsos aumentativos ou aumentativos fictícios, pois não possuem sentido de aumento, embora apresentem forma aumentativa.

NUMERAL

Numeral é a palavra que exprime quantidade, ordem, fração ou multiplicação dos seres. Assim, os numerais podem ser **cardinais**, **ordinais**, **fracionários** ou **multiplicativos**:

a) **cardinais** — indicam uma quantidade exata de seres: **um**, **dois**, **três** etc.

b) **ordinais** — indicam a ordem numérica em que se localizam os seres numa série: **primeiro**, **segundo**, **terceiro** etc.

c) **fracionários** — indicam o número de vezes em que os seres são divididos: **meio** ou **metade**, **um terço**, **um quarto** etc.

d) **multiplicativos** — indicam o número de vezes em que os seres são multiplicados: **duplo** ou **dobro**, **triplo**, **quádruplo** etc.

Veja, a seguir, o quadro geral dos numerais:

Algarismos		Numerais			
arábicos	romanos	cardinais	ordinais	fracionários	multiplicativos
1	I	um	primeiro	–	–
2	II	dois	segundo	meio/metade	duplo/dobro/dúplice
3	III	três	terceiro	terço	triplo/tríplice
4	IV	quatro	quarto	quarto	quádruplo
5	V	cinco	quinto	quinto	quíntuplo
6	VI	seis	sexto	sexto	sêxtuplo
7	VII	sete	sétimo	sétimo	sétuplo
8	VIII	oito	oitavo	oitavo	óctuplo
9	IX	nove	nono	nono	nônuplo
10	X	dez	décimo	décimo	décuplo
11	XI	onze	décimo primeiro, undécimo	onze avos	undécuplo
12	XII	doze	décimo segundo, duodécimo	doze avos	duodécuplo
13	XIII	treze	décimo terceiro	treze avos	–
14	XIV	quatorze	décimo quarto	quatorze avos	–
15	XV	quinze	décimo quinto	quinze avos	–
16	XVI	dezesseis	décimo sexto	dezesseis avos	–
17	XVII	dezessete	décimo sétimo	dezessete avos	–
18	XVIII	dezoito	décimo oitavo	dezoito avos	–
19	XIX	dezenove	décimo nono	dezenove avos	–
20	XX	vinte	vigésimo	vinte avos	–
30	XXX	trinta	trigésimo	trinta avos	–
40	XL	quarenta	quadragésimo	quarenta avos	–

Algarismos		Numerais			
arábicos	**romanos**	**cardinais**	**ordinais**	**fracionários**	**multiplicativos**
50	L	cinquenta	quinquagésimo	cinquenta avos	–
60	LX	sessenta	sexagésimo	sessenta avos	–
70	LXX	setenta	septuagésimo	setenta avos	–
80	LXXX	oitenta	octogésimo	oitenta avos	–
90	XC	noventa	nonagésimo	noventa avos	–
100	C	cem, cento	centésimo	centésimo	cêntuplo
101	CI	cento e um	centésimo primeiro	cento e um avos	–
200	CC	duzentos	ducentésimo	duzentos avos	–
300	CCC	trezentos	trecentésimo	trezentos avos	–
400	CD	quatrocentos	quadringentésimo	quatrocentos avos	–
500	D	quinhentos	quingentésimo	quinhentos avos	–
600	DC	seiscentos	sexcentésimo	seiscentos avos	–
700	DCC	setecentos	septingentésimo	setecentos avos	–
800	DCCC	oitocentos	octingentésimo	oitocentos avos	–
900	CM	novecentos	nongentésimo	novecentos avos	–
1000	M	mil	milésimo	milésimo	–
1000000	M̄	milhão	milionésimo	milionésimo	–
1000000000	M̄̄	bilhão	bilionésimo	bilionésimo	–

OBSERVAÇÕES

1.ª) Alguns numerais apresentam mais de uma forma. Observe:

> **quatorze** ou **catorze**
> **décimo primeiro**, **undécimo** ou **onzeno**
> **décimo segundo**, **duodécimo** ou **dozeno**
> **décimo terceiro**, **tredécimo** , **trezeno** ou **tércio-décimo**

> **septuagésimo** ou **setuagésimo**
> **septingentésimo** ou **setingentésimo**
> **nongentésimo** ou **noningentésimo**
> **bilhão** ou **bilião**, **trilhão** ou **trilião** etc.

2.ª) Os numerais que designam um conjunto determinado de seres recebem o nome de numerais **coletivos**:

bíduo	período de dois dias
bimestre	período de dois meses
bienal	o que ocorre de dois em dois anos
biênio	período de dois anos

centena	conjunto de cem unidades
centenário / centúria	período de cem anos
decálogo	conjunto de dez leis
decênio	período de dez anos
decúria	grupo de dez (coisas, indivíduos etc.)
dístico	estrofe de dois versos
dúzia	doze unidades
grosa	doze dúzias
lustro / quinquênio	período de cinco anos
mês	período de trinta dias
milênio	período de mil anos
novena	período de nove dias
par	agrupamento de duas coisas semelhantes
quarentena	período de quarenta dias
quatriênio	período de quatro anos
quina	série de cinco números
resma	quinhentas folhas de papel
semana	período de sete dias
semestre	período de seis meses
septênio	período de sete anos
sesquicentenário	período de cento e cinquenta anos
sexênio	período de seis anos
sextilha	estrofe de seis versos
terceto	estrofe de três versos
trezena	período de treze dias
tricinquentenário	período de cento e cinquenta anos
triênio	período de três anos
trinca	conjunto de três coisas semelhantes

Nota: A forma **sesqui**, de origem latina, significa "um e meio". Por isso temos a palavra **sesquicentenário** para designar um período de cento e cinquenta anos.

3.ª) O cardinal **cinquenta** só deve ser grafado e pronunciado dessa maneira, já que não existe a forma *cincoenta*.

4.ª) Ao lado do ordinal **primeiro**, registra-se também a forma **primo(a)**, latinismo que empregamos como substantivo indicador de parentesco ou como adjetivo em certos compostos e construções fixas da língua:

> Ela sempre foi apaixonada pelo **primo**.
> Conseguiu compor uma verdadeira obra-**prima**.
> O número três é um número **primo**.

5.ª) **Ambos** é chamado **numeral dual**, já que sempre se refere a dois seres, podendo ser empregado, com reservas, de maneira enfática: **ambos os dois**, **ambos a dois**, **ambos de dois**, **a ambos dois**:

> "O certo é que **ambos os dois** monges caminhavam juntos." (Alexandre Herculano)
> "De **ambos de dois** a fronte coroada." (Luís de Camões)

6.ª) A forma **tricentésimo**, embora repudiada por alguns gramáticos, já se encontra dicionarizada. O *Novo Dicionário Aurélio*, por exemplo, traz consignada essa palavra em sua segunda edição.

Numerais substantivos e numerais adjetivos

Embora a Nomenclatura Gramatical Brasileira (NGB) não registre essa distinção, os numerais costumam receber a seguinte classificação:

a) **Numerais substantivos** — aparecem isolados, ou seja, não acompanham um nome, desempenhando, portanto, uma função sintática própria do substantivo:

> Morreram três naquele trágico acidente.

b) **Numerais adjetivos** — aparecem relacionados a um substantivo, exercendo, assim, a função de adjunto adnominal:

> O corredor favorito chegou em terceiro lugar mais uma vez.

Flexão dos numerais

NUMERAIS CARDINAIS

Os **cardinais** geralmente não são flexionados:

> Passaremos cinco semanas em Angra dos Reis.
> Comprei cinco livros sobre arte.

Os cardinais **um**, **dois** e as centenas a partir de **duzentos**, porém, recebem flexão de gênero:

> Tenho apenas um carro e duas garagens.
> Havia trezentas vagas para mais de oitocentos candidatos.

Os cardinais **milhão**, **bilhão**, **trilhão** etc. recebem flexão de número:

> O governo já foi fraudado em bilhões de dólares.
> O prêmio da loteria está acumulado em vinte e cinco milhões de reais.

NUMERAIS ORDINAIS

Os **ordinais** recebem flexão de gênero e número:

Os **primeiros** que chegarem deverão sentar-se nas **primeiras** filas.
Este é o **centésimo** aviso que lhe dou.

NUMERAIS MULTIPLICATIVOS

1. Quando têm valor de adjetivo, os numerais multiplicativos variam em gênero e número:

Tomei duas doses **duplas** de uísque.
Assinalei três palpites **triplos** neste cartão.

2. Quando têm valor de substantivo, são invariáveis:

O jogador exigiu o **dobro** do que o clube lhe oferecera.
Nove é o **triplo** de três.

NUMERAIS FRACIONÁRIOS

Os **numerais fracionários** concordam em gênero e número com os cardinais que os antecedem:

Comeu dois **terços** daquela enorme pizza.
Recebeu duas **terças** partes da herança paterna.

OBSERVAÇÃO

Embora o padrão culto não abone, é comum, na linguagem coloquial, a flexão dos numerais quanto ao grau:

Apesar de **sessentão**, aquele ator ainda mantém charme e elegância.
Este artigo é de **primeiríssima** qualidade.
Meu primo sempre foi o **primeirão** da classe.

Leitura e grafia dos numerais

NUMERAIS CARDINAIS

Para ler e escrever corretamente os numerais cardinais, devemos observar os seguintes critérios:

1. Entre as unidades, dezenas e centenas, intercala-se a conjunção **e**:

> 45 — quarenta **e** cinco
> 338 — trezentos **e** trinta **e** oito

2. Entre o milhar e a centena, omite-se a conjunção **e**:

> 2 387 — dois mil trezentos **e** oitenta **e** sete
> 1 942 — mil novecentos **e** quarenta **e** dois

3. Quando a centena começa por zero, coloca-se a conjunção **e** antes da dezena:

> 2 026 — dois mil **e** vinte e seis
> 6 090 — seis mil **e** noventa

4. Quando a centena termina por dois zeros, coloca-se a conjunção **e** antes da centena:

> 4 200 — quatro mil **e** duzentos
> 3 900 — três mil **e** novecentos

NUMERAIS ORDINAIS

Os numerais ordinais superiores a **dois mil** admitem duas leituras:

1. Lê-se o **milhar** como **cardinal** e os demais números como **ordinais**:

> 2 987.º — dois milésimos nongentésimo octogésimo sétimo

2. Leem-se todos os números como **ordinais**:

> 2 987.º — segundo milésimo nongentésimo octogésimo sétimo

NUMERAIS FRACIONÁRIOS

1. O **numerador** é sempre lido como **cardinal**:

> $\frac{2}{6}$ — **dois** sextos
>
> $\frac{5}{8}$ — **cinco** oitavos

2. Quanto ao **denominador**, existem duas maneiras de leitura:

a) os numerais de **um** a **dez** ou representados por números "redondos" devem ser lidos como **ordinais**:

$$\frac{5}{8} \text{ — cinco oitavos}$$

$$\frac{2}{10} \text{ — dois décimos}$$

b) os numerais acima de dez ou que não representem números "redondos" devem ser lidos como cardinais seguidos da palavra **avos**:

$$\frac{5}{11} \text{ — cinco onze avos}$$

$$\frac{2}{345} \text{ — dois trezentos e quarenta e cinco avos}$$

OBSERVAÇÃO

Os fracionários $\frac{1}{2}$ e $\frac{1}{3}$ devem ser lidos como **um meio** e **um terço**, respectivamente.

Emprego dos numerais

1. Quando o numeral figura depois do substantivo, na designação de reis, papas, séculos, capítulos de uma obra, empregamos:

a) na escrita, os números romanos e, na leitura, os **numerais ordinais**, se a ordenação indicar até o décimo elemento:

Papa João Paulo VI (sexto)

Capítulo IX (nono)

Canto X (décimo)

b) se a ordenação for do décimo primeiro em diante, a leitura será feita por **numerais cardinais**:

Papa Pio XII (doze)

Capítulo XVIII (dezoito)

Século XXI (vinte e um)

2. Quando figuram antes do substantivo, devemos empregar os **numerais ordinais**:

quinto século

segundo quarteto

nona estrofe

3. Na numeração de portarias, decretos, leis, artigos e outros textos oficiais, empregam-se os **ordinais** até **nono** e os **cardinais** a partir do **dez**:

> artigo 3.º **(terceiro)**
> parágrafo 9.º **(nono)**
> artigo 19 **(dezenove)**

4. Na numeração de páginas, casas, apartamentos, andares de edifícios, blocos e equivalentes, sempre empregamos os **cardinais**:

> página 45 **(quarenta e cinco)**
> casa 12 **(doze)**
> andar 32 **(trinta e dois)**

Se, porém, o numeral anteceder o substantivo, deveremos usar os **ordinais**:

> 45.ª página **(quadragésima quinta)**
> 12.ª casa **(décima segunda)**
> 32.º andar **(trigésimo segundo)**

5. Na indicação do primeiro dia de cada mês, devemos usar o ordinal **primeiro**, e não o cardinal **um**:

> No dia **primeiro** de maio comemora-se o Dia do Trabalho.

6. No sentido figurado, muitas vezes o numeral não expressa com exatidão o número indicado. É um recurso de estilo denominado de **hipérbole**:

> Já lhe disse isso mais de **cem** vezes!
> "**Mil** línguas de fogo devoravam as canas maduras, com fome canina."
> (José Lins do Rego)

7. Deve-se evitar a confusão entre o numeral cardinal **um** e o artigo indefinido **um**. Quando é **numeral cardinal**, realmente indica número e seu plural é **dois**. Na prática, pode ser acompanhado das palavras **só**, **apenas**, **único**. Quando é artigo indefinido, o plural é **uns** e pode ser substituído por **outro**:

> Com apenas <u>um</u> tiro, acertou o centro do alvo.
> numeral
>
> Naquele museu há <u>um</u> raríssimo quadro de Monet.
> artigo
> indefinido

Leia o texto para a resolução dos exercícios de **1** a **4**:

FRANÇA COMANDA O *RANKING*

Zurique (Suíça) — A seleção francesa, que usa camisa azul, continua liderando o *ranking* da Fifa. Os atuais campeões mundiais e europeus têm 810 pontos, 15 a mais que o Brasil, que se mantém na segunda colocação. As demais duas posições também não sofreram alterações neste mês e continuam nas mãos de seleções azuis. A Argentina segue em terceiro lugar, com 764 pontos, enquanto a Itália continua em quarto, com 735.

Entre os dez primeiros colocados, a Alemanha subiu no *ranking*, pulando da oitava para a quinta colocação, com 726 pontos, à frente da Espanha, com 715. Já as seleções de Portugal (que caiu do quinto para o sétimo lugar, com 712 pontos) e da República Checa (que foi do sétimo para o nono lugar, com 709 pontos) foram as que mais caíram nos 10 primeiros postos.

A grande surpresa é a seleção paraguaia, que subiu do décimo para o oitavo lugar (711). A Holanda está em último lugar, com 695 pontos.

(*Diário Popular*, 19/7/2001)

1. Em "A Argentina segue em terceiro lugar, com 764 pontos, enquanto a Itália continua em quarto, com 735", há dois numerais adjetivos e dois substantivos. Identifique-os e explique por que recebem essa classificação.

2. Há no texto vários numerais cardinais. A seguir, alguns deles foram convertidos em ordinais. Reescreva-os por extenso.

a) 810.º
b) 764.º
c) 735.º

d) 726.º
e) 715.º
f) 712.º

g) 709.º
h) 695.º

3. Em "Entre os **dez** primeiros colocados, a Alemanha subiu no *ranking*...", qual é o numeral multiplicativo correspondente ao cardinal em destaque?

4. Na frase "A Holanda está em **último** lugar, com 695 pontos", a palavra destacada pode ser considerada um numeral? Justifique a resposta.

5.
> "Na curva perigosa dos **cinquenta**
> derrapei neste amor."
>
> (Carlos Drummond de Andrade)

Qual é a classe gramatical da palavra em destaque no texto acima? Justifique a resposta.

6. Escreva por extenso o numeral ordinal correspondente à palavra em destaque na questão anterior.

7. Escreva por extenso os seguintes numerais ordinais:

a) 687.º
b) 269.º
c) 2 989.º

d) 856.º
e) 378.º
f) 3 789.º

g) 10 345.º

8. Cardinais ou ordinais? Escreva-os por extenso.

a) Papa Pio X

b) Capítulo VII

c) Dom João VI

d) Papa João XXIII

e) Capítulo XI

f) Capítulo XL

g) Século IX

h) Henrique VIII

9. Escreva por extenso os numerais cardinais, observando o emprego da conjunção **e**:

a) 135 876

b) 4 089 765

c) 435 980

d) 700 439

e) 19 578 432

f) 568 098

g) 2 000 000 008

10. Classifique os numerais destacados, conforme o modelo:

> Fugiram **vinte** presos durante a rebelião.
> *vinte — numeral cardinal*

a) Distribuíram, pelo menos, **seiscentos** convites.

b) Meu irmão ganhou uma aposta **tripla**.

c) Terminou a corrida em **trigésimo** lugar.

d) Neste mês, ele recebeu apenas **um terço** do salário.

e) Ele está na lista **sêxtupla** para ser nomeado reitor.

f) Espera-se que esse posto produza **um milhão** de barris de petróleo por ano.

g) Espero ganhar o **décuplo** do que ganhava antes.

h) Quase a **metade** dos alunos deverão faltar amanhã.

11. Escreva os numerais fracionários correspondentes às expressões destacadas nas frases seguintes, conforme o modelo:

> Solicitou **dez partes entre cinquenta** da produção.
> *dez cinquenta avos*

a) Seu lucro sempre foi de **cinco por cem**.

b) As fortes chuvas danificaram **quatro de cada dez** pés de café.

c) **Oito entre trinta** poços perfurados continham água potável.

d) Conseguiu vender **setenta de cada cem** sacas de café.

e) A geada destruiu **dezoito de cada cinquenta** pés de manga.

f) **Vinte entre sessenta** candidatos conseguiram aprovação no concurso.

12. Escreva os numerais multiplicativos correspondentes às expressões destacadas nas frases abaixo:

a) Este salão é **três vezes maior** que o antigo.

b) Alguns investidores lucram **cinco vezes mais** que outros.

c) O jogador europeu ganha **dez vezes mais** que o brasileiro.

d) Neste ano pretendo produzir **cem vezes mais** que os concorrentes.

13. Indique o significado dos seguintes numerais coletivos:

a) centúria

b) dístico

c) decálogo

d) lustro

e) grosa

f) sexênio

g) sextilha

h) decúria

i) sesquicentenário

j) resma

1. (Alerj/Fesp) A alternativa que apresenta um vocábulo numeral cardinal é:
a) a quinta casa
b) o triplo de folhas
c) a folha vinte e um
d) a metade do caminho
e) o capítulo quadragésimo primeiro

2. (Telerj) Assinale a alternativa em que o numeral tem valor hiperbólico:
a) Naquele estádio havia quinhentas pessoas.
b) Mais de cem milhões de brasileiros choraram.
c) "Com mil demônios" – praguejou ele, diante do acidente fatal.
d) Ele foi o quadragésimo colocado.
e) Cinco oitavos do prêmio couberam a mim.

3. (UFJF-MG) Marque o emprego **incorreto** do numeral:
a) século III (três)
b) página 102 (cento e dois)
c) 80º (octogésimo)
d) capítulo XI (onze)
e) X tomo (décimo)

4. (FVE-SP) Assinale o item em que o numeral ordinal, por extenso, esteja correto:
a) 2.866º — dois milésimos, octogésimo, sexagésimo sexto
b) 6.222º — sexto milésimo, ducentésimo, vigésimo segundo
c) 3.478º — três milésimos, quadringentésimo, septuagésimo oitavo
d) 1.899º — milésimo, octogésimo, nongentésimo nono
e) 989º — nonagésimo, octogésimo nono

5. (CTA-SP) O ordinal **quadringentésimo septuagésimo** corresponde ao cardinal:
a) quarenta e sete
b) quarenta mil e sete
c) quatrocentos e setenta
d) quatro mil e setenta
e) n. d. a.

6. (ITA-SP) Assinale o que estiver correto:
a) Seiscentismo se refere ao século XVI.
b) O algarismo romano da frase anterior se lê: décimo sexto.
c) Duodécuplo significa duas vezes, dodécuplo, doze vezes.
d) Ambos os dois é forma enfática correta.
e) Quadragésimo, quarentena, quadragésima, quaresma só aparentemente se referem a quarenta.

7. (**Vunesp**) Identifique o caso em que **não** haja expressão numérica de sentido indefinido:
a) Ele é o duodécuplo colocado.
b) Quer que veja esse filme pela milésima vez?
c) "Na guerra os meus dedos dispararam mil mortes."
d) "A vida tem uma só entrada, a saída é por cem portas."
e) n. d. a.

8. (**Vunesp**) Assinale a alternativa que apresenta as formas corretas dos ordinais:
Não é a 86.ª mas a 85.ª vez que o fato se repete na 956.ª tentativa.
a) Octogésima sexta – octogenária quinta – nongentésima quinquagésima sexta
b) Octagésima sexta – octagésima quinta – nongentésima quinquagésima sexta
c) Octogésima sexta – octogésima quinta – nongentésima quinquagésima sexta
d) Octingentésima sexta – octingentésima quinta – noningentésima quinquagésima sexta
e) Octogésimo sexta – octogésimo quinta – nongentésimo quinquagésimo sexta

9. (**PUCCamp-SP**) Os ordinais referentes aos números **80**, **300**, **700** e **90** são, respectivamente:
a) octagésimo – trecentésimo – setingentésimo – nongentésimo
b) octogésimo – trecentésimo – setingentésimo – nonagésimo
c) octingentésimo – tricentésimo – septuagésimo – nongentésimo
d) octogésimo – tricentésimo – septuagésimo – nongentésimo
e) n. d. a.

10. (**FMU-SP**) **Triplo** e **tríplice** são numerais:
a) ordinal o primeiro e multiplicativo o segundo.
b) ambos ordinais.
c) ambos cardinais.
d) ambos multiplicativos.
e) multiplicativo o primeiro e ordinal o segundo.

11. (**UFPR**) Se a *cinco* vem a corresponder *quinto*, a **onze**, **quarenta**, **cinquenta**, **sessenta** e **setenta**, respectivamente, correspondem:
a) undécimo, quadragésimo, cinquentésimo, sexagésimo, septuagésimo
b) décimo primeiro, quaresma, quinquagésimo, sexagésimo, septuagésimo
c) undécimo, quadragésimo, quinquagésimo, sexagenário, septuagésimo
d) décimo primeiro, quadragésimo, quinquagésimo, sexagésimo, septuagenário
e) undécimo, quadragésimo, quinquagésimo, sexagésimo, septuagésimo

12. (**FMU-SP**) Sabendo-se que os numerais podem ser cardinais, ordinais, multiplicativos e fracionários, podemos dar os seguintes exemplos:
a) uma (cardinal), primeiro (ordinal), Leão onze (multiplicativo) e meio (fracionário)
b) um (cardinal), milésimo (ordinal), undécuplo (multiplicativo) e meio (fracionário)
c) um (cardinal), primeiro (cardinal), Leão onze (multiplicativo) e meio (fracionário)
d) um (cardinal), primeiro (cardinal), cêntuplo (multiplicativo) e centésimo (fracionário)
e) um (cardinal), primeiro (ordinal), duplo (multiplicativo), não existindo numeral denominado fracionário

PRONOME

Pronome é a palavra que substitui ou acompanha o substantivo, relacionando-o às três pessoas do discurso. De acordo com essas duas características distintas, temos:

a) **pronome substantivo:** substitui ou representa o substantivo.

> É justo que **todos** sejam pagos para trabalhar.
> Enquanto **você** trabalha, **ele** viaja pelo mundo.

b) **pronome adjetivo:** acompanha o substantivo.

> Vivi **alguns** anos naquela região.
> O **meu** ganho é maior do que as **minhas** despesas.

Substituindo ou acompanhando o substantivo, o pronome indica as pessoas gramaticais do discurso:

1.ª pessoa	**eu** (singular) **nós** (plural)	a pessoa que fala (**emissor**)
2.ª pessoa	**tu** (singular) **vós** (plural)	a pessoa com quem se fala (**receptor**)
3.ª pessoa	**ele / ela** (singular) **eles / elas** (plural)	a pessoa de quem se fala (**assunto**)

Há seis tipos de pronomes: **pessoais, possessivos, demonstrativos, indefinidos, interrogativos** e **relativos**.

▬▬ Pronomes pessoais

Denotam diretamente uma das três pessoas do discurso.

Observe no quadro a seguir a subdivisão dos pronomes pessoais:

Pessoas do discurso	Pronomes pessoais	Retos	Oblíquos átonos	Oblíquos tônicos
Singular	1.ª pessoa	eu	me	mim, comigo
	2.ª pessoa	tu	te	ti, contigo
	3.ª pessoa	ele / ela	se, o, a, lhe	si, consigo, ele, ela
Plural	1.ª pessoa	nós	nos	nós, conosco
	2.ª pessoa	vós	vos	vós, convosco
	3.ª pessoa	eles / elas	se, os, as, lhes	si, consigo, eles, elas

OBSERVAÇÕES

1.ª) Como os pronomes pessoais sempre figuram no lugar de um substantivo, eles são **pronomes substantivos**.

2.ª) Os pronomes **ele(s)**, **ela(s)**, **nós** e **vós** são **pronomes oblíquos tônicos** quando aparecem regidos de preposição: **a ele(s)**, **com ela(s)**, **por nós**, **sobre vós** etc.

EMPREGO DOS PRONOMES PESSOAIS

1. Pronomes pessoais retos

a) Geralmente exercem a função sintática de **sujeito**:

Eu e **ela** somos apenas bons amigos.

Onde **nós** jantaremos naquela cidade?

b) Podem funcionar como **predicativo do sujeito**:

Comprovadamente o culpado é **ele**.

Minhas noites de insônia és **tu**.

c) **Tu** e **vós** podem figurar como **vocativos**:

"Ó **tu**, Senhor Jesus, o Misericordioso,

De quem o Amor sublime enaltece o Universo..."
(Alphonsus de Guimaraens)

"Ó **vós**, que, no silêncio e no recolhimento

Do campo, conversais a sós, quando anoitece..."
(Olavo Bilac)

d) Os pronomes **eu** e **tu** nunca podem ser regidos de preposição. Devemos substituí-los pelos pronomes **mim** e **ti**, respectivamente:

Nunca houve nada entre **mim** e ela.

Sempre confiei em **ti**.

e) O pronome **vós** é empregado em situações muito formais ou em textos literários ou religiosos. Em situações cotidianas raramente é utilizado. Observe alguns exemplos:

"Todos **vós** conheceis essa conjuração." (Rui Barbosa)

"Virgem Maria, Noiva eleita, a **Vós** recorro!" (Alphonsus de Guimaraens)

"Foi para **vós** que ontem colhi, senhora,

Este ramo de flores que ora envio." (Manuel Bandeira)

OBSERVAÇÃO

Em frases do tipo: "O professor pediu para **eu** ler alguns poemas", note que a preposição **para** não rege o pronome **eu**, e sim o verbo **ler**. Sintaticamente, a frase corresponde a "pediu para ler", e não "pediu para eu".

Esse mesmo tipo de ligação sintática ocorre com o pronome **tu**: "O professor pediu para **tu** leres alguns poemas".

2. Pronomes pessoais oblíquos

a) Os pronomes oblíquos apresentam duas formas:

- **átonos** — são empregados sem preposição:

> Deram-**me** uma nova oportunidade.
> Perguntei-**lhe** se estava contente com o noivado.

- **tônicos** — são obrigatoriamente regidos de preposição:

> Deram uma nova oportunidade **a mim**.
> Perguntei **a ele** se estava contente com o noivado.

b) Os pronomes **o(s)**, **a(s)** exercem a função de objeto direto, substituindo um complemento verbal não regido de preposição obrigatória:

> Comprei **este casaco** em Londres. ⇌ **Comprei-o** em Londres.

c) Os pronomes **o(s)**, **a(s)** assumem as formas **lo(s)**, **la(s)** após as formas verbais terminadas em **r**, **s** ou **z**, ou depois da partícula **eis**:

> Devemos analisar **esse caso**. ⇌ Devemos analisá-**lo**.
> Consideramos grave **a situação do país**. ⇌ Consideramo-**la** grave.
> Aquela região produz **ótimas frutas**. ⇌ Aquela região produ-**las**.
> "E ei-**la**, a morte, e ei-**lo**, o fim!" (Olavo Bilac)

d) Após as formas verbais terminadas em som nasal, os pronomes **o(s)**, **a(s)** assumem as formas **no(s)**, **na(s)**:

> Cassaram **o mandato de alguns corruptos**. ⇌ Cassaram-**no**.
> Os carneiros dão **a lã**. ⇌ Os carneiros dão-**na**.

e) Os pronomes **me**, **te**, **se**, **nos** e **vos**, dependendo da regência verbal, funcionam como **objeto direto** ou **objeto indireto**:

> Meus filhos sempre <u>me</u> <u>respeitaram</u>.
>   OD   VTD
> Meus filhos sempre <u>me</u> <u>obedeceram</u>.
>   OI   VTI

f) Como complemento verbal, **lhe(s)** sempre funciona como **objeto indireto**:

Seus filhos sempre **lhe** <u>obedeceram</u>.
OI   VTI

g) Quando o pronome oblíquo se refere à mesma pessoa do pronome reto, ele é denominado **reflexivo**:

[Eu] Barbeio-**me** diariamente. (= a mim mesmo)

[Ele] Narciso admirava-**se** no espelho das águas. (= a si mesmo)

h) Os pronomes **nos**, **vos** e **se**, quando indicam ação mútua, denominam-se **recíprocos**:

Demo-**nos** as mãos, em sinal de paz. (= um ao outro)

Os lutadores encaravam-**se** raivosos. (= um ao outro)

i) Os pronomes **si** e **consigo** só podem ser empregados como **reflexivos**:

O avarento só pensa em **si** mesmo.

A garota levava **consigo** uma boneca e um cão.

OBSERVAÇÃO

Considera-se errado o emprego de **si** e **consigo** quando estes não indicam reflexividade:

Carlos, quero falar **consigo**. (errado)

Carlos, quero falar **com você**. (correto)

j) Os pronomes **conosco** e **convosco** devem ser substituídos por **com nós** e **com vós**, respectivamente, quando aparecem seguidos de palavras enfáticas como **mesmos**, **próprios**, **todos**, **outros**, **ambos**, ou de **numeral**:

O diretor implicou **com nós** dois.

Senhores deputados, quero falar **com vós** mesmos.

k) Os pronomes **me**, **te**, **lhe**, **nos** e **vos** podem apresentar valor possessivo:

Pisaram-**me** os pés. (= meus)

O sol de verão queimou-**nos** fortemente a pele. (= nossa)

l) Os pronomes **me**, **te**, **se**, **o(s)**, **a(s)**, **nos** e **vos** podem exercer a função de sujeito de um verbo no infinitivo. Isso ocorre com verbos do tipo **deixar**, **mandar**, **fazer**, **perceber**, **sentir** etc. seguidos de um verbo no infinitivo:

Deixem-**me** sair. (= Deixem que **eu** saia.)

m) Os pronomes oblíquos átonos podem ser empregados em combinações entre si:

me + o(s)	**mo(s)**	lhe + a(s)	**lha(s)**
me + a(s)	**ma(s)**	nos + o(s)	**no-lo(s)**
te + o(s)	**to(s)**	nos + a(s)	**no-la(s)**
te + a(s)	**ta(s)**	vos + o(s)	**vo-lo(s)**
lhe + o(s)	**lho(s)**	vos + a(s)	**vo-la(s)**

OBSERVAÇÃO

As combinações acima não são empregadas em situações do cotidiano. São casos típicos da língua escrita. Observe estes belos exemplos extraídos de nossa literatura:

"E a boa dama sacou um espelho e abriu-**mo** diante dos olhos." (Machado de Assis)

"Não te esqueci, eu **to** juro." (Gonçalves Dias)

"Certos bolos e cremes, antes de serem degustados pela boca ávida, o são pelo nariz e pelos olhos, e, se no-**lo** permitissem, o seriam pelas mãos."
(Carlos Drummond de Andrade)

3. Pronomes pessoais de tratamento

Entre os pronomes pessoais, incluem-se os **pronomes pessoais de trata-mento**. Embora a concordância deva ser feita com a 3.ª pessoa, tais pronomes se referem à 2.ª pessoa, ou seja, com quem se fala:

Quando **Vossa Senhoria vier**, traga **consigo** todos os documentos.

"Já fazia muito tempo que **Vossa Excelência** não **vinha** a Paris." (J. Montello)

Veja, a seguir, alguns desses pronomes com suas respectivas abreviaturas:

Pronome	Abreviatura		Emprego
	singular	**plural**	
você	v.	—	tratamento íntimo, familiar
Vossa Alteza	V. A.	VV. AA.	príncipes, princesas, duques
Vossa Eminência	V. Em.ª	V. Em.ªˢ	cardeais
Vossa Excelência	V. Ex.ª	V. Ex.ªˢ	altas autoridades do governo e oficiais das Forças Armadas
Vossa Magnificência	V. Mag.ª	V. Mag.ªˢ	reitores de universidades
Vossa Majestade	V. M.	VV. MM.	reis, imperadores
Vossa Meritíssima	usado por extenso		juízes de direito
Vossa Reverendíssima	V. Rev.ᵐᵃ	V. Rev.ᵐᵃˢ	sacerdotes
Vossa Senhoria	V. S.ª	V. S.ªˢ	altas autoridades (É bastante frequente na correspondência comercial.)
Vossa Santidade	V. S.	—	papa
Senhor, Senhora	Sr. / Sr.ª	Sr.ˢ / Sr.ªˢ	tratamento respeitoso em geral

1.ª) Essas formas se aplicam quando nos dirigimos ao interlocutor:

> Senhor Governador, **Vossa Excelência** pode receber-me agora?

2.ª) Para a 3.ª pessoa, aquela de quem falamos, substituímos **Vossa** por **Sua**:

> Você sabe se **Sua Excelência**, o governador, já voltou de viagem?

Pronomes possessivos

Os **pronomes possessivos** referem-se às pessoas do discurso, acrescentando-lhes ideia de posse. Concordam em pessoa com o possuidor e em número e gênero com o ser possuído:

> Tu viajarás com **tuas** primas, e eu com **meus** irmãos.

Observe o quadro dos pronomes possessivos:

Singular	1.ª pessoa	meu, minha, meus, minhas
	2.ª pessoa	teu, tua, teus, tuas
	3.ª pessoa	seu, sua, seus, suas
Plural	1.ª pessoa	nosso, nossa, nossos, nossas
	2.ª pessoa	vosso, vossa, vossos, vossas
	3.ª pessoa	seu, sua, seus, suas

EMPREGO DOS PRONOMES POSSESSIVOS

a) Os pronomes possessivos nem sempre expressam ideia de posse. Podem indicar **afetividade**, **respeito**, **cálculo aproximado**, **ação habitual**, **ofensa** ou **predileção**:

> **Meu** caro professor, sempre me lembrarei do senhor. (afetividade)
> Pode entrar agora, **minha** senhora. (respeito)
> Naquela época ela devia ter **seus** trinta anos. (cálculo aproximado)
> Costumo fazer **minhas** caminhadas à tarde. (ação habitual)
> Por que você fez isso, **seu** burro! (ofensa)
> Machado de Assis sempre foi o **meu** escritor. (predileção)

b) O emprego de **seu**, **sua**, **seus**, **suas** pode causar duplo sentido em certas frases:

> A mãe proibiu o filho de sair com **seu** carro. (carro de qual dos dois?)

Para evitar o duplo sentido, usamos as formas **dele(a)**:

> A mãe proibiu o filho de sair com o carro **dele**. (ou **dela**)

c) O pronome **seu** não indica posse quando resulta da alteração do pronome de tratamento **senhor**:

> Quem construiu esta casa foi o **seu** Antônio.

d) Em referência a partes do corpo ou faculdades do espírito, **não se empregam os possessivos** quando dizem respeito ao próprio sujeito da oração:

> Fraturei o braço. (e não: Fraturei o **meu** braço.)
>
> Maria furou as orelhas. (e não: Maria furou as **suas** orelhas.)
>
> O jogador perdeu a razão. (e não: O jogador perdeu a **sua** razão.)

e) Para realçar o caráter possessivo, podemos empregar as palavras **próprio(s)**, **própria(s)**:

> Gosto de dirigir meu **próprio** carro.
>
> Ele foi preso em sua **própria** casa.

f) Os pronomes oblíquos **me**, **te**, **nos** e **vos** podem fazer as vezes de pronomes possessivos:

> Quebrei-**lhe** os dentes. (= **seus** dentes)
>
> Roubaram-**me** os documentos. (= **meus** documentos)

Pronomes demonstrativos

Os **pronomes demonstrativos** indicam a posição dos seres no tempo ou no espaço, tendo como referência as três pessoas do discurso.

Observe o quadro dos demonstrativos em relação às pessoas do discurso:

Pessoas	Variáveis				Invariáveis
	Masculino		Feminino		
	Singular	Plural	Singular	Plural	
1.ª	este	estes	esta	estas	isto
2.ª	esse	esses	essa	essas	isso
3.ª	aquele	aqueles	aquela	aquelas	aquilo

EMPREGO DOS PRONOMES DEMONSTRATIVOS

1. Em relação ao espaço:

a) Os pronomes **este(s)**, **esta(s)** e **isto** indicam o ser próximo à pessoa que fala. São usados em relação aos pronomes **eu**, **mim**, **comigo**, **meu(s)**, **minha(s)** e ao advérbio **aqui**, expressos ou não:

> **Este** livro (que está comigo) é bem antigo.
>
> Eu guardo **esta** caneta há anos.
>
> **Isto** (aqui) é uma verdadeira obra de arte.

b) Os pronomes **esse(s)**, **essa(s)** e **isso** indicam o ser próximo à pessoa com quem se fala. Aparecem com os pronomes **tu**, **te**, **contigo**, **você(s)**, **teu(s)**, **tua(s)**, **seu(s)**, **sua(s)** e com o advérbio **aí**, expressos ou não:

> **Esse** livro (que está contigo) é raro.

> **Essa** caneta que está em seu poder é de ouro?
> **Isso** (aí) pertence a você?

c) Os pronomes **aquele(s)**, **aquela(s)** e **aquilo** indicam o ser distante tanto de quem fala como de quem ouve. Podem ser usados com os advérbios **ali** ou **lá**, expressos ou não:

> **Aquele** livro (ali) me pertence.
> **Aquela** casa que está (lá) naquele morro pertenceu ao meu avô.
> **Aquilo** (ali) pertence a você?

2. Em relação ao tempo:

a) Os pronomes **este(s)**, **esta(s)** e **isto** indicam o presente em relação ao emissor:

> Jamais esquecerei **este** momento.

b) Os pronomes **esse(s)**, **essa(s)** e **isso** indicam o tempo passado ou futuro relativamente próximo ao momento em que o emissor fala:

> Ontem festejei meus quinze anos. Jamais esquecerei **esse** momento.

c) Os pronomes **aquele(s)**, **aquela(s)** e **aquilo** indicam um tempo distante em relação ao momento em que o emissor fala:

> Há vinte anos festejei meus quinze anos. Jamais esquecerei **aquele** momento.

3. Em relação à fala ou à escrita:

a) Os pronomes **este(s)**, **esta(s)** e **isto** indicam o que ainda vai ser falado ou escrito:

> Os assuntos da próxima reunião serão **estes**: indisciplina e evasão de alunos.

b) Os pronomes **esse(s)**, **essa(s)** e **isso** indicam o que já foi falado ou escrito:

> Indisciplina e evasão de alunos: **esses** foram os assuntos da última reunião.

c) Os pronomes **este** e **aquele** referem-se a elementos já mencionados na fala ou na escrita. **Este** indica o mais próximo; **aquele**, o mais distante:

> Literatura e Matemática me fascinam: **esta** me desenvolve o raciocínio; **aquela**, a sensibilidade.

OBSERVAÇÃO

Os pronomes **o(s)**, **a(s)**, **mesmo(s)**, **mesma(s)**, **próprio(s)**, **semelhante(s)**, **tal** e **tais** também são considerados demonstrativos:

> Já não sei mais **o** que fazer. (= **aquilo**)
> Ouvimos o **mesmo** comentário ontem. (= **esse**)
> Não diga mais **semelhante** asneira. (= **essa**)
> Já ouvi **tais** boatos. (= **esses**)

Pronomes indefinidos

São **pronomes indefinidos** os que se referem de modo vago, impreciso à terceira pessoa, ou exprimem quantidade indeterminada. Podem ser **variáveis** ou **invariáveis**:

Variáveis	Invariáveis
algum, alguns, alguma, algumas	
nenhum, nenhuns, nenhuma, nenhumas	
certo, certos, certa, certas	
muito, muitos, muita, muitas	alguém
outro, outros, outra, outras	ninguém
pouco, poucos, pouca, poucas	cada
todo, todos, toda, todas	outrem
vário, vários, vária, várias	tudo
tanto, tantos, tanta, tantas	nada
quanto, quantos, quanta, quantas	algo
qualquer, quaisquer	que
diversos, diversas	
um, uns, uma, umas	
tamanho, tamanhos, tamanha, tamanhas	

EMPREGO DOS PRONOMES INDEFINIDOS

1. Os pronomes **algum**, **alguns**, **alguma** e **algumas** apresentam sentido negativo quando se posicionam depois do substantivo:

> Esta obra não tem valor **algum**.
>
> Não tenho interesse **algum** nesse negócio.

2. Os pronomes acima adquirem valor positivo quando figuram antes do substantivo:

> Sinto que **alguma** vantagem ele levou nessa transação.
>
> "**Alguma** coisa acontece em meu coração." (Caetano Veloso)

3. O pronome **certo** (e flexões) possui valor de indefinido quando se antepõe a um substantivo. Pode ou não ser antecedido de artigo indefinido:

> Dizem que ali vivia (um) **certo** agiota desprezível.
>
> Ela sempre ouvia (umas) **certas** desculpas do marido.

4. Posposto a um substantivo, **certo** (e flexões) é adjetivo:

> Vocês chegaram na hora **certa**.
>
> Para muitos, a mudança do tempo é resfriado **certo**.

5. O pronome **cada** só é empregado corretamente como pronome adjetivo, ou seja, sempre antecede um substantivo:

> Em **cada** canteiro havia rosas e cravos.
> "**Cada** sentido é um dom divino." (Manuel Bandeira)

6. O pronome **cada**, não antecedendo um substantivo, deve ser seguido de **um** ou **qual**:

> "**Cada um** puxa a brasa para sua sardinha." (dito popular)
> Saíram o pai e os filhos, **cada qual** com o seu carro.

7. Os pronomes **todo** e **toda**, desacompanhados de artigo, equivalem a **qualquer**; acompanhados de artigo, significam **inteiro**:

> **Todo** homem tem direito ao trabalho. (qualquer homem)
> Ele trabalha duramente **todo o** dia. (o dia inteiro)

OBSERVAÇÃO

A palavra **todo** usada em referência a um adjetivo tem valor de advérbio, equivalendo a **muito**, **completamente**; contudo deve concordar com o substantivo a que se refere:

> A rua amanheceu **toda** molhada. (= completamente)

8. O pronome **qualquer** posicionado depois do substantivo tem valor pejorativo:

> Ela se casou com um homem **qualquer**.

9. O pronome **outro** (e flexões) tem valor de adjetivo quando equivale a **diferente**:

> "Não sabia que assim tão **outra** voltarias:
> Eras de negro olhar, de olhar azul tu voltas."
> (Alphonsus de Guimaraens)

10. O pronome **nada** corresponde a **alguma coisa** quando empregado em certas frases interrogativas:

> O senhor não quer comprar **nada** hoje?

OBSERVAÇÃO

Modificando adjetivos, a palavra **nada** tem valor de advérbio:

> A torcida não está **nada** satisfeita com o árbitro.

LOCUÇÕES PRONOMINAIS INDEFINIDAS

Aos grupos de palavras equivalentes a pronomes indefinidos dá-se o nome de **locuções pronominais indefinidas**. Observe as mais comuns: **cada um**, **cada qual**, **quem quer que**, **qualquer um**, **seja quem for**, **todo aquele que**, **um ou outro** etc.

Pronomes relativos

Pronomes relativos são os que retomam, na oração seguinte, um termo já expresso na oração anterior (termo antecedente), evitando, assim, a sua repetição. Além de servirem de conectivo entre duas orações, os pronomes relativos sempre exercem uma função sintática na oração que encabeçam.

> Recebam bem os atletas. Os atletas representaram nossa cidade.
>
> [Recebam bem os atletas] [que representaram nossa cidade.]

No exemplo acima, o pronome **que** retoma o termo **os atletas** da 1.ª oração, exercendo a função de **sujeito** na 2.ª oração.

> É bastante agradável a cidade. Nasci nessa cidade.
>
> [É bastante agradável a cidade] [onde nasci.]

No exemplo acima, o pronome relativo **onde** retoma o termo **a cidade** da 1.ª oração, exercendo a função de **adjunto adverbial de lugar** na 2.ª oração.

Observe o quadro dos pronomes relativos **variáveis** e **invariáveis**:

Variáveis	Invariáveis
o qual, a qual, os quais, as quais, cujo, cuja, cujos, cujas, quanto, quantos, quantas	que, quem, onde, como, quando

OBSERVAÇÃO

A forma **quanta** não é empregada como pronome relativo.

EMPREGO DOS PRONOMES RELATIVOS

1. O pronome relativo **que** pode ser empregado em relação a coisas ou pessoas:

> Este é o livro que você me emprestou.
>
> As pessoas que lhe apresentei são honestíssimas.

2. O pronome relativo **quem** refere-se exclusivamente a pessoas e sempre aparece preposicionado:

> O rapaz com quem viajei pretende ser médico.
>
> Você é a pessoa em quem sempre confiei.

OBSERVAÇÃO

O pronome relativo **quem** pode ser empregado sem antecedente. Neste caso é denominado **relativo indefinido**:

> **Quem** tudo quer tudo perde.
>
> **Quem** casa quer casa.

3. O pronome relativo **que** pode ter como antecedentes os demonstrativos **o(s)**, **a(s)**:

> É verdadeiro o que lhe afirmo.
>
> As que estão à direita do palco serão homenageadas.

4. Para evitar **ambiguidade**, emprega-se o relativo **o qual** (e flexões):

> Conheci o namorado da minha vizinha, o qual (ou a qual) sofreu um grave acidente.

Com o relativo **que**, não saberíamos quem sofreu o acidente.

5. O relativo **o qual** (e variações) deve ser empregado, de preferência, após preposições de mais de duas sílabas ou locuções prepositivas:

> "Tinha havido alguns minutos de silêncio, **durante** os quais refleti muito..."
>
> (Machado de Assis)
>
> Destruíram a fonte luminosa **ao redor** da qual passeávamos na juventude.

6. Com as preposições **sem** e **sob** também se usa, de preferência, o relativo **o qual** (e flexões):

> Providenciarei meu passaporte, **sem** o qual não poderei viajar.
>
> Removi o tapete **sob** o qual a empregada empurrava o lixo.

7. O relativo **cujo** (e flexões) equivale a um pronome possessivo e sempre se posiciona antes de um substantivo. Concorda em gênero e número com o substantivo a que se refere, não admitindo a posposição de um determinante:

> Esse é um escritor **com** cuja obra sempre me encantei.
>
> O bairro **por** cujas ruas caminho à noite é pouco policiado.

8. O relativo **quanto** (e variações) tem como antecedentes os pronomes indefinidos **tudo**, **todo(s)**, **tanto(s)**, **tanta(s)**:

> Compre frutas **tantas** quantas forem necessárias.
>
> Repeti na presença dele **tudo** quanto já havia dito.

OBSERVAÇÃO

No caso acima, o antecedente pode ficar implícito na oração:

> Entrou no bar e bebeu **quanto** quis. (tudo quanto quis)

9. O pronome **onde** equivale a **em que** e **no(a) qual**, sendo empregado para indicar lugar:

> Visitarei a cidade onde nasci.
>
> A casa onde nos hospedaremos fica no alto da colina.

10. **Como** é pronome relativo apenas quando equivale a **conforme**, **o qual**, **pelo qual**, sendo empregado para indicar modo:

> Observem o jeito como ela se veste.
>
> Muitos desconhecem o processo como o som se propaga.

11. **Quando** é pronome relativo se equivale a **em que**, **no qual**, sendo empregado para indicar tempo:

> Haverá um tempo quando não haverá mais miséria.
>
> Chegará o dia quando você abandonará esses hábitos.

Pronomes interrogativos

São **pronomes interrogativos** os empregados para formular uma pergunta direta ou indireta.

Da mesma maneira que ocorre com os indefinidos, os interrogativos também se referem, de modo vago, à 3.ª pessoa gramatical. Observe o quadro dos interrogativos:

Variáveis	Invariáveis
qual, quais, quanto, quanta, quantos, quantas	que, quem

> **Quantos** candidatos foram aprovados? (interrogação direta)
>
> Ignora-se **quantos** candidatos foram aprovados. (interrogação indireta)

EMPREGO DOS PRONOMES INTERROGATIVOS

a) O pronome interrogativo **que** pode ser empregado como pronome substantivo ou adjetivo. Na primeira ocorrência, significa **que coisa**; na segunda, **que espécie de**:

> "Em que cismas, poeta?" (Casimiro de Abreu)
>
> "Que opinião tenho sobre as causas e os efeitos?" (Alberto Caeiro)

OBSERVAÇÃO

Embora alguns gramáticos condenem, é frequente a anteposição de **o** ao **que** interrogativo:

> "O que penso eu do mundo?" (Alberto Caeiro)
>
> "O que fizeram as civilizações contra as moscas?" (Camilo Castelo Branco)
>
> "O que é que você quer?" (Machado de Assis)

b) Para enfatizar a interrogação, principalmente na linguagem coloquial, é bastante comum a repetição da palavra **que**:

> Que que eu tenho a ver com isso?
>
> "Que que eu fiz? Que que eu podia fazer?" (Carlos Drummond de Andrade)

c) O pronome interrogativo **quem** sempre se emprega em função substantiva:

> "Quem poluiu, quem rasgou os meus lençóis de linho...?" (Camilo Pessanha)
> suj.   suj.
>
> Por quem será feita a acusação?
> ag. da passiva

d) O interrogativo **quanto** pode ser empregado como pronome substantivo ou pronome adjetivo:

> **Quanto** o senhor quer pelo apartamento?
> **Quantos** quilos a senhora já perdeu?

Texto para as questões de **1** a **5**:

CHORO DO POETA ATUAL

Deram-**me** um corpo, só um!
Para suportar calado
Tantas almas desunidas
Que esbarram umas nas **outras**,
De **tantas** idades diversas;
Uma nasceu muito antes
De **eu** aparecer no mundo,
Outra nasceu com **este** corpo,
Outra está nascendo agora,
Há outras, nem sei direito,
São **minhas** filhas naturais,
Deliram dentro de **mim**,
Querem mudar de lugar,
Cada uma quer uma coisa,
Nunca mais tenho sossego.
Ó Deus, se existis, juntai
Minhas almas desencontradas.

(Murilo Mendes)

1. Classifique os pronomes destacados no poema acima, usando o código seguinte:
1. pronome pessoal reto
2. pronome pessoal oblíquo
3. pronome indefinido
4. pronome relativo
5. pronome possessivo
6. pronome demonstrativo

a) me	c) outras	e) eu	g) minhas
b) que	d) tantas	f) este	h) mim

2. No verso "**Cada uma** quer uma coisa", a expressão em destaque também se inclui entre os pronomes. Como se classifica essa expressão?

3. Nos versos "Uma nasceu muito antes / De **eu** aparecer no mundo", justifique o emprego do pronome em destaque.

4. Em "**Outra** nasceu com **este** corpo", a primeira palavra em destaque é pronome substantivo; a segunda, pronome adjetivo. Explique essa diferença de classificação.

5. Nos versos "Deram-**me** um corpo, só um!" e "Deliram dentro de **mim**", os pronomes destacados têm a mesma classificação? Justifique a resposta.

6. Reescreva as frases seguintes, substituindo as palavras em destaque por um **pronome pessoal oblíquo átono** correspondente. Faça as adaptações necessárias:
a) O vento derrubou **várias árvores**.
b) Fizemos **todas as tarefas**.
c) Puseram **nossos nomes** na lista.
d) Os trabalhadores aguardam **um novo aumento**.
e) Devolvemos **os livros** à bibliotecária.
f) Devolvemos os livros **à bibliotecária**.
g) Cristo perdoou **aos seus algozes**.
h) Assiste **aos clientes** o direito de reclamar.
i) Um rebuliço incrível agitou **os torcedores**.
j) Aquela região produz **bons vinhos**.

7. Faça o mesmo, usando um **pronome pessoal oblíquo tônico** correspondente:
a) Cantores medíocres agradam **ao público**.
b) Maus comerciantes aspiram apenas **a lucros**.
c) Muitos ainda acreditam **em fantasmas**.
d) Muita gente desconfia **de alguns políticos**.
e) Você ainda insiste **nessa tática**?
f) Jamais concordarei **com suas opiniões**.
g) O padre aludiu **aos falsos profetas**.
h) Essas leis visam **ao progresso dos cidadãos**.
i) É difícil obedecer **a certas imposições**.
j) O povo brasileiro sempre ansiou **por liberdades democráticas**.

8. Complete as lacunas com **eu** ou **mim**:
a) Ninguém pode sair sem _____ autorizar.
b) Essas decisões dependem apenas de _____.
c) Há alguma tarefa para _____ fazer?
d) Nunca houve acordo entre seu pai e _____.
e) Naquele instante, todos agiram contra _____.
f) Traga esses documentos para _____, por gentileza.
g) Traga esses documentos para _____ examinar.
h) Entre ela e _____ já não há mais nada.
i) Pediram para _____ voltar imediatamente.
j) Existem algumas opiniões divergentes entre _____ e você.

9. Siga o modelo:

> Deixem que eu resolva essa situação.
> *Deixem-me resolver essa situação.*

a) O vizinho ouviu que nós falávamos mal dele.
O vizinho ouviu- _____ falar mal dele.

b) Não percebi que ele se aproximava.
Não _____ percebi aproximar-se.

c) Mande que ele saia imediatamente.
Mande- _____ sair imediatamente.

d) O diretor deixou que nós fizéssemos o teste.
O diretor deixou- _____ fazer o teste.

e) Não permitiram que nós entrássemos sem autorização.
Não _____ permitiram entrar sem autorização.

f) A mãe ordenou que ele voltasse cedo.
A mãe ordenou- _____ voltar cedo.

10. Complete as frases com uma das formas pronominais entre parênteses:
a) Gostaria de viajar _____ nas próximas férias. (**consigo / com você**)
b) Meu filho, quero falar _____ agora. (**contigo / consigo**)
c) Eu falarei de _____ para seu pai, garota! (**si / você**)
d) Quando partires, leva _____ estes documentos. (**consigo / contigo**)
e) Aquela mulher só sabe falar de _____ mesma. (**si / você**)
f) É _____ mesmos que ele deseja conversar. (**conosco / com nós**)
g) _____ sempre acontece de o carro enguiçar. (**conosco / com nós**)
h) O carro derrapou _____ cinco dentro. (**conosco / com nós**)
i) Tendes _____ princípios que remontam à vossa meninice. (**convosco / com vós**)
j) Gostaria de falar _____ todos na próxima assembleia. (**convosco / com vós**)

11. As frases seguintes apresentam ambiguidade. Reescreva-as eliminando o duplo sentido.
a) Otávio saiu da fazenda com a namorada e foi para sua casa na cidade.
b) O pai repreendeu a filha porque ela danificou seu computador.
c) A escritora discutiu com o editor sobre as suas ideias.
d) Paulo encontrou Juliana e falou que seu bilhete fora premiado.
e) O advogado falou com a secretária em sua sala.
f) A garota visitou o namorado no hospital e depois saiu com sua irmã.

12. Complete as lacunas das frases seguintes com um dos pronomes demonstrativos entre parênteses.
a) _____ gravata que estou usando hoje é italiana. (**Esta / Essa**)
b) "Alô, moça da favela, _____ abraço!" (Gilberto Gil) (**este / aquele**)
c) É a primeira vez que estou entrando _____ igreja. (**nessa / nesta**)
d) Gosto de Pedro e de Paulo, mas _____ é mais amigo do que este. (**esse / aquele**)
e) No verso do cartão, lia-se _____ frase: "Eu te amo". (**essa / esta**)
f) _____ criança que você carrega nos braços é seu filho? (**Esta / Essa**)
g) Que perfume era _____ que você usou ontem? (**esse / aquele**)
h) "— Que susto me pregou, entrando aqui com _____ cara de alma do outro mundo!" (**essa / esta**) (Ciro dos Anjos)

i) "Donzelinha, donzelinha, fecha _____ olhos sombrios." (Cecília Meireles) **(estes / esses)**

j) Já não sei o que sinto _____ velho coração! **(neste / nesse)**

k) "Estela olhou para o papel e para o marido...
   — Lê, é curioso, disse _____." (Machado de Assis) **(este / esse)**

l) _____ senhor de terno, no fundo da sala, é meu patrão. **(Este / Aquele)**

m) "Ibiapina foi realmente _____ : uma enorme força moral a serviço da Igreja e do Brasil." **(isto / isso)** (Gilberto Freire)

n) "O nosso clero está longe de ser _____ que pede a religião do cristianismo."
   (aquilo / isso) (Machado de Assis)

o) "_____ era uma noite diferente e angustiante." (Jorge Amado) **(Esta / Aquela)**

13. Classifique os pronomes destacados, conforme o seguinte código:

1. pessoal   4. indefinido
2. possessivo   5. relativo
3. demonstrativo   6. interrogativo

a) "**Teus** poemas, não os dates nunca..." (Mário Quintana)

b) "**Toda** a casa era um corredor deserto, e até o canário ficou mudo." (Dalton Trevisan)

c) "Mas sofre menos **o** que sofre em sonho." (Guimarães Passos)

d) "O **que** não tenho e desejo
   É que melhor me enriquece." (Manuel Bandeira)

e) "**Que** sombra, **que** fantasma vem banhado
   No doce eflúvio dessa quadra linda?" (Casimiro de Abreu)

f) "O ovo revela o acabamento
   A toda mão que **o** acaricia." (Carlos Drummond de Andrade)

g) "**Quantas** semanas tem um dia
   e **quantos** anos tem um mês?" (Pablo Neruda)

14. Classifique os pronomes destacados, determinando também se são pronomes substantivos ou pronomes adjetivos:

a) "Atravessa **esta** paisagem o **meu** sonho dum porto infinito." (Fernando Pessoa)

b) "O **meu** porquinho da Índia foi a **minha** primeira namorada." (Manuel Bandeira)

c) "— Não quero mais saber do lirismo **que** não é libertação." (Manuel Bandeira)

d) "É uma pena, doce amiga,
   Tudo o que pensas em **mim**." (Mário de Andrade)

e) "Há mais de dois mil anos o **meu** grito nasceu." (Jorge de Lima)

f) "**Ninguém** conhece **ninguém**, somos **todos** estranhos." (Geir Campos)

g) "**Tudo que** existe é imaculado e é santo!" (Guerra Junqueiro)

h) "O grande homem, em literatura, não é **aquele que** se presta para as biografias."
   (Álvaro Lins)

i) "Em Pasárgada tem **tudo**
   É **outra** civilização..." (Manuel Bandeira)

j) "**Vós**, poderoso Rei, **cujo** alto Império
   O Sol logo em nascendo vê primeiro." (Luís Vaz de Camões)

k) "**Quem** lera, divina e bela
   Teu romance de donzela
   Cheio de amor e de Deus?" (Álvares de Azevedo)

l) "**Quantos** momentos bonitos
Que o dia a dia traz
Quanta alegria e razão pra viver
Eu, **você**, só nós dois, pra que mais?" (Maurício Duboc / Carlos Coelho)

15. Classifique os pronomes destacados conforme o seguinte código:
1. pronome interrogativo substantivo
2. pronome interrogativo adjetivo
a) **Quem** te contou essas mentiras?
b) **Que** mistérios há nessas palavras?
c) **Que** curso você pretende fazer?
d) De **quantas** horas você necessita para este trabalho?
e) Por **que** razão você me ofende assim?
f) De **que** você reclama tanto?
g) **Quantos** fugitivos já foram recapturados?
h) **Que** você pretende fazer na próxima semana?
i) Não conheço **quem** possa ajudar-me neste momento.
j) **Quanto** você quer por esse carro?

16. Reescreva as orações seguintes, articulando-as por meio de pronomes relativos. Faça as adaptações necessárias. Siga o modelo:

> A causa é nobre. Lutamos por essa causa.
> *A causa por que lutamos é nobre.*

a) O autor é parnasiano. Refiro-me a esse autor.
b) O indivíduo não é confiável. Você viajará com esse indivíduo.
c) Os fatos são lamentáveis. Não gosto de lembrar esses fatos.
d) Os fatos são lamentáveis. Não gosto de me lembrar desses fatos.
e) O cargo foi extinto. Você aspirava àquele cargo.
f) Esse gás é perigoso. Ninguém resiste à inalação desse gás.
g) Destruíram o velho colégio. Estudei naquele colégio.
h) Encontrei um antigo livro. Seu nome estava escrito na capa desse livro.
i) O filme terminou tarde. Emocionei-me com o final do filme.
j) O comandante era bastante desumano. Os soldados se rebelaram contra as ordens do comandante.

17. Preencha as lacunas das frases seguintes com um pronome relativo adequado. Faça-o preceder de uma preposição conveniente (não empregue **o qual** e variações).
a) Este é um preceito _____ convém obedecer.
b) O fim _____ visa o ensino é o progresso do homem.
c) A pessoa _____ qualidades me refiro acaba de chegar.
d) Desconheço os regulamentos _____ eles desobedeceram.
e) Este é o advogado _____ devemos pagar os honorários.
f) Consegui a posição _____ sempre aspirei.
g) Você é um amigo _____ lealdade não me esquecerei jamais.
h) Você é uma pessoa _____ todos simpatizam.
i) O escritor _____ obra o professor fez referência é modernista.
j) Concentro-me em projetos _____ execução é arrojada.

1. (SEE-MG) 1. Chegaram várias cartas, mas não havia nenhuma para ___. 2. Não é tarefa para ___ desenvolver este tema. 3. Este tema não é tarefa para ___ desenvolver, por enquanto. 4. É mais fácil para ___ acreditar nessa estória do que para ele.

a) mim – eu – mim – eu

b) mim – mim – eu – mim

c) eu – eu – mim – mim

d) eu – eu – eu – eu

e) mim – mim – mim – mim

2. (TRE-RO) Observe as frases:

    I. A língua portuguesa foi a que chegou até _____ através de gerações.

    II. Não basta _____ querer que a grafia coincida com a pronúncia; é preciso a reforma.

    III. Torna-se muito complicado para _____ acompanhar essa mudança.

    IV. Para _____, unificar a grafia é impossível.

    V. Deixaram alguns pontos para _____ estudar.

A opção que completa corretamente as frases é:

a) eu – eu – eu – mim – mim

b) eu – eu – mim – eu – mim

c) mim – eu – eu – mim – eu

d) mim – eu – mim – mim – eu

e) mim – a mim – mim – eu – mim

3. (Telerj) Assinale a opção em que o emprego dos pronomes pessoais está de acordo com a norma culta da língua:

a) Entre o chefe e eu há confiança mútua.

b) Para eu, vencer na empresa é fundamental.

c) Vim falar consigo sobre o debate de amanhã.

d) Já lhe avisei do ocorrido na empresa.

e) Esta linha telefônica vai de mim a ti.

4. (CMB) Assinale a opção que apresenta mau uso dos pronomes:

a) A situação com a qual lidamos parece ser semelhante àquela.

b) É excelente a solução dada pela empresa, pois esta terá maiores lucros, e aquela beneficiará os empregados.

c) Quanto aos funcionários, a pesquisa lhes fornecerá dados úteis.

d) A solução depende de ele ter boas intenções e de nós termos vontade de agir.

e) As famílias cujos os chefes estão desempregados sabem bem o que é depressão.

5. (Alerj/Fesp) A substituição do termo destacado pelo pronome está **incorreta** em:

a) Viram **a moça**. / Viram-na.

b) Pedi **a elas** o material. / Pedi-lhes o material.

c) Tocou **o hino** completo. / Tocou-o completo.

d) Parti em pedaços **o bolo**. / Parti-lo em pedaços.

e) Deixou para o filho **a herança**. / Deixou-a para o filho.

6. (**TRE-MT**) A alternativa em que o emprego do pronome pessoal **não** obedece à norma culta portuguesa é:

   a) Fizeram tudo para eu ir lá.
   b) Ninguém lhe ouvia as queixas.
   c) O vento traz consigo a tempestade.
   d) Trouxemos um presente para si.
   e) Não vá sem mim.

7. (**TRE-MT**) A substituição do termo destacado por um pronome pessoal está **correta** em todas as alternativas, **exceto** em:

   a) O governo deu ênfase **às questões econômicas**.
   O governo deu ênfase **a elas**.

   b) Os ministros defenderam **o plano de estabilização**.
   Os ministros defenderam-**no**.

   c) A companhia recebeu **os avisos**.
   A companhia recebeu-**os**.

   d) Ele diz **as frases** em tom bem baixo.
   Ele diz-**las** em tom bem baixo.

   e) Ele se recusou a dar **maiores explicações**.
   Ele se recusou a dá-**las**.

8. (**TRE-MT**) A lacuna da frase "A situação _____ aspiro começou a se delinear" é preenchida, de acordo com a norma culta, por:

   a) onde
   b) cujo
   c) a que
   d) que
   e) a qual

9. (**Alerj/Fesp**) "É quase impossível enxergá-lo."
   Na frase acima, foi empregado corretamente o pronome oblíquo "o". A frase que **não** se completa com esse pronome é:

   a) Abracei-_____ com entusiasmo.
   b) Vi-_____ ontem na esquina da rua.
   c) Felicitei-_____ pela aprovação.
   d) A ele, devolvi-_____ o documento.
   e) O livro, entreguei-_____ ao aluno.

10. (**TRT-SP**) Assinale a frase em que o pronome possessivo foi usado **incorretamente**:

    a) Vossa Senhoria trouxe seu discurso e os documentos indeferidos?
    b) Vossa Reverendíssima queira desculpar-me se interrompo vosso trabalho.
    c) Voltando ao Vaticano, Sua Santidade falará a fiéis de várias nacionalidades.
    d) Informamos que Vossa Excelência e seus auxiliares conseguiram muitas adesões.
    e) Sua Excelência, o Sr. Ministro da Justiça, considerou a medida inconstitucional.

11. (**TRT-SP**) As mulheres _____ olhos brilham, não são dignas de confiança.
    O lugar _____ moro é muito arejado.
    É um cidadão _____ honestidade se pode confiar.

    a) cujos os – que – em que
    b) cujos – em que – em cuja
    c) cujos – em que – cuja
    d) cujos os – em que – cuja a
    e) cujos – que – em cuja

12. (TRT-SP) Assinale a alternativa incorreta quanto ao emprego do pronome pessoal **si**:
a) Madalena queria a mãe junto de si.
b) Quando voltou a si, não se lembrava de nada.
c) Meu filho será confiante em si mesmo.
d) Ofereço esse presente para si.
e) Vivem brigando entre si.

13. (TRT-SP) Assinale a alternativa em que o pronome **lhe** tem valor possessivo:
a) Caiu-lhe nas mãos um belo romance de José de Alencar.
b) Dei-lhe indicações completamente seguras.
c) Basta-lhe uma palavra apenas.
d) Seus amigos escreveram-lhe um singelo poema.
e) Informaram-lhe o resultado da prova realizada ontem.

14. (MP-SP) Assinale a alternativa em que a junção das duas orações abaixo está correta quanto ao emprego do pronome relativo e à regência do verbo:
I. "Central do Brasil" é o filme.
II. Eu me referi ao diretor do filme "Central do Brasil".
a) "Central do Brasil" é o filme a cujo diretor eu me referi.
b) "Central do Brasil" é o filme que o diretor eu me referi.
c) "Central do Brasil" é o filme sobre cujo diretor eu me referi.
d) "Central do Brasil" é o filme de cujo diretor eu me referi.
e) "Central do Brasil" é o filme de qual diretor eu me referi.

15. (MPU) "Todos têm direito a receber dos órgãos públicos informações de seu interesse particular, ou de interesse coletivo ou geral, que serão prestadas no prazo da lei, sob pena de responsabilidade, ressalvadas aquelas _____ sigilo seja imprescindível à segurança da sociedade e do Estado."
a) cujo   c) a cujo   e) por cujo
b) de cujo   d) sem cujo

16. (Cesgranrio-RJ)

> Para aliviar **de Cristo** os sentimentos.
> Para aliviar-**lhe** os sentimentos.

O pronome **lhe** substitui a expressão destacada acima e apresenta valor possessivo. Indique a opção cujo pronome **não** apresenta esse valor.
a) Concederam o perdão ao romeiro — Concederam-lhe o perdão.
b) Ajeitaram a roupa da santa — Ajeitaram-lhe a roupa.
c) O vento acariciava o rosto do padre — O vento acariciava-lhe o rosto.
d) Não pude ver o seu rosto — Não lhe pude ver o rosto.
e) Afirmo que não puxaram o braço do religioso — Afirmo que não lhe puxaram o braço.

17. (Vunesp) Considere os enunciados a seguir:
I. O senhor não deixe de comparecer. Precisamos de seu apoio.
II. Você quer que te digamos toda a verdade?
III. Vossa Excelência conseguiu realizar todos os vossos intentos?
IV. Vossa Majestade não deve preocupar-se unicamente com os problemas dos seus auxiliares diretos.

Verifica-se que há falta de uniformidade no emprego das pessoas gramaticais nos enunciados:

a) II e IV c) I e IV e) II e III
b) III e IV d) I e III

18. (Fesp-SP) Identifique a opção em que houve **erro** ao se substituir a expressão destacada pelo pronome oblíquo:

a) antecederam **a Segunda Guerra Mundial** / antecederam-lhe
b) procuraram descrever **a sociedade do futuro** / procuraram descrevê-la
c) iniciando **a série de *science fiction*** / iniciando-a
d) presenciava **todos os atos** / presenciava-os
e) caracterizam **as modificações** / caracterizam-nas

19. (Faap-SP)

"Ouvindo-te dizer: Eu te amo,
creio, no momento, que sou amado.
No momento anterior
e no seguinte
como sabê-lo?"

O pronome **o** está no lugar da oração:

a) ouvindo-te c) eu te amo e) como saber
b) dizer d) que sou amado

20. (UFRJ) No período: "Luísa e Maria estudaram na Europa: esta em Paris, aquela em Roma", entende-se que:

a) Luísa estudou em Roma.
b) Maria estudou em Roma.
c) Luísa estudou em Paris.
d) Luísa e Maria estudaram em Roma.
e) Luísa e Maria estudaram em Paris.

21. (UFPA) Em "... **os** que creem que é possível distinguir de modo absoluto o bem do mal...", a palavra grifada classifica-se, morfologicamente, como:

a) pronome pessoal oblíquo átono de 3.ª pessoa do plural
b) artigo definido plural
c) artigo indefinido plural
d) pronome demonstrativo plural
e) pronome indefinido plural

22. (PUC-MG) O pronome átono tem valor possessivo em:

a) À criança, diga-lhe sempre a verdade.
b) Àquela hora já lhe havia entregue o dinheiro.
c) Deixe-me falar de minhas preocupações.
d) Escutou-lhe a voz e ficou aguardando a chegada do amigo.
e) Mandei-o sair antes que os estranhos chegassem.

23. (Cefet-MG) Em "Pretendo falar _____ para saber informações sobre o _____ próximo livro, pelo que muito _____ agradeço", as lacunas serão corretamente preenchidas pelos pronomes:

a) contigo – seu – te
b) consigo – seu – lhe
c) convosco – vosso – o
d) com V. Ex.ª – vosso – o
e) com V. S.ª – seu – lhe

24. (ITA-SP) Dadas as sentenças:

1. Ela comprou um livro para mim ler.
2. Nada há entre mim e ti.
3. Alvimar, gostaria de falar consigo.

Verificamos que está (estão) correta(s):

a) apenas a sentença n.º 1.

b) apenas a sentença n.º 2.

c) apenas a sentença n.º 3.

d) apenas as sentenças n.ᵒˢ 1 e 2.

e) todas as sentenças.

25. (FMU-SP) Observe os termos sublinhados:

*"Sobre **essa** noite? Sobre **esse** vento?*
*Sobre **essa** folha que se vai?"*

Do ponto de vista morfológico, trata-se de:

a) pronomes substantivos demonstrativos, designando objetos muito próximos do falante.

b) pronomes substantivos demonstrativos, designando objetos possuídos pelo falante.

c) pronomes adjetivos demonstrativos, designando termos já anteriormente mencionados.

d) pronomes adjetivos possessivos, designando objetos possuídos pelo falante.

e) pronomes substantivos indefinidos, designando objetos de posição ignorada.

26. (FMU-Fiam-Faam-SP) Suponha que você deseje dirigir-se a personalidades eminentes, cujos títulos são: papa, juiz, cardeal, reitor, coronel.

Assinale a alternativa que contém a abreviatura certa da "expressão de tratamento" correspondente ao título enumerado:

a) papa = V. S.ª

b) juiz = V. Em.ª

c) cardeal = V. M.

d) reitor = V. Mag.ª

e) coronel = V. A.

27. (PUC-SP) No trecho: "O presidente não recebeu ninguém, não havia nenhuma fotografia sorridente dele, nenhuma frase imortal, nada que fosse supimpa", têm-se:

a) quatro pronomes adjetivos indefinidos.

b) dois pronomes adjetivos indefinidos e dois pronomes substantivos indefinidos.

c) um pronome substantivo indefinido e três pronomes adjetivos indefinidos.

d) quatro pronomes substantivos indefinidos.

e) um pronome adjetivo indefinido e três pronomes substantivos indefinidos.

28. (Fuvest-SP) Destaque a frase em que o pronome relativo está empregado corretamente:

a) É um cidadão em cuja honestidade se pode confiar.

b) Feliz é o pai cujo os filhos são ajuizados.

c) Comprou uma casa maravilhosa, cuja casa lhe custou uma fortuna.

d) Preciso de um pincel delicado, sem o cujo não poderei terminar meu quadro.

e) Os jovens, cujos pais conversam com eles, prometeram mudar de atitude.

29. (Cefet-MG) Indique a alternativa em que o emprego do pronome fere a norma culta:

a) O livro? Deram-mo para que o devolvesse à Biblioteca.

b) Para mim, resolver este exercício é fácil.

c) Não se preocupe, querida, eu vou consigo ao aeroporto.

d) Remetemos o abaixo-assinado a Sua Excelência, o governador.

e) Ela ficou-me observando enquanto eu lia a sua mão.

30. (Faap-SP) Examinando a estrofe de Zé Kety, analise o tipo de pronome predominante:

"Uns com tanto
Outros tantos com algum
Mas a maioria
Sem nenhum."

a) pronome pessoal de tratamento
b) pronome do caso oblíquo
c) pronome indefinido
d) pronome demonstrativo
e) n. d. a.

31. (Fesp-SP) Aponte a opção que completa corretamente as frases abaixo:
1. Este é o garoto _____ pai fui professor.
2. Era uma grande árvore _____ sombra descansávamos.
3. Você é a pessoa _____ recorrerei.

a) de cujo – em cuja – a quem
b) cujo – em cuja – que
c) a cujo – da qual – com quem
d) cujo o – cuja – a quem
e) do qual – sobre a qual – para quem

32. (Mackenzie-SP) Ninguém atinge a perfeição alicerçado na busca de valores materiais, nem mesmo **os que** consideram **tal** atitude um privilégio dado pela existência.
Os pronomes assinalados no período acima classificam-se, respectivamente, como:
a) indefinido, demonstrativo, relativo, demonstrativo.
b) indefinido, pessoal do caso oblíquo, relativo, indefinido.
c) de tratamento, demonstrativo, indefinido, demonstrativo.
d) de tratamento, pessoal do caso oblíquo, indefinido, demonstrativo.
e) demonstrativo, demonstrativo, relativo, demonstrativo.

33. (PUC-SP) Nos versos:
"Amo-te, ó rude e doloroso idioma,
Em que da voz materna ouvi: 'meu filho!'
E **em que** Camões chorou no exílio amargo."

A expressão **em que**, neles destacada, refere-se, respectivamente, a:
a) idioma, voz
b) idioma, idioma
c) rude e doloroso, Camões
d) eu, eu
e) voz, Camões

34. (IIES-SP) Dadas as frases:
I. "… uma palavra que quando moça fazia a vida…"
II. "… um tipo que engolia giletes…"
III. "… uma corja que entrava e não saía palitando os dentes."

Podemos constatar que ocorre pronome relativo em:
a) I e II apenas.
b) I e III apenas.
c) II e III apenas.
d) I, II e III.
e) nenhuma das frases destacadas.

35. (PUC-SP) "Os depoimentos ... teve acesso comprovaram que a República não cumpriu, nesses cem anos, as promessas ... foi portadora."
a) a que – de que
b) aos quais – de cujas
c) pelo quais – às quais
d) os quais – das quais
e) que – que

36. (UFMG) Em todos os versos, o pronome em destaque está corretamente classificado, **exceto** em:
a) "**Isto** aqui não é Vitória / Nem é Glória do Goitá." (indefinido)
b) "O mar de **nossa** conversa / precisa ser combatido." (possessivo)
c) "Seu José, mestre carpina, / que **lhe** pergunte permita." (pessoal)
d) "Primeiro é preciso achar / um trabalho de **que** viva." (relativo)
e) "Mas **este** setor de cá / é como a estação dos trens." (demonstrativo)

37. (UEPG-PR) "**Toda** pessoa deve responder pelos compromissos assumidos." A palavra destacada é:
a) pronome adjetivo indefinido
b) pronome substantivo indefinido
c) pronome adjetivo demonstrativo
d) pronome substantivo demonstrativo
e) nenhuma das alternativas acima é correta

38. (UFSCar-SP) O **que** não é pronome relativo na opção:
a) "Não há mina de água que não o chame pelo nome, com arrulhos de namorada."
b) "Não há porteira de curral que não se ria para ele, com risadinha asmática de velha regateira."
c) "— Me espere em casa, que eu ainda vou dar uma espiada na novilhada parida da vereda."
d) "— Tenho uma corrente de prata lá em casa que anda atrás de uma trenheira destas para pendurar na ponta."
e) "Quem seria aquele sujeito que estava de pé, encostado ao balcão, todo importante no terno de casimira?"

39. (UFPA) Qual das alternativas abaixo está correta?
a) Sabeis Vossas Excelências das vossas responsabilidades?
b) Sabem Vossas Excelências das suas responsabilidades?
c) Sabeis Vossas Excelências das suas responsabilidades?
d) Sabeis Suas Excelências das vossas responsabilidades?
e) Sabem Suas Excelências das vossas responsabilidades?

40. (UEPG-PR) Na oração "**Certos** amigos não chegaram a ser jamais amigos **certos**", os termos destacados são respectivamente:
a) adjetivo e pronome.
b) pronome adjetivo e adjetivo.
c) pronome substantivo e pronome adjetivo.
d) pronome adjetivo e pronome indefinido.
e) adjetivo anteposto e adjetivo posposto.

VERBO

Verbo é a palavra que exprime ação, fenômeno natural, estado ou mudança de estado, situando esses fatos num determinado tempo.

"... e **rola**, e **tomba**, e se **espedaça**, e **morre**." (Olavo Bilac)

"Minhas mãos ainda **estão** molhadas." (Cecília Meireles)

"Para sempre **fiquei** pálido e triste." (Antero de Quental)

As palavras **rola**, **tomba** e **espedaça** exprimem ação; **morre** indica um fenômeno natural; **estão** indica estado; **fiquei** exprime mudança de estado.

Estrutura do verbo

Do ponto de vista estrutural, uma forma verbal pode apresentar os seguintes elementos:

1. **Radical** — é a parte invariável que contém o núcleo semântico e formal do verbo, podendo aparecer acompanhado de um prefixo:

corr-er, **percorr**-er, **discorr**-er, **acorr**-er

2. **Vogal temática** — são as vogais que se agregam ao radical a fim de indicar a conjugação a que o verbo pertence.

São três as conjugações:

Vogal temática	Conjugação	Exemplo
-a	1.ª	pul-**a**-r
-e	2.ª	vend-**e**-r
-i	3.ª	part-**i**-r

OBSERVAÇÃO

O verbo **pôr** e seus derivados (**repor**, **compor**, **sobrepor**, **decompor**, **propor** etc.) pertencem à 2.ª conjugação, já que perderam a vogal temática **-e-** que figurava na forma do português arcaico **poer**. Essa vogal, contudo, aparece em algumas formas da conjugação desses verbos:

pō**e**, repō**e**s, compus**e**mos, sobrepus**e**sse etc.

3. **Tema** — é o radical acrescido da vogal temática, pronto para receber as desinências:

pula-mos, **vende**-rei, **parti**-ria

4. Desinências modo-temporais — são os elementos que indicam o modo e o tempo do verbo:

pula**va**	indica o **pretérito imperfeito do indicativo**
vende**sse**	indica o **pretérito imperfeito do subjuntivo**
parti**rei**	indica o **futuro do presente do indicativo**

5. Desinências número-pessoais — indicam o número (singular ou plural) e as pessoas do discurso:

pul**o**	indica a 1.ª pessoa do singular (**eu**)
vende**s**	indica a 2.ª pessoa do singular (**tu**)
part**imos**	indica a 1.ª pessoa do plural (**nós**)

6. Formas rizotônicas e arrizotônicas

Chamam-se **rizotônicas** as formas verbais que apresentam a vogal tônica no radical:

p**u**l-o, v**e**nd-es, p**a**rt-o

As formas verbais que apresentam a vogal tônica fora do radical são denominadas **arrizotônicas**:

pul-**a**va, vend-**i**a, part-**i**mos

Flexões do verbo

Flexões	Finalidades	Exemplos
Número	O verbo deve variar de acordo com o sujeito a que se refere.	O gato **dorme** sob o sofá. As crianças **dormem** cedo.
Pessoa	Indica as três pessoas do circuito da comunicação (**emissor, receptor** ou **referente**).	**Trabalho** de sol a sol. (eu) Não **voltes** tarde. (tu) Papai **decidiu** viajar. (ele)
Modo	**Indicativo** — exprime um fato certo, concreto, positivo.	Os brasileiros **gostam** de futebol.
	Subjuntivo — exprime um fato hipotético ou optativo.	Talvez eu **viaje** com você. Se ela **voltasse** para mim...
	Imperativo — exprime ordem, pedido, súplica.	**Façam** silêncio! **Ajudem**-me, por favor!
Tempo	**Presente** — indica um fato que se processa no momento atual.	A violência **cresce** em todo o mundo.
	Pretérito perfeito — indica um fato totalmente concluído no passado.	Em 1958, a Seleção Brasileira **conquistou** a Copa.

Flexões	Finalidades	Exemplos
Tempo	**Pretérito mais-que-perfeito** — indica um fato passado, mas concluído antes de outro também já passado.	O povo sabia quem **mandara** armar aquela confusão.
	Pretérito imperfeito — expressa um fato interrompido ou continuado no passado.	Ele foi preso quando **tentava** pular o muro da mansão.
	Futuro do presente — indica um fato vindouro em relação ao presente.	Não se sabe quem **vencerá** as próximas eleições.
	Futuro do pretérito — exprime um fato posterior a um acontecimento já passado.	Se tivéssemos estudado mais, **conseguiríamos** aprovação.

OBSERVAÇÃO

A **voz verbal** (ativa ou passiva), como veremos mais adiante, é indicada por meio de outro processo, e não por desinências

Classificação dos verbos

REGULARES

São verbos que não apresentam alteração no radical e as terminações seguem um padrão chamado **paradigma**.

Servem de paradigma para as três conjugações verbos sabidamente regulares, como **pular**, **vender** e **partir**, por exemplo.

IRREGULARES

São verbos que apresentam alteração no radical ou não aceitam alguma das terminações do seu paradigma correspondente. Assim, observando as formas **meço**, **faço** e **fez**, podemos afirmar que esses verbos são irregulares porque apresentam as seguintes variações: o radical **med-**, do verbo *medir*, altera-se para **meç-**; o radical **faz-**, do verbo *fazer*, altera-se para **faç-**; na forma **fez** altera-se o radical e falta-lhe a terminação regular **-e**.

ANÔMALOS

São verbos que, durante a conjugação, apresentam profundas alterações no radical. É o que ocorre, por exemplo, com os verbos **ir** e **ser**. Observe:

Ir: *vou, fui, ia, fora, irei, fosse* etc.
Ser: *sou, fui, era, fora, serei, fosse* etc.

DEFECTIVOS

São verbos que não apresentam conjugação completa. A inexistência de algumas formas deve-se à *eufonia* (bom som) ou à *homofonia* (som igual). **Computar**, por exemplo, não apresenta a 1.ª, 2.ª e 3.ª pessoas do singular do presente do indicativo devido à *cacofonia* (mau som). O verbo **falir** também não apresenta conjugação completa, já que pode, em algumas formas, ser confundido com o verbo **falar**.

A conjugação dos verbos defectivos veremos mais adiante.

ABUNDANTES

São verbos que apresentam mais de uma forma. O verbo **comprazer**, por exemplo, no pretérito perfeito do indicativo apresenta as formas **comprazi** e **comprouve**.

Geralmente essa abundância ocorre no particípio: **pagado** e **pago**, **aceitado** e **aceito**, **fritado** e **frito** etc.

Observe no quadro seguinte alguns verbos abundantes:

Infinitivo	Particípio regular	Particípio irregular
aceitar	aceitado	aceito
acender	acendido	aceso
benzer	benzido	bento
eleger	elegido	eleito
emergir	emergido	emerso
entregar	entregado	entregue
enxugar	enxugado	enxuto
expressar	expressado	expresso
exprimir	exprimido	expresso
expulsar	expulsado	expulso
extinguir	extinguido	extinto
frigir	frigido	frito
imergir	imergido	imerso
imprimir	imprimido	impresso
incorrer	incorrido	incurso
inserir	inserido	inserto
isentar	isentado	isento
matar	matado	morto
morrer	morrido	morto
omitir	omitido	omisso
prender	prendido	preso
romper	rompido	roto
salvar	salvado	salvo
soltar	soltado	solto
submergir	submergido	submerso
suspender	suspendido	suspenso
vagar	vagado	vago

OBSERVAÇÕES

1.ª) Os *particípios regulares* são, geralmente, empregados na voz ativa, com os verbos auxiliares **ter** e **haver**:

> O veneno **havia matado** as baratas.
>
> O diretor **tinha suspendido** as aulas.

2.ª) Na voz passiva, empregam-se os *particípios irregulares*, com os verbos auxiliares **ser** e **estar**:

> As baratas **haviam sido mortas** pelo veneno.
>
> As aulas **foram suspensas** pelo diretor.

3.ª) A tendência contemporânea privilegia os particípios irregulares **ganho**, **gasto** e **pago** no lugar das formas regulares **ganhado**, **gastado** e **pagado**, respectivamente.

4.ª) Às vezes, muitos *particípios irregulares* são empregados como simples adjetivos:

> A alegria deixou-lhe os olhos **acesos**.
>
> Todos obedeciam à ordem **expressa** do diretor.

5.ª) Alguns verbos (e seus derivados) possuem somente o particípio irregular: **aberto**, **coberto**, **dito**, **escrito**, **posto**, **vindo**, **visto**.

AUXILIARES

São verbos que se combinam com um outro, chamado principal, que pode estar no infinitivo, particípio ou gerúndio. Os mais comumente utilizados na língua portuguesa são: **ser**, **estar**, **ter** e **haver**.

Mais adiante, apresentamos a conjugação completa desses verbos.

PRONOMINAIS

São verbos que aparecem acompanhados de pronomes oblíquos da mesma pessoa do sujeito.

> **"Queixou-se** duma dor de cabeça que a torturava." (Eça de Queirós)

Formas nominais do verbo

Como vimos, o verbo é um processo pelo qual se indica o modo e o tempo da realização de determinados fatos ou situações. No entanto, existem formas que não deixam muito claras essas propriedades do verbo. Observe:

> **Pedir** não é vergonhoso.
>
> **Estudando**, terás melhores oportunidades na vida.
>
> **Terminada** a reunião, todos se retiraram.

As formas **pedir**, **estudando** e **terminada** não expressam, sozinhas, o modo e o tempo. Podem ter, em determinados contextos, o valor e a função de nomes, por isso são denominadas **formas nominais**.

São três as formas nominais: **infinitivo**, **gerúndio** e **particípio**.

1. O **infinitivo** pode ser:

a) **impessoal** — exprime a significação do verbo de maneira imprecisa, indefinida, podendo apresentar o valor de um substantivo. Sua terminação é **-r**.

> **Estudar** é importante. (estudar = estudo)

b) **pessoal** — é conjugado de acordo com as pessoas do discurso.

> É importante (eu) **estudar**.
> É importante (tu) **estudares**.
> É importante (ele/você) **estudar**.
> É importante (nós) **estudarmos**.
> É importante (vós) **estudardes**.
> É importante (eles/vocês) **estudarem**.

OBSERVAÇÃO

A 1.ª e a 3.ª pessoas do singular não são flexionadas.

2. O **gerúndio** apresenta o resultado do processo verbal. Sua terminação é **-ndo** para as três conjugações. Não estando numa locução verbal (*estou estudando*), tem valor de advérbio ou de adjetivo:

> **Estudando**, aprenderás mais. (estudando = com estudo)
> Alunos **falando** atrapalham a aula. (falando = falantes)

3. O **particípio** também apresenta o resultado do processo verbal. Suas terminações são **-do(s)**, **-da(s)**. Quando não forma tempo composto (*tenho estudado*), tem valor de adjetivo, podendo receber flexão de gênero, número e grau.

> Ele é um homem **honrado**.
> São pessoas **honradas**.
> É um cidadão **honradíssimo**.

Formação dos tempos e modos simples

Na língua portuguesa existem três tempos e modos que dão origem a outros: **presente do indicativo**, **pretérito perfeito do indicativo** e **infinitivo impessoal**. São os chamados tempos e modos **primitivos**.

A partir dos três tempos e modos primitivos, derivam todos os demais tempos e modos. Observe, a seguir, o esquema de derivação das três conjugações:

DERIVAÇÃO DO PRESENTE DO INDICATIVO

O **presente do indicativo** dá origem aos seguintes tempos e modos:

a) **Presente do subjuntivo** — deriva da 1.ª pessoa do singular do **presente do indicativo**. Na 1.ª conjugação, troca-se a terminação **-o** por **-e**; na 2.ª e 3.ª conjugações, troca-se a terminação **-o** por **-a**:

1.ª Conjugação	
Presente do indicativo	**Presente do subjuntivo**
eu pulo →	que eu pule
tu pulas	que tu pules
ele pula	que ele pule
nós pulamos	que nós pulemos
vós pulais	que vós puleis
eles pulam	que eles pulem

2.ª Conjugação	
Presente do indicativo	**Presente do subjuntivo**
eu vendo →	que eu venda
tu vendes	que tu vendas
ele vende	que ele venda
nós vendemos	que nós vendamos
vós vendeis	que vós vendais
eles vendem	que eles vendam

3.ª Conjugação	
Presente do indicativo	**Presente do subjuntivo**
eu parto →	que eu parta
tu partes	que tu partas
ele parte	que ele parta
nós partimos	que nós partamos
vós partis	que vós partais
eles partem	que eles partam

b) **Imperativo negativo** — todas as formas coincidem com as do **presente do subjuntivo**:

1.ª Conjugação	
Presente do subjuntivo	**Imperativo negativo**
que eu pule	(não há)
que tu pules →	não pules (tu)
que ele pule →	não pule (você)
que nós pulemos →	não pulemos (nós)
que vós puleis →	não puleis (vós)
que eles pulem →	não pulem (vocês)

2.ª Conjugação	
Presente do subjuntivo	**Imperativo negativo**
que eu venda	(não há)
que tu vendas →	não vendas (tu)
que ele venda →	não venda (você)
que nós vendamos →	não vendamos (nós)
que vós vendais →	não vendais (vós)
que eles vendam →	não vendam (vocês)

3.ª Conjugação	
Presente do subjuntivo	**Imperativo negativo**
que eu parta	(não há)
que tu partas →	não partas (tu)
que ele parta →	não parta (você)
que nós partamos →	não partamos (nós)
que vós partais →	não partais (vós)
que eles partam →	não partam (vocês)

c) **Imperativo afirmativo** — as formas correspondentes a **tu** e **vós** saem do **presente do indicativo** sem o **s** final; as demais formas são as mesmas do **presente do subjuntivo**:

1.ª Conjugação		
Presente do indicativo	**Imperativo afirmativo**	**Presente do subjuntivo**
eu pulo	(não há)	que eu pule
tu pulas →	pula (tu)	que tu pules
ele pula	pule (você)	← que ele pule
nós pulamos	pulemos (nós)	← que nós pulemos
vós pulais →	pulai (vós)	que vós puleis
eles pulam	pulem (vocês)	← que eles pulem

2.ª Conjugação		
Presente do indicativo	**Imperativo afirmativo**	**Presente do subjuntivo**
eu vendo	(não há)	que eu venda
tu vendes →	vende (tu)	que tu vendas
ele vende	venda (você)	← que ele venda
nós vendemos	vendamos (nós)	← que nós vendamos
vós vendeis →	vendei (vós)	que vós vendais
eles vendem	vendam (vocês)	← que eles vendam

3.ª Conjugação		
Presente do indicativo	Imperativo afirmativo	Presente do subjuntivo
eu parto	(não há)	que eu parta
tu partes →	parte (tu)	que tu partas
ele parte	parta (você)	← que ele parta
nós partimos	partamos (nós)	← que nós partamos
vós partis →	parti (vós)	que vós partais
eles partem	partam (vocês)	← que eles partam

OBSERVAÇÃO

O **imperativo** é o modo que exprime convite, pedido, ordem, súplica. Por essa razão, não possui a 1.ª pessoa do singular, uma vez que não é lógico o emissor dirigir-se a si mesmo.

DERIVAÇÃO DO PRETÉRITO PERFEITO DO INDICATIVO

O **pretérito perfeito do indicativo** dá origem a três tempos e modos: **pretérito-mais-que-perfeito do indicativo**, **futuro do subjuntivo** e **pretérito imperfeito do subjuntivo**.

Retira-se a desinência **-ste** da segunda pessoa do singular do **pretérito perfeito do indicativo** e acrescentam-se a esse tema as desinências características de cada um dos tempos derivados. Assim:

a) **pretérito-mais-que-perfeito do indicativo**: tema + **-ra**, **-ras**, **-ra**, **-ramos**, **-reis**, **-ram**;

b) **futuro do subjuntivo**: tema + **-r**, **-res**, **-r**, **-rmos**, **-rdes**, **-rem**;

c) **pretérito imperfeito do subjuntivo**: tema + **-sse**, **-sses**, **-sse**, **-ssemos**, **-sseis**, **-ssem**.

Observe um exemplo da 1.ª conjugação:

Primitivo	Derivados		
Pretérito perfeito do indicativo	Pretérito-mais-que-perfeito do indicativo	Futuro do subjuntivo	Pretérito imperfeito do subjuntivo
eu pulei	eu pulara	quando eu pular	se eu pulasse
tu pulaste (tema: *pula*)	tu pularas	quando tu pulares	se tu pulasses
ele pulou	ele pulara	quando ele pular	se ele pulasse
nós pulamos	nós puláramos	quando nós pularmos	se nós pulássemos
vós pulastes	vós puláreis	quando vós pulardes	se vós pulásseis
eles pularam	eles pularam	quando eles pularem	se eles pulassem

OBSERVAÇÃO

Os verbos da 2.ª e 3.ª conjugações seguem esse esquema de derivação.

DERIVAÇÃO DO INFINITIVO IMPESSOAL

O **infinitivo impessoal** dá origem aos seguintes tempos e modos:

a) **Pretérito imperfeito do indicativo** — acrescentam-se ao tema da 1.ª conjugação as desinências **-va, -vas, -va, -vamos, -veis, -vam**; ao radical da 2.ª e 3.ª conjugações, acrescentam-se as desinências **-ia, -ias, -ia, -íamos, -íeis, -iam**:

1.ª Conjugação	2.ª Conjugação	3.ª Conjugação
Pular tema: pula-	Vender radical: vend-	Partir radical: part-
eu pulava	eu vendia	eu partia
tu pulavas	tu vendias	tu partias
ele pulava	ele vendia	ele partia
nós pulávamos	nós vendíamos	nós partíamos
vós puláveis	vós vendíeis	vós partíeis
eles pulavam	eles vendiam	eles partiam

b) **Futuro do presente** — acrescentam-se as terminações **-ei, -ás, -á, -emos, -eis, -ão** ao infinitivo das três conjugações:

1.ª Conjugação	2.ª Conjugação	3.ª Conjugação
Pular	Vender	Partir
eu pularei	eu venderei	eu partirei
tu pularás	tu venderás	tu partirás
ele pulará	ele venderá	ele partirá
nós pularemos	nós venderemos	nós partiremos
vós pulareis	vós vendereis	vós partireis
eles pularão	eles venderão	eles partirão

Exceções: **dizer**: *direi*; **fazer**: *farei*; **trazer**: *trarei*.

c) **Futuro do pretérito** — acrescentam-se as terminações **-ia, -ias, -ia, -íamos, -íeis, -iam** ao infinitivo das três conjugações:

1.ª Conjugação	2.ª Conjugação	3.ª Conjugação
Pular	Vender	Partir
eu pularia	eu venderia	eu partiria
tu pularias	tu venderias	tu partirias
ele pularia	ele venderia	ele partiria
nós pularíamos	nós venderíamos	nós partiríamos
vós pularíeis	vós venderíeis	vós partiríeis
eles pulariam	eles venderiam	eles partiriam

Exceções: **dizer**: *diria*; **fazer**: *faria*; **trazer**: *traria*.

d) **Infinitivo pessoal** — acrescentam-se as respectivas desinências número-pessoais ao infinitivo das três conjugações:

1.ª Conjugação	2.ª Conjugação	3.ª Conjugação
Pular	Vender	Partir
pular (eu)	vender (eu)	partir (eu)
pulares (tu)	venderes (tu)	partires (tu)
pular (ele)	vender (ele)	partir (ele)
pularmos (nós)	vendermos (nós)	partirmos (nós)
pulardes (vós)	venderdes (vós)	partirdes (vós)
pularem (eles)	venderem (eles)	partirem (eles)

e) **Particípio** — substitui-se o **-r** do infinitivo por **-do**. Por influência da vogal temática da 3.ª conjugação, a vogal temática **-e-** da 2.ª conjugação altera-se para **-i-**:

1.ª Conjugação	2.ª Conjugação	3.ª Conjugação
Pular	Vender	Partir
pulado	vendido	partido

f) **gerúndio** — substitui-se o **-r** do infinitivo das três conjugações pela desinência **-ndo**:

1.ª Conjugação	2.ª Conjugação	3.ª Conjugação
Pular	Vender	Partir
pulando	vendendo	partindo

Formação dos tempos e modos compostos

Os tempos compostos são formados pelos verbos **ter** ou **haver**, chamados **auxiliares**, seguidos de um **particípio**, chamado de **verbo principal**:

Tenho estudado muito ultimamente.

Ele havia dito toda a verdade.

Observe a formação de um tempo composto formado com o verbo **viajar** auxiliado pelo verbo **ter**:

INDICATIVO

a) **Pretérito perfeito** — o verbo auxiliar fica no **presente do indicativo**:

tenho viajado	temos viajado
tens viajado	tendes viajado
tem viajado	têm viajado

b) **Pretérito mais-que-perfeito** — o verbo auxiliar fica no **pretérito imperfeito do indicativo**:

tinha viajado	tínhamos viajado
tinhas viajado	tínheis viajado
tinha viajado	tinham viajado

c) **Futuro do presente** — o verbo auxiliar fica no **futuro do presente**:

terei viajado	teremos viajado
terás viajado	tereis viajado
terá viajado	terão viajado

d) **Futuro do pretérito** — o verbo auxiliar fica no **futuro do pretérito**:

teria viajado	teríamos viajado
terias viajado	teríeis viajado
teria viajado	teriam viajado

SUBJUNTIVO

a) **Pretérito perfeito** — o verbo auxiliar fica no **presente do subjuntivo**:

tenha viajado	tenhamos viajado
tenhas viajado	tenhais viajado
tenha viajado	tenham viajado

b) **Pretérito mais-que-perfeito** — o verbo auxiliar fica no **pretérito imperfeito do subjuntivo**:

tivesse viajado	tivéssemos viajado
tivesses viajado	tivésseis viajado
tivesse viajado	tivessem viajado

c) **Futuro** — o verbo auxiliar fica no **futuro do subjuntivo**:

tiver viajado	tivermos viajado
tiveres viajado	tiverdes viajado
tiver viajado	tiverem viajado

FORMAS NOMINAIS

a) **Infinitivo impessoal** — o verbo auxiliar fica no **infinitivo impessoal**:

ter viajado

b) **Infinitivo pessoal** — o verbo auxiliar fica no **infinitivo pessoal**:

ter viajado	termos viajado
teres viajado	terdes viajado
ter viajado	terem viajado

c) **Gerúndio** — o verbo auxiliar fica no **gerúndio**:

tendo viajado

Locução verbal

Locução verbal é a combinação de um **verbo auxiliar** com o **infinitivo, particípio** ou **gerúndio** de outro verbo, chamado principal:

Vou estudar (auxiliar **ir** + principal no infinitivo)

Sou amado (auxiliar **ser** + principal no particípio)

Estou estudando (auxiliar **estar** + principal no gerúndio)

As locuções verbais mais usadas na língua portuguesa são formadas das seguintes maneiras:

a) pelos verbos **ter** e **haver** unidos a um infinitivo por meio da preposição **de**:

Tenho de trabalhar para educar meus filhos. (indica *obrigação*)

Hei de vencer essa disputa. (indica *desejo, intenção*)

b) pelos verbos **estar**, **andar**, **ir** e **vir** seguidos de um gerúndio, exprimindo ação contínua:

Estou trabalhando arduamente.

Ando procurando emprego.

O público **ia saindo** lentamente.

Vem surgindo imponente o Sol.

c) pelo verbo **ir** seguido de um infinitivo, indicando a intenção de realizar ações num futuro próximo:

Vou exigir meus direitos amanhã mesmo.

Vamos viajar no próximo final de semana.

Conjugação dos verbos auxiliares

Observe a conjugação completa dos verbos **ter**, **haver**, **ser** e **estar**.

Modo Indicativo			
Presente			
tenho	hei	sou	estou
tens	hás	és	estás
tem	há	é	está
temos	havemos	somos	estamos
tendes	haveis	sois	estais
têm	hão	são	estão
Pretérito imperfeito			
tinha	havia	era	estava
tinhas	havias	eras	estavas
tinha	havia	era	estava
tínhamos	havíamos	éramos	estávamos
tínheis	havíeis	éreis	estáveis
tinham	haviam	eram	estavam
Pretérito perfeito			
tive	houve	fui	estive
tiveste	houveste	foste	estiveste
teve	houve	foi	esteve
tivemos	houvemos	fomos	estivemos
tivestes	houvestes	fostes	estivestes
tiveram	houveram	foram	estiveram
Pretérito mais-que-perfeito			
tivera	houvera	fora	estivera
tiveras	houveras	foras	estiveras
tivera	houvera	fora	estivera
tivéramos	houvéramos	fôramos	estivéramos
tivéreis	houvéreis	fôreis	estivéreis
tiveram	houveram	foram	estiveram
Futuro do presente			
terei	haverei	serei	estarei
terás	haverás	serás	estarás
terá	haverá	será	estará
teremos	haveremos	seremos	estaremos
tereis	havereis	sereis	estareis
terão	haverão	serão	estarão
Futuro do pretérito			
teria	haveria	seria	estaria
terias	haverias	serias	estarias
teria	haveria	seria	estaria
teríamos	haveríamos	seríamos	estaríamos
teríeis	haveríeis	seríeis	estaríeis
teriam	haveriam	seriam	estariam

Modo Subjuntivo

Presente

tenha	haja	seja	esteja
tenhas	hajas	sejas	estejas
tenha	haja	seja	esteja
tenhamos	hajamos	sejamos	estejamos
tenhais	hajais	sejais	estejais
tenham	hajam	sejam	estejam

Pretérito imperfeito

tivesse	houvesse	fosse	estivesse
tivesses	houvesses	fosses	estivesses
tivesse	houvesse	fosse	estivesse
tivéssemos	houvéssemos	fôssemos	estivéssemos
tivésseis	houvésseis	fôsseis	estivésseis
tivessem	houvessem	fossem	estivessem

Futuro

tiver	houver	for	estiver
tiveres	houveres	fores	estiveres
tiver	houver	for	estiver
tivermos	houvermos	formos	estivermos
tiverdes	houverdes	fordes	estiverdes
tiverem	houverem	forem	estiverem

Modo Imperativo

Afirmativo

tem (tu)	há (tu)	sê (tu)	está (tu)
tenha (você)	haja (você)	seja (você)	esteja (você)
tenhamos (nós)	hajamos (nós)	sejamos (nós)	estejamos (nós)
tende (vós)	havei (vós)	sede (vós)	estai (vós)
tenham (vocês)	hajam (vocês)	sejam (vocês)	estejam (vocês)

Negativo

não tenhas (tu)	não hajas (tu)	não sejas (tu)	não estejas (tu)
não tenha (você)	não haja (você)	não seja (você)	não esteja (você)
não tenhamos (nós)	não hajamos (nós)	não sejamos (nós)	não estejamos (nós)
não tenhais (vós)	não hajais (vós)	não sejais (vós)	não estejais (vós)
não tenham (vocês)	não hajam (vocês)	não sejam (vocês)	não estejam (vocês)

Formas Nominais

Infinitivo impessoal

ter	haver	ser	estar

Formas Nominais			
Infinitivo pessoal			
ter	haver	ser	estar
teres	haveres	seres	estares
ter	haver	ser	estar
termos	havermos	sermos	estarmos
terdes	haverdes	serdes	estardes
terem	haverem	serem	estarem
Gerúndio			
tendo	havendo	sendo	estando
Particípio			
tido	havido	sido	estado

Conjugação dos verbos defectivos

Como vimos na classificação dos verbos, são defectivos os verbos que apresentam deficiência na conjugação, ora devido à eufonia ou à homofonia com outras formas verbais, ora à impessoalidade.

Os verbos defectivos são subdivididos em **impessoais**, **unipessoais** e **pessoais**.

1. Os verbos **impessoais** só apresentam a 3.ª pessoa do singular, já que não possuem sujeito. São os que indicam fenômenos da natureza: **chover**, **garoar**, **ventar**, **trovejar** etc.; **haver**, indicando existência, ocorrência ou exprimindo tempo decorrido, e os verbos **fazer** e **estar** na indicação de tempo ou clima. Veja os exemplos:

> "Chovia quando foste embora." (Ribeiro Couto)
>
> "Há numa vida humana cem mil vidas." (Olavo Bilac)
>
> Hoje de manhã fez um nevoeiro forte.
>
> Já está muito tarde.

2. Os verbos **unipessoais** que só apresentam a 3.ª pessoa do singular ou do plural, referindo-se a vozes de animais: **mugir**, **miar**, **latir**, **cacarejar** etc.; e os que, na 3.ª pessoa do singular, possuem o sujeito representado por uma oração: **urgir**, **constar**, **convir**, **ocorrer**, **acontecer** etc. Observe:

> "Um cão latiu, outros responderam." (Josué Montelo)
>   sujeito
>
> "Convinha que nos safássemos do local." (Ciro dos Anjos)
>   sujeito oracional

3. Os verbos **pessoais** não apresentam, durante a conjugação, algumas formas. Como vimos, a *eufonia* ou a *homofonia* são as causas principais da inexistência de certas formas.

Apresentamos, a seguir, os dois grupos em que esses verbos podem ser subdivididos:

1.º grupo — apresenta verbos que não possuem a 1.ª pessoa do singular do presente do indicativo e, consequentemente, as formas dela derivadas. Veja:

| Abolir ||
Presente do indicativo	Imperativo afirmativo
eu —	—
tu aboles →	abole (tu)
ele abole	—
nós abolimos	—
vós abolis →	aboli (vós)
eles abolem	—

Como esse modelo, conjugam-se os seguintes verbos:

aturdir (assombrar, atordoar, confundir, intimidar)	extorquir (obter por violência)
banir (expulsar)	fremir (ecoar, estremecer, gemer, vibrar)
brandir (acenar, agitar, vibrar)	fulgir (brilhar, resplandecer)
brunir (aprimorar, lustrar, polir)	haurir (consumir, esgotar)
carpir (capinar, arrancar)	imergir (mergulhar, afundar)
colorir (dar cor)	jungir (unir, atar, ligar)
delinquir (cometer falta, crime, delito)	puir (alisar, desgastar)
demolir (derrubar, destruir)	retorquir (contrapor, retrucar)
emergir (vir à tona)	ruir (desmoronar-se, desabar)
esculpir (modelar, formar)	ungir (purificar, friccionar com óleo)
exaurir (esgotar)	urgir (ser urgente, necessário)

2.º grupo — apresenta verbos que só se conjugam nas formas *arrizotônicas*, ou seja, as que apresentam a vogal tônica fora do radical. Na prática, tais verbos só são conjugados nas formas em que aparece a letra **i** depois do radical. Não possuem, portanto, as 1.ª, 2.ª e 3.ª pessoas do singular e a 3.ª pessoa do plural do *presente do indicativo*; nenhuma forma do *presente do subjuntivo* nem do *imperativo negativo*. No *imperativo afirmativo*, apresenta apenas a 2.ª pessoa do plural, já que essa forma deriva do *presente do indicativo* sem a letra **s**. Exemplo:

| Falir ||
Presente do indicativo	Imperativo afirmativo
—	—
—	—
—	—
nós falimos	—
vós falis →	fali (vós)
—	—

Pelo modelo de **falir** conjugam-se, entre outros, os seguintes verbos da 3.ª conjugação:

aguerrir (tornar valoroso, enérgico, destemido)
combalir (enfraquecer, debilitar)
embair (enganar, iludir, seduzir)
empedernir (endurecer, petrificar)
fornir (tornar nutrido, robusto)
remir (adquirir novamente, livrar, sofrer consequências)
renhir (combater, disputar, lutar)

Nesse grupo também se enquadram os verbos **adequar**, da 1.ª conjugação, e **precaver-se**, da 2.ª:

Adequar	
Presente do indicativo	**Imperativo afirmativo**
—	—
—	—
—	—
nós adequamos	—
vós adequais →	adequai (vós)
—	—

Precaver-se	
Presente do indicativo	**Imperativo afirmativo**
—	—
—	—
—	—
nós nos precavemos	—
vós vos precaveis →	precavei-vos (vós)
—	—

O verbo **reaver**, também pertencente ao 2.º grupo, é conjugado como o verbo **haver** somente nas formas em que este último apresenta a letra **v** no radical. Pela sua importância, apresentamos a sua conjugação completa:

Modo Indicativo	
Presente	**Pretérito mais-que-perfeito**
—	reouvera
—	reouveras
—	reouvera
reavemos	reouvéramos
reaveis	reouvéreis
—	reouveram

Modo Indicativo

Pretérito imperfeito	Futuro do presente
reavia	reaverei
reavias	reaverás
reavia	reaverá
reavíamos	reaveremos
reavíeis	reavereis
reaviam	reaverão
Pretérito perfeito	**Futuro do pretérito**
reouve	reaveria
reouveste	reaverias
reouve	reaveria
reouvemos	reaveríamos
reouvestes	reaveríeis
reouveram	reaveriam

Modo Subjuntivo

Presente	Pretérito imperfeito	Futuro
—	reouvesse	reouver
—	reouvesses	reouveres
—	reouvesse	reouver
—	reouvéssemos	reouvermos
—	reouvésseis	reouverdes
—	reouvessem	reouverem

Modo Imperativo

Afirmativo	Negativo
—	—
—	—
—	—
reavei (vós)	—
—	—

Formas Nominais

Infinitivo pessoal	Infinitivo impessoal
reaver	reaver
reaveres	**Gerúndio**
reaver	reavendo
reavermos	
reaverdes	**Particípio**
reaverem	reavido

OBSERVAÇÃO

As deficiências de um **verbo defectivo** podem ser supridas pelo emprego de formas verbais ou de perífrases sinônimas. Usaremos, por exemplo, **redimir** ou **abrir falência**, para substituir as formas carentes dos verbos **remir** e **falir**; **acautelar-se** ou **prevenir-se**, nas lacunas das pessoas equivalentes a **precaver-se**; e assim por diante.

Conjugações dignas de nota

1.ª CONJUGAÇÃO

Aguar	
Pres. do ind.	águo, águas, água, aguamos, aguais, águam
Pres. do subj.	águe, águes, águe, aguemos, agueis, águem
Imp. afirm.	—, água, águe, aguemos, aguai, águem
Imp. neg.	—, não águes, não águe, não aguemos, não agueis, não águem
Pret. perf. do ind.	aguei, aguaste, aguou, aguamos, aguastes, aguaram
Pret. mais-que-perf.	aguara, aguaras, aguara, aguáramos, aguáreis, aguaram
Futuro do subj.	aguar, aguares, aguar, aguarmos, aguardes, aguarem
Pret. imperf. do subj.	aguasse, aguasses, aguasse, aguássemos, aguásseis, aguassem
Infinitivo impessoal	aguar
Pret. imperf. do ind.	aguava, aguavas, aguava, aguávamos, aguáveis, aguavam
Futuro do presente	aguarei, aguarás, aguará, aguaremos, aguareis, aguarão
Futuro do pretérito	aguaria, aguarias, aguaria, aguaríamos, aguaríeis, aguariam
Infinitivo pessoal	aguar, aguares, aguar, aguarmos, aguardes, aguarem
Particípio	aguado
Gerúndio	aguando

Particularidade: Nas formas rizotônicas, o primeiro **a** é tônico. Seguem esse modelo os verbos **desaguar**, **enxaguar** e **minguar**.

Nomear	
Pres. do ind.	nomeio, nomeias, nomeia, nomeamos, nomeais, nomeiam
Pres. do subj.	nomeie, nomeies, nomeie, nomeemos, nomeeis, nomeiem
Imp. afirm.	—, nomeia, nomeie, nomeemos, nomeai, nomeiem
Imp. neg.	—, não nomeies, não nomeie, não nomeemos, não nomeeis, não nomeiem
Pret. perf. do ind.	nomeei, nomeaste, nomeou, nomeamos, nomeastes, nomearam
Pret. mais-que-perf.	nomeara, nomearas, nomeara, nomeáramos, nomeáreis, nomearam
Futuro do subj.	nomear, nomeares, nomear, nomearmos, nomeardes, nomearem
Pret. imperf. do subj.	nomeasse, nomeasses, nomeasse, nomeássemos, nomeásseis, nomeassem
Infinitivo impessoal	nomear
Pret. imperf. do ind.	nomeava, nomeavas, nomeava, nomeávamos, nomeáveis, nomeavam
Futuro do presente	nomearei, nomearás, nomeará, nomearemos, nomeareis, nomearão
Futuro do pretérito	nomearia, nomearias, nomearia, nomearíamos, nomearíeis, nomeariam
Infinitivo pessoal	nomear, nomeares, nomear, nomearmos, nomeardes, nomearem
Particípio	nomeado
Gerúndio	nomeando

Particularidade: Verbos que se conjugam como **nomear** (**apear**, **atear**, **cear**, **folhear**, **frear**, **passear**, **gear**, **bloquear**, **hastear**, **lisonjear**, **estrear**, **arrear**, **semear**, **vadear** etc.) variam no radical, recebendo, nas formas rizotônicas, **i** depois da vogal **e**.

Variar

Pres. do ind.	vario, varias, varia, variamos, variais, variam
Pres. do subj.	varie, varies, varie, variemos, varieis, variem
Imp. afirm.	—, varia, varie, variemos, variai, variem
Imp. neg.	—, não varies, não varie, não variemos, não varieis, não variem
Pret. perf. do ind.	variei, variaste, variou, variamos, variastes, variaram
Pret. mais-que-perf.	variara, variaras, variara, variáramos, variáreis, variaram
Futuro do subj.	variar, variares, variar, variarmos, variardes, variarem
Pret. imperf. do subj.	variasse, variasses, variasse, variássemos, variásseis, variassem
Infinitivo impessoal	variar
Pret. imperf. do ind.	variava, variavas, variava, variávamos, variáveis, variavam
Futuro do presente	variarei, variarás, variará, variaremos, variareis, variarão
Futuro do pretérito	variaria, variarias, variaria, variaríamos, variaríeis, variariam
Infinitivo pessoal	variar, variares, variar, variarmos, variardes, variarem
Particípio	variado
Gerúndio	variando

Particularidade: Todos os verbos terminados em **-iar** conjugam-se dessa maneira, com exceção de **mediar**, **ansiar**, **remediar**, **incendiar** e **odiar**.

Mediar

Pres. do ind.	medeio, medeias, medeia, mediamos, mediais, medeiam
Pres. do subj.	medeie, medeies, medeie, mediemos, medieis, medeiem
Imp. afirm.	—, medeia, medeie, mediemos, mediai, medeiem
Imp. neg.	—, não medeies, não medeie, não mediemos, não medieis, não medeiem
Pret. perf. do ind.	mediei, mediaste, mediou, mediamos, mediastes, mediaram
Pret. mais-que-perf.	mediara, mediaras, mediara, mediáramos, mediáreis, mediaram
Futuro do subj.	mediar, mediares, mediar, mediarmos, mediardes, mediarem
Pret. imperf. do subj.	mediasse, mediasses, mediasse, mediássemos, mediásseis, mediassem
Infinitivo impessoal	mediar
Pret. imperf. do ind.	mediava, mediavas, mediava, mediávamos, mediáveis, mediavam
Futuro do presente	mediarei, mediarás, mediará, mediaremos, mediareis, mediarão
Futuro do pretérito	mediaria, mediarias, mediaria, mediaríamos, mediaríeis, mediariam
Infinitivo pessoal	mediar, mediares, mediar, mediarmos, mediardes, mediarem
Particípio	mediado
Gerúndio	mediando

Particularidade: Os verbos **mediar**, **ansiar**, **remediar**, **incendiar** e **odiar** recebem a intercalação de um **e** nas formas rizotônicas.

Mobiliar

Pres. do ind.	mobílio, mobílias, mobília, mobiliamos, mobiliais, mobíliam
Pres. do subj.	mobílie, mobílies, mobilie, mobiliemos, mobilieis, mobíliem
Imp. afirm.	—, mobília, mobílie, mobiliemos, mobiliai, mobíliem
Imp. neg.	—, não mobílies, não mobílie, não mobiliemos, não mobilieis, não mobíliem

Mobiliar	
Pret. perf. do ind.	mobiliei, mobiliaste, mobiliou, mobiliamos, mobiliastes, mobiliaram
Pret. mais-que-perf.	mobiliara, mobiliaras, mobiliara, mobiliáramos, mobiliáreis, mobiliaram
Futuro do subj.	mobiliar, mobiliares, mobiliar, mobiliarmos, mobiliardes, mobiliarem
Pret. imperf. do subj.	mobiliasse, mobiliasses, mobiliasse, mobiliássemos, mobiliásseis, mobiliassem
Infinitivo impessoal	mobiliar
Pret. imperf. do ind.	mobiliava, mobiliavas, mobiliava, mobiliávamos, mobiliáveis, mobiliavam
Futuro do presente	mobiliarei, mobiliarás, mobiliará, mobiliaremos, mobiliareis, mobiliarão
Futuro do pretérito	mobiliaria, mobiliarias, mobiliaria, mobiliaríamos, mobiliaríeis, mobiliariam
Infinitivo pessoal	mobiliar, mobiliares, mobiliar, mobiliarmos, mobiliardes, mobiliarem
Particípio	mobiliado
Gerúndio	mobiliando

Particularidade: Esse verbo é regular na escrita e irregular na pronúncia, pois, dos verbos em **-iliar**, é o único em que o primeiro **i** é tônico nas formas rizotônicas. Tal verbo admite também a forma **mobilhar**.

Voar	
Pres. do ind.	voo, voas, voa, voamos, voais, voam
Pres. do subj.	voe, voes, voe, voemos, voeis, voem
Imp. afirm.	—, voa, voe, voemos, voai, voem
Imp. neg.	—, não voes, não voe, não voemos, não voeis, não voem
Pret. perf. do ind.	voei, voaste, voou, voamos, voastes, voaram
Pret. mais-que-perf.	voara, voaras, voara, voáramos, voáreis, voaram
Futuro do subj.	voar, voares, voar, voarmos, voardes, voarem
Pret. imperf. do subj.	voasse, voasses, voasse, voássemos, voásseis, voassem
Infinitivo impessoal	voar
Pret. imperf. do ind.	voava, voavas, voava, voávamos, voáveis, voavam
Futuro do presente	voarei, voarás, voará, voaremos, voareis, voarão
Futuro do pretérito	voaria, voarias, voaria, voaríamos, voaríeis, voariam
Infinitivo pessoal	voar, voares, voar, voarmos, voardes, voarem
Particípio	voado
Gerúndio	voando

Particularidade: Conjugam-se como **voar** todos os verbos terminados em **-oar**: **magoar**, **soar**, **doar**, **abotoar**, **abençoar**, **perdoar**, etc.

Averiguar	
Pres. do ind.	averiguo, averiguas, averigua, averiguamos, averiguais, averiguam
Pres. do subj.	averigue (ú), averigues (ú), averigue (ú), averiguemos, averigueis, averiguem (ú)
Imp. afirm.	—, averigua, averigue (ú), averiguemos, averiguai, averiguem (ú)
Imp. neg.	—, não averigues (ú), não averigue (ú), não averiguemos, não averigueis, não averiguem (ú)
Pret. perf. do ind.	averiguei, averiguaste, averiguou, averiguamos, averiguastes, averiguaram

Averiguar

Pret. mais-que-perf.	averiguara, averiguaras, averiguara, averiguáramos, averiguáreis, averiguaram
Futuro do subj.	averiguar, averiguares, averiguar, averiguarmos, averiguardes, averiguarem
Pret. imperf. do subj.	averiguasse, averiguasses, averiguasse, averiguássemos, averiguásseis, averiguassem
Infinitivo impessoal	averiguar
Pret. imperf. do ind.	averiguava, averiguavas, averiguava, averiguávamos, averiguáveis, averiguavam
Futuro do presente	averiguarei, averiguarás, averiguará, averiguaremos, averiguareis, averiguarão
Futuro do pretérito	averiguaria, averiguarias, averiguaria, averiguaríamos, averiguaríeis, averiguariam
Infinitivo pessoal	averiguar, averiguares, averiguar, averiguarmos, averiguardes, averiguarem
Particípio	averiguado
Gerúndio	averiguando

Particularidade: Nos dois presentes e nos dois imperativos o **u** tônico aparece assinalado. Assim se conjugam **apaniguar** (proteger) e **apaziguar**.

Dar

Pres. do ind.	dou, dás, dá, damos, dais, dão
Pres. do subj.	dê, dês, dê, demos, deis, deem
Imp. afirm.	—, dá, dê, demos, dai, deem
Imp. neg.	—, não dês, não dê, não demos, não deis, não deem
Pret. perf. do ind.	dei, deste, deu, demos, destes, deram
Pret. mais-que-perf.	dera, deras, dera, déramos, déreis, deram
Futuro do subj.	der, deres, der, dermos, derdes, derem
Pret. imperf. do subj.	desse, desses, desse, déssemos, désseis, dessem
Infinitivo impessoal	dar
Pret. imperf. do ind.	dava, davas, dava, dávamos, dáveis, davam
Futuro do presente	darei, darás, dará, daremos, dareis, darão
Futuro do pretérito	daria, darias, daria, daríamos, daríeis, dariam
Infinitivo pessoal	dar, dares, dar, darmos, dardes, darem
Particípio	dado
Gerúndio	dando

Particularidade: Assim se conjugam **desdar** (desatar nó; retomar o que se havia dado) e **redar** (dar novamente).

Saudar	
Pres. do ind.	saúdo, saúdas, saúda, saudamos, saudais, saúdam
Pres. do subj.	saúde, saúdes, saúde, saudemos, saudeis, saúdem
Imp. afirm.	—, saúda, saúde, saudemos, saudai, saúdem
Imp. neg.	—, não saúdes, não saúde, não saudemos, não saudeis, não saúdem
Pret. perf. do ind.	saudei, saudaste, saudou, saudamos, saudastes, saudaram
Pret. mais-que-perf.	saudara, saudaras, saudara, saudáramos, saudáreis, saudaram
Futuro do subj.	saudar, saudares, saudar, saudarmos, saudardes, saudarem
Pret. imperf. do subj.	saudasse, saudasses, saudasse, saudássemos, saudásseis, saudassem
Infinitivo impessoal	saudar
Pret. imperf. do ind.	saudava, saudavas, saudava, saudávamos, saudáveis, saudavam
Futuro do presente	saudarei, saudarás, saudará, saudaremos, saudareis, saudarão
Futuro do pretérito	saudaria, saudarias, saudaria, saudaríamos, saudaríeis, saudariam
Infinitivo pessoal	saudar, saudares, saudar, saudarmos, saudardes, saudarem
Particípio	saudado
Gerúndio	saudando

Particularidade: Nas formas rizotônicas o **u** tônico recebe acento agudo. O verbo **abaular** (tornar curvo, arquear) segue esse modelo.

2.ª CONJUGAÇÃO

Dizer	
Pres. do ind.	digo, dizes, diz, dizemos, dizeis, dizem
Pres. do subj.	diga, digas, diga, digamos, digais, digam
Imp. afirm.	—, diz(e), diga, digamos, dizei, digam
Imp. neg.	—, não digas, não diga, não digamos, não digais, não digam
Pret. perf. do ind.	disse, disseste, disse, dissemos, dissestes, disseram
Pret. mais-que-perf.	dissera, disseras, dissera, disséramos, disséreis, disseram
Futuro do subj.	disser, disseres, disser, dissermos, disserdes, disserem
Pret. imperf. do subj.	dissesse, dissesses, dissesse, disséssemos, dissésseis, dissessem
Infinitivo impessoal	dizer
Pret. imperf. do ind.	dizia, dizias, dizia, dizíamos, dizíeis, diziam
Futuro do presente	direi, dirás, dirá, diremos, direis, dirão
Futuro do pretérito	diria, dirias, diria, diríamos, diríeis, diriam
Infinitivo pessoal	dizer, dizeres, dizer, dizermos, dizerdes, dizerem
Particípio	dito
Gerúndio	dizendo

Particularidade: A 2.ª pessoa do singular do imperativo afirmativo admite duas formas: **dize** e **diz**. Assim também se conjugam os seus derivados **bendizer**, **condizer**, **contradizer**, **desdizer**, **entredizer**, **interdizer**, **maldizer**, **predizer** e **redizer**.

Jazer	
Pres. do ind.	jazo, jazes, jaz, jazemos, jazeis, jazem
Pres. do subj.	jaza, jazas, jaza, jazamos, jazais, jazam
Imp. afirm.	—, jaz(e), jaza, jazamos, jazei, jazam
Imp. neg.	—, não jazas, não jaza, não jazamos, não jazais, não jazam
Pret. perf. do ind.	jazi, jazeste, jazeu, jazemos, jazestes, jazeram
Pret. mais-que-perf.	jazera, jazeras, jazera, jazêramos, jazêreis, jazeram
Futuro do subj.	jazer, jazeres, jazer, jazermos, jazerdes, jazerem
Pret. imperf. do subj.	jazesse, jazesses, jazesse, jazêssemos, jazêsseis, jazessem
Infinitivo impessoal	jazer
Pret. imperf. do ind.	jazia, jazias, jazia, jazíamos, jazíeis, jaziam
Futuro do presente	jazerei, jazerás, jazerá, jazeremos, jazereis, jazerão
Futuro do pretérito	jazeria, jazerias, jazeria, jazeríamos, jazeríeis, jazeriam
Infinitivo pessoal	jazer, jazeres, jazer, jazermos, jazerdes, jazerem
Particípio	jazido
Gerúndio	jazendo

Particularidades: Esse verbo é irregular só na 3.ª pessoa do singular do presente do indicativo, já que não apresenta a desinência **-e**. A 2.ª pessoa do singular do imperativo afirmativo apresenta duas formas: **jaze** e **jaz**. Segue esse modelo o verbo **comprazer-se**.

Trazer	
Pres. do ind.	trago, trazes, traz, trazemos, trazeis, trazem
Pres. do subj.	traga, tragas, traga, tragamos, tragais, tragam
Imp. afirm.	—, traz(e), traga, tragamos, trazei, tragam
Imp. neg.	—, não tragas, não traga, não tragamos, não tragais, não tragam
Pret. perf. do ind.	trouxe, trouxeste, trouxe, trouxemos, trouxestes, trouxeram
Pret. mais-que-perf.	trouxera, trouxeras, trouxera, trouxéramos, trouxéreis, trouxeram
Futuro do subj.	trouxer, trouxeres, trouxer, trouxermos, trouxerdes, trouxerem
Pret. imperf. do subj.	trouxesse, trouxesses, trouxesse, trouxéssemos, trouxésseis, trouxessem
Infinitivo impessoal	trazer
Pret. imperf. do ind.	trazia, trazias, trazia, trazíamos, trazíeis, traziam
Futuro do presente	trarei, trarás, trará, traremos, trareis, trarão
Futuro do pretérito	traria, trarias, traria, traríamos, traríeis, trariam
Infinitivo pessoal	trazer, trazeres, trazer, trazermos, trazerdes, trazerem
Particípio	trazido
Gerúndio	trazendo

Particularidade: A 2.ª pessoa do singular do imperativo afirmativo apresenta duas formas: **traze** e **traz**.

Caber	
Pres. do ind.	caibo, cabes, cabe, cabemos, cabeis, cabem
Pres. do subj.	caiba, caibas, caiba, caibamos, caibais, caibam
Imp. afirm.	não há
Imp. neg.	não há
Pret. perf. do ind.	coube, coubeste, coube, coubemos, coubestes, couberam
Pret. mais-que-perf.	coubera, couberas, coubera, coubéramos, coubéreis, couberam
Futuro do subj.	couber, couberes, couber, coubermos, couberdes, couberem
Pret. imperf. do subj.	coubesse, coubesses, coubesse, coubéssemos, coubésseis, coubessem
Infinitivo impessoal	caber
Pret. imperf. do ind.	cabia, cabias, cabia, cabíamos, cabíeis, cabiam
Futuro do presente	caberei, caberás, caberá, caberemos, cabereis, caberão
Futuro do pretérito	caberia, caberias, caberia, caberíamos, caberíeis, caberiam
Infinitivo pessoal	caber, caberes, caber, cabermos, caberdes, caberem
Particípio	cabido
Gerúndio	cabendo

Particularidade: Por sua significação, não apresenta formas no imperativo.

Crer	
Pres. do ind.	creio, crês, crê, cremos, credes, creem
Pres. do subj.	creia, creias, creia, creiamos, creiais, creiam
Imp. afirm.	—, crê, creia, creiamos, crede, creiam
Imp. neg.	—, não creias, não creia, não creiamos, não creiais, não creiam
Pret. perf. do ind.	cri, creste, creu, cremos, crestes, creram
Pret. mais-que-perf.	crera, creras, crera, crêramos, crêreis, creram
Futuro do subj.	crer, creres, crer, crermos, crerdes, crerem
Pret. imperf. do subj.	cresse, cresses, cresse, crêssemos, crêsseis, cressem
Infinitivo impessoal	crer
Pret. imperf. do ind.	cria, crias, cria, críamos, críeis, criam
Futuro do presente	crerei, crerás, crerá, creremos, crereis, crerão
Futuro do pretérito	creria, crerias, creria, creríamos, creríeis, creriam
Infinitivo pessoal	crer, creres, crer, crermos, crerdes, crerem
Particípio	crido
Gerúndio	crendo

Particularidade: Na 1.ª pessoa do singular do presente do indicativo e nas formas dela derivadas introduz-se a vogal **i** depois da letra **e** do radical. Seguem esse modelo **descrer** e **ler**.

Moer	
Pres. do ind.	moo, móis, mói, moemos, moeis, moem
Pres. do subj.	moa, moas, moa, moamos, moais, moam
Imp. afirm.	—, mói, moa, moamos, moei, moam

Moer	
Imp. neg.	—, não moas, não moa, não moamos, não moais, não moam
Pret. perf. do ind.	moí, moeste, moeu, moemos, moestes, moeram
Pret. mais-que-perf.	moera, moeras, moera, moêramos, moêreis, moeram
Futuro do subj.	moer, moeres, moer, moermos, moerdes, moerem
Pret. imperf. do subj.	moesse, moesses, moesse, moêssemos, moêsseis, moessem
Infinitivo impessoal	moer
Pret. imperf. do ind.	moía, moías, moía, moíamos, moíeis, moíam
Futuro do presente	moerei, moerás, moerá, moeremos, moereis, moerão
Futuro do pretérito	moeria, moerias, moeria, moeríamos, moeríeis, moeriam
Infinitivo pessoal	moer, moeres, moer, moermos, moerdes, moerem
Particípio	moído
Gerúndio	moendo

Particularidade: Observar a acentuação gráfica. Assim se conjugam **esmoer** (mastigar), **corroer**, **remoer** e **roer**.

Perder	
Pres. do ind.	perco, perdes, perde, perdemos, perdeis, perdem
Pres. do subj.	perca, percas, perca, percamos, percais, percam
Imp. afirm.	—, perde, perca, percamos, perdei, percam
Imp. neg.	—, não percas, não perca, não percamos, não percais, não percam
Pret. perf. do ind.	perdi, perdeste, perdeu, perdemos, perdestes, perderam
Pret. mais-que-perf.	perdera, perderas, perdera, perdêramos, perdêreis, perderam
Futuro do subj.	perder, perderes, perder, perdermos, perderdes, perderem
Pret. imperf. do subj.	perdesse, perdesses, perdesse, perdêssemos, perdêsseis, perdessem
Infinitivo impessoal	perder
Pret. imperf. do ind.	perdia, perdias, perdia, perdíamos, perdíeis, perdiam
Futuro do presente	perderei, perderás, perderá, perderemos, perdereis, perderão
Futuro do pretérito	perderia, perderias, perderia, perderíamos, perderíeis, perderiam
Infinitivo pessoal	perder, perderes, perder, perdermos, perderdes, perderem
Particípio	perdido
Gerúndio	perdendo

Particularidade: O radical **perd-** muda para **perc-** na primeira pessoa do singular do presente do indicativo e nas formas dela derivadas.

Poder	
Pres. do ind.	posso, podes, pode, podemos, podeis, podem
Pres. do subj.	possa, possas, possa, possamos, possais, possam
Imp. afirm.	—
Imp. neg.	—
Pret. perf. do ind.	pude, pudeste, pôde, pudemos, pudestes, puderam
Pret. mais-que-perf.	pudera, puderas, pudera, pudéramos, pudéreis, puderam

Poder

Futuro do subj.	puder, puderes, puder, pudermos, puderdes, puderem
Pret. imperf. do subj.	pudesse, pudesses, pudesse, pudéssemos, pudésseis, pudessem
Infinitivo impessoal	poder
Pret. imperf. do ind.	podia, podias, podia, podíamos, podíeis, podiam
Futuro do presente	poderei, poderás, poderá, poderemos, podereis, poderão
Futuro do pretérito	poderia, poderias, poderia, poderíamos, poderíeis, poderiam
Infinitivo pessoal	poder, poderes, poder, podermos, poderdes, poderem
Particípio	podido
Gerúndio	podendo

Particularidade: Devido ao seu significado, não possui os dois imperativos.

Querer

Pres. do ind.	quero, queres, quer, queremos, quereis, querem
Pres. do subj.	queira, queiras, queira, queiramos, queirais, queiram
Imp. afirm.	—, quer(e), queira, queiramos, querei, queiram
Imp. neg.	—, não queiras, não queira, não queiramos, não queirais, não queiram
Pret. perf. do ind.	quis, quiseste, quis, quisemos, quisestes, quiseram
Pret. mais-que-perf.	quisera, quiseras, quisera, quiséramos, quiséreis, quiseram
Futuro do subj.	quiser, quiseres, quiser, quisermos, quiserdes, quiserem
Pret. imperf. do subj.	quisesse, quisesses, quisesse, quiséssemos, quisésseis, quisessem
Infinitivo impessoal	querer
Pret. imperf. do ind.	queria, querias, queria, queríamos, queríeis, queriam
Futuro do presente	quererei, quererás, quererá, quereremos, querereis, quererão
Futuro do pretérito	quereria, quererias, quereria, quereríamos, quereríeis, quereriam
Infinitivo pessoal	querer, quereres, querer, querermos, quererdes, quererem
Particípio	querido
Gerúndio	querendo

Particularidade: O emprego desse verbo no imperativo é motivo de divergência entre vários autores. Uns condenam o seu emprego devido ao seu significado, outros abonam o seu uso, excluindo as segundas pessoas **tu** e **vós**. Observe, porém, este exemplo de Padre Antônio Vieira: "**Querei** só o que podeis, e sereis onipotente". (*Sermões*, VII, p. 310) Conjugam-se como **querer** os derivados **bem-querer**, **desquerer** e **malquerer**.

Requerer

Pres. do ind.	requeiro, requeres, requer, requeremos, requereis, requerem
Pres. do subj.	requeira, requeiras, requeira, requeiramos, requeirais, requeiram
Imp. afirm.	—, requer(e), requeira, requeiramos, requerei, requeiram
Imp. neg.	—, não requeiras, não requeira, não requeiramos, não requeirais, não requeiram
Pret. perf. do ind.	requeri, requereste, requereu, requeremos, requerestes, requereram

Requerer

Pret. mais-que-perf.	requerera, requereras, requerera, requerêramos, requerêreis, requereram
Futuro do subj.	requerer, requereres, requerer, requerermos, requererdes, requererem
Pret. imperf. do subj.	requeresse, requeresses, requeresse, requerêssemos, requerêsseis, requeressem
Infinitivo impessoal	requerer
Pret. imperf. do ind.	requeria, requerias, requeria, requeríamos, requeríeis, requeriam
Futuro do presente	requererei, requererás, requererá, requereremos, requerereis, requererão
Futuro do pretérito	requereria, requererias, requereria, requereríamos, requereríeis, requereriam
Infinitivo pessoal	requerer, requereres, requerer, requerermos, requererdes, requererem
Particípio	requerido
Gerúndio	requerendo

Particularidade: Não se conjuga como o verbo **querer**. A 2.ª pessoa do singular do imperativo afirmativo apresenta duas formas: **requere** e **requer**.

Saber

Pres. do ind.	sei, sabes, sabe, sabemos, sabeis, sabem
Pres. do subj.	saiba, saibas, saiba, saibamos, saibais, saibam
Imp. afirm.	—, sabe, saiba, saibamos, sabei, saibam
Imp. neg.	—, não saibas, não saiba, não saibamos, não saibais, não saibam
Pret. perf. do ind.	soube, soubeste, soube, soubemos, soubestes, souberam
Pret. mais-que-perf.	soubera, souberas, soubera, soubéramos, soubéreis, souberam
Futuro do subj.	souber, souberes, souber, soubermos, souberdes, souberem
Pret. imperf. do subj.	soubesse, soubesses, soubesse, soubéssemos, soubésseis, soubessem
Infinitivo impessoal	saber
Pret. imperf. do ind.	sabia, sabias, sabia, sabíamos, sabíeis, sabiam
Futuro do presente	saberei, saberás, saberá, saberemos, sabereis, saberão
Futuro do pretérito	saberia, saberias, saberia, saberíamos, saberíeis, saberiam
Infinitivo pessoal	saber, saberes, saber, sabermos, saberdes, saberem
Particípio	sabido
Gerúndio	sabendo

Particularidade: Esse verbo é regular nas formas derivadas do infinitivo impessoal.

Valer

Pres. do ind.	valho, vales, vale, valemos, valeis, valem
Pres. do subj.	valha, valhas, valha, valhamos, valhais, valham
Imp. afirm.	—, vale, valha, valhamos, valei, valham
Imp. neg.	—, não valhas, não valha, não valhamos, não valhais, não valham
Pret. perf. do ind.	vali, valeste, valeu, valemos, valestes, valeram
Pret. mais-que-perf.	valera, valeras, valera, valêramos, valêreis, valeram
Futuro do subj.	valer, valeres, valer, valermos, valerdes, valerem
Pret. imperf. do subj.	valesse, valesses, valesse, valêssemos, valêsseis, valessem

Valer

Infinitivo impessoal	valer
Pret. imperf. do ind.	valia, valias, valia, valíamos, valíeis, valiam
Futuro do presente	valerei, valerás, valerá, valeremos, valereis, valerão
Futuro do pretérito	valeria, valerias, valeria, valeríamos, valeríeis, valeriam
Infinitivo pessoal	valer, valeres, valer, valermos, valerdes, valerem
Particípio	valido
Gerúndio	valendo

Particularidade: A irregularidade ocorre na 1.ª pessoa do singular do presente do indicativo e nas formas dela derivadas. Seguem esse modelo os verbos **desvaler** e **equivaler**.

Prover

Pres. do ind.	provejo, provês, provê, provemos, provedes, proveem
Pres. do subj.	proveja, provejas, proveja, provejamos, provejais, provejam
Imp. afirm.	—, provê, proveja, provejamos, provede, provejam
Imp. neg.	—, não provejas, não proveja, não provejamos, não provejais, não provejam
Pret. perf. do ind.	provi, proveste, proveu, provemos, provestes, proveram
Pret. mais-que-perf.	provera, proveras, provera, provêramos, provêreis, proveram
Futuro do subj.	prover, proveres, prover, provermos, proverdes, proverem
Pret. imperf. do subj.	provesse, provesses, provesse, provêssemos, provêsseis, provessem
Infinitivo impessoal	prover
Pret. imperf. do ind.	provia, provias, provia, províamos, províeis, proviam
Futuro do presente	proverei, proverás, proverá, proveremos, provereis, proverão
Futuro do pretérito	proveria, proverias, proveria, proveríamos, proveríeis, proveriam
Infinitivo pessoal	prover, proveres, prover, provermos, proverdes, proverem
Particípio	provido
Gerúndio	provendo

Particularidade: Esse verbo é derivado do verbo **ver**, exceto no pretérito perfeito do indicativo e seus derivados e particípio.

Pôr

Pres. do ind.	ponho, pões, põe, pomos, pondes, põem
Pres. do subj.	ponha, ponhas, ponha, ponhamos, ponhais, ponham
Imp. afirm.	—, põe, ponha, ponhamos, ponde, ponham
Imp. neg.	—, não ponhas, não ponha, não ponhamos, não ponhais, não ponham
Pret. perf. do ind.	pus, puseste, pôs, pusemos, pusestes, puseram
Pret. mais-que-perf.	pusera, puseras, pusera, puséramos, puséreis, puseram
Futuro do subj.	puser, puseres, puser, pusermos, puserdes, puserem
Pret. imperf. do subj.	pusesse, pusesses, pusesse, puséssemos, pusésseis, pusessem
Infinitivo impessoal	pôr
Pret. imperf. do ind.	punha, punhas, punha, púnhamos, púnheis, punham

Pôr	
Futuro do presente	porei, porás, porá, poremos, poreis, porão
Futuro do pretérito	poria, porias, poria, poríamos, poríeis, poriam
Infinitivo pessoal	pôr, pores, pôr, pormos, pordes, porem
Particípio	posto
Gerúndio	pondo

Particularidade: Esse verbo perdeu a vogal temática **e** que figurava na forma arcaica **poer**. Pertence, portanto, à 2.ª conjugação. Assim se conjugam todos os seus derivados: **antepor**, **apor**, **compor**, **contrapor**, **decompor**, **depor**, **descompor**, **dispor**, **entrepor**, **expor**, **impor**, **indispor**, **interpor**, **justapor**, **opor**, **pospor**, **predispor**, **prepor**, **pressupor**, **propor**, **recompor**, **repor**, **sobrepor** etc.

3.ª CONJUGAÇÃO

Cair	
Pres. do ind.	caio, cais, cai, caímos, caís, caem
Pres. do subj.	caia, caias, caia, caiamos, caiais, caiam
Imp. afirm.	—, cai, caia, caiamos, caí, caiam
Imp. neg.	—, não caias, não caia, não caiamos, não caiais, não caiam
Pret. perf. do ind.	caí, caíste, caiu, caímos, caístes, caíram
Pret. mais-que-perf.	caíra, caíras, caíra, caíramos, caíreis, caíram
Futuro do subj.	cair, caíres, cair, cairmos, cairdes, caírem
Pret. imperf. do subj.	caísse, caísses, caísse, caíssemos, caísseis, caíssem
Infinitivo impessoal	cair
Pret. imperf. do ind.	caía, caías, caía, caíamos, caíeis, caíam
Futuro do presente	cairei, cairás, cairá, cairemos, caireis, cairão
Futuro do pretérito	cairia, cairias, cairia, cairíamos, cairíeis, cairiam
Infinitivo pessoal	cair, caíres, cair, cairmos, cairdes, caírem
Particípio	caído
Gerúndio	caindo

Particularidade: Conjugam-se como **cair** todos os verbos terminados em **-air**: **abstrair**, **decair**, **distrair**, **sair**, **sobressair** etc.

Cobrir	
Pres. do ind.	cubro, cobres, cobre, cobrimos, cobris, cobrem
Pres. do subj.	cubra, cubras, cubra, cubramos, cubrais, cubram
Imp. afirm.	—, cobre, cubra, cubramos, cobri, cubram
Imp. neg.	—, não cubras, não cubra, não cubramos, não cubrais, não cubram
Pret. perf. do ind.	cobri, cobriste, cobriu, cobrimos, cobristes, cobriram
Pret. mais-que-perf.	cobrira, cobriras, cobrira, cobríramos, cobríreis, cobriram
Futuro do subj.	cobrir, cobrires, cobrir, cobrirmos, cobrirdes, cobrirem

Cobrir

Pret. imperf. do subj.	cobrisse, cobrisses, cobrisse, cobríssemos, cobrísseis, cobrissem
Infinitivo impessoal	cobrir
Pret. imperf. do ind.	cobria, cobrias, cobria, cobríamos, cobríeis, cobriam
Futuro do presente	cobrirei, cobrirás, cobrirá, cobriremos, cobrireis, cobrirão
Futuro do pretérito	cobriria, cobririas, cobriria, cobriríamos, cobriríeis, cobririam
Infinitivo pessoal	cobrir, cobrires, cobrir, cobrirmos, cobrirdes, cobrirem
Particípio	coberto
Gerúndio	cobrindo

Particularidade: Esse verbo troca a letra **o** por **u** na 1.ª pessoa do singular do presente do indicativo e nas formas dela derivadas. Seguem esse modelo: **descobrir, encobrir, recobrir, dormir, engolir** e **tossir**. **Abrir** e derivados, no particípio, seguem o verbo **cobrir**: **aberto, entreaberto, reaberto.**

Mentir

Pres. do ind.	minto, mentes, mente, mentimos, mentis, mentem
Pres. do subj.	minta, mintas, minta, mintamos, mintais, mintam
Imp. afirm.	—, mente, minta, mintamos, menti, mintam
Imp. neg.	—, não mintas, não minta, não mintamos, não mintais, não mintam
Pret. perf. do ind.	menti, mentiste, mentiu, mentimos, mentistes, mentiram
Pret. mais-que-perf.	mentira, mentiras, mentira, mentíramos, mentíreis, mentiram
Futuro do subj.	mentir, mentires, mentir, mentirmos, mentirdes, mentirem
Pret. imperf. do subj.	mentisse, mentisses, mentisse, mentíssemos, mentísseis, mentissem
Infinitivo impessoal	mentir
Pret. imperf. do ind.	mentia, mentias, mentia, mentíamos, mentíeis, mentiam
Futuro do presente	mentirei, mentirás, mentirá, mentiremos, mentireis, mentirão
Futuro do pretérito	mentiria, mentirias, mentiria, mentiríamos, mentiríeis, mentiriam
Infinitivo pessoal	mentir, mentires, mentir, mentirmos, mentirdes, mentirem
Particípio	mentido
Gerúndio	mentindo

Particularidade: Esse verbo troca o **e** pelo **i** na 1.ª pessoa do singular do presente do indicativo e nas formas dela derivadas. Seguem esse modelo: **consentir, desmentir, pressentir, ressentir** e **sentir**.

Polir

Pres. do ind.	pulo, pules, pule, polimos, polis, pulem
Pres. do subj.	pula, pulas, pula, pulamos, pulais, pulam
Imp. afirm.	—, pule, pula, pulamos, poli, pulam
Imp. neg.	—, não pulas, não pula, não pulamos, não pulais, não pulam
Pret. perf. do ind.	poli, poliste, poliu, polimos, polistes, poliram
Pret. mais-que-perf.	polira, poliras, polira, políramos, políreis, poliram
Futuro do subj.	polir, polires, polir, polirmos, polirdes, polirem

Polir

Pret. imperf. do subj.	polisse, polisses, polisse, políssemos, polísseis, polissem
Infinitivo impessoal	polir
Pret. imperf. do ind.	polia, polias, polia, políamos, políeis, poliam
Futuro do presente	polirei, polirás, polirá, poliremos, polireis, polirão
Futuro do pretérito	poliria, polirias, poliria, poliríamos, poliríeis, poliriam
Infinitivo pessoal	polir, polires, polir, polirmos, polirdes, polirem
Particípio	polido
Gerúndio	polindo

Particularidade: Esse verbo é irregular apenas nos dois presentes e nos dois imperativos, em cujas formas rizotônicas a letra **o** do radical muda em **u**. Segue esse modelo o verbo **sortir**.

Rir

Pres. do ind.	rio, ris, ri, rimos, rides, riem
Pres. do subj.	ria, rias, ria, riamos, riais, riam
Imp. afirm.	—, ri, ria, riamos, ride, riam
Imp. neg.	—, não rias, não ria, não riamos, não riais, não riam
Pret. perf. do ind.	ri, riste, riu, rimos, ristes, riram
Pret. mais-que-perf.	rira, riras, rira, ríramos, ríreis, riram
Futuro do subj.	rir, rires, rir, rirmos, rirdes, rirem
Pret. imperf. do subj.	risse, risses, risse, ríssemos, rísseis, rissem
Infinitivo impessoal	rir
Pret. imperf. do ind.	ria, rias, ria, ríamos, ríeis, riam
Futuro do presente	rirei, rirás, rirá, riremos, rireis, rirão
Futuro do pretérito	riria, ririas, riria, riríamos, riríeis, ririam
Infinitivo pessoal	rir, rires, rir, rirmos, rirdes, rirem
Particípio	rido
Gerúndio	rindo

Particularidade: O verbo **sorrir** segue esse modelo, porém a 2.ª pessoa do plural do presente do indicativo é **sorris**, e não **sorrides**.

Ir

Pres. do ind.	vou, vais, vai, vamos, ides, vão
Pres. do subj.	vá, vás, vá, vamos, vades, vão
Imp. afirm.	—, vai, vá, vamos, ide, vão
Imp. neg.	—, não vás, não vá, não vamos, não vades, não vão
Pret. perf. do ind.	fui, foste, foi, fomos, fostes, foram
Pret. mais-que-perf.	fora, foras, fora, fôramos, fôreis, foram
Futuro do subj.	for, fores, for, formos, fordes, forem
Pret. imperf. do subj.	fosse, fosses, fosse, fôssemos, fôsseis, fossem

Ir	
Infinitivo impessoal	ir
Pret. imperf. do ind.	ia, ias, ia, íamos, íeis, iam
Futuro do presente	irei, irás, irá, iremos, ireis, irão
Futuro do pretérito	iria, irias, iria, iríamos, iríeis, iriam
Infinitivo pessoal	ir, ires, ir, irmos, irdes, irem
Particípio	ido
Gerúndio	indo

Particularidade: Os dois presentes e os dois imperativos apresentam a mesma forma para a 1.ª pessoa do plural (**vamos**) e para a terceira pessoa do plural (**vão**).

Ouvir	
Pres. do ind.	ouço, ouves, ouve, ouvimos, ouvis, ouvem
Pres. do subj.	ouça, ouças, ouça, ouçamos, ouçais, ouçam
Imp. afirm.	—, ouve, ouça, ouçamos, ouvi, ouçam
Imp. neg.	—, não ouças, não ouça, não ouçamos, não ouçais, não ouçam
Pret. perf. do ind.	ouvi, ouviste, ouviu, ouvimos, ouvistes, ouviram
Pret. mais-que-perf.	ouvira, ouviras, ouvira, ouvíramos, ouvíreis, ouviram
Futuro do subj.	ouvir, ouvires, ouvir, ouvirmos, ouvirdes, ouvirem
Pret. imperf. do subj.	ouvisse, ouvisses, ouvisse, ouvíssemos, ouvísseis, ouvissem
Infinitivo impessoal	ouvir
Pret. imperf. do ind.	ouvia, ouvias, ouvia, ouvíamos, ouvíeis, ouviam
Futuro do presente	ouvirei, ouvirás, ouvirá, ouviremos, ouvireis, ouvirão
Futuro do pretérito	ouviria, ouvirias, ouviria, ouviríamos, ouviríeis, ouviriam
Infinitivo pessoal	ouvir, ouvires, ouvir, ouvirmos, ouvirdes, ouvirem
Particípio	ouvido
Gerúndio	ouvindo

Particularidade: Este verbo troca a consoante do radical para **ç** na 1.ª pessoa do singular do presente do indicativo e nas formas dela derivadas. Assim se conjugam os verbos **pedir**, **desimpedir**, **expedir**, **impedir** e **medir**.

Aderir	
Pres. do ind.	adiro, aderes, adere, aderimos, aderis, aderem
Pres. do subj.	adira, adiras, adira, adiramos, adirais, adiram
Imp. afirm.	—, adere, adira, adiramos, aderi, adiram
Imp. neg.	—, não adiras, não adira, não adiramos, não adirais, não adiram
Pret. perf. do ind.	aderi, aderiste, aderiu, aderimos, aderistes, aderiram
Pret. mais-que-perf.	aderira, aderiras, aderira, aderíramos, aderíreis, aderiram
Futuro do subj.	aderir, aderires, aderir, aderirmos, aderirdes, aderirem
Pret. imperf. do subj.	aderisse, aderisses, aderisse, aderíssemos, aderísseis, aderissem
Infinitivo impessoal	aderir

Aderir	
Pret. imperf. do ind.	aderia, aderias, aderia, aderíamos, aderíeis, aderiam
Futuro do presente	aderirei, aderirás, aderirá, aderiremos, aderireis, aderirão
Futuro do pretérito	aderiria, aderirias, aderiria, aderiríamos, aderiríeis, adeririam
Infinitivo pessoal	aderir, aderires, aderir, aderirmos, aderirdes, aderirem
Particípio	aderido
Gerúndio	aderindo

Particularidade: A vogal **e** do radical altera-se em **i** na 1.ª pessoa do singular do presente do indicativo e nas formas dela derivadas. Assim se conjugam os verbos irregulares terminados em **-ir**: **advertir**, **aferir**, **auferir**, **compelir**, **competir**, **consentir**, **convergir**, **deferir**, **despir**, **diferir**, **digerir**, **discernir**, **divergir**, **divertir**, **ferir**, **gerir**, **ingerir**, **inserir**, **perseguir**, **preferir**, **preterir**, **prosseguir**, **refletir**, **repelir**, **revestir**, **servir**, **sugerir**, **vestir**. Nos verbos **convergir** e **divergir** o **g** muda em **j** quando seguido de **e** ou **o**.

Bulir	
Pres. do ind.	bulo, boles, bole, bulimos, bulis, bolem
Pres. do subj.	bula, bulas, bula, bulamos, bulais, bulam
Imp. afirm.	—, bole, bula, bulamos, buli, bulam
Imp. neg.	—, não bulas, não bula, não bulamos, não bulais, não bulam
Pret. perf. do ind.	buli, buliste, buliu, bulimos, bulistes, buliram
Pret. mais-que-perf.	bulira, buliras, bulira, bulíramos, bulíreis, buliram
Futuro do subj.	bulir, bulires, bulir, bulirmos, bulirdes, bulirem
Pret. imperf. do subj.	bulisse, bulisses, bulisse, bulíssemos, bulísseis, bulissem
Infinitivo impessoal	bulir
Pret. imperf. do ind.	bulia, bulias, bulia, bulíamos, bulíeis, buliam
Futuro do presente	bulirei, bulirás, bulirá, buliremos, bulireis, bulirão
Futuro do pretérito	buliria, bulirias, buliria, buliríamos, buliríeis, buliriam
Infinitivo pessoal	bulir, bulires, bulir, bulirmos, bulirdes, bulirem
Particípio	bulido
Gerúndio	bulindo

Particularidade: A letra **u** do radical altera-se em **o** (aberto) na 2.ª e 3.ª pessoas do singular e na 3.ª pessoa do plural do presente do indicativo (**boles / bole / bolem**). O mesmo ocorre na 2.ª pessoa do singular do imperativo afirmativo (**bole**). Assim ocorre nos verbos **acudir**, **consumir**, **cuspir**, **entupir**, **escapulir**, **fugir**, **sacudir**, **subir** e **sumir**. Os verbos **assumir**, **reassumir**, **presumir** e **resumir** não seguem esse modelo por serem verbos regulares, conjugando-se como **partir**.

Ver	
Pres. do ind.	vejo, vês, vê, vemos, vedes, veem
Pres. do subj.	veja, vejas, veja, vejamos, vejais, vejam
Imp. afirm.	—, vê, veja, vejamos, vede, vejam
Imp. neg.	—, não vejas, não veja, não vejamos, não vejais, não vejam
Pret. perf. do ind.	vi, viste, viu, vimos, vistes, viram
Pret. mais-que-perf.	vira, viras, vira, víramos, víreis, viram
Futuro do subj.	vir, vires, vir, virmos, virdes, virem
Pret. imperf. do subj.	visse, visses, visse, víssemos, vísseis, vissem
Infinitivo impessoal	ver
Pret. imperf. do ind.	via, vias, via, víamos, víeis, viam
Futuro do presente	verei, verás, verá, veremos, vereis, verão
Futuro do pretérito	veria, verias, veria, veríamos, veríeis, veriam
Infinitivo pessoal	ver, veres, ver, vermos, verdes, verem
Particípio	visto
Gerúndio	vendo

Particularidade: Seguem esse modelo os verbos **antever**, **entrever**, **prever** e **rever**.

Vir	
Pres. do ind.	venho, vens, vem, vimos, vindes, vêm
Pres. do subj.	venha, venhas, venha, venhamos, venhais, venham
Imp. afirm.	—, vem, venha, venhamos, vinde, venham
Imp. neg.	—, não venhas, não venha, não venhamos, não venhais, não venham
Pret. perf. do ind.	vim, vieste, veio, viemos, viestes, vieram
Pret. mais-que-perf.	viera, vieras, viera, viéramos, viéreis, vieram
Futuro do subj.	vier, vieres, vier, viermos, vierdes, vierem
Pret. imperf. do subj.	viesse, viesses, viesse, viéssemos, viésseis, viessem
Infinitivo impessoal	vir
Pret. imperf. do ind.	vinha, vinhas, vinha, vínhamos, vínheis, vinham
Futuro do presente	virei, virás, virá, viremos, vireis, virão
Futuro do pretérito	viria, virias, viria, viríamos, viríeis, viriam
Infinitivo pessoal	vir, vires, vir, virmos, virdes, virem
Particípio	vindo
Gerúndio	vindo

Particularidade: É o único verbo (e seus derivados) que apresenta a mesma forma para o gerúndio e para o particípio (**vindo**). Seguem esse modelo **advir**, **avir-se**, **convir**, **desavir-se**, **intervir**, **provir** e **sobrevir**.

Conjugação com os pronomes oblíquos átonos

Na conjugação de um verbo com pronomes oblíquos, deve-se observar o seguinte:

a) quando o verbo termina em **vogal oral**, empregam-se normalmente as formas **o**, **a**, **os**, **as**:

> Esta casa, comprei-a para os meus filhos.

b) quando o verbo termina em **sílaba nasal** (**-am**, **-em**, **-ão**), os pronomes assumem as formas **no**, **na**, **nos**, **nas**:

> — Prendam-na! — disse o delegado.
> "... e o comendador... põe-no a pontapés no olho da rua." (Artur Azevedo)

c) quando o verbo termina em **-r**, **-s** ou **-z**, estas consoantes desaparecem, e os pronomes assumem as formas **lo**, **la**, **los**, **las**:

> "Quer viajar, mas não pode fazê-lo agora." (A. B. de Holanda)
> "Este livro, fi-lo sem sentir." (Joaquim Ribeiro)

d) quando o verbo está no *futuro do presente* ou no *futuro do pretérito*, as formas **lo**, **la**, **los**, **las** aparecem intercaladas:

> Este trabalho, fá-lo-emos com prazer.
> Esta oportunidade, dá-la-ia se pudesse.

e) os pronomes **me**, **te**, **se**, **nos**, **vos** não sofrem alteração:

> "Canta-me cantigas, manso, muito manso..." (Guerra Junqueiro)
> "Dizer-te que acho medonho
> O mundo é nada dizer-te" (Guimarães Passos)
> "Encontrando a filha sozinha, abriu-lhe o coração." (Camilo Castelo Branco)

Observe a conjugação do verbo **louvar** com o pronome oblíquo **o**:

Modo Indicativo	
Presente	**Pretérito mais-que-perfeito**
louvo-o	louvara-o
louva-lo	louvara-lo
louva-o	louvara-o
louvamo-lo	louváramo-lo
louvai-lo	louvárei-lo
louvam-no	louvaram-no
Pretérito imperfeito	**Futuro do presente**
louvava-o	louvá-lo-ei
louvava-lo	louvá-lo-ás
louvava-o	louvá-lo-á
louvávamo-lo	louvá-lo-emos
louvávei-lo	louvá-lo-eis
louvavam-no	louvá-lo-ão

Modo Indicativo

Pretérito perfeito	Futuro do pretérito
louvei-o	louvá-lo-ia
louvaste-o	louvá-lo-ias
louvou-o	louvá-lo-ia
louvamo-lo	louvá-lo-íamos
louvaste-lo	louvá-lo-íeis
louvaram-no	louvá-lo-iam

Modo Subjuntivo

Presente	Pretérito imperfeito	Futuro
que eu o louve	se eu o louvasse	quando eu o louvar
que tu o louves	se tu o louvasses	quando tu o louvares
que ele o louve	se ele o louvasse	quando ele o louvar
que nós o louvemos	se nós o louvássemos	quando nós o louvarmos
que vós o louveis	se vós o louvásseis	quando vós o louvardes
que eles o louvem	se eles o louvassem	quando eles o louvarem

Modo Imperativo

Afirmativo	Negativo
louva-o (tu)	não o louves (tu)
louve-o (você)	não o louve (você)
louvemo-lo (nós)	não o louvemos (nós)
louvai-o (vós)	não o louveis (vós)
louvem-no (vocês)	não o louvem (vocês)

Formas Nominais

Infinitivo pessoal	Infinitivo impessoal
louvá-lo (eu)	louvá-lo
louvare-lo (tu)	**Gerúndio**
louvá-lo (ele)	louvando-o
louvarmo-lo (nós)	**Particípio**
louvarde-lo (vós)	a esta forma não se associam
louvarem-no (eles)	pronomes átonos

Verbos pronominais

Chamam-se pronominais os verbos que vêm acompanhados de um pronome oblíquo da mesma pessoa do sujeito, como, por exemplo, **queixar-se**, **zangar-se**, **arrepender-se**, **enganar-se**, **mudar-se**, **pentear-se** etc.

São **essencialmente pronominais** quando, como ocorre com os três primeiros, nunca aparecem sem o pronome oblíquo correspondente ao seu sujeito; são **acidentalmente pronominais** quando, como acontece com os três últimos, podem vir sem o referido pronome.

Observe como fica a conjugação do verbo essencialmente pronominal **queixar-se**:

Modo Indicativo	
Presente	**Pretérito mais-que-perfeito**
eu me queixo	eu me queixara
tu te queixas	tu te queixaras
ele se queixa	ele se queixara
nós nos queixamos	nós nos queixáramos
vós vos queixais	vós vos queixáreis
eles se queixam	eles se queixaram
Pretérito imperfeito	**Futuro do presente**
eu me queixava	eu me queixarei
tu te queixavas	tu te queixarás
ele se queixava	ele se queixará
nós nos queixávamos	nós nos queixaremos
vós vos queixáveis	vós vos queixareis
eles se queixavam	eles se queixarão
Pretérito perfeito	**Futuro do pretérito**
eu me queixei	eu me queixaria
tu te queixaste	tu te queixarias
ele se queixou	ele se queixaria
nós nos queixamos	nós nos queixaríamos
vós vos queixastes	vós vos queixaríeis
eles se queixaram	eles se queixariam

Modo Subjuntivo		
Presente	**Pretérito imperfeito**	**Futuro**
que eu me queixe	se eu me queixasse	quando eu me queixar
que tu te queixes	se tu te queixasses	quando tu te queixares
que ele se queixe	se ele se queixasse	quando ele se queixar
que nós nos queixemos	se nós nos queixássemos	quando nós nos queixarmos
que vós vos queixeis	se vós vos queixásseis	quando vós vos queixardes
que eles se queixem	se eles se queixassem	quando eles se queixarem

Modo Imperativo	
Afirmativo	**Negativo**
queixa-te (tu)	não te queixes (tu)
queixe-se (você)	não se queixe (você)
queixemo-nos (nós)	não nos queixemos (nós)
queixai-vos (vós)	não vos queixeis (vós)
queixem-se (vocês)	não se queixem (vocês)

Formas Nominais	
Infinitivo pessoal	**Infinitivo impessoal**
queixar-me (eu)	queixar-se
queixares-te (tu)	**Gerúndio**
queixar-se (ele)	queixando-se
queixarmo-nos (nós)	**Particípio**
queixardes-vos (vós)	a esta forma não se associam pronomes
queixarem-se (eles)	átonos

Emprego do infinitivo

Sabemos que o **infinitivo** pode ser **impessoal**, ou seja, não possui sujeito porque não se refere a uma pessoa gramatical; ou **pessoal**, empregado em relação a um sujeito expresso ou elíptico.

Quando a intenção do emissor se centraliza exclusivamente no fato verbal, sem atribuí-lo a qualquer sujeito, o infinitivo é chamado de **impessoal**:

> "Viajar é mudar o cenário da solidão." (Mário Quintana)

> "Se é pecado falar,
> o certo é viver de pecar." (Mário Lago)

Quando o fato verbal é atribuído a um sujeito exclusivo ou comum a outro verbo que apareça no período, diz-se que o infinitivo é **pessoal**:

> Os lavradores carregavam frutas e legumes, na esperança de encontrarem compradores.

Veja que o sujeito de **encontrarem** é elíptico (**os lavradores**), já expresso na oração anterior.

O infinitivo pessoal também pode aparecer sem flexão. Nesse caso o seu sujeito só pode ser identificado pelo contexto:

> "Como podes chamar por mim como às coisas concretas,
> e assegurar-me que sou tua Necessidade e teu Bem?" (Cecília Meireles)

Nos versos acima, o sujeito do verbo em destaque é **tu**, já determinado pela desinência **-es** que figura no verbo **poder** da oração anterior. Trata-se, portanto, de infinitivo pessoal sem flexão.

EMPREGO DA FORMA NÃO FLEXIONADA

Não se flexiona o **infinitivo** nos seguintes casos:

a) quando não se refere a nenhum sujeito:

> "Viver é melhor que sonhar." (Belchior)

> "É preciso amar as pessoas como se não houvesse amanhã." (Renato Russo)

b) quando é o verbo principal de uma locução verbal:

> "Minha música não **quer** redimir mágoas." (Adriana Calcanhoto)
> "Eu **vou** ficar nesta cidade,
> Não **vou** voltar pro sertão." (Belchior)

c) quando tem valor de imperativo:

> — Avançar, avançar! — bradava o técnico.
> "E Deus responde — 'Marchar!'" (Castro Alves)

d) quando é empregado como *complemento nominal* de um adjetivo. Neste caso, aparece antecedido da preposição **de** e tem valor passivo:

> São exercícios difíceis **de** resolver.
> "Nada é fácil **de** entender." (Renato Russo)

e) quando figura após verbos **causativos** (*mandar, deixar, fazer* etc.) ou **sensitivos** (*perceber, notar, sentir* etc.), desde que não apareça um sujeito representado por um substantivo:

> **Mandei**-as sair da sala. (sujeito: **as**)
> **Senti**-os aproximar-se. (sujeito: **os**)

OBSERVAÇÃO

Se o sujeito de tais verbos for representado por um substantivo, o infinitivo poderá ser flexionado:

> Mandei as crianças **saírem** da sala. (sujeito: **as crianças**)
> Senti os inimigos **aproximarem-se**. (sujeito: **os inimigos**)

EMPREGO DA FORMA FLEXIONADA

Flexiona-se o **infinitivo** nos seguintes casos:

a) quando tem seu próprio sujeito expresso na frase:

> É bom vocês estudarem mais. (sujeito: vocês)

b) quando se refere a um sujeito **elíptico** que se quer dar a conhecer pela desinência verbal:

> É importante entrarmos pela porta da frente. (sujeito elíptico: nós)

c) quando forma locução com o verbo parecer:

> As estrelas **parecia** enfeitarem o firmamento.

OBSERVAÇÃO

No caso acima, pode-se flexionar o verbo **parecer** e deixar o infinitivo sem flexão:

> As estrelas **pareciam** enfeitar o firmamento.

FLEXÃO FACULTATIVA

Quando o infinitivo não apresenta sujeito expresso, mas se relaciona a um sujeito indicado anteriormente, ele pode ou não aparecer flexionado:

> **Muitos eleitores** optaram por **votar** em branco.
> sujeito
>
> ou
>
> **Muitos eleitores** optaram por **votarem** em branco.
> sujeito

Vozes do verbo

São quatro as vozes verbais: **ativa**, **passiva**, **reflexiva** e **reflexiva recíproca**.

ATIVA

Ocorre quando o sujeito é agente, ou seja, pratica a ação expressa pelo verbo:

> **A multidão** aplaudia os jogadores.
> sujeito agente
>
> **Os cidadãos** elegerão novos governantes.
> sujeito agente

PASSIVA

Ocorre quando o sujeito é paciente, ou seja, recebe a ação expressa pelo verbo:

> **Os jogadores** eram aplaudidos pela multidão.
> sujeito paciente
>
> **Novos governantes** serão eleitos pelo povo.
> sujeito paciente

Existem duas possibilidades de **voz passiva**:

1. **Voz passiva analítica** — é formada com o auxílio de um verbo **auxiliar conjugado** seguido de um verbo **transitivo direto** ou **transitivo direto e indireto** no **particípio**:

> **Esta questão** foi anulada pela banca examinadora.
> sujeito paciente
>
> **As correspondências** foram entregues ao contribuinte pelo carteiro.
> sujeito paciente

2. **Voz passiva sintética** — é formada com verbo **transitivo direto** ou **transitivo direto e indireto** na 3.ª pessoa do singular ou do plural (conforme o sujeito paciente seja singular, plural ou composto) mais o pronome apassivador **se**:

> Anulou-se **esta questão**.
> sujeito paciente
>
> Entregaram-se **as correspondências** ao contribuinte.
> sujeito paciente

VOZ REFLEXIVA

Ocorre quando o sujeito pratica e recebe a ação verbal simultaneamente. Nesse caso o verbo é sempre acompanhado de um pronome oblíquo da mesma pessoa do sujeito a que ele se refere:

O jardineiro feriu-se com a enxada. (ou seja: feriu a si próprio)
sujeito agente
e paciente

VOZ REFLEXIVA RECÍPROCA

Ocorre quando a ação é mútua entre os elementos do sujeito. Nesse caso, o pronome oblíquo equivale a **um ao outro**, **uns aos outros**:

Os boxeadores encaravam-se friamente. (ou seja: encaravam um ao outro)
sujeito agente
e paciente

Leia o texto seguinte e responda às questões de **1** a **8**.

PROFUNDAMENTE

Quando ontem adormeci
Na noite de São João
Havia alegria e rumor
Estrondos de bombas luzes de
Bengala
Vozes cantigas e risos
Ao pé das fogueiras acesas.

No meio da noite despertei
Não ouvi mais vozes nem risos
Apenas balões
Passavam errantes
Silenciosamente
Apenas de vez em quando
O ruído de um bonde
Cortava o silêncio
Como um túnel.
Onde estavam os que há pouco
Dançavam
Cantavam

E riam
Ao pé das fogueiras acesas?

— Estavam todos dormindo
Estavam todos deitados
Dormindo
Profundamente.

*

Quando eu tinha seis anos
Não pude ver o fim da festa de
São João
Porque adormeci

Hoje não ouço mais as vozes daquele tempo
Minha avó
Meu avô
Totônio Rodrigues
Tomásia
Rosa
Onde estão todos eles?

— Estão todos dormindo
Estão todos deitados
Dormindo
Profundamente.

(Manuel Bandeira)

1. Indique os elementos mórficos pedidos para a forma verbal destacada no verso "— **Estavam** todos dormindo".
a) radical
b) vogal temática
c) desinência modo-temporal
d) desinência número-pessoal

2. Qual é o tema do verbo destacado na questão anterior e a que conjugação ele pertence?

3. Siga o modelo:

"Quando ontem **adormeci**"
Verbo da 2.ª conjugação, 1.ª pessoa do singular, pretérito perfeito do indicativo

a) "No meio da noite **despertei**"
b) "Não **ouvi** mais vozes nem risos"
c) "Apenas balões / **Passavam** errantes"
d) "O ruído de um bonde / **Cortava** o silêncio"
e) "Quando eu **tinha** seis anos"
f) "Hoje não **ouço** mais as vozes daquele tempo"

4. Em "Não **ouvi** mais vozes nem risos", o verbo em destaque é regular ou irregular? Justifique a resposta.

5. Em "Quando ontem adormeci / Na noite de São João / **Havia** alegria e rumor", o verbo destacado é pessoal ou impessoal? Justifique a resposta.

6. Utilizando os versos "Dançavam / Cantavam / E riam", faça o que se pede em cada item:
a) coloque os verbos no pretérito imperfeito do subjuntivo;
b) coloque os verbos no futuro do presente;
c) coloque os verbos no futuro do pretérito;
d) coloque os verbos na 2.ª pessoa do singular do imperativo afirmativo;
e) coloque os verbos na 2.ª pessoa do plural do imperativo afirmativo.

7. Reescreva os versos seguintes, substituindo as locuções verbais em destaque pela forma verbal simples equivalente. Mantenha o mesmo modo e tempo.
a) "— **Estavam** todos **dormindo**
Estavam todos **deitados**
Dormindo
Profundamente"

b) "— **Estão** todos **dormindo**
Estão todos **deitados**
Dormindo
Profundamente"

8. Reescreva na voz passiva analítica as frases que formam os seguintes versos:
a) "Não ouvi mais vozes nem risos"
b) "O ruído de um bonde / Cortava o silêncio"
c) "Não pude ver o fim da festa de São João"
d) "Hoje não ouço mais as vozes daquele tempo"

9. Complete as frases com o presente do indicativo dos verbos destacados:
a) Já que você me **perdoa**, eu também lhe _____.
b) Se ele me **impede** de opinar, eu também o _____.
c) Se você não **cabe** nesse espaço tão pequeno, eu também não _____.
d) Já que você não **mede** suas palavras, eu também não _____ as minhas.
e) Assim como você **pule** seu estilo, eu também _____ o meu.
f) Se você **ouve** bons conselhos, eu também os _____.
g) Se você **vem** para disputar uma vaga, outros concorrentes também _____.
h) Assim como você não se **atém** às palavras do mestre, muitos também não se _____.
i) Assim como você **crê** em seu sucesso, outros também _____.
j) Se você se **detém** diante de certas dificuldades, muitos não se _____.

10. Conjugue os verbos a seguir na 1.ª pessoa do singular e do plural do presente do indicativo. Siga o modelo.
a) rodear: *eu rodeio; nós rodeamos*
b) recear
c) frear
d) passear
e) nomear
f) mediar
g) ansiar
h) remediar
i) incendiar
j) odiar
k) saber
l) pedir
m) ouvir
n) querer
o) requerer
p) valer

11. Faça como no exercício anterior, usando agora o modo subjuntivo:

a) rodear: *que eu* **rodeie***; que nós* **rodeemos**
b) recear
c) frear
d) passear
e) nomear
f) mediar
g) ansiar
h) remediar
i) incendiar
j) odiar
k) saber
l) pedir
m) ouvir
n) querer
o) requerer
p) valer

12. Complete os espaços das frases seguintes com o **presente do indicativo** ou o **presente do subjuntivo** dos verbos indicados nos parênteses:

a) É necessário que se _____ todas as saídas do prédio. (**bloquear**)
b) Os malabaristas _____ o público com saltos arrojados. (**entreter**)
c) Espera-se que o novo diretor _____ as injustiças com firmeza. (**remediar**)
d) Não se sabe de onde _____ esses comentários. (**provir**)
e) Meu caseiro _____ o jardim todos os dias. (**aguar**)
f) Será que os ciganos realmente _____ o futuro? (**prever**)
g) Por que vocês nunca se _____ às palavras dos mais velhos? (**ater**)
h) Por favor, _____ se os convidados já chegaram. (**averiguar**)
i) Não creio que essa casa _____ tanto assim. (**valer**)
j) Você quer que nós _____ esta triste notícia a ela? (**dar**)

13. Reescreva as frases abaixo, passando-as para a 2.ª pessoa do singular e do plural:

a) Realize seu trabalho com atenção.
b) Diga a todos que você não irá à excursão.
c) Nunca se indisponha com quem deseja ajudá-lo.
d) Seja cauteloso quando estiver dirigindo.
e) Venha com seus pais à minha festa de formatura.
f) Ponha bastante amor naquilo que você faz.
g) Não queira nos impor as suas ideias.
h) Afaste-se das drogas se deseja ter uma vida saudável e digna.
i) Mantenha sua palavra e não negue apoio a quem sempre o auxiliou.
j) Mande-me, por favor, os livros que lhe emprestei.
k) Jamais julguemos para não sermos julgados.
l) Não vá agora, pois está muito escuro e você pode ser assaltado.
m) É bom reler tudo aquilo que você já tenha lido.
n) Não me venha com mentiras, pois sei bem o que você pensa.
o) Venha logo e junte-se a nós.
p) Veja bem o que você vai dizer aos seus funcionários.

14. Observando o sentido exigido pelo contexto, complete os espaços com os verbos indicados entre parênteses:

a) Seria importante que você _____ sua tese, mas que _____ alguns itens indicados pelo mestre. (**refazer – manter**)
b) Quando tu _____ ao meu escritório, _____ à esquerda, assim que _____ uma igrejinha azul. (**vir – virar – ver**)
c) Assim que _____ de tempo e _____ as correções no texto, enviá-lo-ei à redação do jornal. (**dispor – fazer**)

d) Se o investidor _____ a confiança na empresa e _____ ações à venda, certamente ele as compraria. (**reaver – haver**)

e) Se o governo federal não tivesse _____ naquele momento e não tivesse _____ soluções para o problema, certamente os empresários _____ de criticá-lo. (**intervir – contrapropor – haver**)

f) Não sei por que você sempre _____ quando toco nesse assunto. (**titubear**)

g) Enquanto os monitores _____ a garotada na piscina, os pais _____ a distância e aproveitavam para descansar. (**manter – manter-se**)

h) Naquele instante, os bandeirinhas _____ na discussão para evitar que os jogadores se _____. (**intervir – desavir**)

i) Logo que os policiais _____ os sequestradores, as autoridades _____ a credibilidade da população. (**deter – reaver**)

j) Assim que o governo _____ que haverá tranquilidade da população, _____ as novas medidas econômicas. (**ver – anunciar**)

k) Desde que _____ as excessivas despesas, no futuro a empresa _____ os lucros. (**conter – reaver**)

l) Se o aplicador não _____ os seus investimentos, certamente _____ dificuldades para honrar os seus compromissos. (**rever – encontrar**)

m) Mesmo que nós _____ tudo, vale a pena arriscar mais uma vez. (**perder**)

n) Se você _____ o que iria acontecer e _____ sua casa de alimentos, ficaria seguro mesmo que _____ uma grande catástrofe ecológica. (**prever – prover – provir**)

o) Se ele _____ o dinheiro e _____ a palavra, certamente me pagará o que deve. (**reaver – manter**)

p) Assim que os garotos se _____ com o futebol, nós sairemos. (**entreter**)

15. Indique a **1.ª pessoa do singular do presente do indicativo** e do **presente do subjuntivo** dos verbos abaixo. Em caso de verbo defectivo, substitua-o por um sinônimo.

a) caber
b) polir
c) ouvir
d) reaver
e) tossir
f) cerzir
g) valer
h) intervir
i) entrever
j) adequar
k) magoar
l) precaver-se
m) requerer
n) abolir
o) frigir
p) sortir
q) banir
r) submergir
s) ruir

16. Indique se o verbo **haver** está empregado como **auxiliar** ou **principal**:

a) Ele sempre se **houve** com muita discrição.
b) Todos sabiam que ele **havia** falado a verdade.
c) Muito se esforçou e não **houve** o que sonhara.
d) Todos o **haviam** por inteligente naquela sala.
e) Quando entramos no estádio, o jogo já **havia** começado.
f) O sentenciado **houve** do tribunal a comutação da pena.
g) Você **há** de perceber que esse rapaz tem bons princípios.
h) **Havia** chovido muito naquela noite.
i) "Rubião tinha vexame por causa de Sofia; não sabia **haver**-se com senhoras."

(Machado de Assis)

j) Ele **há** de cumprir todos os seus deveres.
k) Se você **houvesse** levantado mais cedo, não perderia o trem.
l) **Haveremos** de fazer tudo o que pudermos para vencer.

17. Indique a forma composta correspondente aos verbos apresentados a seguir:
a) vendeste
b) partirdes
c) cantarei
d) venderíeis
e) escondermos
f) escrevera
g) contivera
h) escreveria
i) venderias
j) partirás

18. Complete as frases com o particípio regular ou irregular dos verbos entre parênteses:
a) O garoto havia _____ todos os passarinhos da gaiola. (**soltar**)
b) O domador havia _____ os leões na jaula. (**prender**)
c) O debate foi _____ pela intervenção do deputado. (**acender**)
d) Você já deveria ter _____ estes bolinhos. (**fritar**)
e) Devido à falta de energia elétrica, havíamos _____ vários lampiões. (**acender**)
f) Vovô conseguiu ser _____ pela terceira vez. (**eleger**)
g) Por ser justa, sua proposta foi _____ por todos. (**aceitar**)
h) O decorador tinha _____ todos os quadros na parede. (**fixar**)
i) O diretor tinha _____ a minha proposta. (**aceitar**)
j) O leão havia sido _____ pelo caçador. (**matar**)
k) A camareira tinha _____ todos os quartos do hotel. (**limpar**)
l) O padre havia _____ todas as imagens. (**benzer**)
m) O motorista havia ficado _____ nas ferragens. (**prender**)
n) A criança foi _____ da morte pelo médico. (**salvar**)
o) Devido às fortes chuvas, o dono do circo tinha _____ o espetáculo. (**suspender**)

19. Dê a 1.ª pessoa do singular e do plural do **presente do indicativo** dos verbos pronominais abaixo. Siga o modelo:

queixar-se: *queixo-me* / *queixamo-nos*

a) arrepender-se
b) abster-se
c) zangar-se
d) apiedar-se
e) atrever-se

20. Fazendo as adaptações necessárias, combine as formas verbais com os pronomes indicados nos parênteses. Siga o modelo:

vender (o) = *vendê-lo*

a) conduzir (os)
b) venderam (a)
c) analisamos (os)
d) compõe (o)
e) compões (o)
f) detém (as)
g) produzir (as)
h) fizemos (os)
i) prometer (os)
j) compus (as)

21. Indique se a ação verbal está na voz ativa, passiva, reflexiva ou reflexiva recíproca:
a) Os alunos resolviam as questões com muita facilidade.
b) A queda das bolsas fora prevista pelo analista.
c) O motoqueiro havia entregado a mercadoria ao cliente.
d) As gavetas foram reviradas pelos ladrões.
e) Os cidadãos não devem negar as informações aos recenseadores.
f) Os torcedores ofendiam-se grosseiramente.
g) O assaltante escondia-se atrás das árvores.

h) Uma bala perdida atingiu a pobre criança.
i) As tenistas abraçavam-se comovidas.
j) A bailarina pintava-se entre um e outro ato do espetáculo.
k) Meus amigos cercavam-me por todos os lados.
l) Impediram-nos de entrar naquele clube.
m) Sempre te achaste uma pessoa virtuosa?
n) Farão uma nova proposta aos atletas.
o) Teriam encontrado a solução do problema?
p) Um tema polêmico será abordado pelo cientista.
q) Já não se fazem filmes como antigamente.
r) Os adversários agrediam-se violentamente.
s) Essas piadas já foram contadas muitas vezes.
t) Os fiéis davam-se as mãos durante a cerimônia religiosa.

22. (FGV-SP) Complete as frases com os verbos indicados entre parênteses:
"Se você _____ (**vir**) à exposição e se _____ (**dispor**) a visitar o terceiro andar, poderá notar duas grandes fotos iluminadas. Quando as _____ (**ver**), observe seus efeitos de luz e sombra. Para bem comparar a técnica utilizada, será conveniente que você _____ (**manter-se**) a uma boa distância. Se isso não _____ (**satisfazer**) sua curiosidade, poderá adotar outra perspectiva".

23. (Faap-SP) Complete com a forma adequada dos verbos entre parênteses:
"Durante o jogo, embora duvidasse das ameaças dos torcedores, o técnico _____ (**requerer**) proteção policial, concordando em que os agentes _____ (**intervir**), se necessário".

24. (Fuvest-SP) Reescreva as frases abaixo, obedecendo ao modelo.

> Se ele voltou cedo, eu também voltei.
> Se ele voltar cedo, eu também voltarei.

a) Se ele viu o filme, eu também vi.
b) Se tu te dispuseste, eu também me dispus.

25. (Fuvest-SP) Passe o texto para a forma negativa:
"Sai daqui! Foge! Abandona o que é teu e esquece-me".

Testes DE CONCURSOS PÚBLICOS E VESTIBULARES

1. (TJ-SP) Assinale a alternativa que apresenta correta correlação de tempo verbal entre as orações.
a) Se os advogados demonstrarem um mínimo de conhecimento, poderiam defender bem seus clientes.
b) Embora tivessem cursado uma faculdade, não se desenvolveram intelectualmente.
c) É possível que os novos cursos passem a ter fiscalização mais severa.
d) Se não fosse tanto desconhecimento, o desempenho poderá ser melhor.
e) Seria desejável que os enguiços entre diplomas e carreiras se resolvem brevemente.

222 GRAMÁTICA DA LÍNGUA PORTUGUESA

2. (TJ-SP) A opção em que a forma verbal está correta é:

a) Se pores tudo em ordem, ficarei satisfeito.

b) O superior interveio na discussão, evitando a briga.

c) Não se premiam os fracos que só obteram derrotas.

d) Se a testemunha depor favoravelmente, o réu será absolvido.

e) Disse ser falsas aquelas assinaturas.

3. (MP-SP) Passando a frase – Ele não só **criou** aqui o primeiro observatório astronômico das Américas, como **trouxe** cientistas – para o futuro do presente, os verbos destacados assumem, respectivamente, as seguintes formas:

a) criava – trazia   c) criará – trará   e) criara – trouxera

b) criaria – traria   d) criará – trazerá

4. (MP-SP) Assinale a alternativa correta quanto à correlação dos tempos verbais, de acordo com a norma culta.

a) Se todos estiverem de acordo, eles deixariam a reunião para a semana seguinte.

b) Logo que você perceber o clima de tensão, não teria agido daquele maneira.

c) Seria melhor que elas examinassem os documentos com o cuidado necessário.

d) Quero que você dirige a atenção aos mais necessitados.

e) Caso me desencontrasse com ela, deixarei os livros com sua secretária.

5. (SRF) Na resposta de um médico a seu paciente, há **erro** de emprego verbal. Assinale-o.
— Doutor, eu preciso tomar remédio?

a) Convém que você o tome.

b) Se você tomar o remédio, sarará mais rapidamente.

c) É preciso que você tome o remédio.

d) Tome o remédio por mais uma semana.

e) É bom que você toma o remédio.

6. (TRE-RO) Observe a frase:

Se tu _____ que os eleitores chegam para votar, _____ a porta e _____ -os entrar.

A opção que completa corretamente a frase é:

a) veres / abre / deixa   c) vires / abra / deixa   e) virdes / abri / deixai

b) veres / abra / deixe   d) vires / abre / deixa

7. (Telerj) Assinale a única frase cujo verbo está no pretérito perfeito do modo indicativo:

a) O Serviço 0800 de Discagem Direta evoluiu.

b) Você programara o atendimento.

c) O cliente comunicar-se-á com você.

d) Ninguém compraria aquele aparelho.

e) Ele nunca me falava dela.

8. (Telerj) Os clientes ligam, você atende.
A parte destacada desta frase no imperfeito do modo subjuntivo ficaria assim:

a) Quando os clientes ligarem

b) Se os clientes ligassem

c) Os clientes ligariam

d) Os clientes ligaram

e) Quando os clientes ligavam

9. **(Petrobras)** Assinale a opção que preenche corretamente as lacunas abaixo:

"Se você _____ o edital do concurso, leia-o com atenção, pois quando _____ a inscrição, não _____ haver rasuras nos requerimentos."

a) vir – fizer – deverá

b) vir – fizer – deverão

c) vir – fazer – deverão

d) ver – fizer – deverá

e) ver – fazer – deverão

10. **(TJ-SP)** Marque o verbo que, na 2.ª pessoa do singular do presente do indicativo, muda para "e" o "i" que apresenta na penúltima sílaba.

a) imprimir

b) exprimir

c) tingir

d) frigir

e) erigir

11. **(Cespe-MPU)** Seguindo as normas gramaticais da língua culta, a sugestão "Seja trabalhador e você também será venturoso", se for expressa na terceira pessoa do plural, tornar-se-á:

a) Sede trabalhadores e vós também sereis venturosos.

b) Sejam trabalhadores e vós também sejais venturosos.

c) Sê trabalhadores e vocês também serão venturosos.

d) Sejam trabalhadores e vocês também serão venturosos.

e) Sejais trabalhadores e vocês também serão venturosos.

12. **(TJ-SP)** Passando a frase "Ele não só **criou** aqui o primeiro observatório astronômico das Américas, como **trouxe** cientistas" para o futuro do presente, os verbos destacados assumem, respectivamente, as seguintes formas:

a) criava – trazia

b) criaria – traria

c) criará – trará

d) criará – trazerá

e) criara – trouxera

13. **(TRE-MT)** Só está **correta** a forma verbal destacada na frase:

a) Embora ele **esteje** indicado, o Senado ainda não o aprovou.

b) Ele **passeiava** diariamente no parque.

c) Quando eles **trouxerem** a permissão, poderão entrar.

d) Se **mantermos** as posições, o inimigo não avançará.

e) Os deputados se **entretiam** com esses discursos.

14. (Alerj/Fesp) "Pois bem, como já disse, o vírus..."

O verbo **dizer** aparece corretamente conjugado na frase acima. Há **erro** na conjugação desse mesmo verbo na seguinte frase:

a) Dize-me com quem andas e eu te direi quem és.

b) Você dizer que está doente, não acredito.

c) O médico dizia tudo o que sabia sobre a AIDS.

d) Ele queria que eu dissesse onde você estava.

e) É preciso que você diga a verdade.

15. (SRF) Assinale a alternativa que apresenta incorreção na forma verbal:

a) Observava-se que muitos boatos provêm de algumas pessoas insensatas.

b) Se você quiser reaver os objetos roubados, tome as providências com urgência.

c) Prevendo novos aumentos de preços, muitos consumidores proveram suas casas.

d) O Ministro da Fazenda previu as despesas com o funcionalismo público.

e) No jogo de domingo, quando o juiz interviu numa cobrança de falta, foi inábil.

16. (TRT-ES) Nas frases abaixo, escreva (1) para as formas verbais corretas e (2) para as incorretas:

( ) Nós vimos ontem do pantanal.   ( ) Sempre requeiro os meus direitos.

( ) Vós rides de mim sem motivo.   ( ) Esteje pronto às vinte e duas horas.

( ) Mesmo assim tu me respondestes.

a) 2, 2, 2, 1, 1   c) 2, 1, 2, 1, 2   e) 2, 1, 1, 2, 1

b) 1, 2, 1, 2, 1   d) 1, 2, 2, 1, 2

17. (TRT-SP) Assinale a frase que expressa a afirmativa verdadeira sobre os verbos do seguinte texto:

Sabíamos ser alegres, mas não tanto que ofendêssemos os tristes; e em nossa tristeza havia suavidade, porque éramos pacientes e compreensivos. Acreditávamos nos valores do espírito; e neles fundávamos a nossa grandeza e o nosso respeito. Mesmo quando não tínhamos muito, sabíamos partilhar o que tivéssemos.

a) Todos os verbos estão em formas nominais.

b) Todos os verbos estão em tempo do pretérito do indicativo.

c) Há verbos em tempo do pretérito e do presente do indicativo.

d) Há verbos em tempo do pretérito e do presente do subjuntivo.

e) Há verbos em formas nominais e formas flexionadas do tempo pretérito.

18. (TRF-RS) Considerando as formas verbais destacadas nas três frases abaixo, a opção com a correta classificação de tempos e modos é, respectivamente:

1. **Toma** conta da minha bagagem, enquanto eu vou até ali.

2. "Não **façais** aos outros o que não quereis que vos façam."

3. Os astrônomos negam que o Sol **gira** em torno da Terra.

a) presente do indicativo / presente do subjuntivo / presente do subjuntivo

b) imperativo afirmativo / imperativo negativo / presente do indicativo

c) imperativo afirmativo / imperativo negativo / presente do subjuntivo

d) imperativo afirmativo / presente do subjuntivo / presente do subjuntivo

e) presente do indicativo / imperativo negativo / presente do subjuntivo

19. (TRF-RJ) Das frases abaixo, a que contém **erro** na flexão verbal é:

a) O acidente ocorreu porque o Rui não conseguiu freiar o carro.

b) Se a comunidade nos provesse do equipamento de que necessitamos para prestar a ela mesma esse serviço, todos sairíamos ganhando.

c) Os espíritos se incendeiam toda vez que se fala em fazer justiça.

d) Se a associação se mantivesse coerente com sua própria doutrina, cresceria sua credibilidade.

e) Quem se interpuser entre o Ricardo e a Cristina não contará com o meu apoio.

20. (TRF-RJ) Considerando as formas verbais destacadas nas três frases abaixo, a opção com a correta classificação de tempos e modos é, respectivamente:

1. Pelo menos não **descumpra** suas obrigações.

2. Talvez **chova** no final do dia.

3. **Digita** este documento, por gentileza, Teresinha.

a) imperativo negativo / presente do subjuntivo / imperativo afirmativo

b) presente do subjuntivo / presente do subjuntivo / imperativo afirmativo

c) imperativo negativo / presente do subjuntivo / presente do indicativo

d) presente do subjuntivo / presente do subjuntivo / presente do indicativo

e) imperativo negativo / presente do indicativo / imperativo afirmativo

21. (TRF-RJ) Das frases abaixo, a que contém **erro** de flexão verbal é:

a) Aqui se hastia a bandeira diariamente.

b) Nosso esforço será no sentido de obter outras propostas orçamentárias e aprovar a que melhor convier à instituição.

c) Tais espetáculos incendeiam os espíritos e acirram os conflitos.

d) Se os municípios da região não se provessem pelo menos do indispensável, como fizeram, grandes tragédias adviriam na época da seca.

e) Esperamos sinceramente que eles vão até lá e que investiguem por eles mesmos.

22. (TJ-SP) Está bem observada a correlação entre os tempos e os modos verbais na construção do período:

a) Se não variassem de cultura para cultura, as regras de convívio terão alcançado, efetivamente, a chamada validade universal.

b) Tendo cabido ao *homo sapiens* discriminar critérios de convívio, conseguiu ele criar uma organização social que, até hoje, não abdica de punir quem os desrespeite.

c) A relação de equilíbrio entre direitos e deveres comuns estava sendo prejudicada caso se viesse a permitir a existência de privilégios.

d) Para que não se consagrasse o péssimo exemplo da impunidade, faz-se necessária a sanção dos que vierem a cometer delitos.

e) Enquanto os animais continuam regulando-se pela "lei da selva", os homens estariam sempre se esforçando para tê-la superado.

23. (TRT-RJ) "... fique alerta." Se trocarmos a pessoa do verbo para a segunda do singular, mantendo-se o mesmo tempo e modo verbal, a frase teria a forma:

a) fiquem alerta

b) ficas alerta

c) fica alerta

d) ficai alerta

e) fiques alerta

24. (TRT-RJ) "Tudo isso pode ser comprovado por qualquer cidadão." A forma ativa dessa mesma frase é:

a) Qualquer cidadão pode comprovar tudo isso.
b) Tudo pode comprovar-se.
c) Qualquer cidadão se pode comprovar tudo isso.
d) Pode comprovar-se tudo isso.
e) Qualquer cidadão pode ter tudo isso comprovado.

25. (TJ-SP) Assinale a frase em que há um **erro** de conjugação verbal:

a) Ele interviu no assunto.
b) Requeiro-lhe um atestado de idoneidade.
c) Eles foram pegos de surpresa.
d) O comerciante proveu seu armazém do necessário.
e) As crianças desavieram-se por causa do resultado do jogo.

26. (Esaf-CJF) A forma verbal sublinhada **não** foi classificada corretamente em:

a) Não **julgues** o teu próximo. (2.ª pessoa do singular do imperativo negativo)
b) Finalmente permitiram que eu **falasse**. (1.ª pessoa do singular do pretérito imperfeito do subjuntivo)
c) Ao entrardes no templo, **demonstrai** o vosso respeito e a vossa fé. (2.ª pessoa do plural do imperativo afirmativo)
d) Se a proposta nos **convier**, aceitaremos discuti-la oportunamente. (3.ª pessoa do singular do futuro do pretérito do indicativo)
e) Continuando assim, **serás** o primeiro da classe. (2.ª pessoa do singular do futuro do presente do indicativo)

27. (TCE-RJ) Assinale a opção cuja conjugação verbal está correta:

a) É preciso dar um remédio para essa criança, a fim de que ela não tossa tanto.
b) Não acredito que essas ações valam alguma coisa, se precisarmos vendê-las.
c) Sem dúvida, tu proviste teus alunos com ensinamentos sábios e úteis.
d) Os motoristas prudentes remediam os efeitos das irresponsabilidades dos imprudentes.
e) Lamento que eles vão se queixar ao diretor contra faltas tão corriqueiras.

28. (TCE-RJ) Todos os verbos apresentam uma irregularidade no futuro do subjuntivo em:

a) pôr – ver – rir
b) dar – saber – ouvir
c) dizer – equivaler – medir
d) fazer – dispor – vir
e) incendiar – caber – intervir

29. (TRT-PR) Transpondo para a voz passiva a oração: "Já tinha visto aquela pessoa antes", temos a forma verbal:

a) fora vista
b) tinha sido vista
c) foi vista
d) vira-se
e) teria sido vista

30. (TRT-PR) Se você _____ Maria Paula, _____ a ela este caderno e _____-lhe que me espere no ponto de ônibus.

a) vir – dê – pede
b) ver – dê – peça
c) vir – dê – peça
d) ver – dá – pede
e) ver – dá – peça

31. (TRF-CJF) Assinale a alternativa que apresenta um verbo incorretamente flexionado:

a) O enxoval conviria às noivas dos bairros mais pobres.

b) Não despeças os carregadores antes do desembarque.

c) Os policiais interviram nos protestos dos grevistas.

d) A noiva precaveu-se contra os prejuízos da mudança.

e) Eu expeço, primeiramente, as malas dos estudantes.

32. (TRF-CJF) Assinale o trecho que **não** contém oração na voz passiva:

a) Lamentamos que o pouco tempo disponível venha a prejudicar o processo que foi iniciado de forma tão incorreta.

b) No quarto, já tinham sido espalhados vários colchões pelo chão, para acomodar os parentes que vinham de longe.

c) A distância, viam-se pequenos pontos de luz a denunciar a presença de casas por ali.

d) Assim que começou a cursar medicina, sentiu-se atraído para a área de neurologia.

e) A lembrança de sua convivência conosco ia sendo afastada à medida que os afazeres da rotina iam nos observando.

33. (Alerj/Fesp) A conjugação verbal não está de acordo com a norma culta da língua no período que tem o seguinte verbo destacado:

a) Eu **meço** pouco.　　c) Ele **interviu** na decisão.　　e) Nós **requeremos** o documento.

b) Eles **acodem** a todos.　d) Eu **caibo** em qualquer lugar.

34. (TJ-SP) O particípio verbal está corretamente empregado em:

a) Não estaríamos salvados sem a ajuda dos barcos.

b) Os garis tinham chego às ruas às dezessete horas.

c) O criminoso foi pego na noite seguinte à do crime.

d) O rapaz já tinha abrido as portas quando chegamos.

e) A faxineira tinha refazido a limpeza da casa toda.

35. (Alerj/Fesp) Das alternativas abaixo, a que apresenta o particípio irregular dos verbos **expressar**, **tingir** e **enxugar** é:

a) expressado, tinto e enxugado

d) expresso, tinto e enxugado

b) expresso, tingido e enxugado

e) expresso, tinto e enxuto

c) expressado, tingindo e enxuto

36. (Alerj/Fesp) A forma nominal classificada como gerúndio composto é:

a) sendo amado　　c) tendo sido amado　　e) tiverem sido amados

b) forem amados　　d) terem sido amados

37. (Alerj/Fesp) "No dia seguinte, antes de me recitar nada, explicou-me o capitão que só por motivos graves **abraçara** a profissão marítima..." (Machado de Assis)

Na frase acima, a justificativa do emprego do verbo destacado é:

a) substituir o futuro do pretérito do indicativo e do pretérito do subjuntivo, como traço estilístico de linguagem solene.

b) utilizar como recurso de repetição ou prolongação de um fato até o momento em que se fala.

c) transportar o narrador para uma época passada a fim de descrever o que então era presente.

d) Dar a fatos passados o sabor de novidade das coisas atuais em uma narração.

e) Denotar uma ideia anterior a outra já passada.

38. (Alerj/Fesp) O emprego do verbo **precaver-se** está correto no seguinte período:

a) Todos se precavêm porque o mal da AIDS está se alastrando.

b) Eu me precavenho porque a AIDS é uma realidade.

c) Se você se precavir, não ficará doente.

d) Ele não se precaveu e ficou doente.

e) Elas se precavinham sempre.

39. (SRF) Assinale a sentença que contém **erro** na forma verbal:

a) "Examinai todas as coisas e retende o que for melhor." (extraído de um marcador de páginas)

b) Detenhamo-nos nos aspectos centrais do pensamento marxista para que saibamos extrair dele o que melhor se aproveita para os dia atuais.

c) Para que elaboremos propostas inovadoras, é preciso que ponhamos nossa criatividade a serviço da geração de ideias inusitadas.

d) Mas não caiamos na tentação de julgar todos os dirigentes políticos como se fossem uns aproveitadores, que usam os cargos apenas para se locupletarem.

e) Se almejardes o saber, vades aos livros e conviveis com os sábios.

40. (SRF) Assinale a opção em que a conjugação do verbo **haver** desrespeita a norma culta:

a) Naquela situação de tensão, os garotos se houveram com muita discrição e elegância.

b) Todos eles já haviam vivido situações de tensão semelhantes anteriormente.

c) Eles sabiam que deviam haver punições para os que violassem as regras.

d) Mesmo assim, os adultos houveram por bem recomendar cautela a todos.

e) Dessa maneira, não haveria arrependimentos nem lamentos mais tarde.

41. (PUC-PR) Assinale a alternativa que preenche corretamente os espaços abaixo:

I. _____ agora pedir-lhe que interfira em favor do rapaz.

II. Se o diretor _____, conseguiríamos o documento hoje.

III. Se alguém _____ as crianças, poderemos trabalhar sossegados.

IV. Se _____ todos, poderemos fazer o trabalho.

V. Se você _____ meu irmão, avise-me.

a) Viemos – intervisse – entretiver – vierem – vir

b) Vimos – intervisse – entreter – vierem – vir

c) Vimos – interviesse – entretiver – vierem – vir

d) Viemos – interviesse – entretiver – virem – ver

e) Vimos – interviesse – entretiver – virem – ver

42. (Fuvest-SP) Assinale a alternativa que preenche corretamente as lacunas:

Não _____ cerimônia, _____, que a casa é _____ e _____ à vontade.

a) faças – entre – tua – fique

b) faça – entre – sua – fique

c) faças – entre – sua – fica
d) faz – entra – tua – fica
e) faça – entra – tua – fique

43. (Fatec-SP) Considere as seguintes ocorrências de "for":

I. Quando eu **for** presidente, mandarei prender os que **forem** inimigos do país.

II. Aquele que **for** culpado confessará tudo quando **for** à prisão.

III. Os que **forem** espertos saberão quando **for** a hora de partir.

IV. As vacas que **forem** para o brejo serão contadas quando eu **for** à Brasília.

Dessas ocorrências, "for" equivale, respectivamente, ao verbo "ser" e ao verbo "ir":

a) somente na frase I.
b) somente na frase II.
c) somente na frase III.
d) somente na frase IV.
e) em todas as quatro frases.

44. (Fuvest-SP) Assinale a opção que completa corretamente as lacunas:

Se _____ as consequências, não _____ na discussão. Entretanto não _____ e _____.

a) previsse – teria intervindo – titubeou – interveio
b) prevesse – interviria – se conteve – interviu
c) tivesse previsto – interferiria – hesitou – interviu
d) predissesse – teria intervido – se absteve – interveio
e) previsse – se intrometeria – titubiou – interferiu

45. (FGV-SP) Assinale a alternativa em que o particípio sublinhado está corretamente utilizado:

a) O diretor tinha **suspenso** a edição do jornal antes da publicação da notícia.
b) Lourival tinha **chego** ao mercado. Marli o espera próxima à barraca de frutas.
c) O coroinha havia já **disperso** a multidão que estava em volta da Matriz.
d) A correspondência não foi **entregue** no escritório.
e) Diogo tinha **expulso** os índios que cercavam o povoado.

46. (Fatec-SP – Adapt.) Indique a alternativa em que o verbo destacado está empregado corretamente:

a) Você já **reouve** o que lhe emprestei?
b) Quando nos **vermos** de novo, não **seremos** os mesmos.
c) **Viemos** agora neste instante porque **vimos** ontem e não o encontramos.
d) Se nós **intervíssemos** em seu discurso, ele nos excomungaria.
e) Gastou o que tinha, mas se **proveio** do essencial por meses.

47. (PUCCamp-SP) Assinale a alternativa em que os verbos estão correta e adequadamente empregados:

a) Para que possamos discutir tudo com calma, pretendo vir às cinco horas, a não ser que não dê para sair em tempo e tenha de deixar nosso encontro para mais tarde.
b) Quero que vocês tentam novamente e progridam nesses estudos, para que comprovamos a validade dessa teoria.
c) Se supormos que eles desistem do empreendimento na hora da decisão final, talvez devemos providenciar outros profissionais que estejam realmente interessados.
d) Será que existem cientistas que retêm o segredo que fará com que, numa bela manhã, acordamos sem ameaças de guerra atômica?
e) Quando eles proporem o acordo que tanto aguardamos, é necessário que nos comprometemos a cumprir nossa parte.

48. (Enem) A forma verbal sublinhada tem força de imperativo em:

a) Ora, **direis**, ouvir estrelas...

b) Ao toque do sinal, **entrar** em classe.

c) É preciso que eles **venham** comigo ao aeroporto.

d) Serão expulsos, caso assim se **comportem**.

e) **Lembrar** não me traz de volta ao passado.

49. (UEL-PR) A flexão da forma verbal destacada está **correta** na frase:

a) Os advogados **interporam** novo recurso.

b) Não admito que as razões dele se **sobreponhem** às minhas.

c) O árbitro **interviu** e acabou com as provocações.

d) Se você o **revir**, será que o reconhecerá?

e) Teríamos reclamado, se os guardas o **detessem**.

50. (PUCCamp-SP) "Técnicos da Funai **suspeitaram** de uma tentativa de contaminação dos índios e, antes que **ocorresse** uma epidemia, não se **demoraram** em questões burocráticas: anteciparam a vacinação."

Substituindo os verbos destacados por, respectivamente, **supor**, **advir** e **deter**, e mantendo o mesmo tempo e modo verbais, obtêm-se corretamente:

a) suporam – adviesse – detiveram

b) suporam – advisse – deteram

c) supuseram – advisse – deteram

d) supuseram – adviesse – detiveram

e) supuseram – advisse – detiveram

51. (UEL-PR) "Se **seguirmos** Freud, **admitiremos** que o desejo de destruição do outro só não é posto em prática por repressão."

Os tempos verbais assinalados acima estão correlacionados: a forma escolhida para o verbo **seguir** limita as possibilidades de flexão de **admitir**. Indique a alternativa em que os respectivos verbos podem substituir as formas sublinhadas na citação acima, mantendo a correlação exigida pela norma culta.

a) seguirmos – admitíssemos

b) seguíssemos – admitiríamos

c) tivéssemos seguido – vamos admitir

d) seguíssemos – admitíssemos

e) seguiremos – admitiremos

52. (UFPI) Leia a seguinte passagem, atentando para as formas verbais; em seguida, assinale *V* ou *F*, conforme sejam verdadeiras ou falsas as afirmações abaixo.

Desdeixei duma roxa a que me **suplicou** os carinhos vantajosos. E outra, e tantas. E uma rapariga, das de luxo, que **passou** de viagem, e **serviu** aos companheiros quase todos, e **era** perfumada, **proseava** gentil sobre as sérias imoralidades, **tinha** beleza.

(Guimarães Rosa)

( ) Todos os fatos são situados no passado em relação ao momento da fala.

( ) O perfeito se presta à narração de fatos que acorreram antes de outro fato passado.

( ) O perfeito e o imperfeito foram usados para marcar a diferença entre narração e descrição.

Marque a alternativa correta:

a) V, V, F

b) F, V, V

c) V, F, F

d) F, F, V

e) V, F, V

53. (ESPM-SP) Quanto ao uso dos verbos **haver** e **existir**, assinale a alternativa correta.
a) Mas devem haver aqueles que a enxergam com otimismo.
b) Mas deve haver aqueles que a enxergam com otimismo.
c) Mas deve existir aqueles que a enxergam com otimismo.
d) Mas devem existirem aqueles que a enxergam com otimismo.
e) Mas deve haverem aqueles que a enxergam com otimismo.

54. (ESPM-SP) Leia o trecho:
Toda a gente dormia com a mulher do Jaqueira. Era só empurrar a porta. Se a mulher não abria logo, Jaqueira ia abrir, bocejando e ameaçando:
— Um dia eu **mato** um peste.
Matou. Escondeu-se por detrás de um pau e descarregou a lazarina bem no coração do freguês.

(Graciliano Ramos, São Bernardo)

A forma verbal grifada:
a) está no pretérito, indicando uma ação durativa ou repetitiva que começa num passa-do mais ou menos distante e perdura ainda no momento da fala.
b) está no futuro do pretérito, indicando uma ação hipotética.
c) está no presente, indicando que a ação se dará num tempo futuro.
d) está no futuro, indicando que a ação se dará num futuro do presente.
e) está no presente, indicando uma ação momentânea ou pontual.

55. (UEL-PR) O verbo indicado entre parênteses adotará corretamente uma forma plural ao preencher a lacuna da seguinte frase:
a) Eles não _____ (haver) conseguido adiar a passagem.
b) Apenas o mais moço dos irmãos _____ (obter) o passaporte.
c) Olhe só a chuva que _____ (anunciar-se) nas nuvens!
d) Doenças, imprevistos, acidentes, _____ (aparecer) tudo ao mesmo tempo.
e) Os jornais em que _____ (sair) a notícia não merecem crédito.

56. (Fatec-SP) "Mais: **estava** certo de que a sobrinha **nutria** por mim verdadeira paixão, mas se ela o **consultasse** o seu conselho **seria** negativo."
Considerando a correlação dos tempos dos verbos grifados, escolha a alternativa em que a correlação se mantém, sem prejuízo de sentido:
a) está – nutre – consulta – será
b) está – teria nutrido – consultara – será
c) está – nutre – consultar – será
d) estivera – nutria – consultara – fora
e) estivera – nutre – tivesse consultado – fora

57. (ITA-SP) Assinale a opção cujas formas verbais preenchem corretamente as respectivas lacunas do texto.
É notável o fato de que as civilizações clássicas — gregos e romanos — não marcam a história da humanidade por contribuições práticas ou inventos que _____ o esforço humano no desempenho do trabalho. Isso não significa que não _____ exemplos de dispositivos que se _____ a essa finalidade e que _____ a essa época.
Em contraposição, as contribuições dessas civilizações no desenvolvimento da Filosofia,

da ciência pura, das artes, da Política e do Direito _____ os fundamentos e os rumos de parte considerável do conhecimento humano.

(YOUSSEF, A. N.; FERNANDEZ, V. P. *Informática e sociedade*. São Paulo: Ática, 1988.)

a) atenuassem – existissem – prestem – remontam – estabelecem
b) atenuem – existem – prestam – remontam – estabelecem
c) atenuam – existissem – prestam – remontem – estabelecem
d) atenuassem – existam – prestam – remontem – estabeleceram
e) atenuem – existam – prestem – remontem – estabeleceram

58. **(FGV-SP)** O tratamento utilizado no diálogo a seguir corresponde à segunda pessoa do plural. As marcas desse tratamento aparecem destacadas em negrito.

— **Vosso** passado **vos** condena. **Saí** daqui antes que eu **vos** mate.
— **Esperai**, que já **vos** mostro. Não **tenteis** amedrontar-me!

Se utilizarmos o tratamento correspondente à segunda pessoa do singular, obteremos, respectivamente:

a) **Seu** passado **o** condena. **Saia** daqui antes que eu **o** mate. / **Espere**, que já **lhe** mostro. Não **tente** amedrontar-me!...
b) **Teu** passado **te** condena. **Saia** daqui antes que eu **te** mate. / **Espera**, que já **te** mostro. Não **tenta** amedrontar-me!...
c) **Teu** passado **te** condena. **Sai** daqui antes que eu **te** mate. / **Espera**, que já **te** mostro. Não **tentes** amedrontar-me!...
d) **Seu** passado **lhe** condena. **Saia** daqui antes que eu **o** mate. / **Espere**, que já **te** mostro. Não **tente** amedrontar-me!...
e) **Teu** passado **o** condena. **Saí** daqui antes que **te** mate. / **Espera**, que já **te** mostro. Não **tentes** amedrontar-me!...

59. **(FGV-SP)** Assinale a alternativa em que **não haja erro** de conjugação de verbo.

a) Em pouco mais de três meses, a lesão do jogador poderá estar curada, se ele manter adequadamente o tratamento.
b) O moderador interviu assim que ficou a par dos problemas técnicos.
c) Se a Patrícia previr tempo seco para o litoral, haveremos de descer a serra antes de o sol nascer.
d) Leocádia estava terrivelmente irritada. Tinha ganas de dizer a Alberto tudo o que ele merecia; mas se deteu, esperando oportunidade melhor.
e) Quando o negociador propor uma saída honrosa, será o momento de todos o aplaudirmos.

60. **(ITA-SP)** Os versos são da letra da música *Cobra*, de Rita Lee e Roberto de Carvalho:

"Não me cobre ser existente
Cobra de mim que sou serpente"

Com relação ao emprego do imperativo nos versos, podemos afirmar que

a) a oposição imperativo negativo e imperativo afirmativo justifica a mudança do verbo cobre/cobra.
b) a diferença de formas (cobre/cobra) não é registrada nas gramáticas normativas, portanto há inadequação na flexão do segundo verbo.
c) a diferença de formas (cobre/cobra) deve-se ao deslocamento da 3.ª para a 2.ª pessoa do sujeito verbal.

d) o sujeito verbal (3.ª pessoa) mantém-se o mesmo, portanto o emprego está adequado.

e) O primeiro verbo no imperativo negativo opõe-se ao segundo verbo que se encontra no presente do indicativo.

61. (PUC-RS) Jovem, leia um pouco mais, não_____ levar pela preguiça.
   a) te deixe
   b) te deixa
   c) te deixas
   d) se deixa
   e) se deixe

62. (UEL-PR) A forma verbal em destaque está correta na frase:
   a) Não convém que **requeramos** isto, já passou o prazo.
   b) Se os fiscais **interviessem** agora, seriam hostilizados.
   c) Caso eles **hajam** com má fé, serão processados.
   d) Grande velocidade foi **impressa** ao carro.
   e) Ainda que **sejem** culpados, têm direito à defesa.

63. (Fuvest-SP) Assinale a alternativa em que uma forma verbal foi empregada incorretamente:
   a) O superior interveio na discussão, evitando a briga.
   b) Se a testemunha depor favoravelmente, o réu será absolvido.
   c) Quando eu reouver o dinheiro, pagarei a dívida.
   d) Quando você vir Campinas, ficará extasiado.
   e) Ele trará o filho, se vier a São Paulo.

64. (Cesgranrio-RJ) Assinale o período em que aparece uma forma verbal incorretamente empregada com relação à norma culta da língua:
   a) Se o compadre trouxesse a rabeca, a gente do ofício ficaria exultante.
   b) Quando verem o Leonardo, ficarão surpresos com os trajes que usava.
   c) Leonardo propusera que se dançasse o minuete da corte.
   d) Se o Leonardo quiser, a festa terá ares aristocráticos.
   e) O Leonardo não interveio na decisão da escolha do padrinho do filho.

65. (Fuvest-SP) Os verbos estão corretamente empregados apenas na frase:
   a) No cerne de nossas heranças culturais se encontram os idiomas que as transmitem de geração em geração e que assegurem a pluralidade das civilizações.
   b) Se há episódios traumáticos em nosso passado, não poderemos avançar a não ser que os encaramos.
   c) Estresse e ambiente hostil são apenas alguns dos fatores que possam desencadear uma explosão de fúria.
   d) A exigência interdisciplinar impõe a cada especialista que tome consciência de seus próprios limites.
   e) O que hoje talvez possa a vir a tornar-se uma técnica para prorrogar a vida, sem dúvida amanhã possa a vir a tornar-se uma ameaça.

66. (Efoa-MG) Assinale a alternativa que contém a forma correta dos verbos **medir**, **valer**, **caber** e **datilografar**, na primeira pessoa do singular do presente do indicativo, pela ordem.
   a) meço, valo, cabo, datilógrafo
   b) meço, valho, caibo, datilografo
   c) mido, valo, caibo, datilógrafo
   d) mido, valho, caibo, datilografo
   e) meço, valho, caibo, datilógrafo

67. (Unifor-CE) Transpondo para a voz passiva a frase "O capataz havia surpreendido os escravos", a forma verbal resultante será:
a) surpreenderam-se
b) havia sido surpreendido
c) haveriam de ser surpreendidos
d) haviam sido surpreendidos
e) foram surpreendidos

68. (Unip-SP) Quando _____ as informações extraviadas, _____ uma nova forma de armazenamento de dados a fim de que se _____ as perdas.
a) reouver – proporá – contenham
b) reouver – proporia – contenham
c) reavesse – proporia – contesse
d) reavesse – proporia – contivesse
e) reouvesse – proporia – contessem

69. (UEL-PR) "Se **seguirmos** Freud, **admitiremos** que o desejo de destruição do outro só não é posto em prática por repressão."
Os tempos verbais assinalados acima estão correlacionados: a forma escolhida para o verbo *seguir* limita as possibilidades de flexão de *admitir*. Indique a alternativa em que os respectivos verbos podem substituir as formas sublinhadas na citação acima, mantendo a correlação exigida pela norma culta.
a) seguirmos – admitíssemos
b) seguíssemos – admitiríamos
c) tivéssemos seguido – vamos admitir
d) seguíssemos – admitíssemos
e) seguiremos – admitiremos

70. (USF-SP) "Hoje não se _____ corretamente nessa situação, _____ com energia o pai."
a) aviu – interviu
b) houve – interveio
c) ouve – interviu
d) haveu – interveio
e) aveio – interviu

71. (Fuvest-SP) No trecho "Sem nem ao menos se darem as mãos caminhavam na chuva", o segmento sublinhado pode ser corretamente substituído por: "Sem que nem ao menos se
a) deem as mãos".
b) davam as mãos".
c) deram as mãos".
d) dessem as mãos".
e) dariam as mãos".

72. (Mackenzie-SP) "— *Querido, se você me ama, tire a camisa!*"
Transformando-se a flexão dos verbos da frase destacada para **imperfeito do subjuntivo** e **futuro do pretérito**, tem-se a seguinte sequência correta:
a) se você me amar / tirará a camisa
b) se você me amasse / tirava a camisa
c) caso você me ame / tire a camisa
d) se você me amasse / tiraria a camisa
e) caso você me ama / tira a camisa

73. (Fuvest-SP) "**Ficam** desde já excluídos os sonhadores, os que **amem** o mistério e **procurem** justamente esta ocasião de comprar um bilhete na loteria da vida."
Se a primeira frase fosse volitiva, e o segundo e terceiro verbos destacados conotassem ação no plano da realidade, teríamos, respectivamente, as seguintes formas verbais:
a) fiquem – amassem – procurassem
b) ficavam – tenham amado – tenham procurado
c) ficariam – amariam – procurariam
d) fiquem – amam – procuram
e) ficariam – tivessem amado – tivessem procurado

74. (Fuvest-SP) _____ em ti, mas nem sempre _____ dos outros.
a) Creias, duvides
b) Crê, duvidas
c) Creias, duvidas
d) Creia, duvide
e) Crê, duvides

75. (Fuvest-SP) Considerando a necessidade de correlação entre tempos e modos verbais, assinale a alternativa em que ela **foge** às normas da língua escrita padrão:
a) A redação de um documento **exige** que a pessoa **conheça** uma fraseologia complexa e arcaizante.
b) Para alguns professores, o ensino de língua portuguesa **será** sempre melhor, se **houver** o domínio das regras de sintaxe.
c) O ensino de Português **tornou-se** mais dinâmico depois que textos de autores mais modernos **foram introduzidos** no currículo.
d) O ensino de Português já **sofrera** profundas modificações, quando se **organizou** um Simpósio Nacional para discutir o assunto.
e) Não **fora** a coerção exercida pelos defensores do purismo linguístico, todos **teremos** liberdade de expressão.

76. (Fuvest-SP) A frase em que a correlação de tempos e modos verbais **foge** às normas da língua escrita padrão é:
a) Pode-se prever que os ideólogos do capitalismo usarão todos os apelos populistas de que puderem valer-se para introduzir um forte golpe.
b) Em 1970, não houve argumento capaz de convencer a imprensa paulista de que seria de interesse geral a I Bienal Internacional do Livro.
c) Todos seríamos escravos de ideias maniqueístas, não fora o trabalho desenvolvido pelos filósofos iluministas.
d) Agora que ensandeceste, se a tua consciência reouver um instante de sagacidade, tu dirás que queres viver.
e) Se os parlamentares tivessem tido preocupação de discutir com seriedade as propostas, os eleitores só poderão estar satisfeitos.

77. (Fuvest-SP) "A ferida foi reconhecida grave." (Machado de Assis. *A causa secreta*)
A transposição da frase acima para a voz ativa está corretamente indicada em:
a) Reconheceu-se a ferida como grave.
b) Reconheceu-se uma ferida grave.
c) Reconheceram a gravidade da ferida.
d) Reconheceu-se que era uma ferida grave.
e) Reconheceram como grave a ferida.

78. (Vunesp) Explicou **que aprendera aquilo de ouvido**.
Transpondo a oração em destaque para a voz passiva, temos a seguinte forma verbal:
a) tinha sido aprendido
b) era aprendido
c) fora aprendido
d) tinha aprendido
e) aprenderia

79. (UEL-PR) Transpondo a frase *"O jornalista nunca faria aquelas denúncias sem provas concretas"* para a voz passiva, obtém-se a forma verbal:
a) teria feito
b) poderia ter feito
c) seriam feitas
d) teriam sido feitas
e) puderam ser feitas

80. (UEL-PR) Transpondo a frase *"Haviam sido examinados pelo procurador todos os documentos de venda"* para a voz ativa, obtém-se a forma verbal:
a) haviam examinado
b) tinham sido examinados
c) teriam sido examinados
d) havia examinado
e) foram examinados

Capítulo 3

Classes gramaticais invariáveis

PREPOSIÇÃO

É a palavra invariável que liga duas outras, subordinando a segunda à primeira, estabelecendo uma certa relação de dependência entre elas. Veja:

Ele veio **de** Portugal

(a preposição **de** estabelece uma relação de *lugar* entre as duas palavras)

O poço secou **com** o calor.

(a preposição **com** estabelece uma relação de *causa* entre as duas palavras)

Preposições essenciais

São palavras que funcionam basicamente como preposição: **a**, **ante**, **até**, **após**, **de**, **desde**, **em**, **entre**, **com**, **contra**, **para**, **por**, **perante**, **sem**, **sob** e **sobre**.

Preposições acidentais

São palavras de outras classes gramaticais que, perdendo sua significação original, passam a exercer o papel de preposição: **como**, **conforme**, **segundo**, **durante**, **fora**, **exceto** etc.

Fui o <u>segundo</u> colocado no concurso.
numeral
ordinal

Ajo <u>segundo</u> minha consciência.
preposição
acidental

Locução prepositiva

É o conjunto de palavras com valor e emprego de preposição: **atrás de**, **através de**, **embaixo de**, **a fim de**, **de acordo com**, **por causa de**, **longe de**, **perto de**, **ao redor de**, **junto a**, **ao lado de**, **apesar de**, **por trás de**, **acerca de**, **cerca de**, **em favor de**, **de conformidade com** etc.

Combinação e contração

As preposições podem se unir a palavras de outras classes gramaticais por **combinação** ou **contração**. Se, na junção de elementos, não há alteração fonética, ocorre **combinação**; caso contrário, ocorre **contração**:

Combinação	
a + o(s)	ao(s)
a + onde	aonde

Contração	
de + o(s)	do(s)
de + a(s)	da(s)
em + o(s)	no(s)
em + a(s)	na(s)
em + ele(s)	nele(s)
em + ela(s)	nela(s)
de + ali	dali
de + ele(s)	dele(s)
de + ela(s)	dela(s)
a + a(s)	à(s)
a + aquele(s)	àquele(s)
a + aquela(s)	àquela(s)
a + aquilo	àquilo

OBSERVAÇÃO

Alguns autores consideram *contração* apenas a junção de fonemas idênticos (**a** + **a**, **a** + **a**quele etc.), e *combinação*, os demais casos. A Nomenclatura Gramatical Brasileira não fixa posição a respeito.

CONJUNÇÃO

Conjunção é a palavra invariável que liga duas orações ou duas palavras que tenham a mesma função na oração.

Observe os exemplos:

> Nosso lema é este: ordem **e** progresso.
> Você tem bom gênio, **mas** seu irmão é um impulsivo.
> Não sabemos **se** ele é uma pessoa confiável.

No primeiro exemplo, a palavra **e** liga dois termos de uma única oração: *ordem e progresso*; no segundo, a palavra **mas** liga duas orações de sentido completo, ou seja, que podem ser desdobradas em duas orações independentes sintaticamente: *Você tem bom gênio. Seu irmão é um impulsivo.*

As conjunções que ligam termos ou orações de idêntica função gramatical recebem o nome de **coordenativas**. As orações ligadas por esse tipo de conjunção recebem o nome de **coordenadas**.

No terceiro exemplo, a palavra **se** aparece ligando duas orações dependentes, isto é, a segunda depende sintaticamente da afirmação expressa na primeira: *se ele é uma pessoa confiável* funciona como **objeto direto** do verbo **saber** contido na primeira oração.

As conjunções **subordinativas**, por sua vez, ligam sempre orações sintaticamente dependentes, que ora exercem as funções próprias de um substantivo (*orações substantivas*), ora exprimem uma circunstância adverbial (*orações adverbiais*). Essas orações são denominadas **subordinadas**.

Locução conjuntiva

Além das conjunções simples, há muitas expressões formadas pela palavra **que** antecedida de *advérbios*, *preposições* ou *particípios* que representam o mesmo papel de uma conjunção. São as chamadas **locuções conjuntivas**: **antes que**, **desde que**, **já que**, **até que**, **para que**, **sem que**, **dado que**, **posto que**, **visto que**, **uma vez que**, **à medida que** etc.

A classificação que apresentaremos a seguir, de forma sintética, tem como único objetivo localizar essa classe de palavras junto às outras já estudadas até o momento. Como essa classe de palavras está intimamente ligada à classificação das orações, esse assunto será retomado com maior profundidade na unidade destinada ao estudo do período composto.

1. **Conjunções e locuções coordenativas** — ligam orações sintaticamente independentes. São classificadas de acordo com o tipo de relação que estabelecem entre duas orações. Observe:

Classificação	Conjunções e locuções conjuntivas	Exemplos
Aditivas	e, nem, mas também, bem como, como, como também etc.	Ele não trabalha nem estuda.
Adversativas	mas, porém, todavia, entretanto, contudo, no entanto etc.	Meu tio é rico, mas é muito avarento.
Alternativas	ou, ou ... ou, ora ... ora, já ... já, quer ... quer etc.	Preste atenção ou retire-se.
Conclusivas	logo, portanto, por isso, assim, pois (depois do verbo) etc.	O dia está frio; leve, pois, um bom agasalho.
Explicativas	que, porque, porquanto, pois (antes do verbo) etc.	Leve este dicionário, pois o preço está ótimo.

2. **Conjunções e locuções subordinativas** — introduzem orações sintaticamente dependentes de um termo situado na oração principal. Essas orações podem ser **substantivas** ou **adverbiais**.

As **conjunções integrantes** introduzem orações subordinadas substantivas, ou seja, as que exercem função de **substantivo** (*sujeito, objeto direto, objeto indireto* etc.). São apenas duas, **que** e **se**:

[É necessário] [**que todos colaborem**.]

No exemplo acima a oração introduzida pela conjunção integrante **que** completa o sentido da primeira, exercendo a função de **sujeito**. Trata-se, portanto, de uma **oração subordinada substantiva**.

As outras **conjunções subordinativas** introduzem orações subordinadas adverbiais, exprimindo várias circunstâncias adverbiais. Observe a classificação no quadro seguinte:

Classificação	Conjunções e locuções conjuntivas	Exemplos
Causais	porque, como, já que, uma vez que, visto que, dado que, sendo que etc.	Como choveu muito, as ruas ficaram alagadas.
Consecutivas	que, relacionada a uma palavra de caráter intensivo (tão, tal, tanto etc.)	Gritou tanto, que ficou quase sem voz.
Comparativas	como, tal qual, que, mais ... que, menos ... que, quanto etc.	Nada pesa tanto como um segredo.
Conformativas	conforme, consoante, segundo, como, assim como etc.	Farei tudo conforme determina a lei.
Concessivas	embora, por mais que, mesmo que, ainda que, se bem que etc.	Por mais que insistam, não agiremos dessa maneira.
Condicionais	se, caso, contanto que, a menos que, salvo se, sem que etc.	Você nada conseguirá, sem que se esforce.
Proporcionais	quanto mais, quanto menos, tanto mais, à medida que, à proporção que etc.	Quanto menos você falar, mais satisfeitos ficaremos.
Finais	para que, a fim de que, que (= para que) etc.	Todos faziam sinal para que o time não recuasse.
Temporais	quando, enquanto, logo que, sempre que, depois que, desde que etc.	Quando alguém faz economia, prepara o seu bem-estar.

OBSERVAÇÃO

As conjunções, como as preposições, não exercem função sintática. São meros conectivos entre duas orações.

ADVÉRBIO

Advérbio é a palavra que modifica o **verbo**, o **adjetivo**, outro **advérbio** ou até mesmo uma frase toda:

a) **modificando um verbo**:

"**Não** *ouvi* mais vozes nem risos." (Manuel Bandeira)

b) **intensificando um adjetivo**:

"Os olhos dela não eram **bem** *negros*, mas escuros." (Machado de Assis)

c) **intensificando outro advérbio**:

"O Barão de Santa Pia está mal, **muito** *mal*." (Machado de Assis)

d) **modificando toda a frase**:

"**Infelizmente**, *os povos ainda correm o risco de novos conflitos.*"

Locução adverbial

Dá-se o nome de **locução adverbial** ao conjunto de duas ou mais palavras com o mesmo valor e emprego de advérbio: **com carinho**, **por prazer**, **sem dúvida**, **em vão**, **frente a frente**, **de modo algum** etc.

Classificação dos advérbios e locuções adverbiais

Os advérbios e as locuções adverbiais são agrupados conforme a circunstância que expressam. De acordo com a NGB, recebem a seguinte classificação:

Circunstâncias	Advérbios e locuções adverbiais
afirmação	sim, certamente, realmente, deveras, efetivamente, por certo, de fato, sem dúvida etc.
dúvida	acaso, porventura, possivelmente, provavelmente, quiçá, talvez etc.
intensidade	assaz, bastante, bem, demais, mais, menos, muito, pouco, tão, quase, quanto, demais, meio, todo, apenas, demasiadamente, em excesso, em demasia, por completo etc.
lugar	abaixo, acima, adiante, aqui, aí, ali, aquém, além, atrás, fora, dentro, acolá, através, perto, longe, à direita, à esquerda, a(à) distância, de longe, de perto, ao lado, por dentro, por fora, por aqui, por ali, para onde etc.
modo	assim, bem, debalde, depressa, devagar, mal, bem, melhor, pior, alerta, à toa, às claras, às ocultas, às pressas, ao léu, lado a lado, frente a frente etc., e quase todos os terminados pelo sufixo -mente (calmamente, alegremente etc.)
negação	não, de modo algum, de jeito nenhum, de forma alguma etc.
tempo	agora, ainda, amanhã, anteontem, antes, breve, cedo, tarde, depois, hoje, então, nunca, jamais, logo, sempre, outrora, já, raramente, à tarde, à noite, de manhã, de repente, de súbito, em breve, de quando em quando etc.

Advérbios interrogativos

Por serem empregados em interrogações diretas e indiretas, os seguintes advérbios são chamados de **advérbios interrogativos**:

Circunstâncias	Advérbios interrogativos	Exemplos
causa	por que	Por que ele foi preso? Não sabemos por que ele foi preso.
lugar	onde	Onde mora aquele cirurgião? Ignora-se onde ele mora.
modo	como	Como ele está de saúde? Não se sabe como ele está de saúde.
tempo	quando	Quando nos veremos novamente? Ainda não sei quando nos veremos.

Grau dos advérbios

Alguns advérbios (**de modo**, **de tempo**, **de lugar** e **de intensidade**) admitem, à maneira dos adjetivos, a flexão de grau comparativo e superlativo:

1. Grau comparativo

a) de igualdade: Ele fala tão alto quanto o irmão.
b) de inferioridade: Ele fala menos alto do que o irmão.
c) de superioridade: Ele fala mais alto do que o irmão.

2. Grau superlativo

a) **absoluto analítico**: Ele fala **muito alto**.
b) **absoluto sintético**: Ele fala **altíssimo**.

OBSERVAÇÕES

1.ª) Na linguagem coloquial, é comum o emprego de certos advérbios no **diminutivo**, expressando *afetividade* ou *intensidade*:

A criança dorme **juntinho** da mãe.
Meus avós levantam **cedinho**.

2.ª) A repetição do **advérbio** apresenta valor aproximado de **superlativo**:

Meus avós levantam **cedo, cedo**.
A professorinha morava **longe, longe**.

3.ª) No lugar de **mais bem** e **mais mal**, devemos empregar as formas **melhor** e **pior**, respectivamente:

Você canta **melhor** do que seu irmão.
Em muitas cidades vive-se **pior** do que nos campos.

4.ª) Modificando **particípios**, empregam-se as formas analíticas **mais bem** e **mais mal** no lugar de **melhor** e **pior**, respectivamente:

> Atualmente ela anda **mais bem** vestida do que na juventude.
> Seu trabalho está **mais mal** elaborado do que o meu.

5.ª) É comum o emprego de adjetivos com valor de advérbios:

> Essas garotas falam muito **alto**.
> A professora agiu **duro** com a classe.

6.ª) Na coordenação de dois ou mais advérbios terminados pelo sufixo **-mente**, pode-se empregar tal sufixo somente no último advérbio:

> Estes verbos estão **correta** e **adequadamente** conjugados.
> Ele sempre fala **calma**, **sossegada** e **pausadamente**.

PALAVRAS E LOCUÇÕES DENOTATIVAS

Algumas palavras ou locuções, antes consideradas impropriamente como advérbios, passaram a ter, na NGB, classificação à parte, mas sem nome especial. Elas devem ser analisadas de acordo com a ideia que indicam, por exemplo:

a) de **inclusão** — **até**, **inclusive**, **mesmo**, **também** etc.:

> Ele fala bem **até** dos inimigos.

b) de **exclusão** — **apenas**, **menos**, **salvo**, **senão**, **só**, **somente** etc.:

> Esqueci-me de convidar **apenas** uma pessoa: você.

c) de **designação** — **eis**:

> **Eis** os livros que você me pediu.

d) de **realce** — **cá**, **lá**, **é que**, **que**, **ora**, **só** etc.:

> Eu **é que** não me envolverei nessa confusão!

e) de **retificação** — **aliás**, **ou antes**, **ou melhor**, **isto é** etc.:

> Ela virá amanhã, **ou melhor**, depois de amanhã.

f) de **situação** — **afinal**, **agora**, **então**, **mas** etc.:

> **Então** o estrago que fizeram foi esse?

INTERJEIÇÃO

Interjeição é uma palavra ou locução com que exprimimos sentimentos de *dor*, *alegria*, *admiração*, *aplauso*, *irritação* etc.

Classificação das interjeições

As interjeições são classificadas de acordo com o sentimento que expressam. Entre as mais usadas, destacamos as seguintes:

Circunstâncias	Interjeição
alegria ou satisfação	ah!, oh!, oba!
animação	coragem!, avante!, eia!, vamos!
aplauso	bis!, bem!, bravo!, viva!
desejo	oh!, oxalá!, tomara!
dor	ai!, ui!
espanto ou surpresa	ah!, chi!, ih!, oh!, ué!, uai!, caramba!
apelo	alô!, ei!, socorro!
silêncio	psiu!, silêncio!, calada!
suspensão	alto!, basta!
advertência	cuidado!, atenção!

LOCUÇÃO INTERJETIVA

Locução interjetiva ocorre quando a exclamação é feita por um grupo de palavras:

> Nossa Senhora!
> Valha-me Deus!
> Credo em cruz!
> Alto lá!

OBSERVAÇÕES

1.ª) Na escrita, as interjeições geralmente vêm seguidas do ponto de exclamação (!).

2.ª) A palavra **ó** não deve ser confundida com a interjeição **oh**, de admiração, que aparece seguida do ponto de exclamação. Tal palavra serve para invocar, para interpelar alguém ou seres personificados. É usada, facultativamente, no vocativo e não vem seguida do ponto de exclamação. Observe a diferença em cada caso:

> "— **Ó** vida futura! nós te criaremos." (Carlos Drummond de Andrade)
> "**Oh!** que doce harmonia traz-me a brisa!" (Castro Alves)

Texto para as questões de **1** a **6**:

O JANTAR

Que suplício que foi o jantar! Felizmente, Sabina fez-me sentar ao pé da filha do Damasceno, uma D. Eulália, ou mais familiarmente Nhã-loló, moça graciosa, um tanto acanhada a princípio, mas só a princípio. Faltava-lhe a elegância, mas compensava-a com os olhos, que eram soberbos e só tinham o defeito de se não arrancarem de mim, exceto quando desciam ao prato; mas Nhã-loló comia tão pouco, que quase não olhava para o prato. De noite cantou; a voz era como dizia o pai, "muito mimosa". Não obstante, esquivei-me. Sabina veio até a porta, e perguntou-me que tal achara a filha do Damasceno.

— Assim, assim.

— Muito simpática, não é? acudiu ela; faltava-lhe um pouco mais de corte. Mas que coração! é uma pérola. Bem boa noiva para você.

— Não gosto de pérolas.

— Casmurro! Para quando é que você se guarda? Para quando estiver a cair de maduro, já sei. Pois, meu rico, quer você queira quer não, há de casar com Nhã-loló.

E dizia isto a bater-me na face com os dedos, meiga como uma pomba, e ao mesmo tempo intimativa e resoluta. Santo Deus! seria esse o motivo da reconciliação? Fiquei um pouco desconsolado com a ideia, mas uma voz misteriosa chamava-me à casa do Lobo Neves; disse adeus a Sabina e às suas ameaças.

(Machado de Assis)

1. Nos trechos seguintes, classifique as palavras e expressões destacadas.

a) "Faltava-lhe a elegância, **mas** compensava-a **com** os olhos, que eram soberbos e **só** tinham o defeito **de** se não arrancarem de mim (...)"

b) "(...) comia **tão** pouco, **que** quase **não** olhava **para** o prato."

c) "**De noite** cantou; a voz era **como** dizia o pai, '**muito** mimosa'. **Não obstante**, esquivei-me. Sabina veio **até** a porta, **e** perguntou-me que tal achara da filha **do** Damasceno."

d) "— Casmurro! Para quando **é que** você se guarda? Para quando estiver **a** cair **de maduro**, já sei. Pois, meu rico, **quer** você queira **quer** não, há de casar com Nhã-loló."

e) "Fiquei um pouco desconsolado **com** a ideia, **mas** uma voz misteriosa chamava-me **à** casa **do** Lobo Neves; disse adeus **a** Sabrina e **às** suas ameaças."

2. Na frase "**Que** suplício **que** foi o jantar!", as palavras em destaque pertencem à mesma classe gramatical? Justifique a resposta.

3. Na passagem "(...) só tinham o defeito de se não arrancarem de mim, **exceto** quando desciam ao prato (...)", a palavra destacada é advérbio? Justifique a resposta.

4. Em "(...) mas Nhã-loló comia tão **pouco** (...)", em que grau está o advérbio destacado?

5. Reescreva a frase anterior, colocando o advérbio na forma sintética equivalente.

6. Na frase "**Santo Deus**! Seria esse o motivo da reconciliação?", como se classifica a expressão em destaque?

7. Indique as relações estabelecidas pelas preposições destacadas nas frases seguintes:
   a) Ergueram-se todos **contra** mim.
   b) Resido **em** São Paulo há anos.
   c) O estádio fica **a** dois quilômetros daqui.
   d) O infeliz mendigo morreu **de** fome.
   e) Ganhei uma linda caneta **de** ouro.
   f) Os cavalos partiram **a** galope.
   g) Abriram a porta **com** uma chave falsa.
   h) Ele não entende nada **de** política.

8. Indique as circunstâncias expressas pelos advérbios ou locuções adverbiais em destaque nas frases abaixo:
   a) "**Talvez** um dia o meu amor se extinga." (Machado de Assis)
   b) **Fatalmente** todos saberão a verdade.
   c) As estrelas iam surgindo **pouco a pouco**.
   d) **Certamente** sairei **mais tarde com meus amigos**.
   e) **Sempre** agi **de maneira honesta**.
   f) Suas afirmações são tanto inúteis como óbvias **demais**.
   g) "(...) e a cada momento limpava **com lenço** os cantos da boca." (Eça de Queirós)
   h) "Achava-se **ali** sozinha e sentada **ao piano** uma bela e nobre figura de moça." (Clarice Lispector)

9. Indique o grau em que se encontram os advérbios destacados nas seguintes frases:
   a) Ele sempre sai **muito tarde** do trabalho.
   b) Amanhã viajaremos **cedinho**.
   c) Procure falar **mais alto** hoje.
   d) Você fala **mais baixo** do que um padre.
   e) Achei o seu texto **muitíssimo** interessante.
   f) Você escreve **melhor** do que os demais da classe.
   g) Eles estavam **mais bem** informados do que nós.
   h) Ultimamente ele anda **melhor** de saúde.
   i) Meu antigo professor explicava **melhor** esse assunto.
   j) Aqueles candidatos estão **mais mal** preparados do que nós.

10. Seguindo o modelo, transforme em advérbios as locuções adverbiais relacionadas abaixo.

nesse lugar ⇒ *aí*

   a) naquele lugar
   b) neste lugar
   c) neste momento
   d) desse modo
   e) com certeza
   f) sem dúvida
   g) pouco a pouco
   h) por acaso
   i) pela raiz
   j) com frieza
   k) sem reflexão

11. Indique as relações que as conjunções coordenativas destacadas nas frases abaixo estabelecem entre as orações (**adição**, **oposição**, **alternância**, **conclusão** ou **explicação**).
   a) "Apanhei o embrulho e segui. Segui, **mas** não sem receio." (Machado de Assis)
   b) "A Igreja diz-nos que supõe que sou homem; **logo**, não sou pó." (Padre Antônio Vieira)

c) "Não examinava **nem** cheirava:
   Engolia com voracidade." (Manuel Bandeira)
d) "Alegra-te, **que** aqui estou." (Cecília Meireles)
e) "O lábio de Jandira emudeceu; **mas** o coração soluçou." (José de Alencar)
f) "Morreu Felipe dos Santos: outros, **porém**, nascerão." (Cecília Meireles)
g) "Durante a noite, dirija com cuidado, **pois** muitas pessoas não respeitam as sinalizações de trânsito." (Carlos Góes)
h) "Quincas Borba não só estava louco, **mas** sabia que estava louco." (Machado de Assis)
i) "As pessoas atingidas baixavam a cabeça, humildes, **ou** corriam a executar ordens."
   (Graciliano Ramos)
j) "Bem-aventurados os que ficam, **porque** eles serão recompensados." (Machado de Assis)
k) "O senhor é um homem, estava avisado do que ia acontecer, **portanto** não chore mais." (Rubem Braga)
l) "Reza, **que** Deus endireita tudo." (Guimarães Rosa)

12. Indique as circunstâncias que as conjunções ou locuções conjuntivas subordinativas estabelecem entre as orações nos períodos seguintes:
    a) "**Mesmo que** ele levasse aquele gadinho para a terra dele, fazia outro negócio..."
       (Guimarães Rosa)
    b) "**Quanto mais** batia, mais silêncio fazia lá dentro." (Fernando Sabino)
    c) "Ele agradecia com a cabeça, **como** um rei de volta ao seu reino." (Jorge Amado)
    d) "**Como** estivesse completamente nu, olhou para um lado e para outro."
       (Fernando Sabino)
    e) "Uma vez olhou para mim tão cheio de pena **que** pareceu haver-me adivinhado..."
       (Machado de Assis)
    f) "O espírito humano é tão criador **como** é a natureza (...)" (Graça Aranha)
    g) "Nunca a fortuna colocou um homem tão alto, **que** não tivesse necessidade de um amigo." (Sêneca)
    h) "... tudo nos parece melhor **quando** visto de longe!" (Almeida Garret)
    i) "Teus ombros suportam o mundo
       e ele não pesa **mais que** a mão de uma criança." (Carlos Drummond de Andrade)
    j) "**Se** fosse dor tudo na vida,
       Seria a morte o grande bem." (Manuel Bandeira)
    k) "Um, dois, três lampiões, acende e continua
       Outros mais a acender imperturbavelmente,
       À medida que a noite aos poucos se acentua
       E a palidez da lua apenas se pressente." (Jorge de Lima)
    l) "**Quanto mais** se aproxima o dia do casamento, mais intratável você fica."
       (Luis Fernando Verissimo)
    m) "... o passo de D. Fortunata foi um aviso **para que** nos compuséssemos."
       (Machado de Assis)
    n) "**Já que** principiei a falar, irei até o fim." (Júlio Ribeiro)
    o) "Já nesse tempo, **como** dissemos, Inocência de todo se restabelecera..."
       (Visconde de Taunay)
    p) "A pergunta da velha embatucou-me; **como** não tive de responder, desviei-me da questão." (Joaquim Manuel de Macedo)
    q) "(...) ama-se ou aborrece-se, **conforme** o coração quer." (Machado de Assis)

13. Indique que sentimento ou estado de espírito as interjeições destacadas enfatizam nas seguintes frases:

a) **Arre!** Até que enfim você chegou!

b) Cidadezinha do interior, **ah**, lugarzinho gostoso!

c) **Ah!** Finalmente estou livre deste calo maldito!

d) **Coragem!** Não desanime diante da dificuldade!

e) **Cuidado!** Não abuse de bebidas alcoólicas!

f) **Calma!** O sol nasceu para todos!

g) "**Ah!** O senhor que é o Pestana?" (Machado de Assis)

h) "Deus, **ó** Deus! onde estás que não respondes?" (Castro Alves)

DE CONCURSOS PÚBLICOS E VESTIBULARES

1. (**SRF**) Assinale a opção que preenche corretamente as lacunas do texto:

A economia lida com o problema _____ usar de maneira mais eficiente possível todos os recursos disponíveis de um país, _____ alcançar o nível mais alto possível de satisfação da procura ilimitada da sociedade por bens e serviços. O objetivo máximo da economia é satisfazer as necessidades humanas de produtos. A questão é que, _____ as necessidades sejam praticamente ilimitadas, os recursos (naturais, mão de obra, capital e tecnologia) são escassos.

(Adaptado de Enciclopédia Compacta de Conhecimentos Gerais da revista *IstoÉ*. p. 204 e 205)

a) como / para / assim

b) de / de qual / desta forma

c) por que / porque / enquanto

d) de que / em que / para que

e) de como / de modo a / embora

2. (**MP-SP**) Assinale a alternativa em que a preposição destacada é indicativa de tempo:

a) ... sob o comando do conde Maurício de Nassau **entre** 1637 e 1644.

b) ... mas conseguiu deixar marcas significativas principalmente **em** Pernambuco.

c) Foi assim que Nassau dirigiu as terras e a população **a** partir de Recife.

d) A contribuição de Post foi além da pintura, interferindo na arquitetura **de** Recife.

e) ... não representam um padrão **de** colonização holandesa.

3. (**MP-SP**) Na frase "**Quando** ocorreu o encontro entre as civilizações pré-colombianas e pré-cabralinas, os colonizadores foram capazes de superar a tragédia do enfrentamento...", a conjunção destacada pode ser substituída, sem alteração de sentido, por:

a) assim que

b) contudo

c) sempre que

d) à medida que

e) antes que

4. (**Telerj**) Assinale a opção em que não se observa equivalência de sentido entre a locução e o advérbio:

a) ao mesmo tempo – concomitantemente

b) sem muito cuidado – negligentemente

c) de vez em quando – esporadicamente

d) aos poucos – inopinadamente

e) com força – vigorosamente

5. (PGE-RJ) Na frase "... **tão** bonita, **tão**, sei lá, radiante...", a que classe de palavra pertence o vocábulo destacado?
a) palavra denotativa
b) advérbio
c) interjeição
d) preposição
e) conjunção

6. (BB) "*Este trabalho, sobre ser agradável, é gratificante.*" A preposição destacada equivale a:
a) apesar de
b) à custa de
c) além de
d) antes de
e) em vez de

7. (FJG) A palavra **como** tem o valor de conjunção subordinativa conformativa na opção:
a) Indaguei-lhe como Rubião tinha assumido aquela postura de contemplação.
b) Como não tivesse condições financeiras suficientes, Rubião viveu com parentes.
c) Como estava agradável a manhã, Rubião resolveu passear na enseada.
d) As más notícias chegam tão rápidas como as chuvas de verão.
e) Como ele mesmo disse, mana Piedade não se casou.

8. (TRT-RJ) "Anos a fio...". A expressão significa:
a) há muitos anos
b) há anos atrás
c) por muitos anos
d) por uma sequência de anos
e) nos últimos anos

9. (Esaf) Indique a alternativa em que há **erro** no emprego de conjunção:
a) O paciente estava muito doente; queria, contudo, viver.
b) Este candidato foi o mais votado, portanto será o futuro governador.
c) Não só roubam o carro, mas ainda deixam o motorista nu.
d) Devo partir imediatamente, pois já está começando a escurecer.
e) O acidente foi gravíssimo, no entretanto ninguém saiu ferido.

10. (TCE-RJ) "É um deserto **que** (I) não venceu totalmente a vegetação, **mas** (II) **que** (III) **se** (IV) esconde debaixo do mato **e** (V) já levantou dunas **de** (VI) quase 50 metros de altura." Marque a opção que apresenta corretamente a classe gramatical das palavras sublinhadas.

	Pronomes	Conjunções	Preposições
a)	I, II, III	IV	V, VI
b)	I, III, IV	II, V	VI
c)	II, III	IV	I, V, VI
d)	III, IV	I, V	I, VI
e)	IV	I, II, III	V, VI

11. (Alerj/Fesp) A preposição **em** denota fim ou destinação na seguinte frase:
a) Dar em doido.
b) Imagem em barro.
c) Pagava em cheque.
d) Tomar em penhor.
e) De grão em grão a galinha enche o papo.

12. (**Alerj/Fesp**) A preposição **a** com valor de movimento no espaço foi utilizada na seguinte frase:
a) Cumpriu tudo **a** risca.
b) Daqui **a** um mês falarei tudo.
c) **A**o anoitecer, avistei um povoado.
d) Sua vida de casada vai de mal **a** pior.
e) Do Leme **a**o Leblon, o passeio é fantástico.

13. (**FJG**) Substituindo-se o termo grifado em "Mas a localização é, **como** costumam dizer os anúncios, privilegiada", por outro, de igual significado, teremos:
a) quando
b) porque
c) conforme
d) à medida que
e) logo que

14. (**FJG**) Na sentença "**Mal** detive o carro, ela abriu a porta", o termo em destaque é classificado como:
a) advérbio de causa
b) locução adjetiva
c) advérbio de lugar
d) conjunção subordinativa temporal
e) conjunção subordinativa proporcional

15. (**Unirio**) Assinale a frase cuja lacuna se preenche **corretamente** com a preposição entre parênteses:
a) Alguns não conhecem o assunto _____ que te referes. (**de**)
b) Era uma antiga questão _____ que muitos se recordam. (**a**)
c) As questões ecológicas,_____ que muitos pensam, merecem nossa atenção. (**em**)
d) O seringueiro _____ cuja coragem ninguém duvidava, percorria a mata. (**sob**)
e) Os problemas _____ os quais os ecologistas se preocupam precisam de mais soluções. (**sobre**)

16. (**UFV-MG**) Em todas as alternativas há dois advérbios, **exceto** em:
a) Ele permaneceu muito calado.
b) Amanhã não iremos ao cinema.
c) O menino, ontem, cantou desafinadamente.
d) Tranquilamente, realizou-se, hoje, o jogo.
e) Ela falou calma e sabiamente.

17. (**Cesgranrio-RJ**) Assinale a alternativa em que ocorre a mesma relação significativa indicada pelos termos destacados em "A atividade científica é **tão** natural **quanto** qualquer outra atividade econômica":
a) Ele era tão aplicado, que em pouco tempo foi promovido.
b) Quanto mais estuda, mais aprende.
c) Tenho tudo quanto quero.
d) Sabia a lição tão bem como eu.
e) Todos estavam exaustos, tanto que se recolheram logo.

18. (**ETE-SP**) "Embora nossos governos não tenham o devido cuidado com esse patrimônio, ele é nosso."
Assinale a alternativa cujo conteúdo substitui a palavra grifada.
a) Logo que
b) Ainda que
c) Já que
d) Quando
e) Se

19. (UEL-PR) A serem considerados os resultados, o trabalho foi eficiente.
Comece com: O trabalho foi eficiente _____
a) desde que
b) ainda que
c) a menos que
d) embora
e) por isso

20. (Unifenas-MG) Observe os seguintes períodos:
I. Desceu do ônibus e abriu o guarda-chuva para a longa caminhada.
II. Deitou-se e fechou os olhos para dormir.
III. Esperou pelo sol o dia todo e as chuvas continuavam a cair.
IV. Aguardou toda a tarde, e as visitas não apareceram.
V. Preparou-se bem e começou o discurso.

(Madre Olívia, Análise semântica)

O **e** tem um matiz adversativo nos períodos:
a) III e IV
b) I e III
c) I e II
d) IV e V
e) II e V

21. (Ufal) Diante de tantos perigos, alguns recuaram.
As palavras destacadas na frase acima funcionam, respectivamente, como:
a) locução adverbial e advérbio de intensidade.
b) advérbio de lugar e pronome indefinido.
c) locução prepositiva e advérbio de intensidade.
d) advérbio de lugar e advérbio de intensidade.
e) locução prepositiva e pronome indefinido.

22. (Fuvest-SP) Nas frases abaixo, cada espaço corresponde a uma conjunção retirada.
1. "Porém já cinco sóis eram passados ___ dali nós partíramos."
2. ___ estivesse doente faltei à aula.
3. ___ haja maus nem por isso devemos descrer dos bons.
4. Pedro será aprovado ___ estude.
5. ___ chova sairei de casa.
As conjunções retiradas são, respectivamente:
a) quando, ainda que, sempre que, desde que, como
b) que, como, embora, desde que, ainda que
c) como, que, porque, ainda que, desde que
d) que, ainda que, embora, como, logo que
e) que, quando, embora, desde que, já que

23. (UFPI) Assinale a alternativa que emprega adequadamente o conectivo **onde**:
a) O que queria dizer aquele rato imenso onde vivia num buraco imenso.
b) Talvez já fosse um outro dia onde os homens estariam no pátio.
c) Os homens estariam no pátio onde desfrutavam a sua falsa liberdade.
d) Esboçou um sorriso onde sentiu que as pálpebras ainda lhe pesavam.
e) Eles sabiam onde o mais próximo prato de sopa ainda não tinha vindo.

24. (UFPE) Assinale a alternativa na qual as partículas de relação completam adequadamente o seguinte período:
_____ todos pensem o contrário, saiba que lutarei _____ alcançar meus ideais, _____ neles eu acredito.

a) Embora – porquanto – porque

b) Se bem que – a fim de – portanto

c) Ainda que – para – pois

d) Porque – a fim de que – pois

e) Contudo – para – porquanto

25. (**Vunesp**) Marque a alternativa que indica as classes das palavras destacadas conforme a ordem em que estas aparecem a seguir:

"**Ante** essa repulsa **obstinada**, teve as **mais** variadas reações."

"**Isso** produzia nele um constrangimento não só **perante** todos quantos sabiam da estória como também perante si mesmo."

a) advérbio, adjetivo, numeral, pronome demonstrativo, advérbio

b) preposição, adjetivo, advérbio, pronome demonstrativo, preposição

c) preposição, adjetivo, advérbio, pronome demonstrativo, advérbio

d) advérbio, verbo, pronome indefinido, pronome relativo, adjetivo

e) conjunção coordenativa, adjetivo, numeral, pronome indefinido, preposição

26. (**PUC-SP**) No período: "**Apesar** disso a palestra de Seu Ribeiro e D. Glória é bastante clara", a palavra destacada veicula uma ideia de:

a) concessão

b) comparação

c) consequência

d) companhia

e) modo

27. (**UFU-MG**) Em todas as alternativas a palavra em destaque indica circunstância de tempo, exceto em:

a) "Perdeu o pai aos dez anos. **Já** então ralava coco e fazia não sei que outros trabalhos de doceira, compatíveis com a idade." (Machado de Assis)

b) "E dizia isto com tal convicção, que eu **já** então informado da nossa tanoaria, esqueci um instante a volúvel dama, para só contemplar aquele fenômeno, não raro, mas curioso: uma imaginação graduada em consciência." (Machado de Assis)

c) "Uma semana depois, Virgília perguntou ao Lobo Neves, a sorrir, quando seria ele ministro. – Pela minha vontade, **já**; pela dos outros, daqui a um ano." (Machado de Assis)

d) "Nunca em minha infância, nunca em toda a minha vida, achei um menino mais gracioso, inventivo e travesso. Era a flor, e não **já** da escola, senão de toda a cidade." (Machado de Assis)

e) "Outra vez pensei no Quincas Borba, e tive então um desejo de tornar ao Passeio Público, a ver se o achava; a ideia de regenerar surgiu-me como uma forte necessidade. Fui; mas **já** não o achei." (Machado de Assis)

28. (**Mackenzie-SP**)

TEMPO-SERÁ

A Eternidade está longe

(Menos longe que o existirão

Que existe entre o meu desejo

E a palma da minha mão).

(Manuel Bandeira)

Na relação estabelecida pelo **que** em "Menos longe que o existirão", o valor semântico da conjunção é de:

a) causalidade

b) comparação

c) condição

d) explicação

e) modo

29. (Fecap-SP) Classifique a palavra **como** nas construções seguintes, numerando, convenientemente, os parênteses. A seguir, assinale a alternativa correta.

1. Preposição   ( ) Perguntamos como chegaste aqui.
2. Conjunção subordinativa causal   ( ) Percorrera as salas como eu mandara.
3. Conjunção subordinativa conformativa ( ) Tinha-o como amigo.
4. Conjunção coordenativa aditiva   ( ) Como estivesse muito frio, fiquei em casa.
5. Advérbio interrogativo de modo   ( ) Tanto ele como o irmão são meus amigos.

a) 2, 4, 5, 3, 1
b) 4, 5, 3, 1, 2
c) 5, 3, 1, 2, 4
d) 3, 1, 2, 4, 5
e) 1, 2, 4, 5, 3

30. (Unifenas-MG) *O presidente do Banco Central, Gustavo Loyola, passou o fim de semana em São Paulo. Irritado* **com** *especulações* **sobre** *sua demissão, só saiu* **de** *casa* **para** *caminhar. Ao perceber que estava sendo seguido, xingou os jornalistas. (O Estado de S. Paulo)*

As preposições destacadas desse texto indicam, respectivamente, as relações de:
a) modo – assunto – definição – consequência
b) oposição – direção – lugar – finalidade
c) referência – lugar – meio – lugar
d) instrumento – assunto – lugar – finalidade
e) causa – assunto – lugar – finalidade

31. (Mackenzie-SP – Adapt.)

"Digam o que quiserem dizer os hipocondríacos: a vida é uma coisa doce." (Machado de Assis)

Os dois-pontos substituem um elemento de ligação que exprime uma relação de:
a) consequência
b) condição
c) adição
d) oposição
e) explicação

32. (Fuvest-SP) "É preciso agir, e rápido, disse ontem o ex-presidente nacional do partido."

A frase em que a palavra destacada não exerce função idêntica à de **rápido** é:
a) Como estava exaltado, o homem gesticulava e falava **alto**.
b) Mademoiselle ergueu **súbito** a cabeça, voltou-a pro lado, esperando, olhos baixos.
c) Estavam acostumados a falar **baixo**.
d) Conversamos por alguns minutos, mas tão **abafado** que nem as paredes ouviram.
e) Sim, havíamos de ter um oratório bonito, **alto**, de jacarandá.

33. (Fuvest-SP)

"As palavras, paralelamente, iam ficando sem vida. **Já** a oração era morna, depois fria, depois inconsciente..." (Machado de Assis, *Entre Santos*)

"Nas feiras, praças e esquinas do Nordeste, costuma-se ferir a madeira com o que houver à mão: gilete, canivete ou prego. **Já** nos ateliês sediados entre Salvador e o Chuí, artistas cultivados preferem a sutileza da goiva ou do buril." (*Veja*, 17/8/94, p.122)

"Ele só se movimenta correndo e perdeu o direito de brincar sozinho na rua onde mora – por diversas vezes **já** atravessou-a com o sinal fechado para pedestres, desviando-se de motoristas apavorados." (*Veja*, 24/8/94, p.50)

Nos textos acima, o termo **já** exprime, **respectivamente**, a ideia de:
a) tempo, causalidade, intensificação.
b) oposição, espaço, tempo.
c) tempo, oposição, intensificação.
d) intensificação, oposição, tempo.
e) tempo, espaço, tempo.

34. (UFMG) Em "Orai porque não entreis em tentação", o valor da conjunção do período é de:
a) causalidade
b) condição
c) conformidade
d) explicação
e) finalidade

35. (PUC-SP) "Então, os peixes jovens, já não era mais possível segurá-los; agitavam as nadadeiras nas margens lodosas **para** ver se funcionavam **como** patas, **como** haviam conseguido fazer os mais dotados. **Mas** precisamente naqueles tempos se acentuavam as diferenças entre nós..."
As palavras destacadas indicam, respectivamente:
a) finalidade, oposição, comparação, conformidade
b) oposição, finalidade, conformidade, oposição
c) conformidade, finalidade, oposição, comparação
d) finalidade, comparação, conformidade, oposição
e) comparação, finalidade, oposição, conformidade

36. (ESPM-SP) Observe as frases abaixo e indique a alternativa que classifica morfologicamente de modo correto as palavras destacadas:
 I. Tenho **que** sair mais cedo hoje.
 II. O **quê!** Ainda não está pronta? Não acredito!
 III. **Que** lindo o seu vestido!
 IV. Este é caminho **que** eu sugeri a ele.
 V. Venha logo, **que** já estamos atrasados.

a) preposição – interjeição – advérbio – pronome – conjunção
b) conjunção – interjeição – interjeição – pronome – conjunção
c) preposição – interjeição – interjeição – conjunção – conjunção
d) conjunção – pronome – advérbio – conjunção – preposição
e) preposição – advérbio – interjeição – pronome – conjunção

37. (UEPG-PR) As formas que traduzem vivamente os sentimentos súbitos, espontâneos dos falantes são denominados:
a) conjunções
b) interjeições
c) preposições
d) locuções
e) coordenações

38. (Fuvest-SP) "... Bem cuidado como é, o livro apresenta alguns defeitos."
Começando com "O livro apresenta alguns defeitos...", o sentido da frase não será alterado se continuar com:
a) desde que bem cuidado.
b) contanto que bem cuidado.
c) à medida que é bem cuidado.
d) tanto que é bem cuidado.
e) ainda que bem cuidado.

39. (Osec-SP) "Por ter faltado muito às aulas, ele não sabia a resposta correta." Comece com: "Ele não sabia...".
a) assim que
b) por conseguinte
c) à proporção que
d) visto que
e) se bem que

40. (Enem)

SONETO DE FIDELIDADE

De tudo ao meu amor serei atento
Antes e com tal zelo, e sempre, e tanto
Que mesmo em face do maior encanto
Dele se encante mais meu pensamento.

Quero vivê-lo em cada vão momento
E em seu louvor hei de espalhar meu canto
E rir meu riso e derramar meu pranto
Ao seu pesar ou ao seu contentamento.

E assim, quando mais tarde me procure
Quem sabe a morte, angústia de quem vive
Quem sabe a solidão, fim de quem ama.

Eu possa me dizer do amor (que tive):
Que não seja imortal, posto que é chama
Mas que seja infinito enquanto dure.

(MORAES, Vinicius de. *Antologia poética*.
São Paulo: Cia. das Letras, 1992.)

A palavra **mesmo** pode assumir diferentes significados, de acordo com a sua função na frase. Assinale a alternativa em que o sentido de **mesmo** equivale ao que se verifica no 3.º verso da 1.ª estrofe do poema de Vinicius de Moraes:

a) "Pai, para onde fores, / irei também trilhando as **mesmas** ruas..." (Augusto dos Anjos)
b) "Agora, como outrora, há aqui o **mesmo** contraste da vida interior, que é modesta, com a exterior, que é ruidosa." (Machado de Assis)
c) "Havia o mal, profundo e persistente, para o qual o remédio não surtiu efeito, **mesmo** em doses variáveis." (Raimundo Faoro)
d) "Mas, olhe cá, Mana Glória, há **mesmo** necessidade de fazê-lo padre?"
(Machado de Assis)
e) "Vamos de qualquer maneira, mas vamos **mesmo**." (Aurélio)

III
Sintaxe

Parte da gramática que estuda as relações existentes entre as palavras numa frase ou entre as orações num período.

"Liberdade, essa palavra que o sonho humano alimenta, não há ninguém que explique e ninguém que entenda."

Cecília Meireles

INTRODUÇÃO

Cabe à sintaxe o estudo dos seguintes aspectos:

1. *As funções sintáticas que as palavras exercem na frase.* O estudo dessas funções recebe o nome de **análise sintática**.

Na frase *"Pessoas carentes necessitam de ajuda"*, o substantivo **pessoas** exerce a função sintática de sujeito do verbo **necessitar**. Quando identificamos a palavra **pessoas** como substantivo, estamos no campo da **morfologia**. Ao afirmarmos que ela é sujeito do verbo **necessitar**, estamos apontando a sua **função sintática** na frase.

2. *A relação de concordância que as palavras apresentam na frase.* O estudo dessa relação chama-se **sintaxe de concordância**.

Em *"Pessoas carentes necessitam de ajuda"*, vemos que o adjetivo **carentes** está no plural para combinar com o substantivo **pessoas**, que se encontra no plural. A essa combinação dá-se o nome de **concordância nominal**.

Na mesma frase, notamos que o verbo **necessitar** está na terceira pessoa do plural para concordar com o sujeito **pessoas**, também correspondente à terceira pessoa do plural. Quando a concordância se faz entre o verbo e o seu sujeito, estamos no campo da **concordância verbal**.

3. *A relação de dependência entre as palavras na frase.* Ao estudo dessa relação damos o nome de **sintaxe de regência**.

Ainda na frase citada, vemos a expressão **de ajuda** completando o sentido do verbo **necessitar**, que pede um complemento regido obrigatoriamente pela preposição **de**. Temos aí um caso de **regência verbal**.

Ao alterarmos essa frase para *"Pessoas carentes têm necessidade de ajuda"*, notamos que o termo **de ajuda** completa o sentido do substantivo **necessidade**. Como agora é um nome (substantivo) exigindo um complemento, estamos diante de um caso de **regência nominal**.

4. *A disposição das palavras na frase.*

Se invertermos a ordem dos termos da frase inicial, veremos que ela perde o sentido. Observe: *"Ajuda necessitam carentes de pessoas"*. À disposição ordenada das palavras na frase dá-se o nome de **sintaxe de colocação**.

Capítulo 1

As estruturas do período simples

CONCEITOS PRELIMINARES

FRASE

Frase é todo enunciado linguístico de sentido completo. Pode ser formada por apenas uma palavra ou por um conjunto de palavras:

> Silêncio!
>
> Diga não às drogas!
>
> Sempre tive cuidado com os meus livros.

ORAÇÃO

Oração é o enunciado linguístico construído em torno de um verbo (claro ou subentendido) ou de uma locução verbal:

> O preço da gasolina **subiu** novamente.
>
> O preço da gasolina **deverá subir** novamente.

PERÍODO

Período é o enunciado linguístico constituído de uma ou mais orações. Classifica-se em:

a) **simples** — formado por apenas uma oração, também chamada **oração absoluta**:

> As crianças **brincam** no jardim.

b) **composto** — formado por duas ou mais orações:

> [O ônibus ainda não **chegou**,] [mas não **deve demorar**,] [pois já **são** sete horas.]

OS TERMOS DA ORAÇÃO

Os termos que formam o período simples são distribuídos em: **essenciais, integrantes** e **acessórios**. Observe o quadro:

essenciais	sujeito
	predicado
integrantes	complemento verbal
	complemento nominal
	agente da passiva
acessórios	adjunto adnominal
	adjunto adverbial
	aposto

OBSERVAÇÃO

Dentro da frase, às vezes, pode aparecer uma palavra ou expressão que não estabelece relação de dependência nem com o verbo nem com o nome. Não pertence, portanto, nem ao sujeito nem ao predicado. Trata-se do **vocativo** (do qual trataremos mais adiante), usado para colocar em evidência o destinatário da mensagem.

Termos essenciais da oração

As orações, em geral, compõem-se de dois termos essenciais: o **sujeito** e o **predicado**.

1. Sujeito — termo da oração (palavra ou conjunto de palavras) a respeito do qual se enuncia alguma coisa.

2. Predicado — o que, na oração, por meio de um verbo, se enuncia a respeito do sujeito (salvo, é claro, nas orações sem sujeito, em que a oração é formada apenas pelo predicado). Veja:

Sujeito	Predicado
A irreflexão	traz duras consequências.
As boas obras	valem mais que os belos discursos.

OBSERVAÇÕES

1.ª) **Núcleo do sujeito** é a palavra-base do sujeito. Geralmente é representado por um **substantivo**, **pronome substantivo** ou **palavra substantivada**:

"Esta manhã [o **mar**] acumula ao teu pé rosas de areia..." (Murilo Mendes)
substantivo

["**Quem**] faz um poema abre uma janela." (Mário Quintana)
pronome substantivo

["O **badalar** dos sinos] animou-a debilmente." (Graciliano Ramos)
verbo substantivado

2.ª) Para facilitar o reconhecimento do sujeito, basta substituí-lo por um pronome pessoal reto (**ele**, **eles**, **ela**, **elas**, **nós** ou **vós**) sem preposição antes:

> ["O **olho** da vida] inventa o luar." (Gilberto Gil)
> (= **Ele** inventa o luar.)
> ["Uma **saudade** indizível] atraía-me para o mar." (Alexandre Herculano)
> (= **Ela** atraía-me para o mar.)

TIPOS DE SUJEITO

1. Determinado

É o tipo de sujeito que pode ser identificado na oração, quer se apresente de forma explícita, quer implícita:

> **O artista** agradecia os aplausos.
> **Nada** pesa tanto como um segredo.
> (**Eu**) Hei de cumprir a minha promessa.

O sujeito determinado pode ser:

a) **simples** — possui apenas um núcleo:

> ["Um **galo** sozinho] não tece uma manhã." (João Cabral de Melo Neto)
> núcleo

b) **composto** — possui dois ou mais núcleos:

> ["A **esposa** e o **amigo**] seguem sua marcha." (José de Alencar)
> núcleo   núcleo

c) **elíptico** (ou **oculto**) — não vem expresso na oração, mas pode ser facilmente identificado pela desinência verbal ou pelo contexto:

(1.ª oração) (2.ª oração)
"É nesta sala retirada e escura que vamos introduzir o leitor." (Machado de Assis)
(sujeito elíptico = **nós**)

(1.ª oração) (2.ª oração)
["Mesmo assim, **Pedrinho** declarou] [que simpatizava com o herói."]
(Monteiro Lobato)
(sujeito simples = **Pedrinho**)   (sujeito elíptico = **Pedrinho**)

OBSERVAÇÃO

Embora a NGB não registre a classificação **sujeito oculto**, nós a usamos por ser tradicional e prática.

2. Indeterminado

É o tipo de sujeito que não vem expresso na oração, ou por não se desejar que ele seja conhecido, ou pela impossibilidade de sua explicitação. Isso ocorre nas seguintes situações:

a) Colocando-se o verbo na 3.ª pessoa do plural, não se referindo a nenhuma palavra determinada do contexto:

> **Dizem** que haverá novas greves.
>
> **Falam** mal desse candidato.

b) Colocando-se verbos sem complemento direto (intransitivos, transitivos indiretos ou de ligação) na 3.ª pessoa do singular acompanhados do pronome **se**, que atua como índice de indeterminação do sujeito:

> **Fala-se** mal de muitos candidatos.
>
> Já não **se acredita** em milagres.
>
> Nunca **se é** dispensável quando **se é** trabalhador.

OBSERVAÇÕES

1.ª) A classificação dos verbos (**intransitivos**, **transitivos** e **de ligação**) veremos mais adiante, no estudo do predicado.

2.ª) Dependendo da classificação do verbo, o sujeito pode ser **determinado**. Isso ocorre quando o pronome **se** figura junto a verbos (no singular ou no plural) que admitem a passagem para a voz passiva analítica. Observe as transformações no quadro abaixo:

Voz passiva sintética	Voz passiva analítica
Vendeu-**se** aquele terreno.	Aquele terreno foi vendido.
Venderam-**se** aqueles terrenos.	Aqueles terrenos foram vendidos.

3. Orações sem sujeito

Em certas orações o predicado não faz referência a nenhum tipo de sujeito. Isso ocorre quando se empregam os chamados verbos impessoais. Elas são formadas:

a) com verbos que exprimem fenômenos da natureza:

> **Chove** muito nesta época do ano.
>
> **Trovejou** a noite toda.

Empregados no sentido figurado, esses verbos se tornam pessoais:

> A sogra trovejou o dia inteiro no ouvido do genro.
> sujeito

b) com o verbo **haver** empregado no sentido de existir, ocorrer ou na indicação de tempo decorrido:

> **Há** seres vivos em outros planetas?
>
> **Houve** muitas greves no último ano.
>
> **Há** dias não chove.

c) com os verbos **fazer** e **estar** empregados em referência a tempo ou clima:

> **Faz** meses que não vou à praia.
>
> **Faz** muito frio naquela região.
>
> **Está** tarde.
>
> **Está** muito frio hoje.

d) com o verbo **ser** empregado em relação a datas, horas ou distâncias:

> Hoje **é** dia quinze de março.
>
> Já **é** meio-dia.
>
> Daqui até lá **são** nove quilômetros.

e) com os verbos **bastar** e **chegar** acompanhados da preposição **de**:

> Já **basta** de mentiras!
>
> **Chega** de conversa fiada!

OBSERVAÇÃO

Nas locuções verbais formadas com verbos impessoais, a impessoalidade é transferida ao verbo auxiliar:

> **Vai chover** nos próximos dias.
>
> **Deve haver** seres vivos em outros planetas.
>
> **Vai fazer** três meses que não chove.

PREDICAÇÃO VERBAL

Como vimos, o predicado é a declaração feita a respeito do sujeito, desde que existente. Para classificá-lo, devemos estudar, antes, a predicação verbal.

O resultado da conexão entre *sujeito* e *verbo* e entre *verbo* e *complementos* é a **predicação verbal**. Quando essa conexão se faz sem necessidade de complementos, diz-se que o verbo é de **predicação completa**. Se, pelo contrário, é indispensável o complemento, tem-se um verbo de **predicação incompleta**.

Observe os seguintes exemplos:

> O último ônibus já **partiu**.
>
> A noiva **partiu** o bolo.

Na primeira frase, o verbo **partir** é de predicação completa, ou seja, não necessita de complemento para esclarecer o seu sentido.

Já na segunda frase, o verbo **partir** é de predicação incompleta, pois exige que o termo **o bolo** lhe esclareça o sentido.

Quanto à predicação, o verbo classifica-se em:

1. intransitivo — é o verbo capaz de constituir sozinho o predicado, dispensando complementos verbais (objeto direto ou indireto):

> "Na rua sem sol ninguém **ri**." (Mário Lago)
>
> "— Escrevia tanto que os dedos **adormeciam**." (Graciliano Ramos)

2. transitivo direto — é o verbo que exige um complemento não preposicionado, denominado **objeto direto**:

> "<u>Fazer</u> <u>sambas</u> lá na vila é um brinquedo." (Noel Rosa)
> VTD   OD
>
> "Na alameda da poesia, / <u>chora</u> <u>rimas</u> o luar." (Juca Chaves)
>   VTD   OD

3. transitivo indireto — é o verbo que exige um complemento obrigatoriamente regido de preposição chamado **objeto indireto**:

> "Eu tomo uma coca-cola / ela <u>pensa</u> <u>em casamento</u>." (Caetano Veloso)
>   VTI   OI
>
> "Um galo sozinho não tece uma manhã:
> ele <u>precisará</u> sempre <u>de outros galos</u>." (João Cabral de Melo Neto)
> VTI   OI

4. transitivo direto e indireto — é o verbo de sentido incompleto que pede dois complementos: um **objeto direto** e um **objeto indireto**:

> "Pálido o Sol do céu se despedia,
> <u>Enviando</u> <u>à Terra</u> <u>o derradeiro beijo</u>." (Olavo Bilac)
> VTDI   OI   OD
>
> "Ela <u>contava-lhe</u> <u>anedotas</u>, e <u>pedia-lhe</u> <u>outras</u>." (Machado de Assis)
>   VTDI OI OD   VTDI OI OD

5. de ligação — é o verbo não nocional (sem significação precisa), que liga o sujeito a uma característica (qualidade, estado ou condição) chamada **predicativo do sujeito**:

> "Sim, meu coração <u>é</u> <u>muito pequeno</u>." (Carlos Drummond de Andrade)
>   VL   PS
>
> "Os campos <u>ficaram</u> <u>tristes</u>." (Antônio F. de Castilho)
>   VL   PS

Geralmente o predicativo é representado por adjetivo. Outras classes de palavras, porém, podem exercer essa função. Veja:

> Minha boca é um **cadeado**.
> subst.
>
> Eu não sou **você**!
> pron.
>
> Não banque o **bobo**.
> subst.
>
> O verdadeiro amor é um **dar** constante.
> verbo substantivado
>
> Ele é um **maria vai com as outras**.
> expressão substantivada

Os verbos de ligação mais frequentes são: **ser**, **estar**, **parecer**, **permanecer**, **ficar** e **continuar**.

É importante observar as seguintes características dos **verbos de ligação**:

a) não têm significação própria;

b) não indicam ação;

c) não indicam a posição do sujeito num lugar.

Os verbos de ligação podem exprimir as seguintes características do sujeito:

a) **estado permanente**:

> Somente Deus **é** imortal.

b) **estado transitório**:

> "A cachorra **estava** doente." (Graciliano Ramos)

c) **mudança de estado**:

> "Para sempre **fiquei** pálido e triste." (Antero de Quental)

d) **continuidade de estado**:

> "O Rio de Janeiro **continua** lindo." (Gilberto Gil)

e) **aparência de estado**:

> "— Antônia, você **parece** uma lagarta listrada." (Manuel Bandeira)

OBSERVAÇÕES

1.ª) **Ser** é verbo *intransitivo* quando significa **realizar-se**, **ocorrer**, aparecendo sempre acompanhado de um adjunto adverbial *de tempo* ou *de lugar*:

> O jogo **será** difícil.
> S   VL PS
>
> O jogo **será** às dezesseis horas.
> S   VI adjunto adv. de tempo
>
> O jogo **será** no Estádio Municipal.
> S   VI adjunto adv. de lugar

2.ª) **Estar, permanecer, ficar** e **continuar** são verbos *intransitivos* quando indicam a *posição do sujeito num lugar*:

> O aluno **está** nervoso.
> S   VL PS
>
> O aluno **está** na sala do diretor.
> S   VI adjunto adv. de lugar

> A garota **permanece** triste.
> S   VL PS
>
> A garota **permanece** em seu quarto.
> S   VI adjunto adv. de lugar

> A torcida **ficou** calada.
> S   VL PS
>
> A torcida **ficou** atrás do gol.
> S   VI adjunto adv. de lugar

> O cão **continua** faminto.
> S   VL PS
>
> O cão **continua** no canil.
> S   VI adjunto adv. de lugar

3.ª) Dependendo do contexto, alguns verbos *intransitivos* ou *transitivos* podem assumir a função de um verbo de ligação:

> O vento **virou** o barco.
> S   VTD OD
>
> O pescador **virou** uma fera.
> S   VL PS

> O pedreiro **caiu** do andaime.
> S   VI adjunto adv. de lugar
>
> O pedreiro **caiu** doente.
> S   VL PS

4.ª) O **predicativo do sujeito** também pode ocorrer com verbos **intransitivos** ou **transitivos**. Nesse caso ele pode ocupar qualquer posição na frase. Observe o emprego da(s) vírgula(s):

> O mendigo caminhava pelas ruas triste.
> S   VI   PS
>
> O mendigo caminhava, triste, pelas ruas.
> S   VI   PS
>
> O mendigo, triste, caminhava pelas ruas.
> S   PS   VI
>
> Triste, o mendigo caminhava pelas ruas.
> PS   S   VI

> Os foliões invadiram o salão suados.
> S   VTD   PS
>
> Suados, os foliões invadiram o salão.
> PS   S   VTD
>
> Os foliões, suados, invadiram o salão.
> S   PS   VTD
>
> Os foliões invadiram, suados, o salão.
> S   VTD   PS

5.ª) O **objeto direto** e o **objeto indireto** também podem ser caracterizados por um predicativo:

> Julgamos incorreta a sua atitude.
> VTD   POD   OD
>
> Não gosto de vocês tristonhos.
> VTI   OI   POI

6.ª) Às vezes, o predicativo aparece preposicionado ou antecedido da palavra **como**:

> A torcida chamava o técnico de burro.
> S   VTD   OD   POD
>
> Consideraram o bombeiro como um herói.
> VTD   OD   POD

TIPOS DE PREDICADO

O predicado é o único termo indispensável da oração, já que o sujeito, como vimos, não só pode ser indeterminado como até mesmo não existir.

Conforme a sua estrutura, o predicado pode ser **verbal**, **nominal** ou **verbo-nominal**.

1. Predicado verbal

Ocorre quando o núcleo significativo se concentra num verbo nocional (*intransitivo* ou *transitivo*) e não há predicativo na frase:

$$\underset{\substack{S\qquad\qquad VI\qquad\qquad \text{adjunto adv. de lugar}}}{\text{"O cabrito montês }[\overset{\text{PV}}{\underline{\text{brinca nos cimos mais altos}}}.]\text{"}}$$ (Manuel Bandeira)

"O cabrito montês [brinca nos cimos mais altos.]" (Manuel Bandeira)
S — VI — adjunto adv. de lugar — PV

"Os pombos [ciscavam a terra solta.]" (Clarice Lispector)
S — VTD — OD — PV

"Madalena [apresentou Fernando a Soares.]" (Machado de Assis)
S — VTDI — OD — OI — PV

2. Predicado nominal

Ocorre quando o núcleo significativo se concentra num nome (= *predicativo do sujeito*). O verbo deste tipo de frase é sempre de ligação:

"Nossas flores [são mais bonitas.]" (Murilo Mendes)
S — VL — PS — PN

"As estrelas [estão cheias de calafrios.]" (Olavo Bilac)
S — VL — PS — PN

"[Estreito era] o círculo das suas ideias." (Machado de Assis)
PS — VL — S — PN

3. Predicado verbo-nominal

Ocorre quando há dois núcleos significativos: um **verbo nocional** (*intransitivo* ou *transitivo*) e um **nome** (**predicativo do sujeito** ou, em caso de verbo transitivo, **predicativo do objeto**):

"O homem [parou atento.]" (Clarice Lispector)
S — VI — PS — PVN

"Fabiano [marchou desorientado.]" (Graciliano Ramos)
S — VI — PS — PVN

"Ptolomeu [achou o raciocínio exato.]" (Machado de Assis)
S — VTD — OD — PO — PVN

OBSERVAÇÃO

Quando há predicativo do objeto na frase, o predicado é sempre verbo-nominal.

Termos integrantes da oração

Alguns verbos ou nomes aparecem acompanhados de outros termos, chamados **termos integrantes**. São os seguintes:

a) **complementos verbais** (**objeto direto** e **objeto indireto**);
b) **complemento nominal**;
c) **agente da passiva**.

COMPLEMENTOS VERBAIS

1. Objeto direto — é o termo que integra a significação do verbo sem auxílio de preposição obrigatória:

> "Não <u>tenho</u> **tempo marcado** / <u>Carrego</u> **o tempo** na mão." (Mário Lago)
>   VTD   OD   VTD   OD

> "<u>Beijou</u> **sua mulher** como se fosse a última." (Chico Buarque de Holanda)
>   VTD   OD

O **objeto direto** pode ser substituído por **o(s)**, **a(s)**, **no(s)**, **na(s)**, **lo(s)** ou **la(s)**:

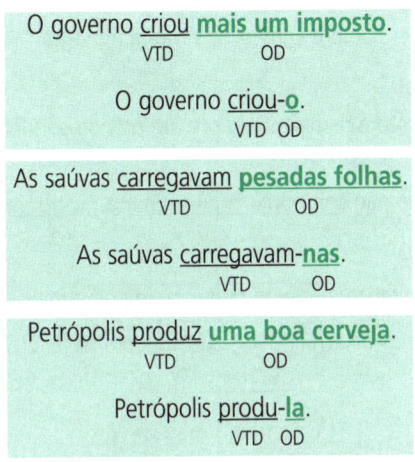

> O governo <u>criou</u> **mais um imposto**.
>   VTD   OD

> O governo <u>criou</u>-**o**.
>   VTD OD

> As saúvas <u>carregavam</u> **pesadas folhas**.
>   VTD   OD

> As saúvas <u>carregavam</u>-**nas**.
>   VTD   OD

> Petrópolis <u>produz</u> **uma boa cerveja**.
>   VTD   OD

> Petrópolis <u>produ</u>-**la**.
>   VTD OD

PARTICULARIDADES DO OBJETO DIRETO

Objeto direto preposicionado

Já vimos que o objeto direto se distingue do objeto indireto porque o segundo aparece antecedido de preposição obrigatória. Entretanto, algumas vezes o objeto direto aparece antecedido de preposição. Observe alguns desses casos:

a) para evitar ambiguidade, ou seja, para expor o fato com maior clareza:

> <u>Ofendeu</u> **ao repórter** <u>o entrevistado</u>.
>   VTD   ODPr   S

Sem a preposição, não se pode saber quem ofendeu e quem foi ofendido.

b) quando o objeto direto é representado por pronomes oblíquos tônicos (**mim**, **ti**, **si**, **ele**, **elas**, **nós**, **vós**):

> Você <u>ofendeu</u> **a mim**, não **a ele**.
>   VTD   ODPr   ODPr

c) quando o objeto direto é representado pelo pronome **quem**, com antecedente expresso:

> Aquela é a mulher **a quem** sempre <u>amei</u>.
>   ODPr   VTD

d) quando o objeto direto indica partitividade (= parte de um todo):

Jamais <u>beberás</u> **do meu vinho**.
VTD   ODPr

e) quando o objeto direto é representado por substantivo próprio ou substantivo comum designativo de pessoa:

Sabe-se que Brutus <u>traiu</u> **a Nero**.
VTD   ODPr

Sempre <u>admirei</u> **aos meus mestres**.
VTD   ODPr

f) quando o objeto direto é representado por um pronome indefinido designativo de pessoa:

Ele não conseguiu <u>impressionar</u> **a ninguém**.
VTD   ODPr

g) quando se deseja enfatizar o objeto direto ou imprimir mais elegância à frase:

" <u>Arrancam</u> **das espadas** de aço fino / os que por bom tal feito ali apregoam." (Camões)
VTD   ODPr

<u>Cumpri</u> **com meu dever**.
VTD   ODPr

Objeto direto pleonástico

Às vezes, podemos repetir o objeto direto de forma pleonástica, empregando um pronome oblíquo átono em construções do tipo:

Meus livros, não **os** empresto a ninguém.
OD   OD
pleonástico

"**Os outros reparos**, aceitei-**os** todos." (Mário de Andrade)
OD   OD
pleonástico

Objeto direto interno

Existem casos em que o objeto direto apresenta o mesmo radical do verbo, ou seu sentido já faz parte da esfera semântica do próprio verbo, por isso ele é chamado de objeto direto interno. A fim de evitar redundância, esse tipo de objeto vem sempre acompanhado de um adjunto adnominal:

Sonhei **um sonho medonho**.
Dormi **um sono tranquilo**.

2. Objeto indireto — é o termo que integra a significação do verbo, ligando-se a este obrigatoriamente por meio de uma preposição:

> "Antônia, ainda não me <u>acostumei</u> **com o seu corpo**..." (Manuel Bandeira)
> VTIOI
>
> "<u>Despedi-me</u> efusivamente **do garçom** e voltei para casa." (Lygia Fagundes Telles)
> VTIOI

O objeto indireto pode ser substituído por **a ele(s)**, **a ela(s)**, **dele(s)**, **dela(s)**, **nele(s)**, **nela(s)** etc., e, às vezes, por **lhes**:

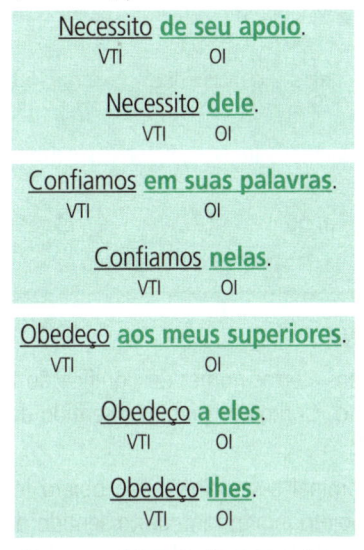

> <u>Necessito</u> **de seu apoio**.
> VTI OI
>
> <u>Necessito</u> **dele**.
> VTI OI
>
> <u>Confiamos</u> **em suas palavras**.
> VTI OI
>
> <u>Confiamos</u> **nelas**.
> VTI OI
>
> <u>Obedeço</u> **aos meus superiores**.
> VTI OI
>
> <u>Obedeço</u> **a eles**.
> VTI OI
>
> <u>Obedeço</u>-**lhes**.
> VTI OI

Assim como o objeto direto, o objeto indireto também pode aparecer de forma pleonástica:

> "**Ao avarento**, não **lhe** <u>peço</u> <u>nada</u>." (Francisco Rodrigues Lobo)
> OI OI VTDI OD
> pleonástico
>
> **A mim**, não **me** <u>interessam</u> as suas reclamações.
> OI OI VTI
> pleonástico

OBSERVAÇÕES

1.ª) Os pronomes oblíquos átonos **o(s)**, **a(s)** e as variações **no(s)**, **na(s)**, **lo(s)** e **la(s)** exercem a função de **objeto direto**:

> A derrota <u>humilhou</u>-**o**.
> VTD OD
>
> <u>Encontrei</u>-**as** na praia.
> VTD OD

2.ª) O pronome oblíquo átono **lhe(s)**, como complemento verbal, sempre exerce a função de **objeto indireto**:

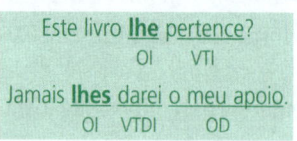

Este livro **lhe** pertence?
OI   VTI

Jamais **lhes** darei o meu apoio.
OI VTDI   OD

3.ª) Os pronomes oblíquos átonos **me**, **te**, **se**, **nos** e **vos**, dependendo da transitividade do verbo, podem funcionar como **objeto direto** ou **objeto indireto**:

Convidaram-**me** para uma grande festa.
VTD   OD

Já que sou o mais velho, obedeçam-**me**!
VTI   OI

4.ª) Os pronomes oblíquos átonos funcionam como **sujeito** de um verbo no infinitivo, excepcionalmente, em construções do tipo:

Deixem-**no** entrar. (= Deixem que **ele** entre.)

Notei-**a** aproximar-se. (= Notei que **ela** se aproximava.)

COMPLEMENTO NOMINAL

Assim como os verbos, certos nomes de significação transitiva também podem reclamar um complemento. Como completam o sentido de nomes, temos, então, o **complemento nominal**.

O complemento nominal assemelha-se ao objeto indireto por ser regido de preposição; contudo, o objeto indireto integra o sentido de um **verbo** e o complemento nominal, o de um **substantivo**, **adjetivo** ou **advérbio**.

Observe os exemplos:

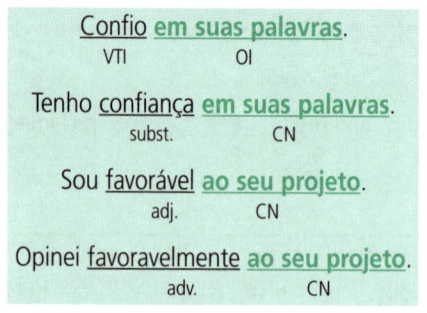

Confio **em suas palavras**.
VTI   OI

Tenho confiança **em suas palavras**.
subst.   CN

Sou favorável **ao seu projeto**.
adj.   CN

Opinei favoravelmente **ao seu projeto**.
adv.   CN

COMPLEMENTO NOMINAL DE SUBSTANTIVOS

Esclarece o sentido de substantivos de significação incompleta. Observe as suas características:

a) o substantivo que exige complemento é sempre **abstrato**;

b) o substantivo que exige complemento é geralmente **derivado** de um verbo;

c) o complemento nominal tem valor **passivo** e corresponde ao objeto (direto ou indireto) ou ao adjunto adverbial do verbo de que deriva.

Devemos **amar** **a vida**.
       VTD   OD
Devemos ter **amor** **à vida**.
      subst.   CN

Necessito **de seu apoio**.
  VTI   OI
Tenho **necessidade** **de seu apoio**.
    subst.   CN

Você **retornou** **ao lar**.
    VI   adjunto adv.
           de lugar
Aguardávamos o seu **retorno** **ao lar**.
       subst. CN

COMPLEMENTO NOMINAL DE ADJETIVOS E DE ADVÉRBIOS

Esclarece os adjetivos de sentido incompleto e de advérbios derivados de tais adjetivos:

O júri foi **favorável** **ao réu**.
     adj.   CN
O júri agiu **favoravelmente** **ao réu**.
      adv.   CN
A oposição sempre é **contrária** **ao governo**.
       adj.   CN
A oposição sempre vota **contrariamente** **ao governo**.
      adv.   CN

OBSERVAÇÃO

O **complemento nominal** também pode ser representado por pronomes oblíquos:

Deves ser-**me** obediente. (= obediente **a mim**)

A decisão saiu-**lhe** desfavorável. (= desfavorável **a ele**)

AGENTE DA PASSIVA

O **agente da passiva** é o termo que, na voz passiva analítica, pratica a ação expressa pelo verbo. É um termo obrigatoriamente regido pela preposição **por**, ou, raras vezes, pela preposição **de**:

"**A animação da praça** é atravessada agora **pelo grito das mães aflitas**."
   sujeito paciente   agente da passiva
                                   (Aníbal Machado)

"**A lua** estava cercada **de um halo cor de leite**." (Graciliano Ramos)
   sujeito paciente   agente da passiva

OBSERVAÇÕES

1.ª) Somente verbos transitivos diretos ou transitivos diretos e indiretos podem ser apassivados.

2.ª) O objeto direto da voz ativa passa a sujeito paciente na voz passiva.

3.ª) O sujeito da voz ativa passa a agente da passiva na voz passiva.

4.ª) O verbo, na voz passiva, fica no particípio, em locução verbal com um verbo auxiliar (**ser**, **estar** ou **ficar**).

Observe as transformações:

Voz ativa	A multidão aclamou o vencedor. suj. agente VTD OD
Voz passiva analítica	O vencedor foi aclamado pela multidão. suj. paciente loc. verbal ag. da passiva
Voz ativa	A Federação ofereceu um rico troféu ao vencedor. suj. agente VTDI OD OI
Voz passiva analítica	Um rico troféu foi oferecido ao vencedor pela Federação. suj. paciente loc. verbal OI ag. da passiva

5.ª) Quando o sujeito da voz ativa é indeterminado, o agente da passiva também é indeterminado:

Voz ativa	Publicaram uma notícia falsa. (sujeito indeterminado) VTD OD
Voz passiva analítica	Uma notícia falsa foi publicada. (agente da passiva indeterminado) suj. paciente loc. verbal

6.ª) Outro instrumento de apassivação é o pronome **se**, que acompanha verbos transitivos diretos ou transitivos diretos e indiretos no singular ou no plural, conforme o número do sujeito paciente. Este tipo de apassivação recebe o nome de **voz passiva sintética** ou **pronominal**:

Voz ativa	Derrubaram a torre. VTD OD	Derrubaram as torres. VTD OD
Voz passiva analítica	A torre foi derrubada. suj. paciente loc. verbal	As torres foram derrubadas. suj. paciente loc. verbal
Voz passiva sintética	Derrubou-se a torre. VTD pron. suj. apas. paciente	Derrubaram-se as torres. VTD pron. suj. apas. paciente

Termos acessórios da oração

Os termos acessórios delimitam ou especificam a significação de um núcleo representado por um substantivo ou indicam as diferentes circunstâncias em que se processam as ações verbais. São os seguintes:

ADJUNTO ADNOMINAL

O **adjunto adnominal** é o termo que delimita o significado de um substantivo-núcleo, qualquer que seja a função sintática deste.

Morfologicamente, o adjunto adnominal pode ser expresso por:

a) **artigo definido** ou **indefinido**:

[**O** cantor] [deu **um** autógrafo à fã.]
núcleo   núcleo
do S   do OD

b) **pronome adjetivo**:

[**Aquele** técnico] [confia em **seus** jogadores.]
núcleo   núcleo
do S   do OI

c) **numeral adjetivo**:

[**Três** candidatos] [disputaram o **primeiro** lugar.]
núcleo   núcleo
do S   do OD

d) **adjetivo**:

[**Largos** rios são] [estradas **naturais**.]
núcleo   núcleo do
do S   predic. do S

e) **locução adjetiva**:

[No canto **da varanda**] [havia uma cadeira **de vime**.]
núcleo do   núcleo
adjunto. adv. de lugar   do OD

OBSERVAÇÕES

1.ª) Um único substantivo pode aparecer acompanhado de vários **adjuntos adnominais**:

[Estas duas ricas estatuetas de bronze] pertenceram à vovó.
adj. adj. adj. núcleo   adj.
adn. adn. adn. do sujeito   adn.

2.ª) Os pronomes oblíquos **me**, **te**, **lhe(s)**, **nos** e **vos** também exercem a função de adjunto adnominal quando têm valor possessivo:

Doem-**me** os pés. (= Doem os **meus** pés.)

O sol queimou-**nos** a pele. (= O sol queimou a **nossa** pele.)

Beijei-**lhe** as mãos. (= Beijei as **suas** mãos.)

DISTINÇÃO ENTRE COMPLEMENTO NOMINAL E ADJUNTO ADNOMINAL

Essa dúvida surge apenas quando um termo preposicionado se relaciona com um substantivo abstrato. Observe os exemplos seguintes:

Efetuaram a prisão **do ladrão**.

A fuga **do ladrão** ocorreu à noite.

No primeiro exemplo, o termo **do ladrão** é alvo da ação indicada pelo substantivo abstrato **prisão**. Trata-se, portanto, de um **complemento nominal**.

No segundo exemplo, o termo **do ladrão** apenas delimita ou especifica mais claramente o sentido do substantivo abstrato **fuga**, sem completar-lhe o sentido. Além disso, o substantivo **ladrão** é o agente da ação indicada pelo substantivo **fuga**. Nesse caso, **do ladrão** é um **adjunto adnominal**.

Veja outros exemplos:

A crítica **ao técnico** foi injusta.

A crítica **do técnico** foi injusta.

No primeiro exemplo, o termo **ao técnico** é **complemento nominal**, já que **o técnico** é o alvo da ação indicada pelo substantivo **crítica**.

Como no segundo exemplo **o técnico** é o agente da ação indicada pelo substantivo **crítica**, ele exerce a função de **adjunto adnominal**.

OBSERVAÇÃO

Quando o termo preposicionado se relaciona com um substantivo concreto, ele geralmente exerce a função de **adjunto adnominal**:

Gosto de bolo **de chocolate**.

Papai cria cães **de caça**.

ADJUNTO ADVERBIAL

O **adjunto adverbial** é o termo que denota a circunstância do fato expresso pelo verbo ou intensifica o sentido de um **verbo**, **adjetivo** ou **advérbio**.

Morfologicamente, o adjunto adverbial é representado por advérbio ou locução adverbial:

Ele escolhia **calmamente** os presentes.
advérbio
Ele escolhia **com calma** os presentes.
locução adverbial

Entre a grande variedade de circunstâncias expressas pelos adjuntos adverbiais, destacamos as principais:

a) **tempo** (quando?) — agora, depois, sempre, hoje, ontem, nunca, jamais, à noite, às vezes etc.:

Amanhã sairei somente **à noite**.

b) **lugar** (onde?) — aqui, ali, lá, longe, perto etc.:

O acordo será assinado **no sindicato**.

c) **modo** (como?) — assim, depressa, devagar, com calma, às pressas etc.:

O diretor tomou posse **sem formalidades**.

d) **causa** (por quê?, em virtude de quê?, em razão de quê?):

O jovem poeta morreu **de tuberculose.**

e) **intensidade** (quão?, quanto?) — muito, pouco, bastante, mais, menos, bem etc.:

Aquele orador fala **muito.**

Os **adjuntos adverbiais** também podem denotar:

f) **afirmação:**

Certamente conseguiremos aprovação neste concurso.

g) **negação:**

Não sabemos se poderemos viajar.

h) **meio:**

Viajaremos **de avião.**

i) **assunto:**

O professor falará **sobre o movimento romântico.**

j) **fim, finalidade:**

Eles não estavam preparados **para o jogo.**

k) **dúvida:**

Talvez você o encontre no escritório.

l) **companhia:**

Meus filhos viajarão **comigo.**

m) **instrumento:**

Abriram a porta **com uma chave falsa.**

n) **condição:**

Sem estudo, você não progredirá.

o) **concessão:**

Apesar de pobre, ele não é miserável.

p) **preço:**

Este quadro custou **quinhentos dólares.**

DISTINÇÃO ENTRE ADJUNTO ADVERBIAL E ADJUNTO ADNOMINAL

O adjunto adverbial modifica **verbos**, **adjetivos** ou **advérbios**:

Um bom profissional sempre procede com cautela.

verbo   adjunto adv.

Caminhamos <u>muito</u> durante a manhã.
verbo   adjunto adv.

Aquele aluno <u>é</u> **<u>muito</u>** <u>esforçado</u>.
VL adjunto   adj.
adv.

Aquela atriz <u>trabalha</u> **<u>muito</u>** <u>bem</u>.
verbo   adjunto   adj.
adv.

O adjunto adnominal, por sua vez, modifica **substantivos**:

Faz **<u>muito</u>** <u>tempo</u> que eles se casaram.
adjunto adn. subst.

Um <u>procedimento</u> **<u>com cautela</u>** é mais eficaz.
subst.   adjunto adn.

APOSTO

O **aposto** é o termo que repete a função sintática de outro termo fundamental da oração. Se retirarmos o termo fundamental ao qual o aposto se refere, este passará a exercer a função do termo retirado. Observe:

"<u>Maria</u>, **<u>a esposa do infeliz</u>**, abriu finalmente a porta." (Fernando Sabino)
sujeito   aposto

<u>A esposa do infeliz</u> abriu finalmente a porta.
sujeito

TIPOS DE APOSTO

a) **Aposto explicativo** — traduz ou amplia o significado do termo fundamental. Aparece entre vírgulas, travessões ou parênteses:

Carlos Drummond de Andrade, **o maior poeta brasileiro**, nasceu em Itabira.

b) **Aposto especificativo** — liga-se, sem vírgula, a um substantivo de sentido genérico para indicar a espécie a que pertence:

O poeta **Vinicius de Moraes** gravou belas canções.

c) **Aposto enumerativo** — enumera as partes constitutivas do termo fundamental, separando-se deste por dois-pontos, vírgula ou travessão:

Li dois excelentes livros: *Sagarana* e *Dom Casmurro*.
"Nós éramos quatro, **uma prima**, **dois neguinhos e eu**." (Mário Quintana)

d) **Aposto resumidor** ou **recapitulativo** — resume por meio de um pronome o que foi expresso pelo termo fundamental:

Getúlio, Jânio, Collor, **nenhum** terminou o seu mandato.
"... festas de casamento, vaquejadas, novenas, **tudo** numa confusão."
(Graciliano Ramos)

e) **Aposto de oração** — refere-se a uma oração inteira. Geralmente é representado pelo pronome demonstrativo **o** ou por substantivos como **fato**, **episódio**, **acontecimento**, **situação** etc.:

> Você não conhece os seus limites, **o** que é uma pena.
>
> A revolução causou muitas mortes, **fato** lamentável.

OBSERVAÇÃO

Para dar mais elegância à frase, deve-se omitir, sempre que possível, o artigo antes do aposto explicativo:

> Esta obra é de Fernando Pessoa, **grande poeta português**.

Às vezes, porém, o emprego do artigo é indispensável:

> José Bonifácio, **O Moço**, foi um grande orador.

VOCATIVO

O vocativo é uma forma linguística independente da estrutura sintática da frase, isto é, não pertence nem ao sujeito nem ao predicado. É usado para chamar ou interpelar alguém ou algo personificado, podendo aparecer antecedido de interjeição de apelo: **ó**, **ô**, **olá** etc.:

> "Você é um bicho, **Fabiano**." (Graciliano Ramos)
>
> "Por que de mim te vais, **ó filho caro**?" (Camilo Castelo Branco)
>
> "**Ó máquina**, orai por nós!" (Cassiano Ricardo)
>
> "— **Ó vida futura**! nós te criaremos." (Carlos Drummond de Andrade)

Leia o texto a seguir e responda às questões de **1** a **10**.

AO LEITOR

Que Stendhal confessasse haver escrito um de seus livros para cem leitores, coisa é que admira e consterna. O que não admira nem provavelmente consternará é se este outro livro não tiver os cem leitores de Stendhal, nem cinquenta, nem vinte, e quando muito, dez. Dez? Talvez cinco. Trata-se, na verdade, de uma obra difusa, na qual eu, Brás Cubas, se adotei a forma livre de um Sterne ou de um Xavier de Maistre, não sei se lhe meti algumas rabugens de pessimismo. Pode ser. Obra de finado. Escrevi-a com a pena da galhofa e a tinta da melancolia, e não é difícil antever o que poderá sair deste conúbio. Acresce que a gente grave achará no livro umas aparências de puro romance, ao passo que a gente frívola não achará nele o seu romance usual: ei-lo aí fica privado da estima dos graves e do amor dos frívolos, que são as duas colunas máximas da opinião.

Mas eu ainda espero angariar as simpatias da opinião, e o primeiro remédio é fugir a um prólogo explícito e longo. O melhor prólogo é o que contém menos coisas, ou o que as diz de um jeito obscuro e truncado. Conseguintemente, evito contar o processo extraordinário que empreguei na composição destas *Memórias*, trabalhadas cá no outro mundo. Seria curioso, mas nimiamente extenso, e aliás desnecessário ao entendimento da obra. A obra em si mesma é tudo: se te agradar, fino leitor, pago-me da tarefa; se te não agradar, pago-te com um piparote, e adeus.

(Machado de Assis)

1. Determine o número de orações existentes na seguinte passagem:

"Trata-se, na verdade, de uma obra difusa, na qual eu, Brás Cubas, se adotei a forma livre de um Sterne ou de um Xavier de Maistre, não sei se lhe meti algumas rabugens de pessimismo".

2. Reescreva as orações que formam o período anterior e classifique o sujeito de cada uma delas.

3. Classifique sintaticamente os verbos destacados nos trechos seguintes e indique os seus respectivos complementos, quando houver:

a) "(...) se este outro livro não **tiver** os cem leitores de Stendhal (...)"
b) "**Trata**-se, na verdade, de uma obra difusa (...)"
c) "(...) não sei se lhe **meti** algumas rabugens de pessimismo (...)"
d) "**Escrevi**-a com a pena da galhofa (...)"
e) "(...) e não é difícil antever o que poderá **sair** deste conúbio."
f) "(...) a gente grave **achará** no livro umas aparências de puro romance (...)"
g) "Mas eu ainda espero **angariar** as simpatias da opinião (...)"
h) "(...) e o primeiro remédio é **fugir** a um prólogo explícito e longo."
i) "(...) se te **agradar**, fino leitor, pago-me da tarefa (...)"
j) "(...) **pago**-te com um piparote, e adeus."

4. Em "Trata-**se**, na verdade, de uma obra difusa (...)", a palavra em destaque é **pronome apassivador** ou **índice de indeterminação do sujeito**? Justifique a resposta.

5. No trecho "Que Stendhal confessasse haver escrito um de seus livros para cem leitores, coisa é que admira e consterna", há um interessante caso de aposto. Destaque-o, indicando a sua classificação.

6. Classifique o predicado das seguintes orações:

a) "Escrevi-a com a pena da galhofa e a tinta da melancolia (...)"
b) "(...) a gente grave achará no livro umas aparências de puro romance (...)"
c) "Mas eu ainda espero angariar as simpatias da opinião (...)"
d) "A obra em si mesma é tudo (...)"

7. No trecho "(...) evito contar o processo extraordinário que empreguei na composição **destas Memórias** (...)", o termo destacado é **adjunto adnominal** ou **complemento nominal**? Justifique a resposta.

8. Na passagem "O melhor prólogo é o que contém **menos** coisas (...)", o termo em destaque é **adjunto adverbial** ou **adjunto adnominal**? Por quê?

9. Em "(...) se te agradar, **fino leitor**, pago-me da tarefa (...)", o termo em destaque é **aposto** ou **vocativo**? Justifique a resposta.

10. Indique a função sintática dos termos destacados nas seguintes passagens:
   a) "O que não admira nem **provavelmente** consternará é se este outro livro não tiver os cem leitores de Stendhal (...)"
   b) "Trata-se, na verdade, de uma obra difusa, na qual eu, **Brás Cubas**, se adotei a forma livre de um Sterne (...)"
   c) "(...) não sei se lhe meti algumas rabugens **de pessimismo**."
   d) "Escrevi-a **com a pena da galhofa** (...)"
   e) "(...) ou o que as diz **de um jeito obscuro e truncado**."
   f) "(...) evito contar o processo extraordinário que empreguei **na composição destas Memórias** (...)"
   g) "Seria curioso (...) e aliás desnecessário ao entendimento **da obra**."
   h) "(...) se te não agradar, pago-te **com um piparote**, e adeus."

11. Identifique o sujeito dos verbos destacados, de acordo com o seguinte código:
   1. determinado simples
   2. determinado composto
   3. determinado elíptico (oculto)
   4. indeterminado

   a) "Senhora, **partem** tão tristes
      meus olhos por vós, meu bem." (João Ruiz de Castelo-Branco)
   b) "Os cabelos grossos, feitos em duas tranças, com as pontas atadas uma a outra, à moda do tempo, **desciam**-lhe pelas costas." (Machado de Assis)
   c) "Males inevitáveis **iam chover** sobre mim." (Graciliano Ramos)
   d) "A chuva chovia do céu
      E **enegreceu** os caminhos..." (Alberto Caeiro)
   e) "O pardalzinho nasceu
      Livre. **Quebraram**-lhe a asa." (Manuel Bandeira)
   f) "É nesta sala retirada e escura que **vamos introduzir** o leitor." (Machado de Assis)
   g) "**Restam**-nos hoje, no silêncio hostil, o mar universal e a saudade." (Fernando Pessoa)
   h) "Basta, Senhor! De teu potente braço
      Role através dos astros e do espaço
      Perdão para os crimes meus!" (Castro Alves)
   i) "Quando tudo está perdido,
      Sempre **existe** uma luz." (Renato Russo)
   j) "**Fecharam**-me todas as portas abstratas e necessárias." (Álvaro de Campos)
   k) "Uma vez **chamaram**-me poeta materialista." (Alberto Caeiro)
   l) "Ninguém **vai** me **acorrentar**, / enquanto eu puder cantar." (Chico Buarque de Holanda)
   m) "A violência, / A injustiça, / A traição / Ainda **podem perturbar** meu coração." (Gilberto Gil)
   n) "**Quebrei** a imagem dos meus próprios sonhos!" (Augusto dos Anjos)
   o) "Fabiano, Sinha Vitória e os meninos **iam** à festa de Natal na cidade." (Graciliano Ramos)
   p) "Jamais te **voltes** para trás de repente." (Mário Quintana)
   q) "**Dizem** que a máquina tem feito até milagres." (José J. Veiga)
   r) "Quando entrei na sala, ninguém **ralhou** comigo." (Machado de Assis)
   s) "Na nossa terra não se **vive** senão de política." (Lima Barreto)

12. Identifique o sujeito das orações seguintes e, a seguir, substitua-o por um pronome pessoal reto equivalente:

a) Intervieram na discussão os policiais.

b) Ainda resta uma esperança aos flagelados.

c) Vieram à nossa cidade vários turistas europeus.

d) Você e eu estamos encarregados desta tarefa.

e) Tu e os demais já podeis participar daquele festival.

f) Reinava absoluta na sala de aula a linda morena de olhos verdes.

g) Retornaram ao lar o trabalhador e sua família.

h) Ainda restam à velhinha alguns dentes cariados.

13. Os sujeitos das orações abaixo são elípticos, podendo ser identificados pela desinência verbal ou pelo contexto. Expresse-os nos parênteses:

a) (_____) não vi meu patrão, porém quando (_____) o vir, (_____) entregar-lhe-ei o currículo que (_____) me confiaste.

b) Como (_____) não previste o perigo, (_____) previna-te para que (_____) não tenhamos de socorrer-te.

c) Desejamos que (_____) participem de todas as aulas, caros alunos.

d) Maria continua apaixonada por Pedro. (_____) Afirma seu amor por ele a todo instante.

e) O escritor e o compositor italianos compareceram ao Congresso. (_____) Terão uma audiência com o presidente.

f) Se (_____) repuserdes no banco o que (_____) nos deveis, certamente (_____) ficaremos mais tranquilos.

g) Quando (_____) interviemos no caso, (_____) não nos demonstraste gratidão.

h) (_____) ficam muito satisfeitos quando (_____) veem que (_____) fazes aquilo que (_____) mais desejam.

14. Elimine os pronomes destacados abaixo, tornando indeterminado o sujeito de cada uma das orações:

a) **Alguém** invadiu a casa durante a ausência do morador.

b) **Alguém** roubou aquele banco em pleno meio-dia.

c) **Alguém** criticou as novas medidas econômicas anunciadas pelo governo.

d) **Alguém** falou sobre você na reunião de condôminos.

e) **Alguém** deixou escapar um palavrão no auditório.

f) **Alguém** gritou seu nome no corredor.

15. Indique se a palavra **se** é **pronome apassivador** ou **índice de indeterminação do sujeito**:

a) Compram-**se** títulos da dívida pública.

b) Não **se** progride sem esforço.

c) Já não **se** veem bons filmes como esse.

d) Nas boas escolas, visa-**se** à formação dos alunos.

e) Salvaram-**se** muitas vidas naquele terrível incêndio.

f) Insistiu-**se** muito naquela jogada.

g) Ainda **se** morre por amor?

h) Trabalha-**se** até altas horas naquela empresa.

i) Dizem que amor com amor **se** paga.

j) Não **se** engana uma criança com mentiras.

k) Nunca **se** recupera o tempo perdido.

l) Era-**se** mais feliz no tempo do cruzeiro?

16. Deixe sem sujeito as orações seguintes, substituindo os verbos em destaque pelo verbo **haver**:

a) **Ocorreram** manifestações contrárias às reformas anunciadas pelo governo.

b) Naquela região ainda **existem** grupos separatistas.

c) **Ocorreram** muitos acidentes naquela rodovia.

d) Se a polícia não intervier, **ocorrerão** muitos tumultos durante a partida.

e) Não **existiam** lágrimas que o comovessem.

f) Que faríamos se **ocorressem** novas guerras?

g) Espera-se que não **aconteçam** novos ataques terroristas.

h) Antigamente **existiam** jogadores mais dedicados.

i) No último concurso, **ocorreram** as desistências esperadas.

j) Não **existiam** motivos para você rir daquela maneira.

17. Complete com o verbo **fazer**:

a) — Quanto tempo faz que você parou de fumar?

 — _____ dois anos que parei de fumar.

b) — Quanto tempo faz que você se formou?

 — _____ cinco anos que me formei.

c) — Quanto tempo faz que eles se casaram?

 — _____ dez anos que eles se casaram.

d) — Quanto tempo faz que você chegou?

 — _____ vinte dias que cheguei.

e) — Quanto tempo faz que iniciou o jogo?

 — _____ quinze minutos que iniciou o jogo.

f) — Quanto tempo faz que não chove?

 — _____ duas semanas que não chove.

18. Analise as frases abaixo, colocando **C** para as corretas e **E** para as erradas:

a) Devem fazer dias bastante frios neste inverno.

b) Podem haver muitos candidatos despreparados.

c) Deviam existir muitas irregularidades em minha conta bancária.

d) Não houve provas que o condenassem.

e) Cada ano que passa, faz dias mais quentes no verão.

f) Haverá de fazer dias muito úmidos no próximo inverno.

g) Ocorreram muitas mortes naquele conflito.

h) Deverão haver conflitos sangrentos naquela região.

i) Devem existir outros métodos para a solução deste problema.

j) Devem haver muitos candidatos para essa vaga.

19. Assinale os itens que apresentam orações sem sujeito:
   a) "A máquina troveja, / Berra, fuma, ..." (Humberto de Campos)
   b) "Há um menino calado na porta de mim mesmo." (Álvaro Alves de Faria)
   c) "Era uma noite medonha, / sem estrelas, sem luar." (Gonçalves Dias)
   d) Quando anoitece ventando, amanhece chovendo.
   e) "Há uma luz no túnel dos desesperados..." (Herbet Vianna)
   f) "A grande lua subia no céu, alva e serena, nevando a mata e os campos." (Coelho Neto)
   g) "Raia agora a manhã no céu já todo azul." (Vicente de Carvalho)
   h) Basta de proteger políticos corruptos.
   i) Ventavam palavrões da boca de alguns torcedores.
   j) "Quando hoje acordei, ainda fazia escuro." (Manuel Bandeira)
   k) "Cavou a areia com as unhas, esperou que a água marejasse." (Graciliano Ramos)
   l) Choveu nota baixa na última prova.
   m) "Alta noite, seria hora e meia, acordo e não a vejo." (Machado de Assis)

20. Classifique sintaticamente os verbos em destaque, conforme o seguinte código:
   1. verbo intransitivo
   2. verbo transitivo direto
   3. verbo transitivo indireto
   4. verbo transitivo direto e indireto
   a) Acalentada pela mãe, a criança **dormiu**.
   b) Os policiais **localizaram** um novo túnel no presídio.
   c) Alguns empresários não **concordaram** com a nossa proposta.
   d) Nunca **misture** cerveja com vinho.
   e) **Ocorreram** grandes enchentes durante o último verão.
   f) **Bastava**-lhe um pouco mais de perseverança.
   g) **Ofendiam** o árbitro com terríveis palavrões.
   h) Muitos ainda **confundem** sapo com rã.
   i) Não **depende** de mim a sua promoção.
   j) **Restam** poucos quilômetros para chegarmos à praia.
   k) A plateia **aplaudia** os atores com entusiasmo.
   l) Todo homem **tem** um sonho na vida.

21. Classifique os complementos verbais destacados, colocando **OD** para **objeto direto** ou **OI** para **objeto indireto**. Em seguida, reescreva as frases, substituindo os complementos pelos pronomes oblíquos átonos correspondentes.
   a) A mãe narrava **contos de fadas** aos seus filhos.
   b) A mãe narrava contos de fadas **aos seus filhos**.
   c) Após o Natal, oferecem **vantagens** aos consumidores.
   d) Após o Natal, oferecem vantagens **aos consumidores**.
   e) Fazer **o trabalho** com atenção era o conselho do mestre.
   f) Reconhecemos **os assaltantes** dentre os detidos pela polícia.
   g) Fiz com muita dedicação **todos os meus trabalhos**.
   h) Depusemos **nossa confiança** em ti.
   i) Ninguém perdoa a falsidade **aos hipócritas**.
   j) Esta árvore produz **bons frutos** durante o ano todo.

22. Substitua os **objetos indiretos** destacados por um pronome oblíquo tônico correspondente:

a) A viúva referia-se **ao passado** com tristeza.

b) O professor concordou **com a minha opinião**.

c) A imprensa aludiu **a fatos recentes**.

d) Muitos aspiram **a um cargo público**.

e) Novas leis visam **ao progresso da nação**.

f) Diariamente assistimos **a cenas de violência**.

g) Minhas reclamações visam **ao meu próprio bem-estar**.

h) Os críticos assistiam **aos filmes premiados**.

23. Classifique os complementos verbais destacados, de acordo com o código abaixo:

1. objeto indireto
2. objeto direto preposicionado
3. objeto direto pleonástico
4. objeto indireto pleonástico
5. objeto direto interno

a) Você está ofendendo **a todos os presentes**.

b) Ele puxou **da faca** três vezes.

c) Os traidores morrerão **morte infame**.

d) A mim, abriram-**me** todas as portas.

e) Somente **ao juiz** caberá tal decisão.

f) **A mim**, abriram-me todas as portas.

g) Admiro **ao próprio inimigo** quando ele é leal.

h) Nunca desobedeças **aos mais velhos**.

i) "Gurgel tornou à sala e disse a Capitu que a filha chamava **por ela**." (Machado de Assis)

j) Vivo **uma vida agitada**.

k) Come **do pão** que te oferecem.

l) Esses comentários não **nos** interessam.

m) A ti, jamais **te** convidaremos para as solenidades.

n) Esperamos **por você** a tarde inteira.

o) Você há de chorar **lágrimas amargas**.

p) Aos lucros, somente **a eles** visam os gananciosos.

q) "Enfim peguei **dos livros** e corri a lição." (Machado de Assis)

r) Exijo que respeitem **a mim**.

s) **Aos lucros**, somente a eles visam os gananciosos.

24. Assinale as orações em que ocorre verbo de ligação e sublinhe o predicativo do sujeito:

a) O tempo virou repentinamente.

b) "Quem sabe o príncipe virou um chato." (Cazuza / Roberto Frejat)

c) O candidato estava no gabinete do senador.

d) "Para sempre fiquei pálido e triste." (Antero de Quental)

e) A queima de fogos foi um grande espetáculo.

f) "Eu sou um internado num manicômio sem manicômio." (Álvaro de Campos)

g) O papagaio vive bastante.

h) Aquela sala vive suja.

i) "Para o romano, o mundo dos prodígios ficava a Ocidente." (Aquilino Ribeiro)

j) Este velho relógio já não anda.

k) Há dias que mamãe anda nervosa.

l) "Os campos ficaram tristes." (Antônio Feliciano de Castilho)

25. Indique a função sintática dos termos destacados, de acordo com o seguinte código:

1. predicativo do sujeito   2. predicativo do objeto

a) Sempre considerei você **um bom companheiro**.

b) "Nenhum de nós seria **capaz** de tanto." (Machado de Assis)

c) A plateia aplaudia os dançarinos **entusiasmada**.

d) Seu irmão certamente será **um exemplo de pai**.

e) O mestre deu a discussão **por encerrada**.

f) Todos me julgam **um gênio**.

g) "(...) as margaridas estremecem, **sobressaltadas**." (Cecília Meireles)

h) "**Pálido** o Sol do céu se despedia, / Enviando à Terra o derradeiro beijo." (Olavo Bilac)

i) Felizmente anda **baixa** a inflação do país.

j) "Quando, um dia, eu for **velhinho**, / hei de encontrar-te, **velha**, no caminho."

k) Os noivos andavam **sorridentes** pelo salão.
(Guilherme de Almeida)

26. Classifique o predicado das orações seguintes de acordo com o seguinte código:

1. verbal   2. nominal   3. verbo-nominal

a) "Antônio Vieira Mendes casou cedo e pobre." (Camilo Castelo Branco)

b) "O estandarte do sanatório geral / vai passar." (Chico Buarque de Holanda)

c) "Pálido o Sol do céu se despedia..." (Olavo Bilac)

d) "Fui andando, sorrateiramente, encostadinho à parede." (Machado de Assis)

e) As drogas transformam os viciados em escravos.

f) "Hoje a poesia veio ao meu encontro." (Paulo César Pinheiro)

g) "Os dias, os anos / são palmos de nada." (Caetano Veloso)

h) "A realidade não precisa de mim." (Fernando Pessoa)

i) "Cada sentido é um dom divino." (Manuel Bandeira)

j) "Na rua sem sol ninguém ri." (Mário Lago)

k) "O Pão de Açúcar era um teorema geométrico." (Oswald de Andrade)

l) "Chegou a casa irritada e aterrada." (Machado de Assis)

27. Passe as orações seguintes para a voz passiva analítica e destaque o agente da passiva.

a) A luz circular do refletor envolvia o piano e o pianista.

b) Os cupins haviam destruído quase todo o teto.

c) A empresa oferecerá aos operários um ótimo reajuste salarial.

d) As águas da chuva continuam destruindo pontes e estradas.

e) Crianças carentes demonstravam desânimo e fraqueza.

f) Fortes geadas arrasaram toda a plantação de milho.

g) Infelizmente ninguém me ajudou naquele momento de aflição e dor.

h) Eu teria resolvido aquele problema com muita facilidade.

i) Todos perceberam que eu dera um alarme falso.

j) Nós deveríamos ter convidado aquela jovem interiorana para a festa.

28. Identifique os termos destacados de acordo com o seguinte código:

   1. complemento nominal   2. adjunto adnominal

  a) "Nenhum de nós seria capaz **de tanto**." (Machado de Assis)

  b) "Rumor suspeito quebra a doce harmonia **da sesta**." (José de Alencar)

  c) "As outras filhas do latim se mantiveram mais ou menos fiéis **às suas tradições**."
                                                                 (Júlio Nogueira)

  d) "Quebrei a imagem **dos meus próprios sonhos**!" (Augusto dos Anjos)

  e) "As leis de assistência **ao proletariado** ainda não são muito eficientes."
                                           (José Américo de Almeida)

  f) "O interesse **do povo** não diminuiu." (José J. Veiga)

  g) "Minha terra tem macieiras **da Califórnia**." (Murilo Mendes)

  h) "Os vigilantes, enérgicos, regularizavam a ocupação **dos lugares**." (Raul Pompeia)

  i) "O tempo rodou num instante
    Nas voltas **do meu coração**." (Chico Buarque de Holanda)

  j) "(...) fez o paraíso cheio **de amores e frutos**, e pôs o homem nele."
                               (Machado de Assis)

  k) "O olho **da vida** inventa luar." (Gilberto Gil)

  l) "Lá vem o acendedor **de lampiões** da rua!" (Jorge de Lima)

29. Indique a função sintática dos termos destacados conforme o seguinte código:

   1. complemento nominal de substantivo

   2. complemento nominal de adjetivo

   3. complemento nominal de advérbio

  a) O fumo é prejudicial **à saúde**.

  b) A necessidade **de carinho** aproxima os seres.

  c) Ela sempre demonstrou zelo **pelo trabalho**.

  d) Aquele comerciante sempre foi ávido **por dinheiro**.

  e) Você é indigno **de meu perdão**.

  f) Os atletas agiram de acordo **com o combinado**.

  g) Sempre fui amante **da boa leitura**.

  h) Qualquer cidadão consciente é capaz **de heroísmos**.

  i) O amor **àquela mulher** levou-o à loucura.

  j) O cão bem tratado sempre é fiel **ao seu dono**.

  k) Muitos parlamentares discursaram favoravelmente **a esse projeto**.

  l) Não estamos satisfeitos **com essas medidas**.

30. Sublinhe os adjuntos adnominais presentes nas seguintes orações:

  a) "Os olhos vazios e mornos miravam o silêncio coalhado da praça." (Autran Dourado)

  b) Aquelas três belas garotas do interior receberão um valioso prêmio.

  c) Os cinco primeiros alunos classificados conhecerão aquela belíssima região serrana.

  d) Esses dois bons médicos de São Paulo realizarão uma importante palestra.

  e) A alegria da mãe são os seus dois encantadores filhos de colo.

  f) Estes dois caríssimos remédios contra rinite alérgica parecem não fazer efeito.

  g) "O último passo do destino parará sem forma funesta e a noite oscilará como um
    dourado sino em praça pública." (Cecília Meireles)

31. Indique a função sintática dos pronomes oblíquos destacados de acordo com o seguinte código:

1. objeto direto
2. objeto indireto

3. complemento nominal
4. adjunto adnominal

a) Agora, meu filho, diga-**me** toda a verdade.
b) O vento batia-**me** gostosamente no rosto.
c) Aquele mal atormentou-**me** durante muito tempo.
d) Comuniquei-**lhe** os fatos ontem de manhã.
e) Os meus conselhos foram-**lhe** bastante úteis.
f) Vejo-**lhe** na fronte uma certa amargura.
g) Confiei-**lhe** todos os meus segredos.
h) Sempre **te** considerei um grande amigo.
i) Vocês devem ser-**me** sempre fiéis.
j) Contou-**nos** essa jovem uma triste história.
k) Chora-**lhe** de saudade o coração.

32. Indique a circunstância expressa pelos adjuntos adverbiais destacados nas orações que seguem. Veja o exemplo:

> "Fui andando, **sorrateiramente**, encostadinho à parede."
> (Machado de Assis) - *circunstância de modo*

a) "**No Pátio do Colégio** afundem / meu coração paulistano." (Mário de Andrade)
b) "As cores das janelas e da porta estão lavadas **de velhas**." (Autran Dourado)
c) "Clara passeava no jardim **com as crianças**." (Carlos Drummond de Andrade)
d) "**Ainda** era **muito cedo**, **não** podia aparecer ninguém." (Fernando Sabino)
e) "Foi **para vós** que ontem colhi, senhora, este ramo de flores que ora envio."
(Manuel Bandeira)
f) "A gente não pode dormir / **com os oradores e os pernilongos**." (Murilo Mendes)
g) "Quando Ismália enlouqueceu / Pôs-se **na torre** a sonhar..." (Alphonsus de Guimaraens)
h) "És **tão** mansa e macia, / que teu nome a ti mesma acaricia." (Gilka Machado)
i) "Sigo **depressa** machucando a areia." (Raul Bopp)
j) "Saio **de meu poema** / como quem lava as mãos." (João Cabral de Melo Neto)
k) "O céu **jamais** me dê a tentação funesta / de adormecer **ao léu, na lomba da flo-resta**." (Jorge de Lima)
l) "A bunda, que engraçada. / Está **sempre** sorrindo, **nunca** é trágica."
(Carlos Drummond de Andrade)
m) "**Talvez** um dia o meu amor se extinga." (Machado de Assis)

33. Analise os termos destacados nas orações seguintes de acordo com o seguinte código:

1. adjunto adnominal
2. adjunto adverbial

a) Muitos animais **da floresta** são perigosos.
b) Estes belos animais vieram **da floresta**.
c) Ele é um narciso **às avessas**.
d) Ele sempre agiu **às avessas**.
e) Investigaram **em sigilo** os escândalos de alguns políticos.
f) Uma investigação **em sigilo** desvendou alguns mistérios.
g) É saudável caminhar **de manhã**.
h) Passeios **de manhã** fazem bem à saúde.

i) Devemos dirigir **com cautela**.

j) Manobras **com cautela** são mais seguras.

k) As enchentes causam **muito** prejuízo à população.

l) A população sofre **muito** com as enchentes.

34. Indique se o termo destacado nas orações seguintes funciona como **aposto** ou como **vocativo**:

a) "O bicho, **meu Deus**, era um homem." (Manuel Bandeira)

b) "Pintou mulherio às pampas, **meu chapa**." (Paulo Mendes Campos)

c) "Olá, **guardador de rebanhos**,

aí à beira da estrada,

Que te diz o vento que passa?" (Alberto Caeiro)

d) A casa, a família, os amigos, **tudo** o deixava indiferente.

e) "Chorai, **Conde infeliz**, morreu-te a filha." (Antônio Feliciano de Castilho)

f) O horário, o salário, os colegas, **nada** o prendia ali.

g) "Venha para casa, **Senhora**, por favor." (Dalton Trevisan)

h) Nada altera a sua personalidade: **curiosidade**, **ignorância**, **desrespeito**.

i) "Toma um fósforo. Acende teu cigarro!

O beijo, **amigo**, é a véspera do escarro,

A mão que afaga é a mesma que apedreja." (Augusto dos Anjos)

j) O poeta **Luís Vaz de Camões** morreu pobre e esquecido.

k) A Argentina, **país latino-americano**, passa por momentos difíceis.

l) "**Amada**, aperta-me até o fim dos ossos." (Mário Lago)

m) "O engenheiro sonha cousas claras:

superfícies, **tênis**, **um copo d'água**." (João Cabral de Melo Neto)

n) "Para que tanta perna, **meu Deus**, pergunta meu coração." (Carlos Drummond de Andrade)

o) "Seus amigos, **os três marinheiros**, ainda estavam tomando coragem em alguma taberna ali por perto." (Maria Clara Machado)

 DE CONCURSOS PÚBLICOS E VESTIBULARES

1. (**TJ-SP**) Assinale a oração na qual o sujeito é oculto:

a) Encontramos homens e mulheres famintos.

b) Durante a noite, picharam a parede.

c) Existem razões para incriminá-lo.

d) Entraram o ministro e seus assessores.

e) Haviam sido realizadas todas as provas do concurso.

2. (**TJ-SP**) Em qual das orações abaixo o sujeito é indeterminado?

a) Nada o fará mudar de ideia.

b) Contam-se mil casos sobre aquela moça.

c) Os trombadinhas agiram rápido e levaram tudo.

d) No meio da folia, levaram minha carteira.

e) Não existiam motivos para tanta confusão.

3.(TJ-SP)

"**Basta** de covardia! A hora soa...
Voz ignota e fatídica revoa,
Quem vem... Donde? De Deus.
A nova geração rompe da terra,
E qual Minerva armada para a guerra,
Pega a espada... olha os céus."

(Castro Alves)

No poema há dois verbos destacados. Qual é a classificação do sujeito de cada um deles?

a) simples e oculto
b) inexistente e simples
c) inexistente e oculto
d) oculto e indeterminado
e) oculto e simples

4.(TCE-RJ) "Eis o que escreveu **aquela moça magra**."

O termo em destaque é:

a) sujeito
b) objeto direto
c) predicativo do sujeito
d) adjunto adnominal
e) adjunto adverbial

5.(TCE-RJ) Os termos em destaque têm a mesma função sintática em todas as opções, **exceto** em uma. Assinale-a.

a) Nomearam **meu primo** chefe de delegação.
b) **Isso** muda muito.
c) **Dirigir** se tornou mais agradável e perigoso.
d) Fiquei protegido contra as agressões que me reserva **o meio ambiente**.
e) **O calor, o trânsito e o aumento do IPI** precipitaram uma decisão ousada.

6.(CMRJ) "Ao som da bateria da Escola de Samba Império Serrano, cerca de duas mil pessoas desfilaram ontem na Avenida Atlântica."

O sujeito dessa oração é:

a) "... na Avenida Atlântica"
b) "... bateria da Escola de Samba Império Serrano, ..."
c) "Ao som da bateria..."
d) "... cerca de duas mil pessoas..."
e) "... Escola de Samba Império Serrano, ..."

7.(BB) *Havia pobres e ricos na festa ontem.*

Na frase, o verbo está no singular porque:

a) a concordância é facultativa.
b) há um erro de concordância.
c) o sujeito é indeterminado.
d) concorda com o sujeito oculto.
e) é impessoal.

8.(BB) Assinale a oração que não possui sujeito:

a) A noite caiu repentinamente sobre a cidade.
b) Nesse mês, vai fazer um ano da sua partida.
c) Choveram tomates sobre o orador.
d) O dia amanheceu bastante límpido.
e) Não havia existido ninguém com tantas qualidades.

9. (BB) O termo destacado exerce a função de objeto indireto, **exceto** em:
a) Lembrei-**lhe** a data de aniversário de sua mãe.
b) Perdi a cabeça durante a discussão e dei-**lhe** na cara.
c) Devido a problemas de saúde, proibiram-**lhe** que fumasse.
d) Incumbiram-**lhe** que entregasse a encomenda.
e) Com certeza, pagou-**lhe** com bastante atraso.

10. (TJ-SP) Marque a alternativa cujo termo em destaque não é objeto indireto:
a) O filho dera muitas alegrias **à sua velhice**.
b) Senhor, rogai **por nós**.
c) A mãe não **lhe** negaria o perdão.
d) **Desta água** não beberei.
e) Nunca **te** pedi dinheiro.

11. (TJ-SP)

"Não **quero** aparelhos
para navegar.
Ando naufragado,
Ando sem destino.
Pelo voo dos pássaros
Quero me guiar..."

(Jorge de Lima)

Os verbos destacados no poema classificam-se, quanto à predicação, como:
a) transitivo indireto – verbo de ligação
b) transitivo indireto – intransitivo
c) transitivo direto – intransitivo
d) transitivo direto – verbo de ligação
e) transitivo direto e indireto – transitivo direto

12. (PMP-RJ) Assinale a oração cujo termo em destaque é um objeto direto:
a) "... a **capital** do Rio Grande do Norte é hoje em dia a mais procurada pelo turismo."
b) "... e sair comprando **tudo** no primeiro dia."
c) "O passeio de bugre costeando o litoral é a **atração** principal do lugar."
d) "... é recomendável **alugar** um carro por 24 horas."
e) "... o passeio ao Mirante deve ser feito **pela manhã**."

13. (TRF-RJ) "É evidente que V. S.ª, ao prestar-nos as informações que lhe solicitamos, estará emitindo simples opinião pessoal, de modo algum ficando responsabilizado pelo que nos adiantar."
Os verbos das orações "ao prestar-nos as informações que lhe solicitamos" são, respectivamente:
a) transitivo direto e indireto – transitivo indireto.
b) transitivo indireto – transitivo direto e indireto.
c) ambos transitivos indiretos.
d) ambos transitivos diretos.
e) ambos transitivos diretos e indiretos.

14. (SEE-MG) Somente ocorre objeto direto pleonástico em:
a) "Da praia, os marinheiros olhavam os campos que se perdiam no horizonte."
b) "Mas dona Carolina amava mais a ele do que aos outros filhos."
c) "Pela primeira vez chorou o choro da tristeza."
d) "As migalhas que lhe ficavam entre os dedos, levava-as à boca."
e) "Encontrou-a e ao marido na fazenda das lajes."

15. (BB) Tem função sintática de objeto indireto:
a) Fomos e voltamos **a cavalo**.
b) Precisamos **de auxílio**.
c) Leitura é útil **a todos**.
d) Vivemos **para aprender**.
e) Aprendemos **através do estudo**.

16. (BB) "Amarás **a Deus** sobre todas as coisas." Função sintática da palavra destacada:
a) objeto direto preposicionado
b) predicativo do sujeito
c) complemento nominal
d) sujeito
e) objeto direto

17. (Cefet-RJ) Na expressão "... chamei Armando Nogueira de carioca...", encontramos, no predicado, pela ordem:
a) objeto direto e objeto indireto.
b) objeto direto e predicativo.
c) objeto indireto e adjunto adnominal.
d) objeto indireto e predicativo.
e) objeto direto e adjunto adverbial.

18. (STN) Observe as duas orações abaixo:
I. Os fiscais ficaram preocupados com o alto índice de sonegação fiscal.
II. Houve uma sensível queda na arrecadação do ICM em alguns estados.
Quanto ao predicado, elas classificam-se, respectivamente, como:
a) nominal e verbo-nominal.
b) verbo-nominal e verbal.
c) nominal e verbal.
d) verbal e verbo-nominal.
e) verbal e nominal.

19. (TJ-SP) Onde há predicado verbo-nominal?
a) Devolva os documentos ao diretor.
b) Renata ficou feliz.
c) Ela confia em você.
d) A notícia deixou-o preocupado.
e) Os viajantes partiram ontem.

20. (TJ-SP) Assinale a alternativa em que aparece predicado verbo-nominal:
a) "Nesse samba te proclamo majestade do universo."
b) O homem doou os agasalhos aos necessitados.
c) Após o toque permaneceram na sala os alunos.
d) "Brasil, és no teu berço dourado o índio civilizado."
e) "Lutar com palavras é a luta mais vã."

21. (TRE-RO) Marque a oração de predicado verbo-nominal:
a) "... e depois virou República Federativa do Brasil."
b) "A pronúncia muda no tempo e no espaço."
c) "... que todo o povo vem consagrando."
d) "... que a atual reforma, além de vã, é frívola."
e) "... e torna mais fácil seu ensino."

22. (Tacrim-RJ) Qual dos itens a seguir apresenta um tipo de predicado distinto dos demais?
   a) Introduzo na poesia / a palavra diarreia.
   b) Não pela palavra fria / mas pelo que ela semeia.
   c) Quem fala em flor não diz tudo.
   d) Quem me fala em dor diz demais.
   e) O poeta se torna mudo / sem as palavras reais.

23. (TRT-MG) "Pais que não impõem limites aos filhos pensam que estão sendo liberais, mas estão sendo apenas irresponsáveis."
   No período acima, **não** se encontra oração com:
   a) predicativo do sujeito.   d) predicado verbo-nominal.
   b) predicado verbal.   e) objeto indireto.
   c) predicado nominal.

24. (TCU) Assinale a opção cuja sentença apresenta predicado com a forma verbal na voz passiva sintética:
   a) Tudo, nos séculos, transforma-se incessantemente.
   b) Os povos são sangrados, contaminados, decapitados para serem convertidos em mera energia animal para o trabalho servil.
   c) Conflitos interétnicos existiram sempre, opondo as tribos indígenas umas às outras.
   d) Só a classe dirigente permanece igual a si mesma.
   e) Nada é mais continuado, tampouco é tão permanente, ao longo desses cinco séculos, do que essa classe dirigente infiel a seu povo.

25. (BB) Todas as alternativas contêm predicado nominal, **exceto** em:
   a) A casa, de longe, parecia um monstro.   d) Fique certo: eu não sou você.
   b) Aquele amor deixava-o insensível.   e) O tempo está chuvoso, sombrio.
   c) Ultimamente andava muito nervoso.

26. (TJ-SP) "O milenar livro feito de papel e protegido por uma capa de couro, veludo ou papelão é **um dos mais antigos ícones de durabilidade**, não tanto por sua resistência física à passagem do tempo, mas de permanência em suas páginas do pensamento de uma época e cultura." (IstoÉ – 5/8/98)
   O termo destacado na passagem tem função sintática de:
   a) adjunto adnominal.   d) complemento nominal.
   b) predicativo do sujeito.   e) predicativo do objeto.
   c) adjunto adverbial.

27. (TJ-SP) Em:

   "A rosa é **um jardim
   concentrado** num clarim
   de cor, anunciando
   a alvorada fogosa
   e o tempo iluminado."
   (Carlos Drummond de Andrade)

   O termo destacado é:
   a) objeto direto.   c) predicativo do sujeito.   e) aposto.
   b) adjunto adverbial.   d) adjunto adnominal.

28. (TJ-SP) Analise, sintaticamente, o termo **num clarim de cor** no texto da questão anterior:

a) sujeito

b) vocativo

c) adjunto adnominal

d) adjunto adverbial

e) predicativo do sujeito

29. (CMRJ) Em "Ela vacilou, **intimidada...**", o termo destacado exerce, na oração, a função sintática de:

a) agente da passiva.

b) predicativo do objeto.

c) adjunto adverbial de modo.

d) adjunto adnominal.

e) predicativo do sujeito.

30. (SEE-RJ) "Pouco a pouco, entre as árvores, a lua surge **trêmula**". Assinale a função da palavra em destaque:

a) predicativo do sujeito

b) objeto direto

c) adjunto adnominal

d) aposto

31. (BB) O elemento destacado está corretamente classificado, **exceto** em:

a) O filme é impróprio **para menores**. (complemento nominal)

b) Ignoro **onde** estão seus conhecimentos. (adjunto adverbial de lugar)

c) Deve-se ser tolerante **com o próximo**. (adjunto adnominal)

d) Em teu pensamento, serei apenas **lembrança**. (predicativo do sujeito)

e) Há acontecimentos em minha vida **de que** não gosto. (objeto indireto)

32. (STN) Verifique a função sintática dos termos em destaque nas frases abaixo. Classifi-que-os de acordo com a primeira coluna:

1) sujeito

2) objeto direto

3) objeto indireto

4) agente da passiva

( ) **Pedro e João** viajaram.

( ) Não vi **Maria**.

( ) Fui picado **por uma cobra**.

Assinale, agora, a sequência correta:

a) 1, 2, 4

b) 1, 2, 3

c) 1, 3, 4

d) 2, 3, 4

e) 3, 2, 1

33. (TJ-SP) Ache a alternativa em que o termo em destaque é um adjunto adnominal:

a) Voltaremos **cedo** para casa.

b) Coragem, **amigos**, não desanimem!

c) Onde estão **os** alunos?

d) Encontrei-o muito **animado** ontem.

e) Ele parece ter ódio **do rapaz**.

34. (Alerj/Fesp) "O candidato possui uma vontade **de ferro**."
Na frase acima, a locução sublinhada, por admitir sua substituição pelo adjetivo **férrea**, funciona como:

a) adjunto adnominal.

b) adjunto adverbial.

c) predicativo.

d) vocativo.

e) aposto.

35. **(CMRJ)** "Eu sei, **agora**, que o seu voto apenas..." O termo em destaque exerce, no trecho, a função de:
a) predicativo.
b) sujeito.
c) aposto.
d) vocativo.
e) adjunto adverbial.

36. **(BB)** "Beijou-**lhe** as mãos com respeito."
Função sintática do pronome **lhe**:
a) objeto direto
b) objeto indireto
c) adjunto adnominal
d) complemento nominal
e) adjunto adverbial

37. **(TJ-SP)** Analise o termo em destaque:
A Avenida **Paulista** é uma avenida muito famosa.
a) adjunto adnominal
b) núcleo do sujeito
c) aposto
d) vocativo
e) complemento nominal

38. **(CMRJ)** Em "... a administração por Herbert de Souza, **o Betinho**", o termo em destaque exerce a função de:
a) aposto.
b) vocativo.
c) adjunto adnominal.
d) adjunto adverbial.
e) predicativo.

39. **(TJ-SP)** Marque a alternativa verdadeira:
a) Dá-se o nome de **frase** quando a oração é construída em torno de um verbo, com sentido completo ou não.
b) **Objeto indireto** é o nome que se dá ao complemento do verbo transitivo que vem regido por preposição.
c) Passando-se a frase da voz passiva para a voz ativa, o agente da passiva recebe o nome de **sujeito paciente**.
d) O **predicativo do objeto** nunca pode vir precedido de preposição.
e) Quando o verbo exige outro termo para que seu sentido fique completo é classificado como **intransitivo**.

40. **(TJ-SP)** Em que oração o termo destacado não está analisado corretamente?
a) É **necessário** que você tenha coragem. (objeto direto)
b) "Nossos bosques **têm mais vida**." (predicado)
c) O poeta está **melancólico**. (predicativo do sujeito)
d) Estou certo **de sua lealdade**. (complemento nominal de um adjetivo)
e) Após a notícia, ficara calado, **sinal de sua preocupação**. (aposto)

41. **(FGV-SP)** Assinale a alternativa em que **estrelas** tem a mesma função sintática que em: "Brilham no alto as estrelas".
a) Querem erguer-se às estrelas.
b) Gostavam de contemplar as estrelas.
c) Seus olhos tinham o brilho das estrelas.
d) Fui passear com as estrelas do tênis.
e) As estrelas começavam a surgir.

42. (FGV-SP) Assinale a alternativa que completa corretamente as lacunas da frase:
"Eu ___ encontrei ontem, mas não ____ reconheci porque ____ anos que não ____ via".

a) lhe, lhe, há, lhe.   c) lhe, o, havia, lhe.   e) o, o, havia, o.

b) o, o, haviam, o.   d) o, lhe, haviam, o.

43. (PUC-SP)

POÇAS D'ÁGUA

As poças d'água são um mundo mágico.
Um céu quebrado no chão
Onde em vez de tristes estrelas
Brilham os letreiros de gás Néon.

(Mário Quintana. *Preparativos de viagem*. São Paulo, Globo, 1994)

Refletindo-se sobre a relação entre os termos da oração, pode-se afirmar que:

a) o termo **d'água** completa sintaticamente o termo **poças**.

b) o termo **mundo mágico** completa sintaticamente o termo **as poças d'água**.

c) o termo **em vez de tristes estrelas** completa o termo **brilham**.

d) não há complementos verbais nem nominais.

e) há simplesmente complementos nominais.

44. (PUC-SP) Nos trechos:
"Marciano subiu ao forro da igreja e acabou com elas **a pau**."
"Não posso ver o mostrador assim **às escuras**."
as expressões destacadas dão, respectivamente, ideia de:

a) modo, especificação   c) instrumento, modo   e) origem, modo

b) lugar, modo   d) instrumento, origem

45. (Fuvest-SP) "A ferida foi reconhecida grave." (Machado de Assis, *A causa secreta*)
A transposição da frase acima para a voz ativa está corretamente indicada em:

a) Reconheceu-se a ferida como grave.

b) Reconheceu-se uma grave ferida.

c) Reconheceram a gravidade da ferida.

d) Reconheceu-se que era uma ferida grave.

e) Reconheceram como grave a ferida.

46. (Fuvest-SP) A frase em que os vocábulos destacados pertencem à mesma classe gramatical, exercem a mesma função sintática e têm significado diferente é:

a) **Curta** o **curta**: aproveite o feriado para assistir ao festival de curta-metragem.

b) O **novo novo**: será que tudo já não foi feito antes?

c) O carro **popular** a 12.000 reais está longe de ser **popular**.

d) É **trágico** verificar que, na televisão brasileira, só o **trágico** é que faz sucesso.

e) O Brasil será um **grande** parceiro e não apenas um parceiro **grande**.

47. (UEL-PR) "Ainda que surgissem poucos **recursos** para o projeto, todos mostravam-se satisfeitos com a boa vontade **do chefe**."
As palavras em destaque no período exercem, respectivamente, a função sintática de:

a) objeto direto, complemento nominal.   d) objeto direto, objeto indireto.

b) sujeito, objeto indireto.   e) sujeito, adjunto adnominal.

c) objeto direto, adjunto adnominal.

48. (PUC-SP) Indique a alternativa que apresenta, respectivamente, as funções sintáticas das expressões destacadas nos versos:

"Amo-te, **ó rude e doloroso idioma**.
És, a um tempo, **esplendor e sepultura**." (Olavo Bilac)

a) objeto direto, objeto direto.
b) sujeito, vocativo.
c) aposto, sujeito.
d) vocativo, predicativo do sujeito.
e) predicativo do objeto, predicativo do sujeito.

49. (Unip-SP) Assinale a única alternativa que apresenta uma oração sem sujeito:
a) "Marina, morena Marina, você se pintou."
b) "Era primavera na serra..."
c) "A serra do Rola-Moça não tinha esse nome não."
d) "Sonhei que tu estavas tão linda..."
e) Nada justifica a tortura.

50. (Mackenzie-SP) Nas orações a seguir:
 I. As chuvas abundantes, pródigas, violentas, fortes, anunciaram o verão.
 II. Eu e você vamos juntos.
 III. Vendeu-se a pá.
O sujeito é respectivamente:
a) composto, simples, indeterminado.
b) composto, composto, indeterminado.
c) simples, simples, oculto.
d) simples, composto, "a pá".
e) composto, simples, "a pá".

51. (FMPA-MG) Identifique a alternativa em que o verbo destacado não é de ligação:
a) A criança **estava** com fome.
b) Pedro **parece** adoentado.
c) Ele **tem andado** confuso.
d) **Ficou** em casa o dia todo.
e) A jovem **continua** sonhadora.

52. (UFG) Em uma das alternativas a seguir, o predicativo inicia o período. Identifique-a:
a) A dificílima viagem será realizada pelo homem.
b) Em suas próprias inexploradas entranhas descobrirá a alegria de conviver.
c) Humanizado tornou-se o sol com a presença humana.
d) Depois da dificílima viagem, o homem ficará satisfeito?
e) O homem procura a si mesmo nas viagens a outros mundos.

53. (Esal-MG) Em "O tempo **estava** de morte, de carnificina", o verbo é:
a) de ligação.
b) transitivo indireto.
c) transitivo direto.
d) intransitivo.
e) transitivo direto e indireto.

54. (Mackenzie-SP) Em "... dirigiram uma certa carta aos prefeitos", a palavra **prefeitos** vem antecedida pela preposição "a" porque o verbo é:
a) transitivo indireto.
b) transitivo direto.
c) transitivo direto e indireto.
d) intransitivo.
e) n. d. a.

55. (PUC-SP) No período: "Não brincara, não pandegara, não amara — todo esse lado da existência que parece fugir um pouco à sua tristeza necessária, ele não vira, ele não provara, ele não experimentara", as últimas orações, **não vira**, **não provara**, **não experimentara**, têm a mesma organização sintática, e seus predicados são:
a) verbais, formados por verbos transitivos diretos, complementados por um objeto direto explícito no período.
b) verbais, formados por verbos intransitivos.
c) verbais, formados por verbos transitivos indiretos, complementados por um objeto indireto não explícito no período.
d) verbais, formados por verbos transitivos diretos e indiretos.
e) verbo-nominais, formados por verbos e predicativos do sujeito.

56. (Fecap-SP) "A recordação **da cena** persegue-**me** até hoje." As palavras destacadas são, respectivamente:
a) adjunto adnominal – objeto indireto.
b) adjunto adnominal – objeto direto.
c) complemento nominal – objeto indireto.
d) complemento nominal – objeto direto.
e) nenhum dos casos citados.

57. (FMU-SP)
"Tinha grande amor **à humanidade**."
"As ruas foram lavadas **pela chuva**."
"Ele é rico **em virtudes**."
As palavras destacadas são, respectivamente:
a) complemento nominal, agente da passiva, complemento nominal.
b) objeto indireto, adjunto adverbial, adjunto adverbial.
c) complemento nominal, agente da passiva, objeto indireto.
d) objeto indireto, agente da passiva, complemento nominal.
e) n. d. a.

58. (PUC-SP) "Um dia deu-**me** sono como **a qualquer criança**." (Fernando Pessoa)
As palavras destacadas são, respectivamente:
a) adjunto adverbial – adjunto adverbial.
b) objeto indireto – sujeito.
c) objeto indireto – objeto indireto.
d) objeto indireto – objeto direto preposicionado.
e) objeto direto – objeto direto.

59. (Vunesp)
"De resto não é bem uma greve, é um *lock-out*, **greve dos patrões**, que suspenderam o trabalho noturno."
"Muitas vezes lhe acontecera bater à campainha de uma casa e ser atendido **por uma empregada ou por outra pessoa qualquer**."
"E, às vezes, me julgava **importante**."
Identifique a alternativa em que os termos em destaque aparecem corretamente analisados quanto à função sintática:
a) predicativo, sujeito, objeto direto
b) aposto, agente da passiva, predicativo
c) objeto direto, objeto indireto, adjunto adverbial

d) complemento nominal, adjunto adverbial, aposto

e) vocativo, adjunto adnominal, predicativo

60. (**FGV-SP**) Assinale a alternativa em que um verbo, tomando outro sentido, tem alterada a sua predicação.

a) O alfaiate virou e desvirou o terno, à procura de um defeito. / Francisco virou a cabeça para o lado, indiferente.

b) Clotilde anda rápido como um raio. / Clotilde anda adoentada ultimamente.

c) A mim não me negam lugar na fila. / Neguei o acesso ao prédio, como me cabia fazer.

d) Não assiste ao prefeito o direito de julgar essa questão. / Não assisti ao filme que você mencionou.

e) Visei o alvo e atirei. / As autoridades portuárias visaram o passaporte.

61. (**Mackenzie--SP**) "Não se fazem **motocicletas** como antigamente." O termo em destaque funciona como:

a) objeto direto.   c) adjunto adnominal.   e) sujeito.

b) objeto indireto.   d) vocativo.

62. (**ESPM-SP**) Observe os termos destacados das orações que se seguem e identifique a alternativa que apresenta a classificação correta da função sintática:

Sempre esteve acostumado **ao luxo**.

Naquela época ainda obedecia **aos pais**.

Esta roupa não está adequada **à ocasião**.

Os velhos soldadinhos **de chumbo** foram esquecidos.

a) complemento nominal – complemento nominal – objeto indireto – complemento nominal.

b) objeto indireto – objeto indireto – objeto indireto – complemento nominal.

c) objeto indireto – complemento nominal – complemento nominal – adjunto adnominal.

d) complemento nominal – objeto indireto – complemento nominal – adjunto adnominal.

e) adjunto adnominal – objeto indireto – complemento nominal – adjunto adnominal.

63. (**ESPM-SP**) "**Sua** vida foi uma **festa contínua**." Os termos destacados são respectivamente:

a) adjunto adnominal – predicativo do sujeito.

b) sujeito – predicativo do sujeito.

c) adjunto adnominal – objeto direto.

d) adjunto adnominal – adjunto adverbial de modo.

e) sujeito – objeto direto.

64. (**FGV-SP**) Em cada uma das alternativas abaixo, está destacado um termo iniciado por preposição. Assinale a alternativa em que esse termo **não é objeto indireto**.

a) O rapaz aludiu **às histórias passadas**, quando nossa bela Eugênia ainda era praticamente uma criança.

b) Quando voltei da Romênia, o Brasil todo assistia **à novela da Globo**, todos os dias.

c) Quem disse **a Joaquina** que as batatas deveriam cozer-se devagar?

d) Com a aterrissagem, o aviador logo transmitiu **ao público** a melhor das impressões.

e) Foi fiel **à lei** durante todos os anos que passou nos Açores.

65. (**UFV-MG**) Observe a oração ambígua: "O Padre Gerôncio julgou o sacerdote jovem". Por um lado, "jovem" pode ser o resultado do julgamento do Padre Gerôncio, sendo **predicativo**; por outro, pode ser uma característica do sacerdote que independe do julgamento do Padre Gerôncio, sendo **adjunto adnominal**.

Identifique a alternativa em que "jovem" **não** representa o julgamento do Padre Gerôncio, sendo **adjunto adnominal**:

a) O Padre Gerôncio julgou o **jovem** sacerdote.

b) O Padre Gerôncio julgou-o **jovem**.

c) O sacerdote foi julgado **jovem** pelo Padre Gerôncio.

d) O Padre Gerôncio julgou **jovem** o sacerdote.

e) O Padre Gerôncio julgou que o sacerdote era **jovem**.

66. **(Mackenzie-SP)** O sujeito é simples e determinado em:

a) Há somente um candidato ao novo cargo, doutor?

b) Vive-se bem ao ar livre.

c) Na reunião de alunos, só havia pais.

d) Que calor, filho!

e) Viam-se eleitores indecisos durante a pesquisa.

67. **(Unirio)** Em "Na mocidade, muitas coisas lhe haviam acontecido", temos oração:

a) sem sujeito.

b) com sujeito simples e claro.

c) com sujeito oculto.

d) com sujeito composto.

e) com sujeito indeterminado.

68. **(Efoa-MG)** Assinale a alternativa em que a oração se classifica como **oração sem sujeito**:

a) Choveram rosas naquela manhã de maio.

b) Muitos analfabetos havia na lista de eleitores.

c) Naquele momento aconteceu o inesperado.

d) Chegaram as encomendas do Rio de Janeiro.

e) Apesar da crise, nem tudo está perdido.

69. **(Fatec-SP)** Observe, nos enunciados abaixo, a substituição dos termos destacados por pronomes.

I. Tinham **as mãos** amarradas / tinham-nas amarradas

II. Sem escutar **outras vozes** / sem escutá-las

III. Algo a dizer **aos outros** / algo a dizer-lhes

IV. Que fechem a **sua** boca / que lhe fechem a boca

A substituição está correta:

a) em II, III e IV somente.

b) em I, II, III e IV.

c) apenas em I e II.

d) apenas em I e III.

e) somente em II e IV.

70. **(PUC-SP)** No período: "Ele **me** cobre de glórias e **me** faz **magnífico**", os termos destacados têm, respectivamente, as funções sintáticas de:

a) objeto direto, objeto indireto, objeto direto.

b) objeto indireto, objeto indireto, predicativo do sujeito.

c) adjunto adnominal, adjunto adnominal, objeto direto.

d) objeto direto, objeto direto, predicativo do objeto.

e) predicativo do sujeito, predicativo do sujeito, objeto direto.

71. (**PUC-SP**) Só pessoas **sem visão** não admitem que, neste setor, existe **oferta** considerada condizente **com a procura**.

Assinale a alternativa em que se apresenta corretamente a função sintática dos termos destacados, respeitando-se a ordem em que eles ocorrem no período:

a) adjunto adnominal, objeto direto, complemento nominal.
b) adjunto adverbial, objeto direto, adjunto adnominal.
c) adjunto adnominal, sujeito, complemento nominal.
d) adjunto adverbial, sujeito, complemento nominal.
e) adjunto adnominal, objeto direto, adjunto adnominal.

72. (**PUC-SP**) Nos versos:

"E em que Camões chorou no exílio amargo,
O gênio **sem ventura** e o amor **sem brilho**"

As expressões destacadas têm, respectivamente, funções sintáticas de:
a) adjunto adverbial de modo, adjunto adverbial de modo.
b) predicativo do sujeito, predicativo do sujeito.
c) complemento nominal, complemento nominal.
d) adjunto adnominal, predicativo do sujeito.
e) adjunto adnominal, adjunto adnominal.

73. (**Vunesp**) "Não foi ausência **por uma semana**: o batom ainda no lenço, o prato na mesa **por engano**, a imagem de relance no espelho."

Os termos destacados analisam-se, respectivamente, como:
a) agente da passiva e objeto indireto.
b) adjunto adverbial de tempo e adjunto adnominal.
c) adjunto adverbial de tempo e adjunto adverbial de causa.
d) predicativo do sujeito e predicativo do objeto.
e) complemento nominal e agente da passiva.

74. (**UFV-MG**)

"Cessa **o estrondo das cachoeiras**, e com ele
A memória **dos índios**, pulverizada,
Já não desperta **o mínimo arrepio**."

(Carlos Drummond de Andrade)

No texto acima, as expressões destacadas são, respectivamente:
a) sujeito, complemento nominal, objeto direto.
b) sujeito, adjunto adnominal, objeto direto.
c) objeto direto, adjunto adnominal, sujeito.
d) objeto direto, complemento nominal, objeto direto.
e) adjunto adverbial, objeto indireto, sujeito.

75. (**ESPM-SP**) "Surgiram **fotógrafos** e **repórteres**." Indique a alternativa que classifica corretamente a função sintática e a classe gramatical dos termos destacados:
a) objeto indireto – substantivo
b) objeto direto – substantivo
c) objeto direto – adjetivo
d) sujeito – adjetivo
e) sujeito – substantivo

76. (UFSC) Observe os períodos abaixo e assinale a alternativa em que **lhe** é adjunto adnominal:

a) "... anunciou-lhe: Filho, amanhã vais comigo."

b) O peixe caiu-lhe na rede.

c) Ao traidor, não lhe perdoaremos jamais.

d) Comuniquei-lhe o fato ontem pela manhã.

e) Sim, alguém lhe propôs emprego.

77. (CEU-ES) No período "Ninguém até agora teve para comigo nenhuma palavra **de respeito, de carinho** ou **de saudade**", as palavras destacadas têm, respectivamente, a função sintática de:

a) adjunto adnominal, adjunto adverbial e objeto indireto.

b) objeto indireto, objeto indireto e objeto indireto.

c) adjunto adnominal, adjunto adnominal e adjunto adnominal.

d) complemento nominal, objeto indireto e adjunto adnominal.

e) complemento nominal, complemento nominal e complemento nominal.

78. (Unic-MT)

"Dois pais conversam sobre o futuro dos filhos:

— O que seu filho vai ser quando terminar o primeiro grau? — pergunta **um** deles.

— Pelo jeito, acho que vai ser **um** velho de barbas brancas... — responde o outro."

Um, analisando-se morfológica e sintaticamente, é, respectivamente:

a) artigo indefinido e adjunto adnominal / artigo indefinido e adjunto adnominal.

b) pronome adjetivo e objeto direto / artigo indefinido e objeto indireto.

c) pronome substantivo indefinido e sujeito / artigo indefinido e adjunto adnominal.

d) pronome adjetivo definido e adjunto adnominal / numeral cardinal e sujeito.

e) pronome adjetivo definido e adjunto adnominal / numeral cardinal e objeto direto.

79. (Unimep-SP)

I. Ele é **muito** simpático.

II. Ele trabalhou **muito** pouco.

III. Há **muito** livro interessante.

Muito é:

a) adjunto adverbial em I e II e adjunto adnominal em III.

b) adjunto adverbial em I e adjunto adnominal em II e III.

c) adjunto adverbial em II e adjunto adnominal em I e III.

d) adjunto adverbial em I, II e III.

e) adjunto adnominal em I, II e III.

80. (Unimep-SP) Em : "... as empregadas das casas saem **apressadas**, de latas e garrafas na mão, para a pequena fila **de leite**", os termos destacados são, respectivamente:

a) adjunto adverbial de modo e adjunto adverbial de matéria.

b) predicativo do sujeito e adjunto adnominal.

c) adjunto adnominal e complemento nominal.

d) adjunto adverbial de modo e adjunto adnominal.

e) predicativo do objeto e complemento nominal.

Capítulo 2

As estruturas do período composto

CONCEITOS GERAIS

Como vimos no capítulo anterior, o período pode ser formado por apenas uma oração ou por um conjunto de orações. Assim, o período pode ser:

a) **simples** — formado por apenas uma oração, chamada **oração absoluta**:

> "Alguns anos **vivi** em Itabira." (Carlos Drummond de Andrade)

b) **composto** — é formado por duas ou mais orações:

> ["O importante **é**] [que a nossa emoção **sobreviva**."] (Paulo César Pinheiro)

O período pode ser composto:

a) **por coordenação** — as orações são sintaticamente independentes, ou seja, não exercem função sintática em relação a **verbos**, **nomes** ou **pronomes** de outra oração:

> ["Deus **quer**,] [o homem **sonha**,] [a obra **nasce**."] (Fernando Pessoa)
>   1.ª oração   2.ª oração   3.ª oração

Observe que as três orações acima apresentam estrutura sintática independente. Ainda assim, estão colocadas lado a lado, formando um único período.

b) **por subordinação** — as orações são sintaticamente dependentes, ou seja, uma exerce função sintática em relação a um **verbo**, **nome** ou **pronome** de uma outra oração.

> ["O compositor me **disse**] [que eu **cantasse** distraidamente essa canção."] (Gilberto Gil)
>   1.ª oração   2.ª oração

Nesse período, a segunda oração depende sintaticamente da primeira, pois exerce a função de objeto direto do verbo **dizer** da primeira oração. Essa oração é chamada **subordinada**, e a primeira é a sua **principal**.

c) **por coordenação e subordinação** — é o período que apresenta os dois tipos de oração apontados:

> ["A recordação de uns simples olhos basta] [para fixar outros]
> 1.ª oração   2.ª oração
>
> [que os recordem] [e se deleitem com a imaginação deles."] (Machado de Assis)
> 3.ª oração   4.ª oração

Já nesse período, a segunda oração subordina-se ao verbo **bastar** da primeira, que é a principal; a terceira e a quarta são coordenadas entre si, porém são dependentes do pronome **outros** da segunda oração. Trata-se, portanto, de um **período misto**.

Para separar as orações de um período composto, temos de prestar atenção a dois elementos fundamentais: os **verbos** (ou **locuções verbais**) e os **conectivos** (**conjunções** ou **pronomes relativos**).

Os verbos (ou locuções verbais) são os elementos que originam as orações; os conectivos são os elementos de ligação entre as orações.

Sabemos que, num período, o número de orações existentes corresponde ao número de verbos ou locuções verbais. Devemos, portanto, primeiro assinalar esses elementos no período, identificando, assim, quantas orações ele apresenta.

Se o conectivo é o elemento de ligação das orações, ele une o início de uma com o final de outra:

> [Ele saiu] [logo que cheguei,] [já que fora chamado com urgência.]
> 1.ª oração   2.ª oração   3.ª oração

Às vezes, o conectivo pode aparecer deslocado da sua posição inicial. Isso ocorre, geralmente, com as *conjunções coordenativas adversativas* e com as *conclusivas*:

> [As galochas estão em desuso;] [alguns antigos, contudo, ainda as usam.]
> 1.ª oração   2.ª oração
>
> [O nosso ideal é nobre;] [devemos, portanto, lutar por ele.]
> 1.ª oração   2.ª oração

PERÍODO COMPOSTO POR COORDENAÇÃO

Orações coordenadas assindéticas e sindéticas

O período composto por coordenação é formado por orações sintaticamente completas, ou seja, as orações componentes possuem, expressos ou elípticos, todos os termos de seu modelo estrutural.

Essas orações podem aparecer separadas por sinal de pontuação (**vírgula** ou **ponto e vírgula**) ou ligadas por **conjunção coordenativa**. No primeiro caso, a coordenação é **assindética**; no segundo, **sindética**:

> ["Subi devagarinho,] [colei o ouvido à porta da sala de Damasceno,]
> 1.ª oração   2.ª oração
>
> [mas nada mais ouvi."] (Machado de Assis)
> 3.ª oração

Nesse exemplo, temos três orações coordenadas. Entre a primeira e a segunda, há coordenação **assindética**, já que não há conjunção entre elas; a terceira coordena-se à segunda por meio da conjunção coordenativa **mas**, havendo, portanto, uma coordenação **sindética**.

Convém observar que, num período de orações coordenadas, geralmente a oração inicial é assindética.

As **orações coordenadas sindéticas** são classificadas de acordo com as conjunções coordenativas que as introduzem (**aditivas**, **adversativas**, **alternativas**, **conclusivas** ou **explicativas**):

ADITIVAS

Exprimem ideia de sucessibilidade ou simultaneidade. São introduzidas por **e**, **nem**, **mas também**, **mas ainda**, **bem como**, **como também**, **senão também**, **que** (= **e**):

> Maria da Glória casou-se **e teve quatro filhos**.
>
> Os convidados não compareceram **nem explicaram o motivo**.

ADVERSATIVAS

Exprimem oposição, contraste ou ressalva em relação ao fato anterior. São introduzidas por **mas**, **porém**, **todavia**, **contudo**, **entretanto**, **no entanto**, **senão**, **não obstante**, **ao passo que**, **apesar disso**, **em todo caso**:

> Ele é bastante rico, **mas não paga as dívidas assumidas**.
>
> "A morte é dura, **porém longe da pátria é dupla a morte**." (Laurindo Rabelo)

ALTERNATIVAS

Exprimem fatos que se alternam ou se excluem. São introduzidas por **ou**, **ou** ... **ou**, **ora** ... **ora**, **quer** ... **quer**, **seja** ... **seja**, **já** ... **já**, **talvez** ... **talvez**:

> "Entro num drama **ou saio de uma comédia**?" (Machado de Assis)
>
> **Ora responde, ora fica calado**.

OBSERVAÇÃO

Nesse último exemplo, as duas orações são **sindéticas alternativas**.

CONCLUSIVAS

Exprimem uma conclusão lógica sobre um raciocínio expresso anteriormente. São introduzidas por **logo**, **portanto**, **por conseguinte**, **por isso**, **pois** (esta última não iniciando a oração):

> Meu carro está em péssimas condições, **portanto não viajarei com ele**.
>
> "Era domingo; **eu nada tinha**, **pois**, **a fazer**." (Paulo Mendes Campos)

EXPLICATIVAS

Justificam uma opinião ou ordem expressas anteriormente. São introduzidas por **que**, **porque**, **porquanto**, **pois** (esta última iniciando a oração):

> "Vamos dormir, **que é tarde**." (Machado de Assis)
>
> "Um pouquinho só lhe bastava no momento,
> **pois estava com fome**..." (Aníbal Machado)

PERÍODO COMPOSTO POR SUBORDINAÇÃO

O período composto por subordinação é formado por orações que exercem uma função sintática em relação a um termo situado em outra oração, denominada oração principal, que pode vir no começo do período, no final ou ainda estar interrompida por uma subordinada.

A **oração principal**, portanto, é a que possui outra oração exercendo uma função sintática em relação a ela.

De acordo com a função que exercem, as orações subordinadas podem ser **substantivas**, **adjetivas** ou **adverbiais**.

Orações subordinadas substantivas

As orações subordinadas substantivas exercem as funções próprias de um substantivo. Veja:

> Aguardamos a sua visita.
> substantivo

O substantivo **visita** exerce a função de núcleo do objeto direto do verbo **aguardar**. Em seu lugar podemos usar uma oração com função sintática equivalente:

> Aguardamos **que você nos visite**.
> or. subord. substantiva

Conforme as funções que exercem, as orações subordinadas substantivas são classificadas como **subjetivas**, **objetivas diretas**, **objetivas indiretas**, **completivas nominais**, **predicativas** e **apositivas**.

As orações subordinadas substantivas também podem ser **conectivas**, **justapostas** ou **reduzidas**:

a) **conectivas** — são introduzidas pelas conjunções subordinativas integrantes **que** ou **se**:

> Dizem **que haverá novos aumentos de impostos**.
> Não sei **se poderei sair hoje à noite**.

b) **justapostas** — são introduzidas por advérbios ou pronomes interrogativos (**onde, como, quando, quanto, quem** etc.):

> Ignora-se **onde eles esconderam as joias roubadas**.
> Não sei **quem lhe disse tamanha asneira**.
> "Tu sabes **como é grande o mundo**." (Carlos Drummond de Andrade)

c) **reduzidas** — não são introduzidas por conectivo, e o verbo fica no **infinitivo**:

> Ele afirmou **desconhecer estas regras**.
> É melhor **você se retirar da sala**.
> "Como é possível **morrer-se tão sem dor**?" (Cecília Meireles)

OBSERVAÇÃO

Para a classificação de uma oração subordinada substantiva podemos recorrer ao seguinte artifício:

- substituímos a oração subordinada pelo pronome **isso**, regido, quando necessário, de preposição;
- a função que o pronome **isso** exercer na oração substituta será a função da oração substituída. Observe os exemplos:

> Desejamos <u>**que você seja bem-sucedido nos exames**</u>. (Desejamos <u>**isso**</u>.)
> or. subord. subst. objetiva direta   OD

> É importante <u>**que saibamos escolher bem os candidatos**</u>. (<u>**Isso**</u> é importante.)
> or. subord. subst. subjetiva   sujeito

SUBJETIVAS

Exercem a função de **sujeito**. Nesse caso, o verbo da oração principal deve figurar na voz ativa, passiva analítica ou passiva sintética, sempre na 3.ª pessoa do singular, sem se referir a algum termo da oração em que se encontra:

> Foi importante <u>o seu regresso</u>.
> sujeito

> Foi importante <u>**que você regressasse**</u>. (or. subord. subst. subjetiva)
> sujeito oracional

> "Parece <u>**que a agulha não disse nada**</u>." (Machado de Assis)
> sujeito oracional

> "É provável <u>**que o tempo faça a ilusão recuar**</u>." (Paulo César Pinheiro)
> sujeito oracional

OBJETIVAS DIRETAS

Exercem a função de **objeto direto** de um verbo transitivo direto ou transitivo direto e indireto da oração principal:

> Desejo <u>o seu regresso</u>.
> OD
>
> Desejo <u>que você regresse</u>. (or. subord. subst. objetiva direta)
> OD oracional
>
> "Os ornitólogos devem saber <u>se isso é caso comum ou raro</u>." (Cecília Meireles)
> OD oracional

OBJETIVAS INDIRETAS

Funcionam como **objeto indireto** de um verbo transitivo indireto ou transitivo direto e indireto da oração principal:

> Insisto <u>em que você regresse</u>.
> OI
>
> Informe-se <u>do que aconteceu</u>. (or. subord. subst. objetiva indireta)
> OI oracional
>
> "Não nos esqueçamos <u>de que o bem-estar social nasceu da ilustração</u>."
> OI oracional
> (Alexandre Herculano)

COMPLETIVAS NOMINAIS

Exercem a função de **complemento nominal** de um substantivo, adjetivo ou advérbio da oração principal:

> Tenho **necessidade** <u>de seu apoio</u>.
> subst.   complemento nominal
>
> Tenho **necessidade** <u>de que você me apoie</u>. (or. subord. subst. completiva nominal)
> subst.   complemento nominal oracional
>
> "Para lá rumei, **certo** <u>de que o meu amigo me acompanharia</u>." (Orígenes Lessa)
> adj.   complemento nominal oracional
>
> Opinei **contrariamente** <u>a que o convidassem</u>.
> adv.   complemento nominal oracional

PREDICATIVAS

Funcionam como **predicativo do sujeito** da oração principal. Sempre figuram após o verbo de ligação **ser**:

> Meu desejo é <u>a sua felicidade</u>.
> predic. do sujeito
>
> Meu desejo é <u>que você seja feliz</u>. (or. subord. subst. predicativa)
> predic. do suj. oracional
>
> "O certo é <u>que não compreendi bem aquele olhar</u>." (Alphonsus de Guimaraens)
> predic. do suj. oracional

APOSITIVAS

Funcionam como **aposto**. Geralmente vêm depois de dois-pontos ou, mais raramente, entre vírgulas:

Só quero uma coisa: a sua volta imediata.

aposto

Só quero uma coisa: que você volte imediatamente. (or. subord. subst. apositiva)

aposto oracional

"Ameaçava-me sempre dum castigo tremendo: depenar-me." (Monteiro Lobato)

aposto oracional

OBSERVAÇÃO

Embora a NGB não registre, o **agente da passiva** também pode aparecer em forma de oração:

Este assunto será esclarecido por quem o entenda profundamente.

suj. paciente   loc. verbal   or. subord. subst.

agente da passiva

Orações subordinadas adjetivas

As orações subordinadas adjetivas desempenham a função própria de um **adjetivo** (**adjunto adnominal** ou, raras vezes, **aposto explicativo**). Observe:

Os trabalhadores grevistas foram demitidos.

adjetivo

O adjetivo **grevistas** exerce a função de adjunto adnominal do substantivo **trabalhadores**. Podemos substituí-lo por uma oração de igual função:

Os trabalhadores que fizeram greve foram demitidos.

or. subord. adjetiva

Essas orações são introduzidas por pronomes relativos (**que**, **o qual**, **a qual**, **os quais**, **as quais**, **cujo**, **cuja**, **cujos**, **cujas** etc.).

As orações subordinadas adjetivas podem acrescentar ao substantivo ou pronome de outra oração uma ideia de maior ou menor importância para o sentido do período todo, daí receberem a classificação de **restritivas** ou **explicativas**.

RESTRITIVAS

Especificam ou limitam a significação do termo antecedente, acrescentando-lhe um elemento indispensável ao sentido; não é possível suprimi-las sem prejudicar o sentido do período. Por essa razão, não são isoladas por vírgulas:

A doença que surgiu recentemente ainda é incurável.

No período acima, a oração adjetiva "que surgiu recentemente" é **restritiva**, já que sem ela o período ficaria sem sentido.

EXPLICATIVAS

Não limitam o termo antecedente; elas simplesmente acrescentam uma explicação sobre alguma qualidade peculiar do antecedente. Funcionam como uma espécie de informação acessória, podendo ser suprimidas sem prejudicar o sentido do período:

> Minha mãe, que é muito católica, vai à missa todos os domingos.

Nesse período, a oração adjetiva "que é muito católica" é **explicativa**. Se ela for retirada, o significado do período não sofrerá alterações.

Toda oração adjetiva **explicativa** aparece isolada por **vírgulas**.

O emprego ou não da **vírgula** nas orações adjetivas é de fundamental importância na escrita. Às vezes, o significado de uma frase pode mudar, de acordo com o emprego da vírgula. Observe:

> Ele visitará o irmão que mora em Recife.
> (Ele tem mais de um irmão; apenas um deles mora em Recife — restritiva.)
> Ele visitará o irmão, que mora em Recife.
> (Ele tem apenas um irmão, e este mora em Recife — explicativa.)

As orações subordinadas adjetivas podem aparecer de forma reduzida. Basta eliminar o pronome relativo e empregar o verbo no **particípio**, no **gerúndio** ou, mais raramente, no **infinitivo**. Veja os exemplos:

> Conheci as garotas chegadas da Itália.   (= que chegaram da Itália)
> (or. subord. adjetiva restritiva reduzida de particípio)
> Naquela esquina há crianças pedindo esmolas.   (= que pedem esmolas)
> (or. subord. adjetiva restritiva reduzida de gerúndio)
> Meu vizinho possui um cão de meter medo.   (= que mete medo)
> (or. subord. adjetiva restritiva reduzida de infinitivo)

QUE: DISTINÇÃO ENTRE PRONOME RELATIVO E CONJUNÇÃO INTEGRANTE

- Quando **pronome relativo**, como vimos, introduz **oração subordinada adjetiva**. Relaciona-se a um termo antecedente e corresponde a **o qual**, **a qual**, **os quais**, **as quais**:

> termo antecedente   or. subord. adj.
> Feliz é o homem que encontra o que procura.
> (que — pronome relativo = o qual)

- Quando **conjunção integrante**, introduz **oração subordinada substantiva**. **Não** corresponde a **o qual**, **a qual**, **os quais**, **as quais**:

> oração principal   or. subord. subst.
> Desejo que vocês sejam muito felizes.
> (que — conjunção integrante, insubstituível por o qual)

OBSERVAÇÃO

As **conjunções integrantes** (só existem duas: **que** e **se**) não exercem função sintática na oração de que participam. São meros conectivos entre a oração subordinante e a subordinada que encabeçam.

▄▄▄ Funções sintáticas dos pronomes relativos

Os pronomes relativos têm dupla função no período: a de **conectivo**, pois ligam duas orações, e a de **termo** da oração adjetiva que introduzem.

A função sintática do pronome relativo pode ser facilmente reconhecida quando o substituímos por seu termo antecedente. Feita a substituição, o pronome relativo assumirá a mesma função que o termo antecedente apresentar na frase substituta. Observe:

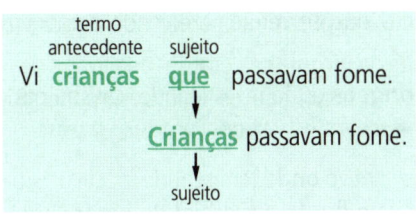

1. **Que** — o pronome relativo **que** refere-se a coisas ou pessoas e pode exercer as seguintes funções:

a) **sujeito**

O homem que é honesto dorme com tranquilidade.
└──► sujeito (= **O homem** é honesto.)

b) **objeto direto**

Cresceram **as roseiras que** mamãe plantou no jardim.
└──► OD (= Mamãe plantou **as roseiras** no jardim.)

c) **objeto indireto**

Estas são **as informações de que** você necessita.
└──► OI (= Você necessita **das informações**.)

d) **complemento nominal**

Surpreendem-nos **as loucuras de que** ele é capaz.
└──► complemento nominal (= Ele é capaz **de loucuras**.)

e) **predicativo do sujeito**

Não confio no **hipócrita que** você é.
└──► predicativo do sujeito (= Você é **hipócrita**.)

f) **agente da passiva**

Aquele é **o cão por que** fui mordido.
└──► ag. da passiva (= Fui mordido **pelo cão**.)

g) **adjunto adverbial**

Aquele é **o hospital em que** nasci.
└──► adj. adv. de lugar (= Nasci **no hospital**.)

2. Quem — o pronome relativo **quem** deve ser empregado somente em relação a pessoas e sempre aparece preposicionado:

> Chegaram **os convidados a quem** esperávamos.
> ⌐→ ODPr (= Esperávamos os convidados.)

> Aquelas são **as senhoras a quem** devemos obedecer.
> ⌐→ OI (= Devemos obedecer às senhoras.)

3. Cujo — o pronome relativo **cujo** tem valor possessivo. Concorda em gênero e número com o ser a que se refere, exercendo sempre a função de **adjunto adnominal**:

> O incêndio, **cujas origens** estão investigando, causou bastante prejuízo.
> ⌐→ adj. adn. (= Estão investigando suas origens.)

4. Onde — o pronome relativo **onde** tem sentido locativo, isto é, indica lugar. Exerce, portanto, a função de **adjunto adverbial de lugar**:

> Visitarei **a fazenda onde** moram meus avós.
> ⌐→ adj. adv. de lugar (= Meus avós moram na fazenda.)

5. Quanto — o pronome relativo **quanto** tem por antecedentes os pronomes indefinidos **tudo**, **todo**, **todos**, **todas**:

> Isso contraria **tudo quanto** aprendemos.
> ⌐→ OD (= Aprendemos tudo.)

6. Como — é pronome relativo quando tem por antecedente uma expressão que indica **modo**:

> Não gosto **da maneira como** você me trata.
> ⌐→ adj. adv. de modo (= ... você me trata dessa maneira.)

7. Quando — é pronome relativo, exercendo a função de **adjunto adverbial de tempo**:

> Espere **o momento quando** devemos falar.
> ⌐→ adj. adv. de tempo (= ...devemos falar no momento.)

Orações subordinadas adverbiais

As **orações subordinadas adverbiais** exprimem uma circunstância relativa a um fato expresso em outra oração. Têm, portanto, função idêntica à do **adjunto adverbial**. Veja:

> **À noite**, visitaremos o museu.
> locução adverbial

A locução adverbial **à noite**, que exerce a função de adjunto adverbial, pode ser expressa por uma oração com a mesma função:

Assim que anoitecer, visitaremos o museu.
or. subord. adverbial

Observe mais este exemplo:

Deveremos viajar **de manhã**.
adjunto adverbial

Deveremos viajar **quando amanhecer**.
oração subordinada adverbial

As orações subordinadas adverbiais são introduzidas por conjunções subordinativas (exceto as integrantes) e se enquadram em nove grupos. Torna-se fácil memorizar o nome de cada uma delas pelo seguinte fato: seis delas começam pela letra **C**; uma por **F**; uma por **P** e outra por **T**. Observe o quadro seguinte:

1) Causais	7) Finais	8) Proporcionais	9) Temporais
2) Comparativas			
3) Concessivas			
4) Condicionais			
5) Conformativas			
6) Consecutivas			

CAUSAIS

Exprimem o motivo, a causa do fato expresso em outra oração. São introduzidas por: **como**, **já que**, **uma vez que**, **porque**, **visto que** etc.:

"**Como** o silêncio se prolongasse, Anselmo resolveu rompê-lo." (Machado de Assis)

Caminhamos o restante do caminho a pé **porque ficamos sem gasolina**.

COMPARATIVAS

Estabelecem uma comparação (de igualdade, superioridade ou inferioridade) em relação a um termo da oração principal. São introduzidas por: **como**, **assim como**, **tal qual**, **tal como**, (**tão** ou **tanto**) **como**, **mais** (**que** ou **do que**) etc.:

"Pus-me a rezar a Santa Bárbara

Como se fosse a velha tia de alguém..." (Alberto Caeiro)

A cerveja nacional é melhor (**do**) **que a importada**.

CONCESSIVAS

Indicam uma espécie de obstáculo ao fato expresso na outra oração, sem contudo impedi-lo. São introduzidas por: **embora**, **ainda que**, **mesmo que**, **por mais que**, **se bem que** etc.:

"**E ainda que a sua delicadeza me condene**, estou certo de que há em seu coração misericórdia de sobra." (Machado de Assis)

Mesmo que chova, iremos à praia amanhã.

CONDICIONAIS

Impõem uma condição para a realização do fato expresso na oração principal. São introduzidas por: **se**, **caso**, **desde que**, **salvo se**, **contanto que**, **a menos que** etc.:

"Tudo vale a pena, **se** a alma não é pequena." (Fernando Pessoa)

Você terá sucesso **desde que** se esforce para tal.

CONFORMATIVAS

Indicam circunstância de modo ou conformidade em relação a um fato expresso em outra oração. São introduzidas por: **como**, **conforme**, **segundo**, **consoante**:

"Negro Pastinha segurou o rapaz, **como** era seu costume." (Jorge Amado)

Ele deverá agir **conforme** combinamos.

CONSECUTIVAS

Indicam a consequência do fato expresso anteriormente. São introduzidas por: **que** (precedido na oração anterior de termos intensivos como **tão**, **tanto**, **tamanho**, etc.), **de sorte que**, **de modo que**, **de forma que**, **sem que** etc.:

"Achei as rosas mais belas do que nunca, e **tão** perfumadas **que** me estontearam."
(Cecília Meireles)

A garota riu **tanto**, **que** se engasgou.

FINAIS

Indicam o objetivo a ser alcançado. São introduzidas por: **para que**, **a fim de que**, **porque** e **que** (= **para que**):

"Orai, **porque** não entreis em tentação." (Pe. Bernardes)

O pai sempre trabalhou **para que** os filhos tivessem um bom estudo.

PROPORCIONAIS

Indicam uma proporção em relação a outro fato. São introduzidas por: **à medida que**, **à proporção que**, **quanto mais**, **quanto menos** etc.:

"O menino cobrava maior medo, **à medida que** os outros mais bondosos para com ele se mostravam." (João Guimarães Rosa)

Quanto mais ouço essa música, mais a aprecio.

TEMPORAIS

Indicam o momento em que ocorre um fato. São introduzidas por: **quando**, **enquanto**, **logo que**, **depois que**, **assim que**, **sempre que**, **cada vez que**, **agora que** etc.:

"Ninguém vai me acorrentar,
Enquanto eu puder cantar." (Chico Buarque de Holanda)

Assim que você sair, feche a porta, por favor.

OBSERVAÇÃO

Embora a NGB não registre, existem mais dois tipos de oração **subordinada adverbial** — as **modais** e as **locativas**:

Ele entrou, **olhando-me com ternura**.
(or. subord. adverbial modal)

"O gesto é a voz do proibido, / escrito **sem deixar traço**." (Mário Lago)
(or. subord. adverbial modal)

Gostaríamos de morar **onde não haja violência**.
(or. subord. adverbial locativa)

"Nasço amanhã, / Ando **onde há espaço**." (Vinícius de Moraes)
(or. subord. adverbial locativa)

As orações **subordinadas adverbiais** também podem aparecer reduzidas, ou seja, sem conectivo e com o verbo no **infinitivo**, **particípio** ou **gerúndio**. Observe os exemplos:

"O homem foi programado por Deus **para resolver problemas**." (Clarice Lispector)
(or. subord. adverbial final reduzida de infinitivo)

"Uma noite, **ao receber a visita de uma amiga**, lembrei-me de lhe emprestar um romance." (Dinah Silveira de Queiroz)
(or. subord. adverbial temporal reduzida de infinitivo)

"**Despertada pelas vozes**, Cordélia olhou esbaforida." (Clarice Lispector)
(or. subord. adverbial causal reduzida de particípio)

"**Terminada a procissão**, retiraram-se os convidados." (Manuel Antônio de Almeida)
(or. subord. adverbial temporal reduzida de particípio)

"**Não tendo prova clara**, limito-me a defender a nossa gama." (Mário Donato)
(or. subord. adverbial causal reduzida de gerúndio)

Dizendo a verdade, você não será punido.
(or. subord. adverbial condicional reduzida de gerúndio)

Orações intercaladas ou interferentes

As orações **intercaladas** ou **interferentes** são independentes da estrutura sintática do período. São empregadas com o objetivo de inserir uma opinião, observação, ressalva ou advertência do emissor. Aparecem sempre isoladas por vírgulas, travessões ou parênteses. Veja alguns exemplos:

"— Vou fazer o forno, **disse o preto**, na sala de jantar." (Monteiro Lobato)

"— Vocês leram direito esta carta? — **perguntou o Coronel Vacariano ao chegar à roda**." (Érico Veríssimo)

"— Proletário, **acudiu o senhor Rodrigues**, é o cidadão pobre que vive do trabalho mal remunerado." (Artur Azevedo)

"Marcela compreendeu a causa do meu silêncio (**não era difícil**), e só hesitou, **creio eu**, em decidir o que dominava mais, se o assombro do presente, se a memória do passado." (Machado de Assis)

Texto para as questões de **1** a **5**:

FUGA

Mal colocou o papel na máquina, o menino começou a empurrar uma cadeira pela sala, fazendo um barulho infernal.

— Para com esse barulho, meu filho — falou, sem se voltar.

Com três anos já sabia reagir como homem ao impacto das grandes injustiças paternas: Não estava fazendo barulho, estava só empurrando uma cadeira.

— Pois então para de empurrar a cadeira.

— Eu vou embora — foi a resposta.

Distraído, o pai não reparou que ele juntava ação às palavras, no ato de juntar do chão suas coisinhas, enrolando-as num pedaço de pano. Era a sua bagagem: um caminhão de madeira com apenas três rodas, um resto de biscoito, uma chave (onde diabo meteram a chave da despensa? — a mãe mais tarde irá dizer), metade de uma tesoura enferrujada, sua única arma para a grande aventura, um botão amarrado num barbante.

A calma que baixou então na sala era vagamente inquietante. De repente, o pai olhou ao redor e não viu o menino. Deu com a porta da rua aberta, correu até o portão:

— Viu um menino saindo desta casa? — gritou para o operário que descansava diante da obra do outro lado da rua, sentado no meio-fio.

— Saiu agora mesmo com uma trouxinha — informou ele.

Correu até a esquina e teve tempo de vê-lo ao longe, caminhando cabisbaixo ao longo do muro. A trouxa, arrastada no chão, ia deixando pelo caminho alguns de seus pertences: o botão, o pedaço de biscoito e — saíra de casa desprevenido — uma moeda de 1 cruzeiro. Chamou-o, mas ele apertou o passinho, abriu a correr em direção à avenida, como disposto a atirar-se diante do lotação que surgia a distância.

— Meu filho, cuidado!

O lotação deu uma freada brusca, uma guinada para a esquerda, os pneus cantaram no asfalto. O menino, assustado, arrepiou carreira. O pai precipitou-se e o arrebanhou com o braço como a um animalzinho:

— Que susto você me passou, meu filho — e apertava-o contra o peito fora de si.

— Deixa eu descer, papai. Você está me machucando.

Irresoluto, o pai pensava agora se não seria o caso de lhe dar umas palmadas:

— Machucando, é? Fazer uma coisa dessas com seu pai.

— Me larga. Eu quero ir embora.

Trouxe-o para casa e o largou novamente na sala — tendo antes o cuidado de fechar a porta da rua e retirar a chave, como ele fizera com a da despensa.

— Fique aí quietinho, está ouvindo? Papai está trabalhando.

— Fico, mas vou empurrar esta cadeira.

E o barulho recomeçou.

(Fernando Sabino)

1. Classifique as orações destacadas nos seguintes trechos do texto:

a) "**Mal colocou o papel na máquina**, o menino começou a empurrar uma cadeira pela sala (...)"

b) "Com três anos já sabia reagir **como homem** ao impacto das grandes injustiças paternas (...)"

c) "Distraído, o pai não reparou **que ele juntava ação às palavras** (...)"

d) "A calma **que baixou então na sala** era vagamente inquietante."

e) "De repente, o pai olhou ao redor **e não viu o menino**."

f) "Deu com a porta da rua aberta, **correu até o portão**:"

g) "(...) gritou para o operário **que descansava diante da obra do outro lado da rua** (...)"

h) "Chamou-o, **mas ele apertou o passinho** (...)"

i) "O pai precipitou-se **e o arrebanhou com o braço** como a um animalzinho."

j) "O pai precipitou-se e o arrebanhou com o braço **como a um animalzinho**."

k) "(...) tendo antes o cuidado de fechar a porta da rua e retirar a chave, **como ele fizera com a da despensa**."

l) "Fico, **mas vou empurrar esta cadeira**."

2. Dê a função sintática dos pronomes relativos destacados nas seguintes passagens:

a) "A calma **que** baixou então na sala era vagamente inquietante."

b) "(...) disposto a atirar-se diante do lotação **que** surgia a distância."

3. Classifique as orações reduzidas destacadas nos trechos seguintes:

a) "**Distraído**, o pai não reparou que ele juntava ação às palavras (...)"

b) "— Viu um menino **saindo desta casa**?"

c) "A trouxa, **arrastada no chão**, ia deixando pelo caminho alguns de seus pertences (...)"

d) "(...) abriu a correr em direção à avenida, como disposto **a atirar-se diante do lotação** que surgia a distância."

e) "O menino, **assustado**, arrepiou carreira."

f) "(...) o pai pensava agora se não seria o caso **de lhe dar umas palmadas**."

4. Em "(...) tendo antes o cuidado **de fechar a porta da rua** e retirar a chave, como ele fizera com a da despensa", qual é a classificação da oração em destaque? Justifique.

5. No trecho "(...) um resto de biscoito, uma chave (onde diabo meteram a chave da despensa? — a mãe mais tarde irá dizer) (...)", como se classificam as orações entre parênteses? Justifique a resposta.

6. Ligue as duas orações num período composto por coordenação, utilizando uma conjunção coordenativa do tipo indicado nos parênteses:

a) Os soldados adiantaram-se. Ocuparam todas as posições. (aditiva)

b) A ideia é boa. A medida é prematura. (adversativa)

c) Ele jurara vingar-se da vítima. Deve ser o culpado. (conclusiva)

d) Não devemos fumar. Não devemos beber em demasia. (aditiva)

e) Acalme-se. O ferimento não é tão grave. (explicativa)

f) Ela está bem vestida. Não consegue chamar a atenção. (adversativa)

g) Julgava as pessoas pelas palavras. Julgava-as pelos atos. (alternativa)

7. Classifique as orações coordenadas destacadas:

a) "Deixa em paz meu coração, / **que ele é um pote até aqui de mágoa**."

(Chico Buarque de Holanda)

b) "Não és bom **nem és mau**: és triste e humano..." (Olavo Bilac)

c) "Não fujas, **que eu te sigo**..." (Menotti Del Picchia)

d) "Gabriela casara-se por conveniência, **que não por inclinação**." (Júlio Diniz)

e) "Caiu desembargador, **caiu mesa, caiu cadeira e cadeirinha**."

(José Cândido de Carvalho)

f) "Todos se interromperam atentos **e olhavam a aniversariante de um modo um pouco mais oficial**." (Clarice Lispector)

g) "Cale-se **ou expulso a senhora da sala**." (Clarice Lispector)

h) "O ponche foi servido, **Zilda suava, nenhuma cunhada ajudou propriamente**..."

(Clarice Lispector)

i) "Deram o braço **e desceram a rua**." (Machado de Assis)

j) "Não posso definir aquele azul,

Não era do céu,

Nem era do mar." (Paulinho da Viola)

8. Transforme a parte **em destaque** numa oração subordinada substantiva e, a seguir, dê a sua classificação sintática:

a) É importante **o afastamento dos policiais corruptos**.

b) Tenho receio **de seu envolvimento nesse caso**.

c) O grande problema é **a exploração dos humildes**.

d) Ninguém duvida **da honestidade desse comerciante**.

e) Só imponho uma condição: **o seu regresso imediato**.

f) Todos aguardam **a tua intervenção neste caso**.

9. Classifique as orações subordinadas substantivas destacadas:

a) "Eu sei **que a poesia está para a prosa**

Assim como o amor está para a amizade." (Caetano Veloso)

b) "Bem se vê **que és um selvagem**." (Coelho Neto)

c) "... tenho certeza **de que eu representaria uma fuga imperdoável ao destino simplesmente humano**..." (Clarice Lispector)

d) "Também é bom **que o estado de graça demore um pouco**." (Clarice Lispector)

e) "O compositor me disse

Que eu cantasse distraidamente essa canção." (Gilberto Gil)

f) "Acontece, também, **que Pé-de-Meia não quer saber de histórias**."

(Mário Palmério)

g) "É verdade **que estamos morrendo todos os dias͵ insensivelmente**."

(Cecília Meireles)

h) "Seus olhos doces nada disseram, mas ainda assim convenci-me **de que era esse o problema**." (Orígenes Lessa)

i) "Os ornitólogos devem saber **se isso é caso comum ou raro**." (Cecília Meireles)

j) "E no entanto, eu estava certa **de que ninguém subira**." (Dinah Silveira de Queiroz)

k) "Não sei **por que os meninos gostavam tanto das máquinas**." (José Lins do Rego)

l) "Mas a verdade é **que você faz um papel subalterno**." (Machado de Assis)

10. Classifique as orações adjetivas destacadas em **restritivas** ou **explicativas** e, a seguir, indique a função sintática do pronome relativo que as inicia:

a) "Já se avistava o contorno da serra **que iriam subir**." (José Lins do Rego)

b) "Procurei o mostrador: do ponto **em que me achava** não percebia o número."
   (Graciliano Ramos)

c) "A costureira, **que a ajudou a vestir-se**, levava a agulha espetada no corpinho..."
   (Machado de Assis)

d) "Olhou as sombras movediças **que enchiam a campina**." (Graciliano Ramos)

e) "Reduzo-me ao pó **que fui**." (Cecília Meireles)

f) "O pátio, **que se desdobrava diante do copiar**, era imenso." (Graciliano Ramos)

g) "Era esta a hora **em que as duas costumavam ir para o caramanchão**." (Lygia Fagundes Telles)

h) "Eu vira-o através dos olhos **com que via o mais vulgar dos homens**." (José Régio)

i) "Ergueu-se para fechar a janela, **onde a esperava uma surpresa**." (José de Alencar)

j) "Chegou um tempo **em que a vida é uma ordem**." (Carlos Drummond de Andrade)

k) "Tirei um colete velho, **em cujo bolso trazia cinco moedas de ouro**." (Machado de Assis)

l) "Com os níqueis **que lhe sobraram**, comprou pastéis e um sanduíche." (Fernando Sabino)

m) Encontrei o velho padre **por quem fui batizado**.

n) "Olhou a caatinga amarela, **que o poente avermelhava**." (Graciliano Ramos)

11. Classifique as orações subordinadas adverbiais destacadas nos períodos seguintes:

a) "Ninguém vai me acorrentar,
   Enquanto eu puder cantar." (Chico Buarque de Holanda)

b) "**Como não haviam combinado**, uns cantavam em português e outros em inglês."
   (Clarice Lispector)

c) "Não, meu coração não é maior **do que o mundo**." (Carlos Drummond de Andrade)

d) "Gente honesta, **se for homem**, deve ser José; se for mulher, deve ser Maria."
   (Sérgio Porto)

e) "Quantas noivas ficaram por casar
   Para que fosses nosso, ó mar!" (Fernando Pessoa)

f) "Não foi despedido, **como pedia então**; meu pai já não podia dispensá-lo."
   (Machado de Assis)

g) "**À medida que envelheço**, vou me desfazendo dos adjetivos."
   (Carlos Drummond de Andrade)

h) "Moralistas inexoráveis, **conquanto lhe confessem o talento**, dão-no por um vicioso miserável..." (Antônio F. de Castilho)

i) "Aquela senhora está com a pele fresquinha **que mete gosto**." (Visconde de Taunay)

j) "Como caráter, fazia-lhe a mãe grandes elogios, e eram fundados, **posto fossem de mãe**." (Machado de Assis)

k) "**Quando a fábrica apita**,
   Faz reclame de você." (Noel Rosa)

l) "**Se a seca chegasse**, não ficaria planta verde." (Graciliano Ramos)

m) "... acho bom esperá-los, **para que eles também tomem parte da confraternização**." (Monteiro Lobato)

n) "Um, dois, três lampiões, acende e continua
   Outros mais a acender imperturbavelmente,
   À medida que a noite aos poucos se acentua
   E a palidez da lua apenas se pressente." (Jorge de Lima)

12. Dê a classificação completa das orações reduzidas dos períodos seguintes:

a) "Às oito horas, indo dar corda ao relógio, resolveu deixá-lo parar **a fim de tornar mais completa a solidão**." (Machado de Assis)

b) "Às oito horas, **indo dar corda ao relógio**, resolveu deixá-lo parar a fim de tornar mais completa a solidão." (Machado de Assis)

c) "**Deflagrada a crise**, ficara agora alagado, destruído." (Fernando Sabino)

d) "Sempre tive vontade **de ter um relógio desses**." (Fernando Sabino)

e) "O marido fez-lhe um gesto **para calar-se**." (Carlos Drummond de Andrade)

f) "Era o regente da orquestra **ensinando a marcar o compasso**." (Manuel Antônio de Almeida)

g) "Desgostou-se, jurou **nunca mais ter galinha na sua vida**." (Fernando Sabino)

h) "**Ao voltar para o meu apartamento** depois que Regina saiu, o telefone tocou..." (Rubem Fonseca)

i) "Está visto que, **cessando esta crise**, o proprietário se poderia reconstituir e voltar a ser o que era." (Graciliano Ramos)

j) "A máquina foi programada pelo homem **para resolver os problemas que ele criou**." (Clarice Lispector)

k) "Quanta gente que ri, talvez existe,
Cuja ventura única consiste
Em parecer aos outros venturosa." (Raimundo Correia)

l) "Só agora descubro
como é triste **ignorar
certas coisas**." (Carlos Drummond de Andrade)

m) "As vozes dos meninos, juntas ao canto dos passarinhos, faziam uma algazarra **de doer os ouvidos**." (Manuel Antônio de Almeida)

n) "... hoje é preciso **refletir um pouco**..." (Chico Buarque de Holanda)

o) "Não sou homem **de inventar coisas**." (Rubem Braga)

p) "Uma noite, ao receber a visita de uma amiga, lembrei-me **de lhe emprestar um romance**." (Dinah Silveira de Queiroz)

13. Classifique sintaticamente as orações numeradas nos períodos seguintes:

a) "Tal ódio voltava a esse homem abjeto e vil, [que teve medo de si,]⁽¹⁾ medo [de o matar.]⁽²⁾" (José de Alencar)

b) "A declaração da tia da viúva era tão inesperada [que o rapaz cuidou]⁽¹⁾ [estar sonhando.]⁽²⁾" (Machado de Assis)

c) "A tarde era tão bonita [— explicou o pombo com doce paciência]⁽¹⁾ [— que eu vim andando.]⁽²⁾" (Paulo Mendes Campos)

d) "E ainda que sua delicadeza me condene, /⁽¹⁾ estou certo /⁽²⁾ de que há em seu coração misericórdia de sobra."⁽³⁾ (Machado de Assis)

e) "É preciso [que eu sinta alguma coisa,]⁽¹⁾ [uma vez que estou morrendo]⁽²⁾" (Cecília Meireles)

f) "[Quando Rubião foi à casa de Dona Fernanda, à tardinha,]⁽¹⁾ [ouviu do criado]⁽²⁾ [que não podia subir.]⁽³⁾" (Machado de Assis)

g) "[Quem sabe trabalhar]⁽¹⁾ [e tem talento]⁽²⁾ [pode zombar das pastas,]⁽³⁾ [e mostrar]⁽⁴⁾ [que é superior a elas.]⁽⁵⁾" (Machado de Assis)

h) [Se você quer dar ao seu filho as melhores condições de desenvolvimento possíveis,]⁽¹⁾ [basta]⁽²⁾ [seguir uma regra bem simples:]⁽³⁾ [converse com ele.]⁽⁴⁾

 DE CONCURSOS PÚBLICOS E VESTIBULARES

1. (**SFE-SP**) Nos períodos abaixo, as orações em destaque estabelecem relações sintáticas e de sentido com outras orações:

I. Eles compunham uma grande coleção, que foi se dispersando **à medida que seus seis filhos se casavam**, levando cada qual um lote de herança.
PROPORCIONALIDADE.

II. **Mal se sentou na cadeira presidencia**l, Itamar Franco passou a ver conspirações.
MODO.

III. Nunca foi professor da UnB, **mas por ela se aposentou**. CONTRARIEDADE.

IV. **Mesmo que tenham sido só esses dois**, (...) já não se configuraria a roubalheira (...)?
CONCESSÃO.

A classificação dessas relações está **correta** somente nos períodos:

a) I, II e III.
b) II e IV.
c) I e III.
d) II, III e IV.
e) I, III e IV.

2. (**Cespe**) Analise o trecho abaixo.

"João, Francisco, Antônio desde pequenos vêm sendo construtivos; enfrentam as maiores dificuldades, ajudam os pais, amparam os irmãos, realizam breves alegrias entre mil sombras."

Do ponto de vista da construção sintática, é correto afirmar que esse período é composto por:

a) subordinação, apresentando três orações
b) coordenação, apresentando quatro orações
c) coordenação, apresentando cinco orações
d) subordinação, apresentando cinco orações
e) coordenação e subordinação, apresentando mais de cinco orações

3. (**Alerj**) "Um vírus, **para sobreviver**, tem de se instalar numa célula."

A expressão destacada no período acima indica ideia de:

a) comparação
b) finalidade
c) condição
d) causa
e) modo

4. (**Esaf**) "A pequena propriedade rural, assim definida em lei, **desde que** trabalhada pela família, não será objeto de penhora para pagamento de débitos decorrentes de sua corrente produtiva."

O valor semântico de **desde que**, no período acima, estabelece gramaticalmente entre as orações que liga uma relação de:

a) causa
b) modo
c) condição
d) finalidade
e) consequência

5. (TRT-ES) Assinale o período em que a oração em destaque indica a consequência do que foi declarado na oração anterior:

a) Compareceram ao encontro, **conforme havia combinado**.

b) Esperamos o resultado dos exames, **embora nos pareça muito demorado**.

c) Falou mais alto, **a fim de que todos o ouvissem melhor**.

d) As casas ficaram alagadas, **porque a chuva foi muito intensa**.

e) Trabalha tanto, **que não dispõe de tempo para o lazer**.

6. (CET-RJ) "... choros abafados de crianças **que ainda não** andam..." Nesse trecho, a oração em destaque é classificada como subordinada:

a) objetiva direta   c) adjetiva   e) objetiva indireta

b) completiva nominal   d) subjetiva

7. (TCU) Assinale a opção em que há, no período, oração com função adverbial:

a) O manual explica minuciosamente como operar a máquina, mas não menciona que ela rejeita com violência o organismo a seu serviço.

b) É relevante saber quanto a tradição deve ser revista, isto é, quando seu cânone precisa renovar-se.

c) Não se declarou se a aceitação do gerente por parte dos funcionários se deu em função da sua perda de autoridade na empresa.

d) A falta absoluta de projeto histórico faz alguns eruditos assumirem a posição de arqueólogos quando descrevem seus objetos.

e) Ignora-se como se deu o acidente e como as pessoas se salvaram.

8. (Esaf) Assinale a alternativa em que a palavra **posto** é um particípio e introduz uma oração subordinada reduzida:

a) Posto o sol, a lua apareceu em todo o seu esplendor.

b) Posto alto nesta empresa, só o de gerente.

c) A viagem não foi ruim, posto que tenha feito muito frio.

d) Ela chegou quando eu já tinha posto o carro na garagem.

e) Posto de gasolina não dá lucro; além disso, dá muito trabalho.

9. (TRF-RJ) "É evidente que V. S.ª, ao prestar-nos as informações que lhe solicitamos, estará emitindo simples opinião pessoal, de modo algum ficando responsabilizado pelo que nos adiantar."

A oração "que V. S.ª estará emitindo simples opinião pessoal" analisa-se como:

a) subordinada adjetiva explicativa

b) subordinada adjetiva restritiva

c) subordinada substantiva objetiva direta

d) subordinada substantiva subjetiva

e) subordinada substantiva predicativa

10. (TRT-MG) Observe atentamente as orações em destaque abaixo:

I. Perguntaram-me **quando você chegou**.

II. Ninguém menciona **qual foi o problema dos alunos**.

III. Os amigos informaram **onde ele estava**.

IV. Os presentes indagaram **como ele chegou aqui**.

V. Retornamos **antes que acontecesse algo pior**.

Todas as orações em destaque são exemplos de orações subordinadas substantivas, **exceto** a oração em destaque no item:

a) I

b) II

c) III

d) IV

e) V

11. (INSS) *"O orador encareceu a necessidade* **de sermos amantes da paz**.*"* Assinale a alternativa que corresponde à classificação da oração destacada:

a) Subordinada substantiva objetiva indireta

b) Subordinada adverbial final

c) Subordinada substantiva completiva nominal

d) Subordinada substantiva subjetiva

12. (MF) No período *"Ocorre que os lançamentos públicos de ações da empresa encontraram número significativo de subscritores"*, há uma oração subordinada:

a) adjetiva restritiva.

b) adjetiva explicativa.

c) substantiva objetiva direta.

d) substantiva subjetiva.

13. (INSS) *"**Se ele confessou** não sei."* A oração destacada é:

a) subordinada adverbial temporal.

b) subordinada substantiva objetiva direta.

c) subordinada substantiva objetiva indireta.

d) subordinada substantiva subjetiva.

14. (TJ-DF) No período "Minha amiga foi atender ao telefone e, ao voltar, viu **que sumira o relógio de pulso** deixado sobre a mesinha de cabeceira", a oração em negrito é:

a) subordinada substantiva objetiva direta

b) subordinada substantiva subjetiva

c) subordinada substantiva objetiva indireta

d) subordinada adjetiva restritiva

e) subordinada adverbial final

15. (SRF) Há oração subordinada substantiva subjetiva no período:

a) Decidiu-se que a microinformática seria implantada naquele município.

b) Um sistema tributário obsoleto não permite que haja conscientização dos contribuintes.

c) A prefeitura necessitava de que os computadores fossem instalados com urgência.

d) Ninguém tem dúvida de que a microinformática racionaliza o sistema tributário.

e) Alguns prefeitos temiam que a utilização do computador gerasse desemprego.

16. (MF) No período *"Quanto mais o homem se aprofunda em suas pesquisas científicas, mais comprova ser imagem e semelhança de Deus"*, há uma oração subordinada:

a) substantiva subjetiva.

b) adjetiva explicativa.

c) adverbial proporcional.

d) adverbial temporal.

17. (MF) Assinale a alternativa em que as orações grifadas nos períodos I e II desempenham a mesma função sintática. (Trechos de *A Hora da Estrela*, de Clarice Lispector.)

a) I. Não sei **se estava tuberculosa**, acho que não.

II. **Se é pobre**, não estará me lendo porque ler-me é supérfluo...

b) I. A moça um dia viu num botequim um homem tão, tão, tão bonito que – **que queria tê-lo em casa**.

II. Encontrar-se comigo próprio era um bem **que ela até então não conhecia**.

c) I. E minha vida (...) responde que devo lutar como quem se afoga, **mesmo que eu morra depois**.

II. Cristo tinha sido além de santo um homem como ele, **embora sem dente e ouro**.

d) I. Nunca se perguntara **por que colocava a barra embaixo**.

II. Eu só não digo palavrões grossos **porque você é moça donzela**.

e) I. Sei que há moças **que vendem** o corpo, única posse real, em troca de um bom jantar em vez de um sanduíche de mortadela.

II. Depois que Olímpio a despediu, **já que ela não era uma pessoa triste**, procurou continuar.

18. (SSP-SP) "**Havendo muito empenho no trabalho**, haverá mais qualidade no trabalho." Com referência à oração destacada no período, é correto afirmar que é:

a) oração coordenada assindética;

b) oração subordinada adverbial condicional reduzida de gerúndio;

c) oração subordinada adverbial consecutiva reduzida de gerúndio;

d) oração subordinada adjetiva restritiva reduzida de gerúndio.

19. (TJ-SP) Ache a alternativa falsa na análise do período abaixo:

"O homem que trabalha quis que calassem enquanto discursava."

a) O homem quis = oração principal
b) que trabalha = oração subordinada adjetiva
c) quis = oração subordinada reduzida
d) que calassem = oração subordinada substantiva objetiva direta
e) enquanto discursava = oração subordinada adverbial temporal

20. (TJ-SP) "É importante que todos participem da reunião." O segmento **que todos participem da reunião**, em relação a **É importante**, é uma oração subordinada:

a) adjetiva com valor restritivo.

b) substantiva com função de sujeito.

c) substantiva com função de objeto direto.

d) adverbial com valor condicional.

e) substantiva com função de predicativo.

21. (TJ-SP) Indique a oração coordenada sindética explicativa:

a) O paciente salvou-se porque não bebia.

b) Não fui à escola porque fiquei doente.

c) Não beba, porque você se salvará.

d) Não posso receber mais inscrições porque não há mais vagas.

e) Fomos bem recebidos porque trazíamos boas notícias.

22. (TJ-SP) "O rapaz era campeão de tênis. O nome do rapaz saiu nos jornais."

Ao transformar os dois períodos simples num único período composto, a alternativa correta é:

a) O rapaz cujo nome saiu nos jornais era campeão de tênis.

b) O rapaz que o nome saiu nos jornais era campeão de tênis.

c) O rapaz era campeão de tênis, já que seu nome saiu nos jornais .

d) O nome do rapaz onde era campeão de tênis saiu nos jornais .

e) O nome do rapaz que saiu nos jornais era campeão de tênis.

23. (TJ-SP) Indique o único período onde há uma oração dependente sintaticamente da outra:

a) Estudou bastante, mas não foi aprovado.

b) Não falte à reunião, pois quero falar com você.

c) Trabalhava durante o dia e estudava à noite.

d) Chegou, desceu do carro, entrou rapidamente na loja.

e) Todos querem que você colabore.

24. (TJ-SP) Assinale a alternativa em que existe oração subordinada adverbial causal:

a) Virou o rosto para fugir à curiosidade dos filhos.

b) Como faltasse a ferramenta, não pudemos terminar o serviço.

c) Caminhava desajeitado, como se o incomodasse a roupa do corpo.

d) São todos tão inteligentes como você.

e) Está tudo terminado, como se disse anteriormente.

25. (TJ-SP) Qual a afirmativa falsa sobre orações coordenadas?

a) As coordenadas, quando separadas por vírgulas, se ligam pelo sentido geral do período.

b) Uma oração coordenada muitas vezes é sujeito ou complemento de outra.

c) As coordenadas sindéticas subdividem-se de acordo com o sentido e com as conjunções que as ligam.

d) As coordenadas conclusivas encerram a dedução ou conclusão de um raciocínio.

e) No período composto por coordenação, as orações são independentes entre si quanto ao relacionamento sintático.

26. (TJ-SP) Observe o período:

"Ninguém escreve uma obra
Pra ser lida por si mesmo.
Escrevê-la para isso
Seria escrevê-la a esmo,
Como fritar-se toicinho
Pra se comer com torresmo."

(Cícero Pedro de Assis)

Assinale a única opção correta a respeito do período:

a) apresenta três orações

b) apresenta seis orações

c) apresenta quatro orações

d) apresenta oito orações

e) apresenta cinco orações

27. (TJ-SP) A opção em que a oração subordinada pode ser considerada adverbial condicional é:

a) Desde que o vi, me apaixonei.

b) Desde que tenho muito trabalho hoje, não poderei sair.

c) Permanecerei aqui, desde que você permaneça.

d) Diga-me se a proposta lhe interessa.

e) Falou sem que nos convencesse.

28. (TJ-SP) Assinale o item que classifica a oração subordinada destacada.

"Outros estudos mostraram **que o suco de frutas cítricas ajuda a reduzir o colesterol em até 70%.**"

a) subordinada adverbial causal
b) subordinada substantiva objetiva direta
c) subordinada substantiva subjetiva
d) subordinada substantiva predicativa
e) coordenada sindética explicativa

29. (TJ-SP)

> Vagamente humana,
> boca — **embora feita**
> **de inocentes pétalas,**
> já supõe perfídia.
>
> (Cassiano Ricardo)

A oração destacada classifica-se em:

a) coordenada sindética explicativa
b) coordenada sindética adversativa
c) subordinada adverbial concessiva
d) subordinada adverbial temporal
e) subordinada adverbial condicional

30. (TCU) Com referência à estruturação (análise sintática externa) do período

"A morte é o fim natural da vida, mas não é natural que se alastre dessa forma monstruosa e que, embotados, abúlicos e acomodados, não façamos nada para mudar a situação em que tão aviltantemente existimos."

Assinale a opção que completa corretamente o enunciado seguinte.

O período é composto por (I) compreendendo (II) orações, a última das quais se classifica como oração (III).

a) I – coordenação, II – sete, III – coordenada sindética aditiva
b) I – subordinação, II – cinco, III – substantiva completiva nominal
c) I – coordenação, II – seis, III – coordenada sindética explicativa
d) I – coordenação e subordinação, II – cinco, III – subordinada adjetiva explicativa
e) I – coordenação e subordinação, II – seis, III – subordinada adjetiva restritiva

31. (TJ-SP) Em: "Eu faço **o mesmo.**"

assinale o item em que a oração subordinada exerce função semelhante ao termo destacado:

a) Não é certo que ele retorne.
b) Fizeram um só pedido: que cuidássemos bem do jardim.
c) Eles precisavam de que eu os ajudasse.
d) Todos esperam que ela volte logo.
e) Ele tinha esperanças de que brilharia como o sol.

32. (SRF) *"Eis o que eu era, um homem sem critérios que gostava de experimentar um maior contato com a vida."* (Márcio Souza)

Que, em *"... que gostava..."*, exerce função sintática de:

a) objeto direto
b) sujeito
c) objeto indireto
d) predicativo
e) complemento nominal

33. (Nossa Caixa-SP) Assinale a alternativa em que a conjunção grifada estabelece uma relação de tempo entre as orações:

a) Do Caixão informou ao presidente **que** suas unhas correm perigo de vida.

b) O famoso cineasta já colocou suas unhas no seguro, **porém** afirma que o valor sentimental das mesmas é incalculável.

c) Na última avaliação, (...) **quando** Do Caixão receava uma epidemia de unheiro, só as cutículas foram estimadas em 5 milhões de dólares.

d) Gostariam, sim, de invadir e ocupar as unhas do mestre do terror, **pois** consideram que mais da metade daquelas unhas são improdutivas.

e) Com aquelas unhas, duvido **que** ele conseguisse discar.

34. (BB) No seguinte período, classifique a oração reduzida, assinalando a única resposta certa.

"O soldado arrastava a perna ferida pelo inimigo."

a) subordinada substantiva subjetiva

b) subordinada adjetiva

c) subordinada adverbial

d) subordinada substantiva predicativa

e) subordinada substantiva apositiva

35. (Fuvest-SP) No período:

"**Ainda que fosse bom jogador**, não ganharia a partida", a oração destacada encerra a ideia de:

a) causa

b) concessão

c) fim

d) condição

e) proporção

36. (Ufes) A circunstância indicada pelo trecho destacado não está adequada em:

a) **Como se vê**, a pesquisa do Dr. Zisman é muito importante. (conformação)

b) Os bebês são considerados pigmeus, **desde que não apresentem três quilos de peso**. (condição)

c) Os bebês são tão pequenos, **que são considerados pigmeus**. (consequência)

d) **Caso eu saiba a causa de seu choro**, eu lhe darei atenção. (causa)

e) **Ainda que sejamos um país subdesenvolvido**, não podemos aceitar que nasçam tantas crianças subnutridas. (concessão)

37. (PUCCamp-SP) Há uma oração subordinada adverbial final em:

a) Infelizmente, uma parte significativa da mídia e dos governantes dos países "civilizados" retratam os conflitos como se o genocídio africano não tivesse começado sob o comando de potências colonialistas.

b) Lamentavelmente, a dívida em vidas, riqueza e cultura do Ocidente com a África tende apenas a crescer.

c) A situação tornou-se agora extremamente grave, e entre Zaire e Ruanda uma guerra aberta parece inevitável.

d) A própria ONU admite não ter acesso a 600 mil refugiados hutus no leste do Zaire e pediu fotos de satélite para identificar onde eles estariam.

e) Segundo a comissária da União Europeia, 1 milhão de pessoas podem morrer.

38. (Efoa-MG) "**Quando vejo certos colegas** mostrando com orgulho aquela rodela imbecil no pescoço..." Assinale a alternativa cujo período apresenta uma oração com a mesma classificação da oração destacada:

a) "Mal o sol fugia, começava a toada das cantigas..."
b) "Caso o encontre, dê-lhe o recado."
c) "Dado que a polícia venha, prenderemos o assassino."
d) "Uma vez que cheguem os reforços, atacaremos a praça."
e) "Contar-lhe-ei o caso, conquanto você guarde segredo."

39. (ITA-SP) Em qual dos períodos abaixo há uma oração subordinada adverbial que expressa ideia de concessão?

a) "Diz-se que a obra de arte é aberta; possibilita, portanto, várias leituras."
b) Pode criticar, desde que fundamente sua crítica em argumentos.
c) Tamanhas são as exigências da pesquisa científica, que muitos desistem de realizá-la.
d) Os animais devem ser adestrados, ao passo que os seres humanos devem ser educados, visto que possuem a faculdade da inteligência.
e) Não obstante haja concluído dois cursos superiores, é incapaz de redigir uma carta.

40. (Fuvest-SP)

> "Sei que esperavas desde o início
> **que eu te dissesse hoje o meu canto solene**.
> Sei que a única alma **que eu possuo**
> é mais numerosa **que os cardumes do mar**."
>
> (Jorge de Lima)

As orações subordinadas destacadas são, respectivamente:

a) substantiva subjetiva – adjetiva – adverbial concessiva.
b) adjetiva – substantiva objetiva direta – adverbial consecutiva.
c) substantiva objetiva direta – adjetiva – adverbial comparativa.
d) adjetiva – substantiva subjetiva – adverbial causal.
e) substantiva predicativa – adjetiva – adverbial consecutiva.

41. (UFMA) "Desde os cinco anos, merecera eu a alcunha de menino-diabo; e verdadeiramente não era outra coisa; fui dos mais malignos do meu tempo, arguto, indiscreto, traquinas e voluntarioso." (Machado de Assis)

No trecho acima há:

a) duas orações, dois períodos.
b) três orações, um período.
c) três orações, três períodos.
d) quatro orações, um período.
e) três períodos, três orações.

42. (Fuvest-SP) Assinalar a alternativa que apresenta orações de mesma classificação que as deste período: **Não se descobriu o erro, e Fabiano perdeu os estribos**.

a) Pouco a pouco o ferro do proprietário queimava os bichos de Fabiano.
b) Foi até a esquina, parou, tomou fôlego.
c) Depois que aconteceu aquela miséria, temia passar ali.
d) Tomavam-lhe o gado quase de graça e ainda inventavam juro.
e) Não podia dizer em voz alta que aquilo era um furto, mas era.

43. (**Fuvest-SP**) "Podem acusar-me: estou com a consciência tranquila." Os dois-pontos (:) desse período poderiam ser substituídos por vírgula, explicitando-se o nexo entre as duas orações, pela conjunção:

a) portanto.   d) pois.
b) e.   e) embora.
c) como.

44. (**IIES-SP**) Em "(…) coisa que nunca suportei na minha frente", a palavra **que** está funcionando sintaticamente como:

a) objeto direto.   d) adjunto adverbial de modo.
b) sujeito.   e) agente da passiva.
c) predicativo do sujeito.

45. (**FEI-SP**) Assinale a alternativa que apresenta uma oração subordinada substantiva apositiva:

a) Ele falou: "eu o odeio".
b) Não preciso de você: sei viver sozinho.
c) Sabendo que havia um grande estoque de roupas na loja, quis ir vê-las: era doida por vestidos novos.
d) Fez três tentativas, aliás, quatro. Nada conseguiu.
e) Havia apenas um meio de salvá-la: falar a verdade.

46. (**Ufac**) Assinale a alternativa em que se encontra uma oração predicativa:

a) É claro que eles não virão.   d) Parece que tudo mudou.
b) Acontece que ela mentiu.   e) O certo foi que tudo morreu.
c) Sabe-se que a notícia não é verdadeira.

47. (**PUCCamp-SP**) Assinale a alternativa em que se encontra uma oração subordinada substantiva predicativa:

a) Espero que venhas hoje.   d) És tão inteligente como teu pai.
b) O aluno que trabalha é bom.   e) n. d. a.
c) Meu desejo é que te formes logo.

48. (**PUCCamp-SP**) "Nunca chegará ao fim, **por mais depressa que ande**." A oração destacada é:

a) subordinada adverbial causal.
b) subordinada adverbial concessiva.
c) subordinada adverbial condicional.
d) subordinada adverbial consecutiva.
e) subordinada adverbial comparativa.

49. (**Fuvest-SP**) Classifique as orações em destaque no período abaixo:

"**Ao analisar o desempenho da economia brasileira**, os empresários afirmaram **que os resultados eram bastante razoáveis**, uma vez que a produção não aumentou, mas também não caiu".

a) principal – subordinada adverbial final
b) subordinada adverbial temporal – subordinada adjetiva restritiva
c) subordinada adverbial temporal – subordinada substantiva objetiva direta
d) subordinada adverbial temporal – subordinada substantiva subjetiva
e) principal – subordinada substantiva objetiva direta

50. (Fuvest-SP) No período "É possível **discernir no seu percurso momentos de rebeldia contra a estandardização e o consumismo**", a oração destacada é:
a) subordinada adverbial causal, reduzida de particípio.
b) subordinada objetiva direta, reduzida de infinitivo.
c) subordinada objetiva direta, reduzida de particípio.
d) subordinada substantiva subjetiva, reduzida de infinitivo.
e) subordinada substantiva predicativa, reduzida de infinitivo.

51. (PUCCamp-SP) Assinale o período em que há uma oração subordinada adjetiva explicativa:
a) A casa onde estou é ótima.
b) Brasília, que é a capital do Brasil, é linda.
c) Penso que você é de bom coração.
d) Vê-se que você é de bom coração.
e) Nada obsta a que você se entregue.

52. (Mackenzie-SP) A reação do adversário foi tamanha **que assustou o campeão**. A oração em destaque é:
a) subordinada adverbial causal
b) coordenada sindética explicativa
c) subordinada adverbial consecutiva
d) subordinada adverbial concessiva
e) subordinada adjetiva explicativa

53. (Unimep-SP) "Mauro não estudou nada **e foi aprovado**!" Apesar do **e**, normalmente aditivo, a oração destacada é:
a) adversativa
b) conclusiva
c) explicativa
d) alternativa
e) causal

54. (Fuvest-SP)

"Só os roçados da morte
compensam aqui cultivar,
e cultivá-los é fácil:
simples questão de plantar;
não se precisa de limpa,
de adubar nem de regar;
as estiagens e as pragas
fazem-nos mais prosperar;
e dão lucro imediato;
nem é preciso esperar
pela colheita: recebe-se
na hora mesma de semear."

(João Cabral de Melo Neto, *Morte e vida severina*)

Substituindo-se os dois-pontos por uma conjunção, em "(...) pela colheita: recebe-se (...)", mantém-se o sentido do texto **apenas** em "(...) pela colheita,
a) *embora se receba (...)*".
b) *ou se recebe (...)*".
c) *ainda que se receba (...)*".
d) *já que se recebe (...)*".
e) *portanto se recebe (...)*".

55. (UEPG-PR) Em "É possível que comunicassem sobre política", a segunda oração é:

a) subordinada substantiva subjetiva

b) subordinada adverbial predicativa

c) subordinada substantiva predicativa

d) principal

e) subordinada substantiva objetiva direta

56. (IIES-SP) Na passagem "(...) e ficou de boca arreganhada de tal jeito **que eu podia ver até o que o palito ia cavucando**", a oração destacada estabelece com a anterior uma relação de:

a) causa

b) consequência

c) condição

d) proporção

e) concessão

57. (FEI-SP) "Estou seguro **de que a sabedoria dos legisladores saberá encontrar meios** para realizar semelhante medida." A oração em destaque é substantiva:

a) objetiva indireta

b) completiva nominal

c) objetiva direta

d) subjetiva

e) apositiva

58. (PUC-SP) Nos trechos:

"... não é impossível que a notícia da morte me deixasse alguma tranquilidade, alívio e um ou dois minutos de prazer" e "Digo-vos que as lágrimas eram verdadeiras", a palavra **que** está introduzindo, respectivamente, orações:

a) subordinada substantiva subjetiva, subordinada substantiva objetiva direta

b) subordinada substantiva objetiva direta, subordinada substantiva objetiva direta

c) subordinada substantiva subjetiva, subordinada substantiva predicativa

d) subordinada substantiva completiva nominal, subordinada adjetiva explicativa

e) subordinada adjetiva explicativa, subordinada substantiva predicativa

59. (UFSCar-SP) Marque a opção que contém uma oração subordinada substantiva completiva nominal:

a) Tanto eu como Pascoal tínhamos medo de que o patrão topasse Pedro Barqueiro nas ruas da cidade.

b) Era preciso que ninguém desconfiasse do nosso conluio para prendermos o Pedro Barqueiro.

c) Para encurtar a história, patrãozinho, achamos Pedro Barqueiro no rancho, que só tinha três divisões: a sala, o quarto dele e a cozinha.

d) Quando chegamos, Pedro estava no terreiro debulhando milho, que havia colhido em sua rocinha, ali perto.

e) Pascoal me fez um sinalzinho, eu dei a volta e entrei pela porta do fundo para agarrar o Barqueiro pelas costas.

60. (ITA-SP) "Derreado, não pode sustentar-se em pé."

Na frase acima, o adjetivo estabelece com a oração uma relação de:

a) causa e efeito

b) consequência e inclusão

c) efeito e concessão

d) concessão e oposição

e) condição e proporção

61. (Mackenzie-SP)
A. Sua palavra foi a primeira **a perder o significado naquele agitado contexto**.
B. Tenho necessidade **de me apoiares nesta complicada situação**.
C. **Antes de repelir seus mestres**, procure compreendê-los.
Analisando os períodos A, B e C, concluímos que as frases neles destacadas são três orações reduzidas. Desdobrando-as, obteremos, respectivamente:
a) uma adjetiva, uma substantiva, uma adverbial
b) uma adjetiva, uma adverbial, uma substantiva
c) três adverbiais
d) uma adjetiva, duas adverbiais
e) uma adverbial, duas adjetivas

62. (PUC-SP) "Os infelizes tinham caminhado o dia inteiro, estavam cansados e famintos. Ordinariamente andavam pouco, mas como haviam repousado bastante na areia do rio seco, a viagem progredira bem três léguas. Fazia horas que procuraram uma sombra. A folhagem dos juazeiros apareceu longe, através dos galhos pelados da caatinga rala."
É correto dizer que:
a) a primeira e a segunda orações são coordenadas assindéticas
b) a primeira oração é coordenada assindética e a segunda é adversativa
c) há sete orações coordenadas no período
d) há seis orações coordenadas e duas subordinadas no período
e) n. d. a.

63. (PUC-SP) "As cunhãs tinham ensinado pra ele **que o sagui-açu não era saguim não, chamava elevador e era uma máquina**."
Em relação à oração **não destacada**, as orações **destacadas** são respectivamente:
a) oração subordinada substantiva objetiva direta; oração coordenada assindética; oração sindética aditiva.
b) oração subordinada adjetiva restritiva; oração coordenada assindética; oração coordenada sindética aditiva.
c) oração subordinada substantiva objetiva direta; oração subordinada substantiva objetiva direta; oração coordenada sindética aditiva.
d) oração subordinada substantiva objetiva direta; oração subordinada substantiva objetiva direta; oração subordinada substantiva objetiva direta.
e) oração subordinada substantiva subjetiva; oração coordenada assindética; oração coordenada sindética aditiva.

64. (ITA-SP) Assinale a opção em que ocorre oração subordinada adjetiva:
a) Deixe que eu datilografe a carta para o ministro.
b) Desapareça, que os policiais vêm chegando.
c) Meu sonho sempre foi que meu filho fosse engenheiro.
d) Não ligue às pessoas que zombam de você.
e) Supõe-se que ele tenha fugido de madrugada.

65. (FMU-SP) No texto: "Um se encarrega **de comprar camarões**", a oração destacada é uma:
a) subordinada substantiva completiva nominal, reduzida de gerúndio
b) subordinada substantiva objetiva direta, reduzida de infinitivo
c) subordinada substantiva subjetiva, reduzida de gerúndio
d) subordinada substantiva objetiva indireta, reduzida de infinitivo
e) subordinada substantiva apositiva, reduzida de infinitivo

66. (Mackenzie-SP)

DOIS VERSOS PARA GRETA GARBO

O teu sorriso é imemorial como as Pirâmides
E puro como a flor que abriu na manhã de hoje.

(Mário Quintana)

Assinale a alternativa **correta** sobre o texto:

a) O poeta descreveu o sorriso por meio de duas orações subordinadas adverbiais comparativas e uma oração subordinada adjetiva restritiva.

b) A flor com a qual se compara o sorriso da mulher é toda flor de todas as manhãs da vida do poeta.

c) O poeta fala da mulher, musa inspiradora, mas não a posiciona como sua interlocutora.

d) Os termos que têm a função sintática de predicativo do sujeito insinuam figuras de um leve erotismo na descrição do sorriso da mulher.

e) A oração adjetiva explicativa, "que abriu na manhã de hoje", expande o conceito de flor, a que é comparado o sorriso.

67. (Fatec-SP) A relação de sentido que há entre as orações do período abaixo:

"Foi uma sensação tão desagradável que ele deu de andar quase fugindo"

está igualmente presente em:

a) "O palácio dava ideia de uma fortaleza enfeitada, entrar lá dentro eu!"

b) Tanto quanto os outros operários fingiam participar, mas estavam andando sem rumo.

c) Os sentimentos do personagem 35 são tão fortes como os do poeta de "Cidade prevista".

d) O poeta aspira tanto a contribuir para a transformação social quanto outros escritores.

e) Sua solidão era tamanha que não pôde mais esconder as razões de sentir-se mal.

68. (PUC-SP)

"João amava Teresa que amava Raimundo
que amava Maria que amava Joaquim que amava Lili
que não amava ninguém.
João foi para os Estados Unidos, Teresa para o convento,
Raimundo morreu de desastre, Maria ficou para tia,
Joaquim suicidou-se e Lili casou com J. Pinto Fernandes
que não tinha entrado na história."

(Carlos Drummond de Andrade)

A primeira parte do poema (versos de 1 a 3) é marcada, sintaticamente, pela presença de orações ___ , cujos termos introdutórios atuam como ___ .

a) subordinadas adjetivas restritivas – conectivos-sujeitos

b) coordenadas sindéticas explicativas – simples conectivos

c) subordinadas adverbiais comparativas – simples conectivos

d) subordinadas adjetivas explicativas – conectivos-sujeitos

e) coordenadas sindéticas aditivas – simples conectivos

69. (UFV-MG) Assinale a alternativa que, em sequência, numera corretamente as frases abaixo, indicando, assim, a função sintática do **que**:
1. sujeito
2. objeto direto
3. objeto indireto
4. predicativo
5. complemento nominal
( ) Perdeu o único aliado a que se unira.
( ) O artilheiro que o julgaram ser não se revelou na nossa equipe.
( ) À janela, que dava para o mar, assomavam todos.
( ) A prova de que tenho mais receio é a de Matemática.
( ) Os exames que terá pela frente não o assustam.
a) 3, 2, 1, 4, 1
b) 5, 4, 4, 3, 2
c) 3, 1, 2, 5, 4
d) 5, 2, 2, 3, 1
e) 3, 4, 1, 5, 2

70. (Mackenzie-SP)

DO FOLCLORE

"O mal dos que estudam as superstições é não acreditarem nelas. Isso os torna tão suspeitos para tratar do assunto como um biologista que não acreditasse em micróbios."

(Mário Quintana)

"O mal dos que estudam as superstições é não acreditarem nelas." Em relação à oração principal, a oração "não acreditarem nelas" é:
a) subordinada substantiva subjetiva – reduzida de infinitivo
b) subordinada substantiva predicativa – reduzida de infinitivo
c) subordinada adjetiva restritiva – reduzida de particípio
d) subordinada adjetiva explicativa – reduzida de particípio
e) subordinada substantiva completiva nominal – reduzida de infinitivo

71. (PUCCamp-SP) Assinale o nome das orações destacadas: "Digo **que tens receio de que ela morra**".
a) subjetiva e objetiva direta
b) objetiva indireta e objetiva direta
c) objetiva direta e completiva nominal
d) adjetiva restritiva e adjetiva relativa
e) n. d. a.

72. (Faap-SP) Vamos analisar sintaticamente dois pronomes relativos:
"... arrulhos doces e saudosos com que se despede do dia / cascata que parecia quebrar a aspereza de sua queda..."
Respectivamente:
a) agente da passiva / objeto direto
b) aposto / objeto indireto
c) adjunto adnominal / complemento nominal
d) adjunto adverbial / sujeito
e) vocativo / predicativo

73. (ITA-SP) A frase 1 a seguir aparece transformada morfossintaticamente na frase 2 com o mesmo significado. Assinale a opção que explica a mudança.

1. Sem que tivesse notado que a garota o havia provocado, o velho leão mastiga um pedaço de carne.

2. Sem ter notado a provocação da garota, o velho leão mastiga um pedaço de carne.

a) Houve em 2 a redução da oração subordinada adverbial ao infinitivo, e nominalização ou substantivação da subordinada substantiva.

b) Houve em 2 a redução, ao particípio, da oração subordinada adverbial, e nominalização da subordinada substantiva.

c) Houve em 2 a redução sintática dos termos da 1.ª oração e transformação da subordinada adjetiva em objeto direto.

d) Houve em 2 transformação da 1.ª oração subordinada em locução conjuntiva e redução da 2.ª subordinada em locução adverbial concessiva.

e) Houve em 2 uma transformação que manteve o mesmo número de orações que havia em 1, a despeito das reduções sintáticas.

74. (UFMG) A oração reduzida está corretamente desenvolvida em todas as alternativas, exceto em:

a) Mesmo correndo muito, não alcançarás o expresso da meia-noite.
   Se correres muito, ...

b) Assentando-te aqui, não verás os jogadores.
   Se te sentares aqui, ...

c) Estando ela de bom humor, a noite era das melhores.
   Quando ela estava de bom humor, ...

d) Chegando a seca, não se colheria um só fruto.
   Quando chegasse a seca, ...

e) No princípio, querendo impor-se, adotava atitudes postiças.
   ... porque queria impor-se, ...

75. (UFSCar-SP) Assinale a alternativa em que não há correspondência adequada entre a oração reduzida e a desenvolvida de cada par:

a) *Contendo as despesas,* o governo reduzirá a inflação. / *Desde que contenha as despesas,* o governo reduzirá a inflação.

b) "Abomina o espírito da fantasia, *sendo dos que mais o possuem.*" (Carlos Drummond de Andrade) / Abomina o espírito da fantasia, *embora seja um dos que mais o possuem.*

c) *Equacionando o problema,* a solução será mais fácil. / *Depois que se equaciona o problema,* a solução é mais fácil.

d) "*Julgando inúteis as cautelas,* curvei-me à fatalidade." (Graciliano Ramos) / *Como julguei inúteis as cautelas,* curvei-me à fatalidade.

e) *Tendo tantos amigos,* não achou quem os apoiasse. / *Quando tinha muitos amigos,* não achou quem os apoiasse.

76. (Fatec-SP) A oração destacada está em forma reduzida (de infinitivo):
Apesar de só dizer a verdade, não lhe deram crédito.
Assinale a alternativa em que ela apareça desenvolvida de forma correta.
a) Apesar que só dizia a verdade, não lhe deram crédito.
b) Apesar que só dissesse a verdade, não lhe deram crédito.
c) Visto que só dizia a verdade, não lhe deram crédito.
d) Embora só dissesse a verdade, não lhe deram crédito.
e) Mesmo dizendo a verdade, não lhe deram crédito.

77. (PUCCamp-SP) "**Se não tiverem organizado os documentos**, o coordenador irá solicitar ajuda de outro departamento, **se bem que não o tenham atendido em outra ocasião.**"
As orações destacadas acima expressam, respectivamente, as seguintes circunstâncias:
a) conformidade e finalidade
b) consequência e finalidade
c) finalidade e concessão
d) condição e concessão
e) condição e consequência

78. (UFV-MG) "Um dia, **como lhe dissesse** que iam dar o passarinho, **caso continuasse a comportar-se mal**, correu para a área e abriu a porta da gaiola." (Paulo Mendes Campos)
As orações destacadas são, respectivamente, subordinadas adverbiais:
a) causal e condicional.
b) comparativa e causal.
c) conformativa e consecutiva.
d) condicional e concessiva.
e) comparativa e conformativa.

79. (UFV-MG) "Ele assumiu a chefia do cargo, embora não estivesse preparado para isso."
Comece com: Ele não estava...
a) todavia
b) de forma que
c) porquanto
d) desde que
e) conforme

80. (Uesc) Nos períodos a seguir, coloque os números conforme o tipo de oração subordinada adverbial que apresentam:
1. condicional
2. conformativa
3. temporal
4. consecutiva
5. concessiva
( ) O funcionário do Correio foi tão gentil, que não atirou os selos pelo ar.
( ) Os guardas de trânsito ajudaram-nos como puderam.
( ) Conquanto fossem bons atores, os artistas não sabiam o que estavam fazendo.
( ) Caso você concorde comigo, escreva-me sobre o assunto.
( ) Mal chegou a casa, procurou pelo relógio da sala.
O item com a sequência correta é:
a) 4, 2, 5, 1, 3
b) 3, 1, 5, 2, 4
c) 5, 1, 3, 2, 4
d) 4, 2, 3, 1, 5
e) 4, 2, 5, 3, 1

Capítulo 3

Sintaxe de regência

A **sintaxe de regência** cuida especialmente das relações de dependência existentes entre os termos na oração ou entre as orações no período composto. Os termos, quando exigem a presença de outros, chamam-se **regentes** ou **subordinantes**; os que completam a sua significação chamam-se **regidos** ou **subordinados**.

Quando o termo regente é um **verbo**, ocorre a **regência verbal**:

O governo <u>**congelou**</u> <u>**os preços**</u>.
 termo   termo
 regente   regido

<u>**Confiamos**</u> <u>**em Deus**</u>.
 termo   termo
 regente   regido

OBSERVAÇÃO

Na **regência verbal**, o termo regido pode ser preposicionado ou não.

Quando o termo regente é um nome (**substantivo**, **adjetivo** ou **advérbio**), ocorre a regência nominal:

Temos <u>**confiança**</u> <u>**em Deus**</u>.
 termo   termo
 regente   regido

Filme <u>**impróprio**</u> <u>**para menores**</u>.
 termo   termo
 regente   regido

Ele agiu <u>**contrariamente**</u> <u>**ao regulamento**</u>.
 termo   termo
 regente   regido

OBSERVAÇÃO

Na **regência nominal**, o termo regido é obrigatoriamente preposicionado.

REGÊNCIA VERBAL

Conforme exposto, dá-se o nome de **regência** à relação de dependência que se estabelece entre um verbo (ou um nome) e seus complementos.

Observamos que, nas relações dos verbos com os seus complementos, estes podem vir **diretamente** ligados àqueles, ou **indiretamente**, ou seja, com uma preposição entre eles.

É importante observar que a mudança de regência de um determinado verbo às vezes muda também o sentido da frase:

> Ele **visou** o alvo, mas atingiu a parede. (= apontou a arma contra)
>
> Estas medidas **visam** ao bem-estar de todos. (= almejam, pretendem)

A finalidade deste capítulo não é apresentar um dicionário de regimes verbais, mas registrar os casos de regência que comumente oferecem dúvidas. Os que apresentamos foram tratados em resumo, baseando-nos no excelente livro de Francisco Fernandes: *Dicionário de verbos e regimes*.

• **Abraçar**

É **transitivo direto**, significando *cingir com os braços*, *circundar*, *seguir*, *adotar*:

> **Abraçou** a namorada com ternura.
>
> O colar **abraçava**-lhe elegantemente o pescoço.
>
> Aquele humilde povo **abraça** o cristianismo.

• **Agradar**

a) **Transitivo direto** (= acariciar):

> A menina **agradava** o cãozinho.

b) **Transitivo indireto** (= ser agradável a):

> A notícia **agradou** aos alunos.

OBSERVAÇÃO

Há escritores que usam esse verbo na acepção de *ser agradável a* também com **objeto direto**:

> "Procura **agradá**-la de toda forma." (Ciro dos Anjos)
>
> "Quando cresci e tentei **agradá**-la, recebeu-me suspeitosa e hostil." (Graciliano Ramos)

• **Agradecer**

a) **Transitivo direto** (quando o objeto for um ser não personificado):

> **Agradeceu** a joia.

b) **Transitivo indireto** (quando o objeto for pessoa ou ser personificado):

Agradeceu ao noivo.

c) **Transitivo direto e indireto** (quando se refere a coisas e pessoas):

Agradeceu a joia ao noivo.

• **Ajudar**

a) Seguido de um **infinitivo transitivo** precedido da preposição **a**, rege indiferentemente **objeto direto** ou **objeto indireto**:

Ajudou o filho a fazer os exercícios.
ou
Ajudou ao filho a fazer os exercícios.

b) Se o infinitivo preposicionado for **intransitivo**, rege apenas **objeto direto**:

Ajudaram o ladrão a fugir.

c) Não seguido de **infinitivo**, geralmente rege **objeto direto**:

Ajudei-o muito à noite.

• **Ansiar**

a) **Transitivo direto** (= angustiar, causar mal-estar):

A falta de espaço **ansiava** o prisioneiro.
A bebida excessiva **ansiava**-o.

b) **Transitivo indireto** (= desejar ardentemente). Rege a preposição **por** e não admite **lhe(s)** como complemento:

Ansiamos por sua volta.
Anseio por uma nova oportunidade na empresa.

OBSERVAÇÃO

Nessa acepção, alguns autores usam esse verbo também como transitivo direto:

"O seu coração **anseia** um confidente." (Camilo Castelo Branco)

"Minha alma **anseia** o infinito." (Amadeu de Queirós)

• **Aspirar**

a) **Transitivo direto** (= respirar, sorver, exalar, pronunciar guturalmente):

Aspiramos o ar puro das montanhas.
"E com os lábios entreabertos **aspirou** com delícia a aura impregnada de perfumes."
(José de Alencar)

Estas flores **aspiram** um perfume agradável.
Os ingleses **aspiram** o "h".

b) **Transitivo indireto** (= desejar, pretender). Rege obrigatoriamente a preposição **a** e não admite como complemento o pronome átono **lhe(s)**:

> A dias melhores, sempre aspiramos a eles.
> "E quem mora no beco, só aspira ao beco." (Rachel de Queiroz)

• **Assistir**

a) **Transitivo direto ou indireto** (= prestar assistência, socorrer):

> O médico assistia os acidentados.
>
> **ou**
>
> O médico assistia aos acidentados.

b) **Transitivo indireto** (= ver, presenciar, estar presente). Rege a preposição **a**, completando-se apenas com **a ele(s)**, **a ela(s)** e não admitindo pronome **lhe(s)** como complemento:

> "Vem assistir ao espetáculo da noite." (A. F. Schimidt)
> "Lá vão uns frades celebrar um auto! Não serei eu que assista a ele." (Alexandre Herculano)
> Àquela novela, não assisti a ela.

OBSERVAÇÕES

1.ª) O verbo **assistir**, nesse sentido, não pode ser empregado na voz passiva, uma vez que tem como complemento **objeto indireto**. São **incorretas**, portanto, frases como esta:

> O jogo foi assistido por milhares de pessoas.

2.ª) Apesar de gramaticalmente condenada, alguns escritores têm dado preferência à regência direta:

> "Só a menina estava perto e assistiu tudo estarrecida." (Clarice Lispector)

c) **Transitivo indireto** (= favorecer, pertencer). Nestes sentidos, admite **lhe(s)** como complemento:

> Assiste ao aluno o direito de reclamar?
> Assiste-lhe o direito de reclamar?
> Este direito assiste aos brasileiros.
> Este direito lhes assiste.

d) **Intransitivo** (= morar, residir). Nesta acepção, o emprego deste verbo já caiu em desuso:

> Pedro assiste na rua Peixoto Gomide.
> Assisto em São Paulo há anos.
>
> "Eu separo o reino de outro mineiro:
> Quem no Brasil assiste é brasileiro."
> (Domingos Carvalho da Silva)

• **Casar**

a) **Intransitivo**:

Eles **casaram** na Itália há anos.

b) **Transitivo indireto**:

A jovem não queria **casar** com ninguém.

OBSERVAÇÃO

O verbo **casar** pode aparecer acompanhado de pronome pessoal oblíquo (nesse caso, considerado *reflexivo*):

A jovem não queria **casar-se** com ninguém.

c) **Transitivo direto e indireto**:

O pai **casou** a filha com o vizinho.

• **Chamar**

a) **Transitivo direto** (= invocar, convocar):

Chamou o filho para o almoço.
O exército **chamou**-os para servir à Pátria.
"Marcela **chamou** um moleque (...)" (Machado de Assis)

OBSERVAÇÃO

O objeto direto pode aparecer preposicionado:

Chamou **pelo** filho.

b) **Transitivo** seguido de **predicativo do objeto**, com o sentido de *denominar*, *qualificar*, admite quatro empregos diferentes:

Chamei-o idiota.
Chamei-lhe idiota.
Chamei-o de idiota.
Chamei-lhe de idiota.

• **Custar**

a) **Transitivo indireto** (= ser custoso, difícil). Neste sentido, tem como sujeito *o que é difícil* e como objeto indireto *a quem custa*. Sendo o sujeito uma oração reduzida de infinitivo, pode vir com preposição:

Custa-lhe crer na sua honestidade.

OBSERVAÇÃO

Embora comum na linguagem falada, é errado dar-se a pessoa como sujeito do verbo **custar**, nesse sentido. Assim, é incorreta a construção: "*O aluno custou a entender a explicação.*" Corrija-se:

Custou ao aluno entender a explicação.

b) **Transitivo direto e indireto** (= acarretar):

> A imprudência **custou** lágrimas ao rapaz.

c) **Intransitivo** (= ter o valor de):

> Este vinho **custou** trinta reais.

OBSERVAÇÃO

Observe que é impossível transformar esta última oração em *voz passiva*. Assim, preferimos considerar o verbo **custar**, nesse sentido, como **intransitivo**, e o valor atribuído ao sujeito como *adjunto adverbial de preço*.

• **Esforçar-se**

No sentido de fazer *esforço por alguma coisa*, é essencialmente pronominal e seguido de complemento regido pelas preposições **em**, **a**, **por** e **para**:

> "**Esforçava-me** em desviar os olhos." (M. Barreto)
> "Se és cristão no nome, **esforça-te** a sê-lo nas obras." (Stringari)
> "Debalde **nos esforçávamos** por gravar nas almas o verbo da força e do dever."
> (Rui Barbosa)
> "Sempre **se esforçou** para continuar a viagem da razão." (Liberato Bittencourt)

• **Esquecer**

Este verbo admite três construções:

> **Esqueci** os acontecimentos.
> **Esqueci**-me dos acontecimentos.
> **Esqueceram**-me os acontecimentos.

OBSERVAÇÕES

1.ª) O que nas duas primeiras construções é **objeto** passa a **sujeito** na terceira: "*Os acontecimentos esqueceram-me*", isto é, "*fugiram-me da lembrança*". Essa construção é de uso literário.

2.ª) O verbo **lembrar** segue a mesma regência do verbo **esquecer**.

• **Implicar**

a) **Transitivo direto** (= acarretar, envolver):

> A resolução do exercício **implica** nova teoria.
> "... um dever que **implica** desdouro para meu amigo, se eu me esquivar a cumpri-lo."
> (Camilo Castelo Branco)

b) **Transitivo indireto** (= ter implicância, mostrar má disposição):

> Mamãe sempre **implicou** com meus hábitos.

c) **Transitivo direto e indireto** (= comprometer-se, envolver-se):

Ele **implicou-se** em negócios ilícitos.

• **Informar**

É **transitivo direto e indireto**, admitindo duas construções:

a) o referente a *pessoa* funciona como **objeto direto** e o referente a *coisa*, como **objeto indireto**, regendo as preposições **de** ou **sobre**:

Informaram o réu de sua condenação.

ou

Informaram o réu sobre sua condenação.

b) o referente a *coisa* funciona como **objeto direto** e o referente a *pessoa*, como **objeto indireto**, regendo a preposição **a**:

Informaram a condenação ao réu.

OBSERVAÇÃO

Não se pode dar dois *objetos diretos* ou dois *objetos indiretos* ao mesmo verbo. Portanto, são **incorretas** construções como estas: "Informaram o aluno que não haverá aula."; "Informaram ao aluno de que não haverá aula."

• **Interessar-se**

Como verbo pronominal é **transitivo indireto**, regendo as preposições **em** e **por**:

"Antônia **interessava-se** nestes estudos..." (Camilo Castelo Branco)
Ela **interessou-se** por minha companhia.

OBSERVAÇÕES

1.ª) Não apresentamos aqui outras regências do verbo **interessar** por não serem de uso frequente nos dias atuais.

2.ª) O verbo **desinteressar-se**, antônimo de **interessar-se**, rege a preposição **de**: Ela **desinteressou-se** de minha companhia.

• **Namorar**

a) **Intransitivo** (= galantear, cortejar):

Hoje, os jovens começam a **namorar** muito cedo.

b) **Transitivo direto** (= desejar ardentemente, galantear, cortejar):

O pobrezinho vivia **namorando** a vitrina de doces.
"Uma velhota metida a faceira, (...) que tinha a mania de **namorar** os rapazes elegantes da cidade."
(Viriato Correia)
Paulo **namora** Maria há anos.

OBSERVAÇÃO

Embora de uso frequente na linguagem falada, a construção *"namorar com alguém"* deve ser evitada.

c) **Transitivo indireto** (= encantar-se):

> "**Namorou**-se dela extremamente (...)" (Almeida Garrett)

• **Obedecer / Desobedecer**

São verbos **transitivos indiretos**, regendo a preposição **a**:

> Os maus filhos não **obedecem** aos pais.
> Aos meus pais, nunca lhes **desobedeci**.
> **Obedeçamos** aos desígnios divinos.
> Não **desobedeçam** aos sinais de trânsito.

OBSERVAÇÕES

1.ª) Embora seja comum a ocorrência dos verbos **obedecer** e **desobedecer** como *transitivos diretos*, essa regência *não* deve ser seguida, pois a norma culta prescreve o **objeto indireto** como *complemento*. Portanto, são **incorretos** os seguintes usos: "Obedeça a sinalização" (placa do Departamento de Trânsito); "Não desobedeça seus professores".

2.ª) Embora sejam *transitivos indiretos*, os verbos **obedecer** e **desobedecer** admitem a *voz passiva*:

> Fazem com que **sejam obedecidas** as leis.
> "A Senhora manda, e **é obedecida**." (José de Alencar)
> A ordem **foi desobedecida** pelos alunos.

• **Pagar**

a) **Transitivo direto** (quando o objeto for *coisa*):

> **Paguei** minhas dívidas pontualmente.
> Você já **pagou** a conta de luz?

b) **Transitivo indireto** (quando o objeto for *pessoa*):

> Papai **pagou** aos empregados.
> Você **pagou** ao dono do armazém?

c) **Transitivo direto e indireto** (quando se refere a *coisas* e *pessoas* simultaneamente):

> Vou **pagar** o aluguel ao dono da pensão.
> "Para celebrar a sua entrada na Literatura, Gonçalo Mendes Ramires **pagou** aos camaradas do Cenáculo e a outros amigos uma ceia." (Eça de Queirós)

• **Perdoar**

Segue o mesmo esquema do verbo **pagar**:

a) **Transitivo direto**:

Perdoarei as suas ofensas.

"Crimes da terra, como **perdoá**-los?" (Carlos Drummond de Andrade)

b) **Transitivo indireto**:

A mulher **perdoou** ao marido.

"**Perdoa** a este mísero, como perdoaste aos algozes que te crucificaram."
(Alexandre Herculano)

c) **Transitivo direto e indireto**:

Ela **perdoou** os erros ao filho.

"Deve-se **perdoar** alguma coisa aos poetas..." (Ramalho Ortigão)

"**Perdoem**-lhe esse riso." (Machado de Assis)

• **Preferir**

a) **Transitivo direto** (= dar primazia a, escolher):

Prefiro vinhos nacionais.

"Não podendo lutar, **preferiu** a morte, que se lhe afigurou
mais fácil que a vida e mais necessária também." (Machado de Assis)

b) **Transitivo direto e indireto** (= decidir entre uma coisa e outra):

Prefiro vinho a cerveja.

"Os historiadores **preferem** a figura histórica de araque à figura
real do estadista ou seja lá o que foi Pedro II." (Stanislaw Ponte Preta)

OBSERVAÇÃO

O verbo **preferir** não admite expressão que indique intensidade (**mais**, **menos**, **muito**, **mil vezes** etc.), bem como a posposição de **que** ou **do que**. Portanto, é totalmente **errada** a construção: "**Prefiro** mais cinema que teatro". Corrija-se: **Prefiro** cinema a teatro.

• **Prevenir**

a) **Transitivo direto** (= evitar dano, mal etc.):

A prudência **previne** as desgraças.

b) **Transitivo direto e indireto** (= avisar com antecedência)

> "Vou **prevenir** minha irmã de que Teresa de Jesus irá para casa."
> (Camilo Castelo Branco)
> "Não quero que ninguém se indigne com esta narrativa.
> **Previno**-os de que é triste." (João de Araújo Correia)

OBSERVAÇÃO

Com a preposição **para**, o verbo **prevenir** passa a significar *preparar-se, acautelar-se*:

> "(...) puderam inteirar-se de tudo e **prevenir**-se para a luta (...)" (Alexandre Herculano)

• **Proceder**

a) **Intransitivo** (= ter fundamento, portar-se, conduzir-se):

> As suas teorias não **procedem**. (= não têm fundamento)
> Aqueles vizinhos não **procedem** bem. (= não se portam, não se conduzem)

b) **Transitivo indireto** (= realizar, dar início, provir).

Nesse sentido, rege a preposição **a**:

> O juiz **procedeu** ao interrogatório.
> O professor **procedeu** à chamada.
> "Mandou **proceder** ao recolhimento dos títulos." (Rui Barbosa)
> O português **procede** do latim. (= provém)

• **Querer**

a) **Transitivo direto** (= desejar, pretender):

> Eles **queriam** muito um filho.
> **Quero**-o aqui imediatamente.
> "Não **quero** que uma nota de alegria
> Se cale por meu triste passamento."
> (Álvares de Azevedo)

b) **Transitivo indireto** (= amar, estimar, ter afeto):

> **Queria** muito a seus pais.
> **Quero**-lhe muito, querida.
> "E então como ele a amava e lhe **queria**
> A esta pobre terra portuguesa!"
> (Almeida Garrett)

• Simpatizar

É verbo **transitivo indireto**, regendo a preposição **com**:

Simpatizo muito com seu irmão.
Há pessoas com quem não **simpatizamos**.
"— Mas eu não detesto o Bastos; **simpatizo** até com ele." (Machado de Assis)

OBSERVAÇÕES

1.ª) O verbo **simpatizar** não é *pronominal*. É **incorreto**, portanto, dizer: "Simpatizo-me com seu irmão." Corrija-se: Simpatizo com seu irmão.

2.ª) O verbo **antipatizar**, seu antônimo, segue a mesma regência:

"Encontrava-o agora todos os dias em casa de Lúcia; e desde a primeira vez **antipatizara** com a sua enjoativa figura." (José de Alencar)

• Suceder

a) **Intransitivo** (= ocorrer, acontecer):

O caso **sucedeu** rapidamente.
Sucederam fatos estranhos naquela vila.
"**Sucedeu** por esse tempo um desastre." (Machado de Assis)

b) **Transitivo indireto** (= vir depois, seguir-se; acontecer algo com alguém):

"O terror desfazia as linhas, a coragem as recompunha, e os combates **sucediam** aos combates." (Machado de Assis)
O objeto geralmente **sucede** ao verbo.
A noite **sucede** ao dia.
"Os miseráveis causam ao mundo um grande mal-estar. Juro que me sinto culpado de tudo o que lhes **sucede**." (Joraci Camargo)
Não me recordo do que **sucedeu** a ela.

• Visar

a) **Transitivo direto** (= dirigir o olhar para, apontar arma de fogo contra, pôr o sinal de visto em):

A menina **visava** as nuvens.
Dezenas de armas **visavam** o seu peito.
O gerente já **visou** o meu cheque.

b) **Transitivo indireto** (= ter em vista, pretender, objetivar):

> O ensino **visa** ao progresso social.
>
> Todo capitalista **visa** a bons lucros.
>
> "O trabalho sério do homem que **visa** ao futuro." (José de Alencar)

OBSERVAÇÃO

Quando o complemento for uma *oração reduzida de infinitivo*, há, no Brasil, forte tendência para suprimir a preposição:

> "**Visou** ele mostrar as correlações existentes." (Joaquim Osório Duque Estrada)

VERBOS QUE INDICAM MOVIMENTO OU ESTATICIDADE

Verbos que indicam *movimento* (**chegar**, **ir**, **voltar** etc.) constroem-se com a preposição **a**, opondo-se aos que indicam *estaticidade* (**morar**, **residir** etc.), que se constroem com a preposição **em**.

> Ele **chegou ao** colégio muito cedo.
>
> **Iremos a** Santos no próximo sábado.
>
> Papai **voltou ao** escritório.
>
> Ele **mora na** rua Virgílio de Resende.
>
> **Ficarei em** casa à noite.
>
> Aquele operário **reside na** rua 2.

OBSERVAÇÕES IMPORTANTES

1.ª) A rigor, não se deve dar um complemento comum a verbos de regimes diferentes. Assim não devemos dizer: **Assisti** e **gostei** do jogo. O correto é:

> **Assisti** ao jogo e **gostei** dele.

Todavia, por concisão, muitos autores quebram esse rigor gramatical. Veja os seguintes exemplos:

> "Nos dias seguintes, continuou a **entrar** e **sair** de casa (...)" (Machado de Assis)
>
> "Na companhia desta sua tia ficara Rosa, enquanto o cônego **ia** e **vinha** de Lisboa."
> (Camilo Castelo Branco)

2.ª) Em orações iniciadas por **pronomes relativos**, **pronomes interrogativos** ou **advérbios interrogativos** desempenhando papel de complemento verbal, a preposição exigida pelo verbo deve, obrigatoriamente, antepor-se a essas palavras:

> As sessões a que **assisti** foram instrutivas.
>   ‿‿
>   pron.
>   relativo

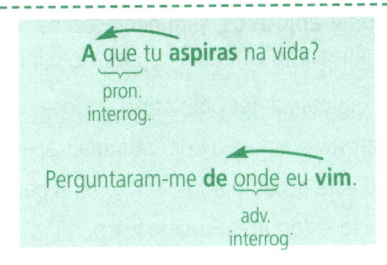

A que tu **aspiras** na vida?
pron.
interrog.

Perguntaram-me **de** onde eu **vim**.
adv.
interrog·

3.ª) Não deve haver contração da preposição que precede o sujeito de um verbo no infinitivo. Devemos, portanto, evitar construções do tipo: "Está na hora **da** aula acabar"; "Em virtude **dele** estar doente, não foi à festa". O correto é:

Está na hora **de a** aula acabar.

Em virtude **de ele** estar doente, não foi à festa.

4.ª) O pronome pessoal reto não se emprega com preposição e não pode ser complemento. Assim, são **incorretas** as construções do tipo: "Sandra sentou-se entre **eu** e minha prima"; "Não há mais nada entre **tu** e **eu**"; "Não encontrei **ela** na festa". As formas corretas são:

Sandra sentou-se entre **mim** e **minha** prima.

Não há mais nada entre **ti** e **mim**.

Não **a** encontrei na festa.

REGÊNCIA NOMINAL

É a relação de dependência existente entre um nome (**substantivo**, **adjetivo**, **advérbio**) e seu complemento:

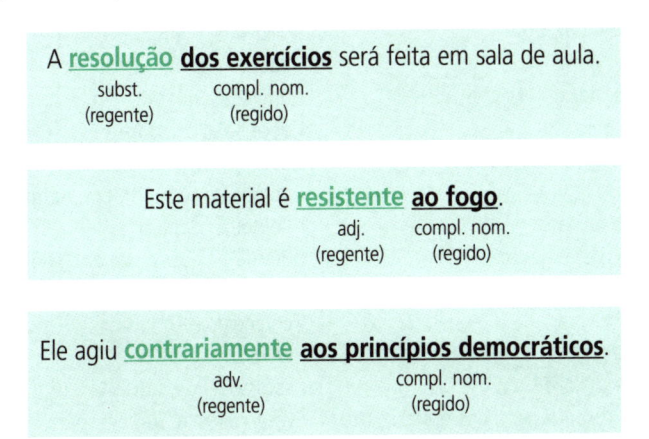

A resolução dos exercícios será feita em sala de aula.
subst.   compl. nom.
(regente)   (regido)

Este material é resistente ao fogo.
adj.   compl. nom.
(regente)   (regido)

Ele agiu contrariamente aos princípios democráticos.
adv.   compl. nom.
(regente)   (regido)

Muitos **substantivos** e **adjetivos**, sem alteração de sentido e sem quebra da disciplina gramatical, exigem complementos regidos de diferentes preposições:

> Ele parece ter ódio contra todos.
>
> Caracterizava-se nele o ódio aos mais aplicados.
>
> Ele não está acostumado com o clima paulista.
>
> Não estou acostumado ao barulho.

Regência de alguns nomes

abrigado — a, com, contra, de, em, sob	conforme — a, com, em, para
acessível — a, para, por	conivente — com, em
adequado — a, com, para	constante — de, em
afável — a, com, para com	contemporâneo — a, de
agradável — a, de, para	contente — com, de, em, por
alheio — a, de	contíguo — a, com
amante — de	contrário — a, de, em, por
amigo — de	cruel — a, com, em, para, para com
amoroso — com, para, para com	cuidadoso — com, de, em
análogo — a	cúmplice — de, em, para
ansioso — de, para, por	curioso — a, de, para, por
anterior — a	desatento — a
aparentado — a, com, de	descontente — com, de
apto — a, para	desejoso — de
atentado — a, contra	desfavorável — a, para
atento — a, em, para	desleal — a, com, em, para com
avaro — a, de, em, com, para com	devoção — a, para com, por
aversão — a, em, para, por	devoto — a, de
avesso — a, de, em	diferente — com, de, em, entre, por
ávido — de, por	difícil — a, de, para
bacharel — em, por	digno — de
banhado — de, em, por	diligente — em, para
benéfico — a, para	ditoso — com, de, em, por
bom — a, de, para, para com	diverso — de, em
capaz — de, para	doce — a, de, para
caritativo — com, para com	dócil — a, para
caro — a, de	dotado — com, de, em, para
cego — a, de, para	doutor — de, em, por
certo — com, de, em, para	dúvida — acerca de, em, sobre
cheio — com, de	empenho — contra, de, em, por
cheiro — a, de	entendido — em, por
cobiçoso — de, por	erudito — em
compatível — a, com	escasso — de, em
comum — a, com, de, em, entre, para	essencial — a, de, em, para

Regência de alguns nomes

estranho — a, de, para

exato — em

fácil — a, de, em, para

falho — de, em

favorável — a, para

feliz — com, de, em, por

fértil — de, em

fiel — a, em, para com

firme — em

forte — de, em, para

fraco — com, de, em, para

franco — a, com, em, sobre

furioso — com, contra, por

grato — a, para, por

hábil — em, para

habituado — a, com, em

horror — a, de, diante de, por

hostil — a, contra, para com

ida — a, para

idêntico — a, em

imediato — a

impaciente — com, de, por

importante — a, contra, em, para

impotente — a, ante, contra, diante de, por

impróprio — a, de, para

imune — a, de

inábil — em, para

inacessível — a, para

incapaz — de, em, para

incompatível — com

incompreensível — a, em, para

inconstante — em

incrível — a, para

indeciso — em, entre, quanto a, sobre

indiferente — a, com, para, para com, por

indigno — de

indulgente — a, com, em, para, para com

inédito — a, em

inerente — a, em

insensível — a, ante, para

intolerante — a, com, em, para, para com

leal — a, com, em, para, para com

lento — de, em

liberal — com, de, em, para com

maior — de, em

mau — com, de, para, para com

menor — de, em

morador — de, em

natural — a, de, em, para

necessário — a, em, para

negligente — em

nobre — de, em, por

nocivo — a, para

obediente — a

obsequioso — com, para, para com

odioso — a, para, por

oneroso — a, para

orgulhoso — com, de, em, por

parco — com, de, em

parecido — a, com, em

passível — de

peculiar — a, de

perito — em

pernicioso — a, para

pertinaz — em

piedade — com, de, para, para com, por

pobre — de

poderoso — com, em, para

possível — a, de

posterior — a

prestes — a, em, para

prodígio — de, em

proeminência — sobre

pronto — a, em, para

propício — a, para

próprio — a, de, para

proveitoso — a, para

próximo — a, de

querido — a, de, em, por

rente — a, com, de, por

respeito — a, com, de, em, entre, para com, por

rico — de, em

sábio — em, para

Regência de alguns nomes

sensível — a, para	vário — de
sito — em, entre	vazio — de
situado — a, em, entre	vedado — a, por
soberbo — com, de	velado — a, de, em, por
solícito — com, de, em, para, para com, por	vencido — de, em, por
	vendido — a, por
sujo — de	veneração — a, de, para com, por
suspeito — a, de	venerado — de, por
temeroso — a, de, em	venerável — a, por
temível — a, para	venturoso — com, por
triste — com, de, em, para, por	verdade — de, em, sobre
último — a, de, em	vergonha — de, para
união — a, com, de, entre	versado — em
único — a, em, entre, sobre	vestido — a, com, de, em, para, por
usual — a, entre	veto — a, contra
útil — a, em, para	viagem — a, através de, em, para, por
utilizado — em, para	vinculado — a, com, por
vacilante — ante, em, entre	visível — a
vagaroso — de, em	vizinho — a, com, de
vaidade — de, em	vulgar — a, em, entre
vaidoso — de, em	vulgarizado — em, por

Exercícios

Nos exercícios **1** a **7**, indique o número correspondente à predicação do verbo dado em cada um dos quadros apresentados.

1.

Ansiar

Significação	Predicação
angustiar, causar ânsia	1. transitivo direto
desejar, almejar	2. transitivo indireto

a) Os atletas ansiavam por uma nova oportunidade.

b) A falta do que fazer ansiava a garotada.

c) O excesso de remédio ansiava o paciente.

d) Ansiávamos pela chegada das férias.

e) A chuva incessante ansiava os turistas.

f) Os menores abandonados anseiam por uma vida mais digna.

g) A ausência da mãe ansiava a pobre criança.

h) O cansaço ansiava os tripulantes.

2.

Aspirar	
Significação	Predicação
inspirar, sorver, exalar	1. transitivo direto
desejar, almejar	2. transitivo indireto

a) Não mais se aspira a esse título.

b) Nas primeiras fileiras, os alunos aspiram o pó da lousa.

c) Todos aspiramos a melhores condições de vida.

d) Muitos aspiram à carreira pública.

e) Alguns comerciantes aspiram apenas ao lucro.

f) Estas rosas aspiram um aroma agradabilíssimo.

g) Abraçava a mulher e aspirava o delicioso perfume de seus cabelos.

h) Os jovens aspiram a um futuro brilhante.

3.

Assistir	
Significação	Predicação
ajudar, auxiliar, socorrer	1. transitivo direto
ver, presenciar	2. transitivo indireto
caber, competir, pertencer	3. transitivo direto e indireto
morar, residir	4. intransitivo

a) Ainda não assisti a essa peça.

b) O médico de plantão assistiu os feridos.

c) Alguns populares assistiram os bombeiros no resgate às vítimas.

d) Não poderei assistir ao seu casamento.

e) Este direito não assiste aos alunos reprovados.

f) Todos se empolgam quando assistem aos jogos da Seleção Brasileira.

g) Assiste a todos o direito de expor suas ideias.

h) O Papa assiste no Vaticano.

4.

Querer	
Significação	Predicação
desejar, almejar	1. transitivo direto
amar, ter afeto	2. transitivo indireto

a) Só quero um pouco de sossego.

b) Quero muito ao meu afilhado.

c) Eu sempre a quis para esposa.

d) Quem tudo quer, tudo perde.

e) Os fuzilados só queriam a liberdade de seu povo.

f) Quero-lhe muito, minha cara.

g) Jamais o quererei por genro.

h) A avó devotada sempre quis bem aos netinhos.

5.

Visar	
Significação	Predicação
rubricar, apontar a arma	1. transitivo direto
almejar, desejar	2. transitivo indireto

a) Engatilhou a espingarda e visou a cabeça da onça.
b) O gerente ainda vai visar o meu cheque.
c) Com essas medidas, o governo visa ao bem-estar de todos.
d) Alguns comerciantes visam apenas ao lucro.
e) Sem visar o passaporte, você não poderá viajar.
f) Visamos a novas perspectivas de trabalho.
g) Puxamos da arma e visamos a caça.
h) A nossa excursão visa à caça.

6.

Custar	
Significação	Predicação
ser difícil, ser penoso	1. transitivo indireto
acarretar, ocasionar	2. transitivo direto e indireto

a) Custou a teus pais entender o nosso atraso?
b) A imprudência custou-lhe muitas cicatrizes pelo corpo.
c) Custou-nos chegar até o local do acidente.
d) A derrota custou-lhe muitas noites de insônia.
e) Custa-me crer na sua honestidade.
f) Custava-lhe entender o que lhe diziam.
g) Custou ao rapaz entender a exigência do pai.
h) O estudo custa anos de sacrifícios aos estudantes.

7.

Implicar	
Significação	Predicação
acarretar, pressupor	1. transitivo direto
ter implicância, antipatia	2. transitivo indireto
comprometer, envolver (-se)	3. transitivo direto e indireto

a) Muitos políticos já se implicaram em escândalos.
b) As más companhias implicaram o rapaz em práticas desonestas.
c) A resolução deste exercício implica várias teorias.
d) Mamãe sempre implicou com os meus hábitos.
e) Ele implicou-se em negócios ilícitos.
f) Estes estudos implicam constantes pesquisas.
g) Implicaram meu vizinho em negociações desonestas.
h) Por que você implica tanto comigo?

8. Reescreva as frases seguintes, substituindo a parte em destaque pelo verbo indicado nos parênteses. Lembre-se de que, dependendo da regência, poderá haver mais de uma possibilidade de construção.

a) Com as mãos calosas, o lavrador **acariciava** o cavalo. (agradar)
b) Minhas palavras não **satisfizeram** o público. (agradar)
c) Aquela opressão **angustiava** o prisioneiro. (ansiar)
d) Os candidatos **aguardavam** o resultado da prova. (ansiar)
e) Na zona fabril, **inspiramos** um ar contaminado. (aspirar)
f) Muitos **desejam** o cargo de vereador. (aspirar)
g) As enfermeiras **socorriam** os flagelados. (assistir)
h) **Presenciamos** o espetáculo com entusiasmo. (assistir)
i) O direito de reclamar **pertence** ao consumidor. (assistir)
j) **Foi difícil** ao infrator reconhecer o erro. (custar)
k) A precipitação **acarretou** sérios prejuízos ao comerciante. (custar)
l) Fui ao consulado **rubricar** o meu passaporte. (visar)
m) O professor deve **pôr o visto** em todas as redações. (visar)
n) O caçador **mirou** a cabeça do coelho; em seguida atirou. (visar)
o) Nossa empresa **objetiva** grandes lucros. (visar)
p) Tal disposição não **acarreta** desrespeito aos funcionários. (implicar)
q) Ele **envolveu** o irmão em negociações fraudulentas. (implicar)
r) Você deve **desculpar** o seu irmão. (perdoar)
s) Aquela garota sempre **desejou** a minha volta. (querer)
t) **Estimamos** muito o nosso velho professor. (querer)
u) O objeto geralmente **figura depois do** verbo. (suceder)
v) Ele sempre **gostou** de artes marciais. (interessar-se)
x) Muitos jovens **não curtem** música clássica. (desinteressar-se)

Nos exercícios **9** a **16**, numere de acordo com o seguinte código:

1. Todas estão corretas.   4. Apenas a 2.ª está errada.
2. Todas estão erradas.   5. Apenas a 3.ª está errada.
3. Apenas a 1.ª está errada.

9. ( )
a) Bem sabes que eu quero muito meus pais.
b) Eles perceberam que ela jamais perdoará a seus algozes.
c) Eles preferem passear de barco a escalar montanhas.

10. ( )
a) Tive medo quando percebi que éramos apenas três.
b) Agora eu vou perdoá-la, minha filha.
c) Não sei por que ela não simpatiza comigo.

11. ( )
a) Pecados, só Deus os poderá perdoar.
b) Voltei bem tarde para casa ontem.
c) Ele sempre visou ao cargo de chefia.

12. ( )

a) Simpatizei-me muito com sua prima.

b) Pedro, assim que o dinheiro chegar, quero pagá-lo.

c) Creio que ele ainda mora à rua General Carneiro.

13. ( )

a) Existem pessoas com quem não consigo simpatizar.

b) Visei a cabeça do animal, mas não tive coragem de atirar.

c) Prefiro esta situação àquela que você propôs ontem.

14. ( )

a) Todos os dias aspiramos o mesmo ar poluído.

b) Assistimos diariamente a cenas de violência.

c) Custamos a encontrar a sua casa.

15. ( )

a) Pague o garçom e vamos embora.

b) Não adianta assistir os pobres só com medidas paliativas.

c) A falta de liberdade anseia muitos povos.

16. ( )

a) A mulher, desesperada, chamava por todos os santos.

b) Não o chame de incompetente só porque não sabe tabuada.

c) Não lhe chame de incompetente só porque não sabe tabuada.

17. Reescreva a frase seguinte, utilizando as duas outras regências possíveis do verbo **esquecer**.

Ele esqueceu todos os ensinamentos paternos.

a) _____

b) _____

18. Faça como no exercício anterior, agora com o verbo **lembrar**.

Naquele instante, lembrei todas as recomendações paternas.

a) _____

b) _____

Numere os exercícios **19** a **25** de acordo com o seguinte código:

1. Apenas a 1.ª frase está correta.   3. As duas frases estão corretas.

2. Apenas a 2.ª frase está correta.   4. As duas frases estão incorretas.

19. Você pagou ao dono da farmácia? ( )

a) Sim, paguei-lhe.   b) Sim, paguei a ele.

20. Você pagou a conta à dona da pensão? ( )

a) Sim, paguei-a a ela.   b) Sim, paguei-lhe a conta.

21. Ela perdoou ao marido? ( )

a) Sim, perdoou-o.   b) Sim, perdoou-lhe.

22. Você prefere café a leite? ( )
   a) Não, prefiro mais leite que café.
   b) Sim, prefiro mais café do que leite.

23. A professora simpatizou com você? ( )
   a) Sim, ela se simpatizou comigo.
   b) Não, ela se antipatizou comigo.

24. O gerente visou os cheques? ( )
   a) Sim, visou-os.
   b) Sim, visou-lhes.

25. Você aspira a grandes conquistas? ( )
   a) Sim, aspiro-as.
   b) Sim, aspiro a elas.

Observando o regime dos nomes destacados, assinale nos testes **26** a **40** a alternativa que completa corretamente as frases apresentadas. Atenção: pode haver mais de uma alternativa correta.

26. Aquele porto é *acessível* ___ todo tipo de embarcação.
   a) para   b) a   c) por

27. Lógica e gramaticalmente essa era a preposição *adequada* __ regência do verbo.
   a) à   b) para a   c) para com a

28. O anfitrião procurava ser *afável* __ todos.
   a) com   b) para com   c) de

29. Esta é uma tarefa *agradável* __ fazer.
   a) a   b) de   c) para

30. Ela é uma mulher *alheia* __ tudo.
   a) a   b) com   c) por

31. O sentimento de amor é *comum* __ todos os homens.
   a) entre   b) a   c) de

32. Tal forma, embora muito usada entre nós, é absolutamente *avessa* __ índole da língua portuguesa.
   a) à   b) com a   c) contra a

33. Estávamos *ávidos* __ partir.
   a) por   b) com   c) de

34. O noivo é *bacharel* __ direito.
   a) por   b) em   c) de

35. Ele é *bacharel* __ Faculdade de Direito de São Paulo.
   a) pela   b) na   c) para com a

36. A garota tinha a face *banhada* __ lágrimas.
   a) com   b) de   c) por

37. Aquela região é *banhada* __ mar.

a) com o   b) no   c) pelo

38. Joana é uma moça *inábil* __ trabalhos manuais.

a) com   b) em   c) de

39. Dr. Carlos era um médico *residente* __ pracinha.

a) à   b) na   c) da

40. Ele teve sucesso porque foi *constante* __ seus propósitos.

a) com   b) em   c) para com

DE CONCURSOS PÚBLICOS E VESTIBULARES

1. (TJ-SP) Marque onde há **erro** na regência do verbo:

a) Ela chegou na cidade ontem à noite.

b) Eu o vi ontem, no cinema.

c) Obedeça às minhas ordens.

d) Informei os amigos sobre a carta.

e) Paga o que deve aos teus funcionários.

2. (TJ-SP) Que frase apresenta **erro** na regência nominal?

a) Ninguém está imune a influências.

b) Ela já está apta para dirigir.

c) Tinha muita consideração por seus pais.

d) Ele revela muita inclinação com as artes.

e) Era suspeito de ter assaltado a loja.

3. (MP-RS) Era tão rancoroso, que preferiu _____ triste _____ saber que era feliz.

a) vê-la – que.   d) vê-la – do que.

b) a ver – do que.   e) vê-la –a

c) a ver – a.

4. (SRF) Há **erro** de regência verbal no item:

a) Algumas ideias vinham ao encontro das reivindicações dos funcionários, contentan-do-os, outras não.

b) Todos aspiravam a uma promoção funcional, entretanto poucos se dedicavam àquele trabalho, por ser desgastante.

c) Continuaram em silêncio, enquanto o relator procedia à leitura do texto final.

d) No momento este departamento não pode prescindir de seus serviços devido ao grande volume de trabalho.

e) Informamos a V. Sa. sobre os prazos de entrega das novas propostas, as quais devem ser respondidas com urgência.

5. (SRF) Marque a alternativa **incorreta** quanto à regência verbal:

a) Na verdade, não simpatizo com suas ideias inovadoras.

b) Para trabalhar, muitos preferem a empresa privada ao serviço público.

c) Lamentavelmente, não conheço a lei que te referes.

d) Existem muitos meios a que podemos recorrer neste caso.

e) Se todos chegaram à mesma conclusão, devem estar certos.

6. (SRF) Assinale a alternativa **incorreta** quanto à regência:

a) Creio que os trabalhadores estão muito conscientes de suas obrigações para com a pátria.

b) O filme a que me refiro aborda corajosamente a problemática dos direitos humanos.

c) Esta nova adaptação teatral do grande romance não está agradando ao público; eu, porém, prefiro esta àquela.

d) O trabalho inovador de Gláuber Rocha que lhe falei chama-se *Deus e o Diabo na Terra do Sol*.

e) José crê que a classe operária está em condições de desempenhar um papel importante na condução dos problemas nacionais.

7. (SRF) O emprego de pronomes relativos precedidos de preposição está correto apenas em:

a) Recebeu promoção a servidora a cuja dedicação tanto deve nosso setor.

b) Olhem as notícias de cujas vocês vão saber os detalhes no jornal das cinco.

c) Esse é o tipo de assunto sobre o que não temos certeza nenhuma.

d) Já se vislumbrava o prejuízo do qual sua atitude acarretaria.

e) Verificou-se a procedência do recurso ao qual os contribuintes pedem revisão dos cálculos.

8. (Tacrim-SP) Assinale a alternativa que melhor completa a oração a seguir: "A professora __ lhe falamos é aquela. __ outra é __ diretora do curso".

a) de que – À – a   c) de que – À – à   e) de quem – A – a

b) a quem – À – à   d) a que – A – à

9. (SRF) Considere o trecho abaixo:

"Eu queria saber é quem está no aparelho.

Ah, sim. No aparelho não está ninguém.

Como não está, se você está me respondendo?

Eu estou fora do aparelho. Dentro do aparelho não cabe ninguém.

Engraçadinho! Então, quem está ao aparelho?

Agora melhorou. Estou eu, para servi-lo."

(Carlos Drummond de Andrade)

Marque o par de verbos com problema de regência idêntico ao do texto:

a) Meditar num assunto – meditar sobre um assunto

b) Sentar à mesa – sentar na mesa

c) Estar em casa – estar na casa

d) Assistir o doente – assistir ao doente

e) Chamar ao padre – chamar pelo padre

10. (IBGE) Assinale a opção que apresenta a regência verbal **incorreta**, de acordo com a norma culta da língua:

a) Os sertanejos aspiram a uma vida mais confortável.

b) Obedeceu rigorosamente ao horário de trabalho do corte de cana.

c) O rapaz presenciou o trabalho dos canavieiros.

d) O fazendeiro agrediu-lhe sem necessidade.

e) Ao assinar o contrato, o usineiro visou, apenas, ao lucro pretendido.

11. (Telerj) Em relação à regência verbal, marque a alternativa em que se **contraria** a norma culta da língua.

a) É necessário proceder à distribuição dos folhetos explicativos.

b) O empregado atendia a um e a outro; atendia-os ininterruptamente.

c) O funcionário aspira, desde muito tempo, um cargo melhor.

d) Prefiro ler cuidadosamente as críticas a certos textos a incorrer nas mesmas falhas.

e) Esforçavam-se os diretores para pôr um fim àquelas infindáveis discussões.

12. (TRE-PE) Desejo _____ o favor e _____ a participar da reunião _____ já me referia em carta anterior.

a) agradecê-lo – convidá-lo – que

b) agradecer-lhe – convidá-lo – a que

c) agradecê-lo – convidá-lo – a que

d) agradecer-lhe – convidar-lhe – que

e) agradecer-lhe – convidar-lhe – a qual

13. (MM) Observe a regência verbal e assinale a alternativa **correta**:

a) O escravo ama e obedece o seu senhor.

b) O livro que te referiste é excelente.

c) Ele não aceitou as teses que defendemos na reunião.

d) Não tenham dúvidas que ele vencerá.

e) Esqueci de minha família nesta hora.

14. (TRE-MT) Há **erro** de regência verbal, de acordo com a norma culta, em:

a) O informante não precisou do dinheiro ganho.

b) Eles se referiram sobre o outro governo.

c) Todos preferiram o elogio à censura.

d) Eis o ponto de que discordo.

e) Seu telefone não atende às chamadas.

15. (TRT-SC) Assinale a oração que apresenta regência nominal **incorreta**:

a) O tabagismo é prejudicial à saúde.

b) Estava inclinado em aceitar o convite.

c) Sempre foi muito intolerante com o irmão.

d) É lamentável sentir desprezo por alguém.

e) Em referência ao assunto, prefiro nada dizer.

16. (TRT-SC) Quanto à regência verbal, escreva (1) nas orações corretas e (2) nas incorretas:

( ) Logo que chegou, eu o ajudei como pude.

( ) Preferia remar do que voar de asa-delta.

( ) Naquela época, eu não visava o cargo de diretor.

( ) Sem esperar, deparei com ela bem perto de mim.

( ) Nós tentamos convencê-lo que tudo era imaginação.

A sequência correta dos números nos parênteses é:

a) 1, 1, 1, 2, 2   c) 2, 1, 1, 2, 1   e) 1, 2, 1, 2, 1

b) 2, 2, 2, 1, 1   d) 1, 2, 2, 1, 2

17. (TRF-RJ) Das frases abaixo, a que contém **erro** de regência verbal é:

a) Quem desobedece ao regulamento demonstra que não é disciplinado.

b) Aproveitamos para lembrá-la que essa conduta é prevista na Consolidação das Leis Trabalhistas.

c) A reincidência poderá acarretar-lhe penalidades mais severas, que vão desde a suspensão do contrato de trabalho até demissão por justa causa.

d) Essas medidas visam à reabilitação da imagem do nosso município no contexto nacional.

e) Procedeu-se à leitura dos autos.

18. (Esaf) Aponte o trecho **correto** quanto à regência:

a) Quando se desativa uma linha de trem, estão-se isolando muitas localidades que perderão o único meio de transporte que dispõem.

b) Em muitas cidades pequenas, no interior do País, prevalece a ideia, a qual se desconfia o próprio Prefeito seja apto, de que o trem é meio de transporte obsoleto.

c) Como é interesse do País de que o preço do frete diminua, são urgentes e imprescindíveis investimentos em nosso sistema ferroviário.

d) A partir dos anos 50, o baixo custo do petróleo justificou a opção do transporte de carga por rodovias, às quais foram ganhando cada vez mais preferência.

e) No Brasil, dadas suas dimensões continentais, deve-se dar preferência às ferrovias para a movimentação de cargas.

19. (TRE-SC) Observe as frases abaixo quanto à regência:

I. Esqueci dos meus documentos de identidade.

II. Esqueci-me dos meus documentos de identidade.

III. Liberdade implica em muita responsabilidade.

IV. Os jogos da Copa a que assisti foram interessantes.

V. Para evitar acidentes, é necessário obedecer às leis do trânsito.

Assinale a alternativa **correta**:

a) I, III, IV   c) II, III, IV   e) II, III, V

b) II, IV, V   d) I, IV, V

20. (TCU) Com relação à regência verbal, assinale a opção **correta**:

a) O datilógrafo deve conhecer a todas as possibilidades da máquina de escrever.

b) Aconselho-o uma leitura atenta ao manual.

c) Alguns itens podem parecê-lo mais importantes.

d) As margens protegem à margem escrita.

e) Cabe ao datilógrafo o estabelecimento das medidas da margem.

21. (TRT-PR) Assinale a alternativa **incorreta** quanto ao uso do verbo **visar**:
a) Visava uma vaga de secretária.
b) O atirador, visando o alvo, disparou um tiro.
c) É difícil visar tantos documentos em um mesmo dia.
d) O preparador físico visa à preparação dos jogadores.
e) O industrial visara o cheque.

22. (CJF) Observe as palavras destacadas e indique a frase que apresenta regência nominal correta:
a) Por ser muito estudioso, ele tinha grande **amor** a seus livros.
b) Havia muitos anos que não via o filho, por isso estava **ansioso** em vê-lo.
c) **Alheio** para com o julgamento, o réu permanecia calado.
d) Coitado! Foi preso porque era **suspeito** por um crime que não cometeu.
e) Tínhamos o **propósito** em dizer toda a verdade, mas nos impediram de fazê-lo.

23. (CJF) A frase que apresenta **erro** de regência do verbo **assistir** é:
a) Não fui ver o filme, embora quisesse assistir-lhe.
b) Não lhe assiste o direito de humilhar ninguém.
c) Ele assiste às aulas sempre com muita seriedade.
d) Aqueles médicos assistem os doentes com dedicação.
e) Assistiu aos jogos da Seleção sem nenhum entusiasmo.

24. (CJF) Observe, nos períodos abaixo, a regência dos verbos e dos nomes:
I. As constantes faltas ao trabalho implicaram a sua demissão.
II. Procederemos à abertura do inquérito.
III. O cargo a que aspiramos é disputado por todos.
IV. Prefiro mais estudar do que trabalhar.
V. Sua atitude é incompatível ao ambiente.
Assinale a sequência que corresponde aos períodos corretos:
a) I, II, IV   c) II, IV, V   e) I, III, IV
b) II, III, IV   d) I, II, III

25. (TJ-SP) Indique a frase que **não** se completa corretamente com **a**:
a) Fique atento ___ essas explicações.
b) Vizinhos ___ nós moravam portugueses.
c) Resido ___ Rua do Ouro.
d) Ela tem horror ___ certos animais.
e) Ele ficou insensível ___ nossos apelos.

26. (TJ-SP) Indique onde há **erro** de regência nominal:
a) Ele é muito apegado em bens materiais.
b) Estamos fartos de tantas promessas.
c) Ela era suspeita de ter assaltado a loja.
d) Ele era intransigente nesse ponto do regulamento.
e) A confiança dos soldados no chefe era inabalável.

27. (TJ-SP) Marque a única frase onde a regência verbal está correta:

a) Responda todas as perguntas.

b) Eu lhe vi ontem, no cinema.

c) Essa lei visa ao progresso da nação.

d) Você deve obedecê-lo em tudo.

e) Ele prefere sofrer do que denunciar um amigo.

28. (TJ-SP) Abaixo, há apenas uma frase correta quanto à regência verbal. Identifique-a:

a) Não o consentirei de resolver o caso.

b) Proíbo-lhe de sair sem autorização.

c) Ninguém obedece o horário.

d) O patrimônio consiste de dois lotes.

e) Ele não se dignou de responder-nos.

29. (IBGE) Assinale a opção em que as **duas** frases se completam corretamente com o pronome **lhe**:

a) Não ___ amo mais. / O filho não ___ obedecia.

b) Espero ___ há anos. / Eu já ___ conheço bem.

c) Nós ___ queremos muito bem. / Nunca ___ perdoarei, João.

d) Ainda não ___ encontrei trabalhando, rapaz. / Desejou-___ felicidades.

e) Sempre ___ vejo no mesmo lugar. / Chamou-___ de tolo.

30. (TJ-SP) Assinale a opção em que ocorre **erro** de regência:

a) Também já é possível assistir a alguns programas ao vivo.

b) Prefiro aspirar a uma posição honesta a ficar aqui.

c) Custa-me muito entender as tuas evasivas.

d) Não os obedecemos, enquanto forem presunçosos.

e) Anseiam por povos amigos.

31. (UFV-MG) Substituindo a expressão destacada, em cada uma das frases abaixo, pelo pronome oblíquo átono devidamente empregado, assinale a alternativa cuja substituição esteja **incorreta**:

a) Enviaram o relatório **ao diretor**. / Enviaram-no o relatório.

b) Dirão **ao juiz** o que souberam. / Dir-lhe-ão o que souberam.

c) Eis a história que narraram **a meu avô**. / Eis a história que lhe narraram.

d) Teremos iniciado **os debates** amanhã. / Tê-los-emos iniciado amanhã.

e) Quem houver concluído **a prova** poderá sair. / Quem a houver concluído poderá sair.

32. (UFMG) Em todas as alternativas, a regência verbal está correta, **exceto** em:

a) Preferia-me às outras sobrinhas, pelo menos nessa época.

b) Você chama isso de molecagem, Zé Lins.

c) Eu lhe acordo antes que meu marido se levante.

d) De Barbacena, lembro-me do frio e da praça.

e) Um implica o outro que, por sua vez, implica um terceiro.

33. (Fuvest-SP) Assinale a alternativa que preencha corretamente os espaços.
Posso informar ___ senhores ___ ninguém, na reunião, ousou aludir ___ tão delicado assunto.

a) aos, de que, o   c) aos, que, à   e) os, de que, a

b) aos, de que, ao   d) os, que, à

34. (Mackenzie-SP) Aponte a alternativa em que a regência do verbo **pagar** contraria a norma culta.

a) Aliviando-se de um verdadeiro pesadelo, o filho pagava ao pai a promessa feita no início do ano.

b) O empregado pagou-lhe as polias e tachas roídas pela ferrugem para amaciar-lhe a raiva.

c) Pagou-lhe a dívida, querendo oferecer-lhe uma espécie de consolo.

d) O alto preço dessa doença, paguei-o com as moedas de meu hábil esforço.

e) Paguei-o, com ouro, todo o prejuízo que sofrera com a destruição da seca.

35. (Fuvest-SP) Assinale a alternativa que preenche corretamente as lacunas correspondentes.
A arma ___ se feriu desapareceu.
Estas são as pessoas ___ lhe falei.
Aqui está a foto ___ me referi.
Encontrei um amigo de infância ___ nome não me lembrava.
Passamos por uma fazenda ___ se criam búfalos.

a) que, de que, à que, cujo, que

b) com que, que, a que, cujo qual, onde

c) com que, das quais, a que, de cujo, onde

d) com a qual, de que, que, do qual, onde

e) que, cujas, as quais, do cujo, na cuja

36. (Mackenzie-SP)
I. Certifiquei-o ___ que uma pessoa muito querida aniversaria neste mês.
II. Lembre-se ___ que, baseada em caprichos, não obterá bons resultados.
III. Cientificaram-lhe ___ que aquela imagem refletia a alvura de seu mundo interno.

De acordo com a regência verbal, a preposição **de** cabe:

a) nos períodos I e II   d) em nenhum dos três períodos

b) apenas no período II   e) nos três períodos

c) nos períodos I e III

37. (Mackenzie-SP) Em qual das alternativas ocorre um **erro** de regência verbal?

a) Esqueceu-me o desejo discreto de conhecer as coisas do coração.

b) Lembrou-me a inusitada transformação por que passa a universidade brasileira.

c) Prefiro os casos que a inteligência discute a formas tecnocráticas da resolução dos problemas.

d) Aqui se jogam as sementes para informar-lhes de que a cultura não deve ser acadêmica.

e) Procede-se com brandura quando querem detectar falhas no relacionamento humano.

38. (PUC-SP) Assinale a alternativa que preenche corretamente as lacunas abaixo:

Veja bem estes olhos _____ se tem ouvido falar.

Veja bem estes olhos _____ se dedicaram muitos versos.

Veja bem estes olhos _____ brilho fala o poeta.

Veja bem estes olhos _____ se extraem confissões e promessas.

a) de que, a que, cujo, dos quais

b) que, que, sobre o qual, que

c) sobre os quais, que, de que, de onde

d) dos quais, aos quais, sobre cujo, dos quais

e) em quais, aos quais, a cujo, que

39. (UEL-PR) Constava, nos relatórios, _____ ele era muito competente e _____ todos pareciam estar conscientes.

a) de que – isso   c) que – isso   e) de que – a isso

b) de que – disso   d) que – disso

40. (UFPR) Preencha convenientemente as lacunas das frases seguintes, indicando o conjunto obtido:

A planta _____ frutos são venenosos foi derrubada.

O estado _____ capital nasci é este.

O escritor _____ obra falei morreu ontem.

Este é o livro _____ páginas sempre me referi.

Este é o homem _____ causa lutei.

a) em cuja, cuja, de cuja, a cuja, por cuja

b) cujos, em cuja, de cuja, cujas, cuja

c) cujos, em cuja, de cuja, a cujas, por cuja

d) cujos, cuja, cuja, a cujas, por cujas

e) cuja, em cuja, cuja, cujas, cuja

41. (ITA-SP) Assinale a alternativa correta:

a) Antes prefiro aspirar uma posição honesta que ficar aqui.

b) Prefiro aspirar uma posição honesta que ficar aqui.

c) Prefiro aspirar a uma posição honesta que ficar aqui.

d) Prefiro antes aspirar a uma posição honesta que ficar aqui.

e) Prefiro aspirar a uma posição honesta a ficar aqui.

42. (PUC-RS) Alguns demonstram verdadeira aversão ___ exames, porque nunca se empenharam o suficiente ___ utilização do tempo ___ dispunham para o estudo.

a) com, pela, de que   c) a, na, que   e) a, na, de que

b) por, com, que   d) com, na, que

43. (UFPel-RS) A frase que não apresenta problema(s) de regência, levando-se em consideração a língua escrita, é:

a) Preferiu sair antes do que ficar até o fim da peça.

b) O cargo a que todos visavam já foi preenchido.

c) Lembrou de que precisava voltar ao trabalho.

d) As informações que dispomos não são suficientes para esclarecer o caso.

e) Não tenho dúvidas que ele chegará breve.

44. (Mackenzie-SP) Assinale a alternativa em que a norma culta é respeitada quanto à regência verbal:

a) O homem moderno passou a preferir o acúmulo cada vez maior de riqueza do que a busca da harmonia e da felicidade.

b) São Paulo é esta cidade desmedida, onde assistimos, inoperantes, pichadores e grafiteiros emporcalhando a nossa memória.

c) Apesar da insistência dos repórteres, o vereador não se apressou responder as perguntas.

d) Os recursos tecnológicos vêm chegando pouco a pouco, mesmo àquelas localidades onde, daqui a alguns anos, ninguém reconhecerá a paisagem.

e) Ciente de sua grande responsabilidade, o jurista desempenhou muito bem o seu papel nas atividades a que foi atribuído.

45. (FGV-SP) Escolha a alternativa que preencha corretamente as lacunas das frases abaixo:

Por acaso, não é este o livro _____ o professor se refere?

As Olimpíadas _____ abertura assistimos foram as de Tóquio.

Herdei de meus pais os princípios morais _____ tanto luto.

É bom que você conheça antes as pessoas _____ vai trabalhar.

A prefeita construirá uma estrada do centro ao morro _____ será construída a igreja.

Ainda não foi localizada a arca _____ os piratas guardavam seus tesouros.

a) de que, cuja, para que, com os quais, sobre que, em que

b) que, de cuja, com que, para quem, no qual, que

c) em que, cuja, de que, para os quais, onde, na qual

d) a que, a cuja, em que, com que, que, em que

e) a que, a cuja, por que, com quem, sobre o qual, onde

46. (Umesp) Assinale a alternativa **incorreta** quanto à regência verbal.:

a) Ele custará muito para me atender.

b) Hei de querer-lhe como se fosse minha filha.

c) Em todos os recantos do sítio, as crianças sentem-se felizes, porque aspiram o ar puro.

d) O presidente assiste em Brasília há quatro anos.

e) Chamei-lhe sábio, pois sempre soube decifrar os enigmas da vida.

47. (Fatec-SP) Indique a alternativa em que há **erro** quanto à regência:

a) Eu o agradei, Antônio?

b) Eu não lhe agradei, Antônio?

c) Muito lhe amo, saiba disto.

d) Você não é uma pessoa de que eu goste.

e) Sua explanação, contra cuja oportunidade me volto, é bem agradável, mas falha.

48. (UEPG-PR) Assinale a alternativa **incorreta**:

a) Os professores visam à formação dos alunos.

b) O fiscal visou os documentos.

c) O atirador visa o alvo.

d) Visamos a um futuro mais feliz.

e) Os desempregados visam melhores condições de vida.

49. (UFMA) Observe a regência verbal e assinale a alternativa que **não** contraria a norma culta:

a) Amanhã responderei essa carta.

b) Ele prefere a televisão ao cinema.

c) Ele prefere mais televisão do que cinema.

d) Informei-lhe do resultado do exame.

e) Só cheguei em casa bem tarde.

50. (FMPA-MG) O pronome **que**, devidamente empregado, só não seria regido de preposição na opção:

a) O cargo _____ aspiro depende de concurso.

b) Eis a razão _____ não comparecemos.

c) Rui é o colega _____ mais aprecio.

d) O jovem _____ te referiste foi aprovado.

e) Ali está o abrigo _____ necessitamos.

51. (Cefet-PR) Assinale a alternativa que indica, dentre as orações abaixo, as com **erro** de regência nominal:

1. Sou avesso aos abusos de certas autoridades.

2. Ele é versado com a arte de enganar os trouxas.

3. Sua mente é escassa de boas ideias.

4. Os inseticidas são nocivos às aves que se alimentam de sementes e de insetos.

5. Esta função não é compatível de sua dignidade.

a) 1 – 2

b) 3 – 4

c) 2 – 5

d) 3 – 5

e) 2 – 3

52. (Mackenzie-SP) Assinale a alternativa **incorreta** quanto à regência verbal:

a) Ele custará muito para me entender.

b) Hei de querer-lhe como se fosse minha filha.

c) Em todos os recantos do sítio, as crianças sentem-se felizes, porque aspiram o ar puro.

d) O presidente assiste em Brasília há quatro anos.

e) Chamei-lhe sábio, pois sempre soube decifrar os enigmas da vida.

53. (Fesp) Observe a regência verbal e assinale a opção **incorreta**:

a) Avisaram-no que chegaríamos logo.

b) Informei-lhe a nota obtida.

c) Os motoristas irresponsáveis, em geral, não obedecem aos sinais de trânsito.

d) Há bastante tempo que assistimos em São Paulo.

e) Muita gordura não implica saúde.

54. (ITA-SP) Assinale a alternativa correta:

a) Há muitas pessoas com que não nos simpatizamos.

b) Há muitas pessoas com quem não simpatizamos.

c) Há muitas pessoas com quem não nos simpatizamos.

d) Há muitas pessoas com quem não simpatizamo-nos.

e) n. d. a.

55. (UFS) "O Departamento de Pessoal ___ que julgou suficientes os conhecimentos ___ o candidato dispõe."
a) informa-lhe – de que
b) informa-o – a que
c) informa-lhe de – que
d) informa-o de – a que
e) informa-lhe de – de que

56. (UFS) "Apesar de muito sensível ___ censuras, ela não fez objeção ___ minha crítica."
a) de – de
b) por – para com
c) com – para
d) a – a
e) às – de

57. (Cefet-PR) Assinale a alternativa que apresenta incorreção quanto à regência:
a) Nós nos valemos dos artifícios que dispúnhamos para vencer.
b) Ele preferiu pudim a groselha.
c) O esporte de que gosto não é praticado no meu colégio.
d) Sua beleza lembrava a mãe, quando apenas casada.
e) Não digo com quem eu simpatizei, pois não lhe interessa.

58. (PUC-RS) A palavra **que** preenche corretamente a lacuna da alternativa:
a) Os vândalos _____ fala a caloura são universitários.
b) É impossível aceitar a barbárie _____ a moça foi vítima.
c) A cola _____ os veteranos utilizaram foi a principal causa do sofrimento da caloura.
d) O ato de barbárie _____ participaram alguns jovens não tem explicação.
e) A notícia _____ passara no vestibular não pôde ser devidamente comemorada pela moça.

59. (Ufal) Tinha aptidão ___ trabalho; era, porém, inclinado ___ farras.
a) para o – à
b) com o – as
c) para o – a
d) ao – as
e) pelo – em

60. (PUCCamp-SP) A alternativa em que os verbos têm a mesma regência e, portanto, o complemento está corretamente relacionado com ambos é:
a) Esse novo banco não precisa nem exige o comparecimento diário dos clientes a suas agências.
b) A coordenação do movimento não concordou e quer rever os principais pontos do seu programa.
c) Até há pouco tempo todos podiam consultar e aplicar diariamente nos Fundos de Aplicação Financeira.
d) Gilda de Abreu enfrentou e acabou por enfraquecer os preconceitos de uma sociedade que não aceitava a emancipação da mulher.
e) Todos os artistas citados no documento difundem e contribuem para a campanha contra a discriminação aos contaminados com o vírus HIV.

Capítulo 4

Crase

Crase é a fusão de dois fonemas vocálicos idênticos em um só. Trata-se da contração da preposição **a** com o artigo definido **a(s)** ou com os pronomes demonstrativos **a(s)**, **aquele(s)**, **aquela(s)** e **aquilo**, fenômeno graficamente indicado pelo acento grave (`): **à(s)**, **àquele(s)**, **àquela(s)** e **àquilo**.

OBSERVAÇÕES

1.ª) Convém ressaltar que crase não é o nome do acento, mas sim do fenômeno. Assim, é incorreto dizer: "O **a** desta frase tem crase".

   O acento grave indica que houve a fusão de dois **aa**. Portanto, é melhor dizer: "O **a** desta frase possui acento grave".

2.ª) O verbo **crasear** é um brasileirismo que deve ser evitado. Melhor é substituí-lo por **acentuar** o **a**: "Vou *acentuar* o **a** desta locução", e não "Vou *crasear* o **a** desta locução"; "*Acentue* o **a**", e não "*Craseie* o **a**".

Para a utilização do acento grave é necessário considerar as noções de **termo regente** e **termo regido**:

a) **Termo regente**: é o verbo ou nome que exige complemento regido da preposição **a**.

b) **Termo regido**: é o termo que completa o sentido do termo regente, admitindo a anteposição do artigo **a(s)**:

Falei	a	a	mestra.	⇒ Falei **à** mestra.
termo regente	prep.	art.	termo regido	

Iremos	a	a	cidade.	⇒ Iremos **à** cidade.
termo regente	prep.	art.	termo regido	

A obediência	a	as	leis	é fundamental. ⇒ A obediência **às** leis é fundamental.
termo regente	prep.	art.	termo regido	

Se o termo regente não exige complemento preposicionado, evidentemente não ocorre a crase:

> Visitamos a cidade. (este a é artigo)

CASOS EM QUE OCORRE A CRASE

A crase ocorre, obrigatoriamente, em três casos:

1.º) O termo regente deve exigir complemento regido da preposição **a**, e o termo regido deve admitir o artigo feminino **a(s)**:

> Pedi informações à secretária (= a + a).
> prep. art.
>
> Refiro-me às novelas de ontem. (= a + as)
> prep. art.
>
> Iremos à Bahia. (= a + a)
> prep. art.

Podemos usar os seguintes recursos para confirmar a ocorrência ou não da crase:

a) substitui-se a palavra **feminina** por uma **masculina** equivalente. Se na substituição ocorrer a combinação **ao(s)**, então a crase será confirmada:

> A decisão coube à diretora.
> A decisão coube ao diretor. (crase confirmada)
>
> Presenteamos as mães.
> Presenteamos os pais. (crase não confirmada)

b) com nomes próprios geográficos, substitui-se o verbo da frase pelo verbo **voltar**. Se resultar a expressão **voltar da**, a crase será confirmada:

> Iremos à Argentina.
> Voltaremos da Argentina. (crase confirmada)
>
> Viajarei a Roma.
> Voltarei de Roma. (crase não confirmada)

Se o nome geográfico aparecer modificado por um adjunto adnominal, ocorrerá a crase:

> Viajarei à bela Roma. (crase confirmada)
> Viajarei à Roma das ruínas. (crase confirmada)

2.º) A letra **a** dos pronomes demonstrativos **aquele(s)**, **aquela(s)**, **aquilo** e **a(s)** [= **aquela(s)**] também receberá acento grave se o termo regente exigir complemento regido da preposição **a**:

> Dei pão **àqueles** pobres. (= **a** + **aqueles**)
> prep.   pron.
>   demonstrativo
> Iremos **àquela** cidade. (= **a** + **aquela**)
> prep.   pron.
>   demonstrativo
> Fiz críticas **àquilo** que você disse. (= **a** + **aquilo**)
> prep   pron.
>   demonstrativo
> Esta história é igual **às** que vovó contava. (= **a** + **as**)
> prep.   pron.
>   demonstrativo

3.º) A letra **a** que inicia **locuções femininas** (adverbiais, prepositivas e conjuntivas) recebe o acento grave:

- a) **locuções adverbiais**: **às vezes**, **à noite**, **à tarde**, **às ocultas**, **à vontade**, **às pressas** etc.
- b) **locuções prepositivas**: **à beira de**, **à espera de**, **à procura de**, **à frente de** etc.
- c) **locuções conjuntivas**: **à proporção que**, **à medida que** (apenas essas duas).

OBSERVAÇÕES

1.ª) Não ocorre a crase em locuções adverbiais que indicam **meio** ou **instrumento**, embora alguns autores defendam o uso do acento grave por força da tradição de seu emprego:

> O cão foi morto **a bala**. (Compare: O cão foi morto **a tiro**.)
> Escrevo meus trabalhos **a máquina**. (Compare: Escrevo meus trabalhos **a lápis**.)

Como, nesse caso, há oscilação entre alguns autores, o emprego do acento indicativo da crase torna-se optativo, a não ser que o seu uso sirva para evitar duplo sentido. Observe os exemplos seguintes:

> Feriu o rosto do cliente **a navalha**. (**a navalha** = sujeito)
> Feriu o rosto do cliente **à navalha**. (**à navalha** = adjunto adverbial de instrumento)

2.ª) Se as locuções prepositivas **à moda de** e **à maneira de** ficarem implícitas, ocorrerá a crase, mesmo que tais locuções se anteponham a palavras masculinas:

> Escrevi versos **à Drummond**. (= à maneira de Drummond)
> O mestre-sala estava vestido **à Luís XV** (= à moda de Luís XV)

3.ª) A locução adverbial **a distância** não deve ser acentuada:

> Observávamos a queima de fogos **a distância**.

Porém, se a palavra **distância** aparecer determinada, teremos **locução prepositiva**, e não **locução adverbial**. Nesse caso, ocorrerá a crase:

Observávamos a queima de fogos **à distância de cem metros**.

4.ª) Em **locuções adverbiais** formadas de palavras repetidas não ocorre a crase:

Estávamos **frente a frente**.
Salvou-o a respiração **boca a boca**.

OCORRÊNCIA FACULTATIVA DA CRASE

O acento grave pode ser usado facultativamente nos seguintes casos:

a) antes de **nomes próprios femininos** referentes a pessoas:

Refiro-me **a** (**à**) Amélia.

Com nomes próprios adjetivados, porém, ocorrerá obrigatoriamente a crase:

Refiro-me **à** encantadora Amélia.

Caso a preposição **a** anteceda nome de pessoas com quem não se tem intimidade, não ocorre a crase, uma vez que tais nomes não admitem artigo:

O orador fez referência **a** Joana D'Arc.

Quando o nome estiver acompanhado de **adjunto adnominal**, ocorrerá a crase:

Ele fez alusão **à** mártir Joana D'Arc.

b) antes de **pronomes possessivos femininos** no singular, desde que antecedam um substantivo (*pronome adjetivo*):

Fizeram elogios **a** (**à**) sua carta.

Contudo, quando o pronome possessivo for empregado de forma absoluta (*pronome substantivo*), ocorrerá a crase:

O professor deu mais valor **a** (**à**) <u>minha</u> redação do que **à** <u>sua</u>.
                                 pronome   pronome
                                 adjetivo   substantivo

c) após a preposição **até**, desde que o termo regente exija a preposição **a**:

Iremos **até a** (**à**) **biblioteca**.

CASOS EM QUE NÃO OCORRE A CRASE

Algumas palavras não admitem artigo. Portanto, não se coloca o acento grave:

a) antes de **masculinos**, desde que não estejam implícitas, como vimos, as locuções prepositivas **à moda de** ou **à maneira de**:

Estes livros pertencem **a Carlos**.
A prova não pode ser feita **a lápis**.

b) antes de **verbos no infinitivo**:

> Começou **a chover** repentinamente.
>
> Meteu-se **a fazer** o que queria.

c) no **a** singular anteposto a palavra no plural:

> Nunca vou **a festas** juninas.
>
> Não me refiro **a atividades** desonestas.

d) antes de **numeral**:

> O número de reprovados chegou **a vinte**.

Se o numeral indicar horas, teremos uma *locução adverbial feminina*; logo, ocorrerá a crase:

> O ônibus partirá **às vinte horas**.

Com *numerais ordinais femininos* ocorre a crase, uma vez que eles não podem ser empregados sem artigo:

> Fizeram elogios **à primeira** aluna da classe.

e) antes da palavra **casa** não determinada:

> Voltei tarde **a casa** ontem.

Se a palavra **casa** aparecer acompanhada de um *adjunto adnominal*, ocorrerá a crase:

> Irei **à casa de meus primos**.

f) antes da palavra **terra** empregada no sentido de "chão firme", opondo-se a *bordo*:

> Os marinheiros desceram **a terra** para fazer compras.
>
> Os marinheiros regressaram **a terra** ao amanhecer.

Se a palavra **terra** estiver seguida de um determinante ou referir-se ao planeta **Terra**, ocorrerá a crase:

> Irei **à terra de meus avós**.
>
> Os astronautas retornaram **à Terra** no dia previsto.

g) quando entre a preposição **a** e o substantivo estiverem subentendidos os pronomes indefinidos **alguma**, **certa**, **qualquer**:

> A viúva tem direito **a pensão**. (a alguma pensão)
>
> Nunca se submeta **a humilhação**. (a qualquer humilhação)

h) antes de pronomes que repelem o artigo:

Eu mesmo levarei a notícia **a ela**.
Ela sentou-se junto **a mim**.
Você é a pessoa **a quem** sempre obedecerei.
Estes documentos pertencem **a Vossa Senhoria**.

OBSERVAÇÕES

1.ª) Os pronomes **senhora**, **senhorita** e **madame** admitem artigo. Assim, coloca-se o acento grave no **a** que os antecede, quando o termo regente exige a preposição **a**:

Levarei flores **à senhora Madalena**.
"Fradique dera **à madame Lobrinska** o nome de Librusca." (Eça de Queirós)

2.ª) Ocorre a crase antes do pronome relativo **qual(is)**, desde que seu antecedente seja uma palavra feminina e que o pronome relativo dependa de um termo regido pela preposição **a**. Para certificar-se de que o termo regente pede a preposição, recorra ao seguinte artifício: substitua o pronome relativo pelo seu antecedente, antepondo-lhe o pronome indefinido **certo** (ou variações: **certos**, **certa**, **certas**). Ocorrerá a crase se antes do pronome indefinido aparecer a preposição **a**:

Dobre essa folha, **a qual** deverá ser arquivada.
Certa folha deverá ser arquivada. (crase não confirmada)

Dobre essa folha, **à qual** anexarei um convite.
Anexarei um convite **a certa folha**. (crase confirmada)
prep.

São situações **as quais** enfrentamos.
Enfrentamos **certas situações**. (crase não confirmada)

São situações **às quais** fiz comentários.
Fiz comentários **a certas situações**. (crase confirmada)
prep.

CASO ESPECIAL

Em certas construções, deve-se empregar o acento grave para evitar ambiguidade:

Venceu a equipe do Brasil **à da Argentina**. (A equipe do Brasil venceu.)
ou
Venceu **à equipe do Brasil** a da Argentina. (A equipe da Argentina venceu.)

O rapaz cheirava **à cola**. (exalava, emanava)
ou
O rapaz cheirava **a cola**. (aspirava, inalava)

Exercícios

Leia o texto a seguir e responda às questões de **1** a **10**.

A OUTRA NOITE

Outro dia fui a São Paulo e resolvi voltar à noite, uma noite de vento sul e chuva, tanto lá como aqui. Quando vinha para casa de táxi, encontrei um amigo e o trouxe até Copacabana; e contei a ele que lá em cima, além das nuvens, estava um luar lindo, de lua cheia; e que as nuvens feias que cobriam a cidade eram, vistas de cima, enluaradas, colchões de sonho, alvas, uma paisagem irreal.

Depois que meu amigo desceu do carro, o chofer aproveitou um sinal fechado para voltar-se para mim:

— O senhor vai desculpar, eu estava aqui a ouvir sua conversa. Mas, tem mesmo luar lá em cima?

Confirmei: sim, acima da nossa noite preta e enlamaçada e torpe havia uma outra — pura, perfeita e linda.

— Mas, que coisa...

Ele chegou a pôr a cabeça fora do carro para olhar o céu fechado de chuva. Depois continuou guiando mais lentamente. Não sei se sonhava em ser aviador ou pensava em outra coisa.

— Ora, sim senhor...

E, quando saltei e paguei a corrida, ele me disse um "boa noite" e um "muito obrigado ao senhor" tão sinceros, tão veementes, como se eu lhe tivesse feito um presente de rei.

(Rubem Braga)

1. Em "*Outro dia fui a São Paulo...*", justifique o motivo da ausência do acento indicativo da crase.

2. Já na passagem "(...) *resolvi voltar à noite*", o emprego do acento grave é de caráter obrigatório. Por quê?

3. Reescreva a frase "*Quando vinha para casa de táxi* (...)" substituindo a palavra **para** por **a**. Na frase reescrita, esse **a** deve receber acento indicativo de crase? Justifique a resposta.

4. Reescreva a passagem "... *encontrei um amigo e o trouxe até Copacabana...*" inserindo o adjetivo **belíssima** antes do substantivo **Copacabana**.

5. Na frase que você reescreveu na questão anterior, o emprego do acento grave é obrigatório, desnecessário ou facultativo? Explique o porquê.

6. Em "(...) *e contei a ele que lá em cima,* (...), *estava um luar lindo* (...)", por que não ocorre a crase?

7. Justifique por que razão não ocorre crase no **a** do trecho *"(...) eu estava aqui **a** ouvir sua conversa"*.

8. Localize no texto outro exemplo semelhante ao caso anterior.

9. Reescreva a passagem *"(...) ele me disse um 'boa noite' e um 'muito obrigado ao **senhor**' tão sinceros (...)"* trocando a palavra em destaque por **senhora**.

10. Na alteração feita na frase anterior, o acento indicativo da crase deve ou não ser empregado? Justifique a sua resposta.

11. Reescreva as frases seguintes substituindo a palavra em destaque pela que estiver entre parênteses. Não se esqueça de usar, quando necessário, o acento indicativo da crase.
   a) Obedeça **aos regulamentos** de trânsito. (leis)
   b) O operário sempre volta tarde **ao lar**. (casa)
   c) Agia contrariamente **aos ensinamentos** dos pais. (orientações)
   d) O fumo sempre foi prejudicial **ao organismo**. (saúde)
   e) Mostrou-se indiferente **aos palpites** dos outros. (opiniões)
   f) Você vai **ao colégio** hoje? (escola)
   g) Vá **ao apartamento** de seu tio e entregue-lhe estas chaves. (casa)
   h) A entrada é gratuita **a menores**. (crianças)
   i) Amanhã levaremos as crianças **ao parque**. (praia)
   j) No próximo sábado os alunos visitarão **o museu**. (biblioteca)
   k) No próximo sábado os alunos irão **ao museu**. (biblioteca)
   l) Dei uma esmola **ao garotinho** que chorava. (garotinha)
   m) Não se dirija **ao vendedor** assim. (vendedora)
   n) Mamãe sempre vai **ao mercado**. (feira)
   o) Assistimos **a atos** chocantes. (cenas)

12. Complete as frases com **a**, **as**, **à** ou **às**.
   a) O público ficava parado _____ espera de notícias.
   b) Refiro-me _____ pessoa _____ quem também te referiste.
   c) Deverei voltar _____ casa amanhã de manhã.
   d) Deverei voltar _____ minha casa amanhã _____ noite.
   e) Descendo _____ terra, o marinheiro viu uma linda mulher e ficou _____ olhá-la apaixonadamente.
   f) Pensei em resolver o problema _____ bofetadas.
   g) Ao chegar _____ terra onde nasceu, as lágrimas encheram-lhe os olhos.
   h) Refiro-me _____ ideia _____ qual você aludiu ontem _____ noite.
   i) Não me refiro _____ pessoa que está sentada, mas _____ que está em pé ao seu lado.
   j) Aquele moço só se veste _____ Pierre Cardin.
   k) Esta vasilha cheira _____ vinagre.
   l) Não ligo _____ tolices dessa espécie.
   m) Fui _____ Fortaleza visitar as suas belas praias.
   n) Fui _____ fortaleza assistir ao treinamento dos fuzileiros.

13. Em cada dupla de frases, indique aquela em que o **a** deve receber o acento grave.

a) Chegaremos logo a Argentina.
   Chegaremos logo a Barcelona.

b) Quando regressarás a Paris?
   Quando regressarás a Alemanha?

c) Na próxima semana deverei ir a Lisboa.
   Na próxima semana deverei ir a África.

d) No próximo ano irei a Creta.
   No próximo ano irei a exuberante Creta.

e) Sempre vou a Roma.
   Sempre vou a Roma dos Césares.

f) Iremos a Londres e a Lisboa.
   Iremos a Londres dos *fogs* e a velha Lisboa.

14. Faça o mesmo nos pares seguintes.

a) Diga aos meus pais que não irei a casa hoje.
   Mais tarde irei a casa de meu professor.

b) Há pessoas que ainda têm estilo a Camões.
   Na última aula, o professor fez referência a Camões.

c) Faça aqui uma estante de parede a parede.
   Desgovernado, o caminhão foi de encontro a parede.

d) Entregue este livro a essa moça.
   Entregue este livro aquela moça.

e) Nunca dirija suas palavras a qualquer indivíduo.
   Nunca dirija suas palavras aquele indivíduo.

f) Observávamos o tumulto a distância.
   Observávamos o tumulto a distância de cem metros.

15. De cada par de expressões destacadas, coloque o acento grave na de valor adverbial.

a) — Qual das duas revistas você vai comprar?
   — Vou comprar **as duas**.
   — A que horas você vai comprar os ingressos?
   — Vou comprar **as duas**.

b) — Como foi a sua tarde?
   — **A tarde** foi bem aproveitada.
   — Aonde você irá hoje?
   — **A tarde** irei ao cinema.

c) — Que faz você aí a esta hora?
   — Admiro **a noite**.
   — Você estuda de manhã?
   — Não, estudo **a noite**.

d) — Onde devo sentar-me?
   — Sente-se **a mesa**, por favor!
   — Que peça você vai consertar?
   — Vou consertar **a mesa**.

e) — Sua vista direita está ótima.
   — Agora vou examinar **a esquerda**.
   — Onde fica a farmácia?
   — Na próxima quadra **a esquerda**.

f) — O que você mais admira no elefante?
   — Admiro **a força**.
   — Como trouxeram esse elefante?
   — Trouxeram-no **a força**.

g) — Ele foi sincero com você?
   — Sim, ele falou **as claras**.
   — Você gosta de cores escuras?
   — Prefiro **as claras**.

16. De cada par apresentado, reescreva a frase cujo pronome demonstrativo deva receber o acento grave.

a) — Leve **aquela** mesa para a sala.

— Acrescente mais farinha **aquela** massa.

b) — Envie uma nova proposta **aqueles** dois clientes.

— Os ladrões invadiram **aqueles** dois bancos.

c) — Ninguém mais teme **aquilo** que disseste.

— Sou contrário **aquilo** que disseste.

d) — Observe **a** moça que está no balcão e **a** que está ao seu lado.

— Dirija-se **a** moça que está no balcão e **a** que está ao seu lado.

e) — Essas fotos estão ótimas. Dê-me **as** que você quiser.

— Comente todas as ocorrências. Não se limite **as** que eu citei.

f) — Você conhece **as** que acabaram de chegar?

— Refiro-me **as** que acabaram de chegar.

17. Nas frases seguintes, substitua o pronome relativo **qual** (ou **quais**) pelo seu antecedente, antepondo-lhe o pronome indefinido **certo** (ou variações: **certa**, **certos**, **certas**). Coloque o acento de crase no **a** se antes do indefinido aparecer a preposição **a**. Observe os exemplos e continue:

> Eis a colega **a qual** trago na lembrança.
> Trago na lembrança **certa** colega. (crase não confirmada)
>
> Eis a colega **à qual** fiz referência.
> Fiz referência **a certa** colega. (crase confirmada)

a) Veio, em seguida, outra pessoa, **a qual** dei todas as informações.

(Dei todas as informações _____)

b) Temos que aceitar essa cláusula, **a qual** estamos presos por contrato.

(Estamos presos por contrato _____)

c) Procuremos uma casa nova, **a qual** possa abrigar-nos por muito tempo.

(_____ poderá nos abrigar por muito tempo.)

d) A obra **a qual** você se refere está esgotada.

(Você se refere _____)

e) O conferencista citou todas essas nações, **as quais** estão interessadas em cooperar conosco.

(_____ estão interessadas em cooperar conosco.)

f) Aquela é a pintura **a qual** fizeste referência?

(Fizeste referência _____ ?)

18. Leia com atenção os seguintes fragmentos e coloque o acento grave onde for necessário:

a) "Quando a manhã, não a manhã que chega sempre tarde, mas a que chegará a tarde, a noite, a qualquer hora, porque não obedece ao céu nem ao relógio (...)"

(Cassiano Ricardo)

b) "Só a noite, a costumada palestra em torno da mesa de jantar, lembraram-se de que o dia seguinte era de grande gala." (Álvares de Azevedo)

c) "Santos recebeu-os, a tarde, com a mesma cordialidade, talvez menos aparente, mas tudo se desculpa a quem anda com grandes negócios." (Machado de Assis)

d) "Chegou-se a ela, em saltos curtos, ofegando, ergueu-se nas pernas traseiras, imitando gente." (Graciliano Ramos)

e) "A mulher do fim do mundo
Dá de comer as roseiras
Dá de beber as estátuas
Dá de sonhar aos poetas."
(João Cabral de Melo Neto)

f) "O violão da Olívia dava
vida a vila, a vila dela.
O violão duvidava
Da vida, da viola e dela."
(Cecília Meireles)

g) "Para escapar a uma chateação, o jeito é nos resignarmos a outra."
(Carlos Drummond de Andrade)

h) "Era um homem. Era um desses homens que não resistem a pergunta: 'Você é um homem ou um rato?'. Dizemos que era dos que não resistem porque, sem dúvida, quando inquirido, não saberia o que responder. E isto é mais doloroso porque sua dúvida não era a de que não pudesse ser um homem, e sim a de que talvez não chegasse a ser um rato." (Stanislaw Ponte Preta)

i) "... fiquei um pouco desconsolado com a ideia, mas uma voz misteriosa chamava-me a casa do Lobo Neves; disse adeus a Sabina e as suas ameaças." (Machado de Assis)

DE CONCURSOS PÚBLICOS E VESTIBULARES

1. (Tacrim-SP) Das orações abaixo, uma apresenta incorreção quanto ao uso do sinal indicativo da crase. Assinale-a:

a) Pôs-se a correr assim que viu a bruxa.

b) Todos estão a lhe prestar as devidas homenagens póstumas.

c) Entregue a ela todos os livros que tomamos emprestados.

d) Vários ataques terroristas têm sido planejados para destruir a cidade de Nova Iorque.

e) Pedro foi a cidade de Nova Iorque em meio aos ataques terroristas.

2. (STN) O acento grave, indicador de crase, foi empregado corretamente, exceto na alternativa:

a) Após o almoço, todos podem dirigir-se à sala.

b) Mamãe, nós voltaremos à noite, a não ser que a chuva nos impeça.

c) Quando chegarmos à Bahia, a primeira coisa a fazer é visitar as igrejas.

d) Tu já escreveste àquele teu amigo?

e) Não falo à pessoas estranhas.

3.(STN) Indique a sentença em que não foi empregado adequadamente o acento indicador de crase:

a) "Foi o que procurei fazer, na medida do possível e ao longo de vários anos, ouvindo reações à proposta que apresentara."

b) "A hora das frivolidades acabara, a que começava era a do sacrifício austero e diuturno."

c) "Posto que Jorge falasse do coronel nas cartas que escrevia à mãe, não o dava como amigo seu."

d) "Comparava-se ao mar daquela manhã, nem borrascoso nem quito, mas levemente empolado e crespo, tão prestes a adormecer de todo, como a crescer e arremessar-se à praia."

e) "De Buenos Aires chegava-lhe na véspera, a tarde, a notícia da morte de um irmão, seu último parente."

4.(STN) Preencha as lacunas da frase abaixo e assinale a alternativa correta:

"Comunico ___ V. S.ª que encaminhamos ___ petição anexa ___ Divisão de Fiscalização que está apta ___ prestar ___ informações solicitadas."

a) a, a, à, a, as   c) a, à, a, à, as   e) à, a, à, à, as

b) à, a, à, a, às   d) à, à, a, à, às

5.(STN) Assinale o item que preenche corretamente as lacunas da frase:

"Em virtude de investigações psicológicas ___ que me referi, nota-se crescente aceitação de que é preciso pôr termo ___ indulgência e ___ inação com que temos assistido ___ escalada da pornoviolência." (S. Pfromm)

a) à, a, à, a   c) a, a, a, à   e) à, à, a, à

b) a, à, à, à   d) à, à, a, a

6.(SRF) Marque a letra cuja sequência preenche corretamente, pela ordem de aparecimento, as lacunas do trecho abaixo.

O exame das propostas da reforma fiscal, ____ primeira abordagem, leva ____ conclusão de que ____ carga tributária continuará ____ incidir mais sobre salários e menos sobre lucros e grandes fortunas.

a) à, à, a, a   c) a, a, a, à   e) a, a, à, a

b) à, a, à, a   d) a, à, a, a

7.(BB) Complete as lacunas, adequadamente, usando uma das alternativas abaixo:

Não pergunte nada _____ mim, porém_____ quem esteve presente _____ reunião.

a) a – a – a   c) à – à – à   e) à – à – a

b) a – a – à   d) à – a – à

8.(BB) Assinale a frase cujo **a** deve levar acento indicador de crase:

a) Gostava de andar a cavalo.   d) Referia-se a Copacabana.

b) Requereu a autoridade competente.   e) Deixai vir a mim as criancinhas.

c) Comunicou o fato a quem de direito.

9.(ECT) Assinale a alternativa em que todos os **as** possuem o acento indicador de crase:

a) Não nos referimos a todas as funcionárias, mas as que faltaram no feriado.

b) Informamos a V. S.ª que foram feitas novas concessões a empresa privada.

c) Nosso objetivo é dar apoio a teses que forneçam subsídios a política educacional.

d) Devido a ausência do professor, entregaremos o estudo a você ou a ela.

e) A custa de muito sacrifício, fomos aquela reunião a qual compareceram muitas autoridades.

10. (ECT) Assinale a relação cujas palavras, em correspondência com as frases, preencham convenientemente as respectivas lacunas:

Não perguntei _____ essa funcionária, mas _____ que usa óculos, se daqui _____ pouco poderei vir retirar o salário que me devem _____ muito.

a) a – a – há – a

b) à – a – a – há

c) à – à – à – a

d) a – a – há – há

e) a – à – a – há

11. (SRF) Assinale a opção que preenche corretamente as lacunas:

Os defensores de sistemas de iniciativa privada apontam ___ ineficiência e ___ rigidez geralmente associadas ____ burocracias governamentais (economias estatais) e sugerem que ___ competição, longe de ser perdulária, age como um incentivo ____ eficiência e ao espírito empreendedor, conduzindo ____ queda de preços e ____ produtos e serviços de melhor qualidade.

a) à – a – as – a – à – à – a

b) à – à – às – a – a – a – a

c) a – à – as – à – a – a – a

d) a – a – às – a – à – à – a

e) a – a – as – à – à – à – à

12. (MP-SP) Assinale a alternativa correta quanto ao emprego do acento grave:

a) Nassau trouxe ao Brasil cientistas que estudaram à fauna e à flora locais.

b) Post deu valiosa contribuição à pintura e à arquitetura de Recife.

c) Os holandeses foram à Pernambuco, tornando o local um centro administrativo deles no Brasil.

d) A dominação holandesa durou apenas 24 anos, indo de 1637 à 1644.

e) O governo holandês entregou a colonização à capitalistas do porto de Haia.

13. (MP-SP) Assinale a alternativa correta quanto ao emprego do acento grave:

a) Você deve à partir de agora economizar os extras.

b) Passo à passo seu negócio está na lista dos empresários bem-sucedidos.

c) Há cursos no exterior destinados às mais diversas necessidades dos estudantes.

d) Agradeceu à Deus porque conseguiu superar uma doença que não o deixava trabalhar.

e) Compraram às passagens e partiram depressa.

14. (TJ-SP) Assinale a alternativa que completa corretamente as lacunas do seguinte período:

Regressou _____ Salvador, dirigiu-se _____ casa dos pais e começou _____ falar _____ respeito dos estudos realizados.

a) à – a – a – a

b) a – à – à – à

c) a – a – a – à

d) à – a – à – à

e) a – à – a – a

15. (STN) Só uma das alternativas abaixo completa corretamente o período abaixo. Assinale-a:

Anuiu _____ reivindicação feita, porque preferiu conservar o emprego _____ entregá-lo _____ que _____ postulavam.

a) à, a, àqueles, o

b) à, do que, àqueles, o

c) a, a, aqueles, lhe

d) a, à, àqueles, lhe

16. (Cespe) Assinale a opção cujos elementos preenchem corretamente as lacunas do texto seguinte:

Vimos informar _____ V. S.ª que durante os trabalhos da Comissão Especial seus integrantes estarão sujeitos _____ mesmas normas que regulamentam as diretrizes das outras e que _____ conclusões devem retornar _____ mesa do conselho no prazo estabelecido para serem analisadas e encaminhadas _____ todas as secretarias com a máxima urgência. O acesso aos resultados é liberado _____ quem possa interessar.

a) à – às – as – a – a – à

b) à – às – às – a – à – a

c) a – as – às – à – à – a

d) a – às – as – à – a – a

e) a – às – às – à – a – à

17. (MM) Assinale a única alternativa incorreta quanto ao emprego do acento grave:

a) Os alunos assistiram à aula em silêncio.

b) Contarei uma história à estas crianças.

c) Ele correu às cegas pelo campo.

d) Meu pai foi à bela Roma.

e) Cheguei à uma hora e fui dormir.

18. (Fesp) Na frase "O Lico logo se sentiu à vontade", usou-se adequadamente o acento grave indicador da crase. A frase em que, obrigatoriamente, também deve aparecer esse acento é:

a) Escrevo a vocês.

b) É indiferente a elogios.

c) As crianças parecem felizes.

d) Ele só se levanta as sete horas.

e) Falou-me a respeito de negócios.

19. (SRF) A opção que preenche corretamente as cinco lacunas da frase a seguir é:

"Qualquer demora, seja _____ que pretexto for, pode ter graves consequências políticas e institucionais. Tudo que vier _____ suceder recairá sobre _____ representação política. Aliás, _____ muito tempo que nos referimos _____ questão aqui colocada. (*Jornal do Brasil*, 1.º/8/1997, p. 8. Adaptado)

a) à, a, a, há, à

b) a, à, a, há, à

c) a, a, à, a, à

d) a, a, à, há, à

e) a, a, a, há, à

20. (SRF) Quanto ao emprego do acento indicativo da crase, a frase correta é:

a) Servimo-nos da presente para informar à V. S.ª que seu relatório será avaliado até o final do mês de abril.

b) Em atendimento as instruções dos senhores membros da Comissão, informamos que a receita não chegou a gerar superávit.

c) O presidente submeteu à deliberação do colegiado os assuntos previstos na pauta da reunião.

d) São estas as medidas à serem tomadas.

e) Fomos autorizados à proceder a emissão de uma cota extra no valor de R$ 65,00 (sessenta e cinco reais) para a cobertura do referido saldo devedor.

21. (Esaf) Assinale o enunciado que apresenta **erro** no uso do acento grave:

a) Os missionários dão origem à uma "cultura local" que se inicia pelo contato.

b) É à curiosidade de atender a alma humana que devo meu amor aos índios.

c) Sendo necessária à concepção do discurso, a história é dele inseparável.

d) Este jogo de formações discursivas remete o texto à sua exterioridade.

e) Assim podemos demonstrar que à contribuição das línguas indígenas se associa uma visão histórica.

22. (TRT-RJ)

1. Através dessa jovem dou meu grito de horror ____ vida.

2. Quanto ____ ela, até mesmo de vez em quando comprava uma rosa.

3. A moça ____ vezes comia num botequim um ovo duro.

A alternativa em que as lacunas das frases acima são completadas corretamente (sem mudança de ordem) é:

a) à – a – as   c) à – à – às   e) a – a – as

b) à – a – às   d) a – à – às

23. (TCE-RJ) Assinale a frase em que **não** deve ser usado o sinal indicativo de crase:

a) A noite costumava ler revistas antigas.

b) Andava a procura de um computador.

c) Ficávamos frente a frente numa convivência diária.

d) Fui a praia e depois procurei-o.

e) O dinheiro se destinava a compra de um carro.

24. (TRE-SC) Assinale a alternativa cujas formas completam, obedecendo à ordem, os espaços das proposições abaixo:

I. Daqui ____ instantes, vão começar as provas.

II. O exame realizar-se-á de 20 ___ 23 de outubro.

III. Dirigiu-se ____ seção eleitoral disposto ____ falar ao juiz.

IV. É perigoso andar ____ pé pelas ruas ____ uma hora da madrugada.

a) à, a, a, a, à, a   c) a, à, a, a, à, a   e) a, à, a, à, a, a

b) à, a, a, a, a, à   d) a, a, à, a, a, à

25. (Nossa Caixa-SP) Assinale a alternativa em que o acento indicativo da crase está correto:

a) Devido à umas conversas flagradas em escuta telefônica.

b) Devido à alguma conversa flagrada em escuta telefônica.

c) Devido às conversas flagradas em escuta telefônica.

d) Devido à algumas conversas flagradas em escuta telefônica.

e) Devido às umas conversas flagradas em escuta telefônica.

26. (ITA-SP) Assinale a frase em que o acento indicativo de crase foi mal empregado:

a) Chegou à uma hora, pontualmente.

b) Os pescadores pegaram o peixe à unha.

c) Saída de veículos à 200 metros.

d) Sua simpatia pelo governo cubano levou-o a vestir-se à Fidel.

e) O horário estabelecido para visitas era das 14 às 16 horas.

27. (ITA-SP) Dadas as sentenças:

1. Meu irmão dedicou-se à áreas literárias.
2. Estamos à espera de socorro.
3. Transmita esta informação à Sua Excelência.

Deduzimos que:

a) apenas a sentença n.º 1 está correta   d) todas estão corretas

b) apenas a sentença n.º 2 está correta   e) n. d. a.

c) apenas a sentença n.º 3 está correta

28. (Fuvest-SP) Indique a forma que **não** será utilizada para completar a frase seguinte:
"Maria pediu ____ psicóloga que ____ ajudasse ____ resolver o problema que ____ muito ____ afligia."

a) preposição (a)

b) pronome pessoal feminino (a)

c) contração da preposição **a** e do artigo feminino **a** (à)

d) verbo haver indicando tempo (há)

e) artigo feminino (a)

29. (Fuvest-SP) "O progresso chegou ____ subúrbio. Daqui ____ poucos anos, nenhum dos seus moradores se lembrará mais das casinhas que, ____ tão pouco tempo, marcavam a paisagem."

a) aquele – a – a   d) àquele – a – há

b) àquele – à – há   e) aquele – à – há

c) àquele – à – à

30. (UEL-PR) Ainda ____ pouco, fez-se referência ____ possíveis mudanças para daqui ____ algumas semanas.

a) a – à – a   d) há – a – há

b) há – a – a   e) a – à – há

c) a – a – há

31. (Furg-RS) Joana foi ____ bela Campinas, dirigiu-se ____ referida pensão e aí, pondo-se ____ vontade, solicitou ____ criadas um prato ____ portuguesa.

a) a – à – à – as – à   d) à – a –à – às – a

b) a – à – à – às – à   e) à – à – à – às – à

c) à – à – a – às – à

32. (FGV-SP) Assinale a alternativa em que a crase é obrigatória:

a) Referiu-se a V. Exa.   d) Não tenho de ir a casa para almoçar.

b) O trem partia as nove da noite.   e) Foi a ela que deste a notícia.

c) Este ano muitos brasileiros irão a Roma.

33. (USF-SP) Falando ____ equipe que ____ aguardava desde cedo, a socióloga apresentou ____ proposta inicial de seu trabalho.

a) à – à – à   d) a – a – a

b) à – a – a   e) a – à – a

c) a – à – à

34. (Acafe-SC) Assinale a alternativa que completa corretamente as frases:
I. De ponta ____ ponta da rua, viam-se cartazes.
II. Estamos ____ procura de melhores oportunidades.
III. Agradeço ____ você pelas sugestões que me deu.
IV. A promoção será realizada de 27 ____ 29 de julho do corrente ano.

a) a – à – a – a
b) a – à – à – à
c) à – à – a – à
d) à – a – a – à
e) à – a – à – a

35. (UFPI) ____ algum tempo, vai até ____ montanha e volta ____ casa para descansar.

a) A – à – à
b) Há – a – a
c) Há –à – à
d) Á – a – a
e) A – a – a

36. (Osec-SP) Assinale a opção que completa corretamente as lacunas da frase:
Ainda ontem, ____ hora marcada, foram entregues ____ coordenadoria os textos destinados ____ correções.

a) a – a – a
b) à – a – à
c) a – à – à
d) à – à – a
e) à – à – à

37. (Mackenzie-SP) Assinale a alternativa que completa, correta e respectivamente, a sentença abaixo:
"Não se dirigia ____ ninguém em particular, mas punha-se ____ gesticular, rindo muito ____ vontade."

a) a – à – à
b) à – à – à
c) à – à – a
d) à – a – a
e) a – a – à

38. (Mackenzie-SP) Assinale a alternativa cuja sequência preenche, corretamente, os espaços.
Diante do perigo ____ que estava exposta a população, aumentavam ____ cada hora ____ possibilidades de uma tragédia.

a) à – à – as
b) a – a – as
c) a – à – às
d) à – à – às
e) a – à – as

39. (Faap-SP) Assinale a alternativa que completa corretamente as lacunas:
"Ficaram frente ____ frente, ____ se olharem, pensando no que dizer uma ____ outra."

a) à – à – a
b) a – à – a
c) a – a – à
d) à – a – a
e) à – a – à

40. (Cefet-PR) O pobre homem fica ____ meditar, ____ tarde, indiferente ____ que acontece ao seu redor.

a) à – a – aquilo
b) a – a – àquilo
c) a – à – àquilo
d) à – à – aquilo
e) à – à – àquilo

41. (UFV-MG) Indique a alternativa em que o sinal indicativo de crase é facultativo:

a) Voltou à casa do juiz.
b) Chegou às três horas.
c) Voltou à minha casa.
d) Devolveu as provas àquela aluna.
e) Voltou às pressas.

42. (Unaerp-SP) Levando-se em conta que alguns nomes de lugar admitem a anteposição do artigo, assinale a alternativa em que a crase foi empregada corretamente:
a) Ele nunca foi à Berlim.   c) Ele nunca foi à Portugal.   e) Ele nunca foi à China.
b) Ele nunca foi à Paris.   d) Ele nunca foi à Roma.

43. (Unifor-CE) Discordância ____ parte, dedico meu trabalho ____ ela, com quem aprendi ____ ler a linguagem da natureza.
a) à – à – a   c) a – a – à   e) a – à – a
b) a – a – a   d) à – a – a

44. (PUC-RS) Em todas as frases deve ser utilizado o acento indicativo de crase, exceto na alternativa:
a) É preciso resistir a violência.   d) É necessário desaprovar a violência.
b) Nem sempre se sobrevive a violência.   e) Não se pode ceder a violência.
c) A dor do agredido sucede a violência.

45. (UEL-PR) Dê ciência ____ todos que não mais se atenderá ____ pedidos que não forem dirigidos ____ diretoria.
a) a – a – a   c) a – a – à   e) à – a – à
b) a – à – a   d) à – à – a

46. (UEL-PR) Ainda ___ pouco, o professor referia-se ___ questões ligadas ___ prática de ensino.
a) a – à – a   c) à – à – à   e) a – a – a
b) há – à – à   d) há – a – à

47. (UFPE) Identifique a alternativa em que o uso da crase **não** atende à norma-padrão:
a) Ela chegou às pressas para resolver o problema.
b) Ela decidiu que todos iriam a pé, mas somente à noite.
c) Refiro-me àquelas normas de trânsito que havíamos estudado juntos.
d) Confesso a você que nem sempre obedeci às ordens de meu pai.
e) Em discurso, o candidato fez referência à decisões do seu patrão.

48. (Mackenzie-SP) Quais as palavras que completariam as lacunas?
"Descendo ____ terra, ____ noite, o marinheiro viu um homem que vinha ____ pé."
a) à – à – à   c) a – à – a   e) a – à – à
b) a – a – a   d) à – à – a

49. (PUC-PR) Assinale a alternativa que preenche corretamente os espaços.
1. Viu-se frente ____ frente com o inimigo.
2. Observava, ____ distância, o que estava acontecendo.
3. Não se referia ____ nenhuma das presentes.
4. Desandou ____ correr pelas ladeiras abaixo.
5. Chegou ____ uma hora da madrugada.
a) à – à – à – à – à   c) à – à – à – a – à   e) a – a – a – a – a
b) à – à – a – a – a   d) a – a – a – a – à

50. (UEL-PR) "Fique ____ vontade e confie ____ mim tudo que tem ____ dizer."
a) a – a – à   c) à – a – à   e) a – à – a
b) à – a – a   d) à – à – à

Capítulo 5

Sintaxe de concordância

Concordância é o princípio sintático segundo o qual, na frase, as palavras determinantes se adaptam às palavras das quais dependem. Temos, assim, em gramática:

a) **concordância nominal**: é a adaptação em **gênero** e **número** que ocorre entre o **substantivo** (ou equivalente) e seus **modificadores** (**artigos, pronomes, adjetivos** ou **numerais**);

b) **concordância verbal**: é a adaptação, em **número** e **pessoa**, que ocorre entre o verbo e seu respectivo **sujeito**.

CONCORDÂNCIA NOMINAL

Regra geral

O **adjetivo** e as **palavras adjetivas** concordam em **gênero** e **número** com o **nome** a que se referem:

homem **magro**	mulher **magra**
homens **magros**	mulheres **magras**

Casos especiais

Há, na língua portuguesa, alguns casos particulares de concordância nominal aos quais devemos estar sempre atentos. São os seguintes:

1. No caso de mais de um substantivo, se estes estiverem no singular e forem do mesmo gênero, o **adjetivo**, na função de **adjunto adnominal**, poderá ficar no singular ou irá para o plural:

> Ele agiu com coragem e **paciência admirável**.
> Ele agiu com **coragem** e paciência **admiráveis**.

2. Se os substantivos estiverem no singular e forem de gêneros diferentes, o **adjetivo** concordará com o mais próximo ou irá para o masculino plural:

> Ela usava vestido e **blusa** amarela.
> Ela usava **vestido** e **blusa** amarelos.

3. Se os substantivos estiverem no plural e forem de gêneros diferentes, o **adjetivo**, na função de **adjunto adnominal**, concordará com o mais próximo ou irá para o masculino plural:

> Visitei uma exposição de quadros e **esculturas** raras.
> Visitei uma exposição de **quadros** e **esculturas** raros.

4. Se os substantivos forem de gênero e número diferentes, o **adjetivo**, na função de **adjunto adnominal**, concordará com o mais próximo ou irá para o masculino plural:

> Admiro o folclore e as **tradições** gaúchas.
> Admiro o **folclore** e as **tradições** gaúchos.
> Admiro as tradições e o **folclore** gaúcho.

5. Se o **adjetivo**, na função de **adjunto adnominal**, estiver anteposto a dois ou mais substantivos, concordará sempre com o mais próximo:

> Avistávamos **estranhos homens** e mulheres.
> Avistávamos **estranhas mulheres** e homens.

OBSERVAÇÃO

No caso de anteceder **nomes de pessoas**, o **adjetivo**, na função de **adjunto adnominal**, deverá ir para o plural:

> Refiro-me aos **notáveis** Drummond e Bandeira.

6. O **adjetivo**, na função de **predicativo do sujeito**, deve concordar com a totalidade dos elementos do sujeito:

> A **sala** e os **quartos** estavam desarrumados.
> sujeito   verbo de   predicativo
>   ligação   do sujeito

OBSERVAÇÃO

Se o **verbo de ligação** iniciar a frase, haverá duas possibilidades de concordância:

> Estava **desarrumada** a sala e os quartos. (concordância com o mais próximo)
> Estavam **desarrumados** a sala e os quartos. (concordância com a totalidade dos núcleos)

7. O **adjetivo**, na função de **predicativo do objeto**, concorda em gênero e número com o núcleo do objeto. Havendo dois ou mais núcleos de gêneros diferentes, vai para o masculino plural:

Encontrei as janelas e o portão **arrombados**.
VTD   OD   predic.
do objeto

Encontrei **arrombados** as janelas e o portão.
VTD   predic.   OD
do objeto

OBSERVAÇÃO

Se o **predicativo do objeto** vier anteposto a dois ou mais núcleos do objeto, ele poderá também concordar com o núcleo mais próximo:

Encontrei **arrombadas** as janelas e o portão.

Encontrei **arrombado** o portão e as janelas.

8. As expressões **um e outro** e **nem um nem outro** deixam o substantivo no singular, mas o adjetivo deve ir para o plural:

Discutimos **um e outro caso inexplicáveis**.

Não encontramos **nem um nem outro vereador reeleitos**.

9. Em caso de **numerais ordinais**, o **substantivo** pode ficar tanto no **singular** quanto no **plural**, desde que todos os numerais estejam antecedidos de **artigo**:

Perdi **a primeira** e **a segunda** aula.

Perdi **a primeira** e **a segunda** aulas.

OBSERVAÇÃO

Se apenas o primeiro **numeral** estiver precedido de **artigo**, o substantivo irá obrigatoriamente para o plural:

Perdi a primeira e segunda **aulas**.

10. Palavras como **mesmo**, **próprio**, **quite**, **leso**, **incluso**, **anexo**, **obrigado** etc. concordam normalmente com a palavra a que se referem:

Ele mesmo fará isso.

Eles mesmos farão isso.

Ela mesma fará isso.

Elas mesmas farão isso.

As **próprias alunas** cuidarão das festividades.
Você está quite com o serviço militar?
Meus pais estão quites com seus credores.
Crime de leso-**patriotismo**.
Crime de lesa-**arte**.
Seguem inclusas **as declarações** solicitadas por Vossa Senhoria.
Anexo, envio-lhe o meu **passaporte**.
As fotografias seguem anexas.
"Muito obrigada", disse-me a **garotinha**.

OBSERVAÇÃO

Não é recomendável empregar a expressão "**em anexo**", já que **anexo** é adjetivo e, como tal, não pode ser preposicionado. O mesmo princípio vale para "**em incluso**".

11. As palavras **bastante, meio, caro, barato** e **só** variam quando têm valor de adjetivo:

Havia bastante **gente** no estádio.
Tenho bastantes **selos** antigos.
Tomei meia **cerveja**.
Tomei vários meios **cálices de vinho**.
Ele sempre usou **roupas** caras.
Ela só frequenta **diversões** baratas.
Minhas tias sempre viveram sós. (= sozinhas)

OBSERVAÇÃO

As palavras acima **não variam** quando empregadas com valor de **advérbio**:

Ele ganha **bastante** naquela empresa.
A garota está **meio** nervosa.
Estas roupas custam **caro** ou **barato**?
Ela **só** compra roupas importadas.

12. Substantivos antepostos a vários adjetivos admitem três construções:

Estudo as literaturas portuguesa e brasileira.
Estudo a literatura portuguesa e a brasileira.
Estudo a literatura portuguesa e brasileira.

13. Se o sujeito não vier determinado por artigo ou por pronome demonstrativo, o adjetivo permanecerá invariável:

> Cerveja é **gostoso**.
> Dieta é **bom** para manter a forma.
> É **proibido** entrada.

Se o sujeito aparecer determinado por **artigo** ou **pronome demonstrativo**, a concordância será normal:

> A cerveja daquela região é **gostosa**.
> Esta dieta é **boa** para manter a forma.
> É **proibida** a entrada.

14. As palavras **pseudo**, **alerta**, **monstro** e **menos** são invariáveis:

> Aquelas mulheres são **pseudocaridosas**.
> Devemos permanecer sempre **alerta**.
> Realizaram-se concentrações **monstro** em Brasília.
> Esse atleta ganhou **menos** medalhas que eu.

15. Flexão dos **adjetivos compostos**

Como regra geral, somente o último elemento do adjetivo composto recebe flexão, tanto de gênero quanto de número:

> tratados **franco-luso-brasileiros**
> mesas **médico-cirúrgicas**
> guerras **greco-romanas**

Exceção: **surdo-mudo** (os dois elementos devem ser flexionados).

> meninos **surdos-mudos**
> crianças **surdas-mudas**

16. Palavras que indicam **cor**

a) Se a palavra que indica cor é adjetivo, deverá concordar em gênero e número com o substantivo a que se refere:

> Saiu da piscina com os **olhos vermelhos**.
> **Nuvens negras** prenunciavam uma tempestade.
> Estas **frutas** ainda estão **verdes**.

b) Se a palavra que indica cor for substantivo, deverá permanecer invariável:

> Comprei duas gravatas **cinza**.
> Ela usava sapatos **creme**.

c) Se o adjetivo composto indicar cor, será flexionado normalmente:

> olhos **verde-claros**
> saias **azul-escuras**

d) Se o adjetivo composto indicar cor comparada, permanecerá invariável:

> cortinas **verde-esmeralda**
> saias **verde-limão**

e) Os adjetivos compostos **azul-marinho**, **azul-celeste** e **verde-gaio** são sempre invariáveis:

> uniformes **azul-marinho**
> cortinas **azul-celeste**
> fitas **verde-gaio**

CONCORDÂNCIA VERBAL

Observe os exemplos:

"Se <u>eu convencesse</u> Madalena de que <u>ela</u> não <u>tem</u> razão (...)" (Graciliano Ramos)
1.ª pes.   1.ª pes.   3.ª pes.   3.ª pes.
sing.   sing.   sing.   sing.

"Os <u>sururus</u> em família <u>têm</u> por testemunha a Gioconda." (Murilo Mendes)
3.ª pes.   3.ª pes.
pl.   pl.

Pelos exemplos apresentados, percebemos que existe uma harmonia de pessoa e número entre o verbo e o sujeito das orações. Dizemos, portanto, que existe **concordância** entre eles.

A **concordância verbal**, geralmente, ocorre entre o **verbo** e o seu respectivo **sujeito**, conforme esquematizamos no quadro seguinte:

sujeito de 1.ª pessoa	verbo na 1.ª pessoa
sujeito de 2.ª pessoa	verbo na 2.ª pessoa
sujeito de 3.ª pessoa	verbo na 3.ª pessoa
sujeito no singular	verbo no singular
sujeito no plural	verbo no plural
sujeito composto	verbo no plural

Princípios gerais de concordância verbal

SUJEITO SIMPLES

1. O verbo concorda com o **núcleo do sujeito simples** em **número** e **pessoa**:

> "**Ela pensa** em casamento
> e **eu** nunca mais **fui** à escola." (Caetano Veloso)
> "Os **pombos ciscavam** a terra solta." (Clarice Lispector)

2. Em caso de sujeito representado por um **substantivo coletivo**, o verbo fica na **3.ª pessoa do singular**:

> A **boiada**, assustada, **disparou** pelo pasto.

OBSERVAÇÃO

Quando o **coletivo** é seguido de **adjunto adnominal** no **plural**, o verbo fica no **singular** ou pode ir para o **plural**:

> Um **bando** de pássaros **voava** sobre o pomar.
> Um bando de **pássaros voavam** sobre o pomar.

3. Se o sujeito é representado por expressões partitivas (**a maioria de**, **a maior parte de**, **a metade de**, **uma porção de** etc.), o verbo pode concordar tanto com o núcleo dessas expressões como com o substantivo que as segue:

> A **maioria** dos convidados **chegou** cedo.
> A maioria dos **convidados chegaram** cedo.

4. Quando o sujeito é representado por expressões aproximativas (**cerca de**, **perto de**), o verbo concorda com o substantivo determinado por essas expressões:

> Cerca de vinte **voluntários ajudavam** os bombeiros.
> Perto de cem mil **candidatos inscreveram-se** nesse concurso.

5. Se o sujeito for introduzido pela expressão **mais de um**, o verbo ficará no **singular**:

> **Mais de um** candidato **desistiu** do debate.
> **Mais de um** jogador **foi** expulso pelo árbitro.

OBSERVAÇÃO

Quando a expressão **mais de um** vem repetida ou se associa a um verbo exprimindo reciprocidade, o emprego do **plural** é obrigatório:

> Mais de um deputado, mais de um senador não **concordaram** com as novas medidas econômicas.
> Mais de um prisioneiro **agrediram-se** durante a rebelião.

6. Em casos de concordância com locuções pronominais (**algum de nós/vós, alguns de nós/vós, qual de nós/vós, quais de nós/vós** etc.):

a) o verbo fica no singular quando o primeiro pronome da locução figura no singular:

> **Algum** de nós o **acompanhará**.
> **Qual** de vós **abandonou** a luta?
> "**Nenhum** de nós **voltará** mais à gruta de Covadonga!" (Alexandre Herculano)

b) quando o primeiro pronome figura no plural, o verbo pode concordar com esse pronome ou com o pronome pessoal:

> **Alguns** de nós o **acompanharão**.
> Alguns de **nós** o **acompanharemos**.
> **Quais** de vós **abandonaram** a luta?
> Quais de **vós** **abandonastes** a luta?

7. Se o sujeito for formado pela expressão **um dos ... que**, o verbo irá para o plural:

> Ele é **um dos** jogadores **que** mais **atuaram** pela Seleção.
> "Encostei a **uma das** balaustradas **que** **limitam** o paredão." (Graciliano Ramos)

OBSERVAÇÕES

1.ª) Nesses exemplos, a lógica é a seguinte:

> Dentre os jogadores que **atuaram** pela Seleção, ele é um.
> Dentre as balaustradas que **limitam** o paredão, ela é uma.

2.ª) Não é raro, porém, encontrar-se em bons autores o verbo no singular:

> "Uma das felicidades que se **contava** entre as do tempo presente, era acabarem-se as comédias em Portugal." (Pe. Antônio Vieira)
> "Um dos homens que mais **logrou** dos bens deste mundo foi Salomão." (Pe. Manuel Bernardes)

8. Com sujeito realçado pela palavra **que**, o verbo concorda com o antecedente dessa palavra:

> Aqui sou **eu que** **tomo** as iniciativas.
> Fomos **nós que** **fizemos** a denúncia.

9. Quando o sujeito for representado pelo pronome **quem**, o verbo ficará na 3.ª pessoa do singular ou poderá concordar com o antecedente desse pronome:

> Somos nós **quem** **contará** a verdade a ele.
> Somos **nós** quem **contaremos** a verdade a ele.
> "Não sou eu **quem** **está** no jogo." (Érico Veríssimo)
> "És **tu** quem **dás** frescor à mansa brisa." (Gonçalves Dias)

10. Em caso de sujeito representado por **pronomes de tratamento**, o verbo deve ser empregado na **3.ª pessoa do singular** ou do **plural**, concordando com o número gramatical desses pronomes:

> **Vossa Excelência apreciou** o jantar?
> **Vossas Senhorias concordam** com essa opinião?

11. Sujeito representado por **substantivo próprio no plural**:

a) com **artigo** no **plural**, o verbo vai para o **plural**:

> ***Os Sertões* notabilizaram** Euclides da Cunha.
> **Os Estados Unidos sofreram** duros ataques terroristas.

b) sem **artigo** ou com **artigo no singular**, o verbo fica no **singular**:

> **Minas Gerais é** uma região de montanhas.
> **O Amazonas parece** um verdadeiro mar.

c) com **nomes de obras no plural** seguidos do verbo **ser**, este fica no **singular**, desde que o predicativo figure no singular:

> ***Os Miseráveis* é** uma célebre obra de Victor Hugo.

12. Quando o sujeito é representado por expressão indicativa de **porcentagem**, o verbo pode concordar com o **numeral** ou com o **substantivo** a que se refere a porcentagem:

> **35% da população apoiam** essas medidas.
> 35% da **população apoia** essas medidas.
> 35% dos **entrevistados apoiam** essas medidas.

OBSERVAÇÕES

1.ª) O plural será obrigatório se o numeral vier com determinantes no plural:

> **Os 35%** da população **apoiam** essas medidas.
> **Os citados 15%** da produção **permanecerão** no mercado interno.

2.ª) O verbo concordará com o numeral quando vier anteposto à expressão de porcentagem:

> **Serão exportados 60%** da produção de café.
> Não **compareceram** à eleição **10%** do eleitorado.

3.ª) Com **1%**, deixe o verbo sempre no singular:

> **1%** dos candidatos não **compareceu** à prova.

SUJEITO COMPOSTO

1. Quando anteposto ao verbo, este vai para o plural:

> **O líder e seus comparsas abandonaram** o cativeiro.

2. Posposto ao verbo, este vai para o plural ou pode concordar com o núcleo mais próximo:

> **Abandonaram** o cativeiro **o líder e seus comparsas**.
> **Abandonou** o cativeiro **o líder** e seus comparsas.

OBSERVAÇÃO

Se o **verbo anteposto** indicar **ação recíproca**, ele deverá ir para o **plural**:

> Já não se **entendiam** o líder e seus comparsas.

3. Se houver sujeito composto de palavras sinônimas ou ordenado em gradação, o verbo poderá ficar no **singular** ou ir para o **plural**:

> A minha dor, a minha angústia, o meu desespero não os **comovia**.
> A minha dor, a minha angústia, o meu desespero não os **comoviam**.

4. Em caso de sujeito simples, porém com mais de um núcleo, o verbo fica no **singular**:

> Meu mestre e grande amigo **merece** toda a minha consideração.
> O eleitor, o cidadão esclarecido **vota** conscientemente.

5. Caso haja sujeito composto de pessoas gramaticais diferentes, o verbo deve ir para o **plural**:

a) se houver a **1.ª pessoa**, ela prevalecerá sobre as demais:

> **Eu, tu e ele viajaremos** juntos.

b) havendo a **2.ª pessoa**, o verbo poderá flexionar-se na **2.ª** ou na **3.ª pessoa**:

> **Tu e ele sois** testemunhas.
> **Tu e ele são** testemunhas.
> "Matar-me-ia, ainda assim, se **tu e os outros** me **chamassem** covarde." (Almeida Garrett)
> "Juro que **tu e tua filha** me **pagam**." (Coelho Neto)

Outras ocorrências de concordância verbal

1. Se o sujeito estiver ligado por **ou**:

a) o verbo irá para o **plural** quando o fato expresso por ele abranger todos os núcleos:

> **O fumo ou o álcool prejudicam** a saúde.

b) o verbo ficará no **singular** quando houver ideia de **exclusão**:

> Você ou ele **será** o orador dos formandos.

c) o verbo ficará no **singular** quando a conjunção **ou** ligar palavras ou expressões sinônimas:

> Topologia pronominal ou sintaxe de colocação **constitui** um importante tópico da nossa linguagem.

d) O verbo concordará com o segundo núcleo quando a conjunção **ou** indicar retificação ou probabilidade:

> O autor ou **autores** do delito não **deixaram** nenhum vestígio.

2. Sujeito ligado pela preposição **com**:

a) o verbo vai para o **plural** quando se deseja indicar a ação de todos os elementos do **sujeito**:

> **O presidente com alguns ministros** viajaram para o exterior.

b) o verbo fica no **singular** quando se deseja enfatizar a ação apenas do primeiro núcleo. Nesse caso, recomenda-se isolar por meio de vírgulas o termo introduzido pela preposição **com**, já que ele exerce a função de adjunto adverbial de companhia:

> **O presidente**, com alguns ministros, **viajou** para o exterior.

3. Sujeito ligado por **nem ... nem**:

a) o verbo irá para o **plural** se o fato expresso se referir a todos os núcleos:

> **Nem a fama nem o poder** lhe **trouxeram** felicidade.

b) havendo a **exclusão virtual** de um dos elementos do sujeito, o verbo deverá ficar no **singular**:

> Nem o Brasil nem o Paraguai **será** o vencedor da próxima Copa.

4. Sujeito seguido de um **aposto resumidor** (**tudo, nada, ninguém, cada um**). O verbo concorda com o **aposto**:

> Jogos, festas, jantares, **nada** o **tirava** de seu isolamento.
> Parentes, amigos, vizinhos, **ninguém** o **socorreu**.
> Os berros, os argumentos, as risadas, **tudo parou** de repente.

5. Sujeito representado por **um e outro** ou **nem um nem outro**. O verbo fica no **singular** ou pode ir para o **plural**:

> **Um e outro** mentia constantemente.
> **Um e outro** mentiam constantemente.
> **Nem um nem outro** conseguiu fugir.
> **Nem um nem outro** conseguiram fugir.

OBSERVAÇÃO

Havendo **reciprocidade de ação**, o verbo irá para o **plural**:

> Um e outro vizinho se **cumprimentavam** friamente.
> Nem um nem outro irmão se **escrevem** mais.

6. Sujeito representado por **um ou outro**. O verbo fica no **singular**, pois a ideia é de exclusão:

> **Um ou outro** receberá este prêmio.

7. Sujeito representado por **infinitivos**:

   a) Se não houver determinante, o verbo ficará no singular:

   > **Comer** e **dormir** faz mal à digestão.

   b) Havendo determinação, o verbo irá para o plural:

   > **O lutar** e **o vencer** constituem a minha meta.

   c) Se os infinitivos indicarem **ações opostas**, o verbo irá para o **plural**:

   > **Rir** e **chorar** muitas vezes são contagiosos.

8. Sujeito ligado por **conjunções correlativas (não só ... mas também, tanto ... quanto, não só ... como também** etc.). O verbo fica no singular ou pode ir para o plural:

   > **Não só** o riso, **como também** o choro, nos contagia.
   > **Não só** o riso, **como também** o choro, nos contagiam.
   > **Tanto** o corpo docente **quanto** o discente participará das festividades.
   > **Tanto** o corpo docente **quanto** o discente participarão das festividades.

9. Concordância com a palavra **se**:

   a) Quando o **se** é **índice de indeterminação do sujeito**, o verbo fica na **3.ª pessoa do singular**. Isso ocorre quando a partícula **se** acompanha verbos **intransitivos, transitivos indiretos** ou **de ligação**:

   > Trabalha-se pouco durante o Carnaval.
   > Já não se acredita em milagreiros.
   > Era-se mais feliz antigamente.

   b) Quando o **se** é **pronome apassivador**, o verbo concorda normalmente com o sujeito paciente. Isso ocorre com **verbos transitivos diretos** ou **transitivos diretos e indiretos**:

Comentou-se esse caso. (= Esse caso foi comentado.)
VTD   pron.   suj.   suj. paciente
         apass.   paciente

Comentaram-se esses casos. (= Esses casos foram comentados.)
VTD   pron.   suj.   suj. paciente
          apass.   paciente

Entregou-se o prêmio ao vencedor. (= O prêmio foi entregue ao vencedor.)
VTDI   pron.   suj. paciente   suj. paciente
       apass.

Entregaram-se os prêmios aos vencedores. (= Os prêmios foram entregues aos vencedores.)
VTDI   pron.   suj. paciente   suj. paciente
       apass.

10. Concordância dos verbos **dar**, **bater** e **soar**. Empregados em referência a horas, esses verbos concordam com a expressão numérica que indica horas:

"Soaram **doze horas** nas igrejas daqueles vales." (Camilo Castelo Branco)
sujeito

Deu **meio-dia** no relógio da estação.
sujeito

"E a noite ia se passando. Deram **dez horas**." (Aluísio Azevedo)
sujeito

Quando o **sujeito** é a palavra **relógio** (ou equivalente), o verbo naturalmente concorda com ele:

"Ouvi nitidamente **o relógio** da portaria **dar** as onze horas." (Pedro Nava)
sujeito

Soou cinco horas **o sino da capela**.
sujeito

11. Concordância do verbo **parecer**. Esse verbo, anteposto a um **infinitivo**, admite dois tipos de concordância:

a) flexiona-se o verbo **parecer**, e o **infinitivo** fica invariável:

As horas parecem **demorar** a passar.

b) flexiona-se o **infinitivo**, e o verbo **parecer** fica invariável:

As horas **parece demorarem** a passar.

12. Concordância da expressão **haja vista**. No português atual, essa expressão é invariável. Equivale ao imperativo do verbo **ver**:

> A inflação está sob controle; haja vista os índices divulgados.

OBSERVAÇÃO

Haja visto é tempo composto do verbo **ver**:

> Espero que o diretor já **haja visto** o meu pedido de licença. (= tenha visto)

13. Sujeito representado por **pronomes pessoais oblíquos**. Quando um verbo no infinitivo acompanha um sujeito representado por pronome oblíquo átono antecedido de verbos como **deixar**, **mandar**, **fazer**, **perceber** etc., não deve ser flexionado:

> Deixe-nos viver em paz, por favor.
> Mande-os entrar imediatamente.

14. Concordância dos **verbos impessoais**:

a) quando indica tempo decorrido, existência, ocorrência, acontecimento, o verbo **haver** fica sempre na 3.ª pessoa do singular:

> Havia anos que não víamos o mar.
> Houve muitos tumultos durante a manifestação dos grevistas.

b) os verbos que exprimem **fenômenos da natureza** ficam sempre na 3.ª pessoa do singular:

> Choveu muito durante o Carnaval.
> Ventava durante a nossa longa viagem.

c) os verbos **fazer** e **estar**, na indicação de tempo ou clima, devem permanecer na 3.ª pessoa do singular:

> Faz dez minutos que o diretor chegou.
> Faz dias muito quentes em Goiás.
> Já está tarde e frio.

OBSERVAÇÃO

Nas **locuções verbais**, a impessoalidade desses verbos é transferida para o **verbo auxiliar**:

> Deve haver muitos candidatos na lista de espera.
> Deve fazer uns cinco anos que eles se casaram.

15. Concordância do verbo **ser**:

a) na determinação de datas, horas e distâncias, embora seja impessoal, o verbo **ser** concorda com a expressão a que se refere:

> "O quê! Já **são** 29 de agosto?" (Eça de Queirós)
> Já **é** quase meio-dia.
> **São** dezesseis horas.
> Daqui ao centro **são** quinze quilômetros.

b) havendo sujeito e predicativo, o verbo **ser** concorda com certas palavras que prevalecem sobre outras. Observe esse tipo de prevalência no quadro seguinte:

Entre		Prevalece	Exemplos
pessoa	coisa	pessoa	"O mundo **são os homens**." (Pe. Antônio Vieira)
nome próprio	nome comum	nome próprio	**Ayrton Senna era** as alegrias de domingo.
plural	singular	plural	Sua roupa **eram alguns trapos**.
pronome reto	qualquer palavra	pronome reto	Agora o líder **és tu**.

c) o verbo **ser** concorda com o predicativo no singular quando o sujeito no plural, sem determinantes, indica uma classe geral de seres, e não um ser dentro da classe:

> Panelas vazias **é** sinal de fome.
> Lágrimas falsas **é** um veneno.

d) quando o sujeito é uma expressão numérica, o verbo **ser** fica no singular:

> Para conhecer a Europa, três meses **é** pouco.
> Dois mil reais por mês **é** suficiente para um casal.
> "Oito anos sempre **é** alguma coisa." (Carlos Drummond de Andrade)

e) quando o sujeito é representado pelos pronomes **tudo**, **isso**, **isto** ou **aquilo**, o verbo **ser** pode concordar com o **sujeito** ou com o **predicativo**:

> "Tudo isso **eram** suposições..." (Luís Jardim)
> "Já tudo **é** cinzas, tudo destruição." (Gonçalves Dias)

f) nas frases em que ocorre a locução **é que**, o verbo **ser** concorda com o substantivo ou pronome antecedente, já que eles são efetivamente o sujeito da oração:

> Nós é que **somos** os responsáveis pelos menores.
> "Os efeitos é que **foram** diversos." (Machado de Assis)

16. Concordância irregular ou ideológica

Quando a concordância (nominal ou verbal) se faz com a ideia contida na frase, e não com o termo expresso, ocorre concordância irregular ou ideológica. Esse tipo de concordância recebe o nome de **silepse**.

Há três tipos de **silepse**: **de gênero**, **de número** e **de pessoa**.

a) **Silepse de gênero** — ocorre quando a concordância se faz com o gênero gramatical implícito:

> "Eu sentia-me morrer de tristeza e de isolamento no meio
> da **populosa** e **turbulenta** Londres." (Almeida Garrett)

Nesse caso, os adjetivos **populosa** e **turbulenta** estabelecem concordância irregular com a palavra **cidade**.

b) **Silepse de número** — ocorre quando a concordância se faz com o número gramatical implícito:

> "Coisa curiosa é gente velha. Como **comem**!" (Aníbal Machado)

Nesse exemplo, o verbo **comer** está no plural em concordância com a ideia contida no coletivo **gente** (= **pessoas**).

c) **Silepse de pessoa** — ocorre quando a concordância se faz com a pessoa gramatical implícita:

> "Quanto à pátria da Origem, todos os homens **somos** do Céu." (Pe. Manuel Bernardes)

Já nesse exemplo, o verbo **ser** está na 1.ª pessoa do plural porque o emissor inclui-se entre os homens (= **nós**).

1. De acordo com a frase:

> "Tenho escrito bastantes poemas." (Alberto Caeiro)

a) Justifique a concordância da palavra *bastantes*.

b) Reescreva a frase, substituindo essa palavra por um sinônimo.

c) Elabore um exemplo em que essa palavra deva ser invariável, justificando o porquê.

2. Siga o modelo:

> homens sábios/mulheres sábias
> homens e mulheres sábias
> homens e mulheres sábios

a) quartos amplos/salas amplas

b) cantores famosos/bailarinas famosas

c) carros caros/joias caras

d) cordões dourados/fitas douradas

e) atores americanos/atrizes americanas

3. Reescreva as frases seguintes, colocando o adjetivo antes dos substantivos a que se refere:

a) Naquela cidade havia profissões e estudos variados.

b) Naquela cidade havia estudos e profissões variadas.

c) Todos se preveniram contra chuvas e ventos violentos.

d) Todos se preveniram contra ventos e chuvas violentas.

e) Reservaram para o jantar talheres e louças finas.

f) Reservaram para o jantar louças e talheres finos.

4. Complete as lacunas com os adjetivos entre parênteses. Se houver duas possibilidades de concordância, aponte-as:

a) Naquela região existem animais e plantas _____. (exótico)

b) Ela sempre me demonstrou afeto e amizade _____. (profundo)

c) No último ano, enfrentamos calor e poluição _____. (intenso)

d) No último ano, enfrentamos poluição e calor _____. (intenso)

e) No último ano, enfrentamos _____ calor e poluição. (intenso)

f) No último ano, enfrentamos _____ poluição e calor. (intenso)

g) O comerciante encontrou o portão e as janelas _____. (arrombado)

h) O comerciante encontrou _____ o portão e as janelas. (arrombado)

i) Comprei um fogão e uma geladeira _____. (novo)

j) Viajamos por mares e terras _____. (longínquo)

k) Viajamos por _____ terras e mares. (longínquo)

l) Conserva no cofre selos e moedas _____. (antigo)

m) Fiz _____ compras e investimentos. (ótimo)

n) Achei _____ sua atitude e gesto. (ofensivo)

o) Achei _____ seu gesto e atitude. (ofensivo)

5. Complete as frases com as palavras entre parênteses:

a) Seguem _____ as certidões que você solicitou. (anexo)

b) Envio _____ as duplicatas pagas. (incluso)

c) Aquela empresa está selecionando um e outro vendedor _____. (experiente)

d) Não reconheceu nem um nem outro _____ de infância. (amigo)

e) Como ela não bebe, ficou _____ tonta com o vinho. (meio)

f) Nunca faço uso de _____ palavras. (meio)

g) Deve-se punir quem comete crimes de _____ -pátria. (leso)

h) Serão ouvidos alguns _____ democratas. (pseudo)

i) Muito _____, disse-me a balconista. (obrigado)

j) Vocês _____ devem realizar este trabalho, meninas. (mesmo)

k) Descobriram-se irregularidades o mais graves _____. (possível)

l) Descobriram-se irregularidades as mais graves _____. (possível)

m) Em certas situações, é _____ paciência. (necessário)

n) É _____ a sua presença na próxima reunião. (necessário)

o) Devemos resumir o primeiro e o segundo _____ deste livro. (capítulo)

p) Devemos resumir o primeiro e segundo _____ deste livro. (capítulo)

6. Continue como no exercício anterior:

a) Comprei uma camisa e uma gravata _____. (cinza)

b) A igreja estava enfeitada com fitas _____. (azul-claro)

c) Aquelas funcionárias devem usar uniformes _____. (azul-marinho)

d) Comprei-lhe blusas _____. (verde-esmeralda)

e) Meu time joga com camisa _____. (rubro-negro)

f) Não são comuns carros _____. (amarelo-ouro)

g) Gostaria de ter olhos _____. (verde-mar)

h) Naquele antigo quadro sobressaem os tons _____. (cinzento-escuro)

i) Ela usava sapatos _____. (cinza-escuro)

j) Aquela escola acolhe somente crianças _____. (surdo-mudo)

7. Reescreva as frases abaixo, substituindo a parte em destaque pelas palavras indicadas nos parênteses:

a) A candidata estava **um pouco** apreensiva com a divulgação das notas. (meio)

b) Sentiu-se mal com **a metade de uma** dose de uísque. (meio)

c) Ele tem alguns hábitos **um tanto** antiquados. (meio)

d) Os torcedores gritavam **muito** durante o jogo. (bastante)

e) Tínhamos **vários** motivos para ir à luta. (bastante)

f) O trânsito de São Paulo continua apresentando **muitos** problemas. (bastante)

g) Os alpinistas levaram suprimentos **suficientes** para dois meses. (bastante)

h) Meus pais gostam de viajar **sozinhos**. (só)

i) Terminaremos este trabalho **somente** no final da tarde. (só)

j) Aos domingos, há **poucas** enfermeiras de plantão. (menos)

8. As frases abaixo podem estar corretas ou erradas quanto à concordância nominal. Identifique as erradas e, a seguir, reescreva-as corretamente:

a) Nas férias, passei tranquilas semanas e dias na praia.

b) Nas férias, passei tranquilos semanas e dias na praia.

c) Perdi o primeiro e segundo capítulo dessa novela.

d) Perdi o primeiro e o segundo capítulo dessa novela.

e) Pesquiso as culturas gregas e latinas.

f) Pesquiso as culturas grega e latina.

g) Pesquiso a cultura grega e a latina.

h) Uma e outra língua neolatinas são semelhantes à língua portuguesa.

i) Uma e outra línguas neolatinas são semelhantes à língua portuguesa.

j) Em muitos casos, é necessário intervenção da polícia.

k) São desnecessárias as intervenções violentas.

l) Segue anexo a relação dos aprovados.

m) Eu mesmo, mãe cuidadosa, cometo algumas falhas.

n) Exijo profissionais o mais competentes possível.

o) Honramos o escudo e a bandeira brasileiros.

p) Tenho estudado muito as literaturas brasileiras e portuguesas.

9. Complete os espaços com uma das formas verbais entre parênteses. Se as duas forem corretas, utilize-as.

a) O pedreiro e seu ajudante _____ do andaime. (caiu / caíram)

b) _____ do andaime o pedreiro e seu ajudante. (caiu / caíram)

c) _____ ao caboclo apenas os dois dentes caninos. (Resta / Restam)

d) Em vez da harmonia, _____ as desforras. (prevaleceu / prevaleceram)

e) Deputado e Presidente do Vasco da Gama _____ criado muitas polêmicas. (tem / têm)

f) _____ para o vestiário o árbitro e os bandeirinhas. (Correu / Correram)

g) O árbitro, com os bandeirinhas, _____ para o vestiário. (correu / correram)

h) _____ a Brasília o Presidente e sua comitiva. (Regressará / Regressarão)

i) Cada um dos candidatos _____ falar apenas dois minutos. (deverá / deverão)

j) _____ da Europa os médicos e seus instrumentistas. (Proveio / Provieram)

k) Algum de nós _____ participar dos debates. (deverá / deveremos)

l) Alguns de nós _____ participar dos debates. (deverão / deveremos)

m) Um e outro _____ estar mentindo. (deve / devem)

n) Um ou outro _____ estar mentindo. (deve / devem)

o) Um e outro se _____ estupidamente. (agride / agridem)

10. Continue como no exercício anterior:

a) Felizmente nesta casa _____ a paz e a alegria. (reina / reinam)

b) Tu e os demais _____ participar das competições. (devereis / deverão)

c) Espero que você ou ele _____ o presidente da mesa. (seja / sejam)

d) O causador ou causadores dessa desordem não _____ vestígios. (deixou / deixaram)

e) A alegria ou a tristeza _____ a vida de uma família. (faz / fazem)

f) Grande parte dos operários _____ à greve. (aderiu / aderiram)

g) A casa, a família, os amigos, tudo o _____ indiferente. (deixava / deixavam)

h) Nem um nem outro _____ os meus apelos. (ouviu / ouviram)

i) Há muitas palavras que nem você nem ela _____ entender. (consegue / conseguem)

j) _____ vista os últimos obstáculos. (Haja / Hajam)

k) _____ vista aos últimos obstáculos. (Haja / Hajam)

l) Cerca de duzentos náufragos _____ se salvar. (conseguiu / conseguiram)

m) Mais de um detento _____ escapar pelo túnel. (conseguiu / conseguiram)

n) Aqui sou eu que _____ tudo. (decide / decido)

o) Aqui sou eu quem _____ tudo. (decide / decido)

11. Os verbos abaixo são **transitivos diretos** e estão na **voz passiva sintética**. Com o mesmo verbo da frase 1, complete os espaços da frase 2, observando a concordância:

a) 1. Espera-se uma nova proposta do clube.

   2. _____ novas propostas do clube.

b) 1. Apresentou-se um novo grupo musical.

   2. _____ novos grupos musicais.

c) 1. Encontrou-se mais um túnel no presídio.

   2. _____ vários túneis no presídio.

d) 1. Fez-se uma pergunta surpreendente.

    2. _____ perguntas surpreendentes.

e) 1. Realizou-se uma viagem espacial.

    2. _____ várias viagens espaciais.

f) 1. Não se omitiu nenhuma informação.

    2. Não se _____ as informações.

g) 1. Evitou-se uma grande rebelião.

    2. _____ outras rebeliões.

h) 1. Organizou-se uma grande quermesse naquela paróquia.

    2. _____ -se grandes quermesses naquela paróquia.

12. Complete os espaços das frases seguintes com o presente do indicativo dos verbos entre parênteses. Lembre-se de que todos são **transitivos indiretos**.

a) _____ -se de manobristas com prática. (precisar)

b) _____ -se a ótimos jogos no Maracanã. (assistir)

c) _____ -se em dias mais venturosos. (acreditar)

d) _____ -se desses comerciantes. (desconfiar)

e) _____ -se a leis arcaicas. (obedecer)

f) _____ -se dessas opiniões. (prescindir)

g) _____ -se sempre nas mesmas jogadas. (insistir)

h) _____ -se de suas opiniões. (discordar)

13. Faça a concordância dos verbos entre parênteses nos tempos e modos sugeridos:

a) Se tu _____ nesse espaço, será com grande esforço. (caber – futuro do subjuntivo)

b) Não _____ teus pés sujos no banco. (pôr – imperativo negativo)

c) Não sei por que Vossa Excelência não _____ nesse caso. (intervir – pretérito perfeito do indicativo)

d) A maioria dos soldados _____ bravamente. (lutar – pretérito imperfeito do indicativo)

e) Mais de um deputado, mais de um senador não _____ no Congresso. (comparecer – pretérito perfeito do indicativo)

f) Nenhum de nós _____ sair antes do horário previsto. (dever – futuro do presente)

g) Tu e os teus irmãos _____ na primeira fileira. (sentar – futuro do presente)

h) Nem o rapaz nem a moça _____ a verdade. (falar – pretérito imperfeito do indicativo)

i) Não sou eu que _____ fazer esse trabalho. (dever – futuro do presente)

j) Não sou eu quem _____ fazer esse trabalho. (dever – futuro do presente)

k) Nenhum de nós _____ o perigo. (temer – pretérito imperfeito do indicativo)

l) Quais de nós _____ esse texto? (corrigir – futuro do presente)

m) O horário, o salário, os colegas, nada o _____ no emprego. (prender – pretérito perfeito do indicativo)

n) O Amazonas _____ muitos afluentes. (possuir – presente do indicativo)

o) Os Alpes _____ na Europa. (situar-se – presente do indicativo)

14. Substitua os verbos em destaque por **haver**, mantendo o mesmo tempo e modo:

a) **Existirão**, a curto prazo, vacinas contra essa doença?

b) **Ocorreram** sérias desavenças entre os sindicalistas.

c) **Ocorrerão** novos deslizamentos de terra no litoral.

d) Sempre **existiram** exploradores da miséria humana.

e) **Aconteceram** muitos alagamentos no último verão.

f) **Existiam** algumas notas erradas.

g) Não **existiram** restrições para aquele caso.

h) **Ocorreram** muitas faltas desleais durante o jogo.

15. Complete as frases seguintes com uma das formas verbais entre parênteses:

a) _____ umas duas horas que ele saiu. (Faz / Fazem)

b) _____ fazer três anos que eles se casaram. (Deve / Devem)

c) _____ fazer cinco anos que me formei. (Vai / Vão)

d) _____ invernos rigorosos naquela região. (Faz / Fazem)

e) A maioria _____ adolescentes. (era / eram)

f) As ruas da cidade _____ um verdadeiro zoológico humano. (é / são)

g) O futuro, crianças, _____ vós. (são / sois)

h) Quem _____ aqueles intrusos? (é / são)

i) Já _____ meio-dia. (é / são)

j) Daqui ao Rio _____ quase oito horas de viagem. (é / são)

k) Creio que seis quilos ainda _____ pouco. (é / são)

l) Aquilo não _____ modos de uma dama. (é / são)

m) Isso _____ águas passadas. (é / são)

n) Nesta vida, nem tudo _____ rosas. (é / são)

16. Reescreva as frases seguintes, empregando a outra forma de concordância verbal possível:

a) Todos parecem ter ficado desiludidos.

b) Eles não parecem entender o meu problema.

c) As estrelas parecem correr no céu.

d) Aqueles candidatos parecem merecer confiança.

e) Os réus parecem dizer a verdade.

f) Alguns professores parecem estar descontentes com a classe.

g) Muitos parecem acreditar em milagres.

h) Vocês parecem ser pessoas de confiança.

i) Seus olhos parecem sorrir para mim.

j) Esses animaizinhos parecem agir como gente.

17. Indique os tipos de silepse que ocorrem nas frases seguintes:

a) Em pouco tempo chegaremos à histórica Ouro Preto.

b) Dizem que os paulistanos nascemos para o trabalho.

c) A criança levou um tombo e ficou completamente tonto.

d) Os professores trabalhamos muito na época dos exames.

e) A gente, muitas vezes, é forçado a fazer o que não quer.

f) A multidão dispersou e saíram a gritar.

g) "A gente não sabemos escolher presidente

A gente não sabemos tomar conta da gente." (Roger Rocha Moreira)

h) Você pode confiar em todos os que aqui estamos.

i) "Mas, me escute, a gente vamos chegar lá." (Guimarães Rosa)

j) A Castelo Branco vive sempre congestionada.

k) "Esta gente está furiosa e com medo; por consequência capazes de tudo..." (Almeida Garrett)

l) Vossa Senhoria sempre foi muito generoso.

DE CONCURSOS PÚBLICOS E VESTIBULARES

1. **(CMB)** Em apenas uma das opções a frase é completada corretamente com a palavra entre parênteses. Marque-a.

a) Todos entrariam no departamento exatamente ao meio-dia e _____ . (meia)

b) Era preciso mais amor e _____ intolerância para viver melhor. (menas)

c) Ela _____ fará toda a tarefa. (mesmo)

d) Os desenhos das cédulas seguem _____ na próxima semana. (anexas)

e) Os candidatos estavam _____ satisfeitos com o resultado. (bastantes)

2. **(MM)** Assinale a alternativa que completa correta e respectivamente as lacunas das frases seguintes:

A cidade crescia a olhos _____ . Naquela hora passavam _____ pessoas, embora a rua estivesse _____ escura.

a) vistos – bastantes – meio

b) vista – bastante – meia

c) vista – bastante – meio

d) vistos – bastantes – meia

e) visto – bastantes – meio

3. **(MM)** Assinale a alternativa que completa, corretamente, na sequência, as frases abaixo:

Todos os quartéis estavam _____ .

Vitamina é _____ para a saúde.

Era meio-dia e _____ quando chegou o trem.

a) alertas – bom – meia

b) alertas – boa – meio

c) alerta – bom – meio

d) alerta – bom – meia

e) alertas – bom – meio

4. (TRE-MT) De acordo com a norma culta, só está **incorreta** a concordância do termo destacado em:

a) Remeto-lhe **anexo** as certidões.

b) No shopping ela comprou vestidos e roupas **caras**.

c) Na reunião foi discutida a política **latino-americana**.

d) É meio-dia e **meia**.

e) **Bons** argumentos foram apresentados na exposição do conferencista.

5. (TCU) Assinale a opção gramaticalmente correta:

a) Encaminhamos, anexo, cópia do ofício, para exame e pronunciamento.

b) Encaminhamos, anexa, cópia do ofício, para exame e pronunciamento.

c) Encaminhamos, cópia anexo do ofício, para exame e pronunciamento.

d) Encaminhamos cópia, anexo, do ofício para exame e pronunciamento.

e) Encaminhamos, em anexo, cópia do ofício para exame e pronunciamento.

6. (Esaf) Quanto à concordância nominal, a única frase "certa" é:

a) Eles mesmo preencherão a declaração de bagagem.

b) Seguem anexo as provas do processo.

c) Estamos quite com o fisco.

d) A mercadoria estava meio escondida.

e) É proibida entrada de frutas.

7. (ECT) "Ela foi avisada, pelo telefone, que estão ____ os gastos com o frete. Ela ficou ____ aborrecida, mas mesmo assim respondeu: 'muito ____'."

a) inclusos, meio, obrigada

b) incluídos, meia, obrigado

c) incluso, meia, obrigado

d) incluso, meio, obrigada

e) inclusos, meia, obrigada

8. (TCE-RJ) Assinale a opção **incorreta** quanto à concordância nominal:

a) Colecionava jornais e revistas antigas.

b) Ao meio-dia e meia desceram para o almoço.

c) Tinha pelo computador sincero respeito e admiração.

d) Quaisquer que sejam as dificuldades, tudo será resolvido.

e) Ela mesmo se negara a conhecê-lo melhor.

9. (TCE-RJ) Indique a opção em que **não** é possível colocarmos na lacuna o adjetivo **novos**:

a) Doei à firma XIS duas mesas e um computador ____.

b) Adaptei ao meu automóvel antigo freios e ar-condicionado ____.

c) Aprecio ____ autoras de teatro e escritores de novelas quando surgem.

d) Conheci ontem ____ médicos e enfermeiras do Hospital Geral.

e) Comprei um caminhão e dois automóveis ____.

10. (TJ-SP) Considerando a concordância nominal, assinale a frase correta:

a) Ela mesmo confirmou a realização do encontro.

b) Foi muito criticado pelos jornais a reedição da obra.

c) Ela ficou meia preocupada com a notícia.

d) Muito obrigada, querido, falou-me emocionada.

e) Anexos, remeto-lhes nossas últimas fotografias.

11. (TJ-SP) Em qual alternativa a concordância nominal está correta?

a) Nem uma nem outra maneiras me agradam.

b) Há uma e outra frutas podres.

c) Guardou bastante moedas de prata.

d) Cerveja é boa para a saúde.

e) Não apareceu no terceiro e no quarto dia.

12. (SRF) Assinale a alternativa correta quanto à concordância verbal:

a) Soava seis horas no relógio da matriz quando eles chegaram.

b) Apesar da greve, diretores, professores, funcionários, ninguém foram demitidos.

c) José chegou ileso a seu destino, embora houvessem muitas ciladas em seu caminho.

d) O impetrante referiu-se aos artigos 37 e 38 que ampara sua petição.

e) Fomos nós quem resolvemos aquela questão.

13. (SFE-MG) Assinale a frase correta quanto à concordância nominal:

a) Ela mesmo disse isso.

b) Já ouvi isso bastantes vezes.

c) A remessa chegou meia atrasada.

d) Será cobrado este mês a nova taxa.

14. (TRF-RJ) Ainda que ____ imprevistos, não ____ motivos para que se mantenham ____ os acordos.

a) hajam – faltará – presentes

b) haja – faltarão – presentes

c) haja – faltará – presente

d) hajam – faltarão – presentes

e) hajam – faltará – presente

15. (BB) Opção **incorreta** quanto à concordância nominal:

a) O bilhete e as cartas estavam anexos ao processo.

b) Vão anexos aos documentos.

c) Seguem anexo as cópias.

d) Os documentos devem ser enviados anexos à carta.

e) Remetemos anexas as provas.

16. (BB) "Havia pobres e ricos na festa de ontem." Na frase, o verbo está no singular porque:

a) a concordância é facultativa.

b) concorda com o sujeito oculto.

c) há um erro de concordância.

d) é impessoal.

e) o sujeito é indeterminado.

17. (BB) Concordância verbal correta:

a) Foi aí que todos entramos na sala.

b) As pessoas se esquecem de mandarem mensagens aos amigos.

c) Cada um dos alunos receberam seus cadernos.

d) Três mil cruzados são pouco pelo serviço.

e) Não me consta tais informações.

18. (BB) Concordância verbal **incorreta**:

a) V. Ex.ª é generoso.

b) Mais de um jornal comentou o jogo.

c) Elaborou-se ótimos planos.

d) Eu e minha família fomos ao mercado.

e) Os Estados Unidos situam-se na América do Norte.

19. (SFE-MG) Assinale a frase **errada** quanto à concordância verbal:
a) Compraram-se várias utilidades.
b) Precisa-se de outras contribuições.
c) Vai fazer três horas que estamos aqui.
d) Já fazem duas semanas que saíram.

20. (TJ-SP) Indique a alternativa onde os verbos indicados estão flexionados adequadamente:
1) Naquele dia _____ vários alunos à aula de revisão. (faltar)
2) Amanhã _____ trinta anos que nos conhecemos. (fazer)
3) _____ dez pessoas para concluir a obra. (bastar)
4) Os Estados Unidos _____ várias mercadorias. (exportar)

a) faltaram – fazem – Bastam – exporta
b) faltaram – faz – Bastam – exportam
c) falta – faz – Bastam – exportam
d) faltaram – fazem – Basta – exportam
e) faltaram – faz – Basta – exportarão

21. (TRF-RJ) Já ____ anos, ____ neste local árvores e flores. Hoje, só ____ ervas daninhas.
a) fazem – haviam – existe
b) fazem – havia – existe
c) fazem – haviam – existem
d) faz – havia – existem
e) faz – havia – existe

22. (MP-SP) Assinale a alternativa correta quanto à concordância verbal:
a) O crescimento de portais levam as empresas a uma nova realidade de mercado.
b) Faltou, devido à greve de metrô, todas as pessoas do departamento de vendas.
c) Estamos atrasados, já deve ser 10 horas.
d) Gerentes, diretores, secretárias, ninguém comentaram o ocorrido.
e) Havia, naquele casarão abandonado, registros fotográficos, roupas e móveis intactos.

23. (MP-SP) Assinale a alternativa correta quanto à concordância verbal:
a) Muitos historiadores acham que não existe padrões de colonização holandesa.
b) Devem haver outras contribuições dos holandeses à cultura brasileira.
c) Fazem 347 anos que os holandeses foram expulsos do Brasil.
d) Os holandeses, como se sabe, trouxe muita contribuição cultural ao Brasil.
e) Houve, sem dúvidas, grandes contribuições do povo holandês à cultura brasileira.

24. (SRF) Assinale o período que apresenta **erro** de concordância verbal:
a) As relações dos ecologistas com uma grande empresa que desrespeitava as normas de preservação ambiental começa a melhorar, para o benefício da humanidade.
b) Até 1995, 50% de recursos energéticos e de matéria-prima serão economizados por uma empresa que pretende investir 160 milhões de dólares num projeto.
c) Hoje não só o grupo dos ecologistas carrega a bandeira ambientalista, mas também aqueles empresários que centram seus objetivos no uso racional dos recursos naturais.
d) Os Estados Unidos são o país mais rico e poluidor do mundo, entretanto não defendem a tese do "desenvolvimento sustentável", a exemplo de muitas nações ricas.
e) É preciso ver que águas contaminadas, ar carregado de poluentes e florestas devastadas exigem o manejo correto da natureza, num país povoado de miseráveis.

(Trechos adaptados de *Veja* – 22/04/1992)

25. (SRF) Assinale a opção que apresenta **erro** de concordância verbal:

a) O valor da tecnologia da informação e da Internet residem em sua capacidade de armazenar, analisar e transmitir informações instantaneamente, seja para onde for, a um custo ínfimo.

b) Ele tem muito em comum com o telégrafo, inventado na década de 1930, que acarretou também uma redução brutal nos custos de comunicação e aumentou o fluxo de informações na economia.

c) Mas em hipótese alguma a Internet virou totalmente de cabeça para baixo os pressupostos econômicos tradicionais.

d) A Internet não é um acontecimento sem paralelo na História da humanidade.

e) A tecnologia da informação e a Internet amplificam o poder da mente da mesma forma que as tecnologias da Revolução Industrial amplificaram o poder dos músculos. (Adaptado de *Negócios Exame*, p. 94)

26. (Alerj) Quanto ao emprego do verbo **ser**, a concordância está correta em:

a) Já é três horas.

b) Dez mil reais é bastante.

c) Hoje é vinte e um do mês.

d) Dez pontos são mais que o necessário.

e) Dois metros são menos do que preciso.

27. (Tacrim-SP) Em relação à concordância verbal, assinale a alternativa que não obedece ao padrão culto:

a) Havia livros sobre a mesa.

b) Há anos não o vejo.

c) Deverão haver muitos livros na biblioteca.

d) Deveria haver muitos livros para consulta.

e) Faz anos que não o vejo.

28. (IBGE) Assinale a única alternativa correta quanto à concordância verbal:

a) Naquela época não haviam antibióticos.

b) Descobriu-se vacinas contra muitas doenças.

c) Livros, cintos, suspensórios, tudo nos trouxe benefícios.

d) Fez grandes progressos as pesquisas científicas.

e) Tu e o mundo serias totalmente outros.

29. (TRF-RJ) Assinale a opção em que o texto foi transcrito com **erro** de concordância verbal:

a) Um delegado mal-intencionado pode perseguir um cidadão ou uma empresa ou, da mesma forma, proteger um sonegador. Por isso, essas indicações sempre foram olimpicamente disputadas pelos partidos.

b) A partir de 1994, a Receita Federal passou a nomear todos os delegados e superintendentes do órgão nos Estados, sem nenhuma interferência política. Esses cargos compõe o sistema nervoso da Receita.

c) Há casos de funcionários, como os inspetores alfandegários de aeroportos e portos, que há anos eram escolhidos por políticos. O resultado é que a fiscalização ganhou mais independência.

d) As mudanças surtiram, de imediato, efeitos práticos. O primeiro é que o raio de ação dos fiscais cresceu consideravelmente.

e) Os auditores passaram a visitar empresas e pessoas que antes se sentiam seguras graças às amizades que tinham em determinados postos.

30. (TJ-SP) O caso de concordância nominal inaceitável aparece em:
a) Nunca houve divergências entre mim e ti.
b) Ela tinha o corpo e o rosto arranhados.
c) Recebeu o cravo e a rosa perfumado.
d) Tinha vãs esperanças e temores.
e) É necessário certeza.

31. (UFSC) Aponte a alternativa em que a concordância nominal **não** é adequada:
a) Obrigava sua corpulência a exercício e evolução forçada.
b) Obrigava sua corpulência a exercício e evolução forçados.
c) Obrigava sua corpulência a exercício e evolução forçadas.
d) Obrigava sua corpulência a forçado exercício e evolução.
e) Obrigava sua corpulência a forçada evolução e exercício.

32. (Mackenzie-SP) Assinale a alternativa **incorreta**:
a) O narrador pulou longos páginas e capítulos.
b) Ele pulou longos capítulos e páginas.
c) Ele escreveu capítulos e páginas compactas.
d) Ele escreveu capítulos e páginas compactos.
e) Ele escreveu páginas e capítulos compactos.

33. (PUC-SP) Asseguro a V. S.ª que não ____ incomodar-____ com a elaboração dos testes; ____ ficar tranquilo.
a) precisa – se – pode
b) precisa – se – podes
c) precisas – te – podes
d) precisais – vos – podeis
e) precisa – vos – pode

34. (Acafe-SC) "Não _____ meios de saber que já _____ vinte anos que não se ____ ____ mais galochas."
a) haviam, faz, usam
b) havia, faz, usam
c) havia, fazem, usa
d) haviam, fazem, usam
e) haviam, fazem, usa

35. (Fuvest-SP) Indique a alternativa correta:
a) Tratavam-se de questões fundamentais.
b) Comprou-se terrenos no subúrbio.
c) Precisam-se de datilógrafas.
d) Reformam-se ternos.
e) Obedeceram-se aos severos regulamentos.

36. (Mackenzie-SP) Assinale a alternativa correta quanto à concordância nominal:
a) Anexo às cartas vão os preços dos produtos.
b) Esta limonada é bom para a saúde.
c) Examinamos bastantes planos.
d) É necessária habilidade para resolver esta situação.
e) É proibido a entrada de pessoas estranhas.

37. (FGV-SP) Indique, dentre as seguintes frases, aquela que apresenta **erro** de concordância nominal:

a) A secretária estava meio distraída.

b) É preciso mais um pouco de energia.

c) Quanto menas gente, menos barulho.

d) Vossa Senhoria tem sido atencioso e gentil.

e) Faz tempo que não se vê um eclipse tão assustador.

38. (Fatec-SP) Assinale a alternativa que completa corretamente as lacunas da frase abaixo:

"É ____ discussão entre homens e mulheres ____ ao mesmo ideal, pois já se disse ____ vezes que da discussão, ainda que ____ acalorada, nasce a luz."

a) bom – voltados – bastantes – meio

b) bom – voltadas – bastante – meia

c) boa – voltadas – bastantes – meio

d) boa – voltados – bastante – meia

e) bom – voltadas – bastantes – meia

39. (Fuvest-SP) Leia a frase abaixo:

"Os fluxos de comunicação, em nossa empresa, não tem sido dinâmicos."

Nessa frase, há um erro de concordância verbal. Para corrigi-lo, será preciso:

a) Acrescentar um **s** às palavras **nossa** e **empresa**.

b) Passar o termo **comunicação** para o plural.

c) Passar o termo **dinâmicos** para o singular.

d) Acrescentar um **s** à palavra **sido**.

e) Colocar um acento circunflexo na forma **tem**.

40. (Fuvest-SP) "Eu não sou o homem que tu **procuras**, mas desejava **ver-te**, ou, quando menos, possuir o **teu** retrato." Se o pronome **tu** fosse substituído por **Vossa Excelência**, em lugar das palavras destacadas no trecho acima transcrito, teríamos, respectivamente, as seguintes formas:

a) procurais, ver-nos, vosso;

b) procura, vê-la, seu;

c) procura, vê-lo, vosso;

d) procurais, vê-la, vosso;

e) procurais, ver-vos, seu.

41. (UFPI) ____ pessoas que se ____ a tudo, para conseguir fama e riqueza, quaisquer que ____ as condições.

a) Existem – dispõe – seja

b) Existem – dispõem – sejam

c) Existe – dispõem – sejam

d) Existe – dispõe – seja

e) Existem – dispõe – sejam

42. (Fuvest-SP) "Disse o sabiá à flauta:

Eu, tu e o artista ____ de modo diferente; mas o artista e tu ____ de modo igual. Portanto, entre ____ e ____ há uma grande diferença."

Assinale a alternativa que completa corretamente as lacunas do hipotético diálogo acima:

a) cantam, cantais, mim, tu

b) cantemos, cantam, eu, ti

c) cantamos, cantas, eu, tu

d) cantamos, cantais, mim, ti

e) cantais, cantam, eu, você

43. (Ufal) ____ de pessoas bem-intencionadas, a quem, entretanto, ____ informações descabidas.
a) Trata-se – vem sendo dado
b) Tratam-se – vem sendo dado
c) Trata-se – vêm sendo dado
d) Trata-se – vêm sendo dadas
e) Tratam-se – vêm sendo dadas

44. (Ufal) ____ ainda muitas pessoas que se ____ com a vida alheia.
a) Deve existirem – preocupa
b) Devem existirem – preocupam
c) Deve existir – preocupam
d) Devem haver – preocupam
e) Deve haver – preocupam

45. (FGV-SP) Leia atentamente: "A letra das composições musicais contemporâneas refletem, com nitidez, os problemas sociais que o Brasil está enfrentando."
O período acima apresenta uma incorreção gramatical, pois há uma falta de concordância verbal entre os termos:
a) problemas e enfrentando
b) Brasil e está enfrentando
c) composições e refletem
d) composições e está enfrentando
e) letra e refletem

46. (Fuvest-SP) Quantas semanas ____ para eles ____ o trabalho?
a) é necessário, terminassem
b) é necessário, terminar
c) são necessários, terminem
d) são necessárias, terminem
e) são necessárias, terminarem

47. (Unip-SP) Assinale a alternativa gramaticalmente correta:
a) Não mais se vê, naquela casa, sinais de destruição.
b) Deverá haver algumas modificações na política econômica.
c) Já que não se assistem a bons espetáculos, os torcedores não comparecem aos estádios.
d) Estava faltando quinze minutos para o início do baile, quando ela chegou.
e) O mal resultado conseguido pelo banco fez com que se mudasse as regras do jogo.

48. (FEI-SP) Observe as frases abaixo:
1) Quais de vós dirias a verdade?
2) Tudo eram alegrias naquela casa.
3) Como é bom cerveja gelada no verão!
4) Bateu dez horas agora mesmo na Catedral.

Assinale a alternativa correta quanto à concordância:
a) 2 e 4 estão corretas.
b) 2 e 3 estão corretas.
c) Todas estão corretas.
d) 1 e 3 estão corretas.
e) n. d. a.

49. (Mackenzie-SP) Assinale a única alternativa **incorreta** quanto à concordância verbal:
a) A causa da tristeza de Maria eram as ausências dele.
b) Se não houvessem cometido muitos erros no passado, hoje não haveria tantos problemas.
c) Nossos costumes provêm, em parte, da África.
d) Se não existissem motoristas irresponsáveis, deveriam haver menos acidentes fatais.
e) Quem de nós, na próxima reunião do Conselho Administrativo, apresentará as propostas?

50. (Fatec-SP) Assinale a alternativa em que a concordância (verbal e nominal) está correta:

a) Já é meio-dia e meia, faltam poucos minutos para começar a reunião.

b) Comprei um óculos escuros nesta loja. Consegue-se bons descontos aqui.

c) Vão fazer dez anos que trabalho aqui e ainda é proibido a minha entrada na sala da Diretoria!

d) Duzentas gramas de queijo são demais para fazer a torta.

e) A gente fomos ao cinema no domingo, e lá haviam amigos nossos na fila.

51. (Ufal) Elas ____ foram à fazenda verificar se ____ irmãos Paulo e João tinham saído ____ do acidente.

a) próprias – seus – ilesos

b) próprias – seu – ilesos

c) próprio – seus – ileso

d) própria – seu – ilesos

e) próprias – seu – ileso

52. (UFV-MG) Assinale a alternativa cuja sequência enumera corretamente as frases:

(1) Concordância verbal **correta**.   (2) Concordância verbal **incorreta**.

( ) Ireis de carro tu, vossos primos e eu.

( ) O pai ou o filho assumirá a direção do colégio.

( ) Mais de um dos candidatos se insultaram.

( ) Os meninos parece gostarem de brincar.

( ) Faz dez anos todos esses fatos.

a) 1, 2, 2, 2, 1   c) 1, 1, 2, 1, 1   e) 2, 1, 1, 1, 2

b) 2, 2, 2, 1, 2   d) 1, 2, 1, 1, 2

53. (Mackenzie-SP) Seguem ____ as cópias e nelas há ____ letras ____ apagadas.

a) anexas, bastante, meias

b) anexo, bastantes, meio

c) anexo, bastante, meias

d) anexas, bastantes, meia

e) anexas, bastantes, meio

54. (UnB-DF) Em todas as alternativas a concordância nominal fez-se corretamente, **exceto** em:

a) Eu observava no velho guerreiro o destemor e a força quase lendários.

b) Estavam emudecidos, para sempre, as almas, as vozes e os risos dos homens.

c) Aquelas mesmas figuras pareceram a nós meio estranhas.

d) O presidente quer o decreto o mais breve e inciso possíveis.

55. (UFV-MG) Todas as alternativas abaixo estão corretas quanto à concordância nominal, exceto:

a) Foi acusado de crime de lesa-justiça.

b) As declarações devem seguir anexas ao processo.

c) Eram rapazes os mais elegantes possível.

d) É necessário cautela com os pseudolíderes.

e) Seguiram automóveis, cereais e geladeiras exportados.

56. (UFV-MG) Em todas as alternativas abaixo a concordância está **incorreta**, exceto:

a) Qual de nós chegamos primeiro ao topo da montanha?

b) Os Estados Unidos representa uma segurança para todo o Ocidente.

c) Recebei, Vossa Excelência, os protestos de nossa estima.

d) Sem a educação, não podem haver cidadãos conscientes.

e) Sobrou-me uma folha de papel, uma caneta e uma borracha.

57. (Unicentro) A relação de verbos que completam, conveniente e respectivamente, as lacunas dos períodos abaixo é:

1. Hoje ____ 24 de janeiro.
2. Trinta quilômetros ____ muito.
3. Já ____ uma e vinte.
4. ____ ser duas horas.

a) são – são – eram – Devem
b) é – são – era – Deve
c) é – é – era – Deve
d) são – é – era – Devem
e) são – é – eram – Deve

58. (ETE-SP) Leia o fragmento de texto a seguir:

"Não **faz** muito, um milionário japonês decidiu enterrar com ele um quadro de um grande mestre."

O mesmo sentido em que o verbo em destaque foi utilizado pode ser encontrado na alternativa:

a) Deus **fez** o mundo em seis dias.
b) **Fez** o cabelo, a barba e as unhas.
c) **Fazia** dez anos que eram casados.
d) **Faz-se** carreto.
e) **Fazia** um frio insuportável.

59. (Cefet-PR) Assinalar a alternativa cuja concordância verbal está **incorreta**:

a) Dois quintos das casas do país dispensaram os telefones fixos para ficar apenas com o celular.
b) Deve existir meios mais baratos para você anunciar o seu carro: alto-falante, por exemplo.
c) Diferentemente daqui, os preços das ligações lá é bem mais barato.
d) Segundo a operadora finlandesa, Sonera, até o fim do ano, 70% da população da Finlândia terá um aparelho móvel.
e) A líder mundial em vendas de celulares é finlandesa, e não japonesa, como pensa a maioria dos usuários.

60. (Fuvest-SP) A única frase que **não** apresenta desvio em relação à concordância verbal recomendada pela norma culta é:

a) A lista brasileira de sítios arqueológicos, uma vez aceita pela Unesco, aumenta as chances de preservação e sustentação por meio do ecoturismo.
b) Nenhum dos parlamentares que vinham defendendo o colega nos últimos dias inscreveram-se para falar durante os trabalhos de ontem.
c) Segundo a assessoria, o problema do atraso foi resolvido em pouco mais de uma hora, e quem faria conexão para outros Estados foram alojados em hotéis de Campinas.
d) Eles aprenderam a andar com a bengala, o equipamento que auxilia a ir e vir de onde estiver para onde entender.
e) Mas foram nas montagens de Kirov que ele conquistou fama, especialmente na cena "Reino das Sombras", o ponto alto desse trabalho.

Capítulo 6

Colocação pronominal

Os pronomes oblíquos átonos **me**, **te**, **se**, **o**, **a, lhe**, **os**, **as**, **lhes**, **nos** e **vos** podem ocupar três posições na frase:

a) **antes do verbo — próclise** (pronome **proclítico**)

> "Não, não **me** abandone, não **me** desespere (...)" (Luciano Gomes)

b) **no meio do verbo — mesóclise** (pronome **mesoclítico**)

> "Meu nome, dir-**lhes**-ei a seu tempo." (Jorge de Lima)

c) **após o verbo — ênclise** (pronome **enclítico**)

> "Suporta-**se** com paciência a cólica do próximo." (Machado de Assis)

REGRAS GERAIS

PRÓCLISE

A próclise é obrigatória:

a) com **verbos** modificados diretamente por **advérbios** antepostos a eles:

> "**Aqui vos** trago provisões." (Gonçalves Dias)
> "E **não me** arrependo da perdição (...)" (Jorge de Lima)
> "**Enfim te** vejo." (Manuel Bandeira)
> "Mistérios **nunca nos** aborrecem." (Machado de Assis)

OBSERVAÇÃO

Havendo pausa indicada por vírgula, recomenda-se a ênclise:

> Ontem, encontrei-**o** no ponto de ônibus.
> "E, depois, vejo-**te** humildemente (...)" (Vicente de Carvalho)

b) em orações iniciadas por **pronomes indefinidos** ou **pronomes demonstrativos**:

> "(...) **tudo** se junta, oferecendo-se,
> numa rosa, a Manuel Bandeira." (Carlos Drummond de Andrade)
> "**Alguma** te aconteceu..." (Abel Botelho)
> "**Tudo** me dava impaciência." (Machado de Assis)
> **Aquilo** lhe desagrada.
> **Isso** me pertence.

c) em **orações subordinadas** (iniciadas por **conjunção subordinativa, pronome relativo, pronome interrogativo** ou **advérbio interrogativo**):

> "**Quando** se mete a querer explicar qualquer coisa, é um
> barulho dos seiscentos (...)" (Visconde de Taunay)
> "Por toda a parte foram encontrando riachos cheios
> **que** se assemelhavam a rios." (Franklin Távora)
> "A maneira **como** o receberam era um aviso." (Alcântara Machado)
> "Somente ela pode saber **quanto** lhe custa o trabalho." (*Folha de S.Paulo*)
> Eu ainda não sei **quando** te darei um aumento.

d) em **orações interrogativas** iniciadas por **pronomes** ou **advérbios interrogativos**:

> "**Que** me dizeis, mestre Ouguet?" (Alexandre Herculano)
> "— Mas como, **como** você o conhece então?" (Lúcio Cardoso)

e) em **orações exclamativas** iniciadas por **pronomes** ou **advérbios exclamativos**:

> "... **quantas** vezes se desequilibrou...!" (Eça de Queirós)
> **Quanto** nos custa abdicar de uma ilusão!

f) em **orações optativas** (que exprimem desejo) com sujeito anteposto ao verbo:

> Deus te acompanhe, meu filho!
> Macacos me mordam!
> Bons ventos o levem!

g) com verbo no **gerúndio** precedido da preposição **em**:

> **Em** se tratando de previsões, qualquer afirmação otimista seria arriscada.
> "... **em** vos fitando vejo." (Vicente de Carvalho)

h) com verbo no **infinitivo pessoal** (flexionado ou não) precedido de **preposição**:

> Seus intentos são **para** nos prejudicar.
> Vocês serão castigados **por** me faltarem ao respeito.

ÊNCLISE

De acordo com a Gramática Normativa, a posição normal dos pronomes átonos é depois do verbo, desde que não haja condições para a próclise ou para a mesóclise.

A **ênclise** é obrigatória:

a) com verbo no **início do período**, desde que não esteja no futuro do indicativo:

"**Ferve-me** o sangue." (Olavo Bilac)

"**Lembram-me** pormenores daquela noite da apresentação." (Camilo Castelo Branco)

"**Queixou-se** duma dor de cabeça que a torturava." (Eça de Queirós)

"**Divide-se** a noite para que me apareças
e prolongues tua presença entre sonhos cortados." (Cecília Meireles)

b) com verbo no **imperativo afirmativo**:

Amigos, **digam-me** a verdade.

"— **Empresta-me** o teu fato preto! bradei
num ímpeto e sem preâmbulos." (Artur Azevedo)

c) com verbo no **gerúndio**, desde que não esteja precedido da preposição **em**:

"... puseram-na de castigo somente para depois
poder beijá-la, **consolando-a**." (Clarice Lispector)

"E mais não disseram nesse dia, **indo-se** cada
um aos seus negócios." (Tristão da Cunha)

"Pobre, casando não passaria da vida insípida que levam todas as
mulheres, ... **mortificando-se** no trabalho insano." (Coelho Neto)

d) com verbo no **infinito impessoal** regido da preposição **a**:

"Enquanto rezava, via eu a pobre alma, que padecia deveras, conquanto a
esperança começasse **a trocar-se** em certeza intuitiva." (Machado de Assis)

"Aspirava com ânsia, como se aquele ambiente
tépido não bastasse **a saciá-lo**." (Alexandre Herculano)

e) em **orações interrogativas** iniciadas por **palavras interrogativas**, com verbo no **infinitivo impessoal**:

Por que maltratar-me assim?

Como convencer-te da verdade?

MESÓCLISE

A **mesóclise** só poderá ocorrer com verbos no **futuro do presente** ou no **futuro do pretérito**, desde que **não** haja algum fator de próclise:

"(...) **dar-vos-ia** uma lágrima de saudade." (Machado de Assis)

"Quando fosse sacrifício, **fá-lo-ia** de boa cara; mas não é." (Machado de Assis)

"**Dir**-**se**-**ia** uma voz de mulher (...)" (Aluísio Azevedo)
"Como era boa de cama, **pagar**-**lhe**-**iam** muito bem." (Clarice Lispector)
"**Dir**-**vos**-**ei** que as nações semelham os indivíduos." (Gonçalves Dias)

OBSERVAÇÕES

1.ª) Se o verbo no **futuro** vier precedido de **pronome reto**, ocorrerá a **próclise**:

Tu **me** farias um favor?

"(...) e eu **vos** darei tudo, tudo (...)" (Machado de Assis)

2.ª) Se o **sujeito anteposto** à forma verbal no futuro **não** for **pronome reto**, ocorrerá facultativamente a **próclise** ou a **mesóclise**:

O diretor contar-**me**-á o sucedido.

O diretor **me** contará o sucedido.

O casamento realizar-**se**-ia no dia seguinte.

O casamento **se** realizaria no dia seguinte.

COLOCAÇÃO DOS PRONOMES OBLÍQUOS ÁTONOS NAS LOCUÇÕES VERBAIS

Com locuções em que o **verbo principal** ocorre no **infinitivo** ou no **gerúndio**:

a) se a **locução verbal não** vier precedida de um fator de próclise, o pronome átono poderá ficar **depois do verbo auxiliar** ou **depois do verbo principal**:

Devo-**lhe** dizer a verdade.

Devo **dizer**-**lhe** a verdade.

Estava-**lhe** dizendo a verdade.

Estava **dizendo**-**lhe** a verdade.

b) havendo fator de próclise, o pronome átono ficará **antes do verbo auxiliar** ou **depois do verbo principal**:

Não **lhe devo** dizer a verdade.

Não devo **dizer**-**lhe** a verdade.

Não **lhe estava** dizendo a verdade.

Não estava **dizendo**-**lhe** a verdade.

Com locuções em que o **verbo principal** ocorre no **particípio**:

a) se **não** houver fator de próclise, o pronome átono ficará **depois do verbo auxiliar**:

Havia-**lhe** dito a verdade.

"Os seus receios **haviam**-**se** realizado." (Rebelo da Silva)

b) se houver fator de próclise, o pronome átono deverá ficar **antes do verbo auxiliar**:

Não **lhe havia** dito a verdade.

"(...) **como se nos** tivéssemos presenteado (...)" (Clarice Lispector)

Exercícios

1. Reescreva as orações abaixo, fazendo a colocação correta dos pronomes entre parênteses:
a) Depressa, dizia o comandante. (nos)
b) Trarás a encomenda, se puderes. (me)
c) Escreverei, quando derem novas notícias. (te, me)
d) Sempre considerei como a um filho. (o)
e) Hoje recordo de tudo o que aconteceu naquele dia. (me)
f) Hoje, recordo de tudo o que aconteceu naquele dia. (me)
g) Não sei quando veremos novamente. (nos)
h) Veremos, provavelmente, na próxima semana. (nos)
i) Aquilo afastava da realidade. (nos)
j) Não dei permissão para sair. (lhe)

2. Proceda como no exercício anterior:
a) Todos predispuseram a ajudar meu irmão. (se)
b) As pessoas que procuraram são dignas de pena. (o)
c) Embora criticassem, acabaram sendo tolerantes. (me)
d) Lá revelarás o que aqui ocultas? (me, me)
e) Revelarás o que sempre ocultaste? (me, me)
f) Em tratando de você, darei uma oportunidade. (se, lhe)
g) Quanto custa acreditar em você! (nos)
h) Ouviam gemidos de quantos lá encontravam. (se, se)
i) Deus dê forças para continuar. (te)
j) Logo de manhã, levantando da cama, sentiu mal. (se, se)

3. Reescreva as frases seguintes, colocando o pronome em destaque nas posições possíveis:
a) Ele não quis enviar a carta. (me)
b) Ninguém poderá convencer. (nos)
c) Os prisioneiros estão queixando dos carcereiros. (se)
d) Eu havia dito toda a verdade. (lhe)
e) Eu devo dizer tudo o que sei. (lhe)
f) Não devo dizer tudo o que sei. (lhe)
g) Eu estava dizendo a verdade. (lhe)
h) Este é o presente que sempre quis oferecer. (te)
i) Preciso comunicar um segredo. (lhe)
j) Você não está dizendo a verdade. (nos)

4. Desfaça a próclise, de acordo com o modelo:

> Não o procurarei outra vez.
> *Procurá-lo-ei outra vez.*

a) Jamais lhe direi, novamente, palavras ásperas.

b) Não o criticaremos por isso.

c) Jamais os informarei do que está acontecendo.

d) Nunca me perdoariam aquela falha.

e) Não lhe ocultarei o que o médico me revelou.

f) Não lhe darei outra oportunidade.

g) Não nos dirão o que realmente aconteceu.

h) Não os trarei na próxima semana.

i) Jamais os acompanharei novamente.

5. Reescreva as orações, fazendo o que se pede entre parênteses em cada item, com as adaptações necessárias.

a) Outrora se comemorava esta data com mais entusiasmo.
(Coloque vírgula após a palavra **outrora**.)

b) Dirão **ao juiz** o que souberem.
(Substitua o termo em destaque pelo pronome **lhe**.)

c) Expliquei-lhe as minhas razões.
(Mude o verbo para o **futuro do presente**.)

d) Não o deixem entrar naquela sala.
(Mude o verbo para o **imperativo afirmativo**.)

e) Amigos, digam-lhe a verdade.
(Mude o verbo para o **imperativo negativo**.)

f) Realizar-se-á o casamento na próxima semana.
(Inicie a frase com o **sujeito**.)

6. Substitua o termo em destaque por um pronome oblíquo átono devidamente colocado:

a) Esta é a história que eu narrava **aos meus filhos**.

b) Onde colocaram **as minhas compras**?

c) Direi tudo o que sei **aos seus pais**.

d) Como solucionaremos **este caso**?

e) Teríamos feito **este trabalho**, se pudéssemos.

f) Impedirei **seu amigo** de partir.

g) Devo-lhe narrar **o ocorrido**.

h) Não recebi **as suas cartas**.

i) Acompanharemos **seu irmão** até o aeroporto.

j) Ninguém impediria **meu filho** de falar.

7. Reescreva as frases seguintes, corrigindo os erros de colocação pronominal:

a) Dei o recado que pediste-me.

b) Encontrariam-me lá se tivessem telefonado antes.

c) Quem afirmou-lhe essa notícia?

d) Respondeu a tudo se segurando para não cair.

e) Ele tem entregado-se demais ao trabalho.

f) Você não está se adaptando ao trabalho?

g) Diria-se que ele ficou louco.

h) Rapaz, me conte essa história direito.

Nas questões de **8** a **20**, assinale a(s) alternativa(s) em que o pronome foi utilizado corretamente:

8. a) Jamais lhe revelarei os meus planos.
   b) Jamais revelar-lhe-ei os meus planos.

9. a) Saiu enraivecido, me ofendendo.
   b) Saiu enraivecido, ofendendo-me.

10. a) Serei grato às pessoas que me ajudarem.
    b) Serei grato às pessoas que ajudarem-me.

11. a) Depois de algum tempo, lembrou-se da promessa feita.
    b) Depois de algum tempo, se lembrou da promessa feita.

12. a) Aquele foi o ano em que me formei.
    b) Aquele foi o ano em que formei-me.

13. a) Tinham-lhe dito uma mentira.
    b) Tinham dito-lhe uma mentira.

14. a) Às vezes, devo-me calar.
    b) Às vezes, devo calar-me.

15. a) Havia-lhe falado a seu respeito.
    b) Havia falado-lhe a seu respeito.

16. a) Aqui nos encontraremos novamente na próxima semana.
    b) Aqui encontrar-nos-emos novamente na próxima semana.

17. a) O casamento se realizará no próximo sábado.
    b) O casamento realizar-se-á no próximo sábado.

18. a) Não lhe devo esconder nada.
    b) Não devo esconder-lhe nada.
    c) Não devo-lhe esconder nada.

19. a) Quem se lembrará deste caso?
    b) Quem lembrará-se deste caso?
    c) Quem lembrar-se-á deste caso?

20. a) O paciente, em se erguendo do leito, não pôde andar.
    b) O paciente, em erguendo-se do leito, não pôde andar.
    c) O paciente, erguendo-se do leito, não pôde andar.

1. (**SFE-MG**) Assinale a frase em que a colocação do pronome oblíquo está **errada**:

  a) Em se tratando de ordens, obedeça.   c) Se convidarem-nos, iremos.

  b) Como lhe ocorreu isso?   d) Pediu que me esforçasse muito.

2. (**MP-SP**) Assinale a alternativa correta quanto à colocação pronominal, de acordo com a norma culta:

  a) Por que expulsaram-se os holandeses que vieram ao Brasil?

  b) Nada compara-se à contribuição de Post à pintura e, principalmente, à arquitetura.

  c) As colônias da Holanda, o governo não as comandava diretamente.

  d) A ocupação de Pernambuco, foi o conde Maurício de Nassau que comandou-a.

  e) Ninguém esqueceu-se do episódio da dominação holandesa.

3. (**MP-SP**) Assinale a alternativa correta quanto à colocação pronominal, de acordo com a norma culta:

  a) Sempre cumprimentaram-na pelo seu aniversário.

  b) Poucos se negaram a participar da ação voluntária.

  c) Este é o autor a que referiu-se o comentarista.

  d) Me acusaram daquele ato de covardia.

  e) Nunca diga-lhe que estive aqui.

4. (**TJ-SP**) Assinale a única frase que ficará **incorreta** se o pronome oblíquo que está entre parênteses for colocado depois da forma verbal destacada:

  a) Seus argumentos vão **convencer** facilmente. (me)

  b) Atualmente, **fala** muita coisa errada sobre ele. (se)

  c) A umidade está **infiltrando** pelas paredes. (se)

  d) Não houve jeito de **localizar** no meio da multidão. (te)

  e) Alguns amigos haviam **convidado** para uma festa. (nos)

5. (**TJ-SP**) Indique a alternativa em que o pronome está empregado de maneira correta.

  a) Se contentou com um salário regular.

  b) Dar-me-iam nova oportunidade.

  c) Farei-lhe o favor de esperar.

  d) Não mudar-me-á o conceito sobre ela.

  e) Sempre estive disposto a os receber em minha casa.

6. (**TJ-SP**) Indique a opção que preenche de forma correta as lacunas da frase:

  "Os projetos que _____ estão em ordem; _____ ainda hoje, conforme _____."

  a) enviaram-me/devolvê-los-ei/lhes prometi   d) me enviaram/devolvê-los-ei/lhes prometi

  b) enviaram-me/os devolverei/lhes prometi   e) me enviaram/os devolverei/prometi-lhes

  c) enviaram-me/os devolverei/prometi-lhes

7. (MF) Nas proposições abaixo, a construção que fere a norma gramatical é:

a) Efetuem-se sucessivamente as reduções do estímulo fiscal em várias etapas.

b) Aplica-se a presente instrução aos desembarques aduaneiros efetivados a partir de 1º de janeiro de 1980.

c) Não mais justifica-se tanto atraso.

d) Tais rendimentos devem sujeitar-se ao imposto de renda.

8. (SRF) Assinale a frase **incorreta** quanto à colocação do pronome átono:

a) Nunca mais encontrei o colega que me emprestou o livro.

b) Retiramo-nos do salão, deixando-os sós.

c) Não quero magoar-te; porém não posso deixar de te dizer a verdade.

d) Válter apresentou-se ontem a seu novo chefe.

e) Faça boa viagem! Deus proteja-te!

9. (BB) Imagine o pronome entre parênteses no devido lugar e aponte a opção em que não deve haver próclise:

a) Não desobedeças. (me)

b) Deus pague. (lhe)

c) Caro amigo, dize a verdade. (me)

d) A mão que estendemos é amiga. (te)

e) Assim que sentiu prejudicado, saiu. (se)

10. (BB) O pronome pessoal oblíquo átono está corretamente empregado, **exceto** em:

a) Pretendemos enviá-lo para um estágio no exterior.

b) O livro não está aqui: repõe-no antes que o percebam.

c) Solicitamos-lhe a remessa imediata do pagamento.

d) Não se aplaudirão absurdos nem desacordos.

e) Quando avisaram-me, nada mais pude fazer.

11. (BB) *"O funcionário que se inscrever fará prova amanhã."*
Quanto à colocação do pronome no texto:

1. ocorre próclise em função do pronome relativo.
2. deveria ocorrer ênclise.
3. a mesóclise é impraticável.
4. tanto a ênclise quanto a próclise são aceitáveis.

a) Correta apenas a 1.ª afirmativa.

b) Apenas a 2.ª é correta.

c) São corretas a 1.ª e 3.ª.

d) A 4.ª é a única correta.

12. (BB) O pronome está mal colocado na alternativa:

a) Lá, disseram-me que entrasse logo.

b) Aqui me disseram que saísse.

c) Posso ir, se me convidarem.

d) Irei, se quiserem-me.

e) Estou pronto. Chamem-me.

13. (MM) A frase em que há **erro** de colocação pronominal é:

a) Dize-me com quem andas, dir-te-ei quem és.

b) Quando a mamãe limpa a louça, ela o faz com muito cuidado.

c) É um prazer ouvi-lo falar.

d) Caberia-lhe, então, mostrar patriotismo e competência.

e) Mandou-me embora mais cedo.

14. (TRE-MT) Segundo a norma culta, a colocação do pronome pessoal destacado está **incorreta** em:

a) Companheiros, escutai-**me**!

b) Não **nos** iludamos, o jogo está feito.

c) Dir-**se**-ia que os amigos tinham prazer em falar difícil.

d) Queria convidá-**lo** a participar da festa.

e) Não entreguei-**lhe** a carta.

15. (Esaf) Marque a alternativa em que há **erro** quanto à colocação do pronome oblíquo átono:

a) Para Josefa, que encorajou-me a repetir estas histórias, ofereço este livro.

b) Pedro arriou o feixe de lenha, voltou-se para os filhos e sorriu.

c) Infelizmente, não lhe foi possível dominar as divagações.

d) As linhas irregulares da costura tumultuaram-se no avesso da roupa.

e) O esgotamento, confundindo-se com a fome, ia envolvendo o velho lenhador.

16. (TRE-SC) Observe as frases abaixo, analisando a colocação dos pronomes oblíquos:

I. Quando lembro-me de você, fico feliz.

II. Não me diga que a prova de Língua Portuguesa é hoje!

III. Em demorando-se a pagar, a duplicata irá a juízo.

IV. O pai esperava-a no aeroporto.

V. Vê-la-ia ao menos uma vez, após a briga?

Assinale a opção correta:

a) I, II, V

b) II, IV, V

c) III, IV, V

d) II, III, IV

e) I, III, V

17. (Esaf) Assinale a frase em que o pronome oblíquo átono está colocado **incorretamente**:

a) O guarda chamou-nos a atenção para os pivetes.

b) Quantas lágrimas se derramaram pelo jovem casal.

c) Ninguém nos convencerá de que esta notícia seja verdadeira.

d) As pessoas afastaram-se daquele pacote suspeito.

e) O vizinho cumprimentou o casal, se retirando imediatamente.

18. (SRF) Assinale a frase em que a colocação do pronome pessoal oblíquo **não** obedece às normas do português padrão:

a) Essas vitórias pouco importam; alcançaram-nas os que tinham mais dinheiro.

b) Estamos nos sentindo desolados: temos prevenido-o várias vezes e ele não nos escuta.

c) Ele me evitava constantemente! Ter-lhe-iam falado a meu respeito?

d) Entregaram-me a encomenda ontem, resta agora a vocês oferecerem-na ao chefe.

e) O Presidente cumprimentou o Vice dizendo: — Fostes incumbido de difícil missão, mas cumpriste-la com denodo e eficiência.

19. (ITA-SP) O pronome pessoal oblíquo átono está bem colocado em um só dos períodos. Qual?

a) Me causava admiração ver aquela turma se dedicando com tanto afinco aos estudos, enquanto os outros não esforçavam-se nada.

b) Apesar de contrariarem-me, não farão me mudar de resolução.

c) Já percebeu que não é este o lugar onde devem-se colocar os livros.

d) Ninguém falou-nos, outrora, com tanta propriedade e delicadeza.

e) Não se vá cedo; custa-lhe ficar mais?

20. (Faap-SP) Assinale a alternativa em que a colocação pronominal **não** corresponde ao que preceitua a gramática:

a) Há muitas estrelas que nos atraem a atenção.

b) Jamais dar-te-ia tantas explicações, se não fosses pessoa de tanto merecimento.

c) A este compete, em se tratando do corpo da Patroa, revigorá-lo com o sangue do trabalho.

d) Não o realizaria, entretanto, se a árvore não se mantivesse verde sobre a neve.

e) n. d. a.

21. (Mackenzie-SP) Assinale a alternativa correta:

a) Nunca aborreci-te com pedidos insistentes, nem incomodei-te com minhas amizades lusos-brasileiras.

b) Nunca te aborreci com pedidos insistentes, nem incomodei-te com minhas amizades lusas-brasileiras.

c) Nunca aborreci-te com pedidos insistentes, nem te incomodei com minhas amizades luso-brasileiras.

d) Nunca te aborreci com pedidos insistentes, nem incomodei-te com minhas amizades lusos-brasileira.

e) Nunca te aborreci com pedidos insistentes, nem te incomodei com minhas amizades luso-brasileiras.

22. (Mackenzie-SP) Segundo as normas de colocação pronominal, indique a alternativa certa quanto ao preenchimento das orações abaixo, respectivamente:

I. Nem por isso _____ vivo.

II. Senhores passageiros, _____ à plataforma de embarque.

III. Já não _____ mais os amigos.

IV. Aquilo _____ da verdade.

a) mantinha-se, dirijam-se, viam-se, me convenceu

b) se mantinha, dirijam-se, se viam, me convenceu

c) se mantinha, se dirijam, se viam, me convenceu

d) mantinha-se, se dirijam, viam-se, convenceu-me

e) se mantinha, se dirijam, viam-se, convenceu-me

23. (ITA-SP) Assinalar a alternativa correta:

a) Jamais importunei-te com minhas crises econômico-financeiras!

b) Jamais te importunei com minhas crises econômicas-financeiras!

c) Jamais importunei-te com minhas crises econômica-financeiras!

d) Jamais te importunei com minhas crises econômico-financeiras!

e) n. d. a.

24. (UEL-PR) Logo que você ____ , é claro que eu ____ da melhor maneira possível, ainda que isso____ o serviço.

a) me chamar – atendê-lo-ei – me atrase

b) chamar-me – atendê-lo-ei – atrase-me

c) me chamar – o atenderei – me atrase

d) me chamar – o atenderei – atrase-me

e) chamar-me – atenderei-o – atrase-me

25. (PUCCamp-SP) Não ____ em conta, quando ____ , que ____ sonegado informações.

a) levou-se – o julgaram – lhe haviam

b) se levou – o julgaram – lhe haviam

c) se levou – julgaram-no – haviam-lhe

d) levou-se – julgaram-no – lhe haviam

e) levou-se – julgaram-no – haviam-lhe

26. (FEI-SP) Observe as frases a seguir:

I. As crianças corriam barulhentas, me pedindo balas.

II. Quando me vi dentro do avião, tremi de medo.

III. Não sairei do lugar onde encontro-me.

IV. Dar-lhe-emos novas oportunidades para vencer.

V. Pouco se sabe a respeito da cura do câncer.

VI. Nada chegava a impressioná-lo, naquele momento.

Quanto à colocação dos pronomes oblíquos átonos, estão corretos os períodos:

a) I – II – IV – V

b) I – II – V – VI

c) II – IV – V – VI

d) II – III – IV – V

e) I – III – V – VI

27. (PUC-SP) Observe a seguinte passagem do texto:

"Pare aí", me diz você. "O escrevente escreve antes, o leitor lê depois." "Não!", lhe respondo. "Não consigo escrever sem pensar você por perto, espiando o que escrevo." Nela, o autor, utilizando o discurso direto, apresenta um diálogo imaginário entre o autor e seu leitor, introduzindo a linguagem oral no texto escrito.

Por essa razão,

a) os pronomes oblíquos átonos foram colocados depois do verbo.

b) os pronomes oblíquos átonos são enclíticos.

c) os pronomes oblíquos átonos não foram utilizados no diálogo.

d) os pronomes oblíquos átonos são proclíticos.

e) os pronomes oblíquos átonos são mesoclíticos.

28. (Fuvest-SP Adapt.) "**Ensinar-me-lo-ias**, se **o soubesses**, mas não **sabes-o**." Essa frase estaria de acordo com a norma gramatical, usando-se, onde estão as formas em negrito:
a) Ensinar-mo-ias – o soubesses – o sabes
b) Ensinarias-mo – soubesse-lo – sabe-lo
c) Ensinarias-mo – soubesses-o – o sabes
d) Ensinar-mo-ias – soubesses-o – sabe-lo
e) Ensinarias-mo – soubesse-lo – o sabes

29. (UFPI) Assinale a alternativa em que deve ocorrer a colocação enclítica do pronome oblíquo átono:
a) Saiu à procura do pai, _____ chamando _____ desesperadamente. (o)
b) Depois de tudo, jamais _____ perdoarei _____. (te)
c) Quem _____ procurou _____? (me)
d) Eis o lugar onde _____ sinto _____ bem. (me)
e) Bons olhos _____ vejam _____! (o)

30. (UFV-MG) Se _____, creio que _____ com prazer.
a) tivessem me pedido – teria-os recebido
b) me tivessem pedido – os teria recebido
c) tivessem pedido-me – tê-los-ia recebido
d) tivessem me pedido – teria os recebido
e) me tivessem pedido – teria recebido-os

31. (Cefet-MG) Não se considerou a norma da língua culta — relativa à colocação do pronome oblíquo — em:
a) Estava lendo-o há pouco.
b) Que se pensará se não for aprovado?
c) As forças iam-se-lhe sumindo.
d) Os presos tinham revoltado-se contra os maus-tratos.
e) Se conseguisse chorar um pouco, sentir-se-ia mais aliviada.

32. (FGV-SP) O emprego e a colocação do pronome estão de acordo com a norma culta na alternativa:
a) Trata-se, evidentemente, de material muito simples, mas muitos dos que são alfabetizados não conseguem lê-lo, nem compreendê-lo.
b) Pensemos na desobediência, na heresia e nas seitas e em como o conhecimento lhes introduziu no mundo.
c) Lembre-se das rodas dentadas da pobreza, da ignorância, da falta de esperança e da baixa autoestima e de como usam-as para criar um tipo de máquina do fracasso perpétuo.
d) Temos dilemas que nos perseguem e inteligências brilhantes, que poderiam ajudar a solucionar eles rapidamente.
e) Existe a ideia de que a capacidade de ler, o conhecimento, os livros e os jornais são potencialmente perigosos; os tiranos e os autocratas sempre compreenderam-na.

Capítulo 7

As palavras que, se e como

Essas três palavras já foram analisadas morfologicamente nos capítulos destinados aos **pronomes** e às **conjunções**. As funções sintáticas que elas exercem na frase também já foram abordadas no estudo dos períodos simples e composto.

Neste capítulo, para ampliar e aprimorar seu estudo, retomamos a análise dessas importantes palavras, enfocando as particularidades que cada uma apresenta.

A PALAVRA QUE

A palavra **que** é a mais difícil de se analisar na língua portuguesa, em virtude dos seus múltiplos valores e funções sintáticas.

Morfologicamente, ela pode ocupar todas as classes gramaticais, exceto as de **verbo** e **artigo**.

Vejamos os valores e funções dessa palavra.

SUBSTANTIVO

Como **substantivo**, a palavra **que** sempre deve ser acentuada graficamente e exerce as funções sintáticas próprias do substantivo. Veja:

> Aquela garota tem <u>um **quê** de arrogância.</u>
> OD

OBSERVAÇÃO

Quando especifica outro substantivo, a palavra **que** não recebe acento gráfico:

> O vocábulo **que** nem sempre é acentuado graficamente.

PRONOME ADJETIVO INTERROGATIVO

Liga-se a substantivos em frases interrogativas e tem valor de **qual, quais**. Exerce a função de **adjunto adnominal**:

> <u>Que</u> livros você comprou?
> adj. adn.
>
> <u>Que</u> pessoas devemos convidar?
> adj. adn.

PRONOME SUBSTANTIVO INTERROGATIVO

Liga-se a verbos em frases interrogativas e exerce função própria de um substantivo:

> <u>Que</u> fazes aqui nesta hora?
> OD
>
> Em <u>que</u> você já não acredita?
> OI

PRONOME ADJETIVO INDEFINIDO

Liga-se a substantivos em frases exclamativas, funcionando como **adjunto adnominal**:

> <u>Que</u> entusiasmo tem aquela gente!
> adj. adn.
>
> <u>Que</u> frio terrível!
> adj. adn.

PRONOME RELATIVO

Refere-se a um termo antecedente e equivale a **o qual** (e variações). Introduz uma oração subordinada adjetiva e pode exercer várias funções sintáticas, como:

a) Sujeito

> Chegaram os músicos que animarão a nossa festa.
> (= <u>Os músicos</u> animarão a nossa festa.)
> sujeito

b) Objeto direto

> Esta é a parede que você deverá pintar. (= Você deverá pintar <u>esta parede</u>.)
> OD

c) Objeto indireto

> Comprei o livro a que você se referiu. (= Você se referiu <u>ao livro</u>.)
> OI

d) Complemento nominal

> Aquelas são as curvas **de que** tenho medo. (= Tenho medo **daquelas curvas**.)
> compl. nominal

e) Predicativo do sujeito

> O fingido **que** você é já não engana a ninguém. (= Você é **fingido**.)
> predic. do sujeito

f) Agente da passiva

> Era venenosa a aranha **por que** você foi picado.
> (= Você foi picado **pela aranha**.)
> agente da passiva

g) Adjunto adverbial

> Guardei a faca **com que** a criança se feriu. (= A criança se feriu **com a faca**.)
> adj. adv. de instrumento

OBSERVAÇÃO

Como adjunto adverbial, o pronome relativo **que** pode exprimir outras circunstâncias, como: **modo**, **lugar**, **tempo** etc.

ADVÉRBIO DE INTENSIDADE

Relaciona-se a um **adjetivo** ou **advérbio**, equivalendo a **quão**. Exerce a função de **adjunto adverbial de intensidade**:

> **Que** lindas são estas flores!
> **Que** longe você mora!

CONJUNÇÃO

Como conjunção, a palavra **que** ora é **coordenativa**, ora **subordinativa**. Trata-se de mero **conectivo** entre as orações de um período, não exercendo nenhuma função sintática. Pode ser:

a) **Coordenativa aditiva** — tem valor de **e**:

> **Pula que pula**, mas nunca se cansa.

b) **Coordenativa adversativa** — tem valor de **mas**:

> Outro, **que não você**, deverá fazer este trabalho.

c) **Coordenativa explicativa** — tem valor de **pois**:

> Saiam da frente, **que eu quero passar**.

d) **Subordinativa integrante** — introduz oração subordinada substantiva:

> Convém **que você me escreva sempre**.
> or. subord. subst. subjetiva
>
> Espero **que você entenda os meus planos**.
> or. subord. subst. objetiva direta

e) **Subordinativa final** — tem valor de **para que, a fim de que**:

> Fiz-lhe sinal **que entrasse**.

f) **Subordinativa causal** — tem valor de **porque, já que**:

> **Distante que ele está**, não pode ouvir os meus gritos.

g) **Subordinativa comparativa** — equivale a **do que**:

> O seu sonho é maior **que a realidade**.

h) **Subordinativa temporal** — tem valor de **desde que, desde quando**:

> Havia decorrido uma semana **que ele chegara**.

i) **Subordinativa concessiva** — equivale a **embora, ainda que**:

> **Pequeno que seja o auxílio**, devemos aceitá-lo.

j) **Subordinativa consecutiva** — admite a posposição da locução **em consequência**:

> Falou tanto durante a aula **que (em consequência)** foi advertido pelo mestre.

PARTÍCULA DE REALCE OU EXPLETIVA

Pode ser retirada da frase sem lhe prejudicar o sentido. Aparece, muitas vezes, na locução **é que**:

> Que vida boa **que** você leva! (Que vida boa você leva!)
> Você **é que** deve pagar a conta hoje. (Você deve pagar a conta hoje.)

PREPOSIÇÃO

Corresponde à preposição **de** em locuções verbais formadas com os verbos auxiliares **ter** e **haver**:

> "Alguém vai ter **que** me ouvir
> Enquanto eu puder cantar."
> (Chico Buarque de Holanda)
>
> "Tem **que** entregar a sombra para o Bicho do Fundo
> Tem **que** fazer mirongas na lua nova
> Tem **que** beber três gotas de sangue."
> (Raul Bopp)

A PALAVRA SE

Morfologicamente, a palavra **se** pode ser:

SUBSTANTIVO

Como substantivo, aparece antecedida de determinante ou especifica outro substantivo:

> O se exerce várias funções sintáticas.
> Esse se está mal colocado na frase.
> Vamos analisar a palavra se.

CONJUNÇÃO

Como conjunção, a palavra **se** é sempre subordinativa. Possui os seguintes valores:

a) **Conjunção subordinativa integrante** — introduz uma oração subordinada substantiva:

> Não sei se poderemos viajar no mesmo voo.
> or. subord. subst. objetiva direta
>
> Verifique se os convidados já chegaram.
> or. subord. subst. objetiva direta

b) **Conjunção subordinativa causal** — equivale a **já que**, **uma vez que**:

> Se você tem medo de escuro, não ande por aquelas ruas.

c) **Conjunção subordinativa condicional** — pode ser substituída por **caso não**:

> Se não chover, iremos à praia amanhã.

PRONOME

Empregada como **pronome pessoal oblíquo**, a palavra **se** pode ser:

a) **Pronome apassivador** — liga-se a verbos **transitivos diretos** ou **transitivos diretos e indiretos** na voz passiva sintética. Uma maneira prática para reconhecer esse caso é tentar construir a voz passiva analítica equivalente. Observe:

> Anulou-se uma questão. (= Uma questão foi anulada.)
> Anularam-se várias questões. (= Várias questões foram anuladas.)

b) **Índice de indeterminação do sujeito** — liga-se a verbos **intransitivos, transitivos indiretos** ou **de ligação**, sempre conjugados na 3.ª pessoa do singular. Identifica-se facilmente esse caso porque a palavra **se** pode ser substituída por **alguém** ou **ninguém**:

> Vive-se muito bem no interior. (= **Alguém** vive muito bem no interior.)
> Precisa-se de carpinteiros. (= **Alguém** precisa de carpinteiros.)
> Não se é feliz sem amor. (= **Ninguém** é feliz sem amor.)

c) **Parte integrante do verbo** — a palavra **se** faz parte de verbos essencialmente pronominais, ou seja, verbos que só se conjugam acompanhados de pronome pessoal oblíquo. Tais verbos quase sempre denotam sentimentos ou atitudes próprias do sujeito: **indignar-se**, **vangloriar-se**, **queixar-se**, **arrepender-se**, **orgulhar-se**, **suicidar-se** etc.:

> O técnico **vangloriava-se** com o sucesso do time.
> Aquela mulher sempre **se queixou** da estupidez do marido.

d) **Pronome reflexivo** — dependendo da predicação verbal, o pronome **se** pode exercer a função de **objeto direto**, **objeto indireto** ou **sujeito de um infinitivo**. Nesses casos, o **se** tem o valor de **a si mesmo**:

> O operário feriu-**se** com a serra.
> VTD OD
>
> Ela sempre **se** atribuiu muito valor.
> OI   VTDI   OD
> reflexivo

Como **sujeito de um infinitivo**, a palavra **se** liga-se a verbos como: **deixar**, **sentir**, **fazer** etc. seguidos de um objeto direto em forma de oração reduzida de infinitivo:

> oração principal   or. subord. subst. objetiva direta
> O rapaz deixou-**se** dominar pelo medo.
> VTD   suj. do infinitivo "dominar"

e) **Pronome reflexivo recíproco** — nesse caso, o pronome **se** corresponde a **um ao outro** e pode, também, funcionar como **objeto direto** ou **objeto indireto**:

> Os dois lutadores encaravam-**se** friamente.
> VTD   OD
> recíproco
>
> Os noivos deram-**se** os braços.
> VTDI OI   OD
> recíproco

f) **Partícula de realce** ou **expletiva** — o pronome **se** como partícula de realce pode ser retirado da frase sem que haja prejuízo de sentido. Liga-se a verbos **intransitivos**, enfatizando uma ação ou atitude do sujeito:

> Os convidados já **se** foram embora.
> Aquela garota morre-**se** de amores por meu irmão.

A PALAVRA COMO

A palavra **como** possui as seguintes classificações morfológicas:

SUBSTANTIVO

Aparece antecedida de um determinante ou especificando outro termo:

> Esse **como** é advérbio ou pronome interrogativo?
> Agora vamos analisar a palavra **como**.

INTERJEIÇÃO

Quando expressa espanto, admiração. É sempre seguida de pausa forte:

> **Como!** Você ainda não votou?!

PREPOSIÇÃO

Quando se puder subentender o gerúndio **sendo** depois dela, ou puder ser substituída pela locução **na qualidade de**. Nesse caso, a palavra **como** sempre introduz um predicativo na frase.

> O aluno classificou **como** (sendo) pronome um advérbio.
> Naquela excursão, ele serviu **como** guia. (na qualidade de guia)

ADVÉRBIO

Relaciona-se a um verbo ou a um adjetivo, exprimindo circunstância de **intensidade** ou **modo**. Sintaticamente exerce a função de **adjunto adverbial de intensidade** ou **de modo**:

> **Como** é linda a sua casa!
> adj. adv. de intensidade
> **Como** você consegue viver com esse salário?
> adj. adv. de modo

CONJUNÇÃO

Introduz oração subordinada adverbial. É classificada de acordo com as seguintes circunstâncias adverbiais:

a) **Causal** — equivale a **porque**, **já que**, **uma vez que**:

> **Como não havia estudado**, não quis fazer a prova.

b) **Conformativa** — é substituível por **conforme**, **segundo**:

> **Como já havíamos previsto**, ele não cumpriu com a palavra.

c) **Comparativa** — é substituível por **tal qual**, representando o segundo elemento de uma comparação:

> Ela é delicada **como uma flor**.

PRONOME RELATIVO

Quando é pronome relativo, a palavra **como** sempre aparece antecedida de um substantivo e equivale a **com o(a) qual**, **pelo(a) qual** e variações. Exerce a função sintática de **adjunto adverbial de modo**:

Observem o jeitinho como ela se requebra.
Esta é a maneira como lhe pagarei esta dívida.

Exercícios

1. Leia atentamente o texto abaixo:

A espantosa realidade das cousas
É a minha descoberta de todos os dias,
Cada cousa é o **que** é,
E é difícil explicar a alguém quanto isso me alegra,
E quanto isso me basta.

Basta existir para **se** ser completo.
Tenho escrito bastantes poemas.
Hei de escrever muitos mais, naturalmente.
Cada poema meu diz isto,
E todos os meus poemas são diferentes,
Porque cada cousa **que** há é uma maneira de dizer isto.

Às vezes ponho-me a olhar para uma pedra.
Não me ponho a pensar **se** ela sente.
Não me perco a chamar-lhe minha irmã.
Mas gosto dela porque ela não sente nada.
Gosto dela porque ela não tem parentesco nenhum comigo.

Outras vezes oiço passar o vento,
E acho **que** só para ouvir passar o vento vale a pena ter nascido.

Eu não sei o **que** é **que** os outros pensarão lendo isto;
Mas acho **que** isto deve estar bem porque o penso sem estorvo,
Nem ideia de outras pessoas a ouvir-me pensar;
Porque o penso sem pensamentos
Porque o digo **como** as minhas palavras o dizem.

Uma vez chamaram-me poeta materialista,
E eu admirei-me, porque não julgava
Que se me pudesse chamar qualquer cousa.
Eu nem sequer sou poeta: vejo.
Se o **que** escrevo tem valor, não sou eu **que** o tenho:
O valor está ali, nos meus versos,
Tudo isso é absolutamente independente da minha vontade.

(Alberto Caeiro)

Obedecendo a ordem em que aparecem no texto, classifique morfologicamente as palavras destacadas. Havendo função sintática, indique-a também:

a) que e) que i) como m) que
b) se f) que j) Que n) que
c) que g) (é) que k) se
d) se h) que l) Se

2. Indique a classe gramatical da palavra **que** em destaque nas frases seguintes:

a) "O perfume é **que** tem perfume no perfume da flor." (Alberto Caeiro)
b) "Bota uma Brahma pra gelar,
 Que eu tô voltando." (Maurício Tapajós / Paulo César Pinheiro)
c) "Neste sentimento, **que** não em outro, reconheço eu a origem divina do homem."
 (Alexandre Herculano)
d) "**Que** foi feito de teu sorriso,
 que era tão claro e tão perfeito?" (Cecília Meireles)
e) "Meu Deus! **Que** noite negra!" (Castro Alves)
f) "Um **quê** misterioso aqui na fala,
 Aqui no coração." (Gonçalves Dias)
g) "A noite desceu. **Que** noite!
 Já não enxergo meus irmãos.
 E nem tampouco os rumores
 Que outrora me perturbavam." (Carlos Drummond de Andrade)
h) "Virge Maria **que** foi isso maquinista?" (Manuel Bandeira)
i) "Casmurro! Para quando é **que** você se guarda?" (Machado de Assis)
j) "Oh! **Que** saudades **que** eu tenho
 Da aurora da minha vida,
 Da minha infância querida,
 Que os anos não trazem mais!" (Casimiro de Abreu)
k) "A verdade é **que** sinto um gosto particular em referir tal aborrecimento,
 quando é certo **que** ele me lembra outros **que** não quisera lembrar por nada."
 (Machado de Assis)
l) "A rapidez da máquina era tal, **que** escapava a toda compreensão." (Machado de Assis)
m) "Mas o senhor fala **que** nem uma cachoeira." (Visconde de Taunay)
n) "Cinco contos **que** fossem, era um arranjo menor (...)" (Machado de Assis)
o) "Se eu quiser falar com Deus,
 tenho **que** ficar a sós." (Gilberto Gil)
p) "**Que** alegre, **que** suave, **que** sonora aquela fontezinha aqui murmura."
 (Cláudio Manuel da Costa)
q) "**Que** suplício **que** foi o jantar!" (Machado de Assis)
r) "Gabriela casara-se por conveniência, **que** não por inclinação." (Júlio Dinis)
s) "**Que** costumes, **que** lei, **que** rei teriam?" (Luís Vaz de Camões)

3. Dê a função sintática dos pronomes relativos em destaque:

a) "Existem pessoas **que** não se entregam à paixão." (Rubem Fonseca)

b) "Está visto que, cessando esta crise, a propriedade se poderia reconstituir e voltar a ser o **que** era." (Graciliano Ramos)

c) "Mas para meu desencanto
o **que** era doce acabou." (Chico Buarque de Holanda)

d) "O meu canto é a confirmação
da promessa **que** diz
que haverá esperança
enquanto houver um canto mais feliz." (Gilberto Gil)

e) "Eu nunca vi fazer tanta exigência
Nem fazer o **que** você faz!" (Mário Lago)

f) "Deixe-me viver como um urso, **que** sou." (Machado de Assis)

g) "Poucas eram as árvores **que** o inverno despira." (Érico Veríssimo)

h) "Rubião assistira à sessão **em que** o ministério Itaboraí pediu os orçamentos." (Machado de Assis)

i) "Eu vira-o através dos olhos **com que** o via o mais vulgar dos seus fregueses." (José Régio)

j) "Talvez, num lugar **que** não conheço, aonde nunca irei, more alguém **que** está à minha espera (...)" (Graciliano Ramos)

k) "Era esta a hora **em que** as duas costumavam ir para o caramanchão." (Lygia Fagundes Telles)

l) "Chegou um tempo **em que** a vida é uma ordem." (Carlos Drummond de Andrade)

m)"Devolva o Neruda **que** você me tomou
E nunca leu." (Chico Buarque de Holanda)

n) "De que me serve a minha inocência **de que** Deus e tu são testemunhas?" (Almeida Garrett)

4. Classifique a palavra se em destaque nos períodos seguintes:

a) "Rosas te brotarão da boca, **se** cantares." (Olavo Bilac)

b) "**Se** és tão rico, como todos sabem, por que não amparas alguns necessitados?"
(Aurélio Buarque de Holanda)

c) "**Se** tivesse tido a chance de uma escola, muita gente de cartola lhe daria seu lugar." (Billy Blanco)

d) "Só não pude alcançar **se** ele queria o despotismo de um, de três, de trinta ou de trezentos." (Machado de Assis)

e) "Foi-**se** o embrião, naquele ponto em que não **se** distingue Laplace de uma tartaruga."
(Machado de Assis)

f) "Não digo tanto; há coisas que **se** não podem reaver integralmente." (Machado de Assis)

g) "Com pouco **se** vive e com muito **se** morre." (Camilo Castelo Branco)

h) "É assim que **se** é mulher honrada." (Camilo Castelo Branco)

i) "(...) não **se** vive como **se** romanceia." (Machado de Assis)

j) "Nas naus estar **se** deixa, vagaroso,
Até ver o que o tempo lhe descobre." (Luís Vaz de Camões)

k) "(...) As cousas árduas e lustrosas
Se alcançam com trabalho e com fadiga." (Luís Vaz de Camões)

l) "Não **se** é feliz em parte alguma, quando **se** não pode ser entre as relíquias da infância (...)" (Camilo Castelo Branco)

m) "Todas as palavras são inúteis,
Desde que **se** olha para o céu." (Cecília Meireles)

n) "— não sei, não sei. Não sei **se** fico
ou passo." (Cecília Meireles)

o) "Via-**se** homem caindo no despenhadeiro sem fim." (Diná Silveira de Queirós)

p) "Queixou-**se** duma dor de cabeça que a torturava." (Eça de Queirós)

q) "Jantou-**se**, cantou-**se**, conversou-**se** até meia-noite." (Machado de Assis)

r) "Já **se** diz há muito ano que honra e proveito não cabem num saco." (Almeida Garrett)

5. Classifique a palavra **como** nas seguintes frases:

a) "E há poetas que são artistas
E trabalham nos seus versos
Como um carpinteiro nas tábuas!..." (Alberto Caeiro)

b) Fui escolhido **como** representante da classe.

c) "Não sabendo **como** as palavras se posicionam no papel, perco a noção da sua velocidade e coesão (...)" (Rubem Fonseca)

d) "Eu deixo a vida **como** deixa o tédio
Do deserto, o poento caminheiro." (Álvares de Azevedo)

e) "(...) **como** lá vem vindo três cachorros, acho bom esperá-los, para que eles também tomem parte da confraternização." (Monteiro Lobato)

f) "Não foi despedido, **como** pedia então; meu pai já não podia dispensá-lo." (Machado de Assis)

g) "O meu olhar é nítido **como** um girassol." (Alberto Caeiro)

h) "(...) **como** aqui a morte é tanta,
vivo de a morte ajudar." (João Cabral de Melo Neto)

i) "**Como** as aves do céu e as flores puras
Abro o meu peito ao sol e durmo à lua." (Álvares de Azevedo)

j) "(...) mas **como** haviam repousado bastante na areia do rio seco, a viagem progredira bem três léguas." (Graciliano Ramos)

k) "**Como** são cheirosas as primeiras rosas,
E os primeiros beijos **como** têm perfume!" (Alphonsus de Guimaraens)

l) Não gosto da maneira **como** você age.

m) "Negro Pastinha segurou o rapaz, **como** era o seu costume (...)" (Jorge Amado)

n) "A pergunta da velha embatucou-me; **como** não tive que responder, desviei-me da questão." (Joaquim Manuel de Macedo)

o) "O mar é para mim **como** o Céu para um crente." (Vicente de Carvalho)

p) O aluno, despreparado, classificou **como** sujeito um objeto direto.

q) "É preciso amar as pessoas
Como se não houvesse o amanhã." (Renato Russo)

r) Você sabe **como** eles conseguiram abrir aquele cofre?

s) "Leonardo da Vinci, **como** se sabe, escreveu muitas regras e conselhos acerca da arte da pintura." (Thiers Martins Morei)

t) **Como!** Você ainda não comprou as passagens?!

u) Finalmente concluímos o estudo da palavra **como**.

DE CONCURSOS PÚBLICOS E VESTIBULARES

1. (TJ-SP) Assinale a alternativa em que a função sintática do **que** não corresponde ao termo entre parênteses:
a) A pessoa com que foi visto é má. (adjunto adverbial)
b) Alguns temem o ladrão que ele é. (predicativo do sujeito)
c) O homem que sorriu era seu amigo. (objeto direto)
d) São essas as flores de que gostas? (objeto indireto)
e) O animal por que fomos perseguidos era feroz. (agente da passiva)

2. (TJ-SP) Analise sintaticamente o pronome reflexivo em destaque:
O caçador medicou-**se**.
a) sujeito
b) objeto direto
c) objeto indireto
d) complemento nominal
e) predicativo

3. (FJG) Assinale a frase em que a função sintática indicada para o **que** em negrito é inadequada:
a) "Que lhe importa a canoa nem o canoeiro, **que** os olhos de Rubião acompanham, arregalados?" (objeto direto)
b) "**Que** abismo que há entre o espírito e o coração!" (adjunto adnominal)
c) "**Que** é agora? Capitalista." (sujeito)
d) "... buscou outro assunto, uma canoa **que** ia passando..." (sujeito)
e) "... umas chinelas de Túnis, **que** lhe deu recente amigo, Cristiano Palha..." (objeto direto)

4. (FJG) A palavra **como** tem valor de conjunção subordinativa conformativa na opção:
a) "Indaguei-lhe **como** Rubião tinha assumido aquela postura de contemplação."
b) "**Como** não tivesse condições financeiras suficientes, Rubião viveu com parentes."
c) "**Como** estava agradável a manhã, Rubião resolveu passear na enseada."
d) "As más notícias chegam tão rápidas **como** as chuvas de verão."
e) "**Como** ele mesmo disse, mana Piedade não se casou."

5. (Alerj) "Não **se** veem pessoas neste recinto."
A palavra destacada na frase acima é classificada como pronome:
a) relativo.
b) reflexivo.
c) apassivador.
d) interrogativo.
e) indeterminador do sujeito.

6. (FJG) Os pronomes relativos presentes em "O odor **que** se impregna neles e **que** não os abandona" exercem, nesta ordem, as funções sintáticas de:
a) objeto direto / sujeito.
b) sujeito / objeto direto.
c) sujeito / sujeito.
d) adjunto adverbial / objeto direto.
e) objeto direto / adjunto adverbial.

7. (BB) Frase gramaticalmente correta:
a) Procurou-se as mesmas pessoas.
b) Registrou-se os processos.
c) Respondeu-se aos questionários.
d) Ouviu-se os últimos comentários.
e) Somou-se as parcelas.

8. (BB) O termo destacado em "**que** ta darei" ("Vem, minha amada, / **que** ta darei") é:
a) conjunção explicativa.
b) conjunção conclusiva.
c) pronome relativo.
d) conjunção final.
e) conjunção integrante.

9. (**BB**) Determine a função do **se**, relacionando as duas colunas abaixo e, em seguida, marque a opção correta:

( ) Muito **se** fala de crise.
( ) A boa senhora foi-**se** embora.
( ) E ouviu-**se** ao longe o sussurro das orações.
( ) O conferencista levantou-**se** e foi muito aplaudido.
( ) Ela **se** propunha um difícil trabalho.
( ) E o rei ordenou que **se** cumprisse a lei.

1. Partícula apassivadora
2. Partícula de realce ou expletiva
3. Índice de indeterminação do sujeito
4. Objeto direto
5. Objeto indireto

a) 1, 2, 3, 4, 5, 1
b) 3, 2, 1, 2, 3, 4
c) 3, 2, 2, 4, 2, 1
d) 1, 2, 3, 5, 4, 1
e) 3, 2, 1, 4, 5, 1

10. (**SEE-RJ**) O **se** na oração grifada "(...) rola para dentro e **se espalha**" funciona como:

a) sujeito.
b) objeto direto.
c) apassivador.
d) objeto indireto.
e) realce.

11. (**SEE-RJ**) No exemplo abaixo, classifique a conjunção, assinalando a única resposta certa:

"Não sabíamos **se** deveríamos tomar o trem ou o ônibus."

a) conjunção subordinativa concessiva
b) conjunção subordinativa condicional
c) conjunção subordinativa integrante
d) conjunção subordinativa conformativa
e) conjunção subordinativa causal

12. (**ECT**) Assinale a sentença cuja lacuna possa ser preenchida exclusivamente pelo pronome relativo **que**:

a) São estas as recomendações do diretor, segundo _____ se devem reger os concursos.
b) Eles, _____ têm vários amigos, receberão muita gente.
c) A banca perante _____ prestamos exame ainda não foi designada.
d) A estante _____ estão guardados os certificados de compra será reformada.
e) O funcionário _____ foi conferido o prêmio já recebeu a comunicação.

13. (**UFRJ**) Assinale a frase em que o **se** é pronome apassivador:

a) Não **se** atende a reclamações posteriores.
b) Sabes **se** o resultado já foi afixado?
c) Só irei ao teatro **se** fores comigo.
d) Registraram-**se** os acidentes mais importantes.
e) Todos **se** retiraram a tempo.

14. (**FCL-SP**) "Ao saber **que** iria viajar de madrugada, pediu ao guarda **que** estava de plantão **que** o chamasse às três horas." As palavras **que** são, respectivamente:

a) conjunção – pronome – conjunção.
b) conjunção – pronome – preposição.
c) pronome – pronome – conjunção.
d) pronome – conjunção – conjunção.
e) preposição – conjunção – conjunção.

15. (Mackenzie-SP) Uma das alternativas apresenta o pronome reflexivo **se**:

a) "Capitu deixou-se fitar e examinar." (Machado de Assis)
b) Voltarei cedo se quiseres.
c) Queixou-se das questões do concurso.
d) Alugam-se apartamentos.
e) Precisa-se de pedreiros.

16. (UFV-MG) Em todos os itens o pronome **se** é apassivador, exceto:

a) Sabe-se que ele é honesto.
b) Organizou-se, ontem, esta prova.
c) Não se deverá realizar mais a festa.
d) Nada mais se via.
e) Assistiu-se à cerimônia inteira.

17. (PUC-SP) Nos trechos:

"**Se** eu convencesse Madalena... **Se** lhe explicasse..."
"Ouviam-**se** as pancadas do pêndulo, ouviam-**se** muito bem..."

a partícula **se** é, respectivamente:

a) conjunção, pronome apassivador.
b) pronome recíproco, conjunção.
c) conjunção, índice de indeterminação do sujeito.
d) pronome reflexivo, conjunção.
e) conjunção, pronome reflexivo.

18. (PUC-SP) Nos trechos:

"Vejo três meninas caindo rápidas, enfunadas, **como** se dançassem inda"

e

"... e a prima-dona com a longa cauda de lantejoulas riscando o céu **como** um cometa"

as palavras destacadas expressam, respectivamente, ideias de:

a) comparação, objeto.
b) modo, origem.
c) modo, comparação.
d) comparação, instrumento.
e) consequência, consequência.

19. (Mackenzie-SP) Aponte o período em que a palavra **se** seja uma conjunção subordinativa integrante.

a) A tristeza daquela jovem se funda em problemas sociais.
b) Em suas palavras, não se separam mentiras e verdades.
c) Se essa obra fosse impressa no Brasil, teria o valor de oitenta reais.
d) Os dirigentes indagaram se seriam ordens adequadas a seus subalternos.
e) Os chefes administrativos mantêm-se atualizados quanto a questões existenciais das mais complexas.

20. (Faap-SP) No trecho:

Ouves acaso quando entardece
Vago murmúrio **que** vem do mar

a palavra **que** pode ser classificada como:

a) pronome interrogativo.
b) pronome exclamativo.
c) pronome integrante.
d) pronome indefinido.
e) pronome relativo.

21. (PUCCamp-SP) Assinale a alternativa na qual a palavra em destaque é pronome:

a) O homem **que** chegou é meu amigo.

b) Notei um **quê** de tristeza em seu rosto.

c) Importa **que** compareçamos.

d) Ele é **que** disse isso!

e) Vão ter **que** dizer a verdade.

22. (Fuvest-SP) "É da história do mundo **que** (1) as elites nunca introduziram mudanças **que** (2) favorecessem a sociedade como um todo. Estaríamos nos enganando se achássemos **que** (3) estas lideranças empresariais aqui reunidas teriam a motivação para fazer a distribuição de poderes e rendas **que** (4) uma nação equilibrada precisa ter."

O vocábulo **que** está numerado em suas quatro ocorrências, nas quais se classifica como **conjunção integrante** e como **pronome relativo**. Assinale a alternativa que registra a classificação correta em cada caso, pela ordem:

a) 1. pronome relativo, 2. conjunção integrante, 3. pronome relativo, 4. conjunção integrante.

b) 1. conjunção integrante, 2. pronome relativo, 3. pronome relativo, 4. conjunção integrante.

c) 1. pronome relativo, 2. pronome relativo, 3. conjunção integrante, 4. conjunção integrante.

d) 1. conjunção integrante, 2. pronome relativo, 3. conjunção integrante, 4. pronome relativo.

e) 1. pronome relativo, 2. conjunção integrante, 3. conjunção integrante, 4. pronome relativo.

23. (PUC-SP) Assinale a alternativa em que a palavra **se** não tem valor de pronome apassivador:

a) "... ouviam-**se** gargalhadas e pragas..."

b) "... destacavam-**se** risos..."

c) "... trocavam-**se** de janela para janela as primeiras palavras, os bons-dias..."

d) "... já não **se** destacavam palavras dispersas..."

e) "... pigarreava-**se** grosso por toda a parte... "

24. (UFMT) Leia o texto abaixo e assinale corretamente a função sintática do pronome relativo **que**:

> Menino **que** mora num planeta
> azul feito a cauda de um cometa
> quer se corresponder com alguém
> de outra galáxia.

a) sujeito

b) objeto direto

c) adjunto adverbial

d) predicativo

e) n. d. a.

25. (Mackenzie-SP) Na frase: "Você é **que** pensa **que** a vida flui segundo as leis do poder", a palavra **que** se classifica, respectivamente, como:

a) palavra de realce – pronome relativo.

b) advérbio de intensidade – conjunção integrante.

c) advérbio de intensidade – pronome relativo.

d) conjunção integrante – pronome relativo.

e) palavra de realce – conjunção integrante.

26. (FCC-UFBA) O **que** está com função de preposição na alternativa:

a) Veja **que** lindo está o cabelo de nossa amiga!
b) Dize-me com quem andas, **que** eu te direi quem és.
c) João não estudou mais **que** José, mas entrou na faculdade.
d) O fiscal teve **que** acompanhar o candidato ao banheiro.
e) Não chore, **que** eu já volto.

27. (UMC-SP) Classifique morfologicamente os vocábulos grifados no trecho: "Expliquei-lhe **que** tinha saído para o teatro, donde voltara receoso de Capitu, **que** ficara doente."

a) conjunção aditiva – conjunção aditiva.
b) conjunção integrante – pronome relativo.
c) conjunção integrante – pronome indefinido.
d) conjunção aditiva – pronome indefinido.
e) n. d. a.

28. (Faap-SP) Analise a função do **se** no verso: "E a palidez da lua apenas se pressente".

a) objeto direto
b) objeto indireto
c) partícula expletiva ou de realce
d) índice de indeterminação do sujeito
e) partícula apassivadora

29. (Mackenzie-SP) Em "A maneira **como** responde é estranha", a palavra destacada é:

a) advérbio.
b) pronome relativo.
c) pronome indefinido.
d) conjunção subordinativa causal.
e) conjunção subordinativa comparativa.

30. (PUC-SP) Mostre a alternativa em que aparece a conjunção final **que**:

a) Não sei o **que** dizer a você.
b) Cinco dias são passados **que** dali saímos.
c) Peço a Deus **que** te faça venturoso.
d) Crio estas crianças que vês, **que** refrigério sejam da minha velhice.
e) n. d. a.

31. (Fuvest-SP) "A cláusula mostra **que** tu não queres enganar." A classe gramatical da palavra **que** no texto é a mesma da palavra **que** na seguinte frase:

a) Ficam desde já excluídos os sonhadores, os **que** amam o mistério.
b) Não foi a religião **que** te inspirou esse anúncio.
c) **Que** não pedes um diálogo de amor, é claro.
d) **Que** foi então, senão a triste, longa e aborrecida experiência?
e) Quem és tu **que** sabes tanto?

32. (ITA-SP) Em "... **se** disfarce o emprego / Do esforço; e a trama viva **se** construa", as palavras destacadas funcionam, respectivamente, como:

a) pronome reflexivo e índice de indeterminação do sujeito.
b) partícula expletiva e partícula expletiva.
c) pronome reflexivo e partícula apassivadora.
d) partícula apassivadora e partícula apassivadora.
e) índice de indeterminação do sujeito e partícula de realce.

33. (**FEI-SP**) Classifique o **que** da frase:

Corre, **que** o ônibus está chegando.

a) pronome relativo
b) advérbio
c) conjunção explicativa
d) conjunção integrante
e) conjunção consecutiva

34. (**FMU-SP**) Na oração: "Ela deixa-**se** ficar na cama até tarde."
o **se** exerce a função sintática de:

a) partícula apassivadora
b) sujeito
c) objeto direto
d) objeto indireto
e) n. d. a.

35. (**Mackenzie-SP**) A questão seguinte refere-se ao texto **Um epitáfio para Catulo da Paixão Cearense**, de Mário Quintana. Leia-o atentamente, antes de respondê-la:

"Catulo não morreu: luarizou-se..."

Em **luarizou-se**, o **se** indica:

a) reciprocidade.
b) reflexidade.
c) passividade.
d) indeterminação.
e) condição.

36. (**Mackenzie-SP**) "Sumiu-**se** por entre as matas e a cena não **se** pôde descrever."
A palavra **se**, destacada no período acima, é, respectivamente:

a) palavra de realce e pronome apassivador.
b) pronome reflexivo e pronome apassivador.
c) palavra de realce e pronome reflexivo.
d) pronome apassivador e pronome reflexivo.
e) pronome reflexivo e pronome reflexivo.

37. (**FMPA-MG**) "O herdeiro, longe de compadecer-**se**, sorriu e, por esmola, atirou-lhe três grãos de milho."
O **se** na oração acima é:

a) índice de indeterminação do sujeito.
b) pronome apassivador.
c) pronome reflexivo.
d) partícula de realce.
e) parte integrante do verbo.

38. (**FBC-SP**) Indique a alternativa em que o **como** é conjunção causal:

a) Fiz como você pediu.
b) Como chovesse, não pudemos sair de casa.
c) Ele agiu como se fosse o chefe.
d) Como vai você? — perguntou-me ele.

39. (**PUC-SP**) Em: "... ouviam-se amplos bocejos, fortes **como** o marulhar das ondas...", a partícula **como** expressa uma ideia de:

a) causa.
b) explicação.
c) conclusão.
d) proporção.
e) comparação.

40. (**Ufac**) Em "Como as espumas que nascem do mar e do céu, da vaga e do vento, eles são filhos da musa...", as palavras **como** e **que** são, respectivamente:

a) preposição – conjunção integrante
b) conjunção causal – pronome relativo
c) advérbio de modo – conjunção integrante
d) conjunção comparativa – pronome relativo
e) conjunção conformativa – palavra expletiva

Capítulo 8

Pontuação

A pontuação é o recurso que a língua escrita utiliza para tentar reproduzir as pausas e entonações da língua falada. Entre suas várias finalidades, a pontuação também pode ser empregada para:

- indicar a entonação que se deve dar à frase;
- distinguir, num trecho, palavras e frases;
- assinalar graficamente as pausas que se devem observar na elocução, as quais podem resultar do relacionamento sintático dos elementos da frase, ou ainda da intenção de dar ênfase a determinado termo.

Os **sinais de pontuação** mais usados são:

ponto-final **.** ;	ponto e vírgula **;** ;
ponto de interrogação **?** ;	ponto de exclamação **!** ;
dois-pontos **:** ;	travessão **—** ;
reticências **...** ;	aspas **" "** ;
parênteses **( )** ;	vírgula **,** .
colchetes **[ ]** ;	

Observemos as circunstâncias em que se empregam esses sinais.

PONTO-FINAL

É o sinal que denota maior pausa. Usa-se:

a) para indicar o fim de **oração absoluta** ou de **período**:

> "Itabira é apenas uma fotografia na parede."
> (Carlos Drummond de Andrade)

> "Nem só os olhos, mas as restantes feições, a cara, o corpo, a pessoa inteira, iam-se apurando com o tempo."
> (Machado de Assis)

b) nas **abreviaturas**:

apart. = apartamento	av. = avenida
sec. = secretário	com. = comandante
a.C. = antes de Cristo	d.C. = depois de Cristo
etc. = et cetera ("e assim por diante")	gen. = general
i.e. = isto é	Ilmo. = ilustríssimo
obs. = observação	sr. = senhor

OBSERVAÇÃO

Os símbolos relativos às unidades do sistema métrico decimal ou aos elementos químicos não vêm seguidos de ponto-final:

km, m, cm, He, K, C etc.

PONTO E VÍRGULA

Indica uma pausa maior do que a vírgula e um pouco mais breve do que o ponto-final, sem, contudo, encerrar o período. Usa-se nos seguintes casos:

a) para separar orações de um período relativamente extenso, sobretudo se uma das orações já contiver vírgula:

"Nem tudo são vaidades, como quer o Eclesiastes, nem tudo perfeições, como opina o doutor Pangloss; há larga ponderação de males e bens, e a arte de viver consiste em tirar o maior bem do maior mal."
(Machado de Assis)

b) para separar orações **coordenadas assindéticas** que encerrem pensamentos opostos:

"Matamos o tempo; o tempo nos enterra." (Machado de Assis)

c) para substituir, facultativamente, a vírgula em **orações coordenadas sindéticas adversativas**:

"Se ele não acreditava, paciência; mas o certo é que a cartomante adivinhara tudo."
(Machado de Assis)

d) para separar **orações coordenadas sindéticas conclusivas** (com as conjunções pospostas ao verbo):

"As doses eram diárias e diminutas; tinham, portanto, de guardar um longo prazo antes de produzido o efeito."
(Machado de Assis)

e) para separar os **considerandos** e **artigos** de decretos, sentenças, petições etc.:

> "Art. 163. Lei complementar disporá sobre:
>
> I — finanças públicas;
>
> II — dívida pública externa e interna, incluída a das autarquias, fundações e demais entidades controladas pelo Poder Público;
>
> III — concessão de garantias pelas entidades públicas;
>
> IV — emissão e resgate de títulos da dívida pública; (...)"
>
> (Constituição da República Federativa do Brasil, 20/12/2001)

PONTO DE INTERROGAÇÃO

Coloca-se no fim das **interrogações diretas**. Também servem para indicar surpresa, indignação ou atitude de expectativa diante de uma situação.

> "Deus! ó Deus! onde estás, que não respondes**?**" (Castro Alves)
>
> "Cadê meu frasco de cheiro / que teu Sinhô me mandou**?**" (Jorge de Lima)
>
> "Olhos de ressaca**?** Vá, de ressaca." (Machado de Assis)
>
> "— 'Peste**?**' Espere aí! Você vai ver quem é peste (...)" (Monteiro Lobato)
>
> "Recebê-los à bala**?** Era loucura. Estavam em número muito inferior (...)"
>
> (Érico Veríssimo)

PONTO DE EXCLAMAÇÃO

Usa-se essa pontuação:

a) depois de frases que exprimem **surpresa**, **entusiasmo**, **horror**, **ordem**, **súplica**:

> "Nunca morrer assim**!** Nunca morrer num dia / Assim**!** de um sol assim**!**"
>
> (Olavo Bilac)
>
> "É ela**!** é ela**!** — murmurei tremendo." (Álvares de Azevedo)

b) depois de certas **interjeições** e **vocativos**:

> "**Ai ai!** Nós somos escravas do rio." (Raul Bopp)
>
> "**Ah!** Foi você que roubou, / foi você, **negra Fulô!**" (Jorge de Lima)

c) nas frases que exprimem desejo:

> "O Senhor te **ouça!**" (Machado de Assis)
>
> "Raios o partissem, diabo**!**" (Aluísio Azevedo)

OBSERVAÇÕES

1.ª) Quando a frase denotar simultaneamente interrogação e exclamação ou vice-versa, usam-se os dois sinais:

> "Que é que a gente podia fazer**?!**" (Lygia Fagundes Telles)
>
> "Eu**!?** E avançou um passo." (Coelho Neto)

2.ª) Quando se pretende intensificar ainda mais a admiração ou qualquer outro sentimento, é correto repetir o ponto de exclamação:

> "— Nada**!!!** — berrou o náufrago lá de baixo." (Ziraldo)

DOIS-PONTOS

Os dois-pontos assinalam uma pausa suspensiva da voz, indicando que a frase não está concluída. Empregam-se nos seguintes casos:

a) para indicar uma **citação** alheia ou própria:

> "Ora, chegamos a perguntas que reputo importantes: **Deve, realmente, ser posto de lado o conteúdo de uma obra literária?**"
>
> (Osman Lins)

b) antes de uma **enumeração**:

> "É assim Lenine: **esquivo, irascível, exigente**." (Manuel Bandeira)
>
> "Para um homem se ver a si mesmo, são necessárias três coisas: **olhos, espelho e luz**."
>
> (Pe. Antônio Vieira)

c) antes de uma **explicação** ou **sequência**:

> "Seu Chico Brabo não sentia prazer em magoar fisicamente a criança: **gostava de aperreá-la devagar, feri-la com palavras**."
>
> (Graciliano Ramos)
>
> "Procurei o mostrador: **do ponto em que me achava não se percebia número**."
>
> (Graciliano Ramos)

d) para indicar, no discurso direito, a fala dos personagens:

> "Um operário pergunta a outro:
>
> — Quem é?
>
> — Um estivador... Um que já jogou boxe..." (Jorge Amado)

TRAVESSÃO

Usa-se o travessão para:

a) indicar mudança de **interlocutor** no diálogo:

> "— Quantos pães por quatro vinténs?
> — Dois.
> — Só dois?
> — Não contando a vendagem, que se dá de graça." (Machado de Assis)

b) colocar em evidência uma **frase**, **expressão** ou **palavra**:

> "Naquele ano morria de amores por um certo Xavier,
> sujeito abastado e tísico — **uma pérola**."
>
> (Machado de Assis)

c) separar **orações intercaladas**, fazendo as vezes de vírgula ou parênteses:

> "O homem — **disse o filósofo** — é um caniço que pensa." (Machado de Assis)
>
> "Ainda não está completa — **disse eu** —, falta colocar umas persianas
> pelo lado de fora."
> (Stanislaw Ponte Preta)
>
> O café — **produto muito apreciado** — deve ser consumido com moderação.

RETICÊNCIAS

As reticências são empregadas para indicar a interrupção da frase, sugerindo:

a) dúvida, hesitação, surpresa:

> "Imagine-se entrando numa loja para comprar um... um... como é
> mesmo o nome?"
> (Luís Fernando Verissimo)
>
> "— Muito embora... sabendo perfeitamente... os imperativos de
> minha consciência cívica... senhor Presidente... e o declaro
> peremptoriamente... não sou daqueles que..."
> (Fernando Sabino)
>
> "Em terra de olho quem tem um cego... Ih! Errei!
> (Luís Fernando Verissimo)

b) a supressão de trechos de texto com fonte. Nesse caso as reticências ficam entre parênteses:

> "**(...)** um vício cujas raízes obscuras eu mal ousaria tentar pôr a nu **(...)**"
> (José Régio)
>
> "Mas reagiu, **(...)** retesou a vontade, entrou, pôs-se a esperar **(...)**"
> (Eça de Queirós)

ASPAS

Usam-se as aspas para:

a) indicar uma citação:

> Segundo Mattoso Câmara Jr., "estilo literário e gíria são, em verdade, dois polos da Estilística, pois a gíria não é a linguagem popular, como pensam alguns, mas apenas um estilo que se integra à língua popular".

b) destacar palavra ou expressão que se queira dar especial relevo na frase, por exemplo, palavras estrangeiras, arcaísmos, neologismos (palavras recém-criadas ou que adquirem um novo significado), termos de gírias etc.:

> Após a Copa do Mundo, tudo parece voltar ao "normal" no Brasil.
>
> Virou hábito, em São Paulo, empregar o lugar-comum "viver é muito perigoso".
>
> A televisão brasileira cria os viciados em "reality shows".
>
> Sabe, "bicho" , você tem que "entrar nesta onda".
>
> Eles tiveram um belo "weekend"!
>
> Gosto de visitar os "sites" sobre educação da "web".

OBSERVAÇÃO

Quando já figuram aspas numa citação ou transcrição, usam-se as aspas simples:

> "Quem quiser saber o ano exato de publicação de cada conto, deverá consultar a seção 'Referências bibliográficas' no final do volume."
> (Italo Mariconi)
>
> "Não diga 'asseguro', Senhor Bernardes; em português é 'garanto'." (Lima Barreto)

PARÊNTESES

Os parênteses servem para:

a) separar uma reflexão, um comentário, uma explicação:

> "Ninguém sabia que o mundo ia acabar
> (apenas uma criança percebeu mas ficou calada),
> que o mundo ia acabar às 7 e 45." (Carlos Drummond de Andrade)
>
> "Labuto quinze, vinte horas por dia (e muitas vezes grátis!),
> durmo três, no máximo cinco horas por noite."
> (Érico Veríssimo)
>
> "Trazes gravado no ouvido
> Para mim (feliz quem canta!)
> Um velho conto esquecido
> Nalguma velha garganta." (Olegário Mariano)

b) encerrar a citação de nome de autores e as referências bibliográficas:

> "Pouco depois, tendo despido o pijama, dirigiu-se ao banheiro para tomar
> um banho, mas a mulher já se trancara lá dentro."
> (Fernando Sabino, *O Homem Nu*)

c) para indicar supressão de palavras ou frases não relevantes numa citação (caso em que se colocam reticências entre parênteses):

> Insiste Rui: "Tratar (...) as desiguais com igualdade seria desigualdade
> flagrante, (...)."

COLCHETES

Os colchetes representam uma variante dos parênteses, sendo bastante restrito o seu emprego. Usam-se, portanto, nos seguintes casos:

a) para introduzir num texto uma observação de natureza elucidativa:

> É de Stanislaw Ponte Preta [pseudônimo de Sérgio Porto] a obra
> *Rosamundo e os outros*.

b) para isolar o termo latino *sic* ("assim") a fim de indicar que, por estranho ou errado que pareça, o texto original é assim mesmo:

> "Era peior [*sic*] do que fazer-me esbirro alugado." (Machado de Assis)

c) para indicar, como já foi dito em Fonologia, os sons da fala:

> mel: [mɛw]; bem: [bẽy]

OBSERVAÇÕES

1.ª) O emprego dos colchetes restringe-se quase que exclusivamente a textos de natureza científica, filológica e linguística.

2.ª) A exemplo dos parênteses, item c, os colchetes também são usados para indicar supressão de texto.

3.ª) A tendência da imprensa atual é usar parênteses para isolar o termo "sic".

VÍRGULA

A vírgula indica uma pausa breve. Usa-se para:

a) separar **vocativos** e **apostos** (**explicativos** ou **de oração**):

> "Se eu tenho de morrer na flor dos anos,
>
> **Meu Deus**, não seja já!" (Casimiro de Abreu)
> Vocativo

> "É aqui, **nesta serra inacessível**, que deves esperar (...)" (Alexandre Herculano)
> aposto explicativo

> "Com a corda Mi do meu cavaquinho / Fiz uma aliança pra ela,
>
> **prova de carinho**! (Adoniran Barbosa /Hervê Clodovil)
> aposto de oração

b) separar um **adjunto adverbial** (antecipado ou intercalado):

> "**Um dia**, tomou caminho, entrou na boca aberta do Pará, e pegou a subir."
> (João Guimarães Rosa)

> "**Uma noite**, **no seio da cabana**, a virgem de Tupã tornou-se esposa de Martim."
> (José de Alencar)

OBSERVAÇÃO

Quando o adjunto adverbial é um simples **advérbio**, não se emprega, em geral, a vírgula:

> O estudo **sempre** se torna um sacrifício.

c) isolar algumas **conjunções intercaladas**:

> "Era domingo; eu não tinha nada, **pois**, a fazer." (Paulo Mendes Campos)

> "Um dia, **porém**, o Duro regressou à terra." (M. Torga)

OBSERVAÇÃO

Quando a conjunção inicia a oração, não deve ser isolada por vírgula:

> "Era tempo, **pois** alguém se aproximava." (Manuel Antônio de Almeida)

> "A chuvinha caía mansa, **porém** caía." (Mário Palmério)

d) isolar expressões *explicativas*, *corretivas* ou *continuativas*: **isto é**, **por exemplo**, **ou seja**, **aliás** etc.:

> Sairá amanhã, **aliás**, depois de amanhã.
>
> O preço da gasolina está elevadíssimo, **ou melhor**, exorbitante.

e) isolar um complemento pleonástico antecipado ao verbo:

> "**Ao ingrato**, eu não o sirvo porque me não magoe." (R. Lobo)
> ODPI

f) isolar **topônimos** (nomes próprios de lugar) seguidos de data:

> São Paulo, 21 de setembro de 2002.

g) separar vários termos coordenados em **enumeração**:

> "Os troços minguados ajuntavam-se no chão: a espingarda de pederneira, o aió, a cuia de água e o baú de folha pintada." (Graciliano Ramos)

h) indicar a supressão (elipse) de um verbo por estar subentendido na frase:

> "Na sala, apenas quatro ou cinco convidados." (Machado de Assis)
>
> (A vírgula indica a supressão da forma verbal **havia** ou **estavam**.)
>
> "O colégio compareceu fardado; a diretoria, de casaca." (Raul Pompeia)
>
> (A vírgula indica a supressão da forma verbal **compareceu**.)

i) separar **orações coordenadas assindéticas**:

> "Andava, estacava diante de uma loja, atravessava a rua, detinha um conhecido."
> (Machado de Assis)
>
> "No alto da figueira estava, no alto da figueira fiquei." (José Cândido de Carvalho)

j) separar **orações coordenadas sindéticas** iniciadas por **conjunção adversativa**, **alternativa**, **conclusiva** ou **explicativa**:

> "A morte é dura, **porém** longe da pátria é dupla a morte." (Laurindo Rabelo)
>
> "**Ora** respondia, **ora** ficava mudo." (Orígenes Lessa)
>
> "O senhor (...) estava avisado do que ia acontecer, **portanto** não chore mais."
> (Rubem Braga)
>
> "Abram-me estas portas, que a trarei." (Camilo Castelo Branco)

OBSERVAÇÕES

1.ª) É comum encontrarmos a vírgula antes da conjunção coordenativa aditiva **nem** em textos de autores consagrados:

> "Não havia nele a resignação cristã, **nem** a conformidade filosófica."
> (Machado de Assis)

2.ª) Antes da conjunção coordenativa **e**, emprega-se a vírgula nos seguintes casos:

— quando o **e** não possui valor aditivo:

> Estudou o ano inteiro, **e** não conseguiu aprovação no concurso.
> (valor adversativo)
>
> Trovejou tanto no ouvido do marido, **e** conseguiu o sonhado anel.
> (valor consecutivo)

— quando os sujeitos são diferentes:

> "<u>**Um**</u> deitou-se na rede, e <u>**outro**</u> telefonava." (Rubem Braga)
> sujeito   sujeito

— quando o **e** aparece repetido (polissíndeto):

> "Ele fez o céu, **e** a terra, **e** o mar, **e** tudo quanto há neles."(Pe. Antônio Vieira)

---

k) separar **orações subordinadas adjetivas explicativas**:

> "E essa força, **que é tudo**, vem de um nada." (Emílio de Meneses)

> "Os tímidos veículos a burro, **que cortavam a morna cidade provinciana**,
> iam desaparecer para sempre (...)"
> (Oswald de Andrade)

l) separar **orações adverbiais** (desenvolvidas ou reduzidas), principalmente quando antepostas à oração principal ou intercaladas no período:

> "**Mesmo que ele levasse aquele gadinho para a terra dele**,
> fazia outro negócio (...)"
> (João Guimarães Rosa)

> "**Apesar de ser indivíduo medianamente impressionável**,
> convenci-me de que este mundo não é mau."
> (Graciliano Ramos)

> "Já nesse tempo, **como dissemos**, Inocência de todo se restabelecera (...)"
> (Visconde de Taunay)

> "**Ao regressar à vila**, achei-o com a barba crescida."
> (Graciliano Ramos)

NÃO SE USA VÍRGULA:

a) entre **sujeito** e **predicado**, mesmo que o sujeito seja extenso:

"A sua compleição robusta / ostenta-se nesta ocasião em toda a plenitude."
sujeito   predicado
(Euclides da Cunha)

b) entre o **verbo** e o **complemento**, mesmo que o **objeto indireto** se anteponha ao **objeto direto**:

Pagarei **ao farmacêutico** **a conta**.
            OI   OD

c) entre o **nome** e o **adjunto adnominal** ou **complemento nominal**:

As **ruas da cidade** amanheceram alagadas.
     nome   adj. adn.
Todos aguardam o seu **retorno à cidade**.
                           nome   compl. nom.

d) entre **oração principal** e **oração subordinada substantiva**:

"E todos asseguramos / que aquilo efetivamente era atroz." (Graciliano Ramos)
or. principal   or. subord. subst.

OBSERVAÇÃO

As orações **subordinadas substantivas apositivas** podem aparecer antecedidas de vírgula ou de dois-pontos:

"Mas diga-me uma cousa, **essa proposta traz algum motivo oculto**?" (Machado de Assis)
"Desejava realizar um grande sonho: **que todos os homens vivessem pacificamente**." (Cecília Meireles)

Exercícios

1. Pontue adequadamente a crônica que segue. Abra parágrafos e empregue as letras maiúsculas necessárias:

O LEITOR IDEAL

O leitor ideal para o cronista seria aquele a quem bastasse uma frase uma frase que digo uma palavra o cronista escolheria a palavra do dia Árvore por exemplo ou Menina escreveria essa palavra bem no meio da página com espaço em branco para todos os lados como um campo aberto aos devaneios do leitor imaginem só uma meninazinha solta no meio da página sem mais nada até sem nome sem cor de vestido nem de olhos sem se saber para onde ia que mundo de sugestões e de poesia para o leitor e que cúmulo de arte a crônica pois bem sabeis que arte é sugestão e se o leitor nada conseguisse tirar dessa obra-prima poderia o autor alegar cavilosamente que a culpa não era do cronista mas nem tudo estaria perdido para esse hipotético leitor fracassado porque ele teria sempre à sua disposição na página um considerável espaço em branco para tomar os seus apontamentos fazer os seus cálculos ou a sua fezinha em todo caso eu lhe dou de presente hoje a palavra Ventania serve

(Mário Quintana)

2. Nas frases seguintes, use adequadamente a vírgula:

a) "De nenhuma árvore da horta comendo morrerás." (Almeida Garrett)

b) "— Vou ao cinema com o vestido claro ou com aquele estampado Maria Alice?"

(Orígenes Lessa)

c) "Tinha graça tornou Padilha D. Madalena escrevendo os diversos a diversos."

(Graciliano Ramos)

d) "Antigamente os pirralhos dobravam a língua diante dos pais..."

(Carlos Drummond de Andrade)

e) "Em matéria de injúria é mais nobre cômodo e seguro perdoar esquecer e não vingar."

(Marquês de Maricá)

f) "Chorai orvalhos da noite / soluçai ventos errantes!" (Castro Alves)

g) "Um deles note-se custou-lhe não pouco dinheiro." (Machado de Assis)

h) "Os outros reparos aceitei-os todos." (Mário de Andrade)

i) "Sinhá Vitória benzia-se tremendo manejava o rosário mexia os beiços rezando rezas desesperadas." (Graciliano Ramos)

j) "Tentou comer uma das frutas desconhecidas que verdes e sem sumo apenas lhe arranharam a boca ávida." (Clarice Lispector)

k) "Vadinho o primeiro marido de dona Flor morreu num domingo de Carnaval pela manhã quando fantasiado de baiana sambava num bloco na maior animação no Largo Dois de Julho não longe de sua casa." (Jorge Amado)

l) "Enquanto isso na Holanda Joanita podendo comer os pratos mais saborosos do mundo tem saudades é de chuchu com molho." (Manuel Bandeira)

m) "— Anda condenado do diabo gritou-lhe o pai." (Graciliano Ramos)

n) "A ideia de recenseamento pouco a pouco se vai instalando naquela casa penetrando naquele espírito." (Carlos Drummond de Andrade)

o) "Furada de unhas a bola de estopa arrastava-se pelo chão espirrando de sangue as paredes." (Dalton Trevisan)

p) "Pisando quase de lado vai tropicando um pedaço de flanela balanga no punho seu boné descorado lembra restos de Carnaval." (João Antônio)

3. Justifique o emprego da vírgula nas frases seguintes:

a) "Pela emoção somos nós; pela inteligência, alheios." (Fernando Pessoa)

b) "Jorge há de repetir-lhe as mesmas razões que me deu, e o senhor as aceitará naturalmente." (Machado de Assis)

c) "Confesso que tudo aquilo me pareceu obscuro, incongruente, insano (...)"

(Machado de Assis)

d) "Tu farás isso, Lúcia! Disse-lhe eu à meia voz." (José de Alencar)

e) "Quanto mais uma civilização é artista, mais ela se afasta da natureza." (Graça Aranha)

f) "Morreu Filipe dos Santos; outros, porém, nascerão." (Cecília Meireles)

g) "Quais de vós sois, como eu, desterrados no meio do gênero humano?" (Alexandre Herculano)

h) "Prudêncio, um moleque de casa, era o meu cavalo de todos os dias (...)" (Machado de Assis)

i) "E treme, e cresce, e vibra, e afia o ouvido, e escuta." (Olavo Bilac)

j) "A cachorra Baleia saiu correndo entre os alastrados quipás, farejando a novilha raposa." (Graciliano Ramos)

k) "A roupa lavada, que ficara de véspera nos coradouros, umedecia o ar (...)"
(Aluísio de Azevedo)

l) "Há, desde a entrada, um sentimento de tempo na casa materna." (Vinicius de Moraes)

m) "O homem sem iniciativa, que tudo espera do acaso, é como o mendigo, que vive de esmolas." (Coelho Neto)

n) "Dispus-me a carregá-la, mas alguém sugeriu que era melhor que ela fosse andando."
(Fernando Sabino)

o) "É aqui, nesta serra inacessível, que deves esperar (...)" (Alexandre Herculano)

p) "No verão, calor de espatifar osso e carnes." (Carlos Heitor Cony)

4. Justifique a pontuação destacada em cada item abaixo:

a) "Os porcos do chiqueiro, as galinhas, os pés de bogari, o cordeiro da estrada, as cajazeiras, o bode manso, tudo na casa de seu compadre parecia mais seguro do que dantes." (José Lins do Rego)

b) Já dizia Rui Barbosa: "O homem criando, através do trabalho, assemelha-se a Deus".

c) "— Será que o patrão vai-se embora?
— Vou, Floripes.
— Para não voltar mais?
— Não sei, Floripes.
— E se chegar alguma carta, patrão, para onde devo mandar?
— Não haverá cartas para mim. Ninguém me escreve (...)
— E se alguém telefonar?
— Oh, Floripes, por favor..." (Aníbal Machado)

d) "— Como? O quê? Fez Bastos arregalando os olhos." (Lima Barreto)

e) "— Uma aventura, meus amigos, uma bela aventura." (João do Rio)

f) "— Breve... Espere um pouco... Tenha paciência... Vou ser nomeado professor de javanês, e..." (Lima Barreto)

g) "Dasdores (assim se chamavam as moças daquele tempo) sentia-se dividida entre a Missa do Galo e o presépio." (Carlos Drummond de Andrade)

h) "(...) uma novena de relho porque disse: 'Como é ruim, a sinhá!'." (Monteiro Lobato)

i) "— Manhã linda! — murmurou. Hoje eu quero ser menina." (Osman Lins)

j) "Eles, os pobres desesperados, tinham uma euforia de fantoche." (Fernando Namora)

k) "Não, provavelmente não seria homem: seria aquilo mesmo a vida inteira."
(Graciliano Ramos)

l) "Moscas zumbiam com asas lampejantes em giros idiotas; gatos agachados como velhos sicários pichavam com muitas perfídias à caça dos pássaros nas densas verduras desbotadas dos arvoredos; carros chiavam nas terras baixas, barrentas, com grandes gretas das calcinações do grande sol; os lentos bois nostálgicos vergastavam com caudas ásperas os moscardos que os atacavam de entre os tapumes com grandes sedes impetuosas de frescores de sangue." (Camilo Castelo Branco)

5. (**Vunesp**) Explique o emprego das vírgulas em: "(negro que foste) para os canaviais do Brasil, para o tronco, para o colar de ferro, para a canga de todos os senhores do mundo".

6. (**Fuvest-SP**) "Donde houveste, ó pélago revolto, / Esse rugido teu?"
Explique o emprego das vírgulas no texto acima.

7. (**Fuvest-SP**) Do texto abaixo, omitiram-se as vírgulas. Transcreva-o, colocando-as:
"Quando eu pedi três meses depois que casasse comigo Iaiá Lindinha não estranhou nem me despediu".

8. (**Faap-SP**) Pontue adequadamente o trecho:
"Os que vivem dependentes do dinheiro sujeitos à sua força encarcerados por ele não sabem que a mais nobre das condições humanas é justamente o desprezo do vil metal quando a gente não tem esclareço".

9. (**Faap-SP**) Justifique as vírgulas empregadas nas seguintes frases:
a) "Em 1695, sete mil homens veteranos marcharam sobre Palmares."
b) "E vive ainda a lembrança do último Zumbi, o rei de Palmares, o guerreiro que viveu na morte o seu direito de liberdade e de heroísmo..."

10. (**UFG**) Pontue o texto abaixo, empregando os seguintes sinais de pontuação: vírgula, ponto e vírgula e dois-pontos.
"Há mitos Timbira que narram como os índios aprenderam a fazer determinados rituais com animais terrestres aquáticos e aéreos assim nos tempos míticos a situação seria o inverso da atual os ritos existiam no âmbito da natureza mas não no da sociedade."

DE CONCURSOS PÚBLICOS E VESTIBULARES

1. (**Petrobras**) Assinale a opção em que a pontuação está totalmente correta.

a) Naquela empresa, acontecem fatos relevantes, o que, deve ser documentado, sempre.

b) O país, em relação à política energética, deve adotar medidas eficientes para diversos setores.

c) O país, deve adotar, em relação às fontes energéticas, recursos que propiciem eficiência no setor.

d) Em relação ao problema do petróleo, urge, de imediato, que se adotem, medidas objetivas, rápidas e satisfatórias.

e) Muitas empresas, surpresas com o elevado preço da gasolina, chegam, a prever, um racionamento em escala.

2. (IBGE) Assinale a sequência correta dos sinais de pontuação que devem ser usados nas lacunas da frase abaixo. Não cabendo qualquer sinal, **O** indicará essa inexistência: Aos poucos _ a necessidade de mão de obra foi aumentando _ tornando-se necessária a abertura dos portos _ para uma outra população de trabalhadores _ os imigrantes.
a) **O** – ponto e vírgula – vírgula – vírgula
b) **O** – **O** – dois-pontos – vírgula
c) vírgula – vírgula – **O** – dois-pontos
d) vírgula – ponto e vírgula – **O** – dois-pontos
e) vírgula – dois-pontos – vírgula – vírgula

3. (IBGE) Assinale a sequência correta dos sinais de pontuação que devem preencher as lacunas da frase abaixo. Não havendo sinal, **O** indicará essa inexistência: Na época da colonização _ os negros e os indígenas escravizados pelos brancos _ reagiram _ indiscutivelmente _ de forma diferente.
a) **O** – **O** – vírgula – vírgula
b) **O** – dois-pontos – **O** – vírgula
c) **O** – dois-pontos – vírgula – vírgula
d) vírgula – vírgula – **O** – **O**
e) vírgula – **O** – vírgula – vírgula

4. (BB) "Os textos são bons e entre outras coisas demonstram que há criatividade." Cabem **no máximo**:
a) 3 vírgulas.
b) 4 vírgulas.
c) 2 vírgulas.
d) 1 vírgula.
e) 5 vírgulas.

5. (BB) Pontuação correta:
a) A citação é antiga; "Trabalhar para progredir".
b) Leia dois autores, pelo menos; Machado, e Aluísio, por exemplo.
c) Sempre aconselhou aos mais novos; lutem pela vida.
d) Primeira regra do jogo; respeitar o adversário.
e) Amado e Osman, escritores brasileiros; Camilo, português.

6. (SRF) Das redações abaixo, assinale a que não está pontuada corretamente:
a) Os candidatos, em fila, aguardavam ansiosos o resultado do concurso.
b) Em fila, os candidatos, aguardavam, ansiosos, o resultado do concurso.
c) Ansiosos, os candidatos aguardavam, em fila, o resultado do concurso.
d) Os candidatos ansiosos aguardavam o resultado do concurso, em fila.
e) Os candidatos aguardavam ansiosos, em fila, o resultado do concurso.

7. (SRF) Assinale a alternativa que apresenta o emprego correto dos sinais de pontuação:
a) Na Suíça, delegados de 103 países, grande parte deles com suas vestes africanas, determinaram a proibição total da caça aos elefantes.
b) Na Suíça, delegados de 103 países, grande parte deles com suas vestes africanas, determinaram, a proibição total da caça aos elefantes.
c) Na Suíça delegados de 103 países, grande parte deles com suas vestes africanas determinaram a proibição total, da caça aos elefantes.
d) Na Suíça, delegados de 103 países, grande parte deles com suas vestes africanas determinaram a proibição, total da caça aos elefantes.
e) Na Suíça, delegados de 103 países grande parte deles com suas vestes africanas determinaram, a proibição total da caça aos elefantes.

8. (SRF) Assinale o item que apresenta a pontuação correta:

a) A hospitalidade tem dois aspectos: um geral, que se refere à convivência em sociedade e se confunde com o cerimonial e a etiqueta de cada povo; o outro, específico, que estabelece relações especiais entre anfitriões e convidados.

b) Baseadas no código de honra do deserto, as relações de hospitalidade árabe, dão ao hóspede direitos exorbitantes.

c) Os poetas árabes, que tanto cantaram as virtudes do perfeito anfitrião não dizem quase nada, a respeito dos hóspedes.

d) Aquele que recebe a hospitalidade é ao mesmo tempo, um emir, um prisioneiro, e um poeta dizem os beduínos.

e) A hospitalidade no entanto, não é medida pela abundância da comida, mas é particularmente, apreciada quando se pratica apesar dos meios limitados.

(Trechos da Revista *Correio da Unesco*, com adaptações)

9. (SRF) Marque o texto em que ocorre **erro** de pontuação:

a) O traço todo da vida é para muitos um desenho de criança esquecido do homem, e ao qual este terá sempre de se cingir sem o saber.

b) Os primeiros anos da vida foram portanto, os de minha formação instintiva ou moral, definitiva.

c) Passei esse período inicial, tão remoto e tão presente, em um engenho de Pernambuco, minha província natal.

d) A população do pequeno domínio, inteiramente fechado a qualquer ingerência de fora, como todos os outros feudos da escravidão, compunha-se de escravos, distribuídos pelos compartimentos da senzala, o grande pombal negro ao lado da casa de morada, e de rendeiros, ligados ao proprietário pelo benefício da casa de barro que os agasalhava ou da pequena cultura que ele lhes consentia em suas terras.

e) No centro do pequeno cantão de escravos levantava-se a residência do senhor, olhando para os edifícios da moagem, e tendo por trás, em uma ondulação do terreno, a capela sob a invocação de São Mateus.

(Joaquim Nabuco, com adaptações)

10. (SRF) Indique o trecho em que os sinais de pontuação estão bem empregados:

a) O principal dado da pesquisa do *DataFolha* sobre a sucessão presidencial, publicada ontem, é o fato de que, pela primeira vez desde abril, os números indicam que haverá um segundo turno.

b) O principal dado, da pesquisa do *DataFolha*, sobre a sucessão presidencial, publicada ontem, é o fato de que pela primeira vez, desde abril, os números indicam que haverá um segundo turno.

c) O principal dado da pesquisa do *DataFolha* sobre a sucessão presidencial publicada ontem, é o fato de, que pela primeira vez, desde abril, os números indicam que haverá um segundo turno.

d) O principal dado da pesquisa do *DataFolha*, sobre a sucessão presidencial, publicada ontem é o fato de, que pela primeira vez, desde abril, os números indicam que haverá um segundo turno.

e) O principal dado da pesquisa do *DataFolha* sobre a sucessão presidencial publicada, ontem, é o fato de que pela primeira vez, desde abril os números indicam que haverá um segundo turno.

11. (SRF) Indique o período em que as vírgulas não isolam oração subordinada adjetiva:

a) "Entre a história romanceada, que teve nova voga entre 1920 e 1940, situa-se parte da obra do escritor."

b) "Dentre os numerosos dialetos regionais usados no Sul da França, não há nenhum que, desde o início da Idade Média, tenha adquirido importância decisiva como língua literária."

c) "No fim do século XI constitui-se uma língua de civilização, cujo berço é a França Meridional, hoje denominada 'provençal clássico'."

d) "Os comediantes italianos, que vinham com frequência a Paris, representavam a comédia improvisada em torno de um esquema prévio: a 'commedia dell'arte'."

e) "Como consequência de tudo isso os gramáticos, que eram senhores absolutos da língua, impunham arbitrariamente regras cerebrinas."

12. (MP-SP) Assinale a alternativa correta quanto à pontuação:

a) Seguido pelo alcoolismo o tabagismo, encabeça a lista dos fatores de risco.

b) O tabagismo encabeça, seguido pelo alcoolismo a lista dos fatores de risco.

c) O tabagismo, seguido pelo alcoolismo, encabeça a lista dos fatores de risco.

d) O tabagismo seguido pelo alcoolismo, encabeça a lista dos fatores de risco.

e) O tabagismo encabeça seguido pelo alcoolismo, a lista dos fatores de risco.

13. (MP-SP) Assinale a alternativa correta quanto à pontuação:

a) Foi assim, que Nassau a partir de Recife, dirigiu as terras e a população.

b) Foi assim que, a partir de Recife Nassau dirigiu as terras e a população.

c) Foi assim que Nassau dirigiu, a partir de Recife as terras e a população.

d) Foi assim que, a partir de Recife, Nassau dirigiu as terras e a população.

e) Foi assim, a partir de Recife que Nassau dirigiu as terras e a população.

14. (Tacrim-SP) A oração indevidamente pontuada é:

a) Crianças venham aqui.

b) Crianças, venham aqui.

c) As crianças, coisas mais lindas do mundo, vieram aqui.

d) As crianças vieram aqui.

e) As crianças não vieram aqui.

15. (SRF) Nos textos apresentados, marque o período em que ocorre **erro** de pontuação:

a) O Direito do Trabalho tem sua origem ligada, visceralmente, à historiografia da crise econômica.

b) Nos seus períodos pré-histórico e proto-histórico, que significaram, na lapidar expressão do professor José Martins Catharino, a gestação mais longínqua e a transição para uma sistematização científica do fenômeno laboral, a influência da economia é visível, como substrato do Direito do Trabalho.

c) A denominada "Questão Social", iniciada no século XVIII, fase proto-histórica por excelência do Direito do Trabalho, catalisou a formação do novo ramo da Ciência Jurídica.

d) O liberalismo clássico discursou sobre a liberdade, mas, em verdade, usou-a para continuar a espoliação da massa anônima de trabalhadores.

e) Nascia portanto, o direito laboral de uma realidade fática incontestável: a necessidade de proteção à dignidade da pessoa do trabalhador.

(Weliton Sousa de Carvalho)

16. (SRF) Marque o texto em que ocorre **erro** de pontuação.

a) Os estabelecimentos fundados por portugueses, lá pelos anos de 1618, começavam no Pará, quase sob o Equador, e terminavam em Cananeia, além do trópico.

b) Entre uma e outra capitania havia longos espaços desertos, de dezenas de léguas de extensão. A população de língua europeia, cabia folgadamente em cinco algarismos.

c) A camada ínfima da população era formada por escravos, filhos da terra, africanos ou seus descendentes.

d) Os filhos da terra eram menos numerosos pela pouca densidade originária da população indígena, pelos grandes êxodos que os afastaram da costa, pelas constantes epidemias que os dizimaram, pelos embaraços, nem sempre inúteis, opostos ao seu escravizamento.

e) Acima desta população, sem terra e sem liberdade, seguiam-se os portugueses de nascimento ou origem, sem terra, porém livres: feitores, mestres de açúcar, oficiais mecânicos, vivendo dos seus salários ou do feitio de obras encomendadas.

(Capistrano de Abreu, com adaptações)

17. (TJ-SP) Os períodos abaixo representam diferenças de pontuação. Assinale a opção que corresponde ao período de pontuação correta:

a) Uns optaram, pelo partido rosa, outros pelo azul, houve quem preferisse, o amarelo mas vermelho não podia ser.

b) Uns optaram pelo partido rosa, outros pelo azul houve quem, preferisse o amarelo, mas vermelho não podia ser.

c) Uns optaram pelo partido rosa outros pelo azul houve, quem preferisse o amarelo, mas vermelho não podia ser.

d) Uns optaram pelo partido rosa, outros pelo azul, houve quem preferisse o amarelo, mas vermelho não podia ser.

e) Uns, optaram pelo partido, rosa outros pelo azul, houve quem preferisse, o amarelo mas vermelho não podia ser.

18. (TCE-RJ) Assinale o período em que a supressão da(s) vírgula(s) **não** altera o significado da frase.

a) Ontem, a rua estava muito barulhenta.

b) O deputado, que se mudou para a casa ao lado, tem sete filhos.

c) A mãe da menina, histérica, pedia que alguém a ajudasse.

d) "Maria, vem cá mais tarde."

e) Perdi a paciência com a secretária, que costuma me desmentir.

19. (MM) Assinale a alternativa que contenha período mal pontuado:

a) "Os jovens buscam a felicidade na novidade; os velhos, nos hábitos."

b) Arrumou as malas, saiu, lançou-se na vida.

c) "Palavras fortes e amargas, indicam uma causa fraca."

d) Eu contesto a justiça que mata.

e) Preciso ouvir, disse a mãe ao menino, a causa dessa briga.

20. (Fesp) Na frase "E, vencida a barreira, seguiu em frente", observa-se o uso correto de duas vírgulas. A frase em que está **incorreto** o emprego da vírgula é:

a) A AIDS, está se espalhando pelo mundo.

b) Lico, fique calado por alguns instantes.

c) A doutora, de vez em quando, se exaltava.

d) Júlia, a menina do grupo, estava inibida.

e) A gripe, a hepatite e a febre amarela são causadas por vírus.

21. (F.C.Chagas-PR) Assinale a letra que corresponde ao período de pontuação correta:

a) Cada qual, busca salvar-se, a si próprio.

b) Cada qual busca, salvar-se, a si próprio.

c) Cada qual, busca salvar-se a si próprio.

d) Cada qual, busca, salvar-se, a si próprio.

e) Cada qual busca salvar-se, a si próprio.

22. (Fuvest-SP) "Podem acusar-me: estou com a consciência tranquila."

Os dois-pontos (:) do período acima poderiam ser substituídos por vírgula, explicitan-do-se o nexo entre as orações pela conjunção:

a) portanto

b) e

c) como

d) pois

e) embora

23. (ITA-SP) Dadas as sentenças:

1. Quase todos os habitantes daquela região pantanosa e longe da civilização, morrem de malária.

2. Pedra que rola não cria limo.

3. Muitas pessoas observavam com interesse, o eclipse solar.

Deduzimos que:

a) Apenas a sentença n.º 1 está correta.

b) Apenas a sentença n.º 2 está correta.

c) Apenas a sentença n.º 3 está correta.

d) Todas estão corretas.

e) Todas estão incorretas.

24. (Fuvest-SP) Aponte a alternativa pontuada corretamente:

a) Com as graças de Deus, vou, indo mestre José Amaro.

b) Com as graças de Deus, vou indo mestre José Amaro.

c) Com as graças de Deus, vou indo, mestre José Amaro.

d) Com as graças de Deus, vou indo, mestre, José Amaro.

e) Com as graças, de Deus, vou indo mestre, José Amaro.

25. (Fuvest-SP) Assinale o período que está pontuado corretamente:

a) Solicitamos aos candidatos que respondam às perguntas a seguir, importantes para efeito de pesquisas relativas aos vestibulares.

b) Solicitamos aos candidatos, que respondam, às perguntas a seguir importantes para efeito de pesquisas relativas aos vestibulares.

c) Solicitamos aos candidatos, que respondam às perguntas, a seguir importantes para efeito de pesquisas relativas aos vestibulares.

d) Solicitamos, aos candidatos que respondam às perguntas a seguir importantes para efeito de pesquisas relativas aos vestibulares.

e) Solicitamos aos candidatos que respondam às perguntas, a seguir, importantes para efeito de pesquisas relativas aos vestibulares.

26. (Cesgranrio-RJ) Das seguintes orações abaixo, assinale a que **não** está pontuada corretamente:

a) Os meninos, inquietos, esperavam o resultado do pedido.
b) Inquietos, os meninos esperavam o resultado do pedido.
c) Os meninos esperavam, inquietos, o resultado do pedido.
d) Os meninos inquietos esperavam o resultado do pedido.
e) Os meninos, esperavam inquietos, o resultado do pedido.

27. (UEL-PR) Assinale o período de pontuação correta:

a) De que se queixa, se sua vida parece um mar de rosas?
b) De que, se queixa, se sua vida parece um mar de rosas?
c) De que se queixa se, sua vida, parece um mar de rosas?
d) De que, se queixa, se sua vida parece, um mar de rosas?
e) De que se queixa se sua vida, parece: um mar de rosas?

28. (UEL-PR) Assinale o período de pontuação correta:

a) Já se vai embora? Perguntou, ele, ao moço, quando o viu tirar, o casaco, do cabide.
b) Já? Se vai embora? Perguntou ele ao moço quando, o viu tirar o casaco do cabide.
c) Já se vai embora? Perguntou ele ao moço, quando o viu tirar o casaco do cabide.
d) Já se vai, embora, perguntou ele? Ao moço quando o viu tirar o casaco do cabide.
e) Já se vai embora, perguntou ele ao moço? Quando o viu tirar o casaco do cabide.

29. (Fuvest-SP) As aspas marcam o uso de uma palavra ou expressão de variedade linguística diversa da que foi usada no restante da frase em:

a) Essa visão desemboca na busca ilimitada do livro, na apologia do empresário privado como o "grande herói" contemporâneo.
b) Pude ver a obra de Machado de Assis de vários ângulos, sem participar de nenhuma visão "oficialesca".
c) Nas recentes discussões sobre os "fundamentos" da economia brasileira, o governo deu ênfase ao equilíbrio fiscal.
d) O prêmio Darwin, que "homenageia" mortes estúpidas, foi instituído em 1993.
e) Em fazendas de Minas e Santa Catarina, quem aprecia o campo pode curtir o frio, ouvindo "causos" à beira da fogueira.

30. (F.C.Chagas-PR) Assinale o período de pontuação correta:

a) Não sei odiar os homens por mais que, deles me desiluda.
b) Não sei, odiar os homens, por mais que deles, me desiluda.
c) Não sei odiar os homens, por mais que deles me desiluda.
d) Não sei, odiar os homens por mais que, deles me desiluda.
e) Não sei odiar, os homens, por mais que deles, me desiluda.

31. (UFRGS) Assinale o texto de pontuação correta:

a) Eu, posto que creia no bem não sou daqueles que negam o mal.
b) Eu, posto que creia, no bem, não sou daqueles, que negam o mal.
c) Eu, posto que creia, no bem, não sou daqueles, que negam o mal.
d) Eu, posto que creia no bem, não sou daqueles que negam o mal.
e) Eu, posto que creia no bem, não sou daqueles, que negam o mal.

32. (UEL-PR) Assinale a letra que corresponde ao período de pontuação correta:

a) Se houver tempo cuidaremos de tudo.
b) Se, houver tempo, cuidaremos de tudo.
c) Se houver tempo, cuidaremos de tudo.
d) Se, houver tempo, cuidaremos, de tudo.
e) Se houver tempo cuidaremos, de tudo.

33. (UFPR) Na oração "Pássaro e lesma, o homem oscila entre o desejo de voar e o desejo de se arrastar." (Gustavo Corção)
empregou-se a vírgula:

a) por tratar-se de antíteses.
b) para indicar a elipse de um termo.
c) para separar vocativo.
d) para separar uma oração adjetiva de valor restritivo.
e) para separar o aposto.

34. (Mackenzie-SP) Parecia um louco. Driblou. Escorregou. Driblou. Correu. Parou. Chutou.

Considerando a norma culta, assinale a alternativa que apresenta outra pontuação correta para a sequência acima transcrita:

a) Parecia um louco: driblou, escorregou, driblou, correu, parou, chutou...
b) Parecia, um louco: Driblou. Escorregou. Driblou. Correu. Parou. Chutou.
c) Parecia um louco; driblou: Escorregou; driblou; correu. Parou, chutou.
d) Parecia um louco, driblou; escorregou. Driblou, Correu, Parou, Chutou...
e) Parecia, um louco; Driblou; Escorregou: driblou, correu, parou, chutou.

35. (Fuvest-SP) Escolha a alternativa em que o texto é apresentado com a pontuação mais adequada:

a) Depois que há algumas gerações, o arsênio deixou de ser vendido, em farmácias, não diminuíram os casos de suicídio, ou envenenamento criminoso, mas aumentou e — quanto... o número de ratos.
b) Depois que há algumas gerações o arsênio, deixou de ser vendido em farmácias, não diminuíram os casos de suicídio ou envenenamento criminoso, mas aumentou — e quanto! o número de ratos.
c) Depois que, há algumas gerações, o arsênio deixou de ser vendido em farmácias, não diminuíram os casos de suicídio ou envenenamento criminoso, mas aumentou — e quanto! — o número de ratos.
d) Depois que há algumas gerações o arsênio deixou de ser vendido em farmácias — não diminuíram os casos de suicídio, ou envenenamento criminoso, mas aumentou; e quanto — o número de ratos.
e) Depois que, há algumas gerações o arsênio deixou de ser vendido em farmácias, não diminuíram os casos de suicídio ou envenenamento criminoso, mas aumentou; e quanto, o número de ratos!

36. (UFV-MG) No texto: "Numa Copa do Mundo, que envolve interesses promocionais e comerciais cada vez mais gigantescos, a FIFA faz tudo para que seus árbitros só tenham uma preocupação quando entrarem em campo para apitar o jogo: a correta aplicação das leis":

a) a pontuação está correta.
b) a pontuação está incorreta.
c) a segunda vírgula deve ser omitida.
d) os dois-pontos foram empregados incorretamente.
e) a vírgula depois da palavra **preocupação** é obrigatória.

37. (UEPG-PR) A opção em que está correto o emprego do ponto e vírgula é:

a) Solteiro, foi um menino turbulento; casado, era um moço alegre; viúvo, tornara-se um macambúzio.
b) Solteiro; foi um menino turbulento, casado; era um moço alegre, viúvo; tornara-se um macambúzio.
c) Solteiro, foi um menino; turbulento, casado; era um moço alegre viúvo, tornara-se um macambúzio.
d) Solteiro foi um menino turbulento, casado era um moço alegre, viúvo; tornara-se um macambúzio.
e) Solteiro, foi um menino turbulento, casado; era um moço alegre, viúvo; tornara-se um macambúzio.

38. (UEMT) Os períodos abaixo apresentam diferença de pontuação. Assinale a letra que corresponde ao período de pontuação correta:

a) O sinal, estava fechado; os carros, porém não paravam.
b) O sinal, estava fechado: os carros porém, não paravam.
c) O sinal estava fechado; os carros porém, não paravam.
d) O sinal estava fechado: os carros porém não paravam.
e) O sinal estava fechado; os carros, porém, não paravam.

39. (UFBA) Assinale a letra que corresponde ao período de pontuação correta:

a) Deu uma, última entrevista ocasião, em que pôde expor melhor suas intenções.
b) Deu uma última entrevista, ocasião em que pôde expor melhor suas intenções.
c) Deu uma última entrevista, ocasião em que, pôde expor melhor, suas intenções.
d) Deu uma última, entrevista, ocasião em que pôde, expor melhor suas intenções.
e) Deu uma última entrevista ocasião em que, pôde expor melhor, suas intenções.

40. (Fuvest-SP) Assinale a alternativa em que o texto esteja corretamente pontuado:

a) Enquanto eu fazia comigo mesmo aquela reflexão, entrou na loja um sujeito baixo sem chapéu trazendo pela mão, uma menina de quatro anos.
b) Enquanto eu fazia comigo mesmo aquela reflexão, entrou na loja, um sujeito baixo, sem chapéu, trazendo pela mão, uma menina de quatro anos.
c) Enquanto eu fazia comigo mesmo aquela reflexão, entrou na loja um sujeito baixo, sem chapéu, trazendo pela mão uma menina de quatro anos.
d) Enquanto eu, fazia comigo mesmo, aquela reflexão, entrou na loja um sujeito baixo sem chapéu, trazendo pela mão uma menina de quatro anos.
e) Enquanto eu fazia comigo mesmo, aquela reflexão, entrou na loja, um sujeito baixo, sem chapéu trazendo, pela mão, uma menina de quatro anos.

41. (UEPG-PR) Assinale a alternativa que corresponde ao período de pontuação correta:

a) Quando um juiz, sentencia, ouvindo somente uma das partes, a sentença, poderá ser justa, mas o juiz não o é de maneira nenhuma.

b) Quando um juiz sentencia, ouvindo somente uma, das partes, a sentença poderá ser justa, mas o juiz não o é de maneira nenhuma.

c) Quando um juiz, sentencia ouvindo somente, uma das partes, a sentença poderá ser justa mas, o juiz não o é de maneira nenhuma.

d) Quando um juiz sentencia, ouvindo somente uma das partes, a sentença poderá ser justa mas o juiz não o é, de maneira nenhuma.

e) Quando um juiz sentencia, ouvindo somente uma das partes, a sentença poderá ser justa, mas o juiz não o é de maneira nenhuma.

42. (Mackenzie-SP)
"— Muito bom dia, senhora,
Que nessa janela está;
Sabe dizer se é possível
Algum trabalho encontrar?" (João Cabral de Melo Neto)

No primeiro verso, **senhora** vem entre vírgulas porque o termo é:

a) um aposto.
b) um sujeito deslocado.
c) um vocativo.
d) um predicativo.
e) um sujeito simples.

43. (PUC-BA) Os períodos abaixo apresentam diferenças de pontuação. Assinale a letra que corresponde ao período de pontuação correta:

a) A vida, como a antiga Tebas, tem cem portas.
b) A vida como, a antiga Tebas, tem cem portas.
c) A vida como a antiga Tebas tem cem portas.
d) A vida como a antiga Tebas, tem cem portas.
e) A vida, como a antiga Tebas tem cem portas.

44. (Cesgranrio-RJ) Identifique a oração em que está corretamente indicada a ordem dos sinais de pontuação que devem substituir os asteriscos da frase a seguir:
Quando se trata de trabalho científico * duas coisas devem ser consideradas * uma é a contribuição teórica que o trabalho oferece * a outra é o valor prático que possa ter.

a) dois-pontos, ponto e vírgula, ponto e vírgula
b) dois-pontos, vírgula, ponto e vírgula
c) vírgula, dois-pontos, ponto e vírgula
d) ponto e vírgula, dois-pontos, ponto e vírgula
e) ponto e vírgula, vírgula, vírgula

45. (PUC-SP) Assinale a frase pontuada corretamente.

a) Embora não tivesse recebido o convite o candidato conseguiu apresentar-se ao ministro da Marinha.

b) Dizem, que, depois da 2.ª Guerra Mundial, o Japão conseguiu um milagre econômico à custa do caráter do seu povo.

c) Formavam um estranho conjunto, aquelas duas árvores.

d) *Dom Casmurro*, uma das melhores obras de Machado de Assis, conta uma história de amor e de sofrimento, pois, apesar de alguns capítulos de felicidade, não há final feliz.

e) A fronte do sacerdote se verga para o cálice sagrado. A do lavrador para a terra.

46. (ITA-SP) Assinale a opção em que o emprego da vírgula está em desacordo com as prescrições das regras gramaticais:

a) Com a vigência da nova lei, as instituições puderam usar processos alternativos ao vestibular convencional, baseados, principalmente na avaliação dos conteúdos. (*Folha de S.Paulo*, 24/8/1999)

b) Elevar-se é uma aspiração humana a que a música, essa arte próxima do divino, assiste com uma harmonia quase celestial. (*Bravo!*, 7/7/1998)

c) Estamos começando a mudar, mas ainda pagamos um preço alto por isso. (*IstoÉ*, 5/11/1997)

d) Medicamentos de última geração, aliás, são apenas coadjuvantes no tratamento dos males do sono. (*Época*, 3/8/1998)

e) Acho impossível, e mesmo raso, analisar o que é o teatro infantil fora de um contexto social. (*O Estado de S. Paulo*, 4/7/1999)

47. (UFPR) Assinale a opção em que, mesmo alterando a pontuação, a frase permanece com o mesmo sentido.

a) Dinheiro vivo, não cheque, é isso que vim buscar.
Dinheiro vivo não, cheque; é isso que vim buscar.

b) Foi à papelaria para comprar uma fita de máquina, preta.
Foi à papelaria para comprar uma fita de máquina preta.

c) A sátira é a arte de pisar o pé de alguém de modo que ele sinta, mas não grite...
A sátira é a arte de pisar o pé de alguém de modo que ele sinta... mas não grite.

d) Na juventude, acreditamos que a justiça seja o mínimo que podemos esperar do próximo na velhice, afinal descobrimos que é o máximo.
Na juventude, acreditamos que a justiça seja o mínimo que podemos esperar do próximo; na velhice, afinal, descobrimos que é o máximo.

e) Eis o que lhe dei: champanha francês, não cachaça.
Eis o que lhe dei: champanha francês não, cachaça.

48. (ESPM-SP) O período inteiramente correto quanto à pontuação é:

a) A esperança para os povos mais pobres é, a de se libertarem dos interesses dos mais ricos que os subjugam, e de, começarem a construir a sua própria história.

b) A esperança, para os povos mais pobres é a de se libertarem, dos interesses dos mais ricos, que os subjugam e de começarem a construir a sua própria história.

c) A esperança para os povos mais pobres é a de se libertarem dos interesses dos mais ricos, que os subjugam, e de começarem a construir a sua própria história.

d) A esperança, para os povos mais pobres é: a de se libertarem dos interesses, dos mais ricos, que os subjugam e de começarem a construir, a sua própria história.

e) A esperança para os povos mais pobres é a de se libertarem, dos interesses dos mais ricos que, os subjugam, e de começarem a construir a sua própria história.

49. (UEL-PR) Assinale a alternativa em que a pontuação está correta:

a) Há dias, novas descobertas no campo da astronomia: a primeira diz respeito a novos sistemas planetários que foram descobertos recentemente; a segunda se refere a astros que ora são classificados como planetas, por possuírem órbita fixa, ora como estrelas.

b) Há dias novas descobertas no campo da astronomia. A primeira diz respeito a novos sistemas planetários, que foram descobertos recentemente; a segunda se refere a astros que ora são classificados como planetas por possuírem órbita fixa, ora como estrelas.

c) Há dias novas descobertas no campo da astronomia: a primeira diz respeito a novos sistemas planetários que foram descobertos recentemente. A segunda se refere a astros, que ora são classificados como planetas por possuírem órbita fixa, ora como estrelas.

d) Há dias novas descobertas no campo da astronomia. A primeira diz respeito a novos sistemas planetários que foram descobertos recentemente. A segunda, se refere a astros que ora são classificados, como planetas por possuírem órbita fixa, ora, como estrelas.

e) Há dias novas descobertas no campo da astronomia: a primeira diz respeito a novos sistemas planetários que foram descobertos recentemente; a segunda se refere a astros que ora são classificados como planetas, por possuírem órbita fixa ora como estrelas.

50. (Fuvest-SP) Os sinais de pontuação foram bem utilizados em:

a) Nesse instante, muito pálido, macérrimo, Prudente de Morais entrou no Catete, sentou-se e, seco, declarou ao silêncio atônito dos que o contemplavam: "Voltei".

b) "Mãe onde estão os nossos: os parentes, os amigos e os vizinhos?" Mãe, não respondia.

c) Os Estados, que ainda devem ao governo, não poderão obter financiamentos, mas os Estados que já resgataram suas dívidas ainda terão créditos.

d) Ao permitir a apreensão, de jornais e revistas, o projeto, retira do leitor o direito a ser informado pelo veículo que ele escolheu.

e) Assim, passa-se a permitir, condenações absurdas, desproporcionais aos danos causados.

51. (Vunesp) Assinale a alternativa correta quanto à pontuação.

a) Quando, pensamos nisso: pensamos também, em quantas lições tiramos dos fatos e acontecimentos do século XX.

b) Mas o que nós, aprendemos principalmente, foi que para entender este mundo e nele crescer, a fim de trilhar, a estrada do futuro, só existe um caminho: a educação.

c) Com as conquistas, da ciência, e os avanços da tecnologia, aprendemos, que as conquistas podem ser utilizadas para o crescimento da espécie humana, e de cada um de nós.

d) Uma educação, para um século mais harmonioso, mais positivo, é o que, nós, estamos fazendo há 27 anos.

e) Com os conflitos, guerras e injustiças, aprendemos a importância de valores como a solidariedade, a honestidade e a cidadania em nosso dia a dia.

IV
Figuras de linguagem

São recursos linguísticos a que os autores recorrem para tornar a linguagem mais rica e expressiva. Esses recursos revelam a sensibilidade de quem os utiliza, traduzindo particularidades estilísticas do emissor.

"Escrever é uma luta contínua com a palavra. Um combate que tem algo de aliança secreta."

Julio Cortázar

Capítulo 1

Figuras de linguagem

Para utilizar as figuras de linguagem de maneira correta, é necessário dominar os conceitos de **denotação** e de **conotação**, ou seja, de expressões empregadas nos sentidos próprio ou figurado.

DENOTAÇÃO

Ocorre **denotação** quando a palavra é empregada em sua significação usual, literal, referindo-se a uma realidade concreta ou imaginária. Assim, quando escrevemos ou falamos, se desejamos ser objetivos, utilizamos uma linguagem que não permita mais de uma interpretação, cujo significado real seja conhecido por todos, isto é, seu sentido esteja dicionarizado. Veja:

> Perdi a **chave** desta gaveta.
>
> O café deve ser servido **quente**.

Nesses exemplos, as palavras **chave** e **quente** foram empregadas em seu sentido próprio, conhecido por todos. Logo, estamos diante de um caso de **denotação**, em que apenas uma interpretação é possível.

CONOTAÇÃO

Ocorre **conotação** quando a palavra é empregada em sentido figurado, associativo, possibilitando várias interpretações. O sentido **conotativo** tem, portanto, a propriedade de atribuir às palavras significados diferentes de seu sentido original, abrindo caminho para a subjetividade. Observe:

> Encontrei a **chave** deste problema.
>
> Conquistou-me o seu olhar **quente**.

Perceba que, nesses exemplos, as palavras **chave** e **quente** ganharam novos sentidos, sugerindo a ideia de forma indireta, e não como se encontram nos dicionários. Nesse caso, dizemos que ocorre **subjetividade**, pois o sentido das palavras está de acordo com a ideia que o emissor quis transmitir. Assim, a **conotação** consiste em atribuir novos significados ao sentido denotativo da palavra.

AS ESPÉCIES DE FIGURAS DE LINGUAGEM

As figuras de linguagem classificam-se em:

a) **Figuras de palavra ou semânticas**

b) **Figuras de construção** ou **de sintaxe**

c) **Figuras sonoras** ou **de harmonia**

OBSERVAÇÃO

Em concursos públicos, são raras as questões sobre figuras de linguagem. Já em vestibulares a ocorrência é grande.

Figuras de palavra ou semânticas

Consistem no emprego de uma palavra num sentido não convencional, ou seja, num sentido conotativo.

São as seguintes: **comparação**, **metáfora**, **catacrese**, **metonímia**, **antonomásia**, **sinestesia**, **antítese**, **eufemismo**, **gradação**, **hipérbole**, **prosopopeia**, **paradoxo**, **perífrase**, **apóstrofe** e **ironia**.

COMPARAÇÃO

Ocorre **comparação** quando se estabelece aproximação entre dois elementos que se identificam, ligados por nexos comparativos explícitos — **como**, **tal qual**, **assim como**, **que nem**, **feito** etc. — e por alguns verbos — **parecer**, **assemelhar-se** etc.

> "E há poetas que são artistas
>
> E trabalham nos seus versos
>
> **Como um carpinteiro nas tábuas!**" (Alberto Caeiro)

> "E flutuou no ar **como se fosse um príncipe**.
>
> E se acabou no chão **feito um pacote bêbado**." (Chico Buarque de Holanda)

METÁFORA

Essa figura de palavra ocorre quando um termo substitui outro a partir de uma relação de semelhança entre os elementos que esses termos designam. A metáfora também pode ser entendida como uma comparação abreviada, em que o nexo comparativo não está expresso, mas subentendido:

"Sua boca é um cadeado
E meu corpo é uma fogueira." (Chico Buarque de Holanda)

"O tempo é uma cadeira ao sol, e nada mais." (Carlos Drummond de Andrade)
"Meu cartão de crédito é uma navalha." (Cazuza)

CATACRESE

É uma espécie de metáfora em que se emprega uma palavra no sentido figurado por hábito ou esquecimento de sua etimologia:

"Usei a casa da lua
As asas do vento
Os braços do mar
O pé da montanha
Criei uma criatura
Um bicho, uma coisa
Um não-sei-que-lá
Composição estranha." (Ronaldo Tapajós e Renato Rocha)

"Ninguém coça as costas da cadeira.
Ninguém chupa a manga da camisa.
O piano jamais abana a cauda.
Tem asa, porém não voa, a xícara." (José Paulo Paes)

METONÍMIA

É o emprego de um nome por outro em virtude de haver entre eles algum relacionamento.

A metonímia ocorre quando se emprega:

a) **a causa pelo efeito**:

Vivo do meu trabalho. (do produto do **trabalho** = alimento)

b) **o efeito pela causa**:

Aquele poeta bebeu a morte. (= veneno)

c) **o instrumento pelo usuário**:

> Os **microfones** corriam no gramado. (= repórteres)

d) **o autor pela obra**:

Leio **Drummond**, o nosso poeta. (= a obra de Carlos Drummond de Andrade)

e) **o continente pelo conteúdo**:

> "Bebeu uma **xícara** de café requentado." (= o conteúdo de uma xícara)
> (Ézio Pinto Monteiro)

f) **o símbolo pelo simbolizado**:

> A **coroa** foi disputada pelos irmãos. (= poder)

g) **o concreto pelo abstrato**:

> "E mães, a agonizar de fome e de cansaço,
> Levam com o **coração** mais do que com os braços
> Os filhos pequeninos." (= sentimento)
> (Vicente de Carvalho)

h) **o abstrato pelo concreto**:

> Um dia a **virtude** vencerá. (= os virtuosos)

i) **o lugar de produção pelo produto**:

> "Corria o **champanhe**, gargalhava-se, a pândega ia avante."
> (= vinho espumante da região de Champagne, França)
> (Maria Archer)

j) **o inventor pelo invento**:

> **Gutenberg** possibilitou a difusão do conhecimento.
> (= a invenção de Gutenberg — imprensa)

k) **a parte pelo todo**:

> Falta-me um **teto** hospitaleiro. (= casa)

l) **o todo pela parte**:

> "Ele morava na **Rua do Senador Eusébio**."
> (= numa casa da Rua do Senador Eusébio)
> (Artur Azevedo)

m) **o material pelo objeto**:

> "Deram agora seis horas
> Nos **bronzes**
> Da enorme catedral." (= sinos)
>
> (Antônio Boto)

n) **o singular pelo plural**:

> "No Brasil, convencionou-se que o **carioca** e o **baiano** são carnavalizadores."
> (= todos os cariocas; todos os baianos)
>
> (Afonso de Sant'Ana)

o) **o nome próprio pelo comum** (**o indivíduo pela espécie**):

> Na calada da noite, revelou-se um **judas**. (= traidor)

p) **a marca pelo produto**:

> "Põe meia dúzia de **Brahma** pra gelar,
> muda a roupa de cama, eu tô voltando." (= cerveja)
>
> (Maurício Tapajós / Paulo C. Pinheiro)

OBSERVAÇÃO

Nos casos **l**, **m**, **n**, **o** e **p** encontramos **sinédoque**, um tipo especial de substituição. Modernamente, a metonímia compreende a sinédoque.

ANTONOMÁSIA

É a figura que consiste em designar uma **pessoa** por uma característica, feito ou fato que a tornou notória:

> O **Príncipe dos Poetas** notabilizou-se também por suas atividades cívicas.
> (= Olavo Bilac)
>
> O **Boca do Inferno** satirizou costumes e princípios.
> (= Gregório de Matos Guerra)

Outros exemplos:

> O **Poeta dos Escravos** (= Castro Alves)
>
> **Lampião** (= Virgulino Ferreira)
>
> O **Corso** (= Napoleão Bonaparte)

SINESTESIA

Consiste no cruzamento de palavras que transmitem sensações diferentes. Tais sensações podem ser físicas ou psicológicas:

> Um **doce abraço** indicava que o pai o desculpara.
> (sensações gustativa e tátil, respectivamente)

As derrotas do Corinthians deixam um **gostinho** de **prazer** nos adversários.
(sensações gustativa e psicológica, respectivamente)

ANTÍTESE

É o emprego de palavras ou expressões de significados opostos:

> "No sonho em que se perdeu,
> Banhou-se toda em luar...
> Queria **subir** ao céu,
> Queria **descer** ao mar..." (Alphonsus de Guimaraens)
>
> "Não sou **alegre** nem sou **triste**:
> sou poeta." (Cecília Meireles)

EUFEMISMO

É o recurso utilizado para atenuar um pensamento desagradável ou chocante:

> "Era incapaz de **apropriar-se do alheio**." (= roubar)
> (José Américo)
> O infeliz **pôs termo à vida** tragicamente. (= suicidou-se)

GRADAÇÃO

É a sequência de palavras que intensificam uma mesma ideia:

> "Porque gado a gente **marca**,
> **Tange**, **ferra**, **engorda** e **mata**,
> Mas com gente é diferente." (Geraldo Vandré)
>
> "E, homem, há de morrer como viveu: **sozinho**!
> **sem ar! sem luz! sem Deus! sem fé! sem pão! sem lar!**" (Olavo Bilac)

HIPÉRBOLE

É o recurso de expressão pelo qual se engrandece ou diminui de forma exagerada uma afirmação:

> "Ai mamãe, minha mãe, o travesseiro
> **eu ensopei de lágrimas ardentes**." (Carlos Drummond de Andrade)

> "**Rios te correrão dos olhos**, se chorares." (Olavo Bilac)

PROSOPOPEIA

Consiste em emprestar ação, voz ou sentimento humanos a seres inanimados, irracionais ou imaginários:

> "**Bailando** no ar, **gemia inquieto vaga-lume**." (Machado de Assis)
> "**Dorme, ruazinha**, é tudo escuro." (Mário Quintana)

PARADOXO

Consiste no emprego de palavras de sentido oposto que parecem excluir-se mutuamente, mas, no contexto, reforçam a expressão.

> "... e estirado no leito... ri, num **doloroso riso**, deste mundo burlesco e sórdido."
> (Eça de Queirós)

> "... se me afigurava ser um pedaço de cera, que se derretia, com **horrenda delícia**, num forno rubro e rugidor!"
> (Eça de Queirós)

PERÍFRASE

É uma expressão que designa um ser por meio de alguma de suas características ou atributos, ou de um fato que o tornou conhecido:

> Visitaremos a **cidade maravilhosa**. (= Rio de Janeiro)

> O **ouro negro** jorrou em vários pontos do **continente de Colombo**.
> (= petróleo, América)

APÓSTROFE

É a interpelação enfática de pessoas ou seres personificados:

> "**Deus**! ó **Deus**! onde estás que não respondes?" (Castro Alves)

> "Desce do espaço imenso, **ó águia do oceano**." (Castro Alves)

> "— **Ó vida futura**! nós te criaremos." (Carlos Drummond de Andrade)

IRONIA

É o recurso linguístico que consiste em afirmar o contrário do que se pensa, geralmente num tom depreciativo e sarcástico:

Vejam os **magníficos feitos** desses **honestíssimos** políticos: dilapidaram os bens do país e fomentaram a corrupção.

"Moça linda, bem tratada,
três séculos de família,
burra como uma porta:
um amor." (Mário de Andrade)

Figuras de construção ou de sintaxe

As **figuras de construção** ou **de sintaxe** são os desvios que se evidenciam na construção normal do período. Ocorrem na concordância, na ordem e na construção dos termos da oração.

São as seguintes: **elipse**, **zeugma**, **pleonasmo**, **assíndeto**, **polissíndeto**, **anacoluto**, **hipérbato**, **hipálage**, **anáfora** e **silepse**.

ELIPSE

Ocorre quando se omitem termos facilmente identificáveis pelo contexto:

"Estava à toa na vida
O meu amor me chamou
Pra ver a banda passar
Cantando coisas de amor." (= **Eu** estava à toa na vida)
(Chico Buarque de Holanda)

"Tão bom se ela estivesse viva me ver assim."
(= Tão bom se ela estivesse viva **para** me ver assim.)
(Antônio Olavo Pereira)

"A tarde talvez fosse azul,
Não houvesse tantos desejos."
(= **Se** não houvesse tantos desejos)
(Carlos Drummond de Andrade)

ZEUGMA

Ocorre quando se omitem termos já expressos no texto:

> "O meu pai **era** paulista
> Meu avô, pernambucano   (= Meu avô **era** pernambucano
> O meu bisavô, mineiro   O meu bisavô **era** mineiro
> Meu tataravô, baiano."   Meu tataravô **era** baiano.)
>
> (Chico Buarque de Holanda)

> "Vieira **vivia** para fora, para a cidade, para a corte, para o mundo;
> Bernardes para a cela, para si, para o seu coração."
> (= Bernardes **vivia** para a cela, para si, para o seu coração.)
>
> (Antônio Feliciano de Castilho)

PLEONASMO

É a repetição de uma ideia ou de uma função sintática. A sua finalidade é enfatizar a mensagem.

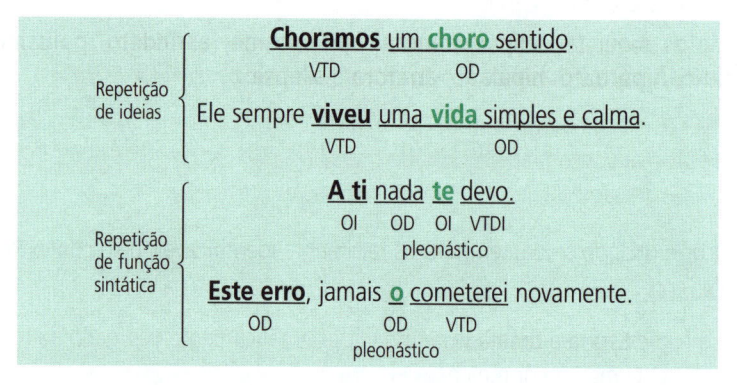

Repetição de ideias
- **Choramos** um **choro** sentido.
  VTD   OD
- Ele sempre **viveu** uma **vida** simples e calma.
  VTD   OD

Repetição de função sintática
- **A ti** nada **te** devo.
  OI   OD OI VTDI
     pleonástico
- **Este erro**, jamais **o** cometerei novamente.
  OD   OD VTD
     pleonástico

Outros exemplos:

> "Todos nus e da cor da **treva escura**." (Camões)
>
> "**A esse**, Deus **lhe** dará uma vida de novo." (Jorge de Lima)
>
> "O ato do vizinho é muito mais importante do que **lhe** parece **a ele**."
> (Carlos Drummond de Andrade)

OBSERVAÇÃO

O **pleonasmo**, quando perde seu caráter enfático, é chamado vicioso. Esse tipo de pleonasmo será estudado no capítulo sobre **vícios de linguagem**.

ASSÍNDETO

É a supressão de um conectivo entre elementos coordenados:

> "Todo coberto de medo, juro, minto, afirmo, assino." (Cecília Meireles)
>
> "Agachou-se, atiçou o fogo, apanhou uma brasa com a colher, acendeu o cachimbo, pôs-se a chupar o canudo do taquari cheio de sarro."
> (Graciliano Ramos)
>
> "Luciana subia à janela da cozinha, sondava os arredores, bradava com desespero..."
> (Graciliano Ramos)

POLISSÍNDETO

Consiste na repetição intencional de um conectivo coordenativo (geralmente a conjunção **e**):

> "... **e** planta, **e** colhe, **e** mata, **e** vive, **e** morre..." (Clarice Lispector)
>
> "**E** o olhar estaria ansioso esperando
> **e** a cabeça ao sabor da mágoa balançando
> **e** o coração fugindo **e** o coração voltando
> **e** os minutos passando **e** os minutos passando..." (Vinicius de Moraes)
>
> "**E** os olhos não choram.
> **E** as mãos tecem apenas o rude trabalho.
> **E** o coração está seco." (Carlos Drummond de Andrade)

ANACOLUTO

É a expressão que deixa um termo inicial sintaticamente desligado do restante do período. O tipo mais comum é aquele em que um elemento parece que vai ser o sujeito da oração, mas acaba ficando sem função sintática.

> "**Essas empregadas de hoje**, não se pode confiar nelas." (Alcântara Machado)
>
> "**Tua mãe**, não há idade nem desgraça que lhe amolgue a índole rancorosa."
> (Camilo Castelo Branco)
>
> "**Aquela mina de ouro**, ela não ia deixar que outras espertas botassem as mãos."
> (Camilo Castelo Branco)

Note que nos exemplos acima os termos destacados não se ligam sintaticamente à oração. Embora esclareçam a frase, não cumprem nenhuma função sintática.

HIPÉRBATO

É o deslocamento dos termos da oração ou das orações no período:

> "Bendito o que, na Terra, fez o fogo, e o teto."
> (= Bendito o que fez o fogo e o teto na Terra.)
>> (Olavo Bilac)
>
> "É esta
> de teu querido pai a mesma barba
> a mesma boca e testa."
> (= É esta a mesma barba, a mesma boca e testa de teu querido pai.)
>> (Tomás Antônio Gonzaga)

HIPÁLAGE

Ocorre quando se atribui a uma palavra uma característica que pertence a outra da mesma frase:

> "Em cada olho um **grito castanho** de ódio." (Dalton Trevisan)
> (= Em cada olho castanho um grito de ódio.)
>
> "Houve um **ruído domingueiro** de saias engomadas." (Eça de Queirós)
> (= Houve um ruído de saias domingueiras engomadas.)

ANÁFORA

É a repetição da mesma palavra ou expressão no início de várias orações, períodos ou versos:

> "**Tudo** é silêncio, **tudo** calma, **tudo** mudez." (Olavo Bilac)
>
> "**Vi uma estrela** tão alta,
> **Vi uma estrela** tão fria!
> **Vi uma estrela** luzindo
> Na minha vida vazia." (Manuel Bandeira)

SILEPSE

Ocorre quando a concordância se faz com a ideia subentendida, e não com os termos expressos.

A silepse pode ser:

a) **de gênero**:

ideia feminina: cidade

Moro **na velha** Santos.

palavra expressa: masculina

Outros exemplos:

> "Quando a **gente** é **novo**, gosta de fazer bonito." (Guimarães Rosa)
>
> "Admitindo a ideia de que eu fosse capaz de semelhante vilania,
> **S. M.** foi cruelmente **injusto** para comigo."
> (Alexandre Herculano)

b) **de número:**

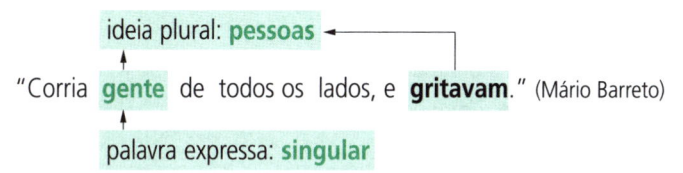

ideia plural: **pessoas**

"Corria **gente** de todos os lados, e **gritavam**." (Mário Barreto)

palavra expressa: **singular**

Outros exemplos:

> "**Muita gente** anda no mundo sem saber pra quê: **vivem** porque
> **veem** os outros viverem."
> (J. Simões Lopes Neto)
>
> "Um **grupo** mais numeroso descia da ladeira e parava a alguns passos.
> **Falavam** alto, comentando ainda as peripécias do leilão."
> (Afrânio Peixoto)

c) **de pessoa:**

ideia: **nós** (1.ª pessoa do plural)

Os **brasileiros** **somos** bastante otimistas.

palavra expressa: **eles** (3.ª pessoa do plural)

Outros exemplos:

> "Na noite seguinte **estávamos** reunidas **algumas pessoas**."
> (Machado de Assis)
>
> "Quanto à pátria da Origem, **todos os homens somos** do Céu."
> (Pe. Manuel Bernardes)

Figuras sonoras ou de harmonia

As **figuras sonoras** ou **de harmonia** constituem na utilização de efeitos da linguagem para reproduzir os sons produzidos pelos seres. São as seguintes: **aliteração**, **assonância**, **paronomásia** e **onomatopeia**.

ALITERAÇÃO

Ocorre quando fonemas consonantais se repetem ordenadamente na frase:

> "Será que ela mexe o chocalho
>
> Ou é o chocalho que mexe com ela." (Chico Buarque de Holanda)
>
> O vento vazava zunindo pelos vãos das velhas venezianas.

ASSONÂNCIA

Consiste na sequência ordenada de fonemas vocálicos ao longo da frase:

> "Quando a manhã madrugava
> calma
> alta
> clara
> Clara morria de amor." (Caetano Veloso)
>
> "Sou Ana, da cama
> da cana, fulana, bacana
> Sou Ana de Amsterdã." (Chico Buarque de Holanda)

PARONOMÁSIA

Ocorre quando se aproximam palavras de sons parecidos, porém de significados diferentes:

> "Quem vê um **fruto**
> Não vê um **furto**." (Mário Quintana)
>
> "Oxalá estejam limpas
> as roupas brancas da **sexta**
> as roupas brancas da **cesta**." (Paulo Leminski)

ONOMATOPEIA

A onomatopeia consiste no emprego de uma palavra ou conjunto de palavras que sugerem o ruído natural dos seres:

> "Chocalhos **tilintariam** pelos arredores." (Graciliano Ramos)
>
> " — Porque o **tic-tic**, o **toc-toc**, ou o **puc-puc** da máquina me picota a cuca."
> (Mário Quintana)

Capítulo 2

Vícios de linguagem

Vícios de linguagem são desvios das normas gramaticais do idioma, ou seja, o desrespeito às regras da língua-padrão em virtude de desconhecimento ou má assimilação dessas regras por parte de quem fala ou escreve.

Os vícios de linguagem classificam-se em: **barbarismo**, **solecismo**, **ambiguidade** ou **anfibologia**, **cacofonia**, **pleonasmo vicioso**, **eco**, **colisão** e **hiato**.

BARBARISMO

É o emprego de palavras ou expressões estranhas ao idioma. Existem os seguintes tipos de barbarismo:

a) **cacografia** — é a má grafia ou flexão de uma palavra:

> *pobrema* (em vez de **problema**)
> *magérrimo* (em vez de **macérrimo**)
> *excessão* (em vez de **exceção**)
> *mendingo* (em vez de **mendigo**)
> *mortandela* (em vez de **mortadela**)
> *interviram* (em vez de **intervieram**)
> *uma dó* (em vez de **um dó**)

b) **silabada** — é o deslocamento do acento prosódico de uma palavra:

> *púdico* (em vez de **pudico**)
> *filântropo* (em vez de **filantropo**)
> *catéter* (em vez de **cateter**)
> *íbero* (em vez de **ibero**)
> *rúbrica* (em vez de **rubrica**)
> *latex* (em vez de **látex**)
> *ínterim* (em vez de **ínterim**)

c) **estrangeirismo** — é o emprego de palavras pertencentes a línguas estrangeiras. De acordo com a origem, recebem o nome de **galicismo** ou **francesismo**, **anglicismo**, **italianismo**, **germanismo** etc. A rigor, o estrangeirismo ocorre quando se grafa uma palavra como na língua de origem:

carnet (em vez de **carnê** ou **talão de compras**)

pedigree (em vez de **linhagem**, **raça**)

shampoo (em vez de **xampu**)

corner (em vez de **escanteio**)

démodé (em vez de **fora de moda**)

rentrée (em vez de **retorno**, **volta**, **reapresentação**)

week-end (em vez de **fim de semana**)

site (em vez de **sítio**)

OBSERVAÇÃO

Também devemos evitar o emprego de construções típicas de outras línguas, como:

• **Galicismo** — Trabalhar *de* sábado (em vez de: Trabalhar **aos** sábados); Salta aos olhos (em vez de: É evidente; É visível);

• **Italianismo** — Éramos *em* seis (em vez de: Éramos seis); Jogar *de* goleiro (em vez de: Jogar **como** goleiro); Repetir *de* ano (em vez de: Repetir **o** ano).

SOLECISMO

É qualquer erro cometido contra as regras da sintaxe. Os desacertos de concordância, regência e colocação são denominados **solecismos**.

O solecismo, portanto, consiste nos desvios da sintaxe:

a) **de concordância**:

Ainda *falta* cinco minutos para as oito horas. (em vez de: **faltam**)

b) **de regência**:

Devemos obedecer *os* mais velhos. (em vez de: **aos** mais velhos)

c) **de colocação**:

Darei-te todo o meu apoio. (em vez de: **Dar-te-ei**)

AMBIGUIDADE OU ANFIBOLOGIA

É o sentido ambíguo resultante da má construção da frase:

O guarda conduzia o garoto para sua casa. (casa de quem?)

O pai discutia com o filho sobre sua educação. (educação de quem?)

CACOFONIA

Ocorre quando sílabas de palavras diferentes se encontram, resultando em uma terceira palavra de sentido ridículo ou, às vezes, indecoroso:

Da bo**ca dela** só sai asneiras.

Na **vez passada** nós ganhamos o jogo.

PLEONASMO VICIOSO

É o uso de palavras ou expressões redundantes e desnecessárias:

A bola **saiu para fora** do campo.

Fabiano é o **principal protagonista** de *Vidas Secas*.

OBSERVAÇÃO

Quando se emprega com valor enfático, o pleonasmo deixa de ser vicioso:

"**Ri** tua face **um riso** acerbo e doente." (Cruz e Sousa)

ECO

É o efeito sonoro desagradável produzido por uma sequência de palavras com a mesma terminação:

João teve a **sensação** de que a sua **atuação** foi uma **decepção**.

Também naquele **armazém ninguém** conhecia o **Araquém**!

COLISÃO

É o efeito sonoro desagradável produzido pela repetição de fonemas consonantais idênticos ou semelhantes:

A **r**ica **r**ainha **r**einava **r**adiante e so**rr**idente.

Talve**z** fo**ss**e nece**ss**ário que vo**c**ê permiti**ss**e que a Clari**ss**e menti**ss**e para vo**c**ê.

HIATO

É a sequência de palavras com fonemas vocálicos que produzem um efeito sonoro desagradável:

Receb**a a A**uror**a a**gora, por favor.

Todos sabiam que el**a a a**gradav**a à** to**a**.

Exercícios

1. Nas frases abaixo, marque de acordo com o seguinte código:

1. sentido denotativo
2. sentido conotativo

a) Contra o técnico da Seleção, **sopram** os ventos da discórdia.
b) O vento **soprava** fortemente as folhas do coqueiral.
c) Durante a prova, o professor flagrou o aluno **soprando** a resposta para o colega.
d) O garotinho brincava com uma **boia** na piscina.
e) A **boia** daquele hotel é péssima; só servem feijão, arroz e carne moída.
f) Após a conquista do título, os jogadores tiveram uma recepção **quente**.
g) O clima daquela região é bastante **quente**.
h) Esqueci a **chave** de casa no escritório.
i) Não consigo encontrar a **chave** desse enigma.
j) Conseguiram prender o **cabeça** daquela quadrilha.
k) O goleiro bateu a **cabeça** na trave.
l) O patrão dirigiu palavras **ásperas** à jovem recepcionista.
m) O lavrador possui as mãos bastante **ásperas**.
n) Ele é um homem **áspero**, mas tem bom coração.
o) Naquele restaurante, serve-se **quentinha** no almoço e no jantar.
p) A água da piscina estava bem **quentinha** naquele dia.

2. Classifique as figuras de palavra de acordo com o seguinte código:

1. comparação
2. metáfora
3. catacrese

a) "Que é Poesia? uma ilha / cercada / de palavras / por todos / os lados."
(Cassiano Ricardo)
b) "Folheada, a folha de um livro retoma / o lânguido vegetal da folha folha."
(João Cabral de Melo Neto)
c) "A liberdade das almas, frágil, frágil, como o vidro." (Cecília Meireles)
d) "A lua nova é uma vozinha da tarde..." (Jorge Luís Borges)
e) "Veja bem, nosso caso / É uma porta entreaberta." (Luís Gonzaga Júnior)
f) "Repare ali embaixo, beirando o leito seco do rio, as acácias florando."
(José Bezerra Filho)
g) "A felicidade é como a gota / de orvalho numa pétala de flor." (Vinicius de Moraes)
h) "A minha vida é uma colcha de retalhos, todos de uma mesma cor." (Mário Quintana)
i) "Os calcanhares, duros como cascos, gretavam-se e sangravam." (Graciliano Ramos)
j) "Redondos tomates de pele quase estalando." (Cecília Meireles)
k) " ... perfeita e clara, a barriga da perna se arredonda..." (Raimundo Correia)
l) "Eu voltava cansado como um rio." (Paulo Mendes Campos)

3. Como no exercício anterior, identifique de acordo com o código:

1. metonímia (sinédoque)
2. antonomásia
3. sinestesia

a) "E fere a vista com brancuras quentes." (Cesário Verde)
b) O Águia de Haia dominava soberbamente os recursos da oratória.
c) " .... continuou a fumar tranquilamente o seu havana." (Artur Azevedo)
d) "Sobre a terra amarga, caminhos têm o sonho." (Antônio Machado)
e) O Príncipe dos Poetas notabilizou-se também por suas atividades cívicas.
f) O Poeta dos Escravos denunciou em seus versos os horrores da crueldade.
g) "Os teus olhos são negros e macios." (Fernando Pessoa)
h) "Quando entrei no elevador, senti um perfume delicioso." (Lígia Fagundes Teles)
i) "Ouvir Wolfgang Amadeus Mozart é a minha maneira de rezar." (Mário da Silva Brito)
j) "— Eufrosina, cadê a gilete que eu deixei aqui no banheiro?" (Herberto Sales)
k) "... e veja, ouça, a doce modulação do canto." (Autran Dourado)
l) "... se nós jantássemos um dia destes, podíamos depois ir a qualquer lado, dançar, beber um copo." (José Saramago)

4. Faça a correlação, identificando as seguintes figuras de pensamento abaixo conforme o seguinte código:

1. antítese
2. eufemismo
3. gradação
4. hipérbole

a) "Vê-se ondear um oceano de cabeças." (Rebelo da Silva)
b) "Nunca usava palavras triviais; não dizia vomitar, fazia um gesto indicativo e empregava restituir." (Eça de Queirós)
c) "Não sou alegre nem sou triste: sou poeta." (Cecília Meireles)
d) "Uma nuvem de códigos nos envolve." (Murilo Mendes)
e) "Verso canta-se, urra-se, chora-se." (Mário de Andrade)
f) "Levamos-te cansado ao teu último endereço." (Manuel Bandeira)
g) "Chorou lágrimas de esguicho." (Nelson Rodrigues)
h) "Buscas a vida, eu a morte. / Buscas a terra, eu os céus." (Gonçalves Dias)
i) "De modo que tudo aqui parecia penetrado para sempre dum cheiro insistente, requentado, a tabaco reles, a poeira, a suor e a umidade." (José Régio)
j) "E pela paz derradeira que enfim vai nos redimir." (Chico Buarque)
k) "E o bosque estala, move-se, estremece..." (Raimundo Correia)
l) "E ela mesma resolveu escolher tomar este caminho de cá, louco e longo, e não o outro, encurtoso." (João Guimarães Rosa)

5. Como no exercício anterior, identifique de acordo com o código:

1. prosopopeia
2. perífrase
3. paradoxo
4. ironia

a) "Era um tatu. Nada mais que um tatu, bichinho que rivaliza com a prefeitura na arte de esburacar." (Stanislaw Ponte Preta)

b) "O vento beija meus cabelos / As ondas lambem minhas pernas / O sol abraça o meu corpo." (Lulu Santos / Nelson Motta)

c) "Última flor do Lácio, inculta e bela, és a um tempo esplendor e sepultura." (Olavo Bilac)

d) "Eu fujo ou não sei não, mas é tão duro este infinito espaço ultrafechado."
(Carlos Drummond de Andrade)

e) "Cidade maravilhosa, cheia de encantos mil..." (André Filho)

f) "As moças entrebeijam-se porque não podem morder-se umas às outras. O beijo delas é a evolução da dentada da pré-avó macaca." (Monteiro Lobato)

g) "Na horta, o luar de Natal abençoava os legumes." (Carlos Drummond de Andrade)

h) "Estou cego e vejo. Arranco os olhos e vejo." (Carlos Drummond de Andrade)

i) "O orvalho treme sobre a treva / e o sonho da noite procura / a voz que o vento abraça e leva." (Cecília Meireles)

j) "Mas, conquanto não pode haver desgosto / Onde esperança falta, lá me esconde / Amor um mal, que mata e não se vê." (Luís Vaz de Camões)

k) "A excelente Dona Inácia era mestra na arte de judiar de crianças." (Monteiro Lobato)

l) Nas próximas férias visitaremos a Veneza Brasileira.

6. Faça a correlação, identificando as figuras de construção abaixo de acordo com o seguinte código:

1. elipse
2. zeugma
3. pleonasmo
4. assíndeto
5. polissíndeto

a) "A vida é um grande jogo, e o destino, um parceiro terrível..." (Érico Veríssimo)

b) "O ato do vizinho é muito mais importante do que lhe parece a ele."
(Carlos Drummond de Andrade)

c) "E o coração fugindo e o coração voltando / e os minutos passando e os minutos passando." (Vinicius de Moraes)

d) "A esse, Deus lhe dará uma vida de novo." (Jorge de Lima)

e) "Um trouxe cigarros, outro apenas seu pulmão." (Rubem Braga)

f) "Quem me dará o beijo que cobiço?" (Manuel Bandeira)

g) "E os olhos não choram. / E as mãos tecem apenas o rude trabalho. / E o coração está seco." (Carlos Drummond de Andrade)

h) "Nesse ponto Baleia arrebitou as orelhas, arregaçou as ventas, sentiu cheiro de preás, farejou um minuto, localizou-os no morro próximo e saiu correndo." (Graciliano Ramos)

i) "Sou a presa do homem que fui há vinte anos passados, / dos amores raros que tive."
(Murilo Mendes)

j) "A multidão sacerdotal bradava, uivava, cantava, arrojava-se pelo chão."
(Eça de Queirós)

k) "E zumbia, e voava, e voava, e zumbia." (Machado de Assis)

l) "O ladrão pegou a chave, abriu o baú, revirou a roupa, achou o dinheiro."
(Rachel de Queiroz)

7. Faça como no exercício anterior:

1. anacoluto
2. hipérbato
3. hipálage
4. anáfora

a) "Raios não peço ao criador do mundo, / Tormentas não suplico aos ruídos dos mares..." (Bocage)

b) "O vento varria as folhas, / O vento varria os frutos, / O vento varria as flores..."
(Cecília Meireles)

c) "A vaia amarela dos papagaios / rompe o silêncio da despedida."
(Carlos Drummond de Andrade)

d) "A gente da cidade — como são cegas as gentes da cidade!" (Monteiro Lobato)

e) "Bateu-me o vento na boca, e depois no meu ouvido." (Cecília Meireles)

f) "O grito frioriento das marrecas povoava de terror o ronco medonho das cheias."
(Bernardo Élis)

g) "É sempre no passado aquele orgasmo, / é sempre no presente aquele duplo, / é sempre no futuro aquele pânico." (Carlos Drummond de Andrade)

h) "A beleza, é em nós que ela existe." (Manuel Bandeira)

i) "Era amigo do chapéu de palha: abriu grandes braços pasmados." (Eça de Queirós)

j) "Eu, parece-me que sim; pelo menos nada conheço, que se lhe aparente!"
(Mário de Sá Carneiro)

k) "Homens que metem a carga nos porões! / Homens que enrolam cabos no convés! / Homens que limpam os metais das escotilhas! / Homens dos mastros!!" (Álvaro de Campos)

l) "Abria os olhos molhados de culposas lágrimas." (Camilo Castelo Branco)

8. Faça a correlação de acordo com o código abaixo:

1. silepse de gênero
2. silepse de número
3. silepse de pessoa

a) "Cada um vive e dorme tão sem cuidado como se fôramos mortais." (Pe. Antônio Vieira)

b) "Coisa curiosa é gente velha. Como comem!" (Alcântara Machado)

c) "Os portugueses fazemos este nome particular." (Rodrigues Lobo)

d) "Eu não devia dizer / mas essa lua / mas esse conhaque / botam a gente comovido como diabo." (Carlos Drummond de Andrade)

e) "Amigos e criados saímos todos pelos caminhos de Refojos." (Camilo Castelo Branco)

f) "Se acha Ana Maria comprido, trate-me por Naná." (Ciro dos Anjos)

g) "Ninguém tinha notícia do livro, nem supunham que valesse a pena gastar tempo com essas coisas." (José de Alencar)

h) "E todos seguimos para o salão de estudos." (José Lins do Rego)

i) "A gente tinha de não ser estouvado." (João Guimarães Rosa)

j) "Os seus amigos líamos admirados." (Camilo Castelo Branco)

k) "Corria gente de todos os lados, e gritavam." (Mário Barreto)

l) "Na noite seguinte, estávamos reunidos algumas pessoas." (Machado de Assis)

9. Faça a correlação, classificando as figuras de harmonia de acordo com a seguinte indicação:

1. aliteração
2. assonância
3. paronomásia
4. onomatopeia

a) "Não se ouvia mais que o plic-plic-plic-plic da agulha no pano." (Machado de Assis)

b) "Acho que a chuva ajuda a gente a se ver." (Caetano Veloso)

c) "Chape, chape. As alpercatas batiam no chão rachado." (Graciliano Ramos)

d) "A gente almoça e se coça e se roça e só se vicia." (Chico Buarque de Holanda)

e) "Anda possuído não só pelo sonho, mas pela sanha de viajar." (Antônio Houaiss)

f) "O vento varria as folhas, / O vento varria os frutos, / O vento varria as flores..."

(Cecília Meireles)

g) "Bomba atômica que aterra! Pomba atônita da paz! Pomba tonta, bomba atômica."

(Vinicius de Moraes)

h) "A imprensa publica o que ouve e não o que houve." (Oswald de Andrade)

i) "Soltei fogos de São João, / Foguetes, bombas, chumbinhos, / Chios, chuveiros, chiando, / Chiando, chovendo chuvas de fogo!" (Jorge de Lima)

j) "Não me cobre ser existente, / cobra de mim que sou serpente."

(Rita Lee / Roberto de Carvalho)

k) "Teco, teco, teco, teco / teco na bola de gude / era o meu viver."

(Pereira da Costa / Milton Villela)

l) "Você precisa saber da piscina, da margarina, da Carolina, da gasolina..."

(Caetano Veloso)

10. Indique os vícios de linguagem de acordo com o seguinte código:

1. barbarismo
2. solecismo
3. ambiguidade
4. cacofonia

a) O diretor pediu para mim redigir uma nova carta.

b) É importante que você coloque a sua rúbrica em todas as páginas deste contrato.

c) A Telefônica ganha novos incentivos fiscais do governo.

d) Haverão disputas acirradas nas próximas eleições.

e) Prefiro muito mais peixe do que carne de porco.

f) Vou ratificar os erros que o professor apontou em minha redação.

g) O rapaz visitou o colega no hospital e depois saiu com sua namorada.

h) O capataz marca gado o dia inteiro.

i) Depois da aula o diretor deverá falar consigo.

j) Creio que a empregada já saiu com seu filho.

k) Não desobedeça os sinais de trânsito.

l) Vem cá, garoto, quero lhe dar uns trocados.

11. Como no exercício anterior, identifique:

1. pleonasmo	3. colisão
2. eco	4. hiato

a) O técnico da seleção anunciará a convocação pela televisão.
b) Há dois anos atrás eu estive naquela cidade.
c) Peça para o motorista parar no próximo ponto.
d) O problema de alimento não está no orçamento deste empreendimento.
e) A derrota do Corinthians foi uma surpresa inesperada.
f) Chama a Ana agora, por favor.
g) Mamãe me mandou mangas e mamões maduros.
h) Veja a asneira que ele cometeu.
i) Levei um escorregão no saguão daquela estação.
j) Peça à auxiliar os instrumentos cirúrgicos.
k) Nossa primeira prioridade é eliminar os gastos excessivos.
l) Ou o ouço ou o ordeno calar-se.

Testes DE CONCURSOS PÚBLICOS E VESTIBULARES

1. (**TRT**) Nas frases abaixo, escreva (1) para sentido próprio e (2) para sentido figurado:

As casas são navios que, enquanto mergulhamos no sono, levantam âncora para a travessia da noite.

Em seus primórdios históricos, os meios de comunicação social apresentavam características elitistas.

Nenhum homem pode assumir completamente a sua modernidade se não conhece primeiro a tradição do passado.

A voracidade envenenou a alma dos homens, apertou o mundo num círculo de ódio e os obrigou a entrar a passos de gansos na miséria.

Os mitos condensam experiências vividas repetidamente durante milênios, experiências típicas pelas quais passaram e ainda passam os homens.

A sequência correta dos números é:

a) 1, 2, 2, 1, 2   c) 2, 2, 2, 1, 1   e) 2, 1, 2, 1, 2
b) 2, 1, 1, 2, 1   d) 1, 1, 1, 2, 2

2. (**TRF**) A respeito do vocábulo destacado em "O processo de paz **derrapa** na justa medida do desejo dos eternos descontentes" (*Jornal do Brasil*, 1.º/8/1997, p. 8) pode-se dizer que:

a) está empregado denotativamente.
b) o autor não o empregou em sentido figurado.
c) o autor explora a conotação desse vocábulo.
d) tem o mesmo sentido na frase citada que em "o carro derrapa".
e) está empregada erroneamente, já que seu sentido, no texto, desvia-se de seu significado normal.

3. (BB) Segmento em que não há conotação:

a) Dia após dia, o riozinho bebeu /

b) as águas que a chuva deitava mansa /

c) nas fraldas dos montes. /

d) E tão gulosamente o fez, /

e) que acabou por lançá-las mais além sobre roças e povoados.

4. (SFE-SP) Atente para os textos **A** e **B**.

A. Se você insiste que ônibus é coletivo, em matéria de português você está dormindo no ponto. (*Comercial de SOS. Sistema Rápido de Pesquisa* – Redação e Literatura)

B. Cara, se, tipo assim, o seu filho escrever como fala ele tá ferrado.

(*Comercial de Help* – técnicas de Redação e Literatura)

Considere as seguintes análises desses textos de comerciais:

I. O texto B destaca a necessidade de a língua escrita ater-se à norma culta, por oposição à permissividade da língua falada.

II. Para desafiar o conhecimento do público, o texto A estabelece um jogo de sentido com a palavra *coletivo*, referindo-se tanto à classificação do substantivo quanto ao sinônimo para *ônibus*.

III. Os dois textos valem-se de expressões de gíria (dormindo no ponto, cara, tipo assim, tá ferrado), com o que indicam a propriedade e a necessidade de aceitação do linguajar das novas gerações.

IV. O texto A destaca o sentido metafórico da expressão *dormindo no ponto*, remetendo essa metáfora à sua origem, ao relacioná-la à palavra *ônibus*.

Dessas análises, estão corretas somente as contidas em:

a) II e III.

b) I, II e IV.

c) II, III e IV.

d) III e IV.

e) II e IV.

5. (SFE-SP) A linguagem do texto é predominantemente denotativa, empregando-se as palavras em sentido próprio, na alternativa:

a) Levou o nome de "fúria legiferante" o período entre 1964 e 1967, que cimentou com profusão de leis o edifício institucional da nova ordem econômica.

b) O brasileiro gosta muito de ignorar as próprias virtudes e exaltar as próprias deficiências, numa inversão do chamado ufanismo. Sim, amigos, somos uns Narcisos às avessas, que cospem na própria imagem.

c) Poluído por denúncias de corrupção, (...) Luiz Antônio de Medeiros é considerado fósforo riscado.

d) Incumbidos de animar a explosão hormonal da juventude uberabense, Zezé Di Camargo e Luciano levaram 30 mil reais por sua apresentação.

e) Editores, escritores, professores e alunos têm opiniões divididas. A maioria, no entanto, concorda: o acordo é inoportuno e, não raro, contraditório.

6. (**SFE-MG**) "Eu não desgrudara o olhar e a memória daquele retrato." Nessa frase, a palavra que tem significado conotativo é:

a) desgrudara.
b) olhar.
c) memória.
d) retrato.

7. (**MP-SP**) Assinale a alternativa em que a palavra destacada está empregada em sentido conotativo:

a) A história colonial brasileira durou três **séculos**.
b) Foi no **século** passado que aconteceram as Grandes Guerras.
c) Um **século** tem cem anos.
d) Já estamos no **século** XXI.
e) Há **séculos** ele vem querendo entrar na faculdade.

8. (**MP-SP**) Assinale a alternativa em que a expressão grifada está empregada em sentido conotativo:

a) Nos Estados Unidos, a sociedade fracionada, de grupos e etnias, recusa-se a aceitar os **emigrantes**.
b) O Brasil, particularmente, já venceu o **gargalo** da segregação racial.
c) Nossas raízes ibéricas trouxeram a capacidade de **promover** a miscigenação cultural.
d) Os espanhóis e os portugueses aprenderam a conviver com a **divergência**.
e) Nos países desenvolvidos, há uma neurose nova: a **invasão** dos bárbaros.

9. (**MP-SP**) Assinale a alternativa em que o termo destacado está empregado em sentido conotativo:

a) O **tabagismo** encabeça a lista dos fatores de risco.
b) ... contribuem para o aparecimento do **câncer**.
c) ... aparece sobretudo na língua e no **assoalho** da boca.
d) ... ele começa em forma de pequenas feridas na **boca**.
e) ... ou escovar os **dentes** bruscamente.

10. (**Enem**) Amor é fogo que arde sem se ver;
é ferida que dói e não se sente;
é um contentamento descontente;
é dor que desatina sem doer;

É um não querer mais que bem querer;
é solitário andar por entre a gente;
é nunca contentar-se de contente;
é cuidar que se ganha em se perder;

É querer estar preso por vontade;
é servir a quem vence, o vencedor;
é ter com quem nos mata lealdade.

Mas como causar pode seu favor
nos corações humanos amizade,
se tão contrário a si é o mesmo Amor?

(Luís Vaz de Camões)

O poema tem, como característica, a figura de linguagem denominada antítese, relação de oposição de palavras ou ideias. Assinale a opção em que essa oposição se faz claramente presente:
a) "Amor é fogo que arde sem se ver."
b) "É um contentamento descontente."
c) "É servir a quem vence, o vencedor."
d) "Mas como causar pode seu favor."
e) "Se tão contrário a si é o mesmo Amor?"

11. (UFBA)

COPO VAZIO

É sempre bom lembrar
Que um copo vazio
Está cheio de ar.
É sempre bom lembrar
Que o ar sóbrio de um rosto
Está cheio de um ar vazio,
Vazio daquilo que no ar do copo
Ocupa um lugar.
É sempre bom lembrar,
Guardar de cor
Que o ar vazio de um rosto sombrio
Está cheio de dor.
(...)   (Gilberto Gil)

Qual é a figura de linguagem básica para a existência dessa consistente mensagem do compositor?
a) hipérbole   d) catacrese
b) hipérbato   e) antítese
c) sinestesia

12. (PUC-SP)

MAR PORTUGUÊS

Ó mar salgado, quanto do teu sal   Valeu a pena? Tudo vale a pena
São lágrimas de Portugal!   Se a alma não é pequena.
Por te cruzarmos, quantas mães choraram, Quem quer passar além do Bojador
Quantos filhos em vão rezaram!   Tem que passar além da dor.
Quantas noivas ficaram por casar   Deus ao mar o perigo e o abismo deu,
Para que fosses nosso, ó mar!   Mas nele é que espelhou o céu.

(Fernando Pessoa)

No 1.º verso do poema, há a interpelação direta a um ser inanimado a quem são atribuídos traços humanos. Assinale a alternativa que designa adequadamente as figuras de linguagem que expressam esses conceitos:
a) metáfora e prosopopeia
b) metonímia e apóstrofe
c) apóstrofe e prosopopeia
d) redundância e metáfora
e) redundância e prosopopeia

13. (USF-SP) Assinale a alternativa em que a palavra destacada não está empregada em sentido metafórico:

a) Meu coração é um louco **cavalo** solto.
b) Meu porquinho-da-índia foi minha primeira **namorada**.
c) Do **mar** de meus afetos, ofereci-lhe os mais belos frutos.
d) O **uivo** rouco dava-nos a ideia do enorme porte do animal selvagem.
e) Sua indiferença por mim era a maior **pedra** em meu caminho.

14. (ITA-SP) Antes de responder à questão, leia com atenção o texto abaixo:

Braços nervosos, brancas opulências
Brumais brancuras, fúlgidas brancuras
Alvuras castas, virginais alvuras,
latescências das raras latescências.

Qual das figuras abaixo é uma figura de som, ocorrente no poema?

a) sinestesia   c) aliteração   e) n. d. a.
b) metáfora   d) polissíndeto

15. (Mackenzie-SP) Apresentam-se, abaixo, trechos representativos da literatura barroca e figuras de linguagem a eles relacionadas. Aponte a alternativa em que a correspondência é **incorreta**:

a) Porém, se acaba o Sol, por que nascia?
   Se tão formosa é a luz, por que não dura?
   Como a beleza assim se transfigura?
   HIPÉRBOLE

b) Agora que se cala o surdo vento
   E o rio enternecido com meu pranto
   Detém seu vagaroso movimento.
   PROSOPOPEIA

c) As aves que eram do bosque
   Clarins de plumas animadas
   Faltando-lhe a estrela da alva
   Suspendem tristes o canto.
   METÁFORA

d) O prazer com a pena se embaraça
   Porém quando um com o outro mais porfia,
   O gosto corre, a dor apenas passa.
   ANTÍTESE

16. (PUC-SP) Nos trechos:

"O pavão é um arco-íris de plumas."
e
"... de tudo que ele suscita e esplende e
estremece e delira..."
enquanto procedimento estilístico, temos, respectivamente:

a) metáfora e polissíndeto.
b) comparação e repetição.
c) metonímia e aliteração.
d) hipérbole e anacoluto.
e) anáfora e metáfora.

17. (PUC-SP) Nos versos:

"Última flor do Lácio, inculta e bela,
És, a um tempo, esplendor e sepultura",

temos, respectivamente:

a) metonímia e metáfora.
b) metáfora e antítese.
c) hipérbole e prosopopeia.
d) pleonasmo e antítese.
e) paronomásia e onomatopeia.

18. (UFV-MG)

LUA CHEIA

"Boião de leite
que a Noite leva
com mãos de treva
pra não sei quem beber.
E que, embora levado
muito devagarzinho,
vai derramando pingos brancos
pelo caminho."

(Cassiano Ricardo)

No texto acima, **boião de leite** é uma:

a) metáfora.
b) hipérbole.
c) metonímia.
d) prosopopeia.
e) repetição.

19. (Mackenzie-SP) "Fitei-a longamente, fixando meu olhar na menina dos olhos dela."

No período acima, ocorre uma figura de palavra conhecida como:

a) metáfora.
b) catacrese.
c) antonomásia.
d) metonímia.
e) sinédoque.

20. (Fesp-SP) Assinale a figura presente na estrofe abaixo:

"Vi uma estrela tão alta,
Vi uma estrela tão fria!
Vi uma estrela luzindo,
Na minha vida vazia."

(Manuel Bandeira)

a) assíndeto
b) pleonasmo
c) anacoluto
d) anáfora
e) silepse

21. (Unimep-SP) Todas as frases a seguir são corretas. Assinale a única que encerra anacoluto:

a) Aos homens parece não existir a verdade.
b) Os homens, parece-lhes não existir a verdade.
c) Os homens parece que ignoram a verdade.
d) Os homens parece ignorarem a verdade.
e) Os homens parecem ignorar a verdade.

22. (UFSCar-SP) Para responder a esta questão, leia os versos:

"E rir meu riso e derramar meu pranto
Ao seu pesar ou seu contentamento."

"Mudaram as estações
Nada mudou."

É notória a oposição de ideias nos versos, o que significa que neles se encontra como principal figura de linguagem a:

a) metáfora.
b) antítese.
c) sinestesia.
d) metonímia.
e) catacrese.

23. (Mackenzie-SP) Aponte a alternativa que contenha a mesma figura de pensamento existente no período:

Acenando para a fonte, o riacho despediu-se triste e partiu para a longa viagem de volta.

a) O médico visualizou, por alguns segundos, a cara magra do doente, antes que a última paixão se calasse.
b) Os arbustos dançavam abraçados com os pinheiros a suave valsa do crepúsculo.
c) Contemplando aquela terna fisionomia, afastou-se com um sorriso pálido e irônico.
d) Só o silêncio tem sido meu companheiro neste período amargo de intensa solidão.
e) A mesquinhez de tua atitude é poço profundo, cavado no íntimo de teu espírito.

24. (Faap-SP)

As lágrimas são galas da mentira,
E o juramento manto da perfídia.

(Joaquim Manuel de Macedo)

A segunda oração omite elegantemente o verbo **ser**, em nome da figura de linguagem:

a) zeugma
b) anacoluto
c) metonímia
d) silepse
e) polissíndeto

25. (Mackenzie-SP) "Os adultos possuem poder de decisão; os jovens, incertezas e conflitos."

Na segunda oração do período acima, ocorreu a omissão do verbo **possuir**, modificando a estrutura sintática da frase. Tal desvio constitui uma figura de construção reconhecida como:

a) zeugma
b) assíndeto
c) elipse
d) hipérbato
e) pleonasmo

26. (FMU-SP) Na expressão: "... a natureza parece estar chorando...", do ponto de vista estilístico, temos:

a) antítese.
b) polissíndeto.
c) ironia.
d) personificação.
e) aliteração.

27. (FMU-SP) O fenômeno fonético de valor estilístico que ocorre na expressão: "mulheres magras, morenas", denomina-se:

a) eco.
b) colisão.
c) hiato.
d) cacófato.
e) aliteração.

28. (Mackenzie-SP) Assinale a figura da frase seguinte:

"Em poucos segundos avistávamos a maravilhosa Rio de Janeiro."

a) metáfora
b) silepse de pessoa
c) silepse de gênero
d) silepse de número
e) sinédoque

29. (UFSC) Indique a alternativa em que o exemplo dado **não** corresponde à figura de linguagem pedida:

a) eufemismo: com a alma purificada, ele partiu para a eternidade.

b) metáfora: "Incêndio — leão ruivo ensanguentado". (Castro Alves)

c) prosopopeia: As ondas do mar gritam e gemem ao encontro das pedras.

d) antítese: *Guerra nas estrelas* é o maior filme de todos os tempos.

e) metonímia: Ler Machado de Assis é reconhecer um dos maiores nomes da nossa Literatura.

30. (PUC-SP) Nos trechos:

"... nem um dos autores nacionais ou nacionalizados de oitenta pra lá faltava nas estantes do major."

"... o essencial é achar-se as palavras que o violão pede e deseja", encontramos, respectivamente, as seguintes figuras de linguagem:

a) prosopopeia e hipérbole

b) hipérbole e metonímia

c) perífrase e hipérbole

d) metonímia e eufemismo

e) metonímia e prosopopeia

31. (ITA-SP) Em qual das opções há erro na identificação das figuras?

a) "Um dia hei de ir embora / Adormecer no derradeiro sono." (eufemismo)

b) "A neblina, roçando o chão, cicia, em prece." (prosopopeia)

c) Já não são tão frequentes os passeios noturnos na violenta Rio de Janeiro. (silepse de número)

d) "E fria, fluente, frouxa claridade / Flutua..." (aliteração)

e) "Oh sonora audição colorida do aroma." (sinestesia)

32. (Mackenzie-SP) Indique a alternativa em que haja uma concordância realizada por silepse:

a) Os irmãos de Teresa, os pais de Júlio e nós, habitantes desta pacata região, precisaremos de muita força para sobreviver.

b) Poderão existir inúmeros problemas conosco devido às opiniões dadas neste relatório.

c) Os adultos somos bem mais prudentes que os jovens no combate às dificuldades.

d) Dar-lhe-emos novas oportunidades de trabalho para que você obtenha resultados mais satisfatórios.

e) Haveremos de conseguir os medicamentos necessários para a cura desse vírus insubordinável a qualquer tratamento.

33. (Fuvest-SP) No trecho "Há sonhos que devem permanecer nas gavetas, nos cofres, trancados até o nosso fim.", o recurso de estilo que **não** ocorre é a:

a) redundância.

b) gradação.

c) enumeração.

d) inversão.

e) metáfora.

34. (ITA-SP) Assinale a opção em que ocorreu a figura de estilo chamada paradoxo:

a) "Flor que se cumpre, sem pergunta."

b) "E os soldados já frios."

c) "Sussurrante de silêncios."

d) "Sustentando seu demorado destino."

e) "Ao pássaro que procura o fim do mundo."

35. (Mackenzie-SP) Observe bem as palavras sublinhadas e aponte a alternativa em que aparece o nome da figura que ocorre no trecho abaixo:

"<u>E</u> o olhar estaria ansioso esperando
<u>e</u> a cabeça ao sabor da mágoa balançando
<u>e</u> o coração fugindo e o coração voltando
<u>e</u> os minutos passando e os minutos passando..."

(Vinicius de Moraes)

a) assíndeto

b) polissíndeto

c) silepse

d) zeugma

e) anacoluto

36. (UEL-PR) O elemento destacado tem valor conotativo na frase:

a) Choveu tanto que ficamos **impedidos** de sair.

b) Irritado, despejei sobre ela uma **chuva** de desaforos.

c) Durante o temporal, corremos em busca de **abrigo**.

d) Ensopado até os ossos, ele **praguejou** contra o mau tempo.

e) Passada a tempestade, todos demonstravam **satisfação**.

37. (Fuvest-SP) A prosopopeia, figura que se observa no verso "Sinto o canto da noite na boca do vento", ocorre em:

a) "A vida é uma ópera e uma grande ópera."

b) "Ao cabo tão bem chamado, por Camões, de 'Tormentório', os portugueses apelidaram-no de 'Boa Esperança'."

c) "Uma talhada de melancia, com seus alegres caroços."

d) "Oh! Eu quero viver, beber perfumes, / Na flor silvestre, que embalsama os ares."

e) "A felicidade é como a pluma..."

38. (Fuvest-SP) O recurso da gradação, presente em "obter-lhe a benevolência, depois a confiança", também ocorre em:

a) "A ostentação da riqueza e da elegância se torna mais do que vulgar, obscena."

b) "Sentindo a deslocação do ar e a crepitação dos gravetos, Baleia despertou."

c) "(...) o passado de Rezende era só imitação do passado, uma espécie de carbono (...)".

d) "Um caso desses pode acontecer em qualquer ambiente de trabalho, num banco, numa repartição, numa igreja, num time de futebol."

e) "Não admiro os envolvidos, nem os desdenho."

39. (Fuvest-SP) Na posição em que se encontram, as palavras assinaladas nas frases abaixo geram ambiguidade, **exceto** em:

a) Pagar o FGTS **já** custa R$ 13,3 bi, diz o consultor.

b) Pais rejeitam **menos** crianças de proveta.

c) Consigo me divertir **também** aprendendo coisas antigas.

d) É um equívoco imaginar que a universidade do futuro será aquela que **melhor** lidar com as máquinas.

e) Não se eliminará o crime com burocratas querendo satisfazer o apetite por sangue do **público**.

40. (Unesp) Emprega-se o termo "solecismo" para indicar o uso errado da concordância, regência ou colocação. Aponte a única alternativa em que não ocorre tal erro:

a) Faz cinco anos completos que não visito o Rio.

b) Devem haver explicações satisfatórias para este fato.

c) Haviam vários objetos espalhados sobre a mesa.

d) Se lhe amas, deves declarar-te depressa.

e) Fazem já vinte minutos que começaram a prova.

41. (Omec-SP) Assinale o vício de linguagem da frase seguinte:

"Ele prendeu o ladrão em sua casa."

a) colisão   c) preciosismo   e) cacofonia

b) anfibologia   d) eco

42. (UFU-MG) Qual o vício de linguagem que se observa na frase: "Eu vi ele não faz muito tempo"?

a) solecismo   c) arcaísmo   e) colisão

b) cacófato   d) barbarismo

43. (Unitau-SP) Em "Envie-me já o catálogo de vendas", temos:

a) ambiguidade.   c) barbarismo.   e) cacófato.

b) pleonasmo.   d) colisão.

44. (FEI-SP) Identifique a alternativa em que ocorre um pleonasmo vicioso:

a) Ouvi com meus próprios ouvidos.

b) A casa, já não há quem a limpe.

c) Para abrir a embalagem, levante a alavanca para cima.

d) Bondade excessiva, não a tenho.

e) n.d.a.

45. (Fuvest-SP) *Palmeiras perde jogo e cabeça na Argentina.* (O Estado de S. Paulo, 31/3/94)

A alternativa em que o efeito expressivo decorre do mesmo expediente sintático e semântico observado acima é:

a) Foste aí pela estrada da vida, manquejando da perna e do amor.

b) Maria Luísa disse que era nervosa e mulher.

c) (...) como quem se retira tarde do espetáculo. Tarde e aborrecido.

d) O rato! O rato! Exclamou a moça sufocada e afastando-se.

e) Peço-lhe desculpar-me e que não mencione mais esse fato.

V
Tópicos de linguagem

Este capítulo tem por finalidade expor e exemplificar o emprego de algumas palavras e expressões que frequentemente geram dúvidas e embaraços.

Ai, palavras, ai, palavras, que estranha potência a Vossa."

Cecília Meireles

Capítulo 1

Tópicos de linguagem

Existem em nossa língua algumas palavras e expressões muito comuns, mas que, às vezes, oferecem dúvidas quanto ao seu correto emprego. Observe, a seguir, algumas delas.

ABAIXO / A BAIXO

Abaixo significa **em lugar menos elevado, inferior**:

> As casas mais **abaixo** estão ameaçadas pelas enchentes.
> Você foi classificado numa posição **abaixo** da minha.

A baixo significa **para baixo**:

> Ela mediu-me de cima **a baixo**.

ACIMA / A CIMA

Acima significa **em lugar mais elevado, superior**:

> Veja se o seu nome não está mais **acima** na lista.

A cima significa **para cima**:

> Ela mediu-me de baixo **a cima**.

A CERCA DE / ACERCA DE / CERCA DE / HÁ CERCA DE

A cerca de ou **cerca de** significam **aproximadamente, mais ou menos**:

> Estávamos **a cerca de** dois quarteirões do local do crime.
> "**Cerca de** três semanas depois recebi um convite dele para uma reunião íntima."
> (Machado de Assis)

Acerca de é sinônimo de **a respeito de**:

> Falei **acerca da** situação econômica do Brasil.
> "Conversas na rua e no mesmo cartório **acerca de** sortes grandes."
> (Machado de Assis)

Há cerca de exprime tempo decorrido, significando **faz aproximadamente**:

> Ele viajou **há cerca de** duas horas.
> Reside aqui **há cerca de** cinco anos.

A FIM / AFIM

A fim integra a locução **a fim de**, significando **com o objetivo de**:

> Estou na escola **a fim de** aprender mais.

Afim é adjetivo variável, significando **semelhante**, **que tem afinidade**:

> Sempre tivemos ideias **afins**. (= semelhantes)

A MENOS DE / HÁ MENOS DE

A menos de é **locução prepositiva**. Expressa ideia de **tempo futuro** ou **distância aproximada**:

> Estamos **a menos de** um mês das férias.
> Nossa chácara fica **a menos de** oito quilômetros da cidade.

Há menos de é a locução **menos de** com o sentido de **aproximadamente**, **perto de**, **mais ou menos** — e o **há** é o verbo **haver** empregado impessoalmente com o sentido de **fazer**:

> Ele saiu **há menos de** dez minutos.
> Isso ocorreu **há menos de** cinco anos.

A PRINCÍPIO / EM PRINCÍPIO / POR PRINCÍPIO

A princípio significa **inicialmente**, **no começo**:

> **A princípio** tudo ia bem, de repente...
> "Capitu, **a princípio**, não disse nada." (Machado de Assis)

Em princípio significa **em tese**, **antes de tudo**:

> **Em princípio** toda criança tem direito à educação.

Por princípio significa **por forte razão**, **por convicção**, **em virtude de valores morais**:

> **Por princípio**, ele não aceitava o divórcio.

AO ENCONTRO DE / DE ENCONTRO A

Ao encontro de significa **a favor de**:

> A decisão do governo veio **ao encontro dos** meus anseios.
> Sua decisão vem **ao encontro de** meus interesses.

De encontro a exprime ideia de **oposição**, **choque**:

> Os gestos do jogador foram de encontro aos princípios morais.
>
> Dirigindo apressadamente, foi de encontro ao muro.

AO INVÉS DE / EM VEZ DE

Ao invés de indica oposição, significando **ao contrário de**:

> Ao invés de chorar, riu ironicamente.

Em vez de indica substituição, significando **em lugar de**:

> Em vez de ir para o Japão, foi para a China.

OBSERVAÇÃO

Havendo dúvida, empregue sempre **em vez de**, já que essa locução serve para as duas situações.

A PAR / AO PAR

A par significa **ciente**, **bem informado**:

> Meu pai já está a par dos acontecimentos.

Ao par só deve ser empregada para indicar **equivalência cambial**:

> O Brasil já elevou o papel-moeda, deixando o real e o dólar quase ao par.

À TOA

À toa, empregada como **locução adverbial de modo**, modifica verbos. Tem o sentido de **a esmo**, **em vão** (andar **à toa**, falar **à toa**):

> "(...) custa-me dormir outra vez, rolo na cama, à toa, levanto-me, ... torno
> a deitar-me e nada."
> (Machado de Assis)
>
> "Estava à toa na vida, / o meu amor me chamou (...)" (Chico Buarque de Holanda)

À toa, empregada como **adjetivo**, modifica substantivos. Significa **impensado** (gesto **à toa**); **inútil** (pessoa **à toa**); **desprezível** (sujeitinho **à toa**); **insignificante** (acontecimento **à toa**); **de vida fácil** (mulher **à toa**):

> "Ribeirãozinho à toa, corguinho de nada, que mal-estar escorria por causa
> dos planos sem mudança do chapadão."
> (Mário Palmério)
>
> Ele é incapaz de uma boa ação; é um sujeito à toa.

DEMAIS / DE MAIS

Demais é **advérbio de intensidade** equivalendo a **muito, excessivamente**, ou **pronome indefinido** correspondendo a **os restantes, os outros**:

Aquele infeliz sempre bebeu demais.

Os demais atletas deverão ser convocados na próxima semana.

De mais opõe-se a **de menos**:

Havia talheres de mais sobre a mesa.

EMBAIXO / EM CIMA

Embaixo é advérbio de lugar e deve ser grafado sempre numa só palavra:

O apartamento embaixo do meu está à venda.

O ladrão escondeu as joias embaixo do assoalho.

Em cima, antônimo de **embaixo**, deve ser grafado sempre em duas palavras:

Deixei a gorjeta em cima do balcão.

A bola parou em cima da risca.

HÁ / A

Há é forma do verbo **haver**, emprega-se em substituição a **existe(m)** ou **faz**:

Será que há seres vivos em outros mundos?

Mandei-lhe uma carta há duas semanas.

A é **preposição**. Emprega-se quando não é possível a substituição por **faz**:

Viajaremos daqui a pouco.

A chácara fica a três quilômetros daqui.

O Palmeiras empatou a dois minutos do final do jogo.

MAS / MAIS

Mas é uma **conjunção adversativa** indicativa de **oposição, contrariedade**. Pode ser substituída por **porém, todavia, contudo**:

"É apenas um sino, mas é de ouro." (Rubem Braga)

Mais pode ser **advérbio de intensidade** ou **pronome indefinido**:

Ela é a mais bonita das candidatas.
(advérbio de intensidade, modificando o adjetivo bonita)

Você cometeu mais erros hoje do que eu.
(pronome indefinido, modificando o substantivo erros)

MAU / MAL

Mau é **adjetivo**, antônimo de **bom**. Refere-se, portanto, a substantivos:

Escolhemos um **mau** momento para viajar.

Indivíduo de **mau** caráter não merece confiança.

Mal tem os seguintes valores morfológicos:

a) **advérbio de modo** — antônimo de **bem**:

Sua redação está bastante **mal** estruturada.

Ela é muito **mal**-educada.

Tudo não passou de um **mal**-entendido.

Essa menina sempre se comporta **mal** em público.

b) **conjunção subordinativa temporal** — sinônimo de **assim que**, **quando**:

Mal amanhece, muitos saem para o trabalho.
"**Mal** entrou em casa, tocou o telefone." (Dalton Trevisan)

c) **substantivo** — neste caso, deve ser precedido de artigo ou de outro determinante:

"Maldita sejas pelo Ideal perdido!
Pelo **mal** que fizeste sem querer!
Pelo amor que morreu sem ter nascido!" (Olavo Bilac)

Esse **mal** é difícil de curar.

NENHUM / NEM UM

Nenhum é o oposto de **algum**:

Nenhum aluno poderá sair sem autorização.

Nem um equivale a **nem um só**, **nem um sequer**, **nem um único**:

Não tenho **nem um** centavo no bolso.

ONDE / AONDE

Embora os clássicos não tenham feito distinção entre essas duas palavras, a tendência atual é a seguinte:

Onde é usado com verbos que exprimem estaticidade, permanência:

Você pode me informar **onde** fica a farmácia mais próxima?

Não sei **onde** moram aquelas garotas.

Aonde é usado com verbos que indicam movimento, deslocamento:

> **Aonde** iremos nas próximas férias?
>
> **Aonde** você pretende nos levar?

POR QUE / POR QUÊ / PORQUE / PORQUÊ

Por que deve ser grafado separadamente quando se trata de duas palavras: preposição **por** + pronome **que**. Assim, temos os seguintes casos:

a) quando equivale a **pelo qual** e variações, temos a preposição **por** seguida do pronome relativo **que**:

> Este é o ideal **por que** luto. (= **pelo qual**)
>
> Essa é a profissão **por que** sempre ansiei. (= **pela qual**)

b) quando equivale a **por qual razão**, **por qual motivo**, trata-se da preposição **por** seguida do pronome interrogativo **que**:

> **Por que** seu amigo não veio à festa? (= **Por qual razão**)
>
> Não sei **por que** ele faltou. (= **por qual motivo**)

Por quê: quando o pronome interrogativo se posiciona no final da frase ou aparece seguido de pausa forte, deve receber acento circunflexo:

> Seu amigo não veio **por quê**?
>
> Ele não veio, não sei **por quê**.
>
> Você reclama de tudo, **por quê**, meu filho?

Porque deve ser grafado numa só palavra quando se trata de uma **conjunção** equivalente a **uma vez que**, **visto que**, **pois** ou **para que**:

> Não fui à escola **porque** estava doente.
>
> Feche a porta **porque** está ventando muito.
>
> "Eu canto **porque** o instante existe
> e a minha vida está completa." (Cecília Meireles)
>
> "Orai, **porque** não entreis em tentação." (Pe. Manuel Bernardes)

Porquê só deve ser empregado como **substantivo**. Neste caso, aparece sempre antecedido de um determinante:

> Desconheço o **porquê** de tantas mentiras.
>
> Não aceito mais os seus falsos **porquês**.

PORVENTURA / POR VENTURA

Porventura significa **acaso, por acaso**:

Porventura é permitido estacionar o carro nesta rua?

Por ventura significa **por sorte**:

Por ventura, estamos livres daqueles vizinhos impertinentes. Benza Deus!

SE NÃO / SENÃO

Se não equivale a **caso não**:

Se não chover, iremos à praia amanhã.

Senão equivale a **do contrário**, **mas sim**, **a não ser**, **defeito**, **mácula**. No caso de significar defeito ou mácula, tem valor substantivo e deve ser antecedido de um determinante:

"O melhor é ires de vontade, senão vais a mal." (Domingos Monteiro)

"(...) por desgraça dele a primeira moeda grande que achara não era ouro nem prata, senão ferro, duro ferro."
(Machado de Assis)

"Não falava senão do seu priminho (...)" (Camilo Castelo Branco)

"Nem um senão no todo dela existe. / É bela." (Alberto de Oliveira)

TAMPOUCO / TÃO POUCO

Tampouco corresponde a **também não**:

"Quem não entende um olhar, tampouco pode compreender uma explicação."
(Manuel Bandeira)

Tão pouco corresponde a **muito pouco**:

Trabalho tanto, e ganho tão pouco!

Exercícios

1. Complete as lacunas das frases abaixo com **porque**, **porquê**, **por que** ou **por quê**:

a) "Eu não tenho filosofia: tenho sentidos...
Se falo na Natureza não é ___ saiba o que ela é,
Mas ___ a amo, e amo-a por isso,
___ quem ama nunca sabe o que ama
Nem sabe ___ ama, nem o que é amar..." (Alberto Caeiro)

b) "Meu Deus, ___ me abandonaste
se sabias que eu não era Deus
se sabias que eu era fraco." (Carlos Drummond de Andrade)

c) "Mas tudo isto é ilusão de minha parte!
Quem sabe se não é ___ não saio
Desde que, 6.ª feira, 3 de maio,
Eu escrevi os meus Gemidos de Arte?" (Augusto dos Anjos)

d) "Empresta-lhe meu coturno e meu casaco rosso:
compreenderá
O ___ de buscar conhecimento na embriaguez da via
manifesta." (Hilda Hilst)

e) "Os olhos do menino chispearam ávidos, ___ sou dos que ficam fregueses."
(Mário de Andrade)

f) Você sempre desconfiou de mim, ___ ?

g) Este é o ideal ___ sempre lutei.

h) " ___ há desejo em mim, é tudo cintilância." (Hilda Hilst)

i) "Além disso, os fanáticos por doces e massas não levam muita vantagem. É fácil entender ___ ." (*IstoÉ*, 31/3/1999)

j) "Explicou-lhe o Mestre a razão ___ usava de parábola." (Plínio Salgado)

l) "Ó mar, ___ não apagas
Com a esponja de tuas vagas
De teu manto este borrão?" (Castro Alves)

2. Complete os espaços das frases seguintes com **mau** ou **mal**:

a) Ninguém suporta mais o seu ___ humor.

b) ___ chegamos ao litoral, desabou uma tempestade.

c) Adiamos a viagem devido ao ___ tempo.

d) "Maldita sejas pelo ideal perdido!
Pelo ___ que fizeste sem querer." (Olavo Bilac)

e) O salão foi decorado com muito ___ gosto.

f) "Tertuliano, ___ que o viu, atirou-se-lhe nos braços." (Artur Azevedo)

g) O ___ é que somente agora soubemos dessa notícia.

h) "(...) um moleque de S. Bernardo fizera ___ à filha do mestre de açúcar." (Graciliano Ramos)

i) Por favor, não leve a ___ as minhas palavras.

j) Sempre considerei você um ___ exemplo para meus filhos.

3. Complete as frases com **onde** ou **aonde**:

a) Não sei ___ você pretende chegar.

b) "Minha infância tem a voz do vento virgem:
   Ele ventava sobre o rancho ___ morei." (Augusto Meyer)

c) "Lá vou! Não sei se saberei ___ (...)" (Campos de Figueiredo)

d) "Minha terra tem macieiras da Califórnia
   ___ cantam gaturanos de Veneza." (Murilo Mendes)

e) Não sei ___ guardei os meus óculos.

f) Você sabe ___ passaremos as próximas férias?

g) Você sabe ___ iremos nas próximas férias?

h) " ___ esconder minha cara? O mundo samba na minha cabeça." (Murilo Mendes)

i) "Por mim, e por nós, e por mais aquilo que está ___ as outras coisas nunca estão,
   deixo o mar bravo e o céu tranquilo: quero solidão." (Cecília Meireles)

j) "Que os leve ___ sejam destruídos,
   Desbaratados, mortos ou perdidos." (Luís Vaz de Camões)

k) A plateia não percebeu ___ o mágico escondeu a varinha.

l) "Lá no céu, ___ ela subiu e ___ o nosso pai acolheu no seio a sua infeliz filha."

(Alexandre Herculano)

4. Complete as lacunas das frases que seguem com uma das formas colocadas nos parênteses:

a) Neste pomar, ___ frutas deliciosas. (a / há)

b) Este caso foi solucionado ___ muito tempo. (a / há)

c) Estamos ___ dois meses dos vestibulares. (a / há)

d) O professor falou ___ Machado de Assis. (a cerca de / acerca de)

e) ___ duas semanas depois, ela voltou arrependida ao lar. (cerca de / há cerca de)

f) O jogo começou ___ cinco minutos. (a cerca de / há cerca de)

g) Estamos ___ meia hora do litoral. (a cerca de / há cerca de)

h) Esse episódio ocorreu ___ dois meses. (há menos de / a menos de)

i) Estamos ___ três meses do Natal. (há menos de / a menos de)

j) ___ homem escapa ao seu destino. (nenhum / nem um)

k) Não levantarei ___ dedo por você. (nenhum / nem um)

l) O casamento ___ ia muito bem, depois de uns meses... (em princípio / a princípio)

m) ___ creio que você tem razão nesse caso. (em princípio / a princípio)

n) ___ não fumo nem bebo. (em princípio / por princípio)

5. Faça como no exercício anterior:

a) Foi despedido porque reclamava ___ . (demais / de mais)

b) Não acho nada ___ em suas declarações. (demais / de mais)

c) Os ___ candidatos deverão fazer a prova no próximo mês. (demais / de mais)

d) Já estamos ___ de tudo o que ocorreu. (a par / ao par)

e) O real e o dólar já estiveram quase ___ . (a par / ao par)

f) Concordo, seu ponto de vista vem exatamente ___ meu. (de encontro ao / ao encontro do)

g) Como dirigia embriagado, seu carro foi ___ poste. (de encontro ao / ao encontro do)
h) Não dormi, ___ senti sono. (tão pouco / tampouco)
i) Trabalhamos muito nesta empresa, porém ganhamos ___ ! (tão pouco / tampouco)
j) Ela não abre a boca, ___ para dizer alguma asneira. (se não / senão)
k) É importante que você se esforce, ___ o prêmio será conquistado por outro. (se não / senão)
l) ___ houver a participação de todos, não conseguiremos a vitória. (se não / senão)

DE CONCURSOS PÚBLICOS E VESTIBULARES

1. (**SFE-SC**) Assinale a alternativa em que a palavra em destaque foi empregada corretamente:
a) Hoje, estou **a fim** de acertar todas as questões desta prova.
b) Infelizmente, deixarei a minha terra, **mais** um dia voltarei.
c) No domingo passado fui ao jogo de futebol **aonde** me diverti muito.
d) Esse diálogo foi **mau** interpretado pelos jornalistas presentes.
e) Algumas **reinvindicações** nunca foram atendidas por quem de direito.

2. (**SFE-MG**) Assinale a frase **errada** quanto ao emprego de **acerca de / há cerca de / a cerca de**.
a) Parou há cerca de um quarteirão do bar.
b) Falamos acerca das suas dúvidas.
c) Viajaram há cerca de dois anos.
d) Ofereceu o brinde a cerca de mil clientes.

3. (**SFE-MG**) Assinale a alternativa em que o emprego de **porque / por que** está **errado**.
a) Ela veio porque quis.
b) Porque ele insistia, respondi a tudo.
c) É a razão porque não disse nada.
d) Por que não perguntou?

4. (**SFE-MG**) Assinale a frase em que o emprego de **senão / se não** está errado.
a) Não sabia outra coisa se não bordar.
b) Eles eram concorrentes, se não inimigos.
c) Isto não cabe a mim, senão a ele.
d) Se não vierem todos, ficaremos aqui.

5. (**TRE-SP**) Não sei ___, até hoje, ninguém foi ___ desses papéis extraviados.
a) por quê – atraz
b) por que – atrás
c) porque – atrás

d) por que – atraz
e) porque – atrás

6. (TRT-SP) ___ você brinca? ___ ? Ora, ___ me agrada. A experiência ___ passei foi desagradável. Depois você saberá o ___ .

a) Porque – Porquê – porque – porque – por que
b) Por que – Porquê – porque – porque – porque
c) Por que – Porquê – porque – porque – por quê
d) Porque – Porque – por quê – porque – por que
e) Por que – Por quê – porque – por que – porquê

7. (SRF) Assinale a alternativa em que **não** está correta a sentença:

a) Há cerca de cinquenta mil candidatos inscritos para o concurso.
b) Discursou a cerca do programa de recuperação dos cerrados.
c) Não o vejo há cerca de vinte anos.
d) A fazenda fica a cerca de uma hora de carro de São Paulo.
e) Sua opinião acerca da proposta deve ser considerada.

8. (TJ-SP) Assinale a alternativa cujas palavras ou expressões preenchem convenientemente as lacunas:

1. Havia muita gente ___ do viaduto. (embaixo – a baixo)
2. Ele não sabe ___ o viu, mas tem certeza de que não foi na rua. (onde – aonde)
3. ___ de dez oradores falando ___ de poluição. (acerca – há cerca)
4. ___ saíste, eu também saí. (mau – mal)

a) embaixo – onde – há cerca – acerca – mal
b) embaixo – aonde – há cerca – acerca – mau
c) a baixo – onde – acerca – há cerca – mal
d) a baixo – aonde – há cerca – há cerca – mau
e) embaixo – aonde – acerca – acerca – mal

9. (TJ-SP) Em que opção a frase está gramaticalmente correta?

a) Ela não foi ao encontro por que estava ocupada com os relatórios da empresa.
b) Ela não foi ao encontro porquê estava ocupada com os relatórios da empresa.
c) Ela não foi ao encontro porque estava ocupada com os relatórios da empresa.
d) Não foi ao encontro por que?
e) Não foi ao encontro porquê?

10. (Tacrim-SP) Qual das expressões abaixo, quando inserida corretamente na frase a seguir, indica oposição, contradição?

"O projeto político daquele senador vem ___ interesses da população."

a) ao encontro a   d) aos encontros dos
b) ao encontro dos   e) dos encontros dos
c) de encontro aos

11. (Tacrim-SP) Qual alternativa está incorreta?

a) A seleção brasileira tem jogado muito mal.
b) Deve-se cortar o mal pela raiz.
c) O mal desempenho da aluna foi muito criticado.
d) A menina caiu de mau jeito.
e) A carne podre cheirava mal.

12. (TRT-SP) Vão ___ aos processos várias fotografias. Paisagens as mais belas ___ . Ela estava ___ informada.

a) anexos – possíveis – mal
b) anexas – possíveis – mal
c) anexa – possível – mau
d) anexo – possíveis – mau
e) anexo – possível – mal

13. (MM) A alternativa **errada** quanto ao emprego do **porquê** é:

a) Não revelou o motivo **por que** não foi ao trabalho.
b) Estavam ansiosos **por que** o dia amanhecesse.
c) Eis o **porquê** da minha viagem.
d) Ele não veio **por que** estava doente.
e) **Porque** houve um engarrafamento, chegou atrasado ao colégio.

14. (TRT-ES) Assinale a opção em que a palavra destacada está empregada **incorretamente**:

a) Durma cedo, **senão** acordará tarde amanhã.
b) **Mal** começou a chover, o barraco desabou.
c) Disse que **há** cinco anos ganhou na loteria.
d) Estava **mau** informado, por isso se equivocou.
e) De hoje **a** dois meses pedirei novo empréstimo.

15. (TCU) O projeto voltou por não mencionar ___ era ___ urgência e foi rejeitado ___ não obedeceu ___ outras formalidades regimentais.

a) porque; necessária; porque; às
b) por que; necessário; porque; as
c) por que; necessária; por que; às
d) por que; necessário; por que; as
e) por que; necessário; porque, às

16. (TRT-RJ) A palavra **mau** só preenche corretamente a lacuna da alternativa:

a) Abatido, ___ conseguia dar alguns passos.
b) A geada fez muito ___ aos cafezais.
c) O ___ é que só agora soube da notícia.
d) Sem qualquer motivo, ele vivia de ___ humor.
e) ___ amanheceu, começou a chover.

17. (TRF-RJ) Foram suficientes as ___ apresentadas ___ de se esclarecer os ___ .

a) escusas – a fim – mal-entendidos
b) excusas – afim – mal-entendidos
c) excusas – a fim – malentendidos
d) excusas – afim – malentendidos
e) escusas – afim – mal-entendidos

18. (TRF-RJ) O estudante explicou ___ não pôde vir; ___ não lhe atribuímos falta.

a) porquê – por isso
b) por quê – porisso
c) porquê – porisso
d) por que – por isso
e) porque – porque

19. (FJG) Por quê está corretamente empregado em:

a) Os garotos não possuem lugar melhor para morar, por quê?
b) Por quê você chegou atrasado à reunião?
c) A mãe sabe por quê motivo ficou sozinha.
d) Fiquei triste por quê ele tocou nesse assunto.
e) Eles ficaram desse jeito por quê a sociedade quis.

20. (BB) "A casa fica ___ de um quilômetro da barragem."

a) há cerca   b) cerca   c) à cerca   d) acerca   e) a cerca

21. (BB) Assinale o exemplo em que há **erro** na grafia da expressão destacada:

a) Suas ideias correm de alto **a baixo**.
b) Suas ideias não ficam **abaixo** das minhas.
c) Não fez nada **de mais**.
d) Ele estuda **de mais**.
e) Foste **mal-educado** com teus pais.

22. (BB) Assinale o exemplo em que há **erro** de grafia, porque a palavra destacada se escreve separadamente:

a) **Porventura** ele não virá aqui?
b) Ele não viu nem **tampouco** soube nada.
c) Creio que eles sabem **demais**.
d) **Conquanto** estudioso, vadia um pouco.
e) Estudou, **porisso** passará.

23. (SRF) Quanto à morfossintaxe, **não** está correta a sentença:

a) Há cerca de cinquenta mil candidatos inscritos para o concurso.
b) Discursou a cerca do programa de recuperação dos cerrados.
c) Não o vejo há cerca de vinte anos.
d) A fazenda fica a cerca de uma hora de carro de São Paulo.
e) Sua opinião acerca da proposta deve ser considerada.

24. (UFU-MG) Assinale a única alternativa em que os elementos em destaque **não** podem ser substituídos por **onde**:

a) "... quando estava quase a suceder um desastre na estrada, entre o carro de bois e a sege **em que** a senhora vinha, a senhora, em vez de ficar séria e pensar em Deus, enfiou a cabeça por entre as cortinas para fora, rindo..." (Machado de Assis)
b) "Mascarenhas fez-me notar à esquerda da capela o lugar **em que** estava sepultado o ex-ministro." (Machado de Assis)
c) "Lalau sentou-se. A cadeira **em que** se sentou era uma velha cadeira de espaldar de couro lavrado e pés em arco." (Machado de Assis)
d) "... falou-me também da piedade e saudade da viúva, da veneração **em que** tinha a memória dele, das relíquias que guardava, das alusões frequentes na conversação."
(Machado de Assis)

25. (UEL-PR) A forma pronominal **onde** é usada segundo as normas do português-padrão na alternativa:

a) Parte da população brasileira vive na indigência, sem família, sem documentos, **onde** se submete a serviços desumanos para ganhar um salário.
b) Um levantamento foi feito **onde** diz que cerca de 20% da população brasileira vive na indigência.
c) O desemprego é um grave problema social, **onde** os pais de classe baixa não têm oportunidade de conseguir um trabalho.
d) No Brasil, **onde** a política só favorece a elite, há uma grande exclusão social.
e) A tecnologia hoje está bem avançada, **onde** se deve a vários meios de comunicação.

26. (UFPR) Complete as lacunas, usando adequadamente **mas / mais / mal / mau**:

Pedro e João, ___ entraram em casa, perceberam que as coisas não estavam bem, pois sua irmã caçula escolhera um momento ___ para comunicar aos pais que iria viajar nas férias; ___ seus dois irmãos deixaram os pais ___ sossegados quando disseram que a jovem iria com as primas e a tia.

a) mau – mal – mais – mas
b) mal – mal – mais – mais
c) mal – mau – mas – mais
d) mal – mau – mas – mas
e) mau – mau – mas – mais

27. (Mackenzie-SP) Assinale a alternativa que completa adequadamente as lacunas do seguinte período:

Algumas pessoas não determinam ___ provém sua insatisfação, porque não sabem ___ vão os sentimentos, nem ___ mora a consideração pelo próximo.

a) donde, onde, onde
b) donde, aonde, onde
c) aonde, onde, aonde
d) aonde, aonde, aonde
e) donde, aonde, aonde

28. (PUCCamp-SP) Das cinco alternativas apresentadas nesta questão, apenas uma completa adequadamente as sentenças abaixo. Aponte-a:

I. Afinal, chegou o presente ___ tanto esperávamos.
II. ___ você vai com tanta pressa?
III. ___ de dois meses, mudamos para este bairro.

a) por que, aonde, há cerca
b) porque, onde, acerca
c) por que, onde, a cerca
d) porque, onde, há cerca
e) porque, aonde, a cerca

29. (Ufes) "___ o Jânio renunciou à Presidência da República? ___ ___ ___ . Sim. ___ . E ___ pôde. Eis aí ___ , meus amigos. Os ___ nebulosos ___ na esteira dos vários presidentes absurdos. E podem ___ mais." (Josué Machado)

Preenche adequadamente o texto acima:

a) Porque – O fez – por que – o quis – O quis – por que – porque – porquês – vem – vim
b) Por que – Fê-lo – porque – o quis – Qui-lo – por quê – porque – por que – vêm – vim
c) Por que – O fez – porque – qui-lo – O quis – porque – por que – porques – veem – vi
d) Por que – Fê-lo – porque – o quis – Qui-lo – porque – por quê – porquês – vêm – vir
e) Por quê – Fê-lo – porquê – qui-lo – O quis – por que – porque – por quês – vem – vir

30. (UFPE) Observe:

1) A mochila ideal: o modelo que seu filho insistiu em ganhar pode não ser o indica-do. Veja **porquê**.
2) Saiba **porque** somos a maior empresa de mudanças do Brasil.
3) **Por que** 40% dos passageiros têm pavor de voar?
4) A clonagem de árvores faz a produção aumentar, **porque** as mudas mantêm as ca-racterísticas da planta doadora.
5) É fácil entender o **porquê** da estreita relação entre o destino das línguas e o desti-no das culturas.

As expressões destacadas estão corretamente usadas em:

a) 3 e 4 apenas.
b) 1, 2, 3, 4 e 5.
c) 3, 4 e 5 apenas.
d) 1, 4 e 5 apenas.
e) 2, 3 e 4 apenas.

31. (Fuvest-SP) Diga ___ elas que estejam daqui ___ pouco ___ porta da biblioteca.

a) à, há, a
b) a, há, à
c) a, a, à
d) à, a, a
e) a, a, a

32. (FGV) Não, não! Que ___ favor, ___; ___ sorrindo.

a) a – a – acrescentou
b) há – há – acrescentou
c) à – há – acrescentou
d) a – há – acrecentou
e) há – a – acrescentou

33. (Fuvest-SP) Selecione a forma adequada ao preenchimento das lacunas: O ___ aluno foi ___ na prova de Inglês, ___ não sabe; se você o ___ , é bom avisá-lo.

a) mau - mal – mas – vir
b) mal – mau – mas – ver
c) mal – mal – mais – ver
d) mau – mau – mais – vir
e) mau – mal – mais – vir

34. (Fuvest-SP) Assinale a frase correta:

a) Por que motivo preferiu vim aqui, do que me esperar na rua?
b) Por que você preferiu vim aqui, do que me esperar na rua?
c) Porque você preferiu mais vir aqui que me esperar na rua?
d) Porque motivo você preferiu vir aqui, antes que me esperar na rua?
e) Por que motivo você preferiu vir aqui a me esperar na rua?

35. (Unip-SP) Em "Ainda havia riscos de racionamento de combustíveis, por que já fazia alguns meses que o mau desempenho da produção era sentido pelos plantadores de cana", há um erro que será corrigido, se trocarmos:

a) **havia** por **existiam**
b) **porque** por **porquê**
c) **fazia** por **faziam**
d) **mal** por **mau**
e) **por que** por **porque**

36. (UEPG-PR)

— ___ me julgas indiferente? — ___ tenho meu ponto de vista.

— E não o revelas ___ ? — Nem sei o ___ .

Assinale a alternativa que preenche adequadamente as lacunas:

a) Por que, Porque, por que, por quê
b) Por que, Porque, por quê, porquê
c) Porque, Por que, porque, por quê
d) Por quê, Porque, por que, porquê
e) Porque, Porque, por quê, por quê

37. (Fuvest-SP) Assinale a frase gramaticalmente correta:

a) Não sei por que discutimos.
b) Ele não veio por que estava doente.
c) Mas porque não veio ontem?
d) Não respondi porquê não sabia.
e) Eis o porque da minha viagem.

38. (Osec-SP) Marque o conjunto que completa corretamente as lacunas da frase:

Perguntei ao João Alves _____ ia e _____ ficaria e _____ eu poderia encontrá-lo.

a) aonde, onde, onde
b) onde, aonde, aonde
c) aonde, onde, aonde
d) onde, aonde, onde
e) onde, onde, onde

39. (UFV-MG) Assinale a única alternativa em que a expressão **porque** deve vir separada.

a) Em breve compreenderás porque tanta luta por um motivo tão simples.
b) Não compareci à reunião porque estava viajando.
c) Se o Brasil precisa do trabalho de todos é porque precisamos de um nacionalismo produtivo.
d) Ainda não se descobriu o porquê de tantos desentendimentos.
e) Choveu durante a noite, porque as ruas estão molhadas.

40. (ITA-SP) Preencha os claros das sentenças.

Gastaram somas ___ (vultosas, vultuosas) para evitar o perigo.

Ela tem o grave ___ (se não, senão) de ser invejosa.

A cidade de que ___ (há, a) pouco você falou não mais existe.

Ainda vou descobrir o ___ (porquê, porque, por quê, por que) dessa polêmica.

Temos, respectivamente:

a) vultosas, senão, a, por quê
b) vultuosas, senão, a, porquê
c) vultuosas, senão, a, por que
d) vultosas, senão, há, porquê
e) vultosas, se não, há, porquê

Respostas aos exercícios e testes

I Fonologia

Exercícios

1. Fonema é a unidade sonora do sistema linguístico; **grafema** é o sinal gráfico que representa o fonema.

2. Fonemas silábicos são os que constituem a base da sílaba. São representados pelas vogais. Exemplos: c**a**-s**a**, m**e**-s**a**, s**a**-c**i**, t**a**-t**u**.

3. Não. As letras **m** e **n** somente representam um fonema quando aparecem seguidas de uma vogal.

4. par**e**d**e**

/a/ = fonema vocálico, médio, átono, aberto, oral.

/e/ = fonema vocálico, anterior, tônico, fechado, oral.

/e/ = fonema vocálico, anterior, átono, reduzido, oral.

5. Canto, menta, minto, ponte, mundo.

6. Não. Também podem ser representadas pelas letras **e** e **o**, respectivamente.

Exemplos: põ**e** [põy], mã**o** [mãw].

7. a) rato   b) fato   c) mato   d) bato

8. bela – bola; rola – pula – mole; amarela – Arabela; Raul – azul

9. chacrinha – rochedo – panqueca – filhote – ilha – carreta – excesso

10. nexo – fixo – táxi – tóxico

11. gratuito – coisa – roupa – joia – tranquilo – manteiga

12.

	Palavra	Letras	Fonemas
a)	máquina	7	6
b)	lâmpada	7	6
c)	pinheirinho	11	9
d)	homúnculo	9	7
e)	Santiago	8	7
f)	intoxicação	11	11
g)	chuveiro	8	7
h)	correspondência	15	12
i)	palhinha	8	6
j)	guerreiro	9	7
k)	aguenta	7	6
l)	portuguesa	10	9
m)	cantamos	8	7
n)	adequada	8	8
o)	conselho	8	6
p)	língua	6	5

13.
a) 1   l) 1
b) 3   m) 3
c) 3/2   n) 3
d) 3/2   o) 1
e) 3   p) 3
f) 3   q) 2
g) 3   r) 3
h) 2   s) 3/2
i) 1   t) 1
j) 2   u) 3
k) 2

14. a) 7
b) 6
c) 7/1
d) 1
e) 2
f) 2
g) 4
h) 7

i) 7
j) 6
k) 3
l) 2
m) 4
n) 5
o) 4

15. a) pneu-má-ti-co — proparoxítona
b) oc-ci-pi-tal — oxítona
c) subs-tan-ti-vo — paroxítona
d) ve-e-men-te — paroxítona
e) ad-vo-ga-do — paroxítona
f) in-fec-ção — oxítona
g) ab-rup-to ou a-brup-to — paroxítona
h) e-gíp-cio — paroxítona
i) ab-di-car — oxítona
j) ru-im — oxítona
k) psi-có-lo-go — proparoxítona
l) gra-tui-to — paroxítona
m) ca-rac-te-rís-ti-ca — proparoxítona
n) ex-ces-so — paroxítona

Testes DE CONCURSOS PÚBLICOS E VESTIBULARES

1	d	8	b	15	e	22	a
2	c	9	a	16	c	23	c
3	d	10	a	17	b	24	d
4	d	11	b	18	c	25	c
5	c	12	c	19	b	26	c
6	a	13	b	20	a	27	b
7	a	14	d	21	a	28	b

Capítulo 2

Ortografia

Exercícios

1. a) gueixa
b) enxame
c) afrouxar
d) recauchutar
e) madeixa
f) enchimento
g) bauxita
h) mexerico
i) encharcar
j) enxerido

k) enxotar
l) mexinflório
m) encaixotar
n) enxovalhar
o) enchiqueirar
p) enxaqueca
q) enxurrada
r) enchumaçar
s) enchouriçar
t) mexilhão

2. a) conceder → concessão
aceder → acessão
interceder → intercessão
suceder → sucessão
b) regredir → regressão
transgredir → transgressão
progredir → progressão
c) suprimir → supressão
oprimir → opressão
comprimir → compressão
imprimir → impressão
d) discutir → discussão
demitir → demissão
admitir → admissão
emitir → emissão
e) ascender → ascensão
compreender → compreensão
repreender → repreensão
apreender → apreensão
f) compelir → compulsão
repelir → repulsão
impelir → impulsão
g) reverter → reversão
inverter → inversão
contraverter → contraversão
verter → versão
h) deter → detenção
abster → abstenção
conter → contenção
reter → retenção
i) direto → direção
correto → correção
exceto → exceção
ereto → ereção
j) emergir → emersão
submergir → submersão
aspergir → aspersão
convergir → conversão

3. b) pequeno → pequenez
c) altivo → altivez
d) lúcido → lucidez
e) surdo → surdez

4. b) monte → montês
c) marco → marquês
d) burgo → burguês
e) montanha → montanhês

5. b) Pequim → pequinês
c) Calábria → calabrês
d) Noruega → norueguês
e) Milão → milanês

6. b) cônsul → consulesa
c) príncipe → princesa
d) barão → baronesa
e) freguês → freguesa

7. b) sacerdote → sacerdotisa
c) profeta → profetisa
d) diácono → diaconisa
e) píton → pitonisa

8. b) útil → utilizar
c) fértil → fertilizar
d) ágil → agilizar
e) ameno → amenizar

9. b) catálise → catalisar
c) paralisia → paralisar
d) pesquisa → pesquisar
e) aviso → avisar

10. a) estrangeiro
b) canjica
c) lambujem
d) majestade
e) varejista
f) falange
g) alforje
h) pajear
i) vertigem
j) sarjeta
k) ojeriza
l) rabugem
m) fuligem
n) megera
o) pajem
p) ultraje
q) agiota
r) gorjeio
s) lisonjear
t) ferrugem

11. a) coreano
b) digladiar
c) artimanha
d) irrequieto
e) frontispício
f) homogêneo
g) requisito
h) criação
i) aborígine
j) candeeiro
k) disenteria
l) destilar
m) passeata
n) empecilho
o) privilégio
p) mexerica

12. a) poleiro
b) óbolo
c) regurgitar
d) tabuada
e) polenta
f) engolir
g) burburinho
h) camundongo
i) curtume
j) embutir
k) toalete
l) nódoa
m) mágoa
n) jabuti
p) usufruto
o) tábua
p) tostão
q) mosquito

Testes DE CONCURSOS PÚBLICOS E VESTIBULARES

1	b	6	e	11	e	16	e
2	e	7	e	12	b	17	d
3	e	8	a	13	c	18	a
4	b	9	e	14	d	19	e
5	e	10	e	15	c	20	d

Capítulo 3

Emprego do hífen

Exercícios

1. rodapé
erva-doce
vaivém
guarda-sol
água-viva
baixo-relevo
alto-falante
vira-lata
pontapé
pingue-pongue
verde-amarelo
quebra-cabeça
aeromoça
bem-me-quer
boa-vida
alto-relevo
roda-viva
luso-brasileiro
pisca-pisca
passatempo
girassol
sempre-viva
bem-te-vi
alto-mar

2. a) autoacusação
autocrítica
automutilação
autossugestão
b) antediluviano
anterrepublicano
ante-histórico
antessala
c) anti-higiênico
antissocial
antirrábico
d) arqui-inimigo
arquissecular
arquiduque
arquimilionário
e) circumpolar
circum-adjacente
circunvizinhança
circum-hospitalar
f) contraproposta
contraordem
contra-habitual
contrarregra
autoestrada
autorretrato
autobiografia
autoadmiração
anteaurora
antecâmara
antedatar
anteprojeto
antirradiação
anti-hemorrágico
antialcoólico
arquidiocese
arquirrabino
arquissacerdote
arqui-histórico
circum-escolar
circum-ambiente
circum-navegar
circumpercorrer
contradizer
contra-ataque
contrassenso
contrabalançar

g) extra-humano / extrauterino
extrarregulamentar / extrajudicial
extrassecular / extraescolar
extraoficial / extraordinário

h) hiper-humano / hipertensão
hipermiopia / hiperacidez
hiper-rigoroso / hiper-rancoroso
hiper-rico / hiper-ridículo

i) infrauterino / infrarrenal
infraocular / infraestrutural
infravermelho / infraestrutura
infravioleta / infracitado

j) intra-hepático / intra-auricular
intramuscular / intrauterino
intraocular / intramuros
intracraniano / intrapulmonar

k) malquerer / mal-humorado
mal-educado / malcheiroso
mal-estar / mal-agradecido
malvisto / malquisto

l) pseudo-herói / pseudocaule
pseudofobia / pseudorrevelação
pseudoapóstolo / pseudociência
pseudossábio / pseudoescorpião

m) semicírculo / semiextensivo
semiaberto / semicerrado
semi-interno / semivogal
semirreta / semisselvagem

n) sobressair / sobre-humano
sobrecapa / sobreloja
sobreaviso / sobrerroda
sobremesa / sobre-horrendo

o) subchefe / sub-roda
subdiretor / sub-híspido
subsolo / sub-região
sub-reptício / sub-bibliotecário

p) super-renal / super-homem
superelegante / supersônico
super-requintada / superacidez
supermercado / super-real

q) suprarrenal / supranatural
suprassumo / supra-axilar
suprassensível / supracitado
supra-humano / supra-hepático

r) ultrarradical / ultraliberal
ultramoderno / ultrassom
ultravioleta / ultra-humano
ultraexistência / ultravermelho

Capítulo 4

Acentuação gráfica

Exercícios

1. a) **caído** – o i é a 2.ª vogal tônica de um hiato.
b) **pé** – monossílabo tônico terminado em **e**.
c) **artérias** – paroxítona terminada em ditongo.
d) **interstícios** – paroxítona terminada em ditongo.
e) **lívidos** – proparoxítona.
f) **órfãs** – paroxítona terminada em **ãs**.
g) **débil** – paroxítona terminada em **l**.
h) **silêncio** – paroxítona terminada em ditongo.
i) **pássaro** – proparoxítona.
j) **alumínio** – paroxítona terminada em ditongo.
k) **extermínio** – paroxítona terminada em ditongo.
l) **até** – oxítona terminada em **e**.
m) **escreverá** – oxítona terminada em **a**.

2.

	Palavra	Divisão silábica	Classificação
a)	anatema	a - **ná** - te - ma	proparoxítona
b)	ariete	a - **rí** - e - te	proparoxítona
c)	rubrica	ru - **bri** - ca	paroxítona
d)	astenia	as - te - **ni** - a	paroxítona
e)	Nobel	No - **bel**	oxítona
f)	azemola	a - **zê** - mo - la	proparoxítona
g)	ibero	i - **be** - ro	paroxítona
h)	inaudito	i - nau - **di** - to	paroxítona
i)	latex	**lá** - tex	paroxítona
j)	mister	mis - **ter**	oxítona
k)	batega	**bá** - te - ga	proparoxítona
l)	onix	**ô** - nix	paroxítona
m)	algoz	al - **goz**	oxítona
n)	pudico	pu - **di** - co	paroxítona
o)	alcool	**ál** - co - ol	proparoxítona
p)	cateter	ca - te - **ter**	oxítona
q)	imbele	im - **be** - le	paroxítona
r)	recorde	re - **cor** - de	paroxítona
s)	condor	con - **dor**	oxítona
t)	aziago	a - zi - **a** - go	paroxítona

3. a) Elas são más alunas, mas não alunas más.

b) Contenha a sua ira, assim você irá para o céu.

c) O professor falará amanhã sobre o que falara anteriormente.

d) Sobem muito as marés daqueles mares?

e) Você me magoa e não sente mágoa.

f) O júri não protegeu o gari.

g) Como seria hoje a garota séria que outrora conheci?

h) Vou revolver as gavetas à procura do meu revólver.

i) Nunca me medico sem consultar um médico.

j) O camelô vendia miniaturas de camelo.

4. b) creem

c) veem

d) leem

e) vêm

f) reveem

g) contêm

h) intervêm

i) preveem

5. a) O Dirceu fez um verdadeiro escarcéu!

b) Não sei por que tu te dóis tanto pelos dois.

c) Ele leu ao léu as instruções que havia no manual.

d) O pinéu fez seu ninho na cavidade do velho pneu.

e) Patrão, sou bói de escritório, e não boi de carga!

f) Herói é palavra oxítona, mas heroico é paroxítona.

g) Guloso, você comeu dezesseis pastéis!

h) Visitamos o mausoléu do Aristeu.

6. a) Ela saía sempre com a mesma saia.

b) Se eu concluí o meu curso, por que você não conclui o seu?

c) Este calo doído sempre me deixa doido.

d) De que país regressaram os seus pais?

e) O plural de raiz é raízes.

f) Ele vai sair somente depois que tu saíres.

g) Comi curau na cidade de Jaú.

h) Tirei meu cavalo da baia e cavalguei pela baía.

Testes DE CONCURSOS PÚBLICOS E VESTIBULARES

1	c	10	a	19	b	28	b
2	e	11	c	20	b	29	c
3	b	12	b	21	a	30	b
4	d	13	e	22	e	31	e
5	c	14	c	23	b	32	b
6	a	15	d	24	e	33	c
7	d	16	b	25	c	34	c
8	c	17	c	26	e	35	e
9	e	18	c	27	b	36	b

Capítulo 5

Significação das palavras

Exercícios

1. a) púrpura = cor vermelha

b) esmaecem = desbotam

c) chispa = faísca

d) lascívia = sensualidade

e) glabro = sem barba, imberbe

f) desígnio = propósito, plano

g) macabro = medonho

h) volúpia = prazer intenso

i) enlanguescem = enfraquecem

j) volutabro = lamaçal

k) albos = branco

l) pubescentes = que chegam à puberdade

m) acre = forte, áspero

n) trejeitos = movimentos, gestos

o) liriais = que têm a cor ou a pureza do lírio

p) matrona = mulher respeitável

2. a) cessão

b) sessão

c) infligiu

d) infligiu

e) infringiu

f) mandados

g) mandato

h) concerto

i) conserto

j) cassados

k) caçar

l) descriminar

m) discriminar

n) vultuosa

o) vultosa

3. a) desapercebido
b) expiar
c) intercessão
d) ascender
e) iminente
f) prescreve
g) exilou
h) fragrantes
i) mandado
j) discrição
k) flagrante
l) ratificou
m) pequenez

4. a) intimorato
b) ratificou
c) imergimos
d) arreou
e) dilatam
f) emigram
g) delataram
h) eminente
i) infringir
j) absorve
k) diferir
l) destratou
m) discriminar
n) emergiu

5. d, c, e, a, f, b

6. a) árvores
b) esportes
c) eletrodomésticos
d) peixes
e) vestuário
f) planetas

Testes DE CONCURSOS PÚBLICOS E VESTIBULARES

1	b	10	a	19	d	28	d
2	b	11	b	20	e	29	b
3	a	12	e	21	c	30	d
4	c	13	c	22	b	31	a
5	a	14	a	23	d	32	c
6	b	15	d	24	e	33	b
7	c	16	a	25	a	34	b
8	b	17	b	26	d		
9	d	18	d	27	b		

II Morfologia

Capítulo 1

Estrutura e formação de palavras

Exercícios

1. in- = prefixo
fatig- = radical
-ável = sufixo nominal
-mente = sufixo adverbial

2. Há três elementos mórficos: **parodi-** (radical); **-a-** (vogal temática); e **-r** (desinência verbal).

3. Em **palidez**, o sufixo nominal é **-ez**, cujo significado é **estado**.

4. Sufixo nominal indicativo de estado: **-dade** (felicidade); sufixo nominal indicativo de profissão: **-dor** (acendedor).

5. Derivação imprópria.

6. a) sufixação
b) prefixação e sufixação
c) sufixação
d) sufixação

7. a) anoitecer
b) girassol, guarda-sol
c) plenilúnio
d) desumano, sobre-humano
e) *polis* (acrópole, metrópole, necrópole)
f) amoroso, desamor, amorável, amorativo

8. a) mat-
b) flor
c) caju
d) pied-
e) naveg-
f) cas-
g) feliz
h) saci
i) madur-
j) exist-
k) nasc-
l) faz-

9. a) radical: garot-
desinência nominal de gênero: -a
desinência nominal de número: -s

b) radical: cant-
vogal temática: -a
tema: canta-
desinência modo-temporal: -va
desinência número-pessoal: -mos

c) radical: lembr-
vogal temática: -a
tema: lembra-
desinência número-pessoal: -mos
prefixo: re-

d) radical: rapaz
sufixo: -inho

e) radical: café
consoante de ligação: -t-
sufixo: -eira

f) radical: gás
vogal de ligação: -o-
radical: -duto (ducto)

10. j, b, a, d, g, h, c, i, f, e

11. f, g, i, j, c, a, h, d, e, b

12. c, b, a, d, h, f, e, g, i, j, k, l, m, o, n, p

13. a) mau + som
b) ao longe + letra
c) vida + estudo
d) luz + que conduz
e) sinal + que conduz
f) dez mil + pé
g) alto + cidade
h) no meio de + rio
i) calor + medida
j) verde + folha
k) cavalo + rio
l) homem + que come
m) amigo + sabedoria
n) carne + que come
o) morto + cidade
p) peixe + que come

14. a) 3   d) 2   g) 2   j) 3
b) 1   e) 3   h) 2
c) 1   f) 1   i) 2

15. a) 1   d) 2   g) 1   j) 2
b) 1   e) 1   h) 2   k) 1
c) 2   f) 2   i) 1   l) 2

16. a) 2   c) 2   e) 1   g) 1
b) 1   d) 2   f) 2   h) 2

17. a) tele (grego) + visão (português)
b) endo (grego) + venoso (latim)
c) buro (francês) + cracia (grego)
d) álcool (árabe) + metro (grego)
e) auto (grego) + clave (latim)
f) língua (português) + fone (grego)
g) mono (grego) + oculo (latim)

h) burgo (alemão) + mestre (português)
i) abreu (português) + grafia (grego)
j) zinco (alemão) + grafia (grego)
k) bi (latim) + gamo (grego)
l) pluvi (latim) + metro (grego)

Testes DE CONCURSOS PÚBLICOS E VESTIBULARES

1	d	11	d	21	a	31	c
2	d	12	a	22	b	32	a
3	b	13	d	23	a	33	e
4	a	14	c	24	d	34	a
5	e	15	c	25	b	35	c
6	c	16	b	26	c	36	a
7	a	17	a	27	d	37	d
8	c	18	e	28	c	38	e
9	a	19	d	29	e		
10	e	20	b	30	c		

Capítulo 2

Classes de palavras

Substantivo

Exercícios

1. muro, ponte, vingança, remorso, marra, força, dia, medo, verso, paz, troco, cachorro, velho, moço, liberdade, braço, Cristo-horizonte.

2. São substantivos abstratos porque nomeiam faculdades humanas, cuja existência depende de um ser para se manifestar.

3. É derivado porque é formado a partir do verbo **vingar** pelo processo de sufixação.

4. muralha, ponteaço

5. versículo, velhote

6. mocetão

7. moçoila

8. É substantivo derivado. Forma-se a partir do verbo **forçar** pelo processo da derivação regressiva.

9. diário, diarista

10. guardiões, guardiães

11. a) simples/comum/concreto/primitivo
b) simples/próprio/concreto/primitivo
c) simples/comum/concreto/primitivo
d) simples/comum/concreto/primitivo
e) simples/próprio/concreto/primitivo
f) simples/comum/concreto/derivado
g) simples/comum/concreto/primitivo
h) simples/comum/concreto/derivado
i) simples/comum/abstrato/derivado
j) simples/comum/abstrato/derivado
k) simples/comum/concreto/primitivo
l) simples/comum/concreto/primitivo
m) simples/próprio/concreto/primitivo
n) simples/comum/abstrato/derivado

12. e, n, g, m, c, b, h, l, j, f, o, k, i, a, d

13. a) 2   e) 2   i) 3   m) 1
b) 1   f) 3   j) 3   n) 3
c) 3   g) 2   k) 2   o) 3
d) 2   h) 1   l) 1   p) 1

14. a) o cabeça = líder de um grupo
a cabeça = parte do corpo
b) o capital = valor monetário
a capital = cidade principal
c) o cisma = separação por divergência doutrinal
a cisma = suspeita, implicância
d) o coral = canto em coro; recife
a coral = cobra venenosa; cor vermelho-amarelada
e) o grama = unidade de medida de massa
a grama = relva, tipo de gramínea
f) o guia = orientador turístico
a guia = formulário para solicitar ou declarar algo
g) o lama = sacerdote tibetano
a lama = lodo
h) o lente = professor
a lente = vidro de aumento
i) o língua = intérprete
a língua = órgão da boca; linguagem
j) o moral = brio, vergonha, ânimo
a moral = costume; ética
k) o nascente = o nascer do Sol
a nascente = fonte de água
l) o rádio = aparelho; osso do braço; elemento químico
a rádio = emissora

15. a) amazona
b) charlatona
c) condessa
d) consulesa
e) elefanta
f) faisoa
g) sóror/soror
h) freira
i) heroína
j) hóspeda
k) monja
l) oficiala
m) parenta
n) patroa
o) pavoa
p) perdiz
q) profetisa
r) sacerdotisa
s) tecelã/teceloa
t) abelha

16. a) a   e) o   i) o   m) a
b) o   f) o   j) o   n) a
c) o   g) o   k) a   o) o
d) o   h) a   l) o   p) o

17. a) álcoois
b) alemães
c) algozes
d) anãos/anões
e) cânones
f) capitães
g) caracteres
h) charlatães/charlatões
i) corrimãos/corrimões
j) cós/coses
k) escrivães
l) fósseis
m) gizes
n) juniores
o) órfãos
p) reveses
q) seniores
r) xadrezes

18. a) anõezinhos
b) balõezinhos
c) cartõezinhos
d) colherezinhos ou colherzinhos
e) coraçõezinhos
f) corredorezinhos ou corredorzinhos
g) faroizinhos
h) jornaizinhos
i) mulherezinhas ou mulherzinhas
j) pãezinhos
k) papeizinhos
l) florezinhas ou florzinhas

19. a) águas-vivas
b) alto-falantes
c) altos-relevos
d) bananas-maçã(s)
e) bel-prazeres
f) cachorros-quentes
g) carros-restaurante(s)
h) cavalos-vapor(es)
i) contra-ataques
j) grão-duques
k) guardas-rodoviários
l) guarda-sóis
m) bem-te-vis
n) galos-de-briga
o) ganha-dinheiros
p) os pisa-mansinho
q) pisca-piscas
r) pombos-correio(s)
s) porta-bandeiras
t) reco-recos
u) sempre-vivas
v) terças-feiras
w) tique-taques

20. c, e, f, h, i, j, k, l, m, n, p, q, r

21. a) aldeola/aldeota
b) casebre
c) chuvisco/chuvisqueiro
d) farolete/farolim
e) engenhoca
f) flautim
g) fogacho, fogaréu
h) lobato
i) gotícula
j) montículo/outeiro
k) nódulo
l) óvulo
m) papelete/papelucho
n) película
o) plaqueta
p) porciúncula
q) sineta
r) versículo

22. a) balaço/balázio
b) beiçorra/beiçarrão/beiçola
c) bocarra/boqueirão/bocaça
d) cabeçorra/cabeção
e) canzarrão/canaz
f) casarão/casona/casão
g) copázio/coparrão
h) corpanzil/corpaço
i) dentão/dentilhão
j) fornalha
k) gatão/gatarrão
l) homenzarrão
m) ladravaz/ladravão
n) mãozorra/manzorra/manopla
o) narigão/nariganga
p) naviarra
q) pratarrão/pratarraz/pratalhaz
r) vozeirão/vozeiro

Testes DE CONCURSOS PÚBLICOS E VESTIBULARES

1	b	11	d	21	a	31	b
2	d	12	c	22	c	32	e
3	d	13	a	23	d	33	c
4	c	14	e	24	d	34	a
5	d	15	a	25	e	35	e
6	b	16	b	26	c	36	a
7	c	17	b	27	b	37	a
8	c	18	b	28	c	38	e
9	e	19	a	29	d	39	c
10	d	20	c	30	d	40	a

Artigo

Exercícios

1. **O** dito (definido); **os** ditos (definido); **um** dito (indefinido); **uma** vez (indefinido)

2. **pelo** (por + o); **no** (em + o); **da** (de + a); **do** (de + o); **pela** (por + a)

3. Não se emprega artigo depois do pronome indefinido usado com o sentido de **qualquer**.

4. Na primeira frase, está claro que o emissor se refere a um dito qualquer, não específico. Na segunda frase está explícita a ideia de que se trata de um dito específico.

5. Porque não se emprega artigo antes de provérbios.

6. Poderia porque o emprego do artigo antes de pronomes possessivos é de caráter facultativo.

7. "**O** pardalzinho nasceu
livre. Quebraram-lhe **a** asa.
Sacha lhe deu **uma** casa,
Água, comida e carinhos.
Foram cuidados em vão.
A casa era **uma** prisão.
O pardalzinho morreu.
O corpo, Sacha enterrou
no jardim; **a** alma, essa voou
para **o** céu **dos** passarinhos!"

(Manuel Bandeira)

8. a) Em I, entende-se que o repórter falou sobre algumas corrupções nos presídios.
Em II, significa que ele falou sobre todas as corrupções que ocorrem nos presídios. A ausência do artigo no primeiro caso confere à frase um sentido partitivo; já no segundo, o emprego do artigo confere à palavra **corrupções** um sentido mais abrangente.
b) Em I, o artigo indefinido expressa a ideia de aproximação numérica; e em II, o artigo indefinido confere mais força expressiva ao substantivo.
c) As duas frases estão corretas porque o artigo pode variar de posição com adjetivos no grau superlativo relativo.
d) A frase II está errada porque entre o pronome relativo **cujo** e seu substantivo imediato não se usa artigo.

9. Está correto porque entre a palavra **ambos** e seu substantivo imediato é obrigatório o emprego do artigo.

10. a) Emprega-se o artigo antes de nomes próprios personativos quando há ideia de familiaridade ou afetividade.

b) O artigo está substantivando uma palavra de outra classe gramatical.

c) A ausência do artigo generaliza as palavras **moça** e **poesia**.

d) Antes de nomes de cidades geralmente não se usa artigo.

e) Antes de pronomes de tratamento não se usa artigo.

f) Antes de provérbios não se usa artigo.

g) Antes de nomes de cidades adjetivados usa-se artigo.

h) Antes da palavra **casa** determinada usa-se artigo.

i) O artigo confere força expressiva ao substantivo **elegância**.

j) Antes da palavra **senhora** usa-se artigo.

Testes DE CONCURSOS PÚBLICOS E VESTIBULARES

1	e	4	b	7	a	10	d
2	c	5	a	8	d	11	e
3	a	6	c	9	a	12	d

Adjetivo

Exercícios

1. estranhas (noites), doces (noites), grande (rua), distantes (lampiões), tardo (vulto), velhas, conhecidas (vozes), grande (casa), enrolada (cobra), doces, moles, grandes (frutos), inconsciente (felicidade), feliz (inconsciência), mudas (casa e flores).

2. de vulto, de frutos, do jardim.

3. a) dulcíssimo   c) estranhíssimas
b) enorme   d) molíssimo

4. Uniformes: doces, grande, distantes, mole, inconsciente
Biformes: tardo, velhas, conhecidas, enrolada, mudas

5. Sugestão de resposta: Este quarto é **mais grande** do que arejado.
A forma **mais grande** é correta quando se comparam duas características de um mesmo ser.

6. a) abandonado   d) brilhante
b) celeste   e) chuvoso
c) estrelados   f) terroso

g) ensolarado   j) pesado
h) poético   l) amoroso
i) solucionável   m) odioso

7. Não; **tão diferente** está no grau superlativo absoluto analítico e **mais quente** está no grau comparativo de superioridade.

8. Superlativo relativo de superioridade.

9. a) agradabilíssimas
b) acérrimo
c) paupérrimo
d) amaríssimas
e) prospérrima
f) crudelíssimo
g) magnificentíssimo
h) sapientíssimo
i) seriíssima
j) baixíssima/ínfima

10. a) Aquele homem é mais manso (do) que um cordeiro.
b) Minha namorada é tão delicada como uma flor.
c) A Lua é menor (do) que a Terra. (A forma **mais pequena**, embora correta, é mais comum em Portugal.)
d) Suas terras são maiores (do) que as minhas.
e) Aquela modelo é macérrima (ou magríssima).
f) Este vinho é o pior desta região.
g) Aquele lutador é mais grande (do) que forte.
h) Minhas notas foram melhores (do) que as suas.

11. a) friíssima (ou frigidíssima)
b) agílimo ou agilíssimo
c) amabilíssimo
d) celebérrimo
e) sapientíssimo
f) miserabilíssimo
g) velocíssimo
h) vulnerabilíssima
i) acutíssima ou agudíssima
j) dulcíssima ou docíssima

12. a) concentrações cívico-religiosas
b) camisas amarelo-ouro
c) reuniões político-partidárias
d) salas médico-cirúrgicas
e) sombrinhas azul-pavão
f) culturas greco-romanas
g) camisetas verde-brancas
h) camisetas rubro-negras
i) campeonatos pan-americanos
j) garotos surdos-mudos
k) cortinas azul-ferrete
l) vestidos verde-esmeralda

13. a) nipo-chinês
 b) greco-romanas
 c) ítalo-francês
 d) franco-húngaras
 e) nipo-brasileiro
 f) austro-suíço
 g) luso-espanholas
 h) luso-espanhóis
 i) anglo-italianas
 j) teuto-polonesa ou germano-polonesa
 k) belgo-suíça
 l) austro-húngaras
 m) sino-brasileiro
 n) luso-canadense

14. a) docente
 b) colorido
 c) angelical
 d) simiesca
 e) urbano
 f) andino
 g) ebúrneo ou ebóreo
 h) fraterno
 i) hepático ou figadal
 j) balneário
 k) encefálica
 l) paradisíacas
 m) aquilina
 n) murina
 o) onírico

15. a) romeno
 b) manauense ou manauara
 c) aracajuense ou aracajuano
 d) belenense
 e) belemita
 f) angolano
 g) hierosolimitano ou hierosolimita
 h) guatemalteco
 i) pequinês
 j) salvadorenho
 k) tocantinense
 l) cipriota
 m) marajoara
 n) tricordiano
 o) pessoense
 p) salvadorense ou soteropolitano
 q) moscovita
 r) madagascarense ou malgaxe
 s) noronhense

Testes DE CONCURSOS PÚBLICOS E VESTIBULARES

1	c	8	a	15	d	22	a
2	c	9	e	16	e	23	b
3	b	10	d	17	a	24	e
4	d	11	c	18	d	25	c
5	e	12	c	19	e		
6	d	13	d	20	c		
7	a	14	d	21	b		

Numeral

Exercícios

1. Terceiro é numeral adjetivo porque acompanha o substantivo **lugar**; 764 é numeral adjetivo porque acompanha o substantivo **pontos**; quarto e 735 são numerais substantivos porque estão empregados de maneira absoluta, ou seja, não acompanham nenhum substantivo.

2. a) octingentésimo décimo
 b) septingentésimo sexagésimo quarto
 c) septingentésimo trigésimo quinto
 d) septingentésimo vigésimo sexto
 e) septingentésimo décimo quinto
 f) septingentésimo décimo segundo
 g) septingentésimo nono
 h) sexcentésimo nonagésimo quinto

3. décuplo

4. Não. Trata-se de um **adjetivo**, caracterizador do substantivo **lugar**.

5. Trata-se de um substantivo porque está determinado pelo artigo o (d**o**).

6. quinquagésimo

7. a) sexcentésimo octogésimo sétimo
 b) ducentésimo sexagésimo nono
 c) dois milésimos nongentésimo octogésimo nono
 d) octingentésimo quinquagésimo sexto
 e) trecentésimo septuagésimo oitavo
 f) três milésimos septingentésimo octogésimo nono
 g) dez milésimos trecentésimo quadragésimo quinto

8. a) décimo   e) onze
 b) sétimo   f) quarenta
 c) sexto   g) nono
 d) vinte e três   h) oitavo

9. a) cento e trinta e cinco mil, oitocentos e setenta e seis
b) quatro milhões, oitenta e nove mil, setecentos e sessenta e cinco
c) quatrocentos e trinta e cinco mil, novecentos e oitenta
d) setecentos mil, quatrocentos e trinta e nove
e) dezenove milhões, quinhentos e setenta e oito mil, quatrocentos e trinta e dois
f) quinhentos e sessenta e oito mil e noventa e oito
g) dois bilhões e oito

10. a) numeral cardinal
b) numeral multiplicativo
c) numeral ordinal
d) numeral fracionário
e) numeral multiplicativo
f) numeral cardinal
g) numeral multiplicativo
h) numeral fracionário

11. a) cinco centésimos
b) quatro décimos
c) oito trinta avos
d) setenta centésimos
e) dezoito cinquenta avos
f) vinte setenta avos

12. a) o triplo / o tríplice
b) o quíntuplo
c) o décuplo
d) o cêntuplo

13. a) período de cem anos
b) estrofe de dois versos
c) conjunto de dez leis
d) período de cinco anos
e) conjunto de doze dúzias
f) período de seis anos
g) estrofe de seis versos
h) grupo de dez coisas ou dez indivíduos
i) período de cento e cinquenta anos
j) quinhentas folhas de papel

Testes DE CONCURSOS PÚBLICOS E VESTIBULARES

1	c	4	b	7	a	10	d
2	c	5	c	8	c	11	e
3	a	6	d	9	b	12	b

Pronome

Exercícios

1. a) 2   c) 3   e) 1   g) 5
b) 4   d) 3   f) 6   h) 2

2. Locução pronominal

3. Por ser pronome pessoal reto, exerce a função sintática de sujeito, única função que esse tipo de pronome pode exercer.

4. Outra é pronome substantivo porque está empregado de maneira absoluta, no lugar de um substantivo; **este** é pronome adjetivo porque acompanha o substantivo **corpo**.

5. Me é pronome pessoal oblíquo átono; **mim** é pronome oblíquo tônico (obrigatoriamente preposicionado).

6. a) O vento derrubou-as.
b) Fizemo-las.
c) Puseram-nos na lista.
d) Os trabalhadores aguardam-no.
e) Devolvemo-los à bibliotecária.
f) Devolvemos-lhe os livros.
g) Cristo perdoou-lhes.
h) Assiste-lhes o direito de reclamar.
i) Um rebuliço incrível agitou-os.
j) Aquela região produ-los.

7. a) Cantores medíocres agradam a ele.
b) Mais comerciantes aspiram apenas a eles.
c) Muitos ainda acreditam neles.
d) Muita gente desconfia deles.
e) Você ainda insiste nela?
f) Jamais concordarei com elas.
g) O padre aludiu a eles.
h) Essas leis visam a ele.
i) É difícil obedecer a elas.
j) O povo brasileiro sempre ansiou por elas.

8. a) eu   f) mim
b) mim   g) eu
c) eu   h) mim
d) mim   i) eu
e) mim   j) mim

9. a) nos   d) nos
b) o   e) nos
c) o   f) o

10. a) com você
b) contigo
c) você
d) contigo
e) si
f) com nós
g) conosco
h) com nós
i) convosco
j) com vós

11. a) Otávio saiu da fazenda com a namorada e foi para a casa dele (ou dela) na cidade.
b) O pai repreendeu a filha porque ela danificou o computador dele (ou dela).
c) A escritora discutiu com o editor sobre as ideias dela (ou dele).
d) Paulo encontrou Juliana e falou que o bilhete dele (ou dela) fora premiado.
e) O advogado falou com a secretária na sala dele (ou dela).
f) A garota visitou o namorado no hospital e depois saiu com a irmã dele (ou dela).

12. a) Esta
b) aquele
c) nesta
d) aquele
e) esta
f) Essa
g) aquele
h) essa
i) esses
j) neste
k) este
l) Aquele
m) isto
n) aquilo
o) Aquela

13. a) 2
b) 4
c) 3
d) 5
e) 6
f) 1
g) 6

14. a) demonstrativo adjetivo / possessivo adjetivo
b) possessivo adjetivo / possessivo adjetivo
c) relativo substantivo
d) indefinido substantivo / demonstrativo substantivo / relativo substantivo / pessoal oblíquo tônico
e) possessivo adjetivo
f) indefinido substantivo / indefinido substantivo / indefinido substantivo
g) indefinido substantivo / relativo substantivo
h) demonstrativo substantivo / relativo substantivo
i) indefinido substantivo / indefinido adjetivo
j) pessoal reto / relativo adjetivo
k) interrogativo substantivo / possessivo adjetivo
l) indefinido substantivo / relativo substantivo / indefinido adjetivo / pessoal de tratamento

15. a) 1
b) 2
c) 2
d) 2
e) 2
f) 1
g) 2
h) 1
i) 1
j) 1

16. a) O autor a que me refiro é parnasiano.
b) O indivíduo com quem você viajará não é confiável.
c) Os fatos que não gosto de lembrar são lamentáveis.
d) Os fatos de que não gosto de me lembrar são lamentáveis.
e) O cargo a que você aspirava foi extinto.
f) Esse gás a cuja inalação ninguém resiste é perigoso.
g) Destruíram o velho colégio em que estudei.
h) Encontrei um antigo livro em cuja capa estava escrito seu nome.
i) O filme com cujo final me emocionei terminou tarde.
j) O comandante contra cujas ordens os soldados se rebelaram era bastante desumano.

17. a) a que
b) a que
c) a cujas
d) a que
e) a quem
f) a que
g) de cuja
h) com quem
i) a cuja
j) cuja

Testes DE CONCURSOS PÚBLICOS E VESTIBULARES

1	b	11	b	21	d	31	a
2	d	12	d	22	d	32	a
3	e	13	a	23	e	33	b
4	e	14	a	24	b	34	d
5	d	15	a	25	c	35	a
6	d	16	a	26	d	36	a
7	d	17	e	27	b	37	a
8	c	18	a	28	a	38	c
9	d	19	d	29	c	39	b
10	b	20	a	30	c	40	b

Verbo

Exercícios

1. a) Est-   b) -a-   c) -va-   d) -m

2. O tema é **Esta-**; pertence à primeira conjugação.

3. a) Verbo da 1.ª conjugação, 1.ª pessoa do singular, pretérito perfeito do indicativo
b) Verbo da 3.ª conjugação, 1.ª pessoa do singular, pretérito perfeito do indicativo
c) Verbo da 1.ª conjugação, 3.ª pessoa do plural, pretérito imperfeito do indicativo

d) Verbo da 1.ª conjugação, 3.ª pessoa do singular, pretérito imperfeito do indicativo

e) Verbo da 2.ª conjugação, 1.ª pessoa do singular, pretérito imperfeito do indicativo

f) Verbo da 3.ª conjugação, 1.ª pessoa do singular, presente do indicativo

4. É verbo irregular porque na 1.ª pessoa do singular do presente do indicativo o radical se altera (ouço).

5. É verbo impessoal porque está empregado na acepção de **existir**.

6. a) dançassem / cantassem / rissem
b) dançarão / cantarão / rirão
c) dançariam / cantariam / ririam
d) dança / canta / ri
e) dançai / cantai / ride

7. a) Todos dormiam
Todos deitavam
Dormindo
Profundamente
b) Todos dormem
Todos deitam
Dormindo
Profundamente

8. a) Vozes nem risos não foram mais ouvidos por mim.
b) O silêncio era cortado / Pelo ruído de um bonde.
c) O fim da festa de São João não pôde ser visto por mim.
d) As vozes daquele tempo não são mais ouvidas por mim hoje.

9. a) perdoo   f) ouço
b) impeço   g) vêm
c) caibo   h) atêm
d) meço   i) creem
e) pulo   j) detêm

10. b) eu receio; nós receamos
c) eu freio; nós freamos
d) eu passeio; nós passeamos
e) eu nomeio; nós nomeamos
f) eu medeio; nós mediamos
g) eu anseio; nós ansiamos
h) eu remedeio; nós remediamos
i) eu incendeio; nós incendiamos
j) eu odeio; nós odiamos
k) eu sei; nós sabemos
l) eu peço; nós pedimos
m) eu ouço; nós ouvimos
n) eu quero; nós queremos
o) eu requeiro; nós requeremos
p) eu valho; nós valemos

11. b) que eu receie; que nós receemos
c) que eu freie; que nós freemos
d) que eu passeie; que nós passeemos
e) que eu nomeie; que nós nomeemos
f) que eu medeie; que nós mediemos
g) que eu anseie; que nós ansiemos
h) que eu remedeie; que nós remediemos
i) que eu incendeie; que nós incendiemos
j) que eu odeie; que nós odiemos
k) que eu saiba; que nós saibamos
l) que eu peça; que nós peçamos
m) que eu ouça; que nós ouçamos
n) que eu queira; que nós queiramos
o) que eu requeira; que nós requeiramos
p) que eu valha; que nós valhamos

12. a) bloqueiem   f) preveem
b) entretêm   g) atêm
c) remedeie   h) averiguem
d) provêm   i) valha
e) água   j) demos

13. a) Realiza teu trabalho com atenção.
Realizai vosso trabalho com atenção.
b) Diz(e) a todos que tu não irás à excursão.
Dizei a todos que vós não ireis à excursão.
c) Nunca te indisponhas com quem deseja ajudar-te.
Nunca vos indisponhais com quem deseja ajudar-vos.
d) Sê cauteloso quando estiveres dirigindo.
Sede cautelosos quando estiverdes dirigindo.
e) Vem com teus pais à minha festa de formatura.
Vinde com vossos pais à minha festa de formatura.
f) Põe bastante amor naquilo que tu fazes.
Ponde bastante amor naquilo que vós fazeis.
g) Não queiras nos impor as tuas ideias.
Não queirais nos impor as vossas ideias.
h) Afasta-te das drogas se desejas ter uma vida mais saudável e digna.
Afastai-vos das drogas se desejais ter uma vida mais saudável e digna.
i) Mantém tua palavra e não negues apoio a quem sempre te auxiliou.
Mantende vossa palavra e não negueis apoio a quem sempre vos auxiliou.

j) Manda-me, por favor, os livros que te emprestei.
Mandai-me, por favor, os livros que vos emprestei.

k) Jamais julgues para não seres julgado.
Jamais julgueis para não serdes julgados.

l) Não vás agora, pois está muito escuro e tu podes ser assaltado.
Não vades agora, pois está muito escuro e vós podeis ser assaltados.

m) É bom releres tudo aquilo que tu já tenhas lido.
É bom relerdes tudo aquilo que vós já tenhais lido.

n) Não me venhas com mentiras, pois bem sei o que tu pensas.
Não me venhais com mentiras, pois bem sei o que vós pensais.

o) Vem logo e junta-te a nós.
Vinde logo e juntai-vos a nós.

p) Vê bem o que tu vais dizer aos teus funcionários.
Vede bem o que vós ides dizer aos vossos funcionários.

14. a) refizesse / mantivesse
b) vieres / vira / vires
c) dispuser / fizer
d) reouvesse / houvesse
e) intervindo / contraproposto / haveriam
f) titubeia
g) mantinham / mantinham-se
h) intervieram / desaviessem
i) detiverem / reaverão
j) vir / anunciará
k) contenha / reaverá
l) revir / encontrará
m) percamos
n) previsse / provesse / proviesse
o) reouver / mantiver
p) entretiverem

15. a) caibo / caiba
b) pulo / pula
c) ouço / ouça
d) recupero / recupere
e) tusso / tussa
f) cirzo / cirza
g) valho / valha
h) intervenho / intervenha
i) entrevejo / entrevenha
j) adapto / adapte

k) magoo / magoe
l) acautelo-me / acautele-me
m) requeiro / requeira
n) anulo / anule ou excluo / exclua
o) frijo / frija
p) surto / surta
q) expulso / expulse ou excluo / exclua
r) afundo / afunde
s) desmorono / desmorone

16. a) principal (se comportou)
b) auxiliar
c) principal (obteve)
d) principal (consideravam)
e) auxiliar
f) principal (obteve)
g) auxiliar
h) auxiliar
i) principal (comportar-se)
j) auxiliar
k) auxiliar
l) auxiliar

17. a) Tens vendido
b) Tiverdes partido
c) Terei cantado
d) Teríeis vendido
e) Tivermos escondido
f) Tinha escrito
g) Tinha contido
h) Teria escrito
i) Terias vendido
j) Terás partido

18. a) soltado
b) prendido
c) aceso
d) fritado
e) acendido
f) eleito
g) aceita
h) fixado
i) aceitado
j) morto
k) limpado
l) benzido
m) preso
n) salva
o) suspendido

19. a) arrependo-me / arrependemo-nos
b) abstenho-me / abstemo-nos
c) zango-me / zangamo-nos
d) apiedo-me / apiedamo-nos
e) atrevo-me / atrevemo-nos

20. a) conduzi-los
b) venderam-na
c) analisamo-los
d) compõe-no
e) compõe-lo
f) detém-nas
g) produzi-las
h) fizemo-los
i) prometê-los
j) compu-las

21. a) ativa
b) passiva
c) ativa
d) passiva
e) ativa
f) reflexiva recíproca
g) reflexiva
h) ativa
i) reflexiva recíproca
j) reflexiva
k) ativa
l) ativa
m) reflexiva
n) ativa
o) ativa
p) passiva
q) passiva
r) reflexiva recíproca
s) passiva
t) reflexiva recíproca

22. vier / dispuser / vir / se mantenha / satisfizer

23. requereu / interviessem

24. a) Se ele vir o filme, eu também verei.
b) Se tu te dispuseres, eu também me disporei.

25. Não saias daqui! Não fujas! Não abandones o que é teu e não me esqueças.

Testes DE CONCURSOS PÚBLICOS E VESTIBULARES

1	b	21	a	41	c	61	e
2	b	22	b	42	b	62	b
3	c	23	c	43	b	63	b
4	c	24	a	44	a	64	b
5	e	25	a	45	d	65	d
6	d	26	d	46	a	66	b
7	a	27	e	47	a	67	d
8	b	28	d	48	b	68	a
9	a	29	b	49	d	69	b
10	d	30	c	50	d	70	b
11	d	31	c	51	b	71	d
12	c	32	d	52	e	72	d
13	c	33	c	53	b	73	d
14	b	34	c	54	c	74	e
15	e	35	e	55	a	75	e
16	c	36	c	56	c	76	e
17	e	37	e	57	e	77	e
18	b	38	d	58	c	78	c
19	a	39	e	59	c	79	c
20	a	40	c	60	c	80	d

Capítulo 3

Classes gramaticais invariáveis

Exercícios

1. a) **mas** = conjunção coordenativa adversativa
com = preposição
só = advérbio
de = preposição
b) **tão** = advérbio
que = conjunção subordinativa consecutiva
não = advérbio
para = preposição
c) **De noite** = locução adverbial
como = conjunção subordinativa conformativa
muito = advérbio
não obstante = conjunção coordenativa adversativa
até = preposição
e = conjunção coordenativa aditiva
do = contração
d) **é que** = locução expletiva ou de realce
a = preposição
de = preposição
maduro = adjetivo
quer ... quer = conjunção coordenativa alternativa
e) **com** = preposição
mas = conjunção coordenativa adversativa
à = contração
do = contração
a = preposição
às = contração

2. Não pertencem à mesma classe gramatical. A primeira é pronome indefinido; a segunda, partícula expletiva ou de realce.

3. Não se enquadra entre os advérbios porque não exprime nenhuma circunstância. Trata-se de uma partícula denotativa de exclusão.

4. Superlativo absoluto analítico

5. "... mas Nhã-loló comia pouquíssimo."

6. Classifica-se como locução interjetiva.

7. a) oposição
b) lugar
c) espaço ou distância
d) causa
e) matéria
f) modo
g) meio ou instrumento
h) assunto

8. a) dúvida
b) afirmação
c) modo
d) afirmação / tempo / companhia
e) tempo / modo
f) intensidade
g) meio
h) lugar / proximidade

9. a) superlativo absoluto analítico
b) superlativo absoluto sintético
c) superlativo absoluto analítico
d) comparativo de superioridade
e) superlativo absoluto sintético
f) comparativo de superioridade
g) comparativo de superioridade
h) superlativo absoluto sintético
i) superlativo absoluto sintético
j) comparativo de superioridade

10. a) lá
b) aqui
c) já
d) assim
e) certamente
f) indubitavelmente
g) paulatinamente
h) casualmente
i) radicalmente
j) friamente
k) irrefletidamente

11. a) oposição
b) conclusão
c) adição
d) explicação
e) oposição
f) oposição
g) explicação
h) adição
i) alternância
j) explicação
l) conclusão
m) explicação

12. a) concessão
b) proporção
c) comparação
d) causa
e) consequência
f) comparação
g) consequência
h) tempo
i) comparação
j) condição
k) proporção
l) proporção
m) finalidade
n) causa
o) conformidade
p) causa
q) conformidade

13. a) impaciência
b) alegria
c) alívio
d) animação
e) advertência
f) advertência
g) admiração, surpresa
h) apelo, ajuda

Testes — DE CONCURSOS PÚBLICOS E VESTIBULARES

1	e	11	d	21	e	31	d
2	a	12	e	22	b	32	e
3	a	13	c	23	c	33	b
4	d	14	d	24	c	34	e
5	b	15	c	25	b	35	d
6	c	16	a	26	a	36	a
7	e	17	d	27	d	37	b
8	d	18	b	28	b	38	e
9	e	19	a	29	c	39	d
10	b	20	a	30	e	40	c

III Sintaxe

Capítulo 1

As estruturas do período simples

Exercícios

1. Há quatro orações no período.

2. "Trata-se, na verdade, de uma obra difusa..." / Sujeito indeterminado

"... na qual, eu, Brás Cubas, ... não sei..." / Sujeito simples: eu

"... se adotei a forma livre de um Sterne ou de um Xavier de Maistre..." / Sujeito elíptico: eu

"... se lhe meti algumas rabugens de pessimismo." / Sujeito elíptico: eu

3. a) VTD / OD: os cem leitores de Stendhal
b) VTI / OI: de uma obra difusa
c) VTDI / OD: algumas rabugens de pessimismo; OI: lhe
d) VTD / OD: a

e) VI

f) VTD / OD: umas aparências de puro romance

g) VTD / OD: as simpatias da opinião

h) VTI / OI: a um prólogo explícito e longo

i) VTD ou VTI / OD ou OI: te

j) VTI / OI: te

4. É índice de indeterminação do sujeito, por ligar-se a um verbo transitivo indireto.

5. Trata-se da palavra "coisa". É "aposto de oração" porque esclarece o sentido de toda a oração anterior.

6. a) predicado verbal
b) predicado verbal
c) predicado verbal
d) predicado nominal

7. É complemento nominal porque é o alvo da ação indicada pelo substantivo **composição**.

8. É adjunto adnominal porque se trata de um pronome indefinido adjetivo, determinante do substantivo **coisa**.

9. É vocativo porque é o destinatário da mensagem a quem o narrador se dirige.

10. a) adjunto adverbial de dúvida
b) aposto explicativo
c) adjunto adnominal
d) adjunto adverbial de meio (ou de instrumento)
e) adjunto adverbial de modo
f) adjunto adverbial de tempo
g) complemento nominal
h) adjunto adverbial de meio

11.
a) 1   f) 3   k) 4   p) 3
b) 1   g) 2   l) 1   q) 4
c) 1   h) 1   m) 2   r) 1
d) 3   i) 1   n) 3   s) 4
e) 4   j) 4   o) 2

12. a) Intervieram na discussão <u>os policiais</u>.
Eles intervieram na discussão.
b) Ainda resta <u>uma esperança</u> aos flagelados.
Ela ainda resta aos flagelados.
c) Vieram à nossa cidade <u>vários turistas europeus</u>.
Eles vieram à nossa cidade.
d) <u>Você e eu</u> estamos encarregados desta tarefa.
Nós estamos encarregados desta tarefa.

e) <u>Tu e os demais</u> já podeis participar daquele festival.
Vós já podeis participar daquele festival.
f) Reinava absoluta na sala de aula <u>a linda morena de olhos verdes</u>.
Ela reinava absoluta na sala de aula.
g) Retornaram ao lar <u>o trabalhador e sua família</u>.
Eles retornaram ao lar.
h) Ainda restam à velhinha <u>alguns dentes cariados</u>.
Eles ainda restam à velhinha.

13. a) Eu / eu / eu / tu
b) tu / tu / nós
c) vocês
d) Ela
e) Eles
f) vós / vós / nós
g) nós / tu
h) Eles / eles / tu / eles

14. a) Invadiram a casa durante a ausência do morador.
b) Roubaram aquele banco em pleno meio-dia.
c) Criticaram as novas medidas econômicas anunciadas pelo governo.
d) Falaram sobre você na reunião de condôminos.
e) Deixaram escapar um palavrão no auditório.
f) Gritaram seu nome no corredor.

15. a) pronome apassivador
b) índice de indeterminação do sujeito
c) pronome apassivador
d) índice de indeterminação do sujeito
e) pronome apassivador
f) índice de indeterminação do sujeito
g) índice de indeterminação do sujeito
h) índice de indeterminação do sujeito
i) pronome apassivador
j) pronome apassivador
k) pronome apassivador
l) índice de indeterminação do sujeito

16. a) Houve manifestações contrárias às reformas anunciadas pelo governo.
b) Naquela região ainda há grupos separatistas.
c) Houve muitos acidentes naquela rodovia.
d) Se a polícia não intervier, haverá muitos tumultos durante a partida.

e) Não havia lágrimas que o comovessem.
f) Que faríamos se houvesse novas guerras?
g) Espera-se que não haja novos ataques terroristas.
h) Antigamente havia jogadores mais dedicados.
i) No último discurso, houve as desistências esperadas.
j) Não havia motivos para você rir daquela maneira.

17. a) Faz   d) Faz
b) Faz   e) Faz
c) Faz   f) Faz

18. a) E   d) C   g) C   j) E
b) E   e) C   h) E
c) C   f) C   i) C

19. b, c, d, e, h, j, m

20. a) 1   d) 4   g) 2   j) 1
b) 2   e) 1   h) 4   k) 2
c) 3   f) 3   i) 3   l) 2

21. a) OD   f) OD
b) OI   g) OD
c) OD   h) OD
d) OI   i) OI
e) OD   j) OD

22. a) A viúva referia-se a ele com tristeza.
b) O professor concordou com ela.
c) A imprensa aludiu a eles.
d) Muitos aspiram a ele.
e) Novas leis visam a ele.
f) Diariamente assistimos a elas.
g) Minhas reclamações visam a ele.
h) Os críticos assistiam a eles.

23. a) 2   f) 1   k) 2   p) 4
b) 2   g) 2   l) 1   q) 2
c) 5   h) 1   m) 3   r) 2
d) 4   i) 2   n) 2   s) 1
e) 1   j) 5   o) 5

24. b) um chato
d) pálido e triste
e) um grande espetáculo
f) um internado
h) suja
k) nervosa
l) tristes

25. a) 2   d) 1   g) 1   j) 1/2
b) 1   e) 2   h) 1   k) 1
c) 1   f) 2   i) 1

26. a) 3   d) 3   g) 2   j) 1
b) 1   e) 3   h) 1   k) 2
c) 3   f) 1   i) 2   l) 3

27. a) O piano e o pianista eram envolvidos **pela luz circular do refletor.**
b) Quase todo o teto havia sido destruído **pelos cupins.**
c) Um ótimo reajuste salarial será oferecido aos operários **pela empresa.**
d) Pontes e estradas continuam sendo destruídas **pelas águas da chuva.**
e) Desânimo e fraqueza são demonstrados **por crianças carentes.**
f) Toda a plantação de milho foi arrasada **por fortes geadas.**
g) Infelizmente não fui ajudado **por ninguém** naquele momento de aflição e dor.
h) Aquele problema teria sido resolvido **por mim** com muita facilidade.
i) Foi percebido **por todos** que um alarme falso fora dado **por mim.**
j) Aquela jovem interiorana deveria ter sido convidada **por nós** para a festa.

28. a) 1   d) 2   g) 2   j) 1
b) 2   e) 1   h) 1   k) 2
c) 1   f) 2   i) 2   l) 1

29. a) 2   d) 2   g) 2   j) 2
b) 1   e) 2   h) 2   k) 3
c) 1   f) 3   i) 1   l) 2

30. a) <u>Os</u> olhos <u>vazios e mornos</u> miravam <u>o</u> silêncio <u>coalhado da praça</u>.
b) <u>Aquelas três belas</u> garotas <u>do interior</u> receberão <u>um valioso</u> prêmio.
c) <u>Os cinco primeiros</u> alunos <u>classificados</u> conhecerão <u>aquela belíssima</u> região <u>serrana</u>.
d) <u>Esses dois bons</u> médicos <u>de São Paulo</u> realizarão <u>uma importante</u> palestra.
e) <u>A</u> alegria <u>da mãe</u> são <u>os seus dois encantadores</u> filhos <u>de colo</u>.
f) <u>Estes dois caríssimos</u> remédios <u>contra rinite alérgica</u> parecem não fazer efeito.
g) <u>O último</u> passo <u>do destino</u> parará sem forma <u>funesta</u> e <u>a</u> noite oscilará como <u>um dourado</u> sino em praça <u>pública</u>.

31. a) 2   d) 2   g) 2   j) 2
b) 4   e) 3   h) 1   k) 4
c) 1   f) 4   i) 3

32. a) lugar
b) causa
c) companhia
d) tempo / intensidade / tempo / negação
e) finalidade
f) causa
g) lugar
h) intensidade
i) modo
j) lugar
k) tempo / modo / lugar
l) tempo / tempo
m) dúvida

33. a) 1   d) 2   g) 2   j) 1
b) 2   e) 2   h) 1   k) 1
c) 1   f) 1   i) 2   l) 2

34. a) vocativo   i) vocativo
b) vocativo   j) aposto
c) vocativo   k) aposto
d) aposto   l) vocativo
e) vocativo   m) aposto
f) aposto   n) vocativo
g) vocativo   o) aposto
h) aposto

Testes DE CONCURSOS PÚBLICOS E VESTIBULARES

1	a	21	e	41	e	61	e
2	d	22	e	42	e	62	d
3	c	23	d	43	d	63	a
4	a	24	a	44	c	64	e
5	a	25	b	45	e	65	a
6	d	26	b	46	e	66	e
7	e	27	c	47	c	67	b
8	b	28	d	48	d	68	b
9	b	29	e	49	b	69	b
10	d	30	a	50	d	70	d
11	d	31	c	51	d	71	c
12	b	32	a	52	c	72	e
13	e	33	c	53	a	73	c
14	d	34	a	54	c	74	b
15	b	35	e	55	a	75	e
16	a	36	c	56	d	76	b
17	b	37	c	57	a	77	c
18	c	38	a	58	c	78	c
19	d	39	b	59	b	79	a
20	a	40	a	60	b	80	b

Capítulo 2

As estruturas do período composto

Exercícios

1. a) oração subordinada adverbial temporal
b) oração subordinada adverbial comparativa
c) oração subordinada substantiva objetiva direta
d) oração subordinada adjetiva restritiva
e) oração coordenada sindética aditiva
f) oração coordenada assindética
g) oração subordinada adjetiva restritiva
h) oração coordenada sindética adversativa
i) oração coordenada sindética aditiva
j) oração subordinada adverbial comparativa
k) oração subordinada adverbial conformativa
l) oração coordenada sindética adversativa

2. a) sujeito   b) sujeito

3. a) oração subordinada adverbial causal reduzida de particípio
b) oração subordinada adjetiva restritiva reduzida de gerúndio
c) oração subordinada adjetiva explicativa reduzida de particípio
d) oração subordinada substantiva completiva nominal reduzida de infinitivo
e) oração subordinada adverbial causal reduzida de particípio
f) oração subordinada substantiva completiva nominal reduzida de infinitivo

4. Oração subordinada completiva nominal reduzida de infinitivo. Não apresenta conectivo e liga-se ao substantivo **cuidado**.

5. Orações intercaladas porque independem da estrutura sintática do período.

6. a) Os soldados adiantaram-se e ocuparam todas as posições.
b) A ideia é boa, mas a medida é prematura.
c) Ele jurara vingar-se da vítima, portanto deve ser o culpado.
d) Não devemos fumar nem beber em demasia.
e) Acalme-se, pois o ferimento não é tão grave.
f) Ela está bem vestida, mas não consegue chamar a atenção.
g) Julgava as pessoas pelas palavras ou julgava-as pelos atos.

7. a) oração coordenada sindética explicativa
b) oração coordenada sindética aditiva
c) oração coordenada sindética explicativa
d) oração coordenada sindética adversativa
e) orações coordenadas assindéticas
f) oração coordenada sindética aditiva
g) oração coordenada sindética alternativa
h) orações coordenadas assindéticas
i) oração coordenada sindética aditiva
j) oração coordenada sindética aditiva

8. a) É importante que afastem os policiais corruptos. (oração subordinada substantiva subjetiva)
b) Tenho receio de que você se envolva nesse caso. (oração subordinada substantiva completiva nominal)
c) O grande problema é que explorem os humildes. (oração subordinada substantiva predicativa)
d) Ninguém duvida de que esse comerciante seja honesto. (oração subordinada substantiva objetiva indireta)
e) Só imponho uma condição: que você regresse imediatamente. (oração subordinada substantiva apositiva)
f) Todos aguardam que intervenhas neste caso. (oração subordinada substantiva objetiva direta)

9. a) oração subordinada substantiva objetiva direta
b) oração subordinada substantiva subjetiva
c) oração subordinada substantiva completiva nominal
d) oração subordinada substantiva subjetiva
e) oração subordinada substantiva objetiva direta
f) oração subordinada substantiva subjetiva
g) oração subordinada substantiva subjetiva
h) oração subordinada substantiva objetiva indireta
i) oração subordinada substantiva objetiva direta
j) oração subordinada substantiva completiva nominal
k) oração subordinada substantiva objetiva direta
l) oração subordinada substantiva predicativa

10. a) restritiva – objeto direto
b) restritiva – adjunto adverbial de lugar
c) explicativa – sujeito

d) restritiva – sujeito
e) restritiva – predicativo do sujeito
f) explicativa – sujeito
g) restritiva – adjunto adverbial de tempo
h) restritiva – adjunto adverbial de meio
i) explicativa – adjunto adverbial de lugar
j) restritiva – adjunto adverbial de tempo
k) explicativa – adjunto adnominal
l) restritiva – sujeito
m) restritiva – agente da passiva
n) explicativa – objeto direto

11. a) temporal   h) concessiva
b) causal   i) consecutiva
c) comparativa   j) concessiva
d) condicional   k) temporal
e) final   l) condicional
f) conformativa   m) final
g) proporcional   n) proporcional

12. a) oração subordinada adverbial final reduzida de infinitivo
b) oração subordinada adverbial temporal reduzida de gerúndio
c) oração subordinada adverbial temporal reduzida de particípio
d) oração subordinada substantiva completiva nominal reduzida de infinitivo
e) oração subordinada adverbial final reduzida de infinitivo
f) oração subordinada adjetiva restritiva reduzida de gerúndio
g) oração subordinada substantiva objetiva direta reduzida de infinitivo
h) oração subordinada adverbial temporal reduzida de infinitivo
i) oração subordinada adverbial condicional reduzida de gerúndio
j) oração subordinada adverbial final reduzida de infinitivo
k) oração subordinada substantiva objetiva indireta reduzida de infinitivo
l) oração subordinada substantiva subjetiva reduzida de infinitivo
m) oração subordinada adverbial consecutiva reduzida de infinitivo
n) oração subordinada substantiva subjetiva reduzida de infinitivo
o) oração subordinada adjetiva restritiva reduzida de infinitivo
p) oração subordinada substantiva objetiva indireta reduzida de infinitivo

13. a) 1. adverbial consecutiva
2. substantiva completiva nominal reduzida de infinitivo
b) 1. adverbial consecutiva
2. substantiva objetiva direta reduzida de infinitivo
c) 1. oração intercalada
2. adverbial consecutiva
d) 1. adverbial concessiva
2. oração principal
3. substantiva completiva nominal
e) 1. substantiva subjetiva
2. adverbial causal
f) 1. adverbial temporal
2. oração principal
3. substantiva objetiva direta
g) 1. oração subordinada substantiva subjetiva
2. coordenada sindética aditiva
3. oração principal
4. coordenada sindética aditiva em relação à 3.ª e principal em relação à 5.ª
5. subordinada substantiva objetiva direta
h) 1. adverbial condicional
2. oração principal
3. oração subordinada substantiva subjetiva reduzida de infinitivo
4. oração subordinada substantiva apositiva

Testes DE CONCURSOS PÚBLICOS E VESTIBULARES

1	e	21	c	41	b	61	a
2	c	22	a	42	d	62	a
3	b	23	e	43	d	63	d
4	c	24	b	44	a	64	d
5	e	25	b	45	e	65	d
6	c	26	b	46	e	66	a
7	d	27	c	47	c	67	e
8	a	28	b	48	b	68	a
9	d	29	c	49	c	69	e
10	e	30	e	50	d	70	b
11	c	31	d	51	b	71	c
12	d	32	b	52	c	72	d
13	b	33	c	53	a	73	a
14	a	34	b	54	d	74	a
15	a	35	b	55	a	75	e
16	c	36	d	56	b	76	d
17	c	37	d	57	b	77	d
18	b	38	a	58	a	78	a
19	c	39	e	59	a	79	a
20	b	40	c	60	a	80	a

Capítulo 3
Sintaxe de regência

Exercícios

1. a) 2   c) 1   e) 1   g) 1
b) 1   d) 2   f) 2   h) 1

2. a) 2   c) 2   e) 2   g) 1
b) 1   d) 2   f) 1   h) 2

3. a) 2   c) 1   e) 3   g) 3
b) 1   d) 2   f) 2   h) 4

4. a) 1   c) 1   e) 1   g) 1
b) 2   d) 1   f) 2   h) 2

5. a) 1   c) 2   e) 1   g) 1
b) 1   d) 2   f) 2   h) 2

6. a) 1   c) 1   e) 1   g) 1
b) 2   d) 2   f) 1   h) 2

7. a) 3   c) 1   e) 3   g) 3
b) 3   d) 2   f) 1   h) 2

8. a) Com as mãos calosas, o lavrador agradava o cavalo.
b) Minhas palavras não agradaram ao/o público.
c) Aquela opressão ansiava o prisioneiro.
d) Os candidatos ansiavam pelo resultado da prova.
e) Na zona fabril, aspiramos um ar contaminado.
f) Muitos aspiram ao cargo de vereador.
g) As enfermeiras assistiam aos/os flagelados.
h) Assistimos ao espetáculo com entusiasmo.
i) O direito de reclamar assiste ao consumidor.
j) Custou ao infrator reconhecer o erro.
k) A precipitação custou sérios prejuízos ao comerciante.
l) Fui ao consulado visar meu passaporte.
m) O professor deve visar todas as redações.
n) O caçador visou a cabeça do coelho; em seguida atirou.
o) Nossa empresa visa a grandes lucros.
p) Tal disposição não implica desrespeito aos funcionários.
q) Ele implicou o irmão em negociações fraudulentas.
r) Você deve perdoar ao seu irmão.
s) Aquela garota sempre quis a minha volta.
t) Queremos muito ao nosso velho professor.

u) O objeto geralmente sucede ao verbo.

v) Ele sempre se interessou por artes marciais.

w)Muitos jovens se desinteressam de música clássica.

9. 3

10. 4

11. 1

12. 2

13. 1

14. 1

15. 3

16. 1

17. a) Ele se esqueceu de todos os ensinamentos paternos.

b) Esqueceram-lhe todos os ensinamentos paternos.

18. a) Naquele instante lembrei-me de todas as recordações paternas.

b) Naquele instante lembraram-me todas as recordações paternas.

19. 3

20. 3

21. 2

22. 4

23. 4

24. 1

25. 2

26. a, b

27. a, b

28. a, b

29. b

30. a

31. a, b, c

32. a

33. a

34. b

35. a

36. b, c

37. c

38. b

39. b

40. b

Testes
DE CONCURSOS PÚBLICOS E VESTIBULARES

1	a	16	d	31	a	46	a
2	d	17	b	32	c	47	c
3	e	18	e	33	e	48	e
4	e	19	b	34	e	49	b
5	c	20	e	35	c	50	c
6	d	21	a	36	a	51	c
7	a	22	a	37	d	52	a
8	e	23	a	38	d	53	a
9	b	24	d	39	d	54	b
10	d	25	c	40	c	55	a
11	c	26	a	41	e	56	d
12	b	27	c	42	e	57	a
13	c	28	e	43	b	58	c
14	b	29	c	44	d	59	c
15	b	30	d	45	e	60	a

Capítulo 4
Crase

Exercícios

1. Não ocorre crase porque o substantivo **São Paulo** não admite artigo.

2. É obrigatório porque **à noite** é locução adverbial feminina.

3. "Vinha a casa de táxi..." Não ocorre crase porque a palavra casa não está determinada.

4. Encontrei um amigo e o trouxe até à belíssima Copacabana.

5. É facultativo devido à presença da preposição **até**.

6. Não ocorre crase porque o pronome pessoal **ele** não admite artigo.

7. Não ocorre crase porque o **a** antes de verbo no infinitivo é simples preposição.

8. "Ele chegou a pôr a cabeça fora do carro..."

9. "... ele me disse um 'boa noite' e um 'muito obrigado' à senhora tão sinceros..."

10. Deve ser empregado porque o pronome **senhora** admite artigo.

11. a) Obedeça às leis de trânsito.

b) O operário sempre volta tarde a casa.

c) Agia contrariamente às orientações dos pais.

d) O fumo sempre foi prejudicial à saúde.

e) Mostrou-se indiferente às opiniões dos outros.

f) Você vai à escola hoje?

g) Vá à casa de seu tio e entregue-lhe estas chaves.

h) A entrada é gratuita a crianças.

i) Amanhã levaremos as crianças à praia.

j) No próximo sábado os alunos visitarão a biblioteca.

k) No próximo sábado os alunos irão à biblioteca.

l) Dei uma esmola à garotinha que chorava.

m) Não se dirija à vendedora assim.

n) Mamãe sempre vai à feira.

o) Assistimos a cenas chocantes.

12. a) à
b) à / a
c) a
d) a ou à / à
e) a / a
f) a
g) à
h) à / à / à
i) à / à
j) à
k) a
l) a
m) a
n) à

13. a) Chegaremos logo à Argentina.
b) Quando regressarás à Alemanha?
c) Na próxima semana deverei ir à África.
d) No próximo ano irei à exuberante Creta.
e) Sempre vou à Roma dos Césares.
f) Iremos à Londres dos *fogs* e à velha Lisboa.

14. a) Mais tarde irei à casa de meu professor.
b) Há pessoas que ainda têm estilo à Camões.
c) Desgovernado, o caminhão foi de encontro à parede.
d) Entregue este livro àquela moça.
e) Nunca dirija suas palavras àquele indivíduo.
f) Observávamos o tumulto à distância de cem metros.

15. a) – Vou comprar **as duas**.
– Vou comprar **às duas**.
b) – **A tarde** foi bem aproveitada.
– **À tarde** irei ao cinema.
c) – Admiro **a noite**.
– Não, estudo **à noite**.
d) – Sente-se **à mesa**, por favor!
– Vou consertar **a mesa**.
e) – Agora vou examinar **a esquerda**.
– Na próxima quadra **à esquerda**.
f) – Admiro **a força**.
– Trouxeram-no **à força**.
g) – Sim, ele falou **às claras**.
– Prefiro **as claras**.

16. a) Acrescente mais farinha **àquela** massa.
b) Envie uma nova proposta **àqueles** dois clientes.
c) Sou contrário **àquilo** que disseste.
d) Dirija-se **à** moça que está no balcão e **à** que está ao seu lado.
e) Comente todas as ocorrências. Não se limite **às** que eu citei.
f) Refiro-me **às** que acabaram de chegar.

17. a) a certa pessoa
b) a certa cláusula
c) Certa casa
d) a certa obra
e) Certas nações
f) a certa pintura

18. a) "Quando a manhã, não a manhã que sempre chega tarde, mas a que chegará **à** tarde, **à** noite, a qualquer hora, porque não obedece ao céu nem ao relógio, [...]"
(Cassiano Ricardo)

b) "Só **à** noite, **à** costumada palestra em torno da mesa de jantar, lembraram-se de que o dia seguinte era de grande gala."
(Álvares de Azevedo)

c) "Santos recebeu-os, **à** tarde, com a mesma cordialidade, talvez menos aparente, mas tudo se desculpa a quem anda com grandes negócios."
(Machado de Assis)

d) "Chegou-se a ela, em saltos curtos, ofegando, ergueu-se nas pernas traseiras, imitando gente." (Graciliano Ramos)

e) "A mulher do fim do mundo
Dá de comer **às** roseiras
Dá de beber **às** estátuas
Dá de sonhar aos poetas."
(João Cabral de Melo Neto)

f) "O violão da Olívia dava
vida **à** vila, **à** vila dela." (Cecília Meireles)

g) "Para escapar a uma chateação, o jeito é nos resignarmos a outra."
(Carlos Drummond de Andrade)

h) "Era um homem. Era um desses homens que não resistem **à** pergunta: 'Você é um homem ou um rato?'. Dizemos que era dos que não resistem porque, sem dúvida, quando inquirido, não saberia o que responder. E isso é mais doloroso porque sua dúvida não era a de que não pudesse ser um homem, e sim a de que talvez não chegasse a ser um rato." (Stanislaw Ponte Preta)

i) "... fiquei um pouco desconsolado com a ideia, mas uma voz misteriosa chamava-me **à** casa do Lobo Neves; disse adeus **à (facultativo)** Sabina e **às** suas ameaças."
(Machado de Assis)

Testes DE CONCURSOS PÚBLICOS E VESTIBULARES

1	e	14	e	27	b	40	c
2	e	15	a	28	e	41	c
3	e	16	d	29	d	42	e
4	a	17	b	30	b	43	d
5	b	18	d	31	e	44	d
6	a	19	e	32	b	45	c
7	b	20	c	33	b	46	d
8	b	21	a	34	a	47	e
9	e	22	b	35	b	48	c
10	e	23	c	36	d	49	d
11	d	24	b	37	e	50	b
12	b	25	c	38	b		
13	c	26	c	39	c		

Capítulo 5
Sintaxe de concordância

Exercícios

1. a) Trata-se de um pronome indefinido variável; concorda com o substantivo poemas.
b) Tenho escrito muitos (ou vários) poemas.
c) Resposta pessoal do aluno. Sugestão: Estudamos bastante para o concurso. Nesse caso bastante é advérbio; modifica o verbo estudar.

2. a) quartos e salas amplas (ou amplos)
b) cantores e bailarinas famosas (ou famosos)
c) carros e joias caras (ou caros)
d) cordões e fitas douradas (ou dourados)
e) atores e atrizes americanas (ou americanos)

3. a) variadas profissões e estudos
b) variados estudos e profissões
c) violentas chuvas e ventos
d) violentos ventos e chuvas
e) finos talheres e louças
f) finas louças e talheres

4. a) exóticas / exóticos
b) profunda / profundos
c) intensa / intensos
d) intenso / intensos
e) intenso
f) intensa
g) arrombados
h) arrombado(s)
i) nova / novos
j) longínquas(os)
k) longínquas
l) antigas / antigos
m) ótimas
n) ofensiva / ofensivos
o) ofensivo / ofensivos

5. a) anexas
b) inclusas
c) experientes
d) amigo
e) meio
f) meias
g) lesa
h) pseudo
i) obrigada
j) mesmas
k) possível
l) possíveis
m) necessário
n) necessária
o) capítulo(s)
p) capítulos

6. a) cinza
b) azul-claras
c) azul-marinho
d) verde-esmeralda
e) rubro-negra
f) amarelo-ouro
g) verde-mar
h) cinzento-escuros
i) cinza-escuro
j) surdas-mudas

7. a) meio
b) meia
c) meio
d) bastante
e) bastantes
f) bastantes
g) bastantes
h) sós
i) só
j) menos

8. b) Nas férias, passei tranquilas semanas e dias na praia.
c) Perdi o primeiro e segundo capítulos dessa novela.
e) Pesquiso as culturas grega e latina.
i) Uma e outra língua neolatinas são semelhantes à língua portuguesa.
l) Segue anexa a relação dos aprovados.
m) Eu mesma, mãe cuidadosa, cometo algumas falhas.
p) Tenho estudado muito as literaturas brasileira e portuguesa.

9. a) caíram
b) Caiu / Caíram
c) Restam
d) prevaleceram
e) tem
f) Correu / Correram
g) correu
h) Regressará / Regressarão
i) deverá
j) Proveio / Provieram
l) deverá
m) deverão / deveremos
n) deve / devem
o) deve
p) agridem

10. a) reina / reinam
b) devereis / deverão
c) seja
d) deixam
e) fazem
f) aderiu / aderiram
g) deixava
h) ouviu / ouviram
i) conseguem
j) Haja
k) Haja
l) conseguiram
m) conseguiu
n) decido
o) decide / decido

11. a) Esperam-se
   b) Apresentaram-se
   c) Encontraram-se
   d) Fizeram-se
   e) Realizaram-se
   f) omitiram
   g) Evitaram-se
   h) Organizaram-se

12. a) Precisa
   b) Assiste
   c) Acredita
   d) Desconfia
   e) Obedece
   f) Prescinde
   g) Insiste
   h) Discorda

13. a) couberes
   b) ponhas
   c) interveio
   d) lutava / lutavam
   e) compareceram
   f) deverá
   g) sentareis / sentarão
   h) falavam
   i) deverei
   j) deverá / deverei
   k) temia
   l) corrigirá / corrigiremos
   m) prendeu
   n) possui
   o) situam-se

14. a) Haverá, a curto prazo, vacinas contra essa doença?
   b) Houve sérias desavenças entre os sindicalistas.
   c) Haverá novos deslizamentos de terra no litoral.
   d) Sempre houve exploradores da miséria humana.
   e) Houve muitos alagamentos no último verão.
   f) Havia algumas notas erradas.
   g) Não houve restrições para aquele caso.
   h) Houve muitas faltas desleais durante o jogo.

15. a) Faz
   b) Deve
   c) Vai
   d) Faz
   e) eram
   f) são
   g) sois
   h) são
   i) é
   j) são
   k) é
   l) é / são
   m) é / são
   n) é / são

16. a) Todos parece terem ficado desiludidos.
   b) Eles não parece entenderem o meu problema.
   c) As estrelas parece correrem no céu.
   d) Aqueles candidatos parece merecerem confiança.
   e) Os réus parece dizerem a verdade.
   f) Alguns professores parece estarem descontentes com a classe.

g) Muitos parece acreditarem em milagres.
h) Vocês parece serem pessoas de confiança.
i) Seus olhos parece sorrirem para mim.
j) Estes animaizinhos parece agirem como gente.

17. a) silepse de gênero
   b) silepse de pessoa
   c) silepse de gênero
   d) silepse de pessoa
   e) silepse de gênero
   f) silepse de número
   g) silepse de pessoa
   h) silepse de pessoa
   i) silepse de pessoa
   j) silepse de gênero
   k) silepse de número
   l) silepse de gênero

Testes DE CONCURSOS PÚBLICOS E VESTIBULARES

1	a	16	d	31	c	46	e
2	a	17	a	32	a	47	b
3	d	18	c	33	a	48	b
4	a	19	d	34	b	49	d
5	b	20	b	35	d	50	a
6	d	21	d	36	c	51	a
7	a	22	e	37	c	52	e
8	e	23	e	38	a	53	e
9	c	24	a	39	e	54	d
10	d	25	a	40	b	55	c
11	e	26	b	41	b	56	e
12	e	27	c	42	d	57	d
13	b	28	c	43	d	58	c
14	b	29	b	44	e	59	b
15	c	30	c	45	e	60	a

Capítulo 6
Colocação pronominal

Exercícios

1. a) Depressa, dizia-nos o comandante.
   b) Trar-me-ás a encomenda, se puderes.
   c) Escrever-te-ei, quando me derem novas notícias.

d) Sempre o considerei como a um filho.

e) Hoje me recordo de tudo o que aconteceu naquele dia.

f) Hoje, recordo-me de tudo o que aconteceu naquele dia.

g) Não sei quando nos veremos novamente.

h) Ver-nos-emos, provavelmente, na próxima semana.

i) Aquilo nos afastava da realidade.

j) Não lhe dei permissão para sair.

2. a) Todos se predispuseram a ajudar meu irmão.

b) As pessoas que o procuraram são dignas de pena.

c) Embora me criticassem, acabaram sendo tolerantes.

d) Lá me revelarás o que aqui me ocultas.

e) Revelar-me-ás o que sempre me ocultaste?

f) Em se tratando de você, dar-lhe-ei uma oportunidade.

g) Quanto nos custa acreditar em você!

h) Ouviam-se gemidos de quantos lá se encontravam.

i) Deus te dê forças para continuar.

j) Logo de manhã, levantando-se da cama, sentiu-se mal.

3. a) Ele não me quis enviar a carta.
   Ele não quis enviar-me a carta.

b) Ninguém nos poderá convencer.
   Ninguém poderá convencer-nos.

c) Os prisioneiros estão-se queixando dos carcereiros.
   Os prisioneiros estão queixando-se dos carcereiros.

d) Eu lhe havia dito toda a verdade.
   Eu havia-lhe dito toda a verdade.

e) Eu lhe devo dizer tudo o que sei.
   Eu devo-lhe dizer tudo o que sei.
   Eu devo dizer-lhe tudo o que sei.

f) Não lhe devo dizer tudo o que sei.
   Não devo dizer-lhe tudo o que sei.

g) Eu lhe estava dizendo a verdade.
   Eu estava-lhe dizendo a verdade.
   Eu estava dizendo-lhe a verdade.

h) Este é o presente que sempre te quis oferecer.
   Este é o presente que sempre quis oferecer-te.

i) Preciso-lhe comunicar um segredo.
   Preciso comunicar-lhe um segredo.

j) Você não nos está dizendo a verdade.
   Você não está dizendo-nos a verdade.

4. a) Dir-lhe-ei, novamente, palavras ásperas.

b) Criticá-lo-emos por isso.

c) Informá-los-ei do que está acontecendo.

d) Perdoar-me-iam aquela falha.

e) Ocultar-lhe-ei o que o médico me revelou.

f) Dar-lhe-ei outra oportunidade.

g) Dir-nos-ão o que realmente aconteceu.

h) Trá-los-ei na próxima semana.

i) Acompanhá-los-ei novamente.

5. a) Outrora, comemorava-se esta data com mais entusiasmo.

b) Dir-lhe-ão o que souberam.

c) Explicar-lhe-ei as minhas razões.

d) Deixem-no entrar naquela sala.

e) Amigos, não lhe digam a verdade.

f) O casamento se realizará (ou realizar-se-á) na próxima semana.

6. a) Esta é a história que eu lhes narrava.

b) Onde as colocaram?

c) Dir-lhes-ei tudo o que sei.

d) Como o solucionaremos?

e) Tê-lo-íamos feito, se pudéssemos.

f) Impedi-lo-ei de partir.

g) Devo-lhe narrá-lo.

h) Não as recebi.

i) Acompanhá-lo-emos até o aeroporto.

j) Ninguém o impediria de falar.

7. a) Dei o recado que me pediste.

b) Encontrar-me-iam lá se tivessem telefonado antes.

c) Quem lhe afirmou essa notícia?

d) Respondeu a tudo, segurando-se para não cair.

e) Ele tem-se entregado demais ao trabalho.

f) Você não se está adaptando ao trabalho./Você não está adaptando-se ao trabalho.

g) Dir-se-ia que ele ficou louco.

h) Rapaz, conte-me essa história direito.

8. a   **13.** a   **17.** a, b
9. b   **14.** a, b   **18.** a, b
10. a   **15.** a   **19.** a
11. a   **16.** a   **20.** a, c
12. a

Testes DE CONCURSOS PÚBLICOS E VESTIBULARES

1	c	9	c	17	e	25	b
2	c	10	e	18	b	26	c
3	b	11	c	19	e	27	d
4	e	12	d	20	b	28	a
5	b	13	d	21	e	29	a
6	d	14	e	22	b	30	b
7	c	15	a	23	d	31	d
8	e	16	b	24	c	32	a

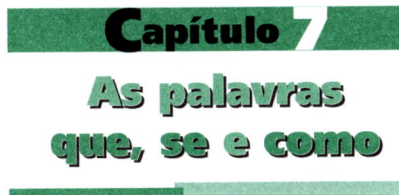

Capítulo 7

As palavras que, se e como

Exercícios

1. a) que = pronome relativo / predicativo do sujeito
 b) se = índice de indeterminação do sujeito / sem função sintática
 c) que = pronome relativo / objeto direto
 d) se = conjunção subordinativa integrante / sem função sintática
 e) que = conjunção subordinativa integrante / sem função sintática
 f) que = pronome relativo / objeto direto
 g) (é) que = partícula de realce ou expletiva / sem função sintática
 h) que = conjunção subordinativa integrante / sem função sintática
 i) como = conjunção subordinativa comparativa / sem função sintática
 j) Que = conjunção subordinativa integrante / sem função sintática
 k) se = pronome apassivador / sem função sintática
 l) Se = conjunção subordinativa condicional / sem função sintática
 m) que = pronome relativo / objeto direto
 n) que = pronome relativo / sujeito

2. a) locução expletiva ou de realce
 b) conjunção coordenativa explicativa
 c) conjunção coordenativa adversativa
 d) pronome interrogativo / pronome relativo
 e) pronome indefinido
 f) substantivo
 g) pronome indefinido / pronome relativo
 h) pronome interrogativo
 i) locução expletiva ou de realce
 j) pronome indefinido / partícula de realce ou expletiva / pronome relativo
 k) conjunção subordinativa integrante / conjunção subordinativa integrante / pronome relativo
 l) conjunção subordinativa consecutiva
 m) conjunção subordinativa comparativa
 n) conjunção subordinativa concessiva
 o) preposição
 p) advérbios de intensidade
 q) pronome indefinido / partícula expletiva ou de realce
 r) conjunção coordenativa adversativa
 s) pronomes indefinidos

3. a) sujeito
 b) predicativo do sujeito
 c) sujeito
 d) sujeito
 e) objeto direto
 f) predicativo do sujeito
 g) objeto direto
 h) adjunto adverbial de tempo
 i) adjunto adverbial de meio
 j) objeto direto / sujeito
 k) adjunto adverbial de tempo
 l) adjunto adverbial de tempo
 m) objeto direto
 n) complemento nominal

4. a) conjunção subordinativa condicional
 b) conjunção subordinativa causal
 c) conjunção subordinativa condicional
 d) conjunção subordinativa integrante
 e) partícula expletiva ou de realce / pronome apassivador
 f) pronome apassivador
 g) índices de indeterminação do sujeito
 h) índice de indeterminação do sujeito
 i) índices de indeterminação do sujeito
 j) pronome reflexivo
 k) pronome apassivador
 l) índices de indeterminação do sujeito
 m) índice de indeterminação do sujeito
 n) conjunção subordinativa integrante
 o) pronome apassivador
 p) parte integrante do verbo
 q) índices de indeterminação do sujeito
 r) pronome apassivador

5. a) conjunção subordinativa comparativa
 b) preposição
 c) advérbio de modo
 d) conjunção subordinativa comparativa
 e) conjunção subordinativa causal
 f) conjunção subordinativa conformativa
 g) conjunção subordinativa comparativa
 h) conjunção subordinativa causal
 i) conjunção subordinativa comparativa

j) conjunção subordinativa causal
k) advérbios de intensidade
l) pronome relativo
m) conjunção subordinativa conformativa
n) conjunção subordinativa causal
o) conjunção subordinativa comparativa
p) preposição
q) advérbio de modo
r) advérbio de modo
s) conjunção subordinativa conformativa
t) interjeição
u) substantivo

Testes
DE CONCURSOS PÚBLICOS E VESTIBULARES

1	c	11	c	21	a	31	c
2	b	12	b	22	d	32	d
3	c	13	d	23	e	33	c
4	e	14	a	24	a	34	b
5	c	15	a	25	e	35	b
6	c	16	e	26	d	36	a
7	c	17	a	27	b	37	e
8	a	18	c	28	e	38	b
9	e	19	c	29	b	39	e
10	b	20	e	30	d	40	d

Capítulo 8

Pontuação

Exercícios

1.

O leitor ideal

O leitor ideal para o cronista seria aquele a quem bastasse uma frase.

Uma frase? Que digo? Uma palavra!

O cronista escolheria a palavra do dia: "Árvore", por exemplo, "Menina".

Escreveria essa palavra bem no meio da página, com espaço em branco para todos os lados, como um campo aberto aos devaneios do leitor.

Imaginem só uma meninazinha solta no meio da página.

Sem mais nada.

Até sem nome.

Sem cor de vestido nos olhos.

Sem se saber para onde ia...

Que mundo de sugestões e de poesia para o leitor!

E que círculo de arte e crônica! Pois bem sabeis que arte é sugestão...

E se o leitor nada conseguisse tirar dessa obra-prima, poderia o autor alegar, cavilosomente, que a culpa não era do cronista.

Mas nem tudo estaria perdido para esse hipotético leitor fracassado, porque ele teria sempre à sua disposição, na página, um considerável espaço em branco para tomar seus apontamentos, fazer os seus cálculos ou a sua fezinha...

Em todo caso, eu lhe dou de presente, hoje, a palavra "Ventania". Serve?

2. a) De nenhuma árvore da horta, comendo, morrerás.

b) – Vou ao cinema com o vestido claro ou com aquele estampado, Maria Alice?

c) Tinha graça, tornou Padilha, D. Madalena escrevendo os diversos a diversos.

d) Antigamente, os pirralhos dobravam a língua diante dos pais...

e) Em matéria de injúria, é mais nobre, cômodo e seguro perdoar, esquecer e não vingar.

f) Chorai, orvalhos da noite, / soluçai, ventos errantes!

g) Um deles, note-se, custou-lhe não pouco dinheiro.

h) Os outros reparos, aceitei-os todos.

i) Sinhá Vitória benzia-se tremendo, manejava o rosário, mexia os beiços rezando rezas desesperadas.

j) Tentou comer uma das frutas desconhecidas que, verdes e sem sumo, apenas lhe arranharam a boca ávida.

k) Vadinho, primeiro marido de dona Flor, morreu num domingo de Carnaval, pela manhã, quando, fantasiado de baiana, sambava num bloco, na maior animação, no Largo Dois de Julho, não longe de sua casa.

l) Enquanto isso, na Holanda, Joanita, podendo comer os pratos mais saborosos do mundo, tem saudades é de chuchu com molho.

m) – Anda, condenado do diabo, gritou-lhe o pai.

n) A ideia de recenseamento, pouco a pouco, se vai instalando naquela casa, penetrando naquele espírito.

o) Furada de unhas, a bola de estopa arrastava-se pelo chão, espirrando de sangue as paredes.

p) Pisando quase de lado, vai tropicando, um pedaço de flanela balanga no punho, seu boné descorado lembra restos de Carnaval.

3. a) Indica a omissão do verbo **ser** na segunda oração (zeugma).

b) A conjunção **e** introduz uma oração coordenada sindética aditiva com sujeito diferente da oração anterior.

c) Separam termos coordenados em enumeração.

d) Separa um vocativo.

e) Separa uma oração subordinada adverbial anteposta à principal.

f) Separam uma conjunção coordenativa intercalada.

g) Separam uma oração subordinada adverbial intercalada.

h) Separam um aposto explicativo.

i) Separam orações coordenadas sindéticas introduzidas pela conjunção **e** empregada reiteradamente.

j) Separa uma oração subordinada adverbial reduzida.

k) Separam uma oração adjetiva explicativa.

l) Separam um adjunto adverbial intercalado.

m) Separam orações subordinadas adjetivas explicativas.

n) Separa uma oração coordenada sindética adversativa.

o) Separam um aposto explicativo.

p) Indica a omissão do verbo **fazer** (elipse).

4. a) Separam termos coordenados numa enumeração.

b) Indicam o início e o final de uma citação alheia.

c) Indicam, no diálogo, a mudança de interlocutor.

d) Indicam surpresa ou atitude de expectativa diante de uma situação.

e) Isolam um vocativo.

f) Indicam uma breve interrupção num diálogo.

g) Isolam, no período, uma frase de caráter explicativo.

h) Anunciam, na narrativa, a fala do personagem.

i) Encerra uma frase exclamativa, exprimindo admiração.

j) Isolam um aposto explicativo.

k) Indicam um esclarecimento, uma explicação do que foi dito anteriormente.

l) Separam orações coordenadas de um período de certa extensão.

5. As vírgulas separam adjuntos adverbiais coordenados.

6. A vírgula isola um vocativo.

7. Quando eu pedi, três meses depois, que casasse comigo, Iaiá Lindinha não estranhou nem me despediu.

8. Os que vivem dependentes do dinheiro, sujeitos à sua força, encarcerados por ele, não sabem que a mais nobre das condições humanas é justamente o desprezo do vil metal (quando a gente não tem, esclareço).

9. a) A vírgula isola um adjunto adverbial deslocado.

b) As vírgulas isolam um aposto explicativo.

10. Há mitos Timbira que narram como os índios aprenderam a fazer determinados rituais com animais terrestres, aquáticos e aéreos; assim, nos tempos míticos, a situação seria o inverso da atual: os ritos existiam no âmbito da natureza, mas não no da sociedade.

Testes DE CONCURSOS PÚBLICOS E VESTIBULARES

1	b	14	a	27	a	40	c
2	c	15	e	28	c	41	e
3	e	16	b	29	a	42	c
4	c	17	d	30	c	43	a
5	e	18	a	31	d	44	c
6	b	19	c	32	c	45	d
7	a	20	a	33	e	46	a
8	a	21	e	34	a	47	c
9	b	22	d	35	c	48	c
10	a	23	b	36	a	49	a
11	b	24	c	37	a	50	a
12	c	25	a	38	e	51	e
13	d	26	e	39	b		

 **Figuras de linguagem**

Capítulos 1 e 2

Exercícios

1. a) 2   e) 2   i) 2   m) 1
b) 1   f) 2   j) 2   n) 2
c) 2   g) 1   k) 1   o) 2
d) 1   h) 1   l) 2   p) 1

2. a) 2   d) 2   g) 1   j) 3
b) 3   e) 2   h) 2   k) 3
c) 1   f) 3   i) 1   l) 1

3. a) 3   d) 3   g) 3   j) 1
b) 2   e) 2   h) 3   k) 3
c) 1   f) 2   i) 1   l) 1

4. a) 4   d) 4   g) 4   j) 2
b) 2   e) 3   h) 1   k) 3
c) 1   f) 2   i) 3   l) 1

5. a) 4   d) 3   g) 1   j) 3
b) 1   e) 2   h) 3   k) 4
c) 2   f) 4   i) 1   l) 2

6. a) 2   d) 3   g) 5   j) 4
b) 3   e) 2   h) 4   k) 5
c) 5   f) 1   i) 1   l) 4

7. a) 2   d) 1   g) 4   j) 1
b) 4   e) 2   h) 1   k) 4
c) 3   f) 3   i) 3   l) 3

8. a) 3   d) 2   g) 2   j) 3
b) 2   e) 3   h) 3   k) 2
c) 3   f) 1   i) 1   l) 3

9. a) 4   d) 1 e 2   g) 2 e 3   j) 3
b) 1   e) 3   h) 3   k) 4
c) 4   f) 1   i) 1   l) 2

10. a) 2   d) 2   g) 3   j) 3
b) 1   e) 2   h) 4   k) 2
c) 4   f) 1   i) 2   l) 4

11. a) 2   d) 2   g) 3   j) 4
b) 1   e) 1   h) 4   k) 1
c) 3   f) 4   i) 2   l) 4

Testes DE CONCURSOS PÚBLICOS E VESTIBULARES

1	b	13	d	25	a	37	c
2	c	14	c	26	d	38	d
3	e	15	a	27	e	39	d
4	b	16	a	28	c	40	a
5	e	17	b	29	d	41	b
6	a	18	a	30	e	42	a
7	e	19	b	31	c	43	e
8	b	20	d	32	c	44	c
9	c	21	b	33	a	45	a
10	b	22	b	34	c		
11	b	23	b	35	b		
12	c	24	a	36	b		

 **Tópicos de linguagem**

Capítulo 1

Tópicos de linguagem

Exercícios

1. a) porque / porque / Porque / por que
b) por que
c) porque
d) porquê

e) porque
f) por quê
g) por que
h) Porque

i) por quê
j) por que
k) por que

2. a) mau
b) Mal
c) mau
d) mal

e) mau
f) mal
g) mal
h) mal

i) mal
j) mau

3. a) aonde
b) onde
c) aonde
d) Onde

e) onde
f) onde
g) aonde
h) Onde

i) onde
j) aonde
k) onde
l) aonde / onde

4. a) há
b) há
c) a
d) acerca de
e) Cerca de
f) há cerca de
g) a cerca de

h) há menos de
i) a menos de
j) Nenhum
k) nem um
l) a princípio
m) Em princípio
n) Por princípio

5. a) demais
b) de mais
c) demais
d) a par
e) ao par
f) ao encontro do

g) de encontro ao
h) tampouco
i) tão pouco
j) senão
k) senão
l) Se não

Testes DE CONCURSOS PÚBLICOS E VESTIBULARES

1	a	11	c	21	d	31	c
2	a	12	b	22	e	32	b
3	c	13	d	23	b	33	a
4	a	14	d	24	d	34	e
5	b	15	e	25	d	35	e
6	e	16	d	26	c	36	b
7	b	17	a	27	b	37	a
8	a	18	d	28	a	38	a
9	c	19	a	29	d	39	a
10	c	20	e	30	c	40	d

SIGLAS DAS INSTITUIÇÕES PROMOVEDORAS DE VESTIBULARES

Acafe-SC — Associação Catarinense das Fundações Educacionais (Santa Catarina), www.acafe.org.br

Cefet-MG — Centro Federal de Educação Tecnológica (Minas Gerais), www.cefetmg.br

Cefet-PR — Centro Federal de Educação Tecnológica (Paraná), atual Universidade Tecnológica Federal do Paraná — UTFPR www.cefetpr.br

Cefet-RJ — Centro Federal de Educação Tecnológica (Rio de Janeiro), www.cefet-rj.br

Cesgranrio-RJ — Centro de Seleção de Candidatos ao Ensino Superior do Grande Rio de Janeiro, www.cesgranrio.org.br

CEU-ES — Centro de Estudos Universitários (Espírito Santo)

CMRJ — Colégio Militar do Rio de Janeiro, www.cmrj.ensino.eb.br

CTA-SP — Comando-Geral de Tecnologia Aerospacial (São Paulo), www.cta.br

Efoa-MG — Escola de Farmácia e Odontologia de Alfenas (Minas Gerais), www.efoa.br

Enem — Exame Nacional do Ensino Médio, www.enem.inep.gov.br

Epcar — Escola Preparatória de Cadetes do Ar (Minas Gerais), http://concursos.epcar.aer.mil.br

Esal-MG — Escola Superior de Agricultura de Lavras (Minas Gerais), atual Universidade Federal de Lavras — UFLA, www.ufla.br

Esan-SP — Escola Superior de Administração de Negócios (São Paulo), www.esan-sbc.edu.br

ESPM-SP — Escola Superior de Propaganda e Marketing (São Paulo), www.espm.br

ETE-SP — Escola Técnica Estadual de São Paulo, www.etesaopaulo.com.br

Faap-SP — Fundação Armando Álvares Penteado (São Paulo), www.faap.br

Fatec-SP — Faculdade de Tecnologia de São Paulo, www.fatecsp.br

Faus-SP — Faculdade de Arquitetura e Urbanismo da Universidade Católica de Santos (São Paulo), www.unisantos.br

FBC-SP — Faculdade Braz Cubas (São Paulo), www.brazcubas.br

FCC-UFBA — Faculdade de Ciências Contábeis da Universidade Federal da Bahia, www.contabeis.ufba.br

F.C.Chagas-PR — Fundação Carlos Chagas (Paraná), www.fcc.org.br

FCL-SP — Faculdade de Comunicação Social Cásper Líbero (São Paulo), http://casperlibero.edu.br

Fecap-SP — Fundação Escola de Comércio Álvares Penteado (São Paulo), www.fecap.br

FEI-SP — Faculdade de Engenharia Industrial (São Paulo), www.fei.edu.br

Fesp — Faculdade de Engenharia de São Paulo, www.fesp.br

FGV-RJ — Fundação Getúlio Vargas (Rio de Janeiro), http://portal.fgv.br

FGV-SP — Fundação Getúlio Vargas (São Paulo), http://portal.fgv.br

FMIT-MG — Faculdade de Medicina de Itajubá (Minas Gerais), www.aisi.edu.br/fmit/

FMPA-MG — Faculdade de Medicina de Pouso Alegre (Minas Gerais)

FMU-FIAM-FAAM-SP — Faculdades Metropolitanas Unidas, Faculdades Integradas Alcântara Machado, Faculdades de Artes Alcântara Machado (São Paulo), www.portal.fmu.br

Furg-RS — Universidade Federal do Rio Grande, www.furg.br

Fuvest-SP — Fundação Universitária para o Vestibular (São Paulo), www.fuvest.br

FVE-SP — Fundação Valeparaibana de Ensino (São Paulo), www.univap.br

IIES-SP — Instituto Itapetiningano de Ensino Superior (São Paulo), www.iies.edu.br

ITA-SP — Instituto Tecnológico de Aeronáutica (São Paulo), www.ita.br

Mackenzie-SP — Universidade Presbiteriana Mackenzie (São Paulo), www.mackenzie.br

Omec-SP — Organização Mogiana de Educação e Cultura (São Paulo), www.umc.br

Osec-SP — Organização Santamarense de Educação e Cultura (São Paulo) — Vide **Unisa**

PUC-BA — Pontifícia Universidade Católica da Bahia

PUCCamp-SP — Pontifícia Universidade Católica de Campinas (São Paulo), www.puccamp.br

PUC-MG — Pontifícia Universidade Católica de Minas Gerais, www.pucminas.br

PUC-PR — Pontifícia Universidade Católica do Paraná, www.pucpr.br

PUC-RS — Pontifícia Universidade Católica do Rio Grande do Sul, www.pucrs.br

PUC-SP — Pontifícia Universidade Católica de São Paulo, www.pucsp.br

Uece — Universidade Estadual do Ceará, www.uece.br

UEL-PR — Universidade Estadual de Londrina (Paraná), www.uel.br

UEMT — Universidade Estadual de Mato Grosso (atual Universidade Federal do Mato Grosso do Sul), www.ufms.br

Uepa — Universidade do Estado do Pará, www.uepa.br

UEPG-PR — Universidade Estadual de Ponta Grossa (Paraná), www.uepg.br

Uesc — Universidade Estadual de Santa Cruz (Bahia), www.uesc.br

Ufac — Universidade Federal do Acre, www.ufac.br

Ufal — Universidade Federal de Alagoas, www.ufal.br

UFBA — Universidade Federal da Bahia, www.ufba.br

UFC — Universidade Federal do Ceará, www.ufc.br

Ufes — Universidade Federal do Espírito Santo, www.ufes.br

UFF-RJ — Universidade Federal Fluminense (Rio de Janeiro), www.uff.br

UFG — Universidade Federal de Goiás, www.ufg.br

UFJF-MG — Universidade Federal de Juiz de Fora (MG), www.ufjf.br

UFMA — Universidade Federal do Maranhão, www.ufma.br

UFMG — Universidade Federal de Minas Gerais, www.ufmg.br

UFMT — Universidade Federal de Mato Grosso, www.ufmt.br

UFPA — Universidade Federal do Pará, www.ufpa.br

UFPE — Universidade Federal de Pernambuco, www.ufpe.br

UFPel-RS — Universidade Federal de Pelotas (Rio Grande do Sul), www.ufpel.edu.br

UFPI — Universidade Federal do Piauí, www.ufpi.br

UFPR — Universidade Federal do Paraná, www.ufpr.br

UFRGS — Universidade Federal do Rio Grande do Sul, www.ufrgs.br

UFRJ — Universidade Federal do Rio de Janeiro, www.ufrj.br

UFS — Universidade Federal de Sergipe, www.ufs.br

UFSC — Universidade Federal de Santa Catarina, www.ufsc.br

UFSCar-SP — Universidade de São Carlos (São Paulo), www.ufscar.br

UFSM-RS — Universidade Federal de Santa Maria (Rio Grande do Sul), www.ufsm.br

UFU-MG — Universidade Federal de Uberlândia (Minas Gerais), www.ufu.br

UFV-MG — Universidade Federal de Viçosa (Minas Gerais), www.ufv.br

UMC-SP — Universidade Mogi das Cruzes (São Paulo), www.umc.br

Umesp — Universidade Metodista (São Paulo), http://portal.metodista.br

Unaerp-SP — Universidade de Ribeirão Preto (São Paulo), www.unaerp.br

UnB-DF — Universidade de Brasília (Distrito Federal), www.unb.br

Unesp — Universidade Estadual Paulista, www.unesp.br

Unic-MT — Universidade de Cuiabá (Mato Grosso), www.unic.br

Unicamp-SP — Universidade Estadual de Campinas, www.unicamp.br

Unifenas-MG — Universidade de Medicina de Alfenas (Minas Gerais), www.unifenas.br

Unifor-CE — Universidade de Fortaleza (Ceará), www.unifor.br

Unimep-SP — Universidade Metodista de Piracicaba (São Paulo), www.unimep.br

Unip-SP — Universidade Paulista (São Paulo), www.unip-objetivo.br

Unirio — Universidade Federal do Estado do Rio de Janeiro, www.unirio.br

Unisa — Universidade de Santo Amaro (São Paulo), www.unisa.br

Unitau-SP — Universidade de Taubaté (São Paulo), www.unitau.br

USF-SP — Universidade São Francisco (São Paulo), www.usf.edu.br

Unisinos-RS — Universidade do Vale do Rio dos Sinos (Rio Grande do Sul), www.unisinos.br

Vunesp — Fundação para o Vestibular da Unesp (São Paulo), www.vunesp.com.br

SIGLAS DAS INSTITUIÇÕES PROMOVEDORAS DE CONCURSOS PÚBLICOS

Alerj, Assembleia Legislativa do Estado do Rio de Janeiro, www.alerj.rj.gov.br

ANP, Agência Nacional de Petróleo, www.anp.gov.br

BB, Banco do Brasil, www.bb.com.br

Cespe, Centro de Seleção e de Promoção de Eventos da Universidade de Brasília, www.cespe.unb.br

CET-RJ, Companhia de Engenharia de Tráfego do Rio de Janeiro, www.rio.rj.gov.br

CJF, Conselho da Justiça Federal, www.cjf.jus.br

CMB, Casa da Moeda do Brasil, www.casadamoeda.gov.br

ECT, Empresa Brasileira de Correios e Telégrafos, www.ect.gov.br

Esaf, Escola Superior de Administração Fazendária, www.esaf.fazenda.gov.br

Fesp, Fundação Escola de Serviço Público – RJ, www.fesp.rj.gov.br

FJG, Fundação João Goulart – Instituto de Estudos da Administração Pública da Cidade do Rio de Janeiro, www.rio.rj.gov.br/web/fjg

IBGE, Instituto Brasileiro de Geografia e Estatística, www.ibge.gov.br

INCA, Instituto Nacional de Câncer, www.inca.gov.br

INSS, Instituto Nacional do Seguro Social (Previdência Social), www.inss.gov.br

MF, Ministério da Fazenda, www.fazenda.gov.br

MM, Ministério da Marinha, www.mar.mil.br

MP-RS — Ministério Público do Rio Grande do Sul, www.mprs.mp.br

MP-SC — Ministério Público de Santa Catarina, www.mpsc.mp.br

MP-SP, Ministério Público do Estado de São Paulo, www.mpsp.mp.br

MPU, Ministério Público da União, www.mpu.mp.br

Nossa Caixa, Banco Nossa Caixa S.A., incorporada pelo Banco do Brasil

Petrobras, Petróleo Brasileiro S. A., www.petrobras.com.br

PGE-RJ, Procuradoria-Geral do Estado do Rio de Janeiro, www.rj.gov.br/web/pge/principal

PMP-RJ, Prefeitura Municipal de Petrópolis – RJ, www.petropolis.rj.gov.br

SEE-MG, Secretaria de Estado de Educação de Minas Gerais, | www.educacao.mg.gov.br

SEE-RJ, Secretaria de Estado de Educação do Rio de Janeiro, www.rj.gov.br/web/seduc

SFE-MG, Secretaria de Estado da Fazenda de Minas Gerais, www.fazenda.mg.gov.br

SFE-SC, Secretaria de Estado da Fazenda de Santa Catarina, www.sef.sc.gov.br

SFE-SP, Secretaria da Fazenda do Estado de São Paulo, www.fazenda.sp.gov.br

SRF, Secretaria da Receita Federal, www.receita.fazenda.gov.br

SSP-MT, Secretaria de Estado de Justiça e Segurança Pública do Mato Grosso (Sejusp), www.seguranca.mt.gov.br

SSP-SP, Secretaria de Estado da Segurança Pública de São Paulo, www.ssp.sp.gov.br

STN, Secretaria do Tesouro Nacional, www.tesouro.fazenda.gov.br

Tacrim-RJ, Tribunal de Alçada Criminal do Estado do Rio de Janeiro (órgão extinto)

Tacrim-SP, Tribunal de Alçada Criminal do Estado de São Paulo (órgão extinto)

TCE-RJ, Tribunal de Contas do Estado do Rio de Janeiro, www.tce.rj.gov.br

TCU, Tribunal de Contas da União, www.tcu.gov.br

TELERJ, Telecomunicações do Rio de Janeiro S.A. (instituição extinta)

TJ-DF, Tribunal de Justiça do Distrito Federal e dos territórios www.tjdft.jus.br

TJ-RJ, Tribunal de Justiça do Estado do Rio de Janeiro, www.tjrj.jus.br

TJ-SP, Tribunal de Justiça do Estado de São Paulo, www.tjsp.jus.br

TRE-MT, Tribunal Regional Eleitoral do Estado do Mato Grosso, www.tre-mt.jus.br

TRE-PE, Tribunal Regional Eleitoral de Pernambuco, www.tre-pe.jus.br

TRE-RO, Tribunal Regional Eleitoral do Estado de Rondônia, www.tre-ro.jus.br

TRE-SC, Tribunal Regional Eleitoral de Santa Catarina, www.tre-sc.jus.br

TRE-SP, Tribunal Regional Eleitoral de São Paulo, www.tre-sp.jus.br

TRF-RJ (TRF-2.ª), Tribunal Regional Federal da 2.ª Região – RJ, www.trf2.jus.br

TRF-RS (TRF-4.ª), Tribunal Regional Federal da 4.ª Região – RS, www.trf4.jus.br

TRT-ES (TRT-17.ª), Tribunal Regional do Trabalho da 17.ª Região – ES, www.trt17.gov.br

TRT-MG (TRT-3.ª), Tribunal Regional do Trabalho da 3.ª Região – MG, www.trt3.jus.br

TRT-PR (TRT-9.ª), Tribunal Regional do Trabalho da 9.ª Região – PR, www.trt9.jus.br

TRT-RJ (TRT-1.ª), Tribunal Regional do Trabalho da 1.ª Região – RJ, www.trtr1.jus.br

TRT-SC (TRT-12.ª), Tribunal Regional do Trabalho da 12.ª Região – SC, www.trt12.jus.br

TRT-SP (TRT-2.ª), Tribunal Regional do Trabalho da 2.ª Região – SP, www.trt2.jus.br

BIBLIOGRAFIA

ACADEMIA BRASILEIRA DE LETRAS. *Vocabulário Ortográfico da Língua Portuguesa*. Imprensa Nacional. Rio de Janeiro, 1988.

ALI, Manuel Said. *Gramática secundária e gramática histórica da língua portuguesa*. 3. ed. Brasília: UnB, 1964.

ALMEIDA, Napoleão Mendes de. *Dicionário de Questões Vernáculas*. 3. ed. São Paulo: Ática, 1996.

_____. *Gramática Metódica da Língua Portuguesa*. 41. ed. São Paulo: Ática, 1997.

ALMEIDA, Nílson Teixeira de. *Regência Verbal e Nominal*. São Paulo: Atual, 1988.

_____. *Fonologia, Acentuação e Crase*. 2. ed. São Paulo: Atual, 1989.

BECHARA, Evanildo. *Moderna Gramática Portuguesa*. 15. ed. São Paulo: Editora Nacional, 1970.

_____. *Gramática escolar da língua portuguesa*. Rio de Janeiro: Lucerna, 2001.

CAMPADELLI, Samira Yousseff & SOUZA, Jésus Barbosa. *Gramática do texto / texto da gramática*. São Paulo: Saraiva, 1999.

CEGALLA, Domingos Paschoal. *Novíssima gramática da língua portuguesa*. 30. ed. São Paulo: Editora Nacional, 1998.

CEREJA, William Roberto & MAGALHÃES, Thereza Cochar. *Gramática reflexiva*. São Paulo: Atual, 1999.

CUNHA, Celso. *Gramática do português contemporâneo*. Belo Horizonte: Bernardo Álvares, 1970.

_____ & CINTRA, Luís F. Lindley. *Nova gramática do português contemporâneo*. 2. ed. Rio de Janeiro: Nova Fronteira, 1985.

ELIA, Hamilton & ELIA, Sílvio. *100 textos errados e corrigidos*. 26. ed. Rio de Janeiro: Francisco Alves, 1979.

FERNANDES, Francisco. *Dicionário de verbos e regimes*. 32. ed. Porto Alegre: Globo, 1982.

_____. *Dicionário de regimes de substantivos e adjetivos*. 17. ed. Porto Alegre: Globo, 1980.

FERREIRA, Maria Apparecida S. de Camargo. *Estrutura e formação de palavras*. São Paulo: Atual, 1988.

FREITAS, Jandi Ferraz. *Grafias que geram dúvidas*. Belo Horizonte: Planograf, 1986.

HOLANDA, Aurélio Buarque de. *Novo dicionário da língua portuguesa*. 2. ed. Rio de Janeiro: Nova Fronteira, 1986.

HOUAISS, Antônio. *Dicionário Houaiss da língua portuguesa*. Rio de Janeiro: Objetiva, 2001.

KURY, Adriano da Gama. *Novas lições de análise sintática*. 3. ed. São Paulo: Ática, 1987.

_____ & OLIVEIRA, Ubaldo Luiz de. *Gramática objetiva*. 6. ed. São Paulo: Atlas, 1985. 2 v.

LAPA, Manuel Rodrigues. *Estilística da língua portuguesa*. São Paulo: Martins Fontes, 1982.

LAURIA, Maria Paula Parisi. *A pontuação*. 2. ed. São Paulo: Atual, 1989.

LEME, Odilon Mendes. *Tirando dúvidas de português*. São Paulo: Ática, 1992.

LUFT, Celso Pedro. *Dicionário prático de regência verbal*. 4. ed. São Paulo: Ática, 1996.

_____. *Gramática resumida*. 2. ed. Porto Alegre: Globo, 1963.

_____. *Novo guia ortográfico*. 16. ed. Porto Alegre: Globo, 1985.

MARTINS FILHO, Eduardo Lopes. *Manual de redação e estilo de O Estado de São Paulo*. 3. ed. São Paulo: O Estado de São Paulo, 1997.

MATEUS, Maria Helena Mira *et alii*. *Gramática da língua portuguesa*. 2. ed. Coimbra: Editorial Caminho, 1989.

MELO, Gladstone Chaves de. *Gramática fundamental da língua portuguesa*. Rio de Janeiro: Ao Livro Técnico, 1968.

MESQUITA, Roberto Melo. *Gramática da língua portuguesa*. São Paulo: Saraiva, 1999.

NICOLA, José de & INFANTE, Ulisses. *Gramática do português contemporâneo*. 5. ed. São Paulo: Scipione, 1997.

PRETI, Dino. *Sociolinguística:* os níveis da fala. 7. ed. São Paulo: Edusp, 1994.

ROCHA LIMA, Carlos Henrique. *Gramática normativa da língua portuguesa*. 18. ed. Rio de Janeiro: José Olympio, 1976.

RYAN, Maria Aparecida. *Conjugação dos verbos em português*. 5. ed. São Paulo: Ática, 1989.

SACCONI, Luiz Antonio. *Dicionário de pronúncia correta*. Ribeirão Preto: Nossa Editora, 1991.

_____. *Não confunda*. 2. ed. São Paulo: Atual, 2000.

_____. *Nossa gramática*. 5. ed. São Paulo: Atual, 1983.

SANTOS, Gélson Clement dos. *Prática de comunicação e expressão em língua portuguesa*. 4. ed. Rio de Janeiro: Forense, 1983.

SAVIOLI, Francisco Platão. *Gramática em 44 lições*. 4. ed. São Paulo: Ática, 1983.

SILVEIRA, Francisco Maciel & CORRADIN, Flávia Maria F. S. *Aprenda a escrever*. 9. ed. São Paulo: Cultrix, 1993.

SILVEIRA, Sousa da. *Lições de português*. 7. ed. Rio de Janeiro: Livros de Portugal, 1964.

SOARES, Magda Becker & CAMPOS, Edson Nascimento. *Técnica de redação*. 12. ed. Rio de Janeiro: Ao Livro Técnico, 1978.